рав А.-И. Кук

КАББАЛА И СОВРЕМЕННАЯ
ФИЛОСОФИЯ ИУДАИЗМА

**Rabbi A. Y. Kook: His Personality and Teaching**
Edited by Pinchas Polonsky

הראי״ה קוק: דמותו ותורתו
בעריכת פינחס פולונסקי

СОВРЕМЕННАЯ ЕВРЕЙСКАЯ РЕЛИГИОЗНАЯ ФИЛОСОФИЯ

# РАВ АВРААМ-ИЦХАК һА-КОһЕН КУК – ЛИЧНОСТЬ И УЧЕНИЕ

# КАББАЛА И НОВЫЙ ЭТАП В РАЗВИТИИ ИУДАИЗМА

- Религиозный сионизм
- Концепция модернизма в ортодоксальном иудаизме
- Применение каббалы для понимания процессов, происходящих сегодня с еврейским народом и государством

Редактор-составитель
Пинхас Полонский

ВТОРОЕ ИЗДАНИЕ

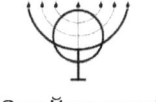

"Орот Йерушалаим"

5779/2018

Пинхас Полонский. Рав Авраам-Ицхак һа-Коһен Кук.
ЛИЧНОСТЬ И УЧЕНИЕ. Каббала и новый этап в развитии иудаизма. –
Иерусалим: «Орот Йерушалаим», 2018. – 570 с.

ISBN 978-1-949900-30-9

© Copyright 2018, Orot Yerushalaim / P. Polonsky ▪ ppolonsky@gmail.com

No part of this book may be reproduced in any form
without written permission from copyright holder

Эту и другие книги П.Полонского,
в электронной и бумажной форме,
можно заказать на сайте:
**http://ejwiki-books.com/**

Для связи с автором:
ppolonsky@gmail.com

OROT YERUSHALAIM
POBox 95164, Newton, MA 02495
Tel. +1 617 332 0864 ▪ orot.yerushalaim.usa@gmail.com

Просветительская ассоциация «МЕСТО ВСТРЕЧИ"
«MEETING PLACE» Association
Tel. +972 2 996 08 88 ▪ www.mesto.org.il

Издание подготовлено в сотрудничестве с «МИДРАША ЦИОНИТ» –
образовательным центром для русскоязычного еврейства
**www.midrasha.net**

The edition was prepared in cooperation with
**The Schapiro Center for Jewish Studies**

Верстка – Н.-Н. Симонович
Корректура – Л. Ашурова
Фотографии – из альбома «Мар'э Коһен»
Фото на обложке – Ш. Мушник

Typesetting – N.-N. Simonovich
Proofreading – L. Ashurova
Photos – from the «Mar'e Kohen» album
Cover photo – S. Mushnik

Данное издание посвящается
**БЕЛЛЕ И ГРИШЕ РОЗЕНВАЛЬД**
и их семье

*Любви, здоровья и долгих лет!*

**About The Book**

*Rabbi A.Y. Kook: His Personality and Teaching* is the first Russian publication which gives an in-depth analysis of the life and ideas of Rabbi Abraham Yitzhak haCohen Kook (1865-1935), a preeminent 20th century Jewish thinker, outstanding proponent of modernity in Orthodox Judaism and founder of contemporary Religious Zionist philosophy.

**Section A** includes Rabbi Kook's biography and a discussion of his personality.

**Section B** examines several of Rabbi Kook's central ideas:
• The religious significance of the State of Israel
• Modernity and the evolution of ideas in Orthodox Judaism
• The centrality of ethics in Jewish religious thinking and resolution of the conflict between Halakha and ethics

**Section C** presents the Russian translation and comments of Y. Ben-Shlomo's *Poetry of Being: Lectures on the Philosophy of Rabbi Kook*, that expounds on basic concepts in Rabbi Kook's metaphysics.

**Section D** offers a translation and commentary of Rabbi Kook's selected writings, including excerpts from *Arfilei Tohar, Orot,* Duality of Soul and Spirit, Address to the Bezalel Society, the speech at the Hebrew University founding ceremony, and passages on the uniqueness of the New Generation.

**Section E** contains additional critical and analytical essays that examine Rabbi Kook's complex approach to atheism as well as his religious tolerance.

The book concludes with a discussion of Rabbi Kook's religious universalism in **Section F**, an **index**, and a **selected bibliography**.

We hope that this volume will introduce Russian-speaking readers to unfamiliar areas of Jewish thought, and foster a thorough rethinking of their perceptions of Judaism.

בס״ד

## ОТ СОСТАВИТЕЛЯ

Данный сборник, впервые на русском языке, призван дать целостное представление о личности и учении рава А.-И. Кука, одного из наиболее выдающихся еврейских мыслителей XX века, создателя современной философии религиозного сионизма и концепции модернизма в ортодоксальном иудаизме.

Философия рава Кука – это очень «израильская» религиозная философия, произрастающая на Святой Земле и берущая свои силы прежде всего из непосредственного раскрытия Божественности, сопровождающего процесс постепенного восстановления полноценной еврейской жизни в Эрец-Исраэль.

Этот «израильский» аспект учения рава Кука необычайно важен, - но он же создает дополнительные сложности в его понимании для тех, кто вырос в духовном мире еврейства Диаспоры. И, в частности, для меня самого, как редактора-составителя этой книги и автора части вошедших в нее статей, это тоже было в свое время определенной проблемой.

В течение ряда лет, пока я и моя семья были лишены возможности выезда в Израиль, изучая иудаизм в Москве, я предпринимал попытки понять идеи р.Кука и разобраться в его учении; но в Галуте, в диаспорной жизни это никак не удавалось, и стало возможным для меня лишь после алии, в Израиле.

Я хотел бы выразить здесь благодарность тем, у кого все эти годы я учился читать и понимать тексты рава Кука и его учение. И это р. Яаков Фильбер, р. Менахем Бурштейн, р. Йохай Родик, проф. Шалом Розенберг, р. Шломо Авинер, р. Яир Драйфус, проф. Тамар Росс, р. Реувен Файерман, д-р. Хаги Бен-Арци, р. Меир Гросс, р. Реувен Мамо, р. Ури Шерки и многие другие.

Отдельно я хотел бы поблагодарить проф. Йосефа Бен-Шломо за разрешение на перевод его замечательного курса лекций «Песнь жизни», составившего раздел «С» данного сборника.

Огромная благодарность всем, кто принял участие в переводе текстов для данного сборника и их редактировании: Зеев Дашевский, Гершон Левицкий, Александр Зиниград, Ира Зак, Хаим Левицкий, Вадим Акопян, Александр Юровский, Элиэзер Шаргородский, Илан Рисс, Соня Гуткина, Ицхак Стрешинский, Ирина Голубцова, Реувен Бен-Шалом, Давид и Ира Копелиович, Александр Шипов, Ян Шапиро и другие. Я хотел бы выразить признательность также и тем, кто в течении многих лет помогал и помогает организовывать семинары, посвященные учению р. Кука: Юрию Лифшицу, Анне Штейнгарт, Анне Гулько, Юрию Линцу, Лене и Наташе Гитель.

Я хочу особо отметить помощь Ольги Эмдин, координировавшей значительную часть работы, а также поблагодарить Бецалеля Переля, Ривку Росину, Рут Ходорковскую, Лею Ашурову, Шмуэля Мушника и Шмуэля Полонского за техническую поддержку.

И в завершение – благодарность тем, без чьей поддержки этот проект не смог бы осуществиться - как тем, кто с самого начала, в течение нескольких лет, поддерживал его, так и тем, кто помог непосредственно изданию книги – Дине Апельбаум, Лиле Цинковской, Михаэлю и Полине Либерман, Виталию Ревзину, Максиму Машину, Дмитрию Радышевскому и фонду Михаила Черного.

*П. Полонский*
*Бейт-Эль, 28 ияра 5766 г.*

# Оглавление

**Вводная статья**

 *П. Полонский.* Рав Кук: философия религиозного сионизма и ортодоксальный модернизм ..................15

**Раздел А. Личность**

 А-1. Биография р. Кука................ 27

 А-2. *Ш.-Й. Агнон.* Из воспоминаний о р. Куке........... 60

 А-3. *Й. Бен-Шломо.* Личность р. Кука и проблемы эпохи.......71

 А-4. *Д. Конторер.* Рав Кук и поколение сионистов-первопроходцев ..................81

**Раздел В. Некоторые центральные идеи р. Кука**

 В-1. *П. Полонский.* Концепция р. Кука о религиозном значении Государства Израиль и о еврейской избранности сегодня................ 95

 В-2. *П. Полонский.* Ортодоксальный модернизм и проблемы эволюции иудаизма в учении р. Кука............ 154

 В-3. *П. Полонский.* Подход ортодоксального модернизма к проблемам столкновения галахи и этического чувства..199

**Раздел С. Базовые концепции метафизики и каббалы в учении р. Кука** *(Перевод книги Й. Бен-Шломо «Песнь жизни - главы из учения р. Кука»)*

 С-2. Общее описание и основные черты учения р. Кука ... 225

 С-3. Соотношение между рациональным и иррациональным в познании и в религии ....................237

 С-4. Соотношение Бога и мироздания: двойственность «полного совершенства» и «процесса совершенствования». 252

 С-5. Соотношение «свободы» и «необходимости» в Боге и в мире ....................... 263

 С-6. «Моральные устремления бытия» — мир как проявление этичной воли. Концепция «космической тшувы».... 277

С-7. Соотношение материального и духовного.
Будничное и святое; дерзость и творчество ........................ 293

С-8. Соотношение эстетики, религии и этики.
Божественность совести ............................................................. 306

С-9. Две категории святого. Проблема зла ........................... 320

С-10. «Реальность не боится противоречий» ........................ 337

С-11. Единство разнообразия в мире духа и природы
– концепции «религиозной терпимости»
и «органического восприятия мироздания в целом» ......... 350

С-12. Восприятие р. Куком теории эволюции
и его историософская концепция ............................................ 367

С-13. Восприятие сионистского движения
как процесса «Геулы» – «мессианского избавления» ........... 388

**Раздел D. Избранные отрывки из произведений
р. Кука**

D-1. «Арфилей тоhар» – избранные отрывки ....................... 409

D-2. Двойственность души и двойственность духа ............ 484

D-3. Связь народа Израиля со Страной Израиля
*(Отрывки из книги «Орот»)* ...................................................... 492

D-4. Комментарий к заповеди принесения Омера
и счета Омера ................................................................................. 495

D-5. Обращение к руководителям общества
еврейского искусства «Бецалель» ............................................. 496

D-6. Радость и трепет *(Отношение иудаизма
к университету)* ............................................................................ 504

D-7. Проблема отношения к современному поколению..... 508

D-8. «О тшуве поколения» ............................................................512

**Раздел E. Дополнительные критические и аналитические
статьи по философии р. Кука**

E-1. *Э. Зусман*. Галаха, поэзия и природная
нравственность человека в учении р. Кука ............................517

E-2. *Р. Файерман*. Амбивалентное отношение к атеизму
в концепции р. Кука .....................................................................521

E-3. *Я. Фильбер*. Терпимость и религиозный плюрализм внутри иудаизма ...................................................................... 527

E-4. *П. Полонский*. Некоторые идеи р. Кука к празднику Песах: связь между выходом на свободу и уничтожением хамеца ........................................................................................537

**Раздел F. Религиозный универсализм р. Кука**

F-1. *р. Кук*. Четырехголосная песнь ........................................ 545

F-2. *Б. Боксер*. Религиозный универсализм р. Кука ............. 547

**Индекс** ......................................................................... 563

**Библиография** ........................................................... 569

———— * ————

Дополнительные материалы по философии р. Кука на русском языке вы можете найти на сайте Маханаим:

http://www.machanaim.org/philosof/in_kuk.htm

# ВВОДНАЯ СТАТЬЯ

*Пинхас Полонский*

## РАВ А.-И. КУК:
## ФИЛОСОФИЯ РЕЛИГИОЗНОГО СИОНИЗМА
## И ОРТОДОКСАЛЬНЫЙ МОДЕРНИЗМ

Идеи религиозного сионизма не были изобретением XX века. Уже в XVI веке рав Ицхак Лурия (Аризаль) считал, что происходившее в его время увеличение числа евреев, живущих в стране Израиля, и возрождение в ней материальной еврейской жизни есть начало мессианского процесса; в 1850—60 гг., задолго до Герцля (1897 г.) и даже до Первой Алии (1882 г.) раввины Ц.-Г. Калишер, Э. Гутмахер и И. Алкалай призывали, из религиозных соображений, немедленно начать деятельность по освоению Страны Израиля и созданию еврейского государства, а задолго до них подобные же идеи высказывал Виленский Гаон. И все же по-настоящему цельное выражение *современная* философия религиозного сионизма — затрагивающая все проблемы создания нерелигиозного государства, влияния западной культуры, социальных и политических переворотов нашего века — получила в работах и в деятельности рава Авраама-Ицхака hа-Коhена Кука, выдающегося религиозного авторитета, философа и каббалиста, Главного ашкеназского раввина возрождающейся Страны Израиля (с 1904 по 1935 г.). Последователями рава Кука являются сегодня практически все «вязаные кипы» (религиозные сионисты), составляющие около 15% еврейского населения Израиля и относящиеся к одной из наиболее активных, социально и религиозно мотивированных его частей. Уже один этот факт должен привлечь наше внимание к раву Куку, философия которого лежит в основе всей современной религиозно-сионистской деятельности.

А.-И. Кук родился в 1865 г. в маленьком местечке Грива (сегодня — Даугавпилс, Латвия) в раввинской семье и получил классическое религиозное образование. Звание раввина он получил в крупнейшей литовской Воложинской иешиве, глава которой, рав Н.Ц.И.Берлин, активно поддерживал начавшееся в ту эпоху сионистское движение «Хибат Цион» («Первую Алию»). Это сочетание максимально широкой классической религиозной образованности и сионистской направленности стало тем фундаментом, на котором впоследствии было возведено здание философии религиозного сионизма.

После окончания иешивы рав Кук в течение 16 лет занимал раввинские должности в маленьких городках Литвы и Латвии, а в 1904 г. переехал в Страну Израиля, где стал «раввином Яффо и новых поселений» — т.е. фактически раввином сионистского движения. В 1919 г. он стал главным раввином Иерусалима, а в 1921 г., в связи с созданием Главного Раввината, был избран на пост первого ашкеназского Главного раввина Страны Израиля, который он занимал до своей смерти в 1935 г.

\* \* \*

Встретив этого человека на улице, мы, вероятно, не отличили бы его по одежде и внешнему виду от обычного «хареди» из Меа-Шеарим. Однако этот пунктуальный во всех вопросах еврейского закона ортодокс произвел в иудаизме революцию, гораздо более глубокую, чем та, которую пытались сделать наивно упрощающие Тору реформисты.

Рав Кук, обладая своей собственной концепцией сионизма, парадоксальным образом одновременно как находился в оппозиции ко всем существовавшим в то время в Стране Израиля политическим и религиозным течениям и группам, так и имел с каждым из них нечто общее, и это делало его как бы «точкой пересечения» всего еврейского населения и духовной жизни Страны. При этом он не боялся открыто отстаивать свое мнение и даже вступать в конфликт, так что вокруг него постоянно кипели страсти.

Рав Кук активно поддерживал сионистов-социалистов Второй и Третьей Алии (1904—1925 гг.), несмотря на их ярко выраженную, а порой даже фанатичную антирелигиозность. В то же время он объяснял им, что сионизм не может по-настоящему расцвести в отрыве от религии, и что их протест против иудаизма произрастает не из отрицания его сути, а всего лишь из-за их несогласия (во многом справедливого) с его внешними проявлениями — при том что они сами даже не осознают, насколько будущее создаваемого ими сионистского движения будет переплетено с развитием отрицаемого ими сегодня иудаизма. Рассказывают, что однажды, при обсуждении какого-то вопроса текущей еврейской жизни, когда нерелигиозные деятели культуры стали объяснять, почему они выступают против этой «устаревшей и примитивной религии», рав Кук, выслушав их, сказал: «Дорогие друзья, вы совершенно правы... Если бы и я полагал, что иудаизм таков, как думаете о нем вы, — то я и сам был бы атеистом».

Будучи великим знатоком всей раввинской литературы, строго соблюдающим все законы и обычаи иудаизма, рав Кук был во многом близок к раввинам и знатокам Торы Старого Ишува (т.е. к харедим, поселившимся в Стране Израиля еще до начала сионистского движения). Но при этом, из-за своего отношения к сионистам, рав Кук находился со Старым ишувом в длительном и остром конфликте. Ибо раввины Старого Ишува смотрели на нерелигиозный сионизм со стороны, и потому замечали в нем только нарушение заповедей, формальный отказ от еврейского наследия и нежелание верить в Бога. А рав Кук смотрел на сионизм изнутри, и потому, в дополнение к его внешнему атеистическому облику, видел глубокую привязанность сионистов к библейским ценностям ТаНаХа, их любовь к Стране Израиля и страстную жажду реализации полноценной еврейской жизни. Потому и отношение рава Кука к антирелигиозным сионистам отличалось от отношения к ним раввинов Старого Ишува. На возмущенные высказывания харедим о том, что «эти сионисты даже не накладывают тфилин!», рав Кук, перефразируя их слова, отвечал: «Зато они укладывают камни на строительстве здания еврейского государства». Харедим придавали значение только соблюдению индивидуальных заповедей и потому считали нерелигиозных сионистов грешниками и преступниками. В отличие от них, рав Кук, в дополнение к индивидуальному уровню соблюдения заповедей, видел еще один параметр: соблюдение общенациональных заповедей всем обществом, всем еврейским народом как единым целым, а это включает освоение Страны Израиля, установление социальной справедливости, построение всех аспектов жизни народа и государства. И потому он видел в сионистах-социалистах одновременно как грешников (нарушающих индивидуальные заповеди), так и праведников (исполняющих заповеди общенациональные). Более того, в рамках этих общенациональных заповедей он считал атеистически настроенных сионистов в каких-то аспектах даже бо́льшими праведниками, чем представителей Старого Ишува – «строго соблюдающих», но не участвующих активно в построении Страны.

Совершенно феноменальной была религиозная терпимость рава Кука, не имевшая ничего общего с компромиссом (т.е. со взаимными идеологическими уступками с обеих сторон и их «встречей» где-то посредине). Согласно подходу рава Кука, результатом истинной духовной терпимости должен являться не компромисс, а синтез — интегральная единая концепция, включающая центральные идеи и ценности обеих сторон. Будучи однозначно ортодоксальным раввином, отстаивая полный, а не половинчатый иудаизм, рав Кук при этом с самым глубоким вниманием, уважением и симпатией относился ко взглядам всех окружавших его людей и идеологических направлений, даже самых воинствующих атеистов. Обычная, нерелигиозная терпимость формулирует свой принцип как «у каждого есть право на свою собственную истину». Однако религиозно обоснованная терпимость рава Кука была гораздо более глубокой и серьезной. Он не только считал, что у каждого есть своя собственная истина, но и что божественная истина бесконечна, а потому никакая ограниченная человеческая истина не может объять ее целиком, а каждая партикулярная истина ухватывает лишь часть общей божественной картины. И поэтому каждый из нас для того, чтобы продвинуться в своем понимании божественного и в своей истине, должен научиться у другого той частице истины, которую он видит лучше нас. Поэтому каждый не только должен признать право другого на истину, но и должен захотеть понять его, научиться у него и обогатить свою собственную истину за счет этого познания. Иными словами, в философии рава Кука нет ни религиозно-ограниченной монополии на истину, ни атеистической разобщенности и отсутствия единой для всех истины вообще. Ее основой является мистика полисубъективного единства в рамках единой и бесконечной Божественности, столь созвучная экзистенциальному подходу XX века.

\* \* \*

Рассказывают, что «...при жизни он был легендой. Кроме Бялика, не было в Эрец Исраэль в 1920—30 гг. человека, которым бы так восхищались и которого бы так почитали. Только у рава Кука кроме почитателей было и множество противников, каких не было у Бялика, ибо тот не был полемистом, а рав Кук вступал в конфликт, не страшась преследований и обид».

Когда в 1934 г., после убийства Х. Арлозорова, одного из лидеров социалистической сионистской партии Мапай, руководители рабочего движения по чисто политическим причинам развернули кампанию травли сионистов-ревизионистов, последователей Жаботинского, обвинив их в этом убийстве, — то рав Кук, не побоявшись пойти на конфликт, резко выступил против всего руководства социалистов. Эта критика привела к острой конфронтации рава Кука с рабочим движением и со всем партийно-политическим руководством *ишува*. На стенах его дома в Иерусалиме хулиганствующие сторонники рабочего движения писали красной краской: «Позор раввину, защищающему убийц». Но рав Кук не успокоился и не отступил, пока не добился того, чтобы ложно осужденный на смертную казнь Ставский, член ревизионистского движения, был оправдан. (Пожалуй, только сегодня, узнав на собственном опыте, какую общественную атмосферу создает подобная политическая травля с ложным обвинением целого общественного движения в политическом убийстве, мы можем оценить гражданское мужество Главного раввина Эрец Исраэль).

\* \* \*

Одной из главных особенностей всей философии рава Кука является концепция «общенационального диалога с Богом». Вначале, при Даровании Торы на Синае и во время всего периода Первого Храма, Тора и иудаизм были обращены и к каждому отдельному индивидууму, и к еврейскому народу как к единому целому. К концу Второго Храма, однако, это единство распалось, и — параллельно с уходом народа в изгнание — религия стала восприниматься лишь как «обращение Бога к каждой отдельной личности». Все две тысячи лет изгнания «общенациональный аспект иудаизма» был отодвинут в сторону, и жизненную силу имел лишь диалог Бога с индивидуумами, но не с народом. Однако к концу второго тысячелетия Изгнания ситуация начала изменяться. И тогда именно рав Кук, — осознавая, что начинается эпоха возобновления диалога еврейского народа, как единого целого в своей общенациональной истории, с его Создателем, — смог, после двух тысяч лет забвения, вернуть представление о народе как целом в пространство этого диалога. Именно поэтому его учение оказалось способным служить базой всего дальнейшего духовного развития Еврейского Государства.

Подход рава Кука целиком базируется на Каббале — и, по сути, школа рава Кука является самой большой каббалистической школой современности, — но при этом его учение, как по форме, так и по содержанию, значительно отличается от большинства знакомых нам систем изложения Каббалы. Отличие формы состоит в том, что рав Кук избегал злоупотребления каббалистической терминологией, которая может создавать иллюзию понимания, в то время как суть дела ускользает от читателя. Словарь рава Кука чрезвычайно богат и экспрессивен, но при этом Рав предпочитал использовать слова обычного языка, так чтобы даже простой читатель смог понять их смысл, в то время как специалист по

Каббале видел бы их каббалистическую интерпретацию. Отличие же в содержании состоит в том, что рав Кук впервые в истории Каббалы применил ее для понимания процессов, происходящих с еврейским народом в целом, для понимания народа как единого организма, создав тем самым «каббалистическую социологию» и разработав общенациональный аспект Каббалы.

Таким образом, рав Кук подчеркнул актуальность Каббалы, показав, что каббалистические понятия – это не отвлеченные философские категории, но что они могут и должны быть использованы для понимания происходящего в мире, для гармоничного построения жизни, общества и Страны.

* * *

Идеи рава Кука совершили переворот в области еврейской религиозной мысли. Путем реинтерпретации действительности, человека и самой религии он смог предложить альтернативу существовавшим тогда и зашедшим в тупик религиозным и философским системам. Он смог осознать религиозный смысл исторической и социальной действительности и выразить этот смысл в близких современному человеку понятиях.

Мы привыкли воспринимать понятие Божественного откровения как некое особое, не встречающееся в будничной жизни, прямое и открытое вмешательство Бога в мировой порядок. Божественное откровение зачастую понимается нами только как чудесное, сверхъестественное событие или как явное пророчество. Рав Кук придерживался несколько иного подхода к этому вопросу.

Развивая подход Каббалы и применяя ее взгляд для понимания социальных процессов, происходящих и в еврейском обществе, рав Кук резко изменил привычное понимание концепции «Божественного откровения». Он учил видеть Божественное откровение не только в чудесах, но также и в трансцендентальном измерении обычной, естественной реальности. Иными словами, рав Кук подчеркивал, что Бог открывается нам не только в Торе, в чуде, через пророка, но также и в вещах обычных: науке, технике, культуре, социальной жизни, исторических процессах, в творческой деятельности человека вообще и в творчестве и деятельности Израиля в особенности. И потому мы обязаны искать явленное нам Божественное слово во всех спонтанных проявлениях духа народа Израиля; ибо даже если внешне они совершенно антирелигиозны, они все равно несут в себе божественный дух и особый характер еврейской избранности.

Поэтому и познание Торы, познание Божественного Учения и откровения невозможно ограничить лишь учебой в иешиве. Тора в полноте своей содержится не только в книгах, стоящих на полке, в уроках и наставлениях раввинов и мудрецов, но она содержится также в реализации духа народа Израиля в его повседневной жизни. Еврейский народ является коллективным носителем божественного откровения, и потому невозможно продвигаться к Богу, не обогащая себя той частью Его откровения, которая содержится в «иных», внешне имеющих мало общего с формальным иудаизмом, но при этом несомненно являющихся еврейскими по своей глубинной сути идеях и социальных движениях. Именно на этой концепции «продолжающегося Откровения» базируется разработанный равом Куком подход «ортодоксальной модернизации», позволяющий как сохранить в полном объеме всю еврейскую религиозную традицию и соблюдение заповедей, так и продвинуться вперед, воспринимая божественный свет из всего того нового, что появляется в постоянно развивающемся мире.

На этой основе рав Кук создал новую концепцию, которая позволила, в частности, осознать нерелигиозное сионистское движение и современное Государство Израиль, при всем его светском характере, как составные части религиозного мессианского процесса, и показать направление, в котором мы должны двигаться для продвижения нынешнего Государства Израиль в сторону полноценного Еврейского Государства. Иными словами, религиозный сионизм рава Кука (область, в которой его учение наиболее известно широкой публике) является лишь одной из составных частей его более общей концепции, которую можно назвать «ортодоксальным модернизмом».

\* \* \*

Наша жизнь в очень большой степени определяется тем, как мы интерпретируем деятельность, цель и направление развития различных сил в обществе вокруг нас. От этого зависят наши действия по отношению к этим силам, наше сотрудничество с ними или, наоборот, противодействие им.

Рав Кук реинтерпретировал действительность вокруг себя. Получив признание — или, по крайней мере, уважение, — его идеи изменили психологический настрой сотен тысяч, если не миллионов евреев в нашем веке; они повлияли на общественные силы, школьные программы, политические партии, поселенческие движения и т.д. Удивительно, что концепция, которая, в сущности, целиком базируется на Каббале и глубокой мистике, оказала такое громадное влияние на развитие жизни нашего народа в циничном и прагматичном XX веке.

До рава Кука в религиозных кругах господствовало восприятие секулярных еврейских движений как чего-то не только принципиально неправильного, но и тупикового, как какой-то больной ветви, которая должна засохнуть или отмереть при последующем магистральном развитии еврейского народа, подобно тому, как это происходило в прошлом с другими подобными ответвлениями — с саддукеями, караимами, первохристианами или последователями лжемессианских течений XVII века. В свою очередь, нерелигиозные круги в то время похожим образом относились к евреям религиозным, считая их отмирающей группой средневековых мракобесов, которая в ближайшем светлом будущем, с развитием просвещения, техники, либерализма, социализма и т.п. непременно полностью исчезнет. Даже то сотрудничество, которое существовало тогда между религиозными и нерелигиозными — например, в период Первой Алии 1880-х–1900-х гг. или между религиозными и светскими фракциями в Сионистской организации Герцля — было сотрудничеством вынужденным, «браком по необходимости», ввиду практической невозможности сдвинуть горы в одиночку. У каждой из сторон не было внутреннего уважения к тому духовному содержанию, которое несла противоположная сторона. Рав Кук, реинтерпретировав действительность, выдвинул концепцию, непривычную для обеих сторон: он объяснил, что оба направления являются составными частями единой божественной Торы. Призвав их к полноценной интеграции, он воплотил в себе точку их духовного, а не просто практического соприкосновения. Вначале обе стороны воззрились на него с удивлением, и это вызвало его конфликт со всеми; и лишь по прошествии многих десятилетий его концепции стали принятыми во многих кругах, заставив измениться обе стороны.

Идеи рава Кука совсем не сразу стали понятны – и даже известны! – еврейскому обществу. Азриэль Карлибах (основатель газеты «Маарив», учившийся в иешиве «Мерказ hа-Рав») писал в некрологе на смерть рава Кука в 1935 году о том, что, несмотря на всеобщее признание и уважение, общество на самом деле совершенно не знакомо с его учением: «Рав Кук умер, никем не понятый, и его великое учение поэтому будет забыто». Этому пессимистическому предсказанию, к счастью, не суждено было осуществиться.

Действительно, при жизни рава Кука получили известность лишь его многочисленные статьи и письма, а также его религиозно-сионистская концепция (и, прежде всего, книга «Орот»), но большинство его общефилософских работ, в том числе и наиболее революционные из них, еще не были опубликованы. Отрывки из философских работ рава Кука лишь постепенно, в течение десятилетий, становились доступными широкой публике (публикация некоторых философских дневников рава Кука не закончена даже и сегодня); параллельно с этим, благодаря деятельности его сына, рава Цви-Иеhуды Кука, его учение, через учеников иешивы «Мерказ hа-Рав», стало распространяться в обществе, и постепенно его идеи завоевывают подобающее им место.

Хотя сегодня рав Кук получил всеобщее признание как величайший еврейский мыслитель XX века, его философское наследие еще далеко не полностью воспринято еврейско-израильским сознанием. Даже сегодня многое из того, что мы читаем у рава Кука, представляется совершенно необычным и радикальным. Впрочем, именно поэтому, наверно, философское наследие рава Кука остается живым, вызывает острые разногласия и бурные споры и, вместе с тем, освещает дорогу на том трудном пути, которым идет сегодня еврейский народ и Государство Израиль.

# РАЗДЕЛ А.
# ЛИЧНОСТЬ

## ГЛАВА А-1

## БИОГРАФИЯ РАВА КУКА

*(Составлено П.Полонским
на основе материалов «Бейт hа-Рав» –
Иерусалимского Дома-музея рава Кука)*

### *1. Семья и окружающая обстановка*

Авраам-Ицхак hа-Коhен Кук родился в местечке Грива (Латвия), 15 элула 5625 (1865) г., в раввинской семье.

Городок Грива, насчитывавший в то время всего около 2500 жителей, располагался на левом берегу Западной Двины, напротив г. Двинска (сегодня этот район находится в черте г. Даугавпилс), на границе между провинциями Курляндия и Латгалия, входившими тогда в Российскую Империю. Характер еврейского населения этих двух провинций был различным. В Латгалии жило традиционное «белорусское еврейство» — как «литвакского» направления, так и хасидского (в основном сторонники движения Хабад), в то время как еврейское население Курляндии, далекое от хасидизма, было связано скорее с культурой немецкого, нежели литовского еврейства, и находилось под большим влиянием немецкой Гаскалы — вплоть до того, что во многих еврейских семьях этого района говорили дома на немецком, а не на идиш, что вообще-то было в те времена довольно редким явлением.

История и культура евреев на территории современной Латвии[1], среди которых вырос и в первый период своей жизни работал рав Кук, вообще значительно отличались от еврейства соседних Литвы и Белоруссии. Латвия — это бывшая территория Ливонского и Тевтонского орденов, перешедшая затем под власть Польши, а потом Российской Империи, и городская культура на этой территории была в значительной степени немецкой — как в языковом, так и в этническом отношении. При этом три провинции, на которые была разделена территория ордена, — Курляндия, Латгалия и Лифляндия — прошли затем разную историю, имели в разные эпохи различный политический статус и, соответственно, отличались одна от другой в культурном плане. Еврейское население появилось в этом районе относительно поздно — в эпоху вла-

---

[1] Я хотел бы выразить благодарность проф. Реувену Ферберу из Рижского университета за ценные консультации по истории и культуре еврейства Латвии.

сти Польши, начиная с XVI века, — и оно сохраняло культурную связь и преемственность с тремя окружавшими его большими еврейскими центрами: еврейством Литвы, белорусским еврейством и с немецким еврейством. Таким образом, в культурном пространстве этого региона в ту эпоху сталкивались и перемешивались три направления: литовская школа, хасидско-хабадская школа и влияние «современного просвещения» в форме немецкой *Гаскалы*. Все эти три направления явно присутствовали в ближайшем окружении рава Кука, и наложили отпечаток на полученное им воспитание и образование.

Сама семья рава Кука являла собой соединение литовского и хасидского направлений иудаизма. Его отец рав Шломо-Залман был «литваком», и он стремился воспитать своего сына раввином литовского типа. Мать, Перла-Злата, происходившая из хасидско-хабадской семьи, стремились, наоборот, к тому, чтобы Авраам-Ицхак вырос хасидским лидером. В своей жизни рав А.-И. Кук в каком-то смысле синтезировал оба эти идеала. С одной стороны, его отличала ученость, обширные знания, галахический авторитет и умение решать сложные проблемы, связанные с реализацией Еврейского закона, — т.е. все то, что относится к образу раввина-литвака. С другой стороны, он был харизматической личностью, человеком, умевшим не только передать окружающим глубокое религиозное чувство, но и способным понять и принять людей, далеких от Торы, даже им указать путь, позволяющий приблизиться к Создателю, — т.е. то, что характеризует образ хасидского «*ребе*».

Этот синтез проявился не только в личности рава Кука, но и в характере всего его учения.

## 2. *Учеба (1868 – 1887)*

В возрасте трех лет Авраам-Ицхак начал учиться — сначала дома, потом в хедере, изучая все области иудаизма: ТаНаХ, Талмуд, комментарии, кодексы, литературу как литовского, так и хасидского направлений. Когда ему исполнилось девять лет, отцу пришлось забрать мальчика из хедера и учить его самому, т.к. не нашлось раввина, который смог бы ответить на все вопросы ребенка на уровне, соответствующем его способностям. В обучении также принимал участие дед рава Кука по матери, сторонник хасидского движения Хабад.

По достижении бар-мицвы (13 лет) «вундеркинд из Гривы», как в детстве называли рава Кука, покинул родной город и в течение 6 лет ездил по разным окрестным местечкам, чтобы учиться у различных выдающихся раввинов. Он учился у знаменитого знатока Талмуда р. Реувена Левина, раввина г. Двинска (известного как «рав Рувеле Динабургер»), у р. Элиэзера Дон-Ихья, раввина г. Лудзя (Луцин, в Латгалии), и у р. Авраама-Хаима Шапиро, раввина г. Сморгонь, около Гродно. Впоследствии рав Кук рассказывал, что эти учителя оказали на него огромное влияние не только из-за их знаний, присущей им душевной щедрости, величия и четкости мысли, но и благодаря их широчайшему общему кругозору и открытости современным проблемам, что совсем не являлось в то время обычным. Другим важнейшим фактором, весьма сильно повлиявшим на становление личности рава Кука, была особая любовь к Стране Израиля и поддержка начинавшегося в то время сионистского движения «Хибат Цион», царившая как в атмосфере его родительского дома, так и всех тех мест, где он впоследствии учился.

Начиная с 14 лет, Авраам-Ицхак начал писать стихи. Вообще говоря, чисто поэтические произведения занимают в творчестве р. Кука не очень большое место, но «поэтическая составляющая» его книг очень существенна: в каком-то смысле все его философские труды являлись «философской поэзией», — что, с одной стороны, позволяло ему передать очень сложные оттенки мысли и чувства, но, с другой, чрезвычайно затрудняет для нас систематизацию и анализ его взглядов.

В 1884 г., в возрасте 19 лет, А.-И. Кук приехал учиться в знаменитую Воложинскую иешиву. Эту иешиву основал рав Хаим Воложинский, ученик Виленского Гаона; она функционировала с начала XIX века и вплоть до Второй Мировой войны. Это была главная и самая большая иешива литовского направления, она выделялась большим числом учеников и чрезвычайно высоким уровнем преподавания. Воспитательные принципы Воложинской иешивы заключались в том, чтобы научить учеников важности как развития собственной личности, так и совершенствования еврейского народа в целом. Эти принципы стали в дальнейшем также и основой учения рава Кука.

Период пребывания и учебы рава Кука в Воложине был особенно плодотворным. В семь утра он приходил в иешиву и учился до полуночи почти без перерыва. Шестьдесят листов Талмуда входили в его ежедневную программу (цифра громадная, многократно превышающая обычную скорость учебы), так что за период учебы в Воложине он сумел семнадцать раз проработать весь Вавилонский Талмуд.

Будучи одной из самых сильных иешив своего времени, Воложинская иешива, в которой собиралась талантливая еврейская молодежь со всей Восточной Европы, была в то же время и бурлящим центром столкновения различных подходов к дальнейшему направлению развития иудаизма. В ней были как сторонники модернизации, так и ее противники, как сторонники движения за создание еврейского национального государства в Стране Израиля, так и те, кто считал, что этого не следует делать. Среди студентов циркулировала и бурно обсуждалась всевозможная еврейская пресса того времени, как на иврите и идиш, так и на немецком и даже на английском языках. Из стен Воложинской иешивы вышло множество раввинов и ученых, а также писателей, журналистов и общественных деятелей.

Во время учебы в Воложине возникла особая духовная близость между равом Куком и равом Нафтали Цви-Иеһудой Берлиным («Нецив»), который возглавлял иешиву в этот период. «Ради того, чтобы вырастить такого ученика, стоило основать Воложинскую иешиву», — так отзывался впоследствии Нецив о раве Куке.

В сущности, именно школа Виленского Гаона в своем внутреннем содержании, которую рав Кук, в процессе учебы в Воложинской иешиве, воспринял по прямой линии через его учеников, послужила тем центральным стержнем, на котором рав Кук построил в дальнейшем свои концепции.

В период учебы в Воложинской иешиве, в возрасте двадцати лет, рав Кук женился на Бат-Шеве-Альте, дочери р. Элияһу-Давида Рабиновича-Теомим («Адерет», 1843-1905), одного из выдающихся мудрецов того времени и раввина города Поневеж в Литве. Некоторое время рав Кук жил в доме тестя и учился Торе также и у него.

И, наконец, среди тех, кто оказал существенное влияние на формирование взглядов и личности рава Кука, следует отметить рава Шломо Эльяшива («Лешем»), одного из самых великих каббалистов того времени.

## 3. Раввинские должности в Литве и Латвии (1887–1903)

С 1887 г. рав Кук стал служить раввином: сначала, на протяжении девяти лет в небольшом литовском местечке Жеймели (Зоймель, около Ковно), а затем, в течение еще семи лет (1896—1903), в более крупном городе Бауска (Бойск, в Курляндии/Латвии).

Жеймели был классическим традиционным «местечком» с литовско-белорусским еврейским населением, в то время как в более промышленном Бауска еврейское население было более «модернизированным» и в большей степени говорившим по-немецки. Служба раввином в обоих этих городках сталкивала рава Кука с необходимостью решать как традиционные проблемы еврейской жизни, так и проблемы, возникающие из столкновения этой жизни с новыми веяниями современной культуры.

При этом, поскольку оба городка были относительно небольшие, и исполнение обязанностей раввина отнимало не очень много времени, у рава Кука оставалась возможность продолжать интенсивную учебу. В частности, он посвящал значительное время углубленному изучению тех разделов Учения, которые оставались за пределами обычной иешивной программы: Иерусалимскому Талмуду, Каббале, заповедям, связанным с Землей Израиля, и заповедям Храма (здесь следует отметить, что рав Кук происходил из семьи коһенов, т.е. потомков священников в Храме). Все это усиливало связь рава Кука с Землей Израиля.

В тот период рав Кук опубликовал несколько статей, в которых проявились его религиозно-сионистские взгляды («Свидетельство Израиля и его национальная самобытность», «Ручьи в Негеве», «Советы издалека»). В этих работах он предложил свой особый, отличающийся от общепринятого в то время в раввинских кругах, подход к проблемам сионистского и национального движения. В то время, когда сионистское движение еще только начинало разворачиваться, рав Кук призывал к тому, чтобы не отталкивать его из-за его «антирелигиозности» (как поступали многие раввины того времени), а наоборот, помогать сионизму, всячески поддерживать его и при этом стараться наполнить его религиозным содержанием.

(Следует отметить, что сионистский подход рава Кука сильно повлиял также на жизнь самого городка Бауска, многие из жителей которого впоследствии переселились в Страну Израиля.)

Еще в период жизни в Жеймеле умерла жена рава Кука Бат-Шева-Альта, дочь Адерета. Спустя некоторое время Рав женился на ее двоюродной сестре Рае-Ривке (дочери р. Ц.-И. Рабиновича-Теомим, брата Адерета). У супругов родились дети: сын — Цви-Иеһуда (ставший после своего отца главой иешивы «Мерказ һа-Рав» в Иерусалиме) и дочь — Батья-Мирьям (впоследствии жена рава Ш.Н. Раанана, ученика рава Кука и одного из руководителей иешивы «Мерказ һа-Рав»).

## 4. «Раввин Яффо и новых поселений» (1904–1914)

Летом 1902 г. скончался р. Нафтали-Цви һа-Леви, раввин города Яффо. Община города, который был тогда центром сионистской деятельности Страны Израиля и новых еврейских поселений (т.е. Первой Алии), хотела найти подходящего ей по характеру духовного лидера и решила пригласить на эту должность рава Кука. Муниципалитет города ходатайствовал перед оттоманскими властями о предоставлении визы раву Куку, российскому подданному.

Получив разрешение переехать на Святую Землю, рав Кук немедленно им воспользовался и 28 ияра 5664/ 1904 г. (в день, который 63 года спустя, когда Старый город Иерусалима был освобожден от иорданских войск, стал называться «День Иерусалима») в возрасте 39 лет прибыл в Страну.

Должность рава Кука называлась «раввин города Яффо и окрестных поселений»; фактически он стал раввином всего Нового Ишува. (Новым Ишувом называли тех, кто приехал в Страну Израиля с сионистским движением, в отличие от жителей Старого Ишува, т.е. тех, кто приехал из чисто религиозных соображений еще до начала сионистского движения. До Первой Мировой войны город Яффо/Тель-Авив был центром Нового Ишува, а Иерусалим — центром Старого Ишува.)

В Яффо рав Кук предпринял первую попытку основать «Высшую национальную иешиву», подобной которой до того времени не существовало. Ее идейные принципы — воспитание таких раввинов, которые смогли бы стать духовными лидерами для нового сионистского населения страны, акцентирование общенациональной темы и обращение к актуальным современным вопросам в Галахе — были радикальным новшеством в системе еврейского религиозного образования, как в Стране Израиля, так и вне ее. Однако такая иешива в то время еще не могла укорениться, и она действовала лишь короткий период; позже, в 1921 г., она была воссоздана в Иерусалиме.

Другой сферой деятельности рава Кука было налаживание отношений с рабочими и с «халуцим» — первопроходцами Второй Алии, сионистами-социалистами, прибывавшими в Страну Израиля начиная с 1906 г., после поражения Первой русской революции, большая часть которых стремилась осуществить свою мечту о социалистическом государстве на еврейской почве. Близкие

*Городок Грива (сегодня район г. Даугавпилс), в котором родился р. Кук*

*В Жеймели, 1888 г.*

*В Яффо, около 1910 г.*

*С первопроходцами первых сельскохозяйственных поселений «Аводат Исраэль»*

תולדות העולמות. כלומר תהיה אלוהיות החיות שלהם היום העליונות
הרוחניות ותכליות הארגעים האלוהיות יציאת הארצות תמיד שומרים
לעברם. הם הכל כפי כוח אלוה ואנות. הכל הראשונים אלא לא היה היתגלה
אלא [unclear] לומן השירה הכהויטלית, אלא הכל היהוהאלונו
[unclear] אלוות על הרצונות לאשר להגלות. וגם ולגם אלונו נולא
אנים על כל הרצונות כולא. הכל אות התגלות, הכל ולאם על בלתילו
הלא אם כי בתוכם האהבה להם אושלים עם הרוצא אל אלהו אם
ונה כזה הם מתחכרים בו כלא יתה ורוחם [unclear] ואלות וכל
הולות הערן להוולא והחלב הרצו. ולא כן כל [unclear] ואדות ולכ
[unclear] כל [unclear] ולא להיה וחלת נו לחכול לנו רוצה
[unclear] הכל. ולרנתיה להכי הכל. להנ ני האדם תוצא חוזר
הכל היוצא אלגו אולרו מדני הכל המתרלה עי לאוות על שלושת
ואחל ורעץ ואל אחר את הכן עלם.
כת הייה הגדול ניאלר רלש הכל שלם. ולהוא תתלה כלרו
לי רחל. הרי היו אולי ולאל בדול לאור הרשי לגתרוה כולה
[unclear] נולא כתר חיצה. רלונה אלה היים שתולים הם ותלאות
כלא היות הואלא היי אותלוה. ואלור היויב אלאות הכלאת. להגלות
הולות. איני ואחי הכל. אלחיים חלים. להגוי לאיי לאות חולא.
ולום. להולי על כולים. ולאוכל כל נתלים. ולא לנני לרום
ולגרים לגל עץ.
ונאולם לאת פלוג נגלל. לעובי אלנ א לנ רגתהל להיה
וכ הם והחל מן האלוים. ולהגביר. את הטוב אל הטל את
החוי אלהים אולם. להגלו אלו ואלל אל אלה הכל הסהכ אחל
אלוי לאל שלום את כל הסורשת. ואלראות כל חלונים כולא
והכלא לאנה היש הכל עלם רוני כאלא התלאה. וההואלא

*В Швейцарии, 1915 г.*

*В Лондоне, 1917 г.*

*В Иерусалиме, около 1920 г.*

*В Иерусалиме, 1920-е годы*

*Р. Кук преподает в «Центральной Иешиве» (в будущем «Мерказ hа-Рав») в 1920-е годы. Сегодня это здание «Бейт hа-Рав» – Дома-музея р. Кука*

*Выступление в Иерусалиме, 1920-е годы»*

*Во время визита в Америку, 1924 г.*

*Во дворе своего дома, в Иерусалиме (Сегодня здание «Бейт hа-Рав»)*

*Иерусалим, 1930-е годы*

*Иешива «Мерказ hа-Рав» в 1959 г. Слева направо: Залман Меламед, Яков Фильбер, Шломо Голь, Мататьяhу Зильбершлаг, Мордехай Боярский, Эфраим Шахор, Имануэль Зарбив, Цефания Дрори, Михаэль Дегани, Натанель Зарбив, Иосеф Брамсон*

*Рав Цви-Иеѓуда Кук с первыми поселенцами в Самарии в 1970-е годы*

связи рава Кука с молодежью Второй Алии резко контрастировали с негативным отношением к ним со стороны Старого Ишува.

Возрождение сельского хозяйства в Стране Израиля порождало новые галахические вопросы, которые были неактуальны в предыдущие столетия и поэтому не ставились (и не решались) религиозными авторитетами прошлых веков. Поиск ответов на эти вопросы стал одним из важных направлений деятельности рава Кука. С приближением в 1910 г. года Шмиты — Седьмого года, года «Субботы земли» — Рав предпринял попытки обеспечить выполнение законов Шмиты всеми земледельцами, даже теми, которые не могли прекратить работы в этот год. Поэтому рав Кук совместно с р. Ицхаком Элхананом Спектором, раввином города Ковно и одним из ведущих законоведов того времени, вынес постановление «разрешения продажи» (*hетер мехира*), позволявшее в определенных ситуациях организовать продажу поля на год Шмиты в нееврейское владение, вследствие чего некоторые сельскохозяйственные работы в год Шмиты становятся разрешенными. (Следует подчеркнуть, что такое соблюдение Шмиты, хотя оно, конечно, не является идеальным, находится целиком в рамках строго ортодоксальной галахи!) Это знаменитое постановление, которое раввины Старого Ишува сочли слишком облегчающим и на этом основании отвергли его, вплоть до наших дней является основой всего функционирования сельского хозяйства в Израиле в годы Шмиты, хотя при этом оно и продолжает вызывать острые разногласия.

Надо отметить, что одновременно с вынесением решения о «разрешении продажи» рав Кук призвал всех еврейских земледельцев, если такая возможность имеется, полностью прекратить работу в год Шмиты; и он даже учредил «Фонд соблюдающих Шмиту» для помощи таким земледельцам. Иными словами, рав Кук с самого начала рассматривал «разрешение продажи» не как идеальное, а как вынужденное решение, которое впоследствии, когда обстоятельства общенациональной жизни предоставят такую возможность, будет заменено полноценным соблюдением Шмиты. Однако рав Кук был убежден в необходимости введения «разрешения продажи» в сложившейся ситуации, т.к. без этого те земледельцы, которые стремятся к соблюдению Шмиты, но экономически еще не готовы к ее идеальному проведению, могут быть разорены; при этом другие земледельцы, которые далеки от соблюдения заповедей, не будут в этом случае придерживаться вообще никаких ограничений, и в Стране будет в массовых количествах производиться и потребляться некашерная продукция, чем будет нанесен существенный ущерб общенациональному соблюдению заповедей.

Таким образом, решение о «разрешении продажи» диктовалось не «желанием облегчить заповеди», а наоборот, стремлением повысить уровень соблюдения заповедей еврейским народом, чему оно и способствовало. Подобный подход к галахическим вопросам, — учитывающий не только проблемы индивидуального соблюдения заповедей, но и проблемы их общенационального соблюдения в реально сложившихся условиях, когда есть значительные группы евреев, отошедших от Торы, но желающих быть интегральной частью еврейской жизни и действительно являющихся ее частью, — был совершенно новым в то время для еврейской галахической мысли.

В других аналогичных ситуациях рав Кук также неоднократно выносил галахические решения, противоречащие привычным нормам. Это происходило, например, когда он считал, что основная суть требований Закона Торы выполнена, а требование соблюдения дополнительных строгостей (необязательных, но зачастую принятых) может негативно сказаться на возрождении еврейского хозяйства в Стране Израиля, а ведь развитие еврейской жизни в Стране также является заповедью! Во всех подобных ситуациях рав Кук брал на себя ответственность за вынесение этих смелых решений и не отказывался от своей позиции даже в тех случаях, когда раввинский суд Старого Ишува в Иерусалиме выражал несогласие с ним.

При этом надо отметить, что рав Кук, конечно, всегда придерживался строго ортодоксального подхода во всех галахических вопросах; более того, он и по характеру своему совсем не был «либеральным раввином», который мог бы легко и бесконфликтно относиться к нарушениям евреями заповедей Торы. Например, известен случай, когда еще во времена его работы раввином в городе Бауска однажды в пятницу, уже перед самым наступлением Субботы, он увидел, что магазин городского габая (синагогального старосты), важного и богатого человека, еще открыт, хотя многие люди уже спешили в синагогу. Рав Кук зашел к нему и сказал, что наступает Суббота, и что следует запереть магазин. Габай рассчитывал, что раввин ограничится лишь этим замечанием, но тот, к изумлению габая, вернулся через несколько минут, сел на стул и заявил, что не сдвинется с места, пока не закроют магазин и не прекратят нарушение Субботы.

И в других ситуациях рав Кук проявлял настойчивость — как в вопросах соблюдения заповедей между человеком и Богом, так и в вопросах взаимоотношений между евреями, — не боясь при этом вступать в конфликт, если он считал, что делается что-то неправильное, во что он обязан вмешаться. Однако галахические проблемы в возрождающейся Стране Израиля носили иной характер. Дело здесь было не в «облегченном толковании Галахи», а в столкновении двух заповедей, каждая из которых важна. В ситуации сельского хозяйства в год Шмиты, как и во многих других подобных пограничных случаях, рав Кук исходил из того, что само создание еврейского государства в Стране Израиля и необходимое для этого развитие его базы в сельскохозяйственной и промышленной областях — это не просто «материальная жизнь», но реализация заповеди Торы. А потому он считал, что необходимость развития и упрочения этой еврейской жизни есть важнейший религиозный и галахический довод, который в определенных ситуациях может повлиять на галахическое решение.

Поддержка равом Куком нерелигиозных первопроходцев сионистского движения вызвала резкий протест «Ревнителей Веры» – раввинской группы внутри Старого Ишува, враждебно относившейся к нерелигиозному сионизму. С противоположной стороны общественного спектра, некоторые слишком антирелигиозно настроенные активисты «социалистического сионизма» также не принимали рава Кука из-за его «слишком сильной религиозности». И все же в целом Рав сохранял конструктивные отношения с абсолютным большинством как Старого, так и Нового Ишува; более того – он предпринимал усилия для того, чтобы сблизить их. Например, рав Кук не раз совершал поездки по новым сельскохозяйственным поселениям, создававшимся в Галилее, Изреэльской долине и Самарии. Самая большая из таких поездок была предпринята равом Куком в 1913 году в обществе нескольких известных раввинов, включая также и видных руководителей Старого Ишува. Верный своим принципам, р. Кук пытался сохранить отношения с оппозиционными сионизму кругами еврейской ультраортодоксии и одновременно поддерживал тесные связи с Берлом Каценельсоном, А.Д. Гордоном, Х.-Н. Бяликом, Ш.-Й. Агноном и другими заметными деятелями светской культуры.

Во время пребывания на посту раввина Яффо рав Кук стремился быть не только в гуще практической жизни Нового Ишува, но и в курсе всех интеллектуальных и духовных исканий еврейства его времени, следя за всей издававшейся в то время литературой и периодикой. И в дальнейшем, в книгах, написанных равом Куком, мы видим, что он соотносится не только с еврейской традицией и современной еврейской жизнью, но и с научными, философскими и эстетическими исканиями той эпохи.

В этот период были опубликованы несколько книг рава Кука, наиболее важными из которых были «Эдер hа-Якар», посвященная памяти его тестя Адерета и воспоминаниям о прошедшей эпохе (Адерет в 1899 г. был приглашен на пост главного раввина Иерусалима, и он занимал этот пост до своей смерти в 1905 г.), и «Иквей hа-Цон» – сборник философских эссе, призванный начать диалог с нерелигиозными первопроходцами Второй Алии; а также «Шаббат hа-Арец» — «Суббота Земли», посвященная проблемам Седьмого года. Рав Кук также постоянно выступал на различных форумах и публиковал статьи в газетах и журналах, издававшихся в Стране.

Однако при этом многие важные произведения, написанные равом Куком в тот период, не были изданы ни тогда, ни вообще при его жизни. Это касается, в частности, одной из его важнейших книг «Арфилей Тоhар» и вообще его «философских дневников». Сын Рава, р.Цви-Иеhуда Кук, опасался слишком рано, пока общество еще не было к этому подготовлено, издавать эти сочинения отца в их полном виде, — полагая, что слишком радикальная и модернистская позиция, выраженная в них, может быть неправильно истолкована и приведет к непониманию.

Начиная с 20-х гг. стали издаваться книги, содержащие избранные отрывки из этих дневников. В частности, в книгу «Орот» («Сияние»), редактором которой был рав Цви-Иеhуда Кук, были включены отрывки, посвященные религиозному пониманию сионизма, текущих социально-политических процессов, происходящих в еврейском и нееврейском мире, и особенностям современного поколения. Эта книга стала базовым учебником для студентов иешивы рава Кука («Мерказ hа-Рав»), а в дальнейшем – и всей сети выросших из нее иешив сионистского направления. В другой многотомный сборник «Орот hа-Кодеш» («Сияния святости»), первый том которого вышел в 1935 г., незадолго до смерти рава Кука, — были включены в основном общефилософские отрывки из этих дневников. В дальнейшем были изданы такие сборники, как «Орот hа-Тора», «Орот hа-Тшува», «Орот hа-Эмуна» и др., составившие все вместе серию «Орот».

Однако философские дневники Рава вошли во все эти сборники лишь в частичном и сокращенном виде. Полное же издание основных философских дневников рава Кука («Восемь тетрадей») для широкой публики было разрешено его учениками и наследниками лишь в 1994 г., более чем через 70 лет после их написания.

## 5. Пребывание в Европе во время Первой Мировой войны (1914–1919)

За все время своего пребывания на должности раввина г. Яффо рав Кук ни разу не выезжал за пределы Святой Земли. Однако летом 1914 г. он согласился совершить поездку в Германию, чтобы выступить там с речью на первом съезде Агудат Исраэль, поскольку придавал большое значение возможности разъяснения своего религиозно-сионистского мировоззрения именно на этом форуме, наиболее влиятельном и важном для религиозных евреев того времени.

Рав Кук уехал в Европу, но вскоре разразилась Первая Мировая война, съезд Агудат Исраэль был отложен, морская и сухопутная связь со Страной Израиля прекратилась, и Рав был вынужден остаться за границей до окончания войны.

После того как выяснилось, что вернуться в Страну Израиля невозможно, раву Куку (который продолжал оставаться российским подданным) удалось выбраться из Германии и временно обосноваться в нейтральной Швейцарии, где он поселился в доме друзей в Сен-Галлене и смог посвятить свое время созданию нескольких важных книг и продолжению работы над философскими дневниками. В это время состоялось знакомство рава Кука с Давидом hа-Коhеном (который позже приобрел известность как «Иерусалимский Назир»), ставшим впоследствии одним из его ближайших учеников, редактором-составителем «Орот hа-Кодеш». Назир в это время учился на философском факультете университета в Базеле; будучи там единственным еврейским религиозным студентом и разрываясь между Торой и современной европейской философией, он жаждал найти учителя для построения цельной религиозной системы, которая находилась бы на достаточном для современных запросов философском уровне. Именно такого учителя он нашел в лице рава Кука.

Через полтора года пребывания в Европе рав Кук получил предложение от руководства еврейской общины Лондона использовать вынужденную задержку и возглавить общину «Хранителей веры» в Лондоне. Рав принял предложение, оговорив при этом, что вернется в Святую Землю, как только представится такая возможность, и в 1916 г. переехал в Лондон. (Рассказывают, что в

Лондоне, для того чтобы выучить английский язык рав Кук взял ТаНаХ, который он знал наизусть, и прочел его в английском переводе.)

На посту раввина лондонской общины рав Кук публично оказывал активную поддержку сионистскому движению (что не соответствовало в то время взглядам большинства еврейского истеблишмента Великобритании), и тем самым способствовал подготовке общественного мнения к принятию Декларации Бальфура. Точка зрения враждебно настроенных к сионизму лидеров еврейской общины Великобритании была опубликована в «Таймс» под заголовком «Еврейство - это религия, а не национальность» – вследствие чего евреям, якобы, не нужно свое государство. Рав Кук немедленно отреагировал на это статьей «Заявление по поводу национальной измены», в которой выражал резкое неприятие всякой попытке отделения еврейской религии от еврейства в национальном смысле. Публикация статьи рава Кука в английской прессе вызвала широкий отклик общественности. Более того, когда «палестинский вопрос» был вынесен на обсуждение парламента, один из депутатов сказал: «На кого мы должны полагаться в этом вопросе больше: на лорда Монтегю (одного из лидеров ассимилированного еврейства, выступавшего против Декларации Бальфура) или на раввина Кука?». Таким образом, публичная поддержка Равом сионистского движения сыграла определенную роль при решении этого вопроса.

Интересно отметить, что на фоне всеобщего восхищения Декларацией («Правительство Его Величества положительно относится к созданию еврейского национального очага в Палестине») рав Кук отреагировал на нее несколько иначе, заявив: *«Мне хотелось бы не поблагодарить, а поздравить правительство Великобритании, в связи с тем, что Всевышний избрал его Своим посланником для выполнения Божественного обещания о возвращении евреев в Страну Израиля».*

По завершении Первой Мировой войны, рав Кук, оставлявший за собой все годы пребывания за границей звание «раввина города Яффо и новых сельскохозяйственных поселений», сразу же вернулся в Страну Израиля, — которая тем временем из рядовой провинции Османской империи превратилась в «подмандатную территорию под управлением Великобритании», где согласно Декларации Бальфура и полученному от Лиги Наций мандату следовало постепенно создать самостоятельное еврейское государство.

## 6. Раввин Иерусалима (1919–1921) и Главный раввин Страны Израиля (1921–1935)

Еще до возвращения рава Кука из Лондона Всеобщий совет иерусалимских иешив решил назначить его на должность Главного раввина Иерусалима, и отправил ему послание со следующими словами: «Славного гаона приглашаем мы подняться на Святую гору Мория, с которой исходит для мира Свет и Учение... Встань и поднимись, и будь пастырем народа Божьего на Святой горе в Иерусалиме....» (Это обращение еще раз подчеркивает, что несмотря на идеологическое несогласие и непонятное многим в то время его «нелепое увлечение сионизмом» – огромное большинство раввинов Страны Израиля полностью признавало религиозный и галахический авторитет рава Кука.)

«Ревнители Веры» сначала возражали, поэтому рав Кук, не желая вызвать конфликт, вначале отклонил это предложение, и в конце лета 1919 г., вернувшись в Страну, поселился в Иерусалиме в качестве рядового жителя. Однако уже в следующем, 1920 г., под давлением широкого общественного мнения, он принял это назначение.

Одной из важнейших целей рава Кука было создание Главного раввината Страны Израиля, который стал бы общенациональным религиозным центром, способным решать религиозные проблемы, возникающие в период возвращения еврейского народа в Святую Землю. Это стало особенно важным (и вообще возможным) именно в этот момент, когда политический статус страны резко изменился: в результате Декларации Бальфура и основанного на ней мандата Лиги Наций необходимость создания будущего еврейского государства была признана на официальном мировом уровне, и поэтому автономное еврейское самоуправление на подмандатной территории должно было стать основой будущих государственных структур.

В результате усилий рава Кука, весной 1921 г. состоялся Всеобщий съезд раввинов Страны Израиля. Этому съезду предшествовали многочисленные споры. Сторонники Старого Ишува опасались, что основание общенационального Главного раввината приведет к изменениям в Галахе. Сефарды опасались, что это приведет к отмене должности «Главного Мудреца» (*Хахам баши*), признанного в довоенное время оттоманскими властями в качестве официального главы еврейской общины в Палестине. Нерелигиозное население опасалось, что Главный раввинат, как интегральная часть еврейского сионистского самоуправления в подмандатной Палестине, может вынести какие-либо религиозные постановления, которые приобретут обязательный для всех статус.

После того как рав Кук однозначно высказался против каких-либо изменений в Галахе, разъяснил свою позицию и развеял все страхи, съезд был проведен. На нем был избран Главный раввинский совет. Главным ашкеназским раввином Страны Израиля был избран рав Кук (он оставался на этом посту до своей смерти в 1935 г.), а главным сефардским раввином — рав Яаков Меир. Рав Кук рассматривал создание Главного раввината как важнейший шаг в воссоздании общенационального уровня иудаизма, его обновлении и обращении к проблемам современности; и надеялся, что постепенно из него сможет вырасти новый Санhедрин.

Положение Главного раввина Страны Израиля, официально признанное британскими мандатными властями, давало раву Куку возможность охватить широкое поле деятельности, недоступное частному лицу. В рамках этой деятельности он активно боролся за выдачу многим евреям разрешений на репатриацию (в особенности это касалось евреев, бежавших из Советской России, что спасало их от смертельной опасности), поддерживал деятельность по спасению детей, оставшихся сиротами в результате погромов во время Гражданской войны на Украине, был в гуще всех значительных общественных событий еврейского ишува. В 1925 г. он принял участие в торжественной церемонии открытия Еврейского университета на горе Скопус в Иерусалиме – что совершенно не соотносилось тогда с образом «ортодоксального раввина»; произнесенная им при этом речь о задачах еврейского образования вызвала широкий общественный резонанс[1]. В 1929 г. рав Кук оппонировал иерусалимскому муфтию Хадж-Амину аль-Хусейни (будущему создателю мусульманских легионов вермахта и СС) в ходе спора о еврейских правах у Стены Плача. После зверской резни, учиненной в Хевроне арабскими бандами, он настойчиво требовал восстановления еврейской общины в «Городе Патриархов».

Однако при всей этой активной общественной деятельности главным для рава Кука было заложить фундамент того нового направления в иудаизме, которое дало бы возможность впоследствии кардинально повлиять на пути развития Государства Израиль[2]. В

---

[1] Отрывки из этой речи см. ниже в разделе «D»
[2] Кстати, и сам этот термин "Мединат Исраэль" - «Государство Израиля» – был применен впервые в то время именно р. Куком.

1924 г. рав Кук основал в Иерусалиме «Центральную Всемирную иешиву», резко отличавшуюся от других иешив новым подходом к изучению религии и отношением к сионизму; она позже приобрела известность под названием «Мерказ hа-Рав». Все преподавание в иешиве велось на иврите (в отличие от принятого в то время в ашкеназских иешивах идиша). Важным нововведением в методике изучения Талмуда и Закона был упор на изучение практической галахи в непосредственной связи с текстом Талмуда, чтобы можно было устранить существовавшую оторванность исследований Талмуда от реальной галахи и соединить их изучение в единую систему. Программа для иешивы включала поэтому параллельное изучение Вавилонского и Иерусалимского Талмудов, современной практической галахи, произведений еврейской философской мысли, хасидизма и каббалы. В программу входило также и систематическое изучение ТаНаХа — что было совершенно новым в то время, т.к. ТаНаХ в иешивах почти не изучали[1]. Одним из уникальных аспектов иешивы «Мерказ hа-Рав» было также широкое изучение проблем веры в современном мире, проблем еврейской национальной жизни и проблем построения и развития еврейского государства.

Иешива «Мерказ hа-Рав», которую после смерти Рава в 1935 г. возглавил его сын, р. Цви-Иеhуда Кук, стала центром подготовки раввинов сионистского направления и сыграла чрезвычайно большую роль в истории Государства Израиль. Из ее стен вышли, в частности, раввины движения «Бней-Акива», движения «Иешивот-hесдер», совмещавшего учебу со службой в армии, раввины и лидеры поселенческого движения «Гуш-Эмуним» и многие другие. Эта иешива стала главным стержнем всего дальнейшего развития религиозного сионизма в Израиле вплоть до наших дней.

Рав Кук стремился сохранять контакт и взаимопонимание со всеми группами в еврейском ишуве Страны. Однако, когда ситуация потребовала этого, он не побоялся выступить против тогдашнего руководства ишува. Это произошло в 1934 г., после убийства д-ра Хаима Арлозорова, одного из лидеров рабочего движения и главы политического отдела Сохнута (т.е. фактически министра иностранных дел сионистской организации). Рабочая партия «Мапай» (сегодняшняя «Авода») по чисто политическим мотивам обвинила в этом преступлении ревизионистов (ревизионистское движение стояло у истоков создания Эцеля, Лехи и Херута, а впо-

---

[1] Подробнее см. об этом в данном сборнике, гл. В-1, §2.4

следствии — партии «Ликуд»). По обвинению в убийстве были арестованы трое членов ревизионистского движения: Аба Ахимеир, Авраам Ставский и Цви Розенблат. В конце концов Ахимеир и Розенблат были оправданы, а Ставский приговорен к смертной казни. За приговор проголосовали двое судей из трех, заседавших в суде (англичанин, араб и еврей). Рав Кук, как и многие другие видные деятели ишува, был убежден в невиновности Ставского и поэтому он активно выступил в его защиту. *«Мы не имеем права смотреть безучастно на пролитие невинной крови, мы обязаны сделать все, что в наших силах, чтобы правда восторжествовала»*, — ясно и недвусмысленно заявил рав Кук, за что подвергся резким нападкам и, фактически, травле со стороны газет рабочего движения. Борьба рава Кука увенчалась успехом, и смертную казнь отменили. Но он не ограничился этим и продолжал действовать вплоть до полного оправдания Ставского. Своей деятельностью по спасению Ставского рав Кук заслужил уважение со стороны всей еврейской Диаспоры, где позиции ревизионистского движения были очень сильны.

Лето 1935 г. стало последним в жизни рава Кука. Несмотря на болезнь и страдания, Рав не переставал учиться, писать и проводить занятия с учениками. В статье, написанной незадолго до смерти, рав Кук подчеркивал важность изучения Галахи по системе Виленского Гаона, основанной на проработке Талмуда не просто самого по себе, а в соответствии с сегодняшней галахической реальностью.

К 1935 г. рав Давид hа-Коhен («Назир») подготовил, на основе избранных отрывков из философских дневников Рава, первый том «Орот hа-Кодеш» — книги, содержащей материал по различным аспектам метафизических и каббалистических основ учения рава Кука. Первый том был просмотрен и утвержден самим Равом, но дальнейшие тома были подготовлены и изданы уже после его смерти. Лишь тогда многие из его важнейших концепций начали свой путь к широкой читательской аудитории.

О последнем периоде в жизни рава Кука рассказывают множество удивительных историй; приведем ниже лишь одну из них. Однажды, когда у постели рава Кука находился его младший брат, р. Шмуэль hа-Коhен Кук, он заметил, что Рав плачет. Брат спросил его: «Что, очень сильна боль?» Рав Кук ответил: *«Я плачу не из-за боли, а из-за того, что голова моя полна мыслей, которые я хотел бы записать, да рука не в силах держать перо».*

За шестнадцать лет до этого, 3 элула 5679 (1919) г. рав Кук прибыл в Иерусалим. И вот теперь, в тот же день 3 элула 5695 (1935) г. грандиозная похоронная процессия прошла по улицам нижнего, земного, Иерусалима, в то время как душа Рава поднялась в Иерусалим небесный.

## ГЛАВА А-2

## Ш.-Й. Агнон

## ИЗ ВОСПОМИНАНИЙ О РАВЕ КУКЕ
### (с сокращениями)

*(Ш.-Й. Агнон- крупнейший еврейский писатель XX века, лауреат Нобелевской премии по литературе. Перевод – Ф. Гурфинкель. Текст взят их журнала «Менора».)*

### 1.

В Страну я прибыл в Лаг ба-Омер 1907 года и вначале поселился в Яффо, в квартале Неве-Шалом, недалеко от моря. Жили там, в основном, люди Старого Ишува, которых, правда, так еще не называли, ибо они в то время составляли большинство в Стране. На протяжении всего года здесь останавливались, приезжая по делу, а в жаркие летние дни для того, чтобы купаться в море. А еще там были новоприбывшие, которых хозяин гостиницы выуживал прямо из моря. Он договорился с владельцем лодок, коренастым арабом, и тот переправлял к нему всякого еврея, у которого не было разрешения на въезд в Страну. А делалось это так: араб прятал еврея у себя в лодке и высаживал его на берег где-нибудь в стороне, подальше от глаз портовых служащих, и передавал там сыновьям хозяина гостиницы, которые отводили гостя к отцу. Таким репатриантом оказался и я, благодаря золотой монете, называемой «наполеоном».

### 2.

В субботу после полудня я вышел на улицу, чтобы осмотреть город и его синагоги, особенно хотелось мне увидеть сефардскую синагогу. С тех пор, как я узнал из книг о золотом веке Испании и познакомился с его поэзией, я горел желанием увидеть его отражение. А где можно это увидеть? В субботу в их молитвенном доме. Хозяин гостиницы собирал у себя миньян и, боясь, что может не хватить десятого для миньяна, не отпустил меня ни в пятницу вечером, ни в субботу утром. В субботу после полудня, когда все в гостинице спали, как обычно по субботам, я поднялся и вышел.

## 3.

Я вышел из гостиницы, утопавшей в песках и изнывавшей под лучами палящего солнца, и направился к центральной улице Неве-Шалом, от которой ответвлялось множество переулков, состоявших всего из двух-трех домишек среди песков, которые, казалось, хотят их проглотить. Из-за субботы все магазины были заперты, а из-за жары на улице не было видно ни единого человека. Я шел и шел, и не у кого было спросить, где находится молитвенный дом сефардов.

Так я бродил в одиночестве: ни лица человеческого, ни голоса. Кроме жирных бродячих собак, которые лениво дремали, не желая даже тявкнуть, не видно было ни одной живой души. Куры во дворах и у торговца птицей и птицы небесные тоже молчали. Не то зной действовал так на них, не то просто лень. Жара и безмолвие слились воедино, так что их не отделить друг от друга. Вдруг в тишине раздался плеск волн, они сталкивались, обрушивались друг на друга, пока, обессилев, не падали, и тогда тишина безмолвствовала по-прежнему, и по-прежнему палило солнце.

## 4.

Я забыл уже, куда я иду и зачем я изнываю среди этого зноя и тишины в моей тяжелой и жаркой субботней одежде, привезенной из дому, и в тяжелых башмаках, в которых я пришел из моего города и страны, никогда не видевших и не знавших, что есть такое солнце.

## 5.

Вдруг откуда-то появилась фигура в черном. Я присмотрелся: ко мне приближалась женщина. На одном глазу у нее было бельмо.

Я обратился к ней с субботним приветствием на священном языке и спросил у нее — не помню, на священном языке или на идиш, — где находится здесь сефардская синагога.

Она закрыла здоровый глаз, посмотрела на меня незрячим и ответила мне вопросом на идиш с каким-то чужим и странным акцентом: «Разве ты сефард, чтобы искать сефардскую синагогу? Вот там идет сефард, спроси у него, он тебе укажет».

Спустя некоторое время мне пришлось побывать в доме уполномоченного Ховевей-Цион. Там я во второй раз увидел ту женщину: арабка была прислугой в доме. Узнав меня, она сказала при всех:

«Я сразу поняла, что господин из наших евреев, а не из франков». И потом она всегда смотрела на меня доброжелательно, потому что узнала во мне «нашего еврея», не принадлежащего к сефардам, которых она уважала не больше, чем арабов.

Сефард, услышав, какую синагогу я ищу, пригласил меня идти с ним. На священном языке с приятным акцентом он сказал мне, что идет в свою синагогу слушать хахама.

## 6.

Я шел рядом с моим провожатым, который тем временем шептал стихи Псалмов. Я не мешал ему, шел молча и думал, что, быть может, он из сыновей Абарбанеля или великих кодификаторов, живших в Испании. Преклоняясь перед поэтами Испании, я не решался думать, что рядом со мной, вероятно, идет их потомок.

Мы свернули в один из переулков Неве-Шалома и подошли к синагоге. Двери были раскрыты, возле них стояли два мальчика и по очереди подпрыгивали, чтобы поцеловать мезузу. Людей внутри было немного.

Одежды на них были разноцветные, на головах уборы из полос ткани или тарбуш. В неярком свете внутри выделялись красные тарбуши и голубые головные повязки, разноцветная одежда, завеса на кивоте, ковры на скамьях и на полу. Горели свечи в белых и синих светильниках, и все вокруг представляло собой единое целое: синагога, предметы в ней и люди, пришедшие сюда.

Окна со стороны моря были открыты, и сквозь них проникал приятный морской запах и даже как будто легкая прохлада. Между Песахом и Шавуотом морские волны еще не согрелись, и море плескалось в прохладе. Я убеждался в этом ежедневно, по утрам. В Яффо говорили, что пока не приехали элульские, морские волны не согрелись. Элульскими называли жителей Иерусалима, потому что в элуле, когда жара, пыль, лихорадка и другие болезни становятся невыносимыми, а недостаток воды в городе особенно ощутим, иерусалимские жители отправлялись в Яффо, к морю. И потому, что благочестивость кипит в них и носят они тяжелые теплые одежды, в Яффо говорили, что из Иерусалима приехали греть море.

## 7.

Человек, с которым я пришел, сел недалеко от входа, достал из кармана небольшую книжку и стал читать с напевом, напоминавшим колыбельную песню. Позднее мне не раз приходилось слышать такие напевы, которыми сопровождают молитву, как бы желая усыпить дурное побуждение.

Я сел рядом с ним. Постепенно собирались люди, занимали свои места. Одни читали Псалмы, другие сидели с закрытыми глазами, как незрячие, и губы их двигались сами по себе.

## 8.

Синагога постепенно заполнялась. Я присмотрелся к одному из вошедших и решил, что это хахам, которого имел в виду мой спутник, говоря, что идет слушать хахама. Я не успел разглядеть его как следует, когда вошел другой. Тогда я подумал, что хахам он.

Я повернулся к двери, чтобы посмотреть, стоят ли там мальчики, которых я видел, входя в синагогу, и удалось ли им дотянуться до мезузы. На стене я заметил объявление, написанное каллиграфическим почерком.

Я поднялся, подошел к объявлению и стал читать: «Муж, великий среди великих, ясный свет в небесах, совершенный мудрец, украшение святых, досточтимый мудрец рав Авраам-Ицхак hа-Коhен Кук и т.д., раввин общины наших братьев, сынов Израиля, ашкеназим, да будет с ним Превечный, — выступит с проповедью в святую Субботу, раздела Эмор»...

Мне хотелось увидеть раввина. Глазами я искал его повсюду, но не находил. Я стал беспокоиться, не прошла ли уже та Суббота. Но сегодня раздел «Эмор». Значит, тот день не прошел, и если раввина еще нет, то он вот-вот будет здесь.

## 9.

Поднялись два старика, хорошо одетые, с темно-синими головными повязками, подошли к боковому помещению, задержались там недолго и возвратились с молодым еще человеком, годившимся им в сыновья. Он был высокого роста, представительный, с меховой шапкой на голове. Почтенные старики — один по правую руку, другой по левую — проводили его до самого возвышения. Все собравшиеся в молитвенном доме поднялись. Одни приветствовали его, другие стояли и смотрели на него пристально, словно пытаясь запомнить каждую его черту. Какое-то удивительное скромное величие окружало его. Величие, отличавшее его до тех пор, пока Бог не отнял его у нас, как отнимает тех, кто ходит с Богом.

## 10.

Из-за непривычного моему уху произношения или потому, что мысли его били ключом, находя выражение в словах возвышенных, я не понял ничего, кроме стихов Танаха и высказываний мудрецов, приведенных в проповеди. Не знаю, понимали ли остальные больше, чем я, но все до одного стояли неподвижно, стояли и слушали, не так, как обычно люди слушают проповедь, а так, как слушают песнопения и восхваления из святых уст, когда всякая душа воспринимает соответственно силе своей.

Нередко, по прошествии лет, когда я сидел перед ним, а он, уносясь душой в небесные высоты, делился со мной своей мудростью, я вспоминал тот субботний день и ту проповедь в сефардской синагоге в Яффо. Мысли его устремлялись неудержимым потоком на языке возвышенном, но к тому времени ухо мое привыкло к различным произношениям и в том числе к его произношению, которое к тому же изменилось немного, так что всякий человек в Стране Израиля понимал его речь, чего, к сожалению, не скажешь о его мыслях, ибо не всякий их постиг.

## 11.

Когда Рав умолк, к нему подошел старик-хахам, наклонился, взял его руку и поцеловал. Наш учитель со свойственной ему беспредельной скромностью видел в этом поцелуе знак преклонения не перед ним, а перед Торой, которое порой обращают к изучающим и исполняющим ее, когда любовь разверзает затворы уст и выражается в поцелуе.

## 12.

Когда делятся воспоминаниями о великом событии или явлении, которое видели собственными глазами, обычно говорят: этого мне вовеки не забыть. Я не знаю, что значит «вовеки» и что означает обещание человека «вовеки» не забывать. Шестьдесят лет прошло с тех пор, а я все еще помню.

## 13.

Расскажу теперь о происшедшем восемнадцать лет спустя.

В Иерусалим приехал знаменитый художник. Однажды он пришел навестить меня, а потом бывал у меня ежедневно, пока оставался в Иерусалиме. Днем он работал где-то в городе и его окрестностях, а вечером приходил к ужину. Работать ему приходилось под палящими лучами солнца, на теле появились ожоги, на пальцах волдыри, и он не мог больше держать в руке ни кисть, ни карандаш. Я видел это и предложил ему побродить по улицам Иерусалима.

Я стал водить его по синагогам и учебным домам. Было это до событий двадцать девятого года, когда евреи жили еще на святой земле Старого Города, а синагоги и учебные дома не пустели. С чувством благоговения он оставался стоять у дверей домов Торы и домов молитвы, не решался войти внутрь святыни, а только смотрел со стороны. Казалось, глаза его жадно вбирают в себя святость, пребывающую в святых местах, которая порой открывается также и неевреям.

За ужином мы говорили о тех домах Торы и домах молитвы. Он рассказывал о португальской синагоге в Амстердаме и о евреях Амстердама, запечатленных и прославленных на полотнах Рембрандта.

Я рассказал ему о старике-хахаме, которого я видел в синагоге в Яффо, как он склонился перед нашим учителем, который был намного моложе его, и поцеловал его руку. Я видел, как художник мысленно представлял себе то, о чем я ему рассказывал.

Я говорил о художнике-неевреее, а теперь — о еврейском художнике.

Однажды Марк Шагал попросил меня познакомить его с равом Куком. Я пошел с ним к Раву. О том, что говорил Шагал и что отвечал ему наш учитель, расскажу как-нибудь в другой раз.

Когда мы вышли из дома Рава, Марк Шагал тряхнул головой, как бы желая освободиться от неотступного видения, и сказал: «Откуда у человека такое святое лицо?»

## 14.

Вот я рассказываю о событиях нескольких лет и еще не сказал, как я сблизился с Равом и что сблизило меня с ним.

Я жил в Яффо и добывал средства к жизни, работая секретарем Ховевей-Цион и секретарем гражданского суда, получая 60 франков в месяц за работу, которая не отличает дня от ночи, потому что нередко заседания продолжались далеко заполночь, особенно заседания суда, ибо обратившиеся в суд прибегают к многословию, чтобы оправдать себя и возложить вину на противную сторону.

## 15.

Говорят, что разум людей обычных отличается от разума мудрецов Торы. Нередко обращавшиеся в раввинский суд удивлялись решениям Рава и даже говорили, что он не разбирается в таких делах, как наши. Однажды хозяин гостиницы в Иерусалиме был заподозрен в том, что он обманул одну из своих постоялиц и покушался на ее честь. Поднялся шум повсюду в стране и особенно среди Нового Ишува. Там говорили: И это Иерусалим с его хасидами! Потому что владелец гостиницы был хасид. И вот, не доверяя раввинским судам в Иерусалиме, обратились к раву Куку, который в то время был раввином Яффо и окрестных поселений.

Рав принял у себя многих свидетелей и, изучив все досконально, увидел, что речь идет о ложном обвинении и что владелец гостиницы ни в чем не виновен. Волновался весь Яффо. Одни удивлялись решению, другие говорили, что такое решение вынесено не случайно, раввин из Яффо хотел угодить Старому Ишуву. А еще говорили в Яффо: «Что понимает раввин в светских делах? Если бы он разбирался в них, не стал бы оправдывать виновного и обвинять невинного».

## 16.

Решение Рава в пользу владельца гостиницы, которого Новый Ишув в Яффо считал виновным, вызвало бурные споры среди образованных людей в Яффо, и, наконец, пришли к выводу, что нельзя полагаться на такого раввина и на такое решение. Тогда же постановили создать гражданский суд. Избрали двенадцать человек из числа всех жителей, и был создан суд. Чтобы придать ему юридическую силу, каждый обращавшийся в этот суд давал письменное обязательство исполнить приговор, даже если дело выиграет противная сторона.

Среди судей были д-р Артур Рупин, д-р Хаим Хисин, Менахем Шенкин, Яаков Штрук и другие.

## 17.

Как-то за три месяца до своей смерти Рав пригласил меня к себе и говорил со мной об одном деле. Между прочим, он упомянул о гражданском суде в Яффо, в котором я служил секретарем. Я сказал, что жалею о своей работе там, в качестве секретаря, ведь гражданский суд был создан, чтобы не дать Раву судить согласно законам Торы, а обращавшиеся в суд говорили, что Рав не разбирается в подобных делах. На самом деле рав Кук разбирался больше многих судей гражданского суда, но судил согласно закону Торы, как это повелено нам Превечным.

Тогда же, беседуя со мной, наш учитель сказал: «Об этом мы уже говорили». Это значит, что об этом уже говорили несколько лет тому назад. Наш учитель помнил, о чем он говорил с каждым из нас, и, если не было в этом необходимости, не говорил об одном и том же дважды.

Часто, когда речь заходила о том, о чем уже говорилось прежде, он просто напоминал: «Об этом уже говорили». Несколько раз он имел при этом в виду наши с ним беседы в Яффо, происходившие двенадцать лет тому назад и более.

## 18.

Я еще хочу рассказать о нашем учителе.

**Молитвенник**

Однажды мы — я, реб Хаим Нахман Бялик, реб Элиэзер Меир Лифшиц, раввин Симха Асаф, реб Биньямин и другие — пришли в иешиву к нашему великому учителю раву Аврааму-Ицхаку hа-Коhену Куку и говорили там о распущенности поколения и о том, как его исправить. Кто-то начал с восхваления Торы, а кончил осуждением многочисленных ограничений, которые добавляли раввины во всех поколениях. Раздосадованный, Рав вздрогнул, он, казалось, рассердился. Но тотчас по своему обыкновению подавил в своем сердце гнев и ответил спокойно: «Вот, слушал я и вспомнил один случай. Однажды знаменитый раввин оказался под вечер в деревне, и ему пришлось остановиться там на ночь. Попросил он Талмуд, но его не оказалось в доме. Попросил Мишнайот, их тоже не было. И "Эйн-Яакова" тоже. Наконец, спросил он у хозяина: "А молитвенник есть у тебя?" Принесли ему старый молитвенник. Всю ночь раввин читал толкования к молитвам и нашел там много интересного. Стал он предлагать за молитвенник большие деньги, но хозяин отказывался продать. Раввин обещал дать вместо старого новый молитвенник в хорошем переплете. Но и на это хозяин не соглашался. Спросил у него раввин, почему он так неуступчив. Ответил тот ему так: "Рабби, поднимаясь утром, я люблю выпить стакан горячего чая. Я сам грею воду, а чтобы огонь быстрее разгорелся, я беру бумагу, поджигаю ее и кладу под щепки. А поскольку в доме другой бумаги нет, я вырываю по листу из молитвенника и развожу огонь. А когда мне хочется курить, я тоже вырываю лист и прикуриваю от него. Мне уже около семидесяти, а молитвенник все еще цел. Сколько бы листов я из него не вырывал, до самих молитв я еще не добрался" ».

**Запретное и дозволенное**

Однажды наш великий учитель Рав Авраам-Ицхак hа-Коhен Кук попросил меня дать ему мои сочинения. Я сказал ему, что уже обещал принести. Он улыбнулся: «Ты хотел дать мне часть, я же хочу все». Я сказал, что его воля для меня закон, и поторопился выполнить просьбу. Спустя некоторое время я пришел к нему. Сказал он мне: «Я прочел все твои рассказы и нашел в них вещи, тебя не достойные. Но вот сказано, что если запретное попало в дозволенное и есть в противовес ему шестьдесят частей дозволенного, то запрет отступает перед дозволением, и значит, дозволенного становится больше за счет запретного. Так и твои рассказы. Если в них попало запретное, оно не в счет как количество ничтожное».

**«А любящие Его — как солнце, восходящее во всей силе своей...» (книга Судей 5: 31)**

Так уж заведено в мире, что человек любит любящих его и ненавидит ненавидящих его. Если человеку делают зло, он не прощает, и если это в его власти, то мстит. А еще бывает, что человек не любит любящих его и пренебрегает ими, и бывает, что он заискивает перед ненавистниками своими. Это свойственно большинству людей в их отношениях с доброжелателями и ненавистниками.

Но мне приходилось также видеть людей иного душевного склада, хотя их мало. Им не присуща ненависть к ненавистникам, они молча сносят обиды, и даже если могут предотвратить неприятности для себя, они оставляют все, как есть и не делают этого.

Таким человеком был наш великий учитель гаон рав Авраам-Ицхак hа-Коhен Кук. Немало бед причинили ему люди, и как велика была праведность его, так же много было у него ненавистников, испытывающих к нему беспричинную вражду. Он же с любовью принимал страдания и оскорбления. О нем и ему подобных говорили мудрецы (Шабат 88 б): Оскорбляемые, но не оскорбляющие; слышат поношения, но не отвечают, делают все с любовью и радуются страданиям своим, — о них в Писании сказано (Судьи 5:31): «А любящие Его — как солнце, восходящее во всей силе своей».

Расскажу одну из тысячи известных мне историй.

В Иерусалиме жил раввин Брандвайн, владелец типографии. Как-то несколько дней он не заходил в типографию, а когда зашел, заметил груду объявлений, только что отпечатанных. Он взял одно из них и увидел, что это злостные нападки на рава Кука.

Он задрожал и в ярости стал кричать, чтобы немедленно сожгли все, не оставляя ни единой буквы от этой наглой лжи. Старый наборщик стал просить его успокоиться. «Один из Ваших друзей пришел сюда и велел нам отпечатать это. Он тут же за все заплатил, чтобы работа была закончена сегодня же. Мы дали слово отпечатать сегодня, и теперь ничего нельзя изменить». Глубоко опечаленный, хозяин типографии не знал, что делать. Заказчик был его другом с юношеских лет. Типографские рабочие имели долю как в доходах, так и в убытках. Нашего учителя рава Кука он уважал больше, чем кого бы то ни было. И вот, в его типографии печатают такой грубый пасквиль. Успокоившись немного, он пошел просить совета у Рава. Пришел и рассказал все нашему учителю. Сказал ему наш учитель: «Это не единственная типография в Иерусалиме, и если ты все уничтожишь, найдут другую типографию, чтобы отпечатать там. Ты понесешь убытки, а объявление все равно будет отпечатано. Поэтому возвращайся в типографию и отдай готовую работу заказчику. Пусть делает, что хочет, а Господь милосердный искупит».

Найдется ли еще такой человек, в котором пребывает дух Божий и который смолчит, видя, что против него замышляют недоброе?

## 19.

До сих пор кажется мне невероятным, что он приблизил меня к себе с того дня, когда я пришел к нему в начале зимы 1908 года, и мне посчастливилось слышать Учение из его уст. Я был частым гостем в его доме во все дни моего пребывания в Стране и до самой его смерти. Не перечислить всего того, что я от него слышал, и все это без исключения заслуживает быть записанным для грядущих поколений.

Он настолько приблизил меня к себе, что со свойственной ему великой скромностью согласился прочитать мой рассказ «И станет кривизна равниной», когда тот был еще в рукописи. Возвращая мне рассказ, он сказал так: «Это поистине еврейский рассказ, который струится и течет, без каких бы то ни было преград».

## 20.

Однажды сказал наш учитель: «Среди писателей народов мира есть такие, которые умеют рассказывать, но не умеют читать и за всю свою жизнь не прочли ни одной книги. В отличие от них еврейский писатель, даже если он не изучал Талмуд, то изучал Пятикнижие с Раши или Мишнайот, или Эйн-Яаков, или Мидраш».

При жизни нашего учителя никто, в том числе и он, не мог представить себе, что наступит время, когда появятся еврейские писатели, не изучавшие ни Пятикнижия с Раши, ни Мишнайот, ни Эйн-Яаков, ни Мидраш.

Слава Богу, мы принадлежим к тем, кто изучал и Пятикнижие с Раши, и Мишнайот, и Эйн-Яаков, и Мидраш, и даже Талмуд.

## 21.

После окончания семидневного траура по нашему учителю я навестил его вдову, праведницу. Она знала, что я был предан нашему учителю и что он приблизил меня к себе, и поэтому приняла меня, сидела со мной и рассказывала о нем.

## ГЛАВА А-3

### проф. Й. Бен-Шломо

## ЛИЧНОСТЬ РАВА А.-И. КУКА И ПРОБЛЕМЫ ЭПОХИ

*(Данная глава представляет собой перевод первой главы из книги проф. Й. Бен-Шломо «Песнь Жизни – главы из учения р. Кука». Перевод дальнейших глав этой книги составляет раздел «С» данного сборника. Деление на параграфы и подзаголовки, а также некоторые пояснения в квадратных скобках, добавлены редактором перевода. Цитаты из работ р. Кука выделены курсивом.)*

*1. Рав Кук – единственный еврейский философ, давший адекватный религиозный анализ секуляризации и сионизма – принципиально новых явлений еврейской жизни*

Учение рава Кука занимает особое место в еврейской философии нового времени. Это единственная философская система, которая уделяет серьезное внимание двум значительным переменам, произошедшим в новейшую эпоху как в судьбе еврейского народа, так и в истории страны Израиля.

Два процесса, которые длились около 150 лет, привели к особому состоянию еврейского народа – состоянию, подобного которому не было никогда (или, по крайней мере, как принято зачастую говорить, не было на протяжении последних двух тысячелетий Изгнания). Первый процесс – это процесс секуляризации, вследствие которого бо́льшая часть народа становилась нерелигиозной — или, точнее, переставала жить в соответствии с законами и положениями Торы, которыми руководствовалось большинство евреев во всех предыдущих поколениях. Представляется очевидным, что в прошлом, несмотря на все различия и разногласия между различными группами и учениями в еврействе (такими, например, как фарисеи, саддукеи, караимы, литваки или хасиды), все евреи оставались на общей почве, которой являлась религия. Теперь же довольно значительная часть народа, если не его большинство, в той или иной степени отказалась от этой почвы. Второй процесс, который имел место в прошедшие полтора столетия – это попытка еврейского народа вновь активно влиять но свою историю. Речь идет о развитии сионизма, которое также привело к возникновению ситуации, не существовавшей две тысячи лет, т.е. к обретению политической независимости.

**2. В отличие от харедим, рав Кук считал, что секуляризация и сионизм требуют пересмотра нашей философско-религиозной концепции**

Рав Кук в рамках своей философской системы принимает во внимание два эти процесса – или, точнее, два новых аспекта состояния еврейского народа. В этом отличие мировоззрения рава Кука от мировоззрения того религиозного течения, которое на иврите принято именовать «харедим»[1]. Харедим считают, что современный процесс секуляризации ничем, по сути, не отличается от старого «обычного» вероотступничества, превосходя его только количественно. Они рассматривают нерелигиозных евреев всего лишь как «заблудших сынов народа Израиля», которых следует вернуть в лоно иудаизма – иудаизма в той форме, в какой его исповедовали их отцы. Идеологи этого течения отнюдь не считают, что процесс секуляризации, идущий последние полтора столетия, является одним из проявлений принципиально новой ситуации, которая требовала бы какого-то пересмотра основ еврейской религиозной философии. Харедим также не видят в сионизме и в создании Государства Израиль исторического перелома, который заставлял бы по-новому относиться к положению еврейского народа и его будущему. [Иными словами, харедим считают, что иудаизм должен продолжать оставаться в точности в тех формах, которые он приобрел в прошлом. Рав Кук, напротив, полагал, что ситуация изменилась кардинально, и что иудаизм и религиозное еврейство не должны быть застывшими, но должны дать адекватный ответ на проблемы времени.]

**3. Рав Кук утверждал, что сионизм и обретение государства позитивно влияют на духовность и религиозность еврейского народа**

Следует подчеркнуть, что учение рава Кука принципиально отличается не только от мировоззрения харедим, но и от всех направлений в еврейской философии, которые существовали в конце XIX – первой половине XX века. Рав Кук был единственным из еврейских философов, кто рассматривал сионизм как важнейший положительный процесс, оказывающий существенное позитивное влияние на духовное развитие еврейского народа в нашу эпоху. Этим рав Кук отличается от других крупных еврейских философов, таких как, например, Герман

---

[1] Ввиду отсутствия по-русски (и по-английски) адекватного термина для понятия «*харедим*», его обычно в популярной литературе переводят как «ультраортодоксы». Этот последний термин, однако, весьма условен и не отражает действительной ситуации, поэтому здесь и далее мы будем пользоваться ивритским термином.

Koһen или Франц Розенцвейг, да и вообще от еврейских философов своего времени, которые все в той или иной степени были настроены «духовно-враждебно» по отношению к сионизму [т.е. они по тем или иным, а иногда и по совершенно взаимоисключающим причинам считали, что сионизм и реальная физическая деятельность по освоению Страны (при том, что часть из них поддерживала эту деятельность!) отрицательно сказывается на уровне еврейской духовности, ослабляет ее. Рав Кук, напротив, считал, что сионизм положительно сказывается на уровне еврейской духовности, укрепляет ее].

*4. Рав Кук создал единую модернистскую религиозную концепцию, включающую различные аспекты духовного содержания современной культуры*

Таким образом, учение рава Кука является учением модернистским — в первую очередь потому, что оно основано на анализе нового состояния еврейского народа, сложившегося в последнее столетие. Однако, как будет показано ниже, современность и модернизм рава Кука гораздо более глубоки, чем просто признание важности сионизма и секуляризации. Подход рава Кука соотносится не только с современной историей еврейского народа, но и с современным состоянием человечества вообще, учитывая, в частности, новое состояние человеческого духа, проявляющееся как в новых философских подходах, так и в парадигме современного научного мышления.

Уникальность учения рава Кука состоит также в том, что его подход ко всем упомянутым выше историческим процессам был не изолированным идеологическим взглядом по отношению к конкретному явлению, а явился частью его единой философской системы, включающей концепции метафизики, теории познания, этики и философии истории. На основе этой системы рав Кук пытался понять значение новых важных исторических явлений (которые он называл «современными течениями») для процесса развития еврейского народа.

*5. Создание философии, реально влияющей на развитие общества в Израиле; ее творческий характер*

Из того анализа, которому рав Кук подверг современный ему исторический процесс, могли быть сделаны, вообще говоря, довольно различные практические выводы. Так и произошло в действительности. Сегодня у этих различных (и даже противоречащих друг другу) выводов имеются также политические последствия, — т.е. довольно разные политические силы апеллируют к наследию рава Кука. Мы не будем в данной книге высказывать наше отношение к тем или иным политическим взглядам. Отметим лишь, что перед нами яркий пример того, как идеи, казалось бы, отвлеченные, могут практически влиять на историческую реальность. В 1900-х – 1930-х гг. рав Кук писал трудные для понимания философские труды, большинство из которых даже не было издано при его жизни; мы же сегодня являемся свидетелями того, как его идеи оказались на авансцене истории и активно влияют на окружающую действительность[1].

[Здесь следует отметить, что подход р. Кука в одном важном параметре отличается от других распространенных движений в иудаизме XIX–XX веков, а именно: р. Кук избегает предлагать своим последователям конкретную программу действий. Он очень много и образно, с разных сторон, обсуждает устройство мироздания, особенности текущей эпохи, характер современного поколения и т.д., но мы почти не встретим у него прямых конкретных указаний и однозначных выводов. Как одно из следствий этого, среди учеников и последователей р. Кука мы найдем сегодня людей самых различных подходов, разных политических и идеологических взглядов.

Причины этого заключаются, видимо, в том, что учение р. Кука имеет чрезвычайно творческий характер; р. Кук стремится не диктовать нам истину, а развивать нашу собственную личность, дать нам силы, чтобы мы могли сами находить путь в тех новых условиях, которые возникают сегодня – и будут возникать и в дальнейшем! – в жизни еврейского народа. (Пользуясь известной ивритской пословицей, можно сказать, что р. Кук «не стремился раздавать своим последователям рыбу, он стремился раздавать им удочки».)

Рав Кук считал, что без развития самостоятельной личности не будет возможности развития полноценной формы иудаизма, и что на вторичной, подражательной платформе нет возможности продвижения мироздания. Ибо первейшее качество Всевышнего – это Творец («Вначале сотворил Бог небо и землю» — Быт. 1:1),

---

[1] Это явление чем-то напоминает то, что произошло с учением Гегеля, великого немецкого философа. Его книги оказали влияние на многие умы и на многие события. Влияние это было чрезвычайно разнообразным, поскольку философия Гегеля толковалась самыми разными путями. В результате, ход истории изменился под влиянием идей Гегеля. (Как мы покажем далее, рав Кук в некоторых аспектах был близок этому философу, в особенности в том, что касается философии истории, хотя в других аспектах существенно отличался от него.)

и потому самостоятельная творческая жизнь есть основа нашего продвижения в Богоподобии человека, основа раскрытия миру Божественного света.

Соответственно, все учение р. Кука имеет творческий характер: оно лишь очерчивает нам общие принципы развития, но не диктует конкретные рецепты.]

*6. Отношение к Первой Мировой войне и к Декларации Бальфура*

С 1904 по 1914 г. рав Кук жил в Яффо, являясь «раввином Яффо и новых сельскохозяйственных поселений». Начало Первой Мировой войны, однако, застало рава Кука в Европе. Сначала он переехал в Швейцарию, а затем, в 1916 г., перебрался в Англию.

С самого начала войны рав Кук считал, что она явится важнейшей вехой мировой и еврейской истории. Он видел в ней событие, которое оказывает влияние не только на другие народы, но и на народ Израиля – хотя, казалось бы, евреи напрямую не были одной из воюющих сторон. Он писал: «*Нынешняя катастрофа – это подготовка нового глубокого возрождения. В глубине ее заключены искры милости Всевышнего. Сегодняшнее кошмарное и кровавое разрушение мирового порядка воззовет о строительстве Еврейского Национального Дома*». Он считал, что те страшные события, которые происходили в то время в Европе, дадут при этом начало чему-то новому и лучшему, что изменит судьбу еврейского народа.

Это ощущение Рава усилилось при провозглашении Декларации Бальфура. Рав Кук пишет: «*Несомненно! Перед нами первые шаги Избавления. Однако начало им было положено не сегодня, а ранее, когда* [в конце XIX – начале XX века, вследствие начала сельскохозяйственной поселенческой деятельности] *стал приходить конец Изгнанию; когда зазеленели горы Страны Израиля, и еврейские руки стали пожинать плоды деревьев Святой Земли*». Здесь выражена точка зрения рава Кука (далее мы остановимся на ней подробнее), согласно которой сам факт того, что евреи возвращаются в Эрец Исраэль, орошают пустыни и сажают деревья, является началом процесса мессианского Избавления. Декларация Бальфура была поэтому лишь очередным этапом этого процесса – процесса, который рав Кук считал важнейшим для истории еврейского народа. Отнюдь не Британия инициировала этот процесс, она лишь исполнила в нем одну из ролей.

**7. Взаимоотношения рава Кука с нерелигиозным сионистским поселенческим движением**

Общественно-политическое значение той поддержки, которую рав Кук оказывал сионизму, проявлялось и в поледующие годы в подмандатной Палестине. Огромную роль играл сам тот факт, что сионистское движение поддерживал строго-ортодоксальный (а не «прогрессивный» или «реформистский») раввин. Не стоит забывать, что светское сионистское население Страны Израиля (*Новый Ишув*) в 1910-х – 1920-х годах было в меньшинстве. Абсолютное большинство еврейского населения страны принадлежало в те годы к *Старому Ишуву*, который противился сионизму. И вдруг появился широко известный раввин, обладающий признанным галахическим авторитетом и религиозным влиянием, который дает положительную религиозную оценку сионизму, поселенческой деятельности первопроходцев-*халуцим*, – т.е. процессам, которые сами по себе носят светский характер. Это было совершенно неожиданно для всех, и изменяло взаимоотношение между различными группами в еврейском населении Страны. Таким образом, рав Кук принял существенное участие в борьбе за создание национального еврейского очага в Эрец Исраэль, которую сионистское движение вело в то время: против арабов и британских властей, с одной стороны, и против Старого Ишува - с другой.

До нас дошло много рассказов об отношении рава Кука к нерелигиозным поселенцам. Все они подчеркивают важнейшее свойство его личности – безграничную любовь к каждому из сынов Израиля, совершенно вне зависимости от степени соблюдения этим последним заповедей Торы. Когда его спросили, почему он так любит даже людей, преступающих все законы Торы, тех, которые нарушают Субботу, едят запрещенную пищу, не соблюдают, казалось бы, ни единой религиозной заповеди, то он ответил так: *«Лучше ошибочно испытывать беспричинную любовь, чем, не дай Бог, испытывать беспричинную ненависть»*. В сионистских поселенцах, отстраивающих Страну, рав Кук видел вершителей святого дела, *«которые, хотя и не накладывают тефиллин, но кладут кирпичи в здание еврейского Национального Дома на Святой Земле»*. Он сравнивал их с такими простыми работниками, которые во время строительства Храма ежедневно могли заходить в Святая Святых – в то самое место, в которое после завершения строительства Храма и его освящения разрешалось входить только первосвященнику и только один раз в году – в Йом-Кипур. Впрочем, это сравнение показывает, что светское сионистское движение было в глазах рава Кука вовсе не целью, а только первым этапом на пути Избавления, оно было «строительными работами», которые продвигают здание Храма к высшей духовной религиозной цели.

**8. Выступления харедим против рава Кука; его отношение к ним**

Позиция рава Кука в поддержку сионистского движения, которую он высказывал не только «тактически», в рамках общественной дискуссии, но и обосновывал в виде фундаментального религиозного подхода, базирующегося на новом прочтении многих аспектов традиции, неоднократно вызывала резкую критику со стороны харедим, представителей Старого Ишува. Приведем здесь в качестве примера один из относительно умеренных обличительных откликов на его книгу «Орот» (1921 г.): «Мы были потрясены, увидев и услышав грубые и чуждые Торе слова. Мы увидели то, чего опасались до его прибытия сюда: он предложит ходить кривыми дорогами, о которых и не помышляли наши учителя и отцы... В этой книге есть много такого, что нельзя даже произносить, а тем более писать и печатать. К глубокому нашему сожалению, все это читают молодые люди, которые не умеют и не стремятся научиться различать свет и тьму... Это создает возможность разрушения иудаизма и веры Моисеевой. Некоторые главы в этой книге даже полны славословий в адрес злодеев: тьма именуется светом, а свет – тьмой...».

Отметим, что рав Кук не вступал в спор со своими обличителями-харедим, более того – он защищал их перед властями.

[Приведем одну историю, очень характеризующую рава Кука в этом аспекте. Однажды к раву Куку пришел один из его самых блестящих учеников, рав Харлап, и нашел его в очень хорошем настроении; а было это на следующий день после Йом-Кипура. На вопрос рава Харлапа, в чем причина столь хорошего настроения, рав Кук ответил: *«В этот раз нам удалось приподняться над естеством. Когда я читал молитву "Зака" – "Вот, я прощаю всем, кто грешил против меня", – то простил не только тем, кто грешил против меня в прошлом, но и тем, кто может сделать это в будущем. Я чувствую и даже уверен, что и мне на небе в этот Йом-Кипур были прощены все грехи».*]

**9. Харизматичность личности**

Рассказы о любви рава Кука ко всем представителям еврейского народа не только свидетельствуют о важной черте его характера, но и отражают основы его философского мировоззрения (мы будем подробнее говорить об этом далее). То же можно сказать и о необычайной личности рава Кука. Он был чрезвычайно харизматичным человеком, не в политическом, а в глубоко духовном смысле этого слова. Каждый, кто встречался с Равом, чувствовал нечто особенное в нем, понимал, что перед ним не только великий мыслитель, но и уникальный человек, излучающий духовную энергию.

Крупнейший израильский писатель Шмуэль Йосеф Агнон (который в дополнение к литературному дару был наделен особой способностью видеть людей насквозь, и от которого весьма редко можно было услышать положительный отзыв о человеке) говорил о раве Куке так: «Он словно покрыт сокровенным и удивительным величием – подобно тем избранным, которые ходят со Всевышним». Агнон писал: «Довелось мне видеть многих гениев, многих мудрецов и многих праведников. Однако гения, мудреца и праведника, в котором бы соединились все эти достоинства, – такого, каким был наш великий учитель рабби Авраам Ицхак һа-Koһeн Кук, я не встречал более».

(Агнон сказал однажды так: «Есть четыре человека, которых Всевышний назначил, чтобы сформировать характер создающейся еврейской общины в Святой Земле: это Бренер; Руппин; наш великий учитель рабби Авраам-Ицхак Кук, да будет благословенна память праведника; и Берл Каценельсон».)

Приведем также свидетельство совершенно нерелигиозного киббуцника Кадиша Луза (в будущем — Председателя Кнессета) о посещении равом Куком киббуца Дгания: «Нам казалось, что огненная глыба оторвалась от горы Синайской и спустилась к нам». Эти и подобные им слова говорились, в частности, также и людьми, которые были далеки от почитания раввинов, и отношение которых к еврейской религии было весьма отрицательным.

*10. Концепция «уно-мистики» – фундаментального Божественного единства мира*

Все эти проявления и действия рава Кука отражают также важный элемент его философии. Согласно его точке зрения, Божественная истина присутствует во всех частях действительности [а не собрана только в его верхних «духовно-интеллектуальных» сферах]. Более того, *именно из помыслов, имеющих отношение к нечистоте, греху и злу, может происходить великий свет, обновляющий силу жизни*». Это чрезвычайно смелый подход (далее мы остановимся на нем подробнее), согласно которому вся реальность в основе своей положительна. Действительность сама по себе – это благо, поскольку она происходит из Божественного, а все, что происходит из Божественного, может быть в основе своей лишь положительным. Поэтому рав Кук говорил: *«Тот, чей удел – вопросы Божественности, не может не-*

*навидеть и презирать никакое творение, ни одно дарование в мире. Во всем проявляется Божественная работа в полном своем величии и могуществе».*

[Все это, разумеется, ни в коем случае не означает, что рав Кук не боролся со злом. Более подробно точка зрения Рава в этом вопросе разбирается ниже.]

Таким образом, мы видим, что метафизическая концепция рава Кука и его отношение к окружающему миру соответствовали одно другому. Его отношение к миру было основано на милости и любви ко всему сущему, ибо *«чем возвышеннее душа, тем сильнее она чувствует в глубине своей единство всего. Когда же понимание единства усиливается, появляется свет милости и прощения».* Однако в дальнейшем нам станет ясно, что это единство, которое выражается в любви ко всему и вся, – есть отнюдь не простое, а диалектическое единство [при котором различные аспекты противостоят друг другу, но при этом дополняют один другого].

Личность рава Кука также нельзя воспринимать как образец примитивной чувственной гармонии. В ней была внутренняя двойственность, так что гармоничное состояние могло быть обретено лишь после тяжелой борьбы. С одной стороны, он говорил о себе: *«Я люблю все. Я не могу не любить все творения, все народы. Я всем сердцем хочу прославления всего, исправления всего. У меня нет никакой необходимости заставлять себя любить. Это чувство возникает прямо из святых глубин мудрости Божественной души».* С другой стороны, рав Кук соглашался со словами, сказанными о нем Бренером. Он говорил о себе: *«Тот, кто сказал обо мне, что душа моя разорвана, сказал верно. Она, несомненно, разорвана.. Наш разум не может представить человека, душа которого не была бы разорвана. Лишь неживое однородно. Человек же наделен противоположными влечениями, и внутри него постоянно идет война. Вся работа человека состоит в том, чтобы объединить противоположности своей души общей идеей, в величии которой все сходится и приходит в состояние целостной гармонии».*

**11. Интеграция хасидского и литовского направлений иудаизма**

Рав Кук рассказывал о себе, что когда он был еще ребенком, родители спорили, будет ли он «раввином литовской школы» или «хасидским ребе». И, действительно, с одной стороны он принадлежал к течению литовских гаонов, таких как знаменитый Виленский Гаон и рав Хаим из Воложина, а, с другой стороны, в некоторых аспектах он был близок к учению хасидского движения Хабад, и в его личности проявлялись классические черты хасидского ребе-цадика. Этот «хасидский» аспект мы видим по описаниям того, как он молился, как проводил занятия в иешиве, как проходили у него Субботы и Праздники, а также по тому, как относились к нему ученики. Эту двойственность литовского и хасидского направлений символизировали два портрета, которые висели над его рабочим столом, портреты двух ярких «идеологических противников», между которыми в свое время (в конце XVIII века) шла почти настоящая война, – рабби Шнеура-Залмана из Ляд, основателя движения Хабад, автора книги «Тания», – и Гаона из Вильно, главы «миснагдим» - противников хасидизма. И, действительно, учение рава Кука включало в себя элементы как рационального «литовского» мышления, так и хасидского мировоззрения.

*12. Связь концепций рава Кука с классической еврейской и европейской философией*

Следует подчеркнуть, что учение рава Кука, при всей его преемственности по отношению к классическим лидерам иудаизма прошлых веков, все же нельзя отнести к той классической школе еврейской философии, которая берет свое начало в средних веках. Его подход существенно отличается от учения такого, например, классического философа, как Рамбам (Маймонид). Рав Кук предлагает нам современную интерпретацию иудаизма, сохраняя его традиционное религиозное содержание. Он использует традиционные источники, давая им творческое толкование. Рав Кук нечасто ссылается на труды своих предшественников (хотя, безусловно, заметно влияние Maharaля, Рамхаля и особенно Иеhуды Галеви); и это не случайно – он стремится очертить современные рамки иудаизма, сохраняя связь с традиционными источниками, но используя новые понятия. [Подходящим термином для определения подобного подхода, является, по-видимому, термин «ортодоксальный модернизм».]

Рав Кук принимал во внимание также и европейскую философию. В этом случае он тоже не указывал точных источников, однако, упоминал отдельных философов: Платона, Аристотеля, Канта. Он обсуждал концепцию Спинозы, выражая при этом особую, уникальную для ортодоксального иудаизма точку зрения; он полемизировал с Шопенгауэром; в его трудах заметна определенная связь с Бергсоном. Рав рассматривал также различные научные теории (в особенности эволюционную теорию) и различные религии – христианство, ислам и буддизм, обсуждая их сходство и различия со взглядами иудаизма.

## ГЛАВА А-4

*Дов Конторер*

## РАВ КУК И ПОКОЛЕНИЕ СИОНИСТОВ-ПЕРВОПРОХОДЦЕВ

*(Отрывки из статьи)*

[...]
1904 год – точка глубокого кризиса в сионистском движении. Только что отгремел кровавый Кишиневский погром, назревавшая революция в России сулила еврейскому населению новые испытания, споры по поводу угандийского плана подвели сионистскую организацию к явной черте раскола, умер Теодор Герцль. Не выдержав трудностей, связанных с освоением Страны, значительная часть репатриантов Первой алии (1882–1903) вернулась в диаспору. На повестке дня не стояло никаких политических предложений, обозначающих перспективу признания за еврейским народом международно гарантированного права на Эрец-Исраэль. Многим тогда казалось, что сионистский проект исчерпал себя окончательно.

Однако именно в этот момент глубочайшего кризиса произошел ряд событий, мало заметных тогда, но сыгравших огромную роль в последующей истории сионизма. В Эрец-Исраэль стали прибывать, главным образом – из России, репатрианты нового типа, движимые, наряду с еврейским национальным чувством, страстной идеей создания в возрожденном Отечестве справедливого социалистического общества. Началось то, что будет со временем определено как Вторая Алия (1904–1914). Ее силами — менее 45 тыс. человек — в Эрец-Исраэль будут основаны город Тель-Авив и десятки сельскохозяйственных поселений, созданы уникальные формы социальной организации, открыты во множестве школы с преподаванием на иврите, учреждены хайфский Технион, художественная академия «Бецалель», многочисленные газеты и журналы, политические партии, первые профсоюзы, больничные кассы и т.п.

В 1904 году над еврейским горизонтом взошла звезда Зеева Жаботинского, которого Кишиневский погром превратил в горящего страстью трибуна, идеолога, политического организатора. И в том же 1904 году на яффский берег сошел р. Авраам-Ицхак hа-Коhен Кук, которому было суждено стать самой важной фигурой в последующей истории религиозного сионизма. Тем мыслителем, который противопоставит робкому, отеженному прагматизму р. Райнеса и движения Мизрахи (представлявших религиозную фракцию сионизма на тот период) целостную теологическую концепцию еврейского ренессанса.

\* \* \*

В 1904 году р. Кук опубликовал статью *Миспед бИерушалаим* («Траур в Иерусалиме»), в которой он, не называя скончавшегося Теодора Герцля по имени, пишет о нем и о созданном им сионистском движении как о Машиахе Бен-Йосефе. Необходимый характер этой метаисторической категории обусловлен, по р. Куку, изначальной двойственностью материального и духовного, созидаемой формы и привносимого в нее содержания. В еврейском народе эту двойственность олицетворяют первенствующие сыновья Яакова — Йосеф («кормитель») и Иеhуда («ставший святынею»). Древнее царство Израиля, как материальная форма, было создано Шаулем, принадлежавшим к колену Биньямина (Биньямин — родной брат Йосефа по отцу и по матери, в отличие от остальных сыновей Яакова, бывших Йосефу сводными братьями). Затем, в силу провиденциального замысла, престол Шауля отходит к подлинному избраннику – Давиду, потомку Иеhуды, призванному наполнить материальную форму учрежденного «кормителем» царства духом Божественной истины, «стать святынею». Знамением этого становится строительство Иерусалимского Храма, задуманное Давидом и осуществленное его сыном, царем Шломо.

Однако каждое из этих начал - стремление к материальному исправлению мира и стремление к его духовному совершенствованию – проявлено в еврейском народе предельным образом, и древний Израиль не сумел утвердить их единство. Результатом этого стал раскол: царство Эфраима — десять колен, объединившихся вокруг потомков Йосефа, — отделилось от Иудеи. Преодолеть трагедию раскола в библейские времена не удалось, но она должна быть преодолена в мессианской перспективе, когда евреи научатся сочетать оба вида дарованных Всевышним способностей – как к материальному созиданию, так и к высшему духовному поиску. В силу этой необходимости общая схема истории должна повториться; и подобно тому, как Давиду предшествовал на престоле Шауль, приходу Машиаха Бен-Давида должен предшествовать Машиах Бен-Йосеф, «сионистская мечта нашего поколения», несущая в себе, однако, все те предпосылки кризиса, которым завершилась

ГЛАВА А-4. *Д. Конторер. р. Кук и поколение первопроходцев*

в библейские времена первая, безуспешная попытка утверждения Божественной гармонии на Святой Земле.

Таким образом, дерзкая мессианская доктрина «провозвестников сионизма», пересмотренная в 80-е годы XIX столетия религиозным крылом Ховевей Цион и затем, уже на пороге XX века, отброшенная движением Мизрахи, нашла в лице р. Кука своего продолжателя. Именно ему было суждено развить мистические идеи «провозвестников» в новых условиях, приложив их к уже существующей данности светского сионизма – вплоть до распространения на людей, чуждых и даже враждебных еврейской религии, положительных теологических категорий высшего порядка. Эта поразительная решимость р. Кука привела к тому, что именно с ним, с его духовным наследием стали впоследствии связывать весь комплекс идей, изложенных за полвека до Первого сионистского конгресса в писаниях р. Цви-Гирша Калишера, р. Йеhуды Алкалая и р. Элияhу Гутмахера.

Напомним, в чем состояли эти идеи. Освобождение Израиля – это не мгновенное чудо, а длительный мессианский процесс, первая стадия которого, именуемая *атхалта ди-геулла* («начало Освобождения»), целиком принадлежит природной, исторической реальности и связана с деперсонифицированным образом Машиаха Бен-Йосефа. Эта стадия предполагает, по самому своему характеру, неизбежность войн и трагедии; она не является совершенством, но может стать — и призвана стать — путем к утверждению совершенства в национальной жизни Израиля, с которой мистическим образом связана возможность обретения совершенства для всего мира, т.е. полнота мессианского идеала, обозначаемая как *геулла ахрона* («завершающее Освобождение»).

\* \* \*

Мировоззрение р. Кука предполагало поиск возможностей для диалога со всеми еврейскими группами, участвующими в возрождении национальной жизни, а также со стоящими в оппозиции к сионизму религиозными кругами. Но это мировоззрение, будучи в значительной мере открытым внешнему миру, всегда оставалось «осознающим себя» и, в общем-то, достаточно жестким в своих основаниях. По этой причине р. Кук, вызывавший любовь и даже священный трепет во многих сердцах, одновременно оказался в идейном конфликте со всеми активными еврейскими группами – от светских сионистов, которым был чужд любой мистицизм, до отвергавшего мессианскую доктрину движения Мизрахи и ультраортодоксального руководства Старого Ишува, которое, уважая его как авторитетного раввина, одновременно не прощало ему «нелепого увлечения сионизмом».

Многочисленные свидетельства современников указывают на то, что р. Кук был фигурой, вызывавшей сильнейшие чувства очень разной направленности, – вплоть до того, что некоторые авторы пишут о нем как о человеке гонимом и даже «гонимом безжалостно». Например, известный историк Йосеф-Гедалья Клаузнер: «За исключением Бялика, ни у кого в Стране не было столько поклонников и преданнейших почитателей, сколько было их у рава Кука. Но Бялик не был бойцом и врагов не имел, а у рава Кука, наряду с поклонниками, были во множестве настоящие ненавистники. Оскорблений и споров он не боялся, перед чужими идеями не отступал... Не скрою, что и сам я в определенный период не благоволил к раву Куку... но его личность раскрылась мне во всем ее величии, когда я увидел его человеком гонимым. Потому что лишь тот наречется великим, кто твердо идет своим особым путем, не смущаясь преследованиями, не заискивая перед сильными мира сего и не испрашивая дружбы злодеев, которым улыбнулась удача. А уж гонениям рав Кук подвергался безжалостным — с того момента, когда он впервые вступил на землю Эрец-Исраэль, и до последнего своего дня».

\* \* \*

Люди Второй Алии были главной еврейской силой своего времени. Именно они играли важнейшую роль в реализации сионистского проекта и именно к ним, отчаянным богоборцам, отвергнувшим, вместе с традиционной еврейской пассивностью, едва ли не все наследие иудаизма, р. Кук обратился в одном из первых своих сочинений, написанных им по прибытии в Эрец-Исраэль. Статьей под названием «Поколение» открывался сборник «Иквей hа-Цон», выпущенный р. Куком в 1906 году. Титул автора был указан на обложке этого сборника весьма необычным образом: «Авраам-Ицхак hа-Коhен Кук, раб святого народа на Святой Земле».

Главный тезис статьи «Поколение» состоял в том, что атеизм еврейской молодежи начала XX века качественно отличается от хорошо знакомого религиозной традиции безбожия, которому в прежние времена неизменно сопутствовали себялюбие, низость, всевластие грубых страстей. Но такой атеизм, с которым устойчиво сочетается стремление к справедливости, вдохновленность положительным идеалом, выраженная готовность к служению и самопожертвованию, сам по себе представляет, писал р. Кук, религиозное явление. Обладая подлинными достоинствами, это явление чревато, однако, мнимой самодостаточностью, которая рано или поздно подавит его положительные начала. Чтобы этого избежать, религиозный мир должен найти пути к диалогу с еврейской молодежью, отвергнувшей бремя традиции. Но такой диалог будет возможен только в том случае, если религиозный мир отнесется к нему с предельной ответственностью и пожелает раскрыть всю свою полноту, адресуясь к нелегким и необычным для него собеседникам:

> «Мы должны преподать им Тору Жизни прямо из Источника Жизни, исполненные света и радости пути наставления, слова милости и доброго разума – слова очищенные, отборные, благодаря которым сами они найдут необходимую завершенность своих идеалов, наивысших и наидостойнейших своих устремлений, подобающих силе, красоте и величию Вечного Света, заключенного в Торе Жизни».

Ясно, что такая постановка вопроса была почти одинаково требовательной как по отношению к секулярной молодежи, так и по отношению к религиозному миру.

В последующих статьях сборника «Иквей hа-Цон» р. Кук предпринял попытку такого изложения религиозных идей, которое отвечало бы поставленной им задаче. Эти статьи называются, в порядке их публикации в сборнике: «Наслаждение и радость», «Страх», «Мысли», «Взыскание Бога», «Познание Бога», «Служение Богу».

Сын р. Кука и будущий руководитель созданной им иешивы отослал экземпляр сборника «Иквей hа-Цон» Йосефу-Хаиму Бренеру, сопроводив его чрезвычайно уважительным письмом, в котором нашли выражение чувства самого р. Кука по отношению к этому писателю, бывшему в начале XX века одним из наиболее ярких идеологов светского сионизма. Бренер, активный деятель социалистической партии Поалей Цион, жил тогда в Лондоне и издавал журнал «hа-Меорер», в котором он одновременно был редактором и наборщиком.

В письме указывалось, что непосредственным поводом к написанию статей, вошедших в сборник «Иквей hа-Цон», стало для р. Кука знакомство с опубликованным в одесском журнале «hа-Шиллоах» текстом лекции Германа Когена, основателя Марбургской школы, главного тогда направления в философии неокантианства. Это свидетельство, вместе с некоторыми другими деталями адресованного Бренеру послания, указывает на то, что р. Кук считал своей задачей разрушить стены взаимного отчуждения между религиозным и секулярным еврейством, проложив, таким образом, путь к становлению целостной и гармоничной «израильской культуры».

После своего переезда в Эрец-Исраэль в 1909 году Бренер не раз отзывался на статьи яффского раввина, выходившие в журнале «Нир», газете «Хавацелет» и некоторых других изданиях. В этих откликах ощущается значительная симпатия к личности р. Кука и определенный интерес к его литературной позиции, но обрести в лице Бренера единомышленника р. Куку не удалось. Человек трагической судьбы и трагического мироощущения, Бренер упорно стоял на том, что «хромому синтезу предпочтителен внятный антитезис, даже если мы остаемся при этом в кромешной тьме». Был ли идейный конфликт между ними непреодолим? До нас дошел и такой отзыв об истинном отношении Бренера к р. Куку, принадлежащий известному художнику Нахуму Гутману: «Бренер подчеркнуто сторонится рава и его окружения, но за спиной у него он ходит его путями».

Ранняя смерть писателя, убитого арабскими погромщиками в Яффо 2 мая 1921 года, положила конец настороженному диалогу между двумя людьми, каждый из которых считал себя призванным определить духовную парадигму Второй Алии. Многие полагают, что, возможно, именно язвительная реакция Бренера на основные тезисы р. Кука привела последнего со временем к большей сдержанности в оценке положительных потенциалов еврейского атеизма.

\* \* \*

Сопоставив два основных направления в религиозном сионизме (Мизрахи и школу учеников р. Кука) и дав читателю представление о том, какого рода теоретические задачи приходилось решать каждому из них, мы естественным образом подошли к вопросу о том, в какой мере учение р. Кука, развивающее идеи «провозвестников сионизма», повлияло на его современников. Здесь необходимо в первую очередь разобраться с влиянием р. Кука на движение Мизрахи, которое, как помнит читатель, отказалось в определенный момент от мессианских амбиций, сделав стержнем своей программы *эвакуационный императив*, вплоть до готовности поддержать угандийский план Теодора Герцля на Шестом сионистском конгрессе.

## ГЛАВА А-4. Д. Конторер. р. Кук и поколение первопроходцев

Напомним, что Сионистскому движению с самого начала были присущи два основных типа мотивации, которые связаны с проблемами израильского общества сегодняшнего дня. Мотивации первого типа - это *«исторический императив»* подразумевающий связь с древней еврейской историей, еврейской Страной, стремление не просто бежать куда-то, но именно вернуться на родину. Мотивации второго типа - это *«эвакуационный императив»* подстегиваемый острым ощущением того, что в связи с крахом многонациональных династических империй, на смену которым в XIX веке неумолимо шли чисто национальные, моноэтнические государства, продолжение жизни в Европе становится слишком опасным для евреев, и поэтому предпочтителен любой, наиболее легко осуществимый вариант вывода евреев из Европы.

Ахад hа-Ам (Ашер-Гирш Гинцберг, 1856–1927), известный еврейский писатель, публицист и философ, основоположник т.н. «духовного сионизма», был безжалостен к тем делегатам конгресса, которые поддержали идею создания государства в Уганде. Их голосование он называл «публичным отказом от веры», используя в данной связи слова, которыми у евреев принято отзываться о выкрестах. Позиция р. Кука была существенно мягче: он находил оправдания Герцлю и поддержавшим его делегатам, но сам был настроен решительно против угандийского плана — даже и в компромиссном варианте «убежища на ночь» (Nachtasyl), согласно которому предложение Лондона надлежало принять для создания «временного государства» в британской Восточной Африке, с целью последующего его «переноса» в Эрец-Исраэль.

В отличие от Ахад hа-Ама, р. Кук не отрицал применимость эвакуационного императива к еврейской действительности конца XIX – начала XX вв., но он неизменно ставил рядом с ним и, чаще всего, перед ним мотивацию совсем иного порядка - исторический императив, который у р. Кука приобретает выраженный мессианский характер: *«Не одни только слабым голосом рассуждения о том, что ненавидимый всеми народ пытается обрести убежище от своих гонителей, вернут жизнь этому вечному движению евреев к Сиону, но также следует провозглашать, что святой народ, избранный из всех прочих в сокровище Господу, "юный лев Иеhуда", проснулся от долгого сна, и вот он идет, возвращается в свой удел, заново обретает "гордость Яакова", которую возлюбил Господь».* [И во многих других местах р. Кук подчеркивал, что чисто «прагматические» расчеты национального восстановления нереальны, и что без «обновления духа» еврейский народ не сможет ни создать, где бы то ни было, свое государство, ни удержать его.]

В мировоззрении р. Кука несомненно присутствовала идея прогресса. Не статическое восприятие истории, столь характерное для религиозной философии определенного типа, и, тем более, не постулат сакральной регрессии («скудеющие поколения»), а убежденность в том, что человечество, развиваясь, приближается к своему эсхатологическому идеалу: *«В мире есть растущее содержание добра, которое раскрывается в воле и природе человека. В прошлом человеческая природа... была более дикой, чем сегодня, а в будущем она станет еще совершеннее. Развитие человеческого духа учит сущностный разум и внутреннюю волю человека стремиться к абсолютному, Божественному благу»*.

Это приближение к эсхатологическому идеалу безусловно компенсирует, по р. Куку, негативный эффект, связанный с удалением от Синая. И именно в этом оптимистическом контексте обретаемого человечеством совершенства р. Кук говорит о неизбежном, по его мнению, распространении либерализма. Более того, в его рукописных записях рядом с либерализмом упомянута и анархия, которую Иерусалимский Назир удалил из печатного текста «Орот hа-Кодеш», опасаясь превратных толкований. Удивительным образом в учении р. Кука ожил фундаментальный исторический оптимизм, который был характерен для «провозвестников сионизма» в середине XIX столетия и которому уже во времена Ховевей Цион не находилось места в писаниях религиозных авторов, примкнувших затем к движению Мизрахи.

Возвращение еврейского народа в Эрец-Исраэль мыслилось р. Куком как естественная и необходимая часть позитивного исторического процесса, в рамках которого человечество совершенствуется, приближаясь к своему идеалу. Результатом еврейского ренессанса должно стать *«Государство Израиль, основа престола Божьего в мире»*. Само это выражение (в третьем томе «Орот hа-Кодеш») представляет собой рефлексию р. Кука на талмудический спор, приводимый в трактате Санhедрин, 38б, где мудрецы обсуждают «престолы», упомянутые в книге Даниэля — во множественном числе – в пророчестве о грядущем Божественном Царстве.

Рабби Акива говорит по этому поводу: «Один [престол] для Него и один для Давида». Ему возмущенно отвечает рабби Йоси Галилейский: «Акива! Доколе ты будешь делать Шехину будничным?», то есть уравнивать Бога и человека. Продолжая спор, мудрецы проводят различие между престолом и его «подножием», то есть конкретным проявлением Божественного могущества на земле. Именно к этой идее адресуется и р. Кук, называя будущее государство Израиль «основой престола Божьего в мире».

## \* \* \*

Объяснение тому, что эту «основу» возводят люди, не соблюдающие заповедей Торы и заявляющие о своем отказе от еврейской религии, было дано р. Куком на основе идей Каббалы, а именно концепции Аризаля ( р. Ицхака Лурии, 1534–1572) о «разбитии сосудов» (*швират ha-келим*). Центральным пунктом этой концепции является идея о том, что в начале Творения «сосуды», созданные Всевышним для восприятия бесконечного Божественного Света, «разбились», не выдержав его полноты. В результате этой космогонической катастрофы Божественный Свет рассеялся на искры (*ницоцот*), что дает возможность существования злу. Ради спасения мира стало необходимым его «исправление» (*тиккун*), которое выражается в том, что заключенные в «оболочки» зла (*клиппот*) искры Божественного света должны быть выбраны оттуда и снова соединены через действия, связанные с реализацией Торы. В этом и состоит, согласно лурианской Каббале, задача евреев.

Однако тот Свет, который «разбил сосуды» на раннем этапе Творения и вызвал тем самым первоначальный хаос (*tohy*), отличался более «высоким качеством» или большей полнотой. Для него оказалась слишком стеснительной конструкция «нижнего» мира и поэтому он в какой-то степени связан с энергией разрушения. Но именно этот «Свет Мира Хаоса» (*орот ha-tohy*), писал р. Кук, бывает необходим в критические моменты, когда нужно проложить дорогу чему-то новому, и тогда он приходит в мир через души людей, имеющие его своим метафизическим источником. Таковы, утверждал р. Кук, «души мира хаоса» – души людей, отвергающих Тору не из-за слабости или подверженности соблазнам, а из стремления к высшему совершенству - которое, по их мнению, не дает религия (на том уровне, на котором они понимают ее). Таковы, настаивал он, души первопроходцев Второй Алии.

В конце концов этот высокий и во многих своих проявлениях разрушительный Свет должен будет влиться в очерченное законами Торы русло положительной религиозной направленности, но пока что буйство *орот ha-tohy* следует воспринимать терпеливо: «*Действительно сильные знают, что этот прорыв есть часть явления, необходимого для укрепления сил нации, человека и мира. Но в начале сила раскрывается как хаос (tohy), и лишь затем отбирается она у грешников и отдается праведным, крепким как львы... Эти бури еще породят добрый дождь, эти сгущения тьмы еще подготовят сияние горнего Света*».

Читая эти строки р. Кука и многие другие подобные места в его сочинениях, невольно вспоминаешь рассуждения Гегеля об иронии мирового духа. «Разум столь же хитер, сколь могуществен

— писал великий философ. — Хитрость разума состоит вообще в опосредствующей деятельности, которая, позволив объектам действовать друг на друга соответственно их природе и истощать себя в этом воздействии, не вмешиваясь вместе с тем непосредственно в этот процесс, все же осуществляет лишь свою собственную цель. В этом смысле можно сказать, что божественное Провидение ведет себя по отношению к миру и его процессу как абсолютная хитрость. Бог дает людям действовать, как им угодно, не стесняет игру их страстей и интересов, а получается из этого осуществление целей Провидения, которые отличны от целей, руководивших теми, кем оно пользуется».

Это отнюдь не случайное сходство. В некоторых случаях р. Кук прямо пишет об «иронии истории», подразумевая не какой-то частный курьез, а именно то, что Гегель называл «хитростью разума» (der List der Vernunft). Само это понятие из третьей части «Науки логики»[1] р. Кук решительно использует в сфере легитимных теологических высказываний иудаизма. Подобно великому Маймониду, для которого Аристотель был естественным интеллектуальным партнером, р. Кук обращался к Гегелю, Шеллингу и другим европейским философам, когда их идеи казались ему подходящим пространством для разъяснения Торы.

* * *

Мессиански ориентированное учение р. Кука представляло собой сочетание твердой (и даже очень консервативной во многих своих аспектах) религиозной позиции с мистическим вдохновением, приверженностью идее прогресса и тем упорным практическим «активизмом», который воспринимался в начале XX века как формула решительного отказа от традиционной еврейской пассивности. В таком виде его учение имело заметные преимущества перед достаточно пресной доктриной р. Райнеса и созданного им движения Мизрахи. Оно не просто определяло необходимость сотрудничества с нерелигиозной частью народа в деле реализации сионистского проекта, но также и наделяло это сотрудничество глубоким теологическим смыслом. Вместе с сильнейшим обаянием личности самого р. Кука, это должно было оказать значительное влияние на идеологию религиозного сионизма.

---

[1] В иудаизме этому понятию соответствует «*Эцат hа-Шем*» – сокровенный замысел Всевышнего, см подробнее ниже в гл. С-12, §12.

Такое влияние на самом деле было оказано. В созданной р. Куком йешиве сформировалось поколение раввинов и учителей, воспринявших мессианскую доктрину ее основателя. После смерти р. Кука эта доктрина развивалась его сыном р. Цви-Йеhудой, р. Давидом hа-Коhеном (Иерусалимский Назир) и р. Яаковом–Моше Харлапом, возглавлявшим «Мерказ ха-Рав» в 1935-1951-гг.

Самой яркой фигурой был среди них р. Цви-Йеhуда Кук, занявший пост руководителя «Мерказ ха-Рав» после смерти р. Харлапа и превративший небольшую иерусалимскую иешиву в центр притяжения для ищущей духовного напряжения и интеллектуального вызова религиозной молодежи. Влияние этой школы и связанного с ней круга идей заметно возросло после Шестидневной войны 1967 года, воспринятой р. Цви-Йеhудой и его учениками как очередной этап в поступательном мессианском процессе.

[...]

РАЗДЕЛ В

# НЕКОТОРЫЕ ЦЕНТРАЛЬНЫЕ ИДЕИ РАВА КУКА

## ГЛАВА В-1

*Пинхас Полонский*

### КОНЦЕПЦИЯ РАВА КУКА О РЕЛИГИОЗНОМ ЗНАЧЕНИИ ГОСУДАРСТВА ИЗРАИЛЬ И О ЕВРЕЙСКОЙ ИЗБРАННОСТИ СЕГОДНЯ

§0. Введение: в чем состоит еврейская избранность сегодня?
§1. Концепция Виленского Гаона о смерти и воскрешении еврейского народа
§2. Концепция рава Кука о соотношении *хохма* и *бина* в Изгнании и в Стране Израиля
§3. Связь между §1, концепцией Виленского Гаона, и §2, концепцией рава Кука *хохма* и *бина*
§4. Основная идея: концепция рава Кука *клаль* и *прат*
§5. Примеры развития нашего понимания мира на основе восприятия концепции «общенационального диалога с Богом». Сакрализация истории
§6. Использование концепции «общенационального диалога с Богом» для понимания современных проблем иудаизма и для планирования его дальнейшего развития

## *Предисловие*

Обсуждая религиозный подход к оценке роли еврейского народа и Государства Израиль в сегодняшнем мире, мы должны будем обратиться к концепциям рава Кука, который в начале XX века являлся единственным еврейским мыслителем, сумевшим осмыслить сионизм в рамках религии. Сионизм поддержали довольно многие раввины, но рав Кук был единственным, кто осознал его сущностное, кардинальное место в иудаизме.

Для того, чтобы представить обсуждение проблемы в более широком аспекте, мы начнем с общих проблем роли еврейского народа в истории человечества, а затем перейдем к следствиям из этого для современной ситуации.

В конце XIX – начале XX века, когда жил и работал рав Кук, сионизм совсем не казался одним из аспектов иудаизма. Наоборот, он во многом противостоял иудаизму, иногда даже входил с ним в острый конфликт. Несмотря на это, рав Кук не просто «поддержал сионизм» (что было сделано еще рядом раввинов), - он сформулировал религиозное понимание сионизма; более того, он показал значение сионизма для развития и углубления иудаизма. Именно этот аспект мы прежде всего и рассмотрим ниже.

## §0. Введение и постановка проблемы: в чем состоит еврейская избранность сегодня?

### 0.1. Два периода еврейской истории: с 14 в. до н.э. по 2 в. н.э. – период еврейской жизни в Земле Израиля; с 3 в. н.э по 19 в. – период Изгнания

В еврейской истории, которая длится уже более трех с половиной тысячелетий, можно выделить два глобальных периода. Первый, составляющий около 16 веков, — это период жизни еврейского народа в древности в Стране Израиля, и он включает: Исход из Египта и завоевание Земли Израиля (примерно в 14 в. до н.э.), период Судей, «объединенное царство» (около 10 в. до н.э.): Саул, Давид и Соломон, построение Первого Храма; «разделение царств» (Иудея и Израиль) после смерти Соломона, Вавилонский плен (6 в. до н.э.), возвращение, построение Второго Храма, его разрушение в I в. н.э. — и, наконец, после поражения восстаний против Рима (примерно 200 г н.э.) — центр еврейской жизни перемещается из Эрец Исраэль в Вавилон, и начинается период Изгнания.

Следующий такой же по протяженности период (16 веков) — это период Галута (т.е. Изгнания, рассеяния, диаспоры). Сначала центр еврейской жизни перемещается из Страны Израиля в Вавилон, где в III-VI вв. создается Вавилонский Талмуд, и далее до конца X века длится период Гаонов (главы Вавилонских академий). Затем центр еврейской жизни перемещается в Европу. XI-XV вв. — период Ришоним («ранние раввинские авторитеты»), соответствующий европейскому Позднему средневековью - центром является Западная Европа, Сфарад (Испания) и Ашкеназ (Германия — Франция); далее — изгнания из Германии и Испании, перемещение еврейского центра в Османскую империю и в Восточную Европу, где он остается с XVI по XIX век, — это период «Ахроним» («поздние раввинские авторитеты»).

(Мы остановимся пока на XIX веке, не будем рассматривать последний, XX век, т.к. он слишком близок к нам, и по отношению к нему у нас нет пока достаточной исторической перспективы; кроме того, это время, когда уже действует сионизм и происходит переход к новому этапу, центр еврейской жизни вновь возвращается в Эрец Исраэль – Страну Израиля.)

Итак, у нас есть следующая схема еврейской истории, которая послужит в дальнейшем основой нашего анализа.

ГЛАВА В-1. *О религиозном значении Государства Израиль*

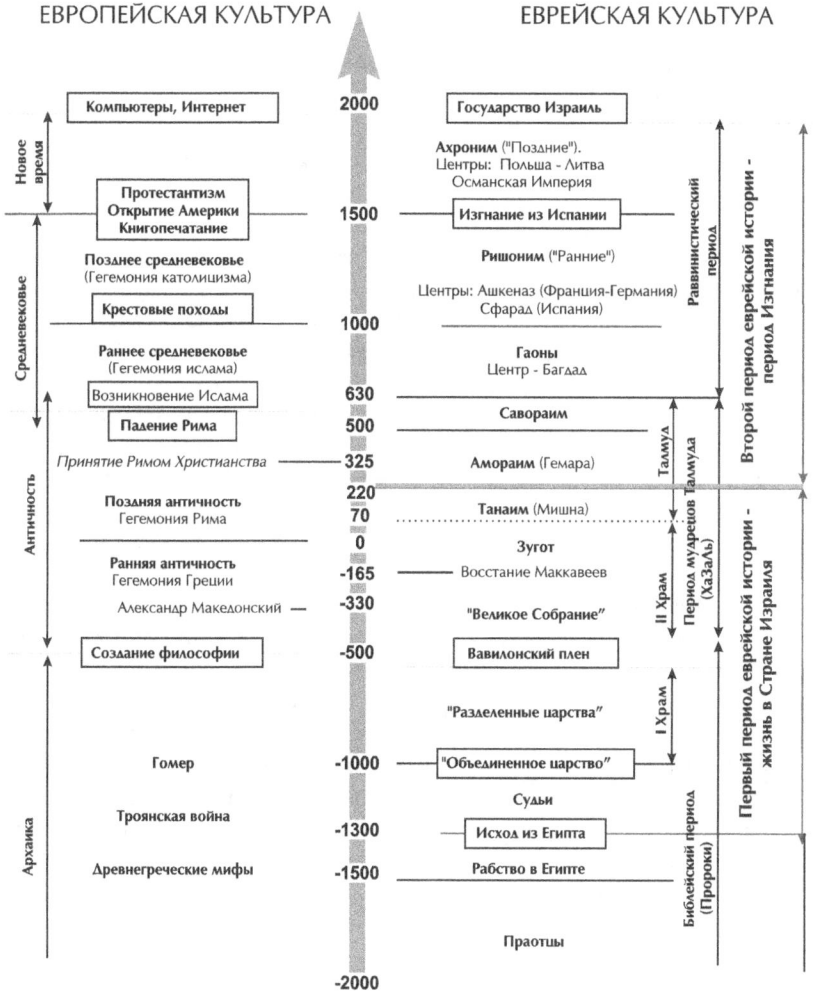

илл.1

*Следует отметить, что в данной хронологической таблице все приведенные цифры очень приблизительны, и мы даем их только для общей ориентировки*

## 0.2. В какой из двух периодов – в Стране Израиля или в Рассеянии – еврейский народ внес больший вклад в мировую культуру и цивилизацию?

### 0.2.а. Первоначальная оценка-сравнение

Теперь поставим проблему следующим образом: в какой из этих двух периодов (в первый, в период жизни в Стране Израиля, или же во второй, в период Диаспоры) еврейский народ внес больший вклад в мировую культуру и цивилизацию? Многие, почти не задумываясь, ответят, что в Диаспоре евреи внесли больший вклад в мировую культуру, и, соответственно, выберут второй период. Но как только мы спросим, в чем конкретно заключался этот вклад с III по XIX век, то возникнет проблема. Можем ли мы назвать хотя бы десять великих еврейских имен второго периода, внесших кардинальный вклад в мировую культуру и цивилизацию? Ну, допустим, мы назовем Маймонида и Спинозу. С некоторым трудом (в смысле того, является ли их вклад в мировую цивилизацию кардинальным) мы добавим к ним Каббалу, хасидизм, Мендельсона, Гейне, возможно Ротшильда и, допустим, даже Карла Маркса. Но на этом, оказывается, список закончен; и он оказался значительно короче, чем казалось вначале. Для «избранного народа» маловато...

Мы могли бы, конечно, увеличить список за счет расширения рамок второго периода: если внести в него и XX век, то добавятся Фрейд, Эйнштейн, Н. Винер и, на ранг ниже, еще пара десятков лауреатов Нобелевской премии. Но тут возникает несколько проблем: во-первых, нам трудно оценить, насколько эти имена будут великими через пятьсот или тысячу лет. Когда мы говорим сегодня о великих людях V или X веков, то понимаем, что это действительно великие фигуры, если они столь заметны даже через тысячелетие; и не вполне ясно, достаточно ли внушительно будут выглядеть через десять-пятнадцать веков нынешние лауреаты Нобелевской премии. Кроме того, несколько странно, чтобы вся наша претензия на вклад в мировую цивилизацию (за весь период Диаспоры) сконцентрировалась на последних ста годах. Что же мы делали целых полторы тысячи лет до этого, почему за это время не внесли подобающего, значительного вклада в развитие цивилизации?.. И это на фоне того, что в первый период наш вклад был действительно очень весомым. Хотя та эпоха и удалена от нас на две тысячи лет, но тем не менее, любой культурный западный человек легко сразу назовет несколько десятков великих имен из этого периода еврейской истории, начиная с Моисея с Десятью

Заповедями, Давида с Псалмами, царя Соломона с Песнью Песней и Экклезиастом, пророка Исайю и так далее. Первый период — это эпоха, когда через еврейский народ миру была дана Библия, и этот наш вклад в мировую культуру совершенно беспрецедентен.

Библия — основа западной (а через нее и мировой) культуры, основа ее миропонимания и ее концепции человека. Западное понимание человека, Бога, представление о человеке как о подобии Бога (а это основа западной цивилизации), о месте человека в Космосе, о его свободе и правах, о морали и об этических ценностях — все это базируется на Библии. Библия оказала на мировую культуру настолько сильное влияние, что его трудно переоценить.

Приведем несколько примеров этого.

*0.2.б. Примеры еврейского Библейского вклада в цивилизацию: сотворение Адама и идея братства человечества*

Начнем с истории происхождения человечества от Адама и Евы — истории настолько привычной нам, что мы зачастую и не осознаем, сколь революционные (для древнего мира) идеи в ней содержатся. Например, одна из основных концепций этой истории состоит в том, что все люди (как цари, так и рабы, как культурные, так и варвары), все без исключения — братья, все они созданы по образу и подобию Бога. (Талмуд подчеркивает: «Зачем Богом была создана только одна пара людей, Адам и Ева? Чтобы никогда один человек не мог сказать другому: мой предок был лучше твоего предка».)

Для человека древности, во втором тысячелетии до н.э. такой подход был отнюдь не очевиден. Рассмотрим для сравнения китайский рассказ о происхождении людей. Он описывает это событие так: «Бог лепил людей из земли и обжигал в огне. Те, кого не дожег, получились белые; те, кого пережег, получились черные; а те, кто обожжен в самый раз, — это желтые китайцы». Что следует из такого взгляда на мир? Во-первых, что люди черные и белые — это не вполне полноценные люди, это бракованное (недожженное или пережженное) человечество. Во-вторых, что китайцы — хоть и «хорошего качества», но все они лишь поточное производство, а вовсе не братья. Понятно, что на такой базе не выросла бы современная цивилизация, основой которой является, в частности, уважение к свободе индивидуума, правам человека (ибо он подобен Богу, несет в себе «образ Бога»), основанная на этих правах человека современная демократия и т.д. И не случайно, что все эти понятия, столь важные для Запада, не являются органичными для цивилизации Востока. Таким образом, еврейская история про Адама и Еву – это весьма революционная концепция, хотя сегодня она нам привычна и кажется совершенно «обычной».

Это лишь один из аспектов того, насколько важен для западной культуры библейский рассказ о Сотворении Мира. По сути, все самосознание западного человека, все его представления о человеке и о Боге, о месте и значении человека во Вселенной сформированы первыми главами книги «Бытия».

И это только один из множества примеров. Вся этика Запада сформировалась под влиянием Десяти Заповедей, идеи свободы, заключенной в «исходе рабов из Египта», идей Давида, Соломона, Исайи, Иеремии и т.д. – список можно довольно долго продолжать.

*0.2.в. Является ли еврейской заслугой то, что еврейский народ стал «проводником Божественного света»*

Отметим в скобках, что когда мы обсуждаем вклад еврейской Библии в цивилизацию, то иногда можем встретить следующее возражение: «Разве все это является вкладом евреев? Ведь все это дано от Бога, не мы же сами это придумали!»

Ответ: безусловно, совершенно верно, что все это – от Бога, и что мы не сами это придумали. Но, тем не менее, все это был именно еврейский вклад в цивилизацию. Ведь вообще еврейская задача – быть проводником Божественного света, и в этом процессе мы отнюдь не являемся пассивной стороной. Как, например, пророк не является пассивной стороной пророчества: ведь если бы это было так, то в миссии пророка не было бы никакого величия. Пророк велик потому, что он смог стать проводником в передаче Божественного слова людям, смог реализовать в своей жизни и передать людям то́ Божественное понимание, которое он воспринял. В принципе, Бог предоставляет Свой свет всем людям, вопрос только в том, может ли человек воспринять этот свет и суметь в дальнейшем передать его другим. (Эту идею подчеркивает Мидраш, когда он говорит, что Бог на горе Синай предлагал Тору всем народам; и кто же согласился ее принять? – только евреи.... Да и вообще, может быть, любое творчество в том и состоит, чтобы уловить Высший свет и передать его другим.) И поэтому великие идеи Торы, – при том, что они даны от Бога, – вполне могут быть включены в «творчество еврейского народа» и отнесены к его вкладу в цивилизацию.

### 0.2.г. Мессианская идея

Приведем еще один пример кардинальной идеи, сегодня настолько очевидной для нас, что мы зачастую забываем о ее сугубо еврейском происхождении, — притом, что в свое время она была весьма необычна для человечества.

Спросим себя: какая цитата из пророка Исайи была хорошо известна каждому советскому человеку? Конечно, это «перекуют мечи на орала» (советская власть только «забывала» указать, что это цитата из пророка Исайи). Что же означает эта фраза в оригинале? Полностью она выглядит так: «перекуют мечи на орала (плуги), и копья на серпы, не поднимет народ меча на народ и не будут больше учиться воевать»...и далее: «И наполнится вся земля познанием Господа...» (Исайя, 2:4, 11:9). Стихи эти говорят о том, что должно будет произойти при приходе Мессии; собственно, это и есть мессианская идея, это и есть само определение понятия Мессии у еврейских пророков[1]: Мессия — это тот, при ком кончатся войны, народы будут жить мирно, и люди смогут полноценно заниматься продвижением в познании Божественной истины. Такой подход, ставящий социально-общественную задачу перед человечеством, как перед единым целым и видящий в качестве цели развития человечества его всеобщий мирный духовный прогресс — был настоящей революцией для Древнего мира.

Отметим, что у всех народов древности было воспоминание о бывшем в далеком прошлом «золотом веке» (собственно, о пребывании Адама в раю); но только евреи перенесли этот «золотой век» из прошлого в будущее, создав этим мессианскую идею. Таким образом была установлена задача, была задана цель развития человечества; причем цель посюсторонняя, реально-историческая, в некотором смысле даже социальная. Поставив такую цель, евреи полностью изменили восприятие человеком истории человечества: мир перестал быть циклическим (каким он был до этого), ибо теперь было осознано существование определенного вектора развития человеческого общества. Именно из этой «поставленной перед человечеством задачи», из разного ее переосмысления и переформулировки, вырастают затем как идеалы христианства, так и идеалы гуманизма, социализма, «капитализма» и вообще идея прогресса.

---

[1] Мы упоминаем здесь данный аспект только в качестве примера еврейской идеи, ставшей «общечеловеческой»; более подробное обсуждение мессианской идеи иудаизма есть тема для отдельной статьи.

Но осознание того, что перед человечеством как целым вообще стоит какая-то цель развития, — это свойственно только западному человеку, религия которого – христианство или ислам – возникла из иудаизма. В восприятии же мира восточным человеком — индусом, буддистом, конфуцианцем, как это было в свое время и для древнего грека, — нет и не может быть никакой религиозно-духовной цели и направления развития общества. В их картине мира вся история есть только повторяющиеся циклы (внутри которых может продвигаться индивидуальный человек, но не человечество как целое), никакого же вектора общего направления развития цивилизации быть не может в принципе.

Т.е. западная страсть к прогрессу в основе своей есть «чисто еврейские штучки». А это, уже, конечно, следует отнести к кардинальному влиянию еврейства на человечество — влиянию, которое просто невозможно переоценить. Ведь тем и отличается человек Запада от человека Востока, что у Запада есть жажда прогресса и ощущение направления развития всей цивилизации, а у Востока этого нет. И именно за счет этого Запад достиг сегодняшнего огромного технологического и социального преимущества перед Востоком (которое дополняется преимуществом моральным, выражающимся в западном уважении к индивидууму как к «образу Бога» — представлении, которое исходно на Востоке отсутствует).

За последние столетия Запад во многом духовном захватил и вестернизировал Восток, распространяя на него свои социальные модели и концепцию личности, а также язык, технологию и массовую культуру. Запад гораздо сильнее как цивилизация. В противостоянии Запада Востоку западные базовые духовные ценности проникают на Восток и постепенно укореняются там. И это происходит именно в наше время.

(Конечно, все это происходит совсем не линейно-однозначно, и идеи Востока тоже, в небольшом количестве, влияют на самосознание Запада. Но все же невозможно отрицать, что вся современная цивилизация, неотъемлемой частью которой все мы являемся, – построена на западных, а не на восточных основах; и Восток, чтобы выжить в ней, перенимает в гигантских масштабах идеи Запада, в своей духовной основе – еврейские.)

*0.2.д. Идеал мира между народами*

Говоря о том, что западная «жажда прогресса» происходит из мессианской идеи иудаизма, и отмечая, что первую, исходную формулировку этой идеи мы находим в уже процитированных выше словах пророка Исайи — обратим внимание также и на провозглашенный в этих словах идеал мира, мира между независимо живущими различными народами: «не поднимет народ меча на народ...». Сегодня этот идеал рассматривается как нечто очевидное: конечно же, человечество хочет мира; именно эту цитату из Исайи оно пишет на здании ООН и т.д. (Мы не утверждаем, конечно, что человечество уже близко к достижению этого идеала, но уже само провозглашение мира как идеала является важным шагом вперед.) Однако, когда сегодня идеал всеобщего мира очевиден, мы зачастую забываем, что в древности провозгласить мир идеалом было отнюдь не тривиально. Например, древние греки вовсе не считали, что идеалом жизни человечества является мир. Они считали, что каждый сильный человек (и государство) воюет, пока может, и захватывает, сколько сможет, а мир — это временное перемирие, пока у обеих сторон нет сил воевать. У римлян также «матерью всех добродетелей» провозглашался вовсе не мир, а война, во время которой проявляются и воспитываются, например: мужество, патриотизм, упорство, стремление к великим целям и т.д. Таким образом, провозглашение мира между народами как идеала было весьма нетривиальной революцией в сознании человечества, и это есть прямое следствие установок иудаизма.

### 0.2.е. Собственно монотеистическое понятие «Бог» – личностная персонификация Высшей Силы

Рассмотрим еще один пример еврейского влияния на мир в несколько другой плоскости. Мой знакомый однажды был свидетелем того, как на конференции по межрелигиозному диалогу (где присутствовали как представители «западных религий» — иудаизма, христианства и ислама, так и «восточных религий» – индуизма, буддизма, конфуцианства), один из представителей Востока сказал: «Вы здесь произносите фразу, в которой используется слово "Бог". Но вы, западные люди, должны понимать, что в нашей культуре нет такого слова, нет вообще такой концепции». Иными словами, в исходном языке Востока нет такого понятия, которое соответствовало бы западному понятию «Бог».

Когда мы произносим слово «Бог» (с большой буквы), то мы, люди западной цивилизации, уже используем важнейшую концепцию культуры, радикально влияющую на наше понимание человека – монотеистическую личностную персонификацию Высшей Силы, по образу и подобию Которой был создан человек. Независимо от того, считает ли западный человек, что он «верит в Бога», или же что он «не верит в Бога», — само это понятие «Бог», укорененное в его языке и культуре, оказывает влияние на его мироощущение, оно является, вне зависимости от его собственного желания, важнейшим элементом его мира. Но у восточного человека нет такой концепции, и такого понятия в принципе нет. И дело здесь не в количественном различии («один Бог» западной культуры и «многобожие» восточной), — а в том, что между культурой монотеистической (иудаизм, а сегодня и весь Запад) и культурой политеистической (в древности — все человечество, а сегодня — «восточные религии») имеются кардинальные различия в понимании собственно характера «высшей силы».

Чем же отличается высшая сила в представлении иудаизма (а вслед за ним — христианства и ислама) от высшей силы, например, буддизма или конфуцианства или же Древней Греции? В буддизме и конфуцианстве высшая сила — это «мировой закон», «закон Неба», «закон Кармы» и т.п. — т.е. это сила безличностная. Этот мировой закон над всем довлеет абсолютно, как закон тяготения, но этой безличностной высшей силе нельзя обратиться, с ней нельзя вступить в диалог и т.д. Таким же характером обладала высшая божественная сила древних греков — «рок»[1], который довлел над всем, но никоим образом ни с кем не вступал в диалог.

Таким образом, в политеистической системе высшей силой является безличностный закон, всегда выполняющийся и ко всему безразличный, а в монотеистической системе иудаизма (и, как следствие из него, также христианства и ислама, и западного человека вообще) высшая сила — это личностный Бог, Который создал человека по Своему образу и подобию; и поэтому Он не абстрактен и не безразличен, но наоборот, любит человека, хочет блага ему и заботится о нем. Это Личность, Которая приглашает человека вступить в диалог. И только в системе таких понятий можно объявить центральной ценностью любовь человека к Богу и связь человека с Ним, и, как производное от этого, любовь человека к ближнему — как это провозгласила еврейская религия, а вслед за ней христианство и ислам. Такой подход ведет к абсолютно иному пониманию мира, закрепленному уже в аппарате языковых понятий западного человека, и само понятие — «Бог» — невозможно даже перевести на язык человека восточной религии, такого понятия в его языке просто не существует.

---

[1] Отметим, что высшим, т.е. доминирующим над всем, божеством греческой мифологии является именно «рок», а вовсе не Зевс или другие подобные «боги», которые просто суть «сверхчеловеки».

## 0.3. Определение понятия «избранность» как «светоча народов мира». Куда исчезла еврейская избранность в период Изгнания?

Все вышесказанное было лишь демонстрацией нескольких отдельных примеров из многочисленных свидетельств того, насколько вся современная западная цивилизация сформирована иудаизмом, насколько грандиозен вклад евреев (причем именно в первый период нашей истории, в период жизни еврейского народа в Земле Израиля!) в мировую культуру и цивилизацию, чего совершенно не скажешь о втором периоде, периоде Изгнания. Вообще, столь существенное место, которое евреи занимают в самосознании западной цивилизации, определяется, по сути, только первым периодом нашей истории. Именно из-за него евреи воспринимаются как избранный народ, наша история — как «священная история» человечества, а наше Писание — как «Священное Писание» человечества. (Отметим только тот небольшой факт, что Библия — Священное Писание западной цивилизации — почти целиком посвящена описанию событий, случившихся с евреями. Обсуждая сугубо внутриеврейские проблемы, Библия стала при этом важнейшей книгой для всего человечества.)

А за второй период евреи ничего, подобного первому, по-настоящему кардинального, почему-то не создали. И поскольку еврейский вклад в первый период был гораздо значительнее, чем во второй, то возникает вопрос: куда же в этом втором периоде (и в наше время) подевалась еврейская избранность? И в чем, в частности, она состоит сегодня?

Здесь нам потребуется сначала несколько уточнить само понятие «избранность». Это понятие определяется в Еврейской Библии в разных формах, разными фразами, но наиболее известная, классическая и концентрированная среди них — это знаменитые слова из пророка Исайи (42:6), где он говорит о том, что еврейский народ — это «народ Завета, светоч народов мира» («ор гоим»). Иными словами, наша избранность заключается в том, чтобы быть «светочем народов мира», в нашей способности и возможности передать Божественный свет человечеству. Эта избранность и проявляется в нашем влиянии на человечество, в нашем вкладе в мировую цивилизацию, в мировую культуру.

И в первый период нашей истории, с 14 в. до н.э. по 2 в. н.э., в Стране Израиля, мы эту избранность реализовали «в полной мере». Относительно небольшой по численности народ внес гигантский вклад в цивилизацию. Но что стало с нами во второй период, с III по XIX вв., в Изгнании, почему мы тогда не создали ничего столь же великого? Не означает ли это конец еврейской избранности?

## 0.4. Постановка проблемы: В чем состоит еврейская избранность сегодня?

Вопрос этот не нов. Его из века в век задавали нам христиане. Они утверждали, что «действительно, в начальный период своей истории еврейский народ был избранным и принес свет Бога на землю; но потом он не принял христианства, за что и был снят со своего поста, и вся его избранность перешла к христианству». Такой подход в течение веков был одной из важнейших основ христианского мировоззрения, смыслом самого понятия «новый Израиль», означавшего, что христианская церковь заняла место иудаизма на посту «избранного народа». И христиане повторяли это евреям: «Смотрите, как много всего вы создали в начальный период вашей истории, и насколько вы не способны на подобные великие достижения сегодня! И все это потому, что вы не приняли христианство, и, следовательно, вся ваша избранность перешла к нам».

Но евреи — народ упрямый («жестоковыйный»), и они в ответ заявляли: «Нет, наша избранность продолжает оставаться с нами». Конечно, упрямство в основе своей вещь зачастую хорошая и важная, без упрямства народ вообще не может выжить, но одного упрямства недостаточно. И потому мы должны теперь сами себе задать вопрос: в чем же действительно состоит сегодня наша избранность? В чем мы сегодня можем реализоваться как «светоч народов», где те новые идеи, которые мы можем предложить человечеству для его дальнейшего продвижения, в качестве следующего шага в развитии цивилизации? Если нечто такое есть у нас про запас, то мы можем сказать: «Мы действительно продолжаем оставаться избранным народом, и мы еще продемонстрируем это человечеству». Но если у нас ничего такого нет, если весь наш гигантский вклад только в прошлом, но не в будущем, — то в этом случае наше законное место должно быть в музее, а не в жизни.

Иными словами, вопрос ставится так: сохранилась ли сегодня еврейская избранность (и вследствие этого – имеется ли будущее у еврейского народа, потому что будущее есть только у того, кому есть что предложить человечеству), а если эта избранность сохранилась, то какие новые идеи мы можем предложить человечеству, чтобы эту избранность подтвердить и реализовать?

Это и есть постановка проблемы, которую мы попытаемся разобрать, ее анализу и ответу на поставленный вопрос будет посвящено все дальнейшее обсуждение.

План этого обсуждения будет таков: §1, §2 и §3 — предварительные идеи, необходимые нам как кирпичи для построения затем всего здания; §4 — основная идея, концепция рава Кука, дающая ответ на вопрос о еврейском вкладе в развитие человечества сегодня, §5 и §6 — примеры и дальнейшие выводы.

## §1. Концепция Виленского Гаона о смерти и воскрешении еврейского народа

### 1.1. Собственно высказывание Гаона

Виленский Гаон — рав Элияһу бен Шломо Залман, прозванный «Гаоном» за свои исключительные знания еврейской традиции и понимание иудаизма — жил в городе Вильно в XVIII веке (т.е. к концу «второго периода» еврейской истории). Он был духовным лидером еврейства Литвы, самой образованной части еврейства того времени, ориентированной во всей своей жизни на изучение Торы, на Талмуд, на интеллектуализм; вплоть до нашего времени он считается главным столпом всего «литовского» направления в иудаизме. Рассмотрим нижеследующее его высказывание, очень важное для нас:

«Тогда, когда еврейский народ [после разрушения Второго Храма и подавления восстаний против Рима, к концу II в. н.э.] был изгнан из Страны Израиля, — в этот момент еврейский народ умер. Затем труп народа лежал в могиле [это период Вавилонского Талмуда, III–VI вв., и период Гаонов, VII–X вв.] Потом этот труп стал распадаться на части [это время Ришоним, позднее средневековье, XI–XV вв.]. Затем и сами части тоже стали разлагаться, так что к нашему времени [т.е. к концу XVIII в.] этот труп уже почти полностью сгнил. Однако — точно так же, как зерно, которое бросают в почву и кажется, что оно гниет и разлагается, но на самом деле оно прорастает, — также и еврейский народ: кажется, что труп его сгнил, но на самом деле нас ожидает в ближайшее время его воскрешение из мертвых».

Попробуем понять, что хочет сказать Виленский Гаон. Прежде всего: что здесь (да и вообще) имеется в виду под словом «смерть», что означают сами понятия «мертвый» и «живой»? Смерть — это разделение души и тела; а поскольку душа всегда жива, то смерть есть отнятие тела от души. Иными словами: живой — это та душа, которая владеет телом, а мертвый — это та душа, которая пребывает в загробной жизни, ибо тела у нее нет. Когда у души отнимают тело, то мы говорим, что человек умер, хотя душа его и продолжает существовать.

Если мы перенесем теперь это понимание терминов «живой» и «мертвый» с индивидуума на народ, то слова Виленского Гаона тут же станут понятны нам. А именно, когда евреи были изгнаны из Земли Израиля, то у еврейского народа отняли тело, т.е. национально-государственную структуру в своей стране, а это и есть «смерть народа».

Далее, время Вавилонского Талмуда и Гаонов (III–X вв.) — это период, когда «труп народа лежит в могиле». Труп похож на человека, но это не человек. Соответственно, этот период — когда центр всей мировой еврейской жизни переместился в Вавилон, и евреи имели там культурно-национальную автономию, некое подобие государства, но не реальное государство — и был «трупом, лежащим в могиле». Затем, в период Ришоним (Позднее средневековье, XI–XV вв.) единого центра уже не существовало, у ашкеназов был один центр, у сефардов другой, — это «труп, распадающийся на части». А потом, после изгнания из Испании и перемещении из Германии в Речь Посполиту, — уже и эти части начинают распадаться, евреи постепенно перестают являться одним целым уже даже в рамках ашкеназской или сефардской группы, и каждая местная община живет независимой от других общин жизнью; а затем и каждый человек становится совершенно независим от общины. Никакого общенационального организма не остается совсем — а это и значит, что «труп совершенно разложился».

### 1.2. Общенациональное «воскрешение из мертвых»

Виленский Гаон завершает свои слова тем, что «нас в скором времени ожидает воскрешение [еврейского народа] из мертвых». Сегодня нас отделяют от Гаона два с половиной столетия, и если мы посмотрим ретроспективно на прошедшую историю и спросим себя: исполнилось ли его предсказание? — то ответом будет: конечно, да. Возникло «общенациональное тело», которое называется Государство Израиль, и это тело создано сионистским движением. С этой точки зрения, сионистское движение и создание Государства Израиль - это не «политика», не «преходящий эпизод» или «чисто внешняя форма политико-экономического сотрудничества», а элементарное, «типичное» воскрешение из мертвых, т.е. дарование душе нового тела.

ГЛАВА В-1. *О религиозном значении Государства Израиль* 109

В течение многих веков Изгнания душа еврейского народа, лишенная тела, продолжала существовать, — но теперь она обрела новое тело. Государство у нас, конечно, далеко еще не идеальное, но уж это зависит не от тела, а определяется уровнем и характером той души, которая в это тело вселилась. Сионизм не создавал «еврейскую душу» (она продолжала жить всегда), но он создал для нее тело. Иными словами, создание Государства Израиль — это кардинальное явление еврейской жизни, уникальное событие мировой истории. А вся жизнь в Изгнании, в рассеянии, в Диаспоре — это типичное загробное существование: душа есть, а тела нет. И все еврейское творчество в Галуте, в течение почти двух тысяч лет Изгнания – это типичное «творчество души в загробной жизни».

### 1.3. Еврейская жизнь в Изгнании как «загробное существование»

Для иллюстрации рассмотрим пример. Если задается вопрос про какой-то город Диаспоры: «В чем состоит там (или состояла там в таком-то веке) еврейская жизнь?», — то для ответа на этот вопрос мы начинаем перечислять действующие в этом городе иешивы, синагоги, театры, клубы и т.п. При этом мы исходим из автоматического представления о том, что понятие «еврейская жизнь» тождественно понятию «еврейская культура», под «еврейской жизнью» мы понимаем еврейскую культуру и иначе не мыслим. За две тысячи лет Изгнания список великих деятелей еврейской жизни будет практически тождественен списку «тех, кто создавал великие тексты», т.е. ту или иную (обычно религиозную) литературу. Но ведь ни один другой народ такого никогда про себя не скажет. Если вы попросите кого-то рассказать, в чем состояла в таком-то веке французская жизнь, то помимо культуры (и тем более литературы), в это войдет также и физическая история национальной жизни, сконцентрированная в их государстве: что они строили, что разрушали, какие устанавливали законы и как добивались их реализации, с кем воевали и с кем мирились, что захватывали и что отдавали, как они построили свою страну. Т.е. у всех народов «культура» это только часть жизни нации; «жизнь» включает, конечно, национальную культуру, но никоим образом не сводится к ней.

Отождествление этих понятий мы наблюдаем исключительно в еврейской жизни двух тысяч лет Изгнания. А вот еврейская же жизнь в Израиле – это совершенно иное дело, в нее входят не только «еврейская культура», но и сама жизнь общества и государства, характер взаимоотношений между евреями и другими народами, войны и перемирия, законы страны и система управления, территории и границы и т.д. Культура (и, в частности, литература) тоже является частью жизни, но жизнь никоим образом не сводится только к ней.

Для еврея же в Изгнании еврейская жизнь сводится исключительно к культуре. Это похоже на функционирование души, у которой нет тела, и потому она лишена полнокровной жизни, — и, соответственно, она вся поглощена исключительно своими собственными соображениями и настроениями. Но такую жизнь, конечно, никак нельзя назвать «настоящей».

В качестве второго примера рассмотрим встречающееся порой высказывание, типа «моя родина — русский язык». Подобные концепции любят высказывать именно евреи[1] (в данном случае из России, конечно), потому что русский человек никогда так не скажет. Для него не может быть, чтобы его родина (Россия) сводилась только к русскому языку или же к русской культуре или литературе. Его родина — это «страна Россия», а не «ее культура». Для образованного же и культурного русского еврея, наоборот, та Россия, к которой он имеет отношение, — это русская литература, а вовсе не страна Россия. (И поэтому, в частности, еврейские интеллигенты России времен революции и позже зачастую совершенно неверно представляли себе, куда движется страна, неверно прогнозировали последствия своих действий, ибо они ошибочно принимали русскую литературу за Россию, а настоящей России и ее народа вообще не знали и не понимали).

Это неадекватное отождествление понятия «жизнь» с понятием «культура» подобно разрыву между тем, кто, например, живет, решая какие-то реальные проблемы, — и другим, который не живет, а только читает роман о том, как эти проблемы теоретически решаются. Чтение романа может быть весьма занимательным занятием, но полноценная жизнь, конечно, совершенно несопоставима с таким чтением. Сионизм и создание Государства Израиль вернули еврейскому народу возможность (и даже необходимость) полноценной национальной жизни; поставило нас в ситуацию, когда мы должны решать реальные общенациональные проблемы, а не только сочинять и читать романы об этом; и это — воскрешение из мертвых.

Итак, наше сравнение еврейской жизни в первый и во второй периоды еврейской истории приобретает следующий вид:

---

[1] Впрочем, автором этого высказывания считается писатель Анатолий Ким — не русскоязычный еврей, но русскоязычный кореец.

ГЛАВА В-1. *О религиозном значении Государства Израиль* 111

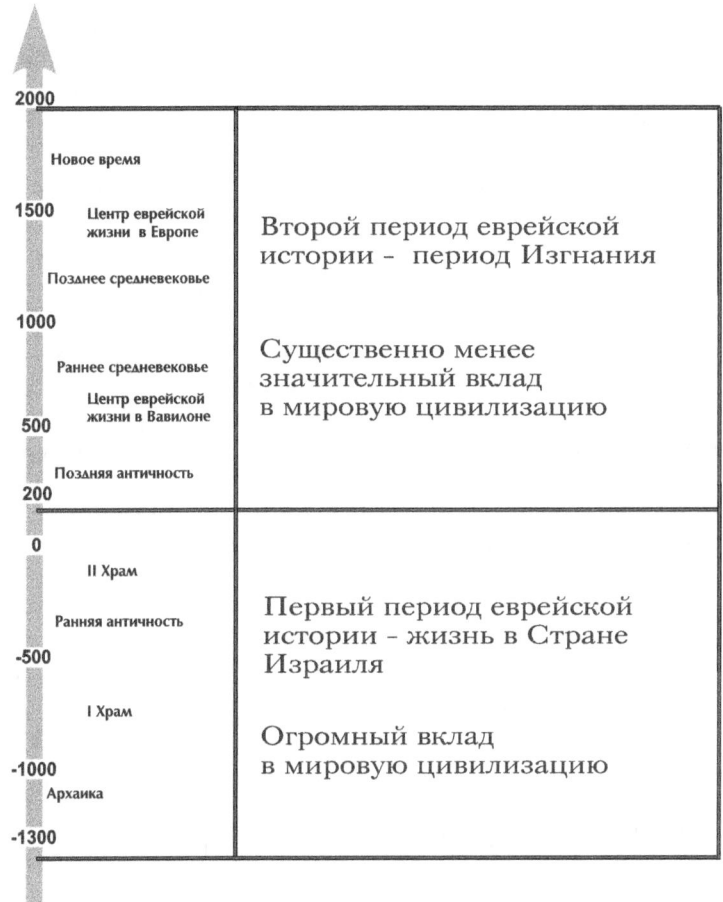

илл. 2а

## §2. Концепция рава Кука о соотношении хохмá и бинá в Изгнании и в Стране Израиля

Теперь, в качестве еще одного «кирпичика» для построения здания, рассмотрим концепцию рава Кука о различии возможностей общенационального достижения еврейским народом уровней *хохмá* и *бинá* в Изгнании и в Стране Израиля.

## 2.1. Объяснение понятий *хохмá* и *бинá*

Сами понятия *хохмá* и *бинá* достаточно широко известны. Это понятия Каббалы, хорошо знакомые нам по хасидизму и давно перекочевавшие в общекультурный еврейский и даже европейский контекст. Однако, мы далеко не всегда встречаем правильное понимание и применение этих понятий.

Оба эти термина относятся прежде всего к области восприятия и развития идей, области интеллектуального постижения. Неверно было бы, однако, переводить буквально по словарю *хохма* — как «мудрость», а *бина* — как «понимание», ибо в данном случае это специфические понятия Каббалы, и они должны переводиться несколько иначе. Если мы попытаемся более или менее правильно перевести их на европейский язык, то *хохма* это скорее «озарение», а *бина* – «раскрутка этого озарения, выстраивание его в логически стройную систему». Т.е. *хохма* — это начальный этап познания, когда есть рывок, озарение, когда идея «схватывается». Она вся еще в «точке», она еще сжата, не детализирована, не раскручена. *Бина* же — это раскрутка этой идеи, когда она «выстраивается» (само слово «бина» имеет связь с корнем «бонэ́» — «строить») в стройную логичную систему, в соотношение различных деталей и элементов. Отметим, что при «нисхождении Божественного света из высших миров в нижний мир» сначала (т.е. выше) расположена *хохма*, а затем (ниже ее) — *бина*.

Понимание этих терминов будет необходимо нам для дальнейшего анализа [1].

## 2.2. Возможности достижения уровней *хохма* и *бина* в Изгнании и в Стране Израиля

Перейдем теперь к собственно концепции рава Кука, обсуждаемой в этом параграфе. Сравнивая творческий потенциал еврейского народа в Изгнании (Галуте) с его возможностями в Стране Израиля, рав Кук высказался следующим образом: «в Изгнании небеса для еврейского народа закрыты на уровне *бина*; и выше, чем *бина*, подняться в Изгнании невозможно; только в Стране Израиля небеса открыты до уровня *хохма*. А потому вне Страны Израиля, в Изгнании, в Диаспоре — невозможно никакое настоящее аутентичное еврейское творчество».

---

[1] Более подробное описание понятий *хохма* и *бина*, можно найти, например, в книге «Две Истории Сотворения Мира», §6.4, в интернете по адресу: http://www.machanaim.org/tanach/_pol2ism/glava6.htm#6.4

# ГЛАВА В-1. *О религиозном значении Государства Израиль*

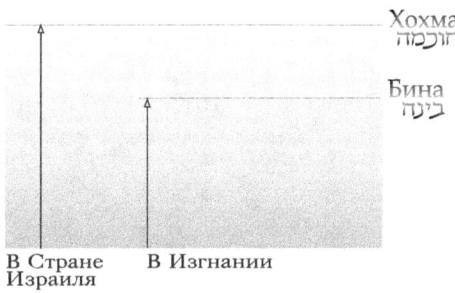

илл. 3а

Таким образом, лишь в Стране Израиля еврейский народ может вновь удостоиться озарений, постигать что-то принципиально новое, а в Галуте он может только брать старые озарения и заниматься их анализом, систематизацией, построением из них конструкций и т.п. — но не более того.

Соответственно, наша таблица соотношений первого и второго периодов еврейской истории дополняется следующими элементами:

| | | |
|---|---|---|
| Новое время | | |
| 1500 Центр еврейской жизни в Европе | Второй период еврейской истории — период Изгнания | Отсутствие общенационального тела. Есть только душа |
| Позднее средневековье | | |
| 1000 Раннее средневековье | Существенно менее значительный вклад в мировую цивилизацию | Невозможность достижения хохма, остается только бина |
| 500 Центр еврейской жизни в Вавилоне | | |
| Поздняя античность | | |
| 200 | | |
| 0 | | |
| II Храм | | |
| Ранняя античность | Первый период еврейской истории — жизнь в Стране Израиля | Наличие общенационального тела |
| -500 | | |
| I Храм | Огромный вклад в мировую цивилизацию | Возможность достижения хохма |
| -1000 Архаика | | |
| -1300 | | |

илл. 2в

### 2.3. Сравнение ТаНаХа и Талмуда как *хохма* и *бина*

Для того, чтобы прочувствовать и понять это утверждение рава Кука, рассмотрим следующий пример. Главная еврейская книга, созданная в Стране Израиля, — это ТаНаХ. А еврейские книги, созданные в Галуте — это Талмуд, кодексы, комментарии.

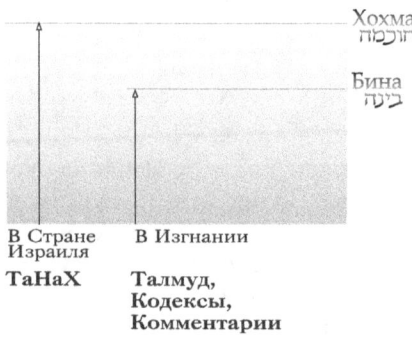

илл. 3в

Каков (в рамках соотношения *хохма-бина*) характер книг ТаНаХа? В каждой новой книге ТаНаХа мы находим новое прозрение, озарение, новое откровение, новый прорыв, такой элемент, которого раньше не было совсем. Это книга явно характера хохма. С другой стороны, Талмуд, кодексы, комментарии, вообще вся культура Галута — все они ориентированы прежде всего на уже сказанное ранее, на «прошлый свет». Их принципиальная установка такова, что ничего кардинально нового в них не говорится, но только анализируется, систематизируется и обрабатывается то, что уже было сказано раньше — что, конечно, характерно именно для бина. Еврейская культура Галута (с ее типичным вопросом: «А где это было сказано раньше? На что ты опираешься? Укажи цитату, ссылку, источник из классики!») направлена исключительно и только на «сохранение традиции», т.е. только на сохранение и обработку того, что уже было раскрыто. Подход же еврейской культуры в Стране Израиля — это, наоборот, идти дальше, вперед, открывать что-то новое. Поэтому ТаНаХ, созданный в Стране Израиля — выражает уровень хохма, и именно ТаНаХ оказал такое кардинальное влияние на все человечество; а Талмуд, кодексы и комментарии не оказали. Европейские специалисты-христиане читали, конечно, комментарии Раши (они в некоторый момент были даже переведены на латынь), но влияние этих комментариев на группу специалистов было, конечно, совершенно несопостави-

ГЛАВА В-1. *О религиозном значении Государства Израиль*

мо с влиянием на все человечество самой Библии, которая была (и остается) главной книгой Западной цивилизации.

ТаНаХ — книга для всего человечества, и она обращена к каждому человеку на земле; а Талмуд — это прежде всего книга для внутреннего еврейского употребления, для специалистов в данной области; и она совсем не является нашим обращением ко всему человечеству.

**2.4. Отсутствие изучения ТаНаХа в галутных иешивах последних столетий**

Здесь можно отметить одно знаменательное (и далеко не всем известное) явление, состоявшее в том, что в иешивах примерно сто-двести лет назад вообще не учили ТаНаХ, а изучали почти исключительно Талмуд (с добавлением кодексов Галахи или основ хасидизма, либо этических трактатов, — в разных комбинациях, в зависимости от характера иешивы). Тору, конечно, все знали (тем более, что ее недельный раздел читают в субботу), знали «*haфтарот*» (читаемые в субботу отдельные отрывки из книг Пророков), знали Псалмы и Пять свитков; — но что касается большинства прочих текстов ТаНаХа, то значительная часть даже тех, кто учился в иешиве, вообще не изучала их систематически. Они были знакомы с ТаНаХом лишь по отрывочным цитатам, упоминаемым в Талмуде, (а там эти цитаты почти всегда приводятся как иллюстрация к какому-либо логическому рассуждению или уже готовому выводу, а не в изначальном их смысле и значении. Т.е. учащиеся иешивы по сути просто не знали большинство книг ТаНаХа и не воспринимали их.

Этот факт представляется, на первый взгляд, совершенно поразительным: неужели именно библейский текст, самая главная Книга, которую евреи дали миру, не изучался в иешивах, и как могло такое быть?.. Но если мы задумаемся, то увидим, что описанное явление имеет вполне естественное объяснение. Евреи во все века относились к своим священным текстам очень серьезно, они стремились найти в них руководство к действию и путь к пониманию окружающего мира. А что может дать в Галуте ТаНаХ, особенно его исторические книги? Понятно, сколь много дает такому читателю Тора: она содержит Заповеди и Закон, на котором основаны правила поведения в жизни. Но история еврейского народа, изложенная в ТаНаХе (цари, войны, взаимоотношения царя и пророка, завоевание и раздел Страны или духовно-политическая история еврейских царств — что еврей Диаспоры мог вычитать и прочувствовать из нее? Как правило, почти ничего.

Эти книги были совершенно далеки от его мира, они говорили о чуждых для него проблемах, и ему было попросту неинтересно их изучать. Всеобщий интерес к ТаНаХу был возрожден только вместе с сионизмом, ибо новому сионистскому еврейскому населению Страны Израиля ТаНаХ был вновь интересен и жизненно необходим. (Внутренние причины этого мы подробнее обсудим ниже.)

## §3. Связь между §1, концепцией Виленского Гаона, и §2, концепцией рава Кука «хохма и бина» (§3=§2+§1 ☺)

### 3.1. «Наличие тела» требует действия, т.е. осуществления выбора; и это дает возможность достичь *хохма*

Итак, мы рассматриваем соотношение двух периодов истории еврейского народа: первый период, период жизни в Стране Израиля, с 14 в. до н.э. по 2 в. н.э.; и второй период, период Галута, Изгнания, с III по XIX вв.

Утверждение Виленского Гаона о соотношении этих периодов состоит, как мы уже говорили, в том, что в первом периоде у народа есть тело, поэтому народ жив; а во втором периоде национального тела нет, и народ мертв. Утверждение же рава Кука о тех же самых двух периодах в еврейской истории раскрывает другой их аспект: в первом периоде возможно достижение *хохма*, а во втором *хохма* невозможна, и остается только *бина*.

Спросим теперь: какая связь между этими двумя концепциями? Почему наличие государства дает народу возможность постичь *хохма*, а его отсутствие лишает этой возможности? Почему именно Страна так важна для постижения *хохма*? Ведь, казалось бы, познаем мы разумом, а разум утрачен не был? Земледелец и скотовод, положим, потеряли привычный объект приложения сил — но ведь мыслитель и поэт унесли свой разум с собой в изгнание? Почему же разум, оторванный от земли, не может постичь *хохма*, и ему остается только *бина*? К тому же, как мы видим, в изгнании разум может работать на уровне *бина*, — то есть воспринимать информацию, анализировать ее, делать логические выводы. Почему же *хохма*, новые прозрения, ему недоступны?

Чтобы ответить на этот вопрос, обратимся сначала к нашему собственному личному опыту, перенесем обсуждение на уровень индивидуальный. Вспомним: как мы сами, лично, постигаем в жизни нечто для себя принципиально новое (*хохма*)? Это не происходит, когда мы просто так сидим в кресле, читая книжки и по-

## ГЛАВА В-1. *О религиозном значении Государства Израиль*

чесывая в затылке. Озарение, понимание чего-то принципиально нового происходит совершенно иначе. А именно — когда человек, идя по жизни, вдруг «входит в ударное соприкосновение с действительностью», «ударяется лбом о стенку», и тогда «из его глаз сыплются искры». Эти искры в потенциале и есть *хохма*, надо только схватить и «раскрутить», осмыслить их.

А теперь то же самое, но не так картинно. «Ударное соприкосновение с действительностью» есть попадание в экзистенциальный кризис, т.е. в кризис выбора. Вообще, в жизни мы совершаем множество стандартных выборов — с утра встаем, завтракаем, выходим на улицу, садимся в автобус и т.д. Конечно, в каждом действии есть маленький выбор, но он совершенно стандартный, в рамках нормы. А экзистенциальный кризис — это ситуация, когда прежняя система осуществления выбора перестает работать. Это и означает «удариться лбом о стенку», т.е. попасть в ситуацию, когда вся прежняя система не действует и нужно сделать сложный, неочевидный и ответственный выбор. Только принимая такие, неочевидные, сложные и ответственные решения, — и при этом обязательно отвечая за их последствия! — душа взрослеет, и постигает *хохма*. (Вспомните собственный личный опыт, — и вы увидите, что повзрослели и поняли жизнь именно тогда, когда стали принимать подобные решения.)

Итак, главное в преодолении экзистенциального кризиса – это выбор, т.е. проявление воли, а воля – это часть души (причем высшая часть души). Однако именно наличие тела играет центральную роль в создании этого кризиса, ибо только оно и требует от нас осуществить выбор, реализовать волю. Ведь для появления «проблемы выбора» необходимо, чтобы что-то можно было реально предпринять физически. Если же вопрос не предполагает никакого физического осуществления выбора (а в ситуации, когда нет тела — таким является всякий вопрос вообще), то можно до бесконечности обсуждать проблему и взвешивать ее аспекты, приводить доводы за и против — но поскольку в отсутствие тела «ничто не давит» и не требует принять решения, то никакого решения и не принимается. (Вообще, принятие решения – это вещь трудная, приходится, выбирая «А», отсекать «В»; так зачем же это делать, если нет необходимости...) Но момент выбора — это и есть прорыв экзистенциального кризиса, он и есть основа постижения *хохма*; принять же решение и осуществить физическое действие требуется только потому, что у нас есть тело, которое это решение осуществляет. Таким образом, по сути, именно тело и «требует» у души принятия решения. И человек постигает новое тогда, когда он вынужден выбирать и отвечать собственной судьбой за этот выбор; иначе он до бесконечности будет рассуждать, но никогда ничего не решит и принципиально нового для себя не постигнет.

### 3.2. Суть человека — это его воля, а она продвигается («взрослеет») в процессе принятия ответственных решений

Для дополнительной иллюстрации этой идеи зададимся следующим вопросом: что вообще означает понятие «взрослый человек» (в психологическом смысле)? Вспомнив, в каких случаях мы употребляем такую оценку, мы увидим, что применяем их обычно к человеку, у которого есть опыт сознательного выбора и который отвечает за принятые решения. В этом (а не, например, в количестве информации, в знаниях, которые человек усвоил, и т.п.) — и есть суть «взрослости». Можно сказать: «он прочитал много книжек (т.е. получил большое количество информации), но при этом он еще совершенно инфантилен», что означает, что у этого человека отсутствует опыт ответственного выбора. Именно момент принятия решения является настоящей реализацией души, ибо главная суть нашей души — это наша воля. Человек реализует суть своей души вовсе не тогда, когда он получает какую-либо новую информацию или перерабатывает и выдает ее, но тогда, когда он реально осуществляет выбор. Эта реальность выбора является важнейшим фактором, требующим от воли человека духовного прорыва; именно давление необходимости выбора заставляет душу продвигаться, и это давление обеспечивается наличием тела.

Настоящая суть человека — это его выбор. Когда мы спрашиваем: «Кто этот человек на самом деле?», то смысл этого вопроса таков: «Что он выберет в трудной ситуации?». Иными словами, истинная сущность личности — это не ее знания или умения и даже не мудрость; а это воля, которая проявляется в ее поступках. И в этом смысле осуществление сознательного выбора и есть реализация глубинной сущности человека.

### 3.3. Сфира *кéтер* (воля) как высшая в системе сфирот. Расхождение рационалистов и мистиков в вопросе о том, управляется ли мир «мудростью» или «волей»

Здесь следует дополнительно отметить, что в системе *сфирот*, т.е. в каббалистическом описании структуры мира и души, высшей сферой является именно сфера *кетер* — «воля», а вовсе не сфера «мудрость» (*хохма* — мудрость, прозрение, озарение) которая рассматривается лишь как порождение от *кетер*. Каббала этим утверждает, что мир строится и управляется, прежде всего, не мудростью, а волей[1].

Данный вопрос вообще является основой принципиального расхождения во взглядах между двумя религиозно-философскими концепциями, а именно: чтó является ведущей духовной силой в мироздании, определяется ли создание и функционирование мира Божественной мудростью или же Божественной волей? (В проекции на человека: определяется ли жизнь и поведение человека его мудростью или его волей? Что является центром личности?) Классические рационалисты обычно склоняются к первенству мудрости, тогда как философы, принадлежащие к мистической школе, в том числе рав Кук, — к первенству воли[2]. Поэтому именно рационалисты в большей степени ожидают от человека (и также от народов, и от человечества) рационального, т.е. умного, «мудрого» поведения; а мистики отмечают, что в критических ситуациях люди и народы ведут себя в соответствии с «высшим зовом своей души», часто парадоксально и алогично, а вовсе не рационально.

Параллельно этому, в плане нашего общего понимания мироздания в целом, т.е. в вопросе о том, сотворен ли мир Божественной мудростью или же Божественной волей, — рационалисты склоняются к мудрости (что может далее иногда даже подводить к идее детерминизма, ибо мудрость поступает «правильно», «по истине», а истина – она одна, единственная); мистики же обычно подчеркивают Божественную волю — и, соответственно, спонтанность, открытость и непредопределенность развития мироздания.

Впрочем, это особая, большая и непростая тема, и мы не сможем более подробно разбирать ее здесь.

---

[1] Здесь можно также отметить, что связь «воли» с «материальной реализацией», — т.е. осознание того, что возможность продвижения человека ( = воли) имеется лишь при наличии «тела» ( = материальной реализации) — представлена в Каббале особой связью между сферой *кетер* ( = воля) и сферой *малхут* ( = реализация).

[2] Рав Кук, в частности, подчеркивает особую важность связанного с волей параметра Божественной свободы, состоящего в том, что высшая *сфира* это *кетер*, которая, являясь «свободной Божественной волей», и есть метафизический источник свободы выбора человека.

### 3.4. «Общенациональное тело» требует реализации «общенациональной воли», и это дает возможность достижения *хохма*

Связь между «наличием тела» и озарением в познании нового, *хохма* — существует не только для индивидуума, но также и для общенационального организма. Когда существует государство, то само его наличие заставляет народ принимать сложные и ответственные решения, и поэтому народ имеет возможность духовного развития. В диаспоре же еврейская жизнь устроена так, что только каждый отдельный индивидуум вынужден принимать ответственные решения, совершать волевой прорыв в ситуации экзистенциального кризиса, — и поэтому продвижение на индивидуальном уровне сохраняется, но на уровне народа этого нет. (Община при этом служит лишь для удовлетворения культурных потребностей, но она не принимает экзистенциальных решений для своих членов.) У народа может быть при этом «общее страдание», однако весь народ вместе, как единое целое, никаких общенациональных решений не принимает, т.к. нет общенациональных действий, ибо нет «тела», нет такого механизма, который мог бы эти решения осуществлять (и поэтому требовал бы принятия решений). А раз нет принятия общенациональных ответственных решений, то нет и общенационального духовного продвижения; и поэтому в Галуте евреи как народ в целом оказываются не в состоянии достичь каких-то новых озарений и откровений. В результате вся еврейская национальная культура в Диаспоре сосредоточена на *бина*, т.е. на переваривании и систематизации прежних идей; а вот открыть человечеству новые идеи еврейство в Галуте не способно.

## §4. Основная идея: концепция рава Кука «клаль» («общность») и «прат» («индивидуальность»)

Теперь, проанализировав в первых трех параграфах нашего обсуждения «предварительные идеи», мы обратимся к главной, центральной идее — концепции рава Кука *клаль* и *прат* (буквально: «общность и индивидуальность»). Это и есть та центральная идея, вокруг которой построено все наше обсуждение и которая является ответом на исходный вопрос, поставленный во «Введении»: «в чем состоит еврейская избранность сегодня», т.е. какую новую глобальную духовно-продвигающую идею мы еще собираемся предложить человечеству.

## 4.1. «Монотеизм» как главный еврейский вклад в цивилизацию. Сущность монотеизма как Диалога

Идея, которую мы хотим ниже разъяснить, сформулирована равом Куком[1], и она является центральной идеей разработанной им философии религиозного сионизма.

Рав Кук начинает свой анализ с того, что если попытаться сформулировать в одной фразе, в одной главной идее весь вклад первого периода еврейской истории в мировую цивилизацию, то, конечно, это будет идея этического монотеизма. Концепция этического монотеизма, исходно провозглашенная иудаизмом и распространившаяся затем на всю западную цивилизацию, состоит в том, что Бог, создав человека по Своему образу и подобию, вложив в него свободу выбора, различные умения, способности, разум, чувства, дав человеку заповеди и идеалы, дав человеку миссию и поставив перед ним задачу, — теперь ведет с человеком Диалог. (Собственно, Бог и создал человека «по образу и подобию Своему» именно для того, чтобы такой диалог был возможен, — ведь диалог возможен только между подобными).

Все, что мы делаем, все, что думаем, решаем, все то, как мы поступаем, — все это и есть наше «слово» в этом Диалоге с Богом. А все то, что происходит вокруг нас и случается с нами, все то, как отвечает нам мир, — это «слово Бога», ответ Бога нам. Здесь принципиально важен именно *моно*теизм, потому что воспринять жизнь как единый диалог возможно лишь приняв в качестве абсолютного условия, что разные явления, происходящие в мире, имеют причиной единую Личностную Силу (а не разные самопроизвольные силы). Таким образом, этический монотеизм рассматривает все жизненное пространство, весь окружающий мир как пространство Диалога между человеком и Богом. В этом диалоге Бог требует от человека этичного и ответственного поведения, «ответственности перед Богом» (некоторые люди называют это чувство «ответственностью перед совестью, перед жизнью, семьей, национальной историей, человечеством» — все это на практике почти эквивалентные понятия; и именно они, т.е. «глобальная ответственность», являются источником этики). И в этом же диалоге с Богом, человек в течение своей индивидуальной биографии, постигает для себя и для других то или иное раскрытие Божественного света.

---

[1] Книга «Орот», глава «*Ле-маhалах идеот бе-Исраэль*» — «К процессу развития идей в народе Израиля».

Именно такой этический монотеизм, сформированный в еврейской религии, явился за прошедшие века главным вкладом еврейства в мировую культуру и цивилизацию.

### 4.2. Два уровня Диалога человека с Богом: индивидуальный («*прат*») и общенациональный («*клаль*»)

Однако, продолжает рав Кук, в начале формирования иудаизма, в Торе, нам была дана не только эта одна, но две главные идеи. Первая — это идея индивидуального Диалога человека с Богом. Эту идею человечество уже восприняло от нас и «переварило». Но есть, говорит рав Кук, еще и вторая великая идея, которую человечество еще не восприняло, хотя она также имеется в Еврейской Библии — т.е. в книге, которую человечество уже довольно давно признало священной. Эта идея тоже является идеей Диалога, но только не индивидуального, а - общенационального, Диалога с Богом всего народа как единого целого. При этом народ тоже воспринимается как личность, как органическая сущность, протяженная вдоль истории, т.е. состоящая из всех своих поколений — не только ныне живущих, но и прежних и будущих. У народов имеются способности (у каждого свои), возможности, заповеди и этика общенационального поведения, своя миссия и задача. Народу, так же как и человеку, в каждый момент дана свобода выбора. И народ, как единое целое, ведет с Богом Диалог. Все, что народ делает, как он поступает, все, что он решает, — все это есть слово народа в его Диалоге с Богом. А все, что случается с этим народом, — это слово Бога, обращенное к народу. Посредством этого диалога народ пытается постичь Божественный свет. И точно так же, как индивидуум постигает Божественный свет в процессе своего индивидуального развития, ведя диалог с Богом в рамках своей индивидуальной биографии, — так же и народ постигает Божественный свет из своего общенационального развития, ведя Диалог с Богом в рамках своей общенациональной биографии, которая носит у нас название «национальной истории».

Иными словами, второй аспект, вторая главная идея Еврейской Библии — это Бог, раскрывающийся в рамках истории. И это раскрытие происходит не только в момент исходного создания религии (такое религиозное осмысление «начальных исторических событий» есть во многих религиях), но также и в ходе дальнейшей истории, в течение многих столетий, — и, в том числе, истории, свершающейся сегодня.

Субъектом такого Диалога с Богом является народ как единый организм во всех своих поколениях, а не индивидуумы, ибо масштаб исторических событий, их длительность здесь намного больше, чем индивидуальная жизнь.

Рав Кук продолжает и объясняет, что идея «общенационального Диалога с Богом» (и даже, на следующей стадии, идея человечества как единого организма и его общечеловеческого Диалога с Богом; однако при этом каждый народ участвует в этом диалоге прежде всего как отдельный субъект) — дана в Торе с самого начала. Отметим, например, что Тора начинается с двух изложений истории сотворения человека; так что в первом изложении (Быт 1:1–2:3) человек предстает «родовым понятием», всем человечеством как целым; а во втором (Быт. 2:4–3:24) — прежде всего понятием индивидуальным. Поэтому в первом рассказе основное место человека в мире выражено следующими словами (и это вообще первая заповедь, данная в Торе): «Плодитесь и размножайтесь, наполняйте землю и властвуйте над нею» (Быт 1:28). Эта заповедь, очевидно, относится ко всему человечеству как к единому целому. Человек, единое человечество, в течение своей жизни, наполняя мир и строя цивилизацию, ведет с Богом Диалог; и власть человека над природой (и то, как человек этой властью распоряжается, включая науку, технику, искусство) — есть один из многих параметров этого Диалога. Подобный же диалог с Богом (после разделения на народы, в эпоху строительства Вавилонской башни) ведет и каждый народ отдельно.

Этой второй исходной идеей, идеей «общенационального Диалога с Богом», когда монотеизм-диалог индивидуального уровня дополняется идеей монотеизма-диалога общенационального, проникнуто все дальнейшее повествование Торы и книг Пророков. Еврейский народ, Израиль, выступает там как личность — ведущая себя иногда хорошо, а иногда плохо, и всегда несущая ответственность за свое поведение.

На Библейском уровне эти две идеи объединены. Но в дальнейшем судьбы двух этих идей – как в еврейском народе, так и во всем человечестве – оказались совершенно различными.

### 4.3. Передача человечеству, через христианство и ислам, идеи «индивидуального Диалога»

Итак, есть два уровня идеи диалога с Богом: индивидуальный и общенациональный. И рав Кук отмечает, что в начале жизни еврейского народа, в период Первого Храма, наличествовало живое ощущение как общенационального, так и индивидуального диалога с Богом. Эти две идеи были «на равных»; более того, общенациональный диалог проявлялся в период ТаНаХа зачастую сильнее, чем диалог индивидуальный (хотя и тот, конечно, занимал важнейшее место).

Но с тем, чтобы передать эти две идеи человечеству (а ведь выше мы уже отмечали, что суть еврейской избранности состоит именно в передаче народам мира Божественного света), были некоторые очень важные проблемы. Во-первых, человечество не смогло бы воспринять две такие великие идеи сразу – это, видимо, было бы для него непосильно. Кроме того, у самих евреев была проблема: общенациональный диалог в период ТаНаХа развивался лучше, чем индивидуальный (т.е. восприятие Бога в общенациональной жизни было сильнее, чем восприятие Его в жизни индивидуальной), и поэтому нужно было усилить чувство индивидуального диалога внутри самого еврейского народа. Поэтому в период Второго Храма, в течение около пятисот лет, общенациональный диалог постепенно распадался. И, таким образом, к концу периода Второго Храма в иудаизме осталось только ощущение индивидуального диалога. Именно в этот момент из иудаизма исходит христианство, которое распространяется среди человечества и несет народам мира еврейскую идею индивидуального Диалога с Богом. А евреи, потеряв общенациональный уровень даже и в физическом смысле и уйдя в Изгнание, также остались в рамках лишь индивидуального диалога, чтобы исправить себя на индивидуальном уровне.

### 4.4. Наша избранность сегодня – в передаче человечеству идеи «общенационального Диалога с Богом»

С тех пор прошло почти две тысячи лет. К нашему времени, говорит рав Кук, оба эти процесса — восприятие всем человечеством концепции Личностного Бога и индивидуального Диалога, а также, параллельно, исправление евреями себя на индивидуальном уровне — подошли к концу. А именно: практически все человечество уже «переварило», восприняло еврейские представления о Боге, о заповедях, об индивидуальном диалоге человека с Богом и обо всем, что к этому относится (сначала эти идеи были приняты на Западе, но сегодня и восточное человечество тоже быстро вестернизируется, и его массовое сознание перенимает «западные» еврейские идеи). А сами евреи, находясь в Рассеянии, за прошедшие века исправили себя на индивидуальном уровне. Поэтому, говорит рав Кук, пришло время начать готовить себя к передаче человечеству второй Божественной идеи, идеи общенационального Диалога с Богом.

Для этого евреи должны сначала возродить в самих себе понимание и живое ощущение этого общенационального диалога. И именно для этого пришел сионизм и создал Государство Израиль, чтобы мы учились на опыте развития Страны и на опыте нашей ответственности за нее, и через это возродили в себе самих осознание общенационального Диалога с Богом — чтобы затем постепенно научить ему все человечество. Это, по-видимому, и будет являться главной еврейской духовной задачей на обозримое будущее. В этом и состоит наша избранность (т.е. миссия) сегодня.

### 4.5. Равновесие индивидуального и общенационального уровней Диалога с Богом. Повышение уровня ответственности

Здесь, наверно, следует подчеркнуть, что активизация и возрождение уровня «общенационального диалога с Богом» (и через это общенациональной духовной жизни, общенациональной моральной ответственности и т.д.) ни в коей мере не принижает и не отменяет индивидуального Диалога. В процессе продвижения человечества ничто, ранее достигнутое на основе индивидуального Диалога (т.е. понимание важности личности как образа Бога, ее прав и ответственности, ее ценности и космичности и т.п.) – не должно отмениться или уменьшиться. Однако, только индивидуального диалога с Богом (который обеспечивал прогресс западной цивилизации последние две тысячи лет) теперь стало недостаточно, эта идея выработала тот ресурс, который она могла реализовать одна; и кризис, который из-за этого наступает, может быть преодолен только тем, что идея индивидуального Диалога с Богом будет дополнена идеей «общенационального диалога», — который, в гармонии с первым, должен вести человечество дальше[1].

Надо также отметить, что идея «национального организма как личности и ее Диалога с Богом» столь же далека от примитивного «ура-национализма», сколь и идея «ценности личности как образа Бога» далека от примитивного «эгоистического человеческого самообожания». Осознание национально-государственной жизни не просто как процесса совершенствования межличностных отношений в обществе, а как длящегося в течение веков диалога народа

---

[1] Более подробно о разных аспектах проблемы восприятия сегодняшним человечеством идеи общенационального диалога с Богом см. в http://www.machanaim.org/philosof/in_kuk.htm

с Богом – ведет не к понижению уровня ответственности отдельной личности, а наоборот, к повышению этого уровня. В общенациональном Диалоге с Богом каждая отдельная личность – это не безгласный «винтик», а скорее активный и самостоятельный «моторчик», на который возлагается ответственность за движение всей машины в целом. Иными словами, если в обычной западной концепции «индивидуального диалога с Богом» на человека возлагается моральная ответственность лишь за свое индивидуальное поведение, то в концепции «общенационального диалога с Богом» на каждого отдельного человека возлагается ответственность за поведение всего общенационального организма.

Ответственность эта, конечно, чисто моральная — так же как чисто моральной, а совсем не юридической, является и ответственность человека перед Богом за свое индивидуальное поведение. Однако это чувство ответственности совершенно меняет соотношение ценностей в обществе и направление его развития.

Распространившаяся в обществе две тысячи лет назад концепция «индивидуального монотеизма» (т.е. индивидуального Диалога) стала возлагать на личность гораздо больше моральных обязательств, чем было до того, в эпоху язычества, и тем самым чрезвычайно способствовала процессу продвижения цивилизации Запада. (Ибо вообще уровень развития общества обычно непосредственно пропорционален тому уровню моральной ответственности, который культура этого общества налагает на личность. Чем больше личной моральной ответственности каждого за все происходящее вокруг — тем больший общественный и духовный прогресс.) Соответственно, распространение концепции «общенационального диалога», возлагающего на личность еще большую моральную ответственность (а это возможно лишь потому, что человечество уже подготовлено к этому), явится предпосылкой нового сущностного прорыва в продвижении человечества, — прорыва, сравнимого с тем, который произошел два тысячелетия назад в результате начала распространения идеи индивидуального диалога.

## §5. Примеры развития нашего понимания мира на основе восприятия концепции «общенационального Диалога с Богом». Сакрализация истории

Для «обкатки» и применения высказанной идеи сначала рассмотрим несколько примеров, в которых концепция «общенационального диалога» помогает нам понять феномены, существую-

## ГЛАВА В-1. *О религиозном значении Государства Израиль*

щие в окружающем мире, а затем перейдем к тем путям развития человека, общества и религии, которые эта концепция намечает.

### 5.1. Установление религиозных праздников в ознаменование ключевых событий национальной истории

Концепция «истории как общенационального Диалога с Богом» дает нам возможность совершенно по-новому посмотреть на многие привычные явления, дать новое истолкование многим вроде бы знакомым феноменам, об особенностях которых мы ранее, может быть, не задумывались.

Самый простой, но яркий пример этого состоит в специфически еврейском феномене «сакрализации истории» — а именно, превращения ключевых исторических событий, случившихся за тысячелетия еврейской истории, в религиозные праздники. Ни в какой другой национально-религиозной системе мы ничего подобного не наблюдаем. Конечно, начальные события собственно создания религии всегда становятся праздниками (в иудаизме это Песах и Шавуот, в христианстве — Рождество, Пасха и Троица, в исламе — бегство Мухаммеда из Мекки в Медину). Однако в процессе дальнейшего развития религии, мы нигде не находим, чтобы то, что далее в течение многих столетий случалось с народом или религиозной общностью, было бы преобразовано в новый религиозный праздник. Но в иудаизме помимо первоначальных Песаха (Исхода) или Шавуота (Дарования Торы), в религиозные праздники были преобразованы также и дальнейшие события еврейской истории — Пурим, Ханука, 9 Ава; сегодня постепенно к этому статусу приближается и Йом hа-Ацмаут — День Независимости Израиля.

У других народов почти нет такого устремления. Например, в истории становления русского народа Куликовская битва занимает место, в чем-то параллельное значению для евреев Хануки (начало освобождения от чужеземного господства, возрождение национальной религии и государственности) - однако русский народ не объявил день победы в Куликовской битве своим ежегодным национальным, а тем более религиозным праздником, который каждый год отмечал бы у себя дома каждый русский человек[1].

---

[1] И хотя в календаре Русской Православной Церкви 21 сентября и отмечен как день победы в Куликовской битве, но в реальном массовом русском сознании такого праздника нет. Многие из нас, прожившие в России не один десяток лет, впервые слышат о таком праздничном дне, — при том, что празднование в еврейской общине Хануки или Пурима было бы невозможно не заметить.

Так же и крещение Руси в 988 г. было столь важным событием в истории русского народа, что, казалось бы, каждый русский человек должен ежегодно праздновать день крещения Руси как праздник создания русского народа, — но почему-то такого ежегодного праздника нет.

Различие в восприятии собственной национальной истории и в ее религиозном осмыслении ярко проявляется, например, в отношении к своей «государственно-образующей династии». Вступление на престол Романовых явилось необычайно важным событием в истории России, окончанием «смуты»; также как и воцарение Капетингов положило начало собственно Франции. Но, обвинив последнего Романова и «гражданина Капета» в развале страны и казнив их, русские или французы не сохранили праздники вступления этих династий на престол. Совершенно иную картину мы видим в еврейском подходе к своей истории. Хотя поздние Хасмонеи (династия потомков Маккавеев) тоже государственно и религиозно выродились, став саддукеями, а затем и развалив страну, приведя римлян, — все равно Хануку, победу Маккавеев, евреи продолжали праздновать. Ибо, несмотря на прискорбное поведение поздних Хасмонеев, — то великое, что было у Маккавеев вначале, продолжало сохранять свою ценность.

Подобное полное отсутствие религиозного (и даже общенационального) внимания к собственной истории на ее многовековом продолжении мы наблюдаем практически у всех западных народов, кроме евреев. Обычно национальной памяти народа хватает лишь на празднование победы в последней освободительной войне (пока не пришла новая война такого масштаба, чтобы забыть о прошедшей) и на празднование установления последней формы государственного устройства («день Независимости», «День республики», «День взятия Бастилии» и т.п.). Старые победы и старые формы государства забываются. Лишь еврейский народ продолжает праздновать ключевые события своей многовековой национальной истории, придавая им религиозный смысл. Это явление совершенно уникально и, видимо, не имеет другого объяснения кроме как представлением о народе во всех его поколениях как о едином национальном организме. Именно это дает возможность осознать вехи своей истории не просто как цепь событий, имеющих политические или экономические причины, но как свой общенациональный Диалог с Богом (монотеизм на общенациональном уровне), и воспринять при этом ключевые исторические события как Божественное Откровение, заслуживающее быть зафиксированным в качестве религиозного праздника.

Превращение событий национальной истории в религиозные праздники — яркий феномен, показывающий, что мироощущение у евреев и других народов в данном вопросе столь явно разнится. Этот феномен не имеет, по-видимому, никакого объяснения, кроме основанного на воссозданной равом Куком концепции «общенационального диалога».

## 5.2. «Декларация» принесения в Храм первых плодов нового урожая; различие подходов иудаизма и христианства к сакрализации истории

Рассмотрим еще один пример. В Торе (Втор. гл.26) есть заповедь принесения «*бикурим*» — «первых плодов нового урожая». Согласно ей, земледелец, собравший урожай на своем родовом участке земли, везет первые плоды в Храм, ставит их около жертвенника и произносит нижеследующую речь: «Предки наши были кочевниками, потом мы спустились в Египет; и египтяне поработили нас и возложили на нас работу тяжелую... И возопили мы к Господу, Богу отцов наших, и Он вывел нас из Египта рукою сильною и мышцею простертою... И Он привел нас в эту землю, и дал мне мой участок, и вот — я принес в Храм с этого участка урожай. Прошу же теперь, Всевышний, Твоего благословения...». Иными словами, каждый еврейский земледелец, осуществляя эту заповедь, ежегодно учит себя рассматривать свое сельское хозяйство не просто как источник пропитания, но как интегральную часть еврейской национальной истории; и не случайно именно этот отрывок стал впоследствии основой Пасхальной Агады.

Теперь попробуйте представить себе, например, русского крестьянина, который, собрав урожай, везет «первинки» в Москву, устанавливает на Красной площади свою корзинку и провозглашает: «Была у нас Киевская Русь, потом пришли монголо-татары, все порушили, но Москва собрала города русские, и выделился мне участок земли. И вот, я принес с него урожай и прошу от Бога благословения». Почему это звучит совершенно немыслимо? Не потому, что Москва далеко; ведь и о тех, кто живет близко, невозможно такое вообразить. Причина же здесь в том, что русская история никогда не становилась для русской религии (православия) источником религиозного осмысления и массового просвещения. Чему учили крестьянина в русской церкви? Учили понятиям о Боге, учили не убивать, не воровать, почитать старших и т.д. Т.е. его учили вере и морали (и это, конечно, важно), но в русской церкви его никогда не учили русской истории. В крайнем случае, его там учили истории еврейской, ибо в русской культуре термин «священная (т.е. религиозно-значимая) история» означает «(древняя) история евреев». Этот поразительный феномен, — что для всех европейских народов если и есть «священная история», то это не их собственная, а еврейская история – происходит, видимо, из-за того, что только евреи объявили свою собственную историю священной (и включили ее в Священное Писание), а другие народы ничего подобного о своей истории не провозгласили. Религиозное мышление европейских народов уделяло весьма большое значение религиозному анализу проблем личности и ее биографии (как диалогу индивидуума и Бога), но оно почти никогда не занималось религиозным анализом истории этих народов. Ввиду того, что христианство вышло из иудаизма в тот период, когда у евреев действенным, активно ощущаемым оставался только индивидуальный диалог человека с Богом, — оно и не содержит в себе идеи «общенационального Диалога с Богом». И потому у христианских народов критерии религии и духовности прилагаются только к индивидуальной, но не к национальной жизни.

Слова Иисуса «Богу Богово, а кесарю кесарево»[1] интерпретировались в христианстве в том смысле, что не стоит искать духовности в истории государств (и, соответственно народов), ведь вся она «кесарева». Христианство строго разделило мир на сферу духовную (которая может существовать только в области индивидуальной) и сферу светскую, мирскую (к которой было отнесено и все национальное, жизнь народов и государств). Поэтому классическое христианство никогда не подвергало религиозному анализу историю самих христианских народов (только в конце XIX— начале XX века начались какие-то попытки продвижения в этом направлении), не занималось биографией государств, а всегда и только — биографией личностей. Личность — это пример, это объект подражания, это то, на чем можно учиться; соответственно, в христианстве есть понятие «святых», т.е. личностей, которые заслуживают того, чтобы их биография освещала путь всем другим. Но при этом акцент всегда ставится на отдельной личности, а не на историческом процессе; рассматривается только индивидуальная, но не национальная биография. И потому христианские народы не уделили своей национальной истории места в области духа и религии.

---

[1] Вопрос, заданный Иисусу, состоял в том, можно ли римскими монетами, на которых изображен обожествляемый император, платить налоги, т.е. «можно ли использовать предмет, на котором изображен идолопоклонский культ», и на этот вопрос Иисус отвечает «Кесарю кесарево...»

Аналогичную ситуацию мы видим в исламе, где «умма», т.е. исламская община, рассматривается как единый «народ», не оставляя религиозного места для истории государств и этнических общин; но при этом и ее история (как и в христианстве история Церкви), не прослеживается с религиозной стороны.

### 5.3. «Сакрализация истории» и свобода выбора

Здесь, наверное, следует особо подчеркнуть, что как концепция общенационального диалога, так и вытекающая из нее идея сакрализации истории — никоим образом не отменяют свободу выбора человека и даже свободу выбора народа. Совершенно неверно было бы предположить, что «поскольку мы рассматриваем национальную историю как диалог с Богом, то нет места свободе отдельного человека». Как раз наоборот: если мы рассматриваем жизнь как диалог с Богом, то наличие свободы выбора человека — причем действительной, а не мнимой свободы! — является совершенно необходимым, ибо если нет свободы высказывания (а ведь нашими высказываниями в диалоге с Богом являются прежде всего наши дела), то диалога нет вообще.

Точно так же, переход от концепции индивидуального монотеизма, «индивидуального диалога с Богом», — к концепции общенационального монотеизма, «общенационального диалога с Богом», — делает совершенно необходимым, в дополнение к индивидуальной свободе выбора, осознать наличие общенациональной свободы выбора. Такой подход не позволяет списать все поведение народа как национального организма (также как и поведение индивидуума) на обстоятельства, трудности, материальные и физические условия и т.п.

Т.е. подход сакрализации истории и общенационального диалога с Богом — это подход, предполагающий наличие у народа и индивидуума большей свободы выбора, — и, соответственно, большей ответственности за сделанный выбор. А чем больше ответственности, тем больше духовное и культурное (а с ним и материальное) продвижение общества.

### 5.4. Диалог с Богом на уровне национального организма и Диалог на уровне всего человечества

Вопрос: может быть, не имеет смысла концентрироваться на рассмотрении диалога с Богом на уровне отдельного народа, а следует сразу рассматривать все человечество как единый организм, и, соответственно, наше индивидуальное участие напрямую в том диалоге с Богом, который все человечество ведет в своей истории?

Ответ: безусловно, существует общий диалог с Богом на уровне человечества, когда все человечество выступает как единый организм («Человек»), — и в этом смысле, конечно, также и история человечества должна восприниматься как его диалог с Богом. Но точно так же, как общенациональный Диалог с Богом лишь дополняет, но никак не отменяет диалога индивидуального (и более того, пока мы не поймем достаточно глубоко и хорошо, в чем сущность индивидуального Диалога, мы не сможем достойно вести и Диалог общенациональный), — так и Диалог общечеловеческий не отменяет национальных Диалогов, а дополняет их и базируется на них.

История человечества вообще не может быть по-настоящему рассмотрена без истории народов. Это утверждение, очевидное для уровня материальной, политической и государственной истории, действующими лицами которой являются народы и государства, — верно также и для истории духа, будь то литература, искусство, философия или религия. Всякое достижение общечеловеческой культуры раскрывается в своей полноте не иначе как через свою принадлежность к культуре национальной. Поэтому попытка перепрыгнуть через национальный уровень, провозгласить «общечеловеческое» как непосредственно следующий уровень над «индивидуальным» — есть на самом деле обеднение, а не обогащение. Любовь ко всему человечеству важна, но она должна дополнять «любовь национальную», а не вступать с ней в противоречие.

Рав Кук отмечает в связи с этим, что, конечно, следующим этапом в истории духа будет «осознание общечеловеческого диалога с Богом»; но оно может быть шагом только следующим за национальным, а не шагом вместо национального[1].

### 5.5. Исторические книги Еврейской Библии — пример восприятия истории как Божественного откровения

Следующим примером сакрализации истории в иудаизме является наличие в ТаНаХе «исторических книг», входящих в раздел «ранних пророков», а именно Иеhошуа (Иисус Навин), Судьи,

---

[1] Исключением при этом может считаться развитие фундаментальной науки (и, в меньшей степени, техники), которое тоже, конечно, является элементом диалога с Богом, и при этом имеет сегодня в весьма большой степени характер общечеловеческий, а не национальный.

Самуил и Цари. Это книги, которые прежде всего излагают и анализируют еврейскую историю. Но почему эти книги стали частью Священного Писания? Ведь Священное Писание есть Откровение Бога, так что же такого богооткровенного в изложении истории? И почему эти книги входят в раздел «Пророки»? Для христианского мироощущения не составляет проблемы отнести в раздел Пророков, например, книги Исайи или Иеремии, так как они содержат «пророчества» о будущем; но ему неясно, зачем включать в раздел Пророков книгу Самуила или книгу Царей.

Представим для сравнения, что кто-то предлагает включить в канон Нового Завета описание первого тысячелетия истории христианской церкви. Это, конечно, невозможно, такое предложение будет воспринято почти как святотатство. христианское сознание четко отделяет Новый Завет, являющийся для него Откровением — от идущего вслед за ним многовекового чисто человеческого (т.е. мирского, не священного) процесса восприятия, распространения и реализации этого откровения; — и поэтому тысячелетняя история христианской церкви никоим образом не может быть внесена в Новый Завет. А вот в иудаизме подобное вполне возможно. Тора — это исходное Откровение и начальный этап жизни народа, но следом за ней в еврейской Библии идут книги, посвященные описанию и анализу почти тысячи лет еврейской истории, и эта история тоже является частью Священного Писания, — т.е. тоже Откровением! Такое наличие исторических книг в Священном Писании является очень важным проявлением принципа «сакрализации истории»[1].

Здесь можно сделать еще одно отдельное замечание о разнице в структуре между Еврейской Библией и параллельным ей христианским «Ветхим Заветом». Как известно, еврейское Священное Писание — ТаНаХ — делится на три части: Учение (Тора), Пророки (Невиим) и Писания (у-Хтувим). Конечно, первым христианам (которые были евреями) это деление было прекрасно знакомо, и оно упоминается в Новом Завете; но в каноне христианской Библии

---

[1] Кстати, сегодня в Израиле вполне возможно встретить утверждение, что «сейчас мы нашей жизнью пишем новые главы ТаНаХа»; и хотя кто-то будет согласен с этим подходом, а кто-то, наоборот, решительно не согласен, — никому не придет в голову объявить такое утверждение «святотатством», т.е. это нормальное и легитимное, хотя конечно, и не бесспорное утверждение. (Отметим, что на язык понятий классической русской культуры эту фразу надо было бы перевести так: «В Израиле мы сейчас нашей жизнью пишем новые главы Ветхого Завета» — фраза логически и теологически совершенно невозможная).

Ветхий Завет не делится на эти три части. Почему христиане не сохранили это деление?

Возможно, одна из причин этого кроется в различном понимании иудаизмом и христианством смысла слова «пророк» и предназначения пророка. Когда христианин говорит слово «пророк», то он автоматически представляет себе «предсказателя»; слово «пророк» однозначно связалось в христианстве с тем, кто от имени Бога предсказывает будущее. Соответственно, главное использование текстов «ветхозаветных Пророков» в христианстве — это поиск и интерпретация предсказаний, которые, по их мнению, реализовались в Иисусе, а также рассмотрение апокалиптических предсказаний «конца света» — и больше ничем из книг Пророков христиане обычно не интересуются. Поэтому для них Исайя и Иеремия — это Пророки, а книга Судей или книга Царей никак к Пророкам не относятся. И, поскольку еврейский раздел «Пророки» не соответствует христианским представлениям о «предсказателях», они не сохранили в своих книгах деление «Ветхого Завета» на Тору, Пророков и Писания. (Вместо этого в христианском «Ветхом Завете» книги делятся по тематическому принципу на исторические, книги мудрости, пророческо-предсказательные и так далее.)

Однако, с точки зрения иудаизма «пророк» — это нечто совсем иное, это отнюдь не «предсказатель». Пророк — это тот, кто приносит народу слово Бога; в основном — в рамках понимания исторического процесса как диалога народа с Богом. В каком-то смысле пророк — это религиозный учитель истории; или, более точно, пророк — это человек, который увещевает народ и учит его видеть религиозный смысл происходящей истории. Именно в этом заключается основная его функция.

Деление раздела Пророки на «Ранние» и «Поздние» сделано в ТаНаХе отнюдь не по времени написания книги (часть книги Царей говорит о событиях более поздних, чем время жизни некоторых из «Поздних пророков»). Просто в книгах Ранних пророков обсуждаются текущие исторические события национальной истории и потому они написаны в эпической форме, а в книгах Поздних пророков говорится в основном о понимании будущего хода еврейской и мировой истории, и потому они по большей части состоят из «речей пророков».

Таким образом, с точки зрения иудаизма главное в функции пророка — это не предсказывать будущее, а учить людей видеть Божественное управление, проявляющееся в ходе истории, и через это раскрыть людям Откровение. Но поскольку христианство вообще не рассматривает историю народов как Откровение, то концепция «пророк учит понимать ход текущей истории» его мироощущению не соответствует. Поэтому само значение слова «пророк» сдвинулось в сторону «предсказатель»,— и, соответственно, стало непонятно, почему книги «Ранних пророков» являются пророческими. Вследствие этого в христианском «Ветхом Завете» деление на «Тору», «Пророков» и «Писания» не было сохранено.

### 5.6. Еврейская история и сегодня воспринимается человечеством как «священная история»

Сакрализация истории как феномен иудаизма проявилась изначально в том, что евреи объявили свою собственную историю «священной» и включили ее в Священное Писание; при этом другие народы, приняв Библию, в определенной степени согласились с этим. И здесь можно предположить, что это признание религиозного значения еврейской истории, изначально относящееся к «древней» еврейской истории, но проецируемое также и на современность, – является, по-видимому, наиболее глубокой причиной столь внимательного отношения народов мира к Израилю сегодня.

Это явление, хотя оно и содержит некоторый явный негативный аспект (нам мешает слишком сильное вмешательство всего мира в израильскую жизнь), — имеет, в конце концов, и аспект позитивный. Весь мир с напряженным вниманием следит за тем, что происходит сегодня в Еврейском Государстве. И если мы возьмем удельное количество сообщений мировых СМИ на фактический объем событий, а тем более на душу населения, — то увидим, что по степени внимания мира Израиль будет в десятки и сотни раз обгонять все остальные страны. Обычных причин («это зона конфликта», «там сталкиваются интересы» и т.п.) для объяснения такого феномена явно недостаточно, — т.к. в мире есть множество других зон конфликта, и там тоже сталкиваются всеобщие интересы, и во множестве мест замешаны межконфессиональные столкновения. Единственным объяснением такого «повышенного внимания» остается предположение, что народы мира подсознательно знают, что еврейская история в Святой Земле — самая главная, что она обладает параметром святости, и что через нее раскрывается миру духовность. И потому они с таким вниманием (и в положительном, и в отрицательном плане) наблюдают за нашей жизнью. Мир чувствует справедливость стиха Исайи: «Ибо из Сиона будет исходить Учение (Тора), и слова Бога — из Иерусалима». Это очень существенный вопрос во взгляде народов на нас, и он, к огромному сожалению, не всегда достаточно глубоко осознается нами самими.

### 5.7. Имманентное и трансцендентное проявления Бога, и осознание этого в иудаизме сегодня

«Сакрализация истории» есть декларация того, что Бог открывается в мире имманентно, в ходе самой истории, в форме *естественного Откровения*, а не только трансцендентно, при «чудесном Откровении» в начальный момент создания религии. Раскрытие Бога в истории, — т.е Откровение, продолжающееся в ходе исторического процесса (концепция «продолжающегося Откровения»[1]), — это ключевой теологический момент восприятия религии как динамически развивающейся системы. Осознание истории как диалога с Богом — очень тонкий и сложный вопрос, сегодня воспринимаемый адекватно отнюдь не всем еврейским религиозным обществом. Весь изложенный выше подход к сакрализации истории связан с концепциями рава Кука; но далеко не все направления в ортодоксальном иудаизме разделяют эту концепцию в достаточной мере.

Провозглашенные около ста лет назад (в начале XX века) концепции рава Кука были тогда революцией, и хотя сейчас около половины ортодоксально-религиозных евреев (религиозные сионисты в Израиле и Modern Orthodox в Америке) приняли их, они пока еще не утвердились во всех направлениях ортодоксального иудаизма.

Ведь в каком-то смысле во время Галута история для нас остановилась, в Галуте отсутствует сакрализация истории, и поэтому возрождение сегодня в иудаизме острого ощущения этой сакрализации является совсем непростым процессом.

### 5.8. Осмысление текущей еврейской истории на основе концепции «общенационального Диалога с Богом».

Если вы считаете, что концепция «общенационального диалога еврейского народа с Богом» в целом понятна вам, то для углубления этого понимания можно проделать следующее.

---

[1] См. об этом в настоящем сборнике в главе В-2 — «Ортодоксальный модернизм и проблемы эволюции иудаизма в учении рава Кука», §20 «Религиозный анти-фундаментализм и концепция продолжающегося Откровения»; а также подробно в статье Т. Росс, И. Гельман, «Влияние феминизма на еврейскую ортодоксальную теологию», Часть 5 (Теология продолжающегося Откровения и ее предпосылки в еврейской философии, в Агаде, в Каббале и у рава Кука), http://www.machanaim.org/philosof/feminism/t-ros.htm#p5

ГЛАВА В-1. *О религиозном значении Государства Израиль*       137

Вспомните основные моменты последних, скажем, 200 лет еврейской истории, и попробуйте проанализировать их с точки зрения «общенационального диалога с Богом»: систематизируйте и сформулируйте, что, по вашему мнению, еврейский народ сказал Богу, и что Бог ему отвечал; что мы, еврейский народ, сделали правильно, а что неправильно, какие из слов Бога за этот период понятны нам, а какие совершенно непонятны. Если вы проделаете такой анализ, то еврейская история последних двухсот лет обретет для вас совсем иной вид.

После этого можно попробовать проанализировать с тех же позиций сегодняшнюю жизнь и сегодняшнее поведение еврейского народа и Государства Израиль: в чем, в рамках нашего диалога с Богом, мы правы, в чем нет, где мы ведем себя достойно, а где нет.

Затем вы можете с этих позиций обдумать принципы этики национального поведения (которые возникают, когда мы рассматриваем народ как единую личность) и отметить, в каких пунктах национальная этика должна, а в каких не должна отличаться от этики индивидуальной.

Обдумывание всех этих аспектов является, как мне кажется, весьма важным для продвижения в понимании нашей национальной жизни и имеющихся в ней проблем.

## §6. Использование концепции «общенационального диалога с Богом» для понимания современных проблем иудаизма и для планирования его дальнейшего развития

Рассмотрим теперь концепции рава Кука применительно к проблемам, с которыми иудаизм сталкивается сегодня.

### 6 А. «Агада о четырех, вошедших в Пардес» — история Элиши бен-Абуя

#### 6.1. Текст агады

Мы начнем наше обсуждение с анализа одной очень известной агады из Талмуда — агады про «четырех, вошедших в Пардес» («Сад постижения Торы»); а затем перейдем, в рамках концепции рава Кука, к обсуждению современных проблем еврейской жизни.

Агада эта (Трактат Кедушин 39 и параллельные источники) рассказывает следующее:

«Четверо вошли в Пардес, и это были: рабби Акива, Бен-Зома, Бен-Азай и Элиша бен-Абуя. Рабби Акива смог с миром войти в Пардес и с миром выйти из него. Бен-Зома стал сумасшедшим,

Бен-Азай умер, а Элиша бен-Абуя вошел в Сад и стал ломать насаждения»

*Четверо вошли в Пардес* — т.е. достигли высшего уровня понимания Торы; слово «Пардес», буквально «Сад», символизирует полноту всех уровней в постижении Торы: от простейшего до самого глубокого и сложного, «тайного».

*Рабби Акива смог с миром войти в Пардес и с миром выйти из него* — то есть он был единственным, кто смог выйти, оставшись нормальным. Остальные не выдержали тех сложностей и того напряжения, которые возникли при познании высших миров.

*Элиша бен-Абуя вошел в Сад и стал ломать насаждения* — т.е. вошел в сад Познания Торы, но далее выступил против Торы — перестал соблюдать еврейские законы, отошел от иудаизма, перешел на сторону римлян (а это было во время восстания Бар-Кохбы) и стал помогать им бороться с евреями. Поэтому в дальнейшем у него в Талмуде есть прозвище «*Ахер*» — «чужой».

Талмуд разбирает, как такое могло произойти: как мог человек, который достиг самых высот Торы и являлся одним из «четырех, вошедших в Пардес», перейти на сторону римлян и начать бороться с иудаизмом? И Талмуд продолжает, рассказывая про него следующую историю.

Случилось так, что однажды Элиша сидел около дерева и увидел, как отец сказал своему сыну: «Залезь на дерево и достань нам птенцов из гнезда» (имеются в виду птенцы для еды). Сын, выполняя поручение отца, лезет на дерево; он не берет птицу, а отгоняет ее (по заповеди запрещено брать птицу вместе с птенцами), берет птенцов; и далее, спускаясь с дерева, он срывается, падает и разбивается насмерть.

Элиша бен-Абуя, который все это видит, говорит: «Есть две заповеди, за которые в Торе обещано долголетие. Одна — это "почитай отца твоего и мать твою, чтобы продлились дни твои на земле, которую Бог дал тебе" (Исход 20:12); а вторая — "Если попадется тебе птичье гнездо на дороге, на дереве или на земле, и мать сидит на птенцах или на яйцах, то не бери матери вместе с детьми; Отпустить должен ты мать, а яйца или птенцов можешь взять, чтобы было тебе хорошо и продлились дни твои" (Втор. 22:6). Этот молодой человек выполнил именно эти две заповеди: отец ему сказал — он полез, выполняя заповедь почитания родителей; и еще раз поступил согласно заповеди, отогнав птицу от гнезда и не взяв ее. Но вместо обещанного долголетия он падает и тут же погибает».

И поэтому Элиша делает вывод, что вся Тора неверна: она неправильна, ее обещания не реализуются, и нет никакого смысла ее соблюдать. И тогда он отходит от иудаизма и переходит на сторону римлян.

Далее в Талмуде слово предоставляется другому мудрецу, рабби Яакову (и есть мнение, что это был внук Элиши бен-Абуя), и он объясняет действия Элиши так: «Элиша не умел толковать Тору и поэтому впал в ересь. Он должен был бы толковать так: нет награды за заповеди в этом мире; награда за заповеди есть только в загробной жизни». А то, что написано в Торе «долгая жизнь на земле» – то это жизнь на Земле Вечности, в загробной жизни. (И если бы он так истолковал, то все было бы нормально, и он не впал бы в ересь...)

### 6.2. Проблемы понимания данной агады (и вообще проблемы понимания агады в Диаспоре)

На этом Талмуд заканчивает обсуждение данной истории. Но чем более мы вдумываемся в нее, тем более она становится для нас непонятной. Задумаемся: какое внутреннее противоречие мы наблюдаем в этой агаде? Конечно, ее явное внутреннее противоречие состоит в том, что, с одной стороны, Элиша бен-Абуя «вошел в Пардес», т.е. достиг высших уровней знания Торы, а с другой стороны, его внук (который вовсе не отмечен как выдающийся среди Мудрецов) утверждает, что Элиша не умел толковать Тору, а сам он делать это уже умеет! Но ведь разве может быть, чтобы Элиша не знал, как нужно толковать Тору, — ведь это противоречит тому, что он вошел в Пардес!

Не знаю, какой ответ на это противоречие давали те, кто задумывался над данной агадой в прежние века; классические комментаторы ответ на это не дают.

Заметим в скобках, что в иешивах, изучая Талмуд, не очень-то углубленно изучали Агаду. Когда я только начал знакомиться с Талмудом в Москве в конце 1970-х годов, то я учился у благословенной памяти реб Аврома Миллера, замечательного человека и учителя всей еврейской религиозной молодежи, который не прекращал соблюдать заповеди несмотря на все превратности жизни при советском режиме, включая пребывание в сталинских лагерях. Реб Авром в молодости учился в знаменитой иешиве Хафец-Хаима, самой лучшей «литовской» иешиве начала XX в. И, изучая с нами Талмуд, он говорил: там, где текст галахический, нужно разобраться до мелочей и все понять. А там, где агада, мы ее читаем, но не учим углубленно. Мы прочитываем ее, — для того, чтобы не пропускать текст, — но не анализируем, т.к. она все равно нам непонятна, и нет смысла в нее углубляться. Иначе говоря: с одной стороны, агада подходит простому народу для чтения, и, конечно же, в ней заключен глубокий внутренний смысл; но, с другой стороны, нам он все равно недоступен, так что нечего даже и пытаться его понять. Таким образом, серьезное изучение агады не было развито в классических иешивах, и мало кто из великих раввинов писал комментарии к Агаде. В этом, возможно, одна из причин того, что к тем вопросам, которые мы ставим к нашей агаде, мы не находим ответа в классических комментариях.

Здесь еще можно отметить, что хотя мы находим весьма много агадических текстов в Вавилонском Талмуде, но почти все они исходно были созданы в Стране Израиля и потому имеют «Эрец-Исраэльный» характер — что также затрудняло понимание Агады в Диаспоре. Вообще, почти весь корпус агады очень «ориентирован на Страну Израиля», а в Диаспоре Агаду очень трудно адекватно понять. В Талмуде в одном месте даже сказано, что вавилонян не учат Агаде, потому что они грубы и все равно в Агаде ничего понять не в состоянии. Таким образом, предполагается, что вавилонянам, евреям Галута, хорошо подходит жесткая, техническая учеба, логика, преобладающая в области Галахи; но Агада — это тонкая материя, которую они вряд ли постигнут.

Поэтому, может быть, очень симптоматично, что при возвращении еврейского народа в Страну Израиля, именно Агада занимает все большее место в наших попытках найти путь Торы в тех жизненных проблемах, с которыми мы сталкиваемся.

### 6.3. Объяснение агады об Элише бен Абуя в рамках концепции рава Кука

Итак, какое понимание агады о «четырех, вошедших в Пардес» возможно с точки зрения концепции рава Кука? Суть нового взгляда, ведущего к пониманию, состоит здесь в том, что когда в Торе говорится «ты», то имеется в виду не только и не столько отдельный еврей, но, прежде всего, весь еврейский народ как единое целое. «Ты» — это обращение к народу, а не только к индивидууму. Ведь Тора — это прежде всего диалог между Богом и еврейским народом, и именно к народу в целом Тора прежде всего и обращается. (При том, конечно, что обращение к индивидууму тоже имеется: подобно, например, тому, как в истории Сотворения Мира «Адам» это одновременно и все человечество вместе, «человек вообще», — но также и каждый отдельный индивидуум в частности.) Такое восприятие «ты» как обращения к народу мы видим, например, во фразе: «Слушай, Израиль, сегодня ты переходишь через Иордан...» — здесь ясно, что «ты» означает весь еврейский народ как единое целое; но это понимание обращения «ты» как обращения ко всему народу, как к единой национальной личности, должно присутствовать в нашем восприятии и других заповедей. И поэтому, когда Тора говорит про долголетие в награду за соблюдение заповедей, то она имеет в виду совсем не данного конкретного человека (выполнившего ту или иную заповедь), но народ в целом. То есть, если в народе имеется почитание старших, то народу обещано долголетие, если в народе принято «отпускать птицу», то он сможет дольше жить в своей стране.

Кстати, именно с этой точки зрения становится понятным, почему заповедь «не бери птицу» связана с долголетием. В этом нет (как мы могли бы неверно подумать при «индивидуальном» прочтении этой заповеди) никакой магии вроде «ты пожалел птицу, а за это Бог пожалеет тебя» и т.п. Эта заповедь по сути своей является экологической[1]: сохраняй природу, и тогда ты (народ) будешь долго жить на земле. Возьми яйца или птенцов, чтобы тебе была пища, но птицу сохрани, и ее род не прервется.

Талмуд говорит: «если ведущий чтение молитвы (вслух от имени общества) провозглашает: "Пожалей нас, как Ты пожалел птицу [повелев отпускать ее]", то прерывают такого молящегося» — т.к. ясно, что причина заповеди вовсе не в жалости к птице. Однако, в чем же смысл этой заповеди, Талмуд (записанный в эпоху, когда явлен был лишь индивидуальный диалог) нам не разъясняет.

Таким образом, эти заповеди обещают долголетие в рамках общенационального, а не индивидуального диалога с Богом. Вообще, Тора во многих местах подчеркивает именно общенациональный характер диалога, общенациональную праведность и греховность,

---

[1] Отметим, кстати, что таких «экологических» заповедей в Торе немало. Например: при осаде вражеского города не руби плодовое дерево [не вреди природе даже на войне]; плоды бери, но дерево можешь рубить только такое, которое не приносит плодов (Втор. 21:19). Поэтому понимание заповеди об «отпускании птицы» как экологического предписания очень уместно. Экология и осознание ценности живой природы вообще занимает в Торе громадное место; даже первые принципы, на которых Адам был поселен в райском саду, имеют «экологический характер»: Бог поселил Адама в Саду для того, чтобы тот «обрабатывал Сад и охранял его» ( Быт. 2:15). Однако от кого Адам охранял Сад? Не от Змея, конечно (который сам по себе ничего сделать не может), но от себя самого, ибо только Адам и способен разрушить Сад. А ведь экология — это и есть наша защита природы от разрушительной деятельности самого человека. При этом иудаизм вовсе не воспевает «радикальный экологизм», уход от цивилизации и т.п. Тора здесь говорит нам, что Сад надо «обрабатывать» (т.е. строить цивилизацию), но, в то же время, этот Сад (мироздание, природу) надо также и «охранять».

общенациональную награду и наказание. Рассмотрим в качестве примера этого подхода такой важнейший и известнейший отрывок из Торы, как «Шмá, Исраэль» — «Слушай, Израиль» (Втор. гл.6 и гл.11). Молитва «Шмá», конечно, всем хорошо знакома, и Тора предписывает читать ее ежедневно дважды в день, – но не все и не всегда задумываются о том, чтó они читают. А написано там (во втором отрывке «Шма», Втор. 11:13–21) так:

«И вот, если послушаетесь заповедей Моих, которые Я заповедую вам ныне, чтобы любить Господа, Бога вашего, и служить Ему всем сердцем вашим и всею душою вашею, то дам Я дождь земле вашей своевременно, ранний и поздний; и соберешь ты хлеб твой и вино твое, и елей твой; и дам Я траву на поле твоем для скота твоего; и будешь есть и насыщаться. Берегитесь, чтобы не обольстилось сердце ваше, и вы не совратились и не стали служить богам иным, и не поклонялись им. И возгорится гнев Господа на вас, и затворит Он небо, и не будет дождя, и земля не даст плодов своих; и вы скоро пропадете с этой доброй земли, которую Господь дает вам. Положите же эти слова Мои в сердце ваше и в душу вашу, и навяжите их в знак на руку свою, и да будут они начертанием между глазами вашими. И учите им сыновей своих, говоря о них, когда ты сидишь в доме своем и когда идешь дорогою, и когда ложишься, и когда встаешь. И напиши их на косяках дома твоего и на воротах твоих, дабы длились дни ваши и дни детей ваших на той земле, которую Господь клялся дать отцам вашим, — сколько дней будет небо над землею».

Мы видим, что за соблюдение заповедей Бог обещает дать дожди земле вашей, дождь ранний и дождь поздний, и будете долго жить на земле, которую Бог вам выделил. А если не будете соблюдать, то закроется небо, не будет дождя, и вы будете изгнаны из этой Страны. Очевидно, что наказание и награда, о которых говорит здесь Тора – не в загробном мире. В Торе в качестве награды за выполнение заповедей предусматривается «дождь вовремя» — и, соответственно, долгая жизнь в своей Стране. При этом диалог идет прежде всего между Богом и еврейским народом в целом (ибо дождь дается всем, и изгнание тоже распространяется на всех), — хотя, конечно же, параллельно с этим ведется диалог Бога с каждым в отдельности. Награда и наказание здесь общенациональны, а не индивидуальны. Конечно, индивидуальный диалог в Торе тоже занимает важнейшее место, но общенациональный все же превалирует — ибо целью Торы является не только праведность отдельного человека, но праведная жизнь целого народа в его социально-национальной жизни.

ГЛАВА В-1. *О религиозном значении Государства Израиль*    143

Итак, заповеди «почитай родителей» и «отпускай птицу» связаны вовсе не с долголетием отдельного человека, соблюдающего их, а с долголетием народа, если он будет соблюдать заповеди уважения к старшим и заповеди охраны природы.

### 6.4. Поворотная точка еврейской истории

И здесь важно еще раз отметить, что все эти четыре выдающихся еврейских мудреца — которые «вошли в Пардес», и трое из которых не смогли нормально выйти из него — жили в поворотной точке еврейской истории, на границе первой и второй эпох. (Вообще можно предположить, что и в другие эпохи, наверное, были великие мудрецы, «вошедшие в Пардес», но это, видимо, совсем не привело к кризису).

Когда во II веке н.э., после поражении восстания Бар-Кохбы и во время последних судорог умирающего еврейского национального организма, история круто повернула, и общенациональный диалог окончательно распался, — то далее остался только индивидуальный диалог. И простые люди, подобно легким автомашинам, едущим медленно, проходили этот поворот дороги плавно, даже не замечая его, — ибо, хотя в рамках истории этот поворот весьма резок, отдельный человек его крутизны не чувствует, — ведь рамки этого поворота составляют целое столетие, что больше масштабов его жизни. Но выдающиеся Мудрецы, отягощенные грузом знания и вовлеченности в Традицию, подобны мощным машинам, тяжелым и длинным грузовикам с прицепами, несущимися на полной скорости, — и они-то как раз очень легко «вылетают за поворот». Это и случилось здесь с тремя из «вошедших в Пардес». У них много знаний, они отягощены длинной, протяженной во многих поколениях традицией учебы; поэтому они обычно не могут просто так круто развернуться. Рабби Акива был единственным из них, кто смог все-таки пройти поворот и удержаться на дороге. Поэтому именно на нем и на его учениках основывается далее вся Мишна (а на ней – и весь Талмуд). Остальные же трое не смогли этого сделать.

Каждый человек (в том числе и мудрец, ощущающий себя звеном в передаче традиции) толкует Тору в рамках своего реального мироощущения, а это мироощущение всегда — «сегодняшнее», оно связано с его эпохой и ее проблемами. Элиша бен-Абуя находился в точке поворота: он уже не мог толковать слова Торы о долголетии (в заповедях «почитания родителей» и «отпускания птицы») в общенациональном смысле, так как психологически он уже оторвался от предыдущего «общенационального толкования».

Общенациональный диалог уже потерян и не ощущался им, и в рамках своего времени он толковал эти стихи Торы в индивидуальном смысле. Но он также и не может настолько перевернуть и переистолковать слова Торы, чтобы они говорили о «награде в загробной жизни». Он прекрасно понимал, что Тора говорит об этой жизни, но это не согласовалось с новой необходимостью рассматривать заповедь лишь применительно к жизни индивидуума. В течение столетий до него Тора и заповеди понимались также и в общенациональном смысле, и при этом награда и наказание предполагалась в этой жизни. В следующем столетии его внук не видит затруднений при толковании слов Торы лишь в индивидуальном смысле — и при этом уже применяя ее слова к загробной жизни. Но в точке поворота для Элиши не подходит ни то, ни другое, и он «вылетает за поворот».

Иными словами, Элиша бен-Абуя, конечно, гораздо выше по уровню, чем его внук. И дело не в том, что он не знает какого-либо комментария к Торе про загробную жизнь. И, конечно, он (как и все мудрецы Устной Торы) верит в загробную жизнь. Однако в данном случае он в принципе не может принять такого комментария, потому что осознает, что в этих стихах Тора имеет в виду долголетие в этой жизни. Но это уже не согласуется с эпохой, в которой диалог с Богом – и, следовательно, нахождение справедливости – понимается только на индивидуальном уровне. Общенациональный уровень диалога уже развалился, и понимание на его основе уже кончилось, но при этом сказать, что Тора имеет в виду ситуацию для загробной жизни, он еще не может.

Отметим, что именно в этот момент, в эпоху конца Второго Храма, больше всего и активизируется обсуждение вопроса о загробной жизни, о награде и наказании в ней. В Торе этого аспекта практически нет — при том, что, конечно, евреи, вышедшие из Египта, где все было посвящено идее загробной жизни, не могли не иметь представлений об этом; просто этот аспект не является для Торы важным. Однако к концу периода Второго Храма, когда общенациональный диалог распадается, индивидуальная загробная жизнь выходит на первый план. И для христианства, которое выходит из иудаизма именно в этой точке, проблема награды и наказания в загробной жизни является центром всей теологии, — это вопрос «спасения души», которое христиане воспринимают только как судьбу души в загробном мире. И отсюда же центральная для христианства роль рая и ада (тема, занимающая в еврейской религии скромное место) и, соответственно, потеря аспекта общенационального диалога с Богом.

Таково понимание, в рамках концепции рава Кука, истории про Элишу бен-Абуя, случившейся в поворотной точке еврейской истории, во II веке н.э. А теперь вы, я надеюсь, догадываетесь, куда ведет нас дальше логика обсуждения.

(Однажды я услышал от проф. Ш.Розенберга замечательный критерий: «Как читатель может проверить, что он действительно понимает ту книгу, которую он читает? Надо сделать так: закрыть следующий абзац и самому понять, что там должно быть; и если это удается – то текст действительно усвоен». Попробуйте применить этот критерий именно в данном месте...)

### 6Б. Понимание современных проблем иудаизма

#### 6.5. «Вылетание за поворот» в нашем веке — религиозная неадекватность галутных представлений иудаизма для еврейской жизни в Стране Израиля

Теперь мы перенесем наш анализ во вторую точку поворота еврейской истории — в сегодняшний день, к проблемам последних ста лет.

По сути дела, в XX веке произошел резкий поворот в противоположную (тому, что было во II веке) сторону. В течение этого века, благодаря сионистскому движению и созданию Государства Израиль, во взаимоотношениях евреев с Богом вновь возродился общенациональный диалог. В результате этого (как и в предшествующем случае) зачастую именно «большие и тяжелые грузовики» вылетают за поворот. Поэтому всего лишь некоторые из больших раввинов начала XX века поддержали сионистское движение, и почти никто не понял его сути. Были, конечно, такие раввины, которые поддерживали сионизм и даже стояли у истоков идеи возвращения в страну Израиля (р. Ц.-Г.Калишер, р. И.Алкалай, р. Ш.Могилевер), были и придерживающиеся противоположной точки зрения, и отнесшиеся к сионизму резко отрицательно, но в большинстве своем религиозный истеблишмент конца XIX— начала XX века был в растерянности, не зная как реагировать на это невиданное явление. Рав А.-И. Кук, и, в некоторой степени, рав И.-Д. Соловейчик — были, по сути, немногими из великих, кто смог понять сионизм не только «практически», но и «духовно», и в дальнейшем на созданном ими фундаменте строилось все учение того направления в еврействе, которое можно назвать «ортодоксально-модернистским». В этом смысле они смогли «пройти поворот», а многие другие великие знатоки Торы сделать этого не смогли.

Внутри ортодоксального иудаизма произошло разделение на «харедим» (которые вообще никакого поворота не замечают и считают, что ничего не изменилось и что следует продолжать двигаться в прежнем галутном направлении) и на религиозных сионистов.

(Если быть более точным, то следует отметить, что сегодня уже и многие слои харедим в Израиле — причем, нередко при противодействии харедимного истеблишмента! — постепенно разворачиваются и «сионизируются», но это длительный и сложный социально-религиозный процесс, и он требует отдельного обсуждения и выходит за рамки данной книги.)

В связи с тем, что в мире, в еврейской жизни и в еврейском диалоге с Богом произошел поворот, а значительная часть харедим этот поворот не осознала, — возникает главная проблема харедим в Израиле, которая состоит в их, во многом, религиозной неадекватности окружающей действительности. (Отметим, что когда нерелигиозный человек смотрит на харедим, то первое ощущение, которое он испытывает — это именно их неадекватность современному миру. Мы, однако, рассматриваем здесь эту неадекватность не в обыденном, но прежде всего в религиозном аспекте.)

При этом, прежде чем продолжить наш анализ, я хотел бы особо подчеркнуть, что совершенно неправильно было бы воспринять эти и все последующие мои критические замечания как вообще отрицание системы ценностей этой религиозной группы. Напротив, у харедим есть масса достоинств, а по некоторым параметрам, думаю, религиозным сионистам есть немало чему поучиться у них. Поэтому та критика, которая обсуждается ниже, — это именно проблема религиозной неадекватности харедим в тех случаях, когда религия должна сказать свое слово не о «классических» (существовавших, в общем-то, в таком же виде и двести, и четыреста лет назад), а о современных проблемах – проблемах соотношения религии с современной наукой, с ценностями современной культуры и цивилизации, и прежде всего с проблемами Государства Израиль и всего комплекса национально-социально-духовных аспектов, связанных с происходящим в последнее столетие постепенным возрождением независимой еврейской жизни в Святой Земле.

Рассмотрим в качестве примера такой неадекватности позицию, которую заняли некоторые из крупнейших религиозных лидеров харедим в 1970—80-х годах по поводу галахического подхода к проблеме «территорий».

[Как известно, после Шестидневной войны под контролем Израиля находятся Иудея, Самария и Газа, которые израильские

СМИ предпочитают называть безличным термином «территории»; при этом дело представляют так, что будто бы из-за удержания «территорий» мы подвергаем опасности солдат; так что мы (якобы) выбираем между «владением территорией» и «опасностью для жизни» — а поэтому, может быть, нам лучше отдать территории и не рисковать жизнью? Возникает как бы противопоставление: «что ценнее — жизнь или территории?», и подобная схема закрепилась в общественном сознании: дескать, «левые» выступают за то, чтобы «сохранять жизнь и отдать территории», а «правые» — за то, чтобы «удерживать территории и рисковать жизнью». (Конечно, в реальности такое противопоставление неверно и в конце 90-х годов было ясно продемонстрировано, что вовсе не «удержание территорий», а наоборот, именно попытка их отдать приводит к усилению террора и потому представляет гораздо большую опасность для множества жизней, чем усилия по удержанию территории, но в 70-е годы это еще не было доказано на практике и потому звучало именно в такой форме). В этом вопросе раввины в большинстве своем занимали «правую» позицию и говорили: "территории" важны, это важнейшая историческая и религиозная часть Страны Израиля, через них проходит важный аспект нашей связи с еврейской историей и с Богом, и поэтому отдавать их нельзя». А, соответственно, те, кто хотел «территории» отдать, были почти сплошь антирелигиозны].

И в данной ситуации эти религиозные лидеры харедим заявили: «В Талмуде только про три заповеди сказано, что они дороже, чем жизнь (т.е. "даже если тебе угрожают быть убитым за это, не нарушай их"): это запрет убийства, запрет идолопоклонства и запрет кровосмешения и прелюбодеяния. А про остальные заповеди говорится, что "жизнь дороже, чем заповедь" — т.е. в случае опасности для жизни выполнение этой заповеди приостанавливается. Относительно же заповеди "жить в Земле Израиля" — это, может быть, очень важная вещь, но в эти три заповеди она точно не входит. Поэтому жизнь дороже, чем территории, и, если есть риск опасности для жизни, то территории надо отдавать».

Сначала «левые» очень ухватились за это высказывание. Они возликовали: «Вот видите, это раввины, и при этом они тоже выступают за мир, они тоже хотят отдать территории...». Но потом «левые» довольно быстро сообразили, что если они сами под словом «территории» имеют в виду политический смысл этого слова, т.е. «территории, находящиеся под контролем Израиля с 1967 г.» (Иудея, Самария и Газа), — то, с точки зрения данного религиозного постановления харедим оно должно распространяться на любые «территории» в прямом смысле этого слова, т.е. это галахическое решение относится к любой части территории Страны. И если этот принцип («жизнь дороже, чем территории») здесь галахически верен, то он равно применим не только к Иудее и Самарии, но и к Иерусалиму, Хайфе и Тель-Авиву. Но ведь на самом деле, если мы действительно провозгласим, что «жизнь дороже, чем территории» — то мы вообще, в принципе, не сможем охранять никакую часть Страны Израиля, ведь охрана любой территории Страны всегда связана с риском для жизни солдат! Тогда единственное, что мы должны сделать, это отдать все «территории», т.е. всю Страну, и как можно быстрее уехать из Израиля. Иными словами, при таком подходе мы не сможем удержать даже и ту часть Страны, которую большинство «левых» не хотели бы отдавать. Поэтому «левые» довольно быстро приглушили свои восторги по поводу этого галахического решения, поняв, что его можно отнести совсем не к тем «территориям», которые они имеют в виду.

Но оставим в стороне политическое использование данного галахического решения и вернемся к его сути: ведь в соответствии с ним получается, что, если действительно (как это видится с точки зрения галахического рассмотрения в Талмуде) есть только три заповеди, ради которых следует рисковать жизнью, то мы вообще не можем иметь свое государство: ведь в любом случае его придется охранять и тем самым рисковать жизнями солдат!

[Впоследствии некоторые из этих раввинов изменили свое решение и заявили, что «поскольку мы видим, что отдача территорий ведет к террору, то нельзя отдавать территории ввиду опасности для жизни». Но это «изменение» по сути своей было обусловлено политической обстановкой, а не являлось изменением собственно галахической точки зрения.]

Конечно, те раввины, которые являются сторонниками религиозно-сионистского подхода, сразу указали, что весь галахический анализ, проведенный по данной схеме, неадекватен, потому что когда в Талмуде говорится о трех заповедях, «ради соблюдения которых следует при необходимости жертвовать жизнью», — то имеются в виду три заповеди из заповедей индивидуальных. В индивидуальной жизни таких заповедей, которые необходимо соблюдать даже ценой человеческой жизни, действительно всего три; но заповедь владеть Страной Израиля — это не индивидуальная, а общенациональная заповедь, и в нее «риск жизнью солдат» входит органически, как часть ее самой[1]. В числе же упомянутых в Талмуде трех она не названа, потому что Талмуд, как правило, рассматривает только индивидуальные, а не общенациональные аспекты иудаизма.

На это замечание раввинов религиозно-сионистского подхода раввины-харедим отвечают: «Мы учились в самых лучших иешивах, и учителя наши учились у самых лучших учителей, а те — у лучших мудрецов предыдущего поколения, но никто ничего такого не говорил». И в этом они даже правы, потому что, действительно, про различие в характере индивидуальных и общенациональных заповедей стал говорить только рав Кук, а до него в течение многих веков такого анализа вообще почти не проводили. Хотя заповедь «владеть Страной Израиля» была перечислена среди заповедей, но развернуто ее не изучали. И хотя очевидно, что если вообще есть заповедь владеть Страной (т.е. иметь государство), то приходится ради этого воевать и рисковать жизнью, но на формально-галахическом уровне во все века Изгнания этот вопрос не обсуждался.

Иными словами, мы видим, что галахический анализ был проведен здесь с соблюдением всех формальных правил, но в настоящей ситуации он является неадекватным, так как не учитывает реальную сегодняшнюю еврейскую государственную жизнь в Стране Израиля, а исходит из норм галутного иудаизма, жизни среди других народов в диаспоре. И в этом корень религиозной неадекватности значительного числа харедим.

Конечно среди традиционалистских (и особенно сефардских) евреев, признающих авторитет харедимных раввинов, большинство служит в армии и рискует жизнью ради Страны. И если их спросить: «А разве, с точки зрения Галахи, нужно нам воевать и рисковать жизнью?» — то они ответят: «Конечно, нужно, а кто же еще будет защищать Страну?» Они не задумаются над тем, что в Талмуде перечислены только три заповеди, ради которых рискуют жизнью; потому что они — если воспользоваться нашей прежней метафорой — «маленькие, легкие автомобили», и не отягоще-

---

[1] Здесь следует отметить, что позиция религиозных сионистов совсем не влечет за собой автоматически «правую» политическую точку зрения (хотя большинство религиозных сионистов, действительно, придерживается правых взглядов, но бывают и религиозные сионисты, стоящие на умеренно-левых позициях). Наш анализ здесь посвящен не тому, кто прав, «правые» или «левые», — а демонстрации того, насколько попытка решить современные общенациональные проблемы на основе классических методов анализа Талмуда оказывается неадекватной.

ны ощущением полноты знания и уверенности в способности принимать решения на основе всестороннего понимания Галахи.

Нормальный «средний» религиозный человек все-таки ориентируется не на книгу, а на некоторую реальную жизнь, и ему свойственна естественная (и большей частью правильная) интуитивная реакция на окружающие его жизненные проблемы. И поскольку он отдает себе отчет, что «не все знает», то он и не делает на основании той или иной прочитанной книги или фразы Талмуда выводы, которые противоречили бы окружающей жизни. Только сверхобразованный человек, который считает, что «он знает все», — он может сделать из текста Талмуда такие далеко идущие выводы, из-за которых он «вылетит за поворот», т.е. окажется неадекватен реальной жизненной ситуации.

Это и есть типичный пример того, как случившееся во II веке повторяется сегодня, при аналогичном крутом повороте еврейской жизни.

### 6.6. Общая проблема применения Галахи (сформировавшейся в века Галута, и поэтому «индивидуальной») к проблемам общенациональным

Отметим, что разбираемая нами проблема, к сожалению, не «частная», и она не исчерпывается «встречающейся неадекватностью харедим». Проблема гораздо шире.

Если мы обратим внимание на датировку всей еврейской галахической литературы (т.е. литературы, которая разбирает детали законов), то увидим, что она практически вся написана во втором, галутном периоде еврейской истории (кроме, пожалуй, Мишны, которая начала создаваться еще во времена Второго Храма, но была окончательно сформулирована и зафиксирована тоже на переломе между первым и вторым периодами). Поэтому почти вся еврейская галахическая литература (как и практически все еврейское творчество Галута), занималась только индивидуальными заповедями, а общенациональными почти что нет; и по этой причине мы знаем про детали Галахи в области индивидуальных заповедей весьма много, а в области общенациональных — очень мало.

Рассмотрим для иллюстрации этого следующий пример. Что говорит еврейская традиция про запрет смешения мяса с молоком? В Торе есть на эту тему только один, трижды повторенный, стих: «Не вари козленка в молоке его матери»; и Устная Традиция разъясняет, что это троекратное повторение означает три запрета на смесь мяса с молоком: запрет варить, запрет есть и запрет использовать. Мудрецы добавили к этому также необходимость разделения посуды. Вот, по сути, и все, все исходное описание закона на этом закончено. Так откуда же у нас появляется в еврейской галахической литературе большое количество книг, целые тома, описывающих проблемы разделения мяса с молоком, — что в них, собственно, описано? В них разбираются случаи типа того, «что делать, если молочная ложка попала в мясную кастрюлю», — можно ли ее кашеровать, и как это сделать, и т.д. Иными словами, основная, наибольшая по объему часть Галахи — это разбор «неидеальных», возникших постфактум «неправильных» ситуаций и путей действия в них. Идеальная ситуация отделения мяса от молока описывается всего четырьмя принципами: «Совместно не вари, не ешь, не используй, и разделяй посуду». А вот неидеальная ситуация — «что делать, если возникло нарушение» - уже является предметом многих томов.

Образно говоря, когда «молот заповеди ударяет о гранит жизни», то во все стороны летят осколки — это и есть частные, конкретные законы, т.е. Галаха.

Однако такой подробный анализ был проведен еврейской традицией только для индивидуальных заповедей, потому что только их выполнение, их соблюдение реализовывалось в период Изгнания; и поэтому только о них возникали вопросы. Что же касается общенациональных заповедей, то для них во всей еврейской традиции был в лучшем случае описан только идеал соблюдения, но отсутствует разбор того, что же нам делать в ситуации неидеальной.

Допустим, что нам известно (что тоже на самом деле совсем не очевидно), каким должно быть идеальное еврейское государство — полностью соблюдающее заповеди, с царем, с Храмом и т.д. Но что делать с тем, что сегодня у нас государство не такое? Оно не соответствует идеальному, но оно и не «противоположно» ему (т.е. современное Государство Израиль не является, конечно, религиозным, но оно никоим образом не может считаться и «антирелигиозным»). Как к такому государству относиться? Кашерно оно или нет? Если это подобно мясной ложке, которая попала в молочную кастрюлю, то при этом «ее объем меньше 1/60 или больше 1/60 от содержимого кастрюли» (а именно это в подобных случаях определяет итоговую кашерность еды)? Или здесь действуют какие-то другие принципы «кашрута», которые отличаются от мяса с молоком? И нужно ли участвовать в выборах в Кнессет этого государства, служить в его армии, принимать участие в его жизни? Все многочисленные галахические штудии многих столетий Галута не говорят нам ни слова по этому вопросу. Иными словами, в реальной ситуации у нас нет разработанной традиции, касающейся всей современной политической и общественной области. У нас почти полностью отсутствует разработка Галахи для общенациональных заповедей. В частности, в этом одна из причин того, почему раввины (не в смысле отдельных раввинов, демократически баллотирующихся в Кнессет, а в смысле раввината как общественного института) не могут сегодня управлять государством — ни в одной иешиве их не учили этому. К сожалению, совершенно неверна мысль (и мы неоднократно видели это на практике), что если мы поставим духовных лидеров на пост политических деятелей, то они смогут справиться с этой задачей. Они изучали Галаху, но индивидуальную, а не общенациональную, ибо в иудаизме таковой вообще разработано не было. Поэтому не следует думать, что «раввины знают, как нам правильно поступить с сегодняшними проблемами Страны» — на самом деле они сами только учатся этому вместе со всем остальным еврейским народом.

В каком-то смысле еврейский народ только сейчас начинает реально претворять в жизнь общенациональные заповеди, и в процессе этой реализации начат путь по созданию соответствующей галахи. Иными словами, мы сами, все вместе, реализуя еврейскую национальную жизнь в рамках Государства Израиль, участвуем в разработке принципов галахических решений по общенациональным вопросам, что является одним из элементов в «повороте иудаизма».

Процессы, происходящие в еврейской религии с середины прошлого века и продолжающиеся сегодня, знаменуют собою переход к осознанию концепции общенационального диалога с Богом, подобно тому, как осознается диалог индивидуальный, — с тем, чтобы затем — смеем надеяться — передавать это понимание народам мира[1]. Это и есть еврейская избранность сегодня.

Процесс такого поворота весьма болезнен. По сути дела, в отношении тех людей, которые сегодня называют себя «нерелигиозными», следует осознать, что они отошли от религии именно потому, что жизнь (и они с ней) уже сделали поворот, а иудаизм еще не вполне. Они чувствуют зазор между потребностями жизни и тем, что им предлагает классический иудаизм. Такое расхождение является причиной их отхода от иудаизма, потому что жизнь всегда сильнее теории.

---

[1] Проблема «востребованности» этой концепции современным (во многом противоположным ей!) глобалистским обществом является темой отдельного анализа.

И в этом смысле я хотел бы отметить, что всемерно способствовать этому повороту и есть на сегодня наша главная религиозная задача. Лишь это может вернуть в иудаизм те еврейские группы, которые отошли от него.

Впрочем, подробное обсуждение темы «поворота иудаизма» требует отдельной статьи[1].

### 6.7. Историософская концепция охватом в 4 тысячи лет и исторический процесс сегодня

В заключение отметим, что схема, предложенная равом Куком, — это, по-видимому, единственная историософская (т.е. объясняющая смысл истории) концепция, которая охватывает масштаб в четыре тысячелетия, анализирует логику духовного развития человечества за этот период и дает при этом понимание специфики сегодняшнего момента исторического развития. Она начинает свое рассмотрение с Праотцев и с Дарования Торы, анализирует далее динамику соотношения общенационального и индивидуального диалогов с Богом в Библейский период, потерю одного из них в период Второго Храма, передачу второго человечеству и его постепенное восприятие западной цивилизацией, а в дальнейшем — возрождение в еврейской жизни общенационального диалога с последующей передачей уже этого более высокого уровня монотеизма всему человечеству. Этот масштаб рассмотрения и обнаружение на его просторах «смысла истории» — поразителен.

Главная задача всякой историософской концепции состоит в том, чтобы дать человеку возможность осознать свое место в историческом процессе, — с чем данная концепция, как мне представляется, справляется очень неплохо. И поэтому она служит нам ориентиром в том развитии иудаизма, в котором все мы сегодня участвуем.

---

[1] См. главу В-2 «Ортодоксальный модернизм и проблемы эволюции иудаизма в учении рава Кука» ниже в настоящем сборнике

## ГЛАВА B-2

*Пинхас Полонский*

## ОРТОДОКСАЛЬНЫЙ МОДЕРНИЗМ И ПРОБЛЕМЫ ЭВОЛЮЦИИ ИУДАИЗМА В УЧЕНИИ РАВА А.-И.КУКА

A. «БОЖЕСТВЕННОЕ НЕ МОЖЕТ НЕ РАЗВИВАТЬСЯ»
1. Два разных подхода (внутри ортодоксии) к модернизации иудаизма
2. Различия в Галахе как следствие различий в отношении к современному миру
3. Соотношение «современных ценностей» и «классических религиозных ценностей»
4. «Искра» и «скорлупа»
5. Бесконечность Божественности и ограниченность конкретной традиции
6. Различие между равом Куком и Маймонидом в вопросе «наличия развития в Божественности»
7. Продвижение в нашем понимании Божественности
8. Искры из внешнего мира способствуют раскрытию потенциала Традиции
9. Итоговое описание постановки проблемы

B. КОНКРЕТНЫЙ МЕХАНИЗМ ОРТОДОКСАЛЬНОЙ МОДЕРНИЗАЦИИ, ПРИМЕРЫ
10. Шаг эволюции иудаизма; общая схема
11. Замечание: учение рава Кука как «Тора общности» (*Тора hа-Клаль*)
12. Анализ общей схемы: дефекты в реальном иудаизме и процесс их исправления; активизация искры
13. Пример 1: развитие иудаизма за счет интеграции «искры из сионизма»
14. Пример 2: развитие иудаизма за счет интеграции «искры из атеизма»
14а. Замечание: на что, с точки зрения пост-атеистической религии, могут распространяться сомнения?
15. Пример 3: извлечение Божественной искры из реформистского иудаизма
15а. Замечание: сущностное различие между реформистским иудаизмом и ортодоксальным модернизмом
16. Пример 4: Божественная искра из «американизма»
17. Пример 5: развитие иудаизма за счет извлечения искры из плюрализма, толерантности

C. НАПРАВЛЕНИЕ ДАЛЬНЕЙШЕГО РАЗВИТИЯ ИУДАИЗМА
18. Религиозный анти-фундаментализм
19. Религиозный анти-фундаментализм и концепция «продолжающегося Откровения»
20. Заложенное в общей схеме «отставание» развития иудаизма от развития культуры
21. «Интеграция трех групп в еврейском народе» и программа развития иудаизма на период ближайших десятилетий

## А. «Божественное не может не развиваться»

### 1. Два разных подхода (внутри ортодоксии) к модернизации иудаизма

Термин «ортодоксальный модернизм» зачастую вызывает удивление у тех, кто впервые встречается с ним. Наше обычное представление о еврейском мире таково, что существует реформистский подход, который готов изменять иудаизм, и существует подход ортодоксальный, который основан на сохранении постоянной и неизменной традиции. Что же такое ортодоксальный модернизм? Нет ли здесь противоречия в самом термине, можно ли вообще сочетать модернизм с ортодоксальностью?

Здесь надо прежде всего отметить, что многие ошибочно отождествляют понятие «ортодоксальный иудаизм» исключительно с харедим (которых часто и не совсем правильно называют ультра-ортодоксами), т.е. в Израиле – с жителями Меа-Шеарим и Бней-Брака. На самом деле такое отождествление в корне неверно. Наоборот, большинство ортодоксальных религиозных евреев Израиля — это религиозные сионисты, «вязаные кипы», которые, сохраняя верность ортодоксальному иудаизму во всех его деталях, считают к тому же необходимым (и реализуют это на практике) обновление иудаизма и его модернизацию; и их концепция базируется именно на учении рава А.И. Кука.

[Аналогично и в Америке Modern Orthodox (в основном, последователи рава Й.-Д. Соловейчика) являются совершенно иной группой, чем американские харедим (т. е. просто orthodox); но в данной статье мы будем, в основном, обсуждать израильский ортодоксальный модернизм, имеющий некоторые существенные отличия от американского.]

Между ортодоксальными модернистами (т.е. в израильском случае – религиозными сионистами) и харедим есть множество различий, заметных даже внешне: различия в одежде, в отношении к Государству Израиль, к службе в армии, к участию в общественной жизни, обучению в университетах и т.д. Многие окружающие воспринимают эти внешние различия как основные и только на них и останавливают свое внимание. Однако внешние различия, несмотря на их важность, являются лишь вершиной айсберга. В чем же заключаются глубинные, принципиальные различия в основах подхода к иудаизму у ортодоксальных модернистов и у харедим?

## 2. Различия в Галахе как следствие различий в отношении к современному миру

Часть этих различий реализуется в Галахе — еврейском законе. Например, когда я решаю для себя вопрос о том, какой тип кашрута мне стоит предпочесть при покупке овощей и фруктов в год Шмиты («*hетер мехира*» — «разрешение продажи», или же «не-еврейская продукция»; см. об этом подробнее в гл. А-1, §4), то должен ли, при этом принять в расчет также и то, что мой поступок в качестве покупателя может помочь (или, наоборот, не помочь) еврейским сельскохозяйственным предприятиям в Стране Израиля осуществлять заповедь «укореняться в Святой Земле»? Или, решая вопрос о своей службе в армии, должен ли я учитывать только личные галахические аспекты (соблюдение Субботы, кашрута, изучение Торы и т.д.), или же мне следует учесть также и влияние моего поступка на еврейское общество и Государство Израиль в целом? На эти и многие другие галахические вопросы, связанные с новой ситуацией возрождения еврейского государства в Стране Израиля, религиозный сионист и хареди дадут зачастую совершенно различные и противоположные ответы, при том что оба они ортодоксальны в равной степени.

Но все же основная суть, корень разногласий между ортодоксальными модернистами и харедим – это не проблемы Галахи, а их различная базовая религиозная философия. Разница же в деталях Закона, в одежде или же в подходе к Государству Израиль является лишь следствием из нее.

Основа этих различий — в разном отношении к современному миру. В понятие «современный мир» включается буквально все: проявления современной культуры, развитие науки и ее философское осмысление, сионизм и Государство Израиль, современное общество и современные ценности — все это вместе взятое. Конечно, и та и другая группа согласны с тем, что современная цивилизация имеет много технических успехов и достижений (и все пользуются этими достижениями), однако, речь здесь идет не о них, а о достижениях духовных. Никто также не отрицает, что современный человек, в том числе и человек нерелигиозный, имеет духовные ценности. Вопрос состоит только в том, есть ли в этих духовных ценностях современности нечто новое, дополнительное, не учтенное обычной классической религиозной Традицией, или же они – всего лишь остатки былых религиозных ценностей? Должна ли религиозная Традиция черпать для себя какие-то дополнения из окружающей жизни, или же она является полностью завершенной и самодостаточной? Иными словами, содержит ли современный мир нечто духовно ценное, чему нам следовало бы поучиться и чем нам следовало бы дополнить классическую еврейскую Традицию, или же ничего духовно ценного в современном мире нет, и наши религиозные представления по всем параметрам должны быть в точности такие же, как триста лет назад? (Вязаная кипа религиозных сионистов символизирует первую точку зрения, а харедимный костюм XVIII в. – вторую.)

Это – кардинальный вопрос, и противоположные ответы на него религиозных модернистов и харедим разделяют их на два различных лагеря.

### 3. Соотношение «современных ценностей» и «классических религиозных ценностей»

Харедим считают, что обычная «иешивная» традиция вмещает в себя весь необходимый нам Божественный свет. Все, что есть в мире ценного, содержится в той традиции, которую изучают в иешиве, а весь окружающий мир ничего самостоятельно духовно ценного не несет. И поэтому, по их мнению, миру иешивы совершенно нечему учиться у окружающего мира. В лучшем случае, как говорит об этом известная хасидская притча, из существования телефона мы можем проще осознать то, что Бог слышит все издалека, а существование телеграфа подчеркивает, что каждое наше слово стоит весьма дорого, и т.п. У окружающего мира есть технические достижения, но нет духовных. Следовательно, нам нужно только брать свет из иешивы и распространять его вокруг, а вовсе не учиться чему бы то ни было в духовном плане у окружающего мира.

Ортодоксальные модернисты занимают в этом вопросе принципиально иную позицию. Подтверждая, что идеальная, полная Тора в потенциале содержит в себе весь возможный Божественный свет, они при этом считают, что та интерпретация Торы, которую предлагает нам классическая иешива, является «слишком узкой» для современного человека и уже не соответствует его духовным запросам. Вслед за равом Куком, давшим преломление еврейской мистической традиции в применении к реалиям нашего времени, они подчеркивают, что проявлением Божественности является весь окружающий мир в целом, и что Божественный свет находится повсюду в Мироздании — а потому, утверждают они, даже в «более низких этажах» Мироздания (в частности, в светской жизни и ее ценностях) есть важнейшие Божественные искры, без которых Божественный свет «верхних этажей» (т.е. мир иешивы) не полон. Это означает, что классическая, преподаваемая в иешиве традиция несет в себе только часть необходимого нам Божественного света. Можно согласиться, что она, возможно, несет бо́льшую и даже основную часть этого света, но она отнюдь не включает в себя весь этот свет. Более того, одна из важнейших причин массового отхода еврейского народа от иудаизма в XIX — начале XX века заключается, по их мнению, в том, что в новой социально-исторической и духовной обстановке проявились недостатки обычной классической Традиции. А потому нашей задачей должно являться не просто обучение еврейского общества иудаизму (т.е. распространение вовне того света, который содержится в иешиве), но развитие самого иудаизма, которое выражается в том, что мы, продолжая традицию изучения Торы и сохраняя свою ортодоксальность (т.е. полное соблюдение заповедей Торы и реализацию в жизни ее Закона), должны при этом «добрать» себе искры Божественного света из окружающего пространства и дополнить с их помощью Тору иешивы, приближая тем самым эту «реальную Тору» к идеальной полной «небесной Торе»[1].

(Отдельным и дополнительным аспектом этой проблемы является также вопрос о том, является ли начальное Божественное Откровение, данное на Синае, полным и законченным, или же в процессе дальнейшего развития мира и человечества также и Божественное Откровение «продолжает раскрываться» – что составляет содержание концепции «продолжающегося Откровения»; см. об этом подробнее ниже, §5 и §19.)

---

[1] Приведем один пример подобного подхода. Рав Йоханан Фрид, учившийся в иешиве «Мерказ hа-Рав» в 70-х годах рассказывает, что однажды в иешиву пришло письмо, в котором двое из учеников иешивы приглашались прийти в районную школу в кибуце Эйн Харод, чтобы участвовать в обсуждении темы: «Чем занимается молодежь в свое свободное время». Одним из двух учеников, выбранных равом Цви-Иеhудой Куком, и был Йоханан Фрид. Когда пришла их очередь выступать, они сказали: «У студентов иешивы нет свободного времени, и поэтому для них не существует этой проблемы. Студенты иешивы выше этого – мы постоянно заняты изучением Торы, и у нас нет времени на развлечения». После этих слов разгорелась дискуссия, длившаяся более полутора часов. Вдруг в конце зала поднялась девушка по имени Анат и сказала: «Если вы такие суперхорошие, то чему вы можете научиться у нас?» Узнал об этом событии рав Цви-Иеhуда Кук и спросил Йоханана Фрида: «Что вы ответили ей?» И когда узнал, что ничего не ответили, он воскликнул: «Вам должно быть стыдно! Вы съездили в Эйн Харод и не научились у людей там любви к своей земле и к труду, не научились всему тому положительному, что есть во взаимоотношениях людей в киббуце!»

## 4. «Искра» и «скорлупа»

Конечно, процесс собирания этих искр Божественного света — вещь необычайно сложная. Каббала объясняет, что ввиду *швират келим* — разрушения сосудов Божественного света, происшедшего в начале функционирования Мироздания, — искры Божественного света «упали вниз» и были захвачены «скорлупой» (*клипа*). Ввиду этого у каждой такой искры возникла некая оболочка из «нечисти», «скверны», ложности и неправильности, которая окружает эту искру и питается ее энергией, паразитируя на ней. Именно из-за этого возникает ситуация, когда в различных элементах окружающего мира внутри скорлупы сокрыта искра, элемент Божественного света и Высшей истины, которых не хватает классической Традиции для ее развития и которые эта Традиция должна «вытащить из скорлупы» и вобрать в себя, чтобы стать более полноценной, чтобы более правильно отражать на земле полноту Божественного света.

Каким же путем выделить эту искру и отделить ее от «скверны», вобрать в себя искру так, чтобы при этом «не захватить кусок скорлупы», как правильно реинтегрировать эту искру в Традицию сегодня? — все это вопросы необычайно важные и сложные. В процессе продвижения в их решении необходимо использовать в полной мере не только знания Торы (т.е. исходное трансцендентное проявление Божественности, дошедшее до нас по Традиции), но и задействовать свою собственную религиозную интуицию и образ Бога в своей собственной душе (т.е. имманентное проявление Божественности в мире). Идущий по этому пути, как и всякий идущий, не гарантирован от возможных ошибок. И, тем не менее, без решения этой задачи мы не сможем дать правильные ответы на запросы времени и потому не сможем вернуть еврейский народ к Торе.

## 5. Бесконечность Божественности и ограниченность конкретной традиции

Рав Кук, объясняя необходимость развития религии, подчеркивает, что поскольку Божественность бесконечна, то никакая конечная и ограниченная человеческая концепция не может эту Божественность полностью в себя вместить. А потому никакая четко очерченная и однозначно сформулированная традиция (классическая иешива) не может быть адекватна Божественности. Чтобы увеличить свое соответствие Божественности и близость к Ней, Традиция обязательно должна развиваться. Это развитие вовсе не является заимствованием чужого, но оно есть реализация потенциала, изначально заложенного в еврейской Традиции, хотя пока и не проявлявшегося в предыдущие эпохи. Проявиться же он может только через вбирание новых элементов Божественной истины из окружающего мира, элементов имманентного проявления Бога в мире.

Здесь мы подходим к концепции «продолжающегося Откровения». Согласно этой концепции, Дарование Торы на Синае не есть «действие, которое уже в прошлом». Наоборот, Голос Бога продолжает звучать – через ход истории и события «национальной биографии», через развитие культуры, через нашу совесть – и мы обязательно должны этот Голос услышать. В каком-то смысле концепция «продолжающегося Откровения» совершенно необходима для настоящей религиозной веры, потому что иначе потеряет смысл восприятие жизни человечества и мировой истории как процесса диалога Человека с Богом — а такое восприятие есть основа монотеизма. Подробнее мы обсудим этот вопрос ниже.

### 6. Различие между р. Куком и Маймонидом в вопросе «наличия развития в Божественности»

Для того, чтобы показать эту концепцию с дополнительной стороны, приведем в качестве иллюстрации следующий пример, поясняющий некоторые тенденции развития Традиции и углубляющий наше понимание Бога. Сравним рассуждения о Боге Маймонида, еврейского философа средневековья, и рава Кука, философа наших дней. Маймонид («Путеводитель растерянных», ч.1, гл.11 и гл.55) выдвигает следующую концепцию: «Божественность есть абсолютное совершенство, и не может быть в Ней никаких недостатков. И поэтому не может быть в Божественности никаких изменений и никакого развития, ибо если бы было такое развитие и улучшение, то это бы означало, что в предыдущий момент было несовершенство и недостаток, а такого в Божественности быть не может».

Рассуждение, казалось бы, вполне логичное. Однако рав Кук придерживается в этом вопросе совсем иного подхода. Он говорит: «Божественность есть абсолютное совершенство, и не может быть в Ней никаких недостатков. И поэтому никак не может отсутствовать в Ней такая великая и замечательная вещь, как развитие и улучшение; ведь если в чем-то отсутствует развитие, то сам факт этой стагнации, само это отсутствие развития явились бы несовершенством и недостатком». Итак, поскольку не может

## ГЛАВА В-2. *Ортодоксальный модернизм и...*

быть несовершенства в Божественности – не могут в ней отсутствовать развитие и продвижение. Рав Кук добавляет далее, что в Божественности также присутствует абсолютное, достигнутое совершенство и, тем самым, в Божественности есть как аспект полного достигнутого совершенства, так и аспект динамического совершенствования и развития.

Конечно, об этом рассуждении рава Кука можно сказать, что в нем наши человеческие представления о совершенстве (в котором обязательно должно присутствовать совершенствование и развитие) переносятся им на Божественность. Но ведь на самом деле Маймонид тоже делает подобное действие: он берет свое представление об абсолютном совершенстве, делает о нем свои чисто человеческие выводы (о том, что если что-то абсолютно совершенно, то в нем не может быть изменений) и дальше переносит это на представление о Боге. Более того, в любом подобном рассуждении мы будем вынуждены переносить на Божественность те или иные человеческие понятия – понятия «времени» или «вневременности», понятия «развития» или «неразвития» и т.д. Но ведь любое такое понятие – причем как оно само, так и его отрицание – является по сути своей человеческим и не может быть отнесено к Богу! Более того, любое наше слово, любое наше определение уже является человеческим, и поэтому, строго говоря, мы о Боге вообще ничего сказать не можем. А значит, на самом деле концепция Маймонида о статическом Божественном Абсолютном Совершенстве является никак не менее антропоморфной (т.е. характеризующейся переносом на Бога человеческих представлений), чем концепция рава Кука о динамическом Божественном Абсолютном Совершенстве.

С другой стороны, если мы, помня о непознаваемости Бога, не будем абсолютизировать эту непознаваемость, то вслед за традицией Каббалы мы можем сказать, – что да, Сам Бог совершенно непознаваем (и мы абсолютно ничего о Нем Самом сказать не можем), однако Его «внешние проявления» могут быть познаваемы нами; и это познание идет, в частности, через образ Бога в нашей душе. Ибо человек, как чрезвычайно смело сообщает нам об этом Тора, сотворен по образу и подобию Бога. А потому и Маймонид и рав Кук совершенно легитимно переносят на Бога (для познания «нижних этажей Божественности», они же – проявление Божественности в нашем мире) свои представления о совершенстве. А поскольку представления Маймонида – это представления человека средневековья, то его «совершенство» – это совершенство статическое, совершенство постоянства, когда все уравновешено и неизменно, когда все возносится ввысь; в то время как представление о совершенстве у рава Кука, человека нашего века, уже преодолевшего стадию статического подхода, как в технике, так и в философии, — это представление о динамическом совершенстве, которое находится в постоянном развитии. И вывод у них (из одной и той же предпосылки об абсолютном совершенстве Божественности) будет, соответственно, разный.

### 7. Продвижение в нашем понимании Божественности

Таким образом, от времен Маймонида до времен рава Кука в мире произошло не только материальное развитие и прогресс техники, но изменились все представления человека о Мироздании. И если мы считаем, что человечество развивается, что в мире происходит духовный прогресс (а если серьезно относиться к тому фундаментальному положению иудаизма, которое утверждает, что мир продвигается к приходу Мессии, то трудно предположить что-либо иное[1]), тогда то новое, чего человечество достигает в культурной области, является продвижением к лучшему пониманию Божественности. Именно на этом в значительной мере базируется подход рава Кука и вся концепция «ортодоксального модернизма». И точно так же, как динамичен Бог (о чем мы говорили выше), так же, согласно принципу Imitatio Dei («приближения к Богу через подобие Ему», классическому центральному принципу всякой монотеистической этики), должна быть динамичной религия и Традиция, должны быть религиозно динамичны и мы сами, как в нашей обычной жизни, так и в нашем познании Бога.

### 8. Искры из внешнего мира способствуют раскрытию потенциала Традиции

Итак, согласно точке зрения ортодоксального модернизма (в нашем случае он же – и религиозный сионизм), иудаизм постоянно развивается и эволюционирует, «добирая» к классической Традиции элементы истины (т.е. искры Божественного света), рассеянные повсюду в Мироздании. Причем эти искры ни в коем случае не следует рассматривать как внешние, являющиеся чужеродной добавкой к Традиции. Напротив, они являются возвращением, активизацией, реализацией того потенциала, который и ранее содержался в Откровении, но не проявлялся в предыдущие века. Иными словами, прозрения, открывающиеся нам при

---

[1] Более подробное обсуждение вопроса о «наличии в мире духовного прогресса» см. http://www.machanaim.org/philosof/in_kuk.htm .

углубленном взгляде в окружающий мир (воспринимаемый как имманентное проявление Бога), помогают раскрытию потенциала Традиции (т.е. исходно трансцендентного проявления Бога). Может быть, в этом следует видеть применение не только к индивидуальному, но и к общенациональному существованию знаменитого стиха из книги Иова (19:26): «Из плоти моей узрю Творца».

Однако, как мы уже обсуждали выше, в «оживлении» и реинтеграции в Традицию этих искр есть проблема, ибо в нашем мире искры света захвачены «скорлупами скверны». Теперь, задавая вопросы: как извлечь и интегрировать искру так, чтобы не захватить при этом «кусок скорлупы», который будет мешать правильному развитию иудаизма, и, кроме того, каким образом, используя внешние по отношению к классической Традиции идеологии и подходы, раскрыть с их помощью внутренний потенциал Традиции, – мы переходим из области общих принципов в сферу конкретных предложений, переходим от общих намерений к реальным планам действий, которые мы рассмотрим ниже.

## 9. Итоговое описание постановки проблемы

Три аспекта составляют суть проблемы, разрешить которую призвана изложенная ниже концепция рава Кука.

Первый. Мы интуитивно чувствуем, что в отдалившихся от иудаизма еврейских движениях – нерелигиозном сионизме, социализме, светском этическом гуманизме, феминизме, «борьбе за мир» или «за гражданские права» и т.д. — есть весьма сильные этически обоснованные идеалы, гармонирующие с самой сутью еврейской души. Поскольку мы считаем, что эти душевные порывы есть проявление Бога в нашей душе, то недопустимо, с религиозной точки зрения, отмахиваться от них. Напротив, мы хотим видеть эти идеалы, в той или иной степени, составной частью иудаизма (или, иными словами, мы – модернисты).

Второй. Однако мы никак не можем интегрировать эти идеалы в иудаизм непосредственно, ибо проявление этих идеалов в нашей общественной жизни сегодня во многом противоречит Торе и еврейскому Закону. И поскольку Тора и ее установления Божественны, то мы никоим образом не имеем права что-либо «переписать» в ней или объявить какие-то заповеди «устаревшими» и т.п., и мы должны остаться верными ей — как ее духу, так и ее букве (или, иными словами, мы – ортодоксы).

Третий. Нам чрезвычайно огорчительно наблюдать факт отхода многих евреев от религии. Но при этом мы понимаем, что они делают это вовсе не по глупости. Напротив, они имеют серьезные претензии к иудаизму, и их отказ от иудаизма связан с действительно имеющимися в иудаизме недостатками. И потому исправление этих недостатков представляется нам главным действием, которое надо предпринять для того, чтобы еврейский народ вернулся к Торе. Проблема же состоит в выработке подхода к тому, как именно нам следует исправлять эти недостатки, сохраняя при этом полную верность Традиции, чтобы тем самым проложить дорогу для возвращения к обновленному иудаизму тех евреев, которые отошли от него (или, иными словами, мы национально-ориентированы, но этот вопрос мы более подробно рассмотрим ниже).

Ответ рава Кука на эти проблемы состоит в создании концепции, которая позволяет иудаизму развиваться, исправляя свои недостатки и дефекты, — и при этом оставаться ортодоксальным, т.е. полностью соблюдающим учение Торы и ее заповедей во всех их деталях. Вместо того чтобы непосредственно интегрировать идеи «иных учений» в иудаизм (как это делают реформисты), подход рава Кука состоит в том, чтобы сначала выделить из этих идей их Божественную суть (на языке Каббалы – «искру Божественного света»), дать этим идеям их аутентичное, исходно соответствующее еврейское понимание, а затем «вырастить» эти же идеалы в иудаизме в их правильном религиозном виде. Таким образом, иудаизм не реформируется, но эволюционирует, и так осуществляется процесс «ортодоксальной модернизации». Рассмотрим детали этого процесса более подробно.

## В. Конкретный механизм ортодоксальной модернизации, примеры

### 10. Шаг эволюции иудаизма; общая схема

Рассмотрим общую схему одного «шага эволюции иудаизма», который состоит в активизации в иудаизме искры Божественного света, утерянной (либо недостаточно реализованной) в процессе предыдущего исторического развития.

Здесь надо отметить, что, разумеется, приведенная ниже схема является некоторым упрощением взглядов рава Кука (см. об этом подробнее ниже), но, на наш взгляд, это упрощение необходимо для создания «начальной ступеньки понимания», на базе которой можно было бы продвигаться дальше.

ГЛАВА В-2. *Ортодоксальный модернизм и...* 165

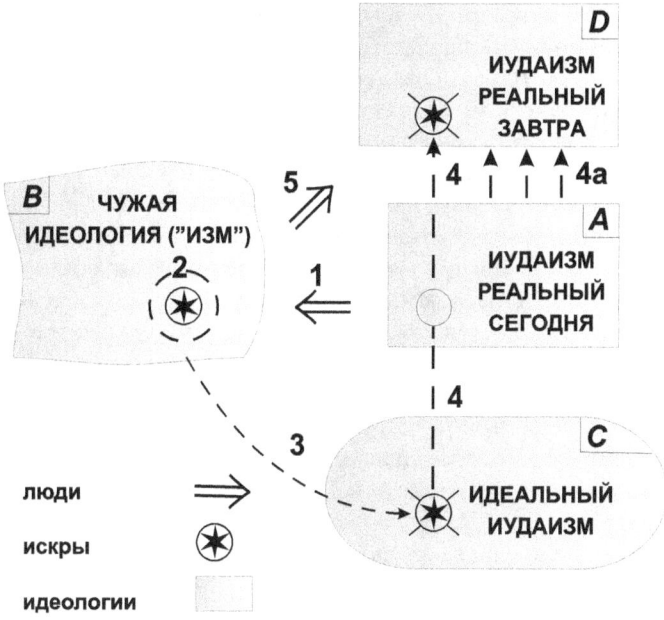

На схеме: **A** — это исторически сформировавшийся реальный иудаизм в том виде, в котором он существует сегодня; **B** — это некая нерелигиозная или даже антирелигиозная идеология или движение, некий иной «изм». (Понятно, что в реальной жизни одновременно существует много различных таких движений, но мы рассматриваем одно из них для построения типовой схемы, имея в виду, что с каждым из них подобный процесс реализуется отдельно.) И, наконец, центр существующей проблемы (**1**) — процесс достаточно массового отхода «еврейских душ» из исторического, реального иудаизма в этот иной «изм». Этот процесс был особенно активным в XIX – начале XX века, когда многие иешивы пустели и закрывались, а еврейская молодежь массами уходила в сионизм, социализм, американизм и т.п. При обычном традиционном подходе этих уходящих всегда рассматривали как «заблудших и ошибающихся» и считали, что вся проблема только в них самих (т.е. их недоучили, им недообъяснили, они недопоняли и т.п.), и, соответственно, задача религиозных состоит в том, чтобы повлиять на них (объяснить, научить и т.п.), исправить их с тем, чтобы они вернулись в иудаизм. Так отнесся религиозный истеблишмент к этой проблеме.

Именно в то время рав Кук выдвинул совершенно иной подход к этому вопросу. Согласно ему, причина отхода евреев от Торы состоит не только в их заблуждениях, но также и в наших, сегодняшнего религиозного мира (т.е. в существующей на сегодня реализации иудаизма), собственных недостатках. И для того чтобы вернуть в иудаизм отошедших от него евреев, нужно не «затаскивать их назад» в тот иудаизм, из которого они ушли и который не приемлют, но исправить в иудаизме существующие дефекты, и тогда эти еврейские души постепенно сами вернутся к обновленному завтрашнему иудаизму. Иными словами, рав Кук рассматривал отход евреев от иудаизма как показатель наличия дефектов в самом этом иудаизме (в его реальной форме, существующей на сегодня); более того — как признак того, что созрела ситуация для исправления этих дефектов, и что социально-историческое положение вынуждает нас, не откладывая, заняться их исправлением (или, выражаясь более картинно, «искра созрела и ее пора снимать/съедать»).

Рав Кук, основываясь на подходе Каббалы, утверждал, что если много евреев стремятся к некой идеологии, поднимая при этом знамя моральности и достоинства, то это означает, что в ней, несмотря на всю ее внешнюю отдаленность от иудаизма и даже враждебность к нему, содержится искра Божественного добра, Божественного света (на схеме – звездочка внутри **В**), а внешний антирелигиозный вид этой «чуждой идеологии» — это только скорлупа, которая паразитирует на энергии искры. Именно эта искра (а вовсе не скорлупа, внешние идеи) и притягивает души тех, кто переходит из иудаизма в это «чуждое движение», ибо еврейские души (в массовом порядке) притягиваются исключительно добром, стремление к добру заложено в их основе. При этом показателем «созревания» данной искры, показателем наступления времени ее активизации, является появление этого самого «прорыва» — т.е. спонтанного и морально обоснованного (хотя пусть и нерелигиозного или даже антирелигиозного) массового движения в еврейском народе.

## 11. Замечание: учение рава Кука как «Тора общности» (*Торат hа-Клаль*)

Конечно, рав Кук отнюдь не считал, что всякий еврей обязательно праведник и во всех своих делах стремится к добру. Мы все прекрасно знаем, что среди евреев хватает и глупцов, и преступников. Однако в качестве «изма» (т.е. отхода еврейских душ от иудаизма, в котором рав Кук видел стремление к искре Божественного света) здесь рассматривается не отход от Торы отдельного еврея, но только лишь общественно значимое социальное движение. Такому движению всегда сопутствует декларируемое его участниками (и субъективно ощущаемое ими) чувство моральной правоты; без ощущения своей моральной правоты общественно-социальное движение вообще не может развиваться, это его важнейший базис.

Рав Кук считал, что «мир движется этическим чувством», которое есть проявление Бога в человеке, и потому он рассматривал спонтанное морально обоснованное общественное движение в еврейском народе как определенную «реализацию еврейской избранности» (хотя в том виде, в котором эта реализация потенциала избранности осуществляется сегодня, она может даже непосредственно противоречить установкам Торы); и мы должны в конечном итоге рассматривать ситуацию как *hитгалут Элоhит* — «раскрытие Божественности».

Учение рава Кука, таким образом, есть «Тора общности» (*Торат hа-Клаль*), т.е. учение «национально единое», рассматривающее еврейский народ как интегральное целое, которое способно только как единое целое нести миру Тору; а различные группы в еврейском народе — как необходимые части этого целого.

**12. Анализ общей схемы: дефекты в реальном иудаизме и процесс их исправления; активизация искры**

Продолжая анализ предложенной схемы процесса развития иудаизма, надо отметить, что представление о том, что во всякой «скорлупе» (сколь бы далекой от иудаизма и внешне даже враждебной и отталкивающей по отношению к нему она ни была) скрыты искры святости и Божественного света, а также представление о том, что скорлупа питается от энергии этой искры, или о том, что еврейские души в своей массе всегда несут в себе избранность и тянутся на добро, — все эти идеи еще не составляют особого и совершенно революционного учения рава Кука, ибо все это неоднократно ранее говорилось и обсуждалось в каббале и хасидизме.

Собственно переворот во взглядах, провозглашенный концепцией рава Кука, начинается с представления о том, что виновным в создании такой ситуации является не только притягивающая их искра, но, в первую очередь, собственный дефект реального иудаизма, выражающийся в отсутствии или недостаточной активности в нем данной искры (на схеме – пустой кружок внутри **А**).

Процесс активизации искры включает в себя несколько стадий. Первая стадия (на схеме – процесс **2**) — это выделение искры из скорлупы. Следует разобраться и понять (ориентируясь на свою Божественную этическую интуицию), в чем же состоит та Божественная искра, которая привлекает массы еврейских душ к этому чужому «изму». Для этого надо не только с чрезвычайным уважением и углубленным вниманием отнестись ко взглядам тех самых людей, которые ушли в этот «изм», но и самому проявить к этому «изму» определенную симпатию.

(Говоря языком Каббалы, следует проявлять сочувствие к заключенной в этом «изме» Божественной искре. Ведь для того чтобы суметь извлечь искру из того или иного конкретного «изма», нужно, самому оставаясь в рамках иудаизма, этому внешнему «изму» сочувствовать, проявлять к нему определенную симпатию (ведь вообще симпатия, эмпатия – есть начальная стадия понимания). Но всякий конкретный (религиозный) человек может испытывать симпатию отнюдь не ко всяким «измам». Некоторые из них могут быть для него просто глубоко отвратительны. Однако это означает только то, что он лично не в состоянии извлекать искру Божественного света из данных «измов», эти конкретные «измы» — не его работа, а работа других, которые способны симпатизировать им в той или иной степени. Этот же человек должен заняться теми «измами», которые ему самому естественно симпатичны, ибо лишь в них он может найти искру света Божьего. Невозможно конкретному человеку чувствовать искры во всех «измах», и неправильно пытаться распыляться на все. Каждому следует сосредоточиться на том, что действительно близко его Божественной душе.)

На этом этапе особенно существенной может быть роль тех, кто в силу особенностей личной биографии побывал вблизи этого «изма» или даже внутри него. (В частности, в интеграции в иудаизм ценностей западной культуры — или, если выразиться более формально и точно, в возрождении в иудаизме тех искр Божественного света, которыми питаются ценности современной западной культуры, — значительная роль принадлежит как евреям из стран Запада, так и нам, евреям из России, прошедшим в ней серьезную антитоталитарную и антикоммунистическую школу.)

Процесс выделения искры в чужом «изме» является только началом работы, ибо, как уже говорилось выше, мы никоим образом не можем интегрировать эту искру в иудаизм непосредственно. Подобное механическое действие вызовет «отторжение тканей», что может даже привести к гибели всего организма. Поэтому — в отличие от реформистского иудаизма, который заимствует искру непосредственно из чужого учения (так что вместе с ней он вбирает в себя также и элементы «скорлупы», в корне противоречащие еврейскому подходу и традиции), — ортодоксальный модернизм рава Кука стремится прежде всего найти для этой искры ее собственное, аутентичное проявление в иудаизме. Для этого разыскивается данная искра и ее правильный еврейский вид (процесс **3**) в основаниях иудаизма (**C**), т.е. в «полном и идеальном иудаизме, включающем в себя все смыслы, вложенные во все тексты иудаизма и в его устную передачу». Для такой работы нужно быть не только большим знатоком Торы, Галахи и Агады, но надо иметь особую мудрость, чтобы за классическими внешними формулировками почувствовать современное глубинное содержание, адекватно отображающее заключенный в них Божественный свет и резонирующее при этом с современностью.

Далее следует вырастить, прорастить (процесс **4**) данную искру в обновленном иудаизме (**D**). Этот процесс выращивания искры проведен на нашей схеме через иудаизм сегодняшний (**A**), т.к. он не отменяет имеющийся, исторически сложившийся иудаизм, но, дополняя, корректирует его (стрелочки **4a** подчеркивают наследование для **D** всего остального, содержавшегося в иудаизме **A**). Ведь данная концепция – это не реформизм (всегда связанный с отменой части заповедей), а ортодоксальный модернизм, в котором в дополнение к обычной ортодоксальности (=сохранению) постоянно происходит также и развитие; он ничего не теряет, а только «увеличивает».

Для этой завершающей стадии внутренней работы (т.е. для реализации нового подхода в конкретной религиозно-социальной жизни) требуются способности организаторские, популяризаторские, педагогические, да и вообще просто полноценная религиозная жизнь в новой обстановке (так что работы здесь хватит на всех).

В результате активизации искры (ее проращивания из **C** в **D**), дефект исправляется, иудаизм делает шаг в своем развитии (что и составляет «один шаг эволюции иудаизма»), и на место иудаизма реального сегодняшнего (**A**) приходит иудаизм реальный завтрашний (**D**), т.е. на дереве иудаизма из его собственных корней (**C**) вырастает новая ветвь. И поскольку теперь в иудаизме восстановлена и действует та искра, на свет которой были привлечены души, ушедшие из иудаизма в процессе **1**, то эти души начинают возвращаться в обновленный иудаизм (процесс **5**).

Поскольку до этого в процессе **3** раскрывались связи этой искры с другими элементами иудаизма, то в «обновленном иудаизме» (**D**) эта искра будет светить ярче, чем в чужом «изме» (**B**) в котором скорлупа паразитирует на искре, в результате чего ее энергия угасает; этого не происходит в **D**, т.к. там искра есть интегральная часть живой схемы и постоянно подпитывается от всей системы в целом (этот принцип несколько вольно можно сформулировать как «у нас есть это и еще больше»). Именно это является причиной, из-за которой начинается процесс **5**, когда души, ранее ушедшие из иудаизма, теперь возвращаются к нему.

Конечно, мы вовсе не имеем в виду, что возвращаются в иудаизм те самые люди, которые ранее ушли из него. Описанный здесь «шаг эволюции иудаизма» занимает немало десятилетий, и те, кто ушел — уже ушел. (На индивидуальном уровне «возвращение в иудаизм» возможно всегда и в любой момент; но возвращение в иудаизм целого поколения невозможно без возрождения в иудаизме той самой искры, которая дает жизнь в **B** и которая служит вначале причиной отхода от иудаизма — этот процесс созревает в течение многих десятков лет.) В процессе **5** в иудаизм возвращаются люди с «душой того же типа», какого были ушедшие, ибо именно такие души притягиваются на данную искру; но это происходит на 2—3—4 поколения позже. Иными словами, здесь возвращаются в иудаизм «духовные внуки и правнуки» тех, кто ранее ушел из него.

### 13. Пример 1: развитие иудаизма за счет интеграции «искры из сионизма»

Перейдем теперь к рассмотрению примеров того, как данная схема работает на практике.

В качестве первого примера мы рассмотрим такой довольно простой чужой «изм», по отношению к которому вышеприведенная схема была полностью реализована от начала и до конца, так что мы сегодня являемся свидетелями осуществившегося «возвращения душ» (процесса **5**). А именно мы рассмотрим здесь происшедшую за XX век интеграцию в иудаизме «искры из нерелигиозного сионизма».

В начале XX века понятия «иудаизм» и «сионизм» были не только противоположными, но и во многом враждебными друг другу[1].

---

[1] Следует отметить, что в самом начале сионистская идея (т.е. идея неоткладываемого практического возвращения в Страну Израиля и строительства там еврейского государства) была выдвинута еще в середине XIX века именно представителями религиозных кругов, раввином Ц.-Г. Калишером и И. Алкалаем. Однако, они не смогли создать массовое движение, и реальный сионизм начала XX века стал движением почти совершенно нерелигиозным.

В тот период лозунгом светского сионизма была фраза «станем нормальным народом, как все народы мира», что включало в себя, в частности, уничтожение религиозных принципов еврейской самоидентификации и замену их на государственно-национальные (процесс **1**). Ввиду этого многие раввины осудили светский сионизм как попытку уничтожения Торы и истинного еврейства вообще.

В такой ситуации рав Кук занял совершенно иную позицию. Он, по сути, заявил, что, вместо того чтобы ругать нерелигиозный сионизм за его «внешнюю неправильность», т.е. за «отход от еврейского наследия, от Торы и от Бога» (что внешне было верным, но тривиальным и в долговременной перспективе непродуктивным), нужно пойти совершенно по другому пути. А именно: сосредоточиться не на внешних дефектах сионизма, а на поиске его «внутренней правильности» – на нахождении его Божественной искры (процесс **2**), и далее – на исправлении реального иудаизма в соответствии с ней (т.е. на интеграции в реальный иудаизм той искры, которая притягивала еврейские души к нерелигиозному сионизму).

Несколько упрощая ситуацию (более подробно см. в настоящем сборнике статью В-1), можно сказать, что этой искрой являлась жажда восстановления полноценной еврейской национальной жизни в Стране Израиля. А это не только не противоречит иудаизму, как ошибочно считали многие (и сторонники и противники сионизма) в начале XX века, — но наоборот, является необходимым условием для его дальнейшего существования и развития. Поэтому рав Кук сосредоточился на изучении и «вскрытии современного смысла» тех источников иудаизма, которые говорили о религиозной значимости освоения Земли Израиля. Он провел в своих статьях и книгах всесторонний углубленный анализ этих источников (процесс **3**) и сделал этот анализ важнейшей составной частью учебной программы в созданной им сионистской «всемирной иешиве» Мерказ hа-Рав. Уже после смерти рава Кука его ученики, и, в первую очередь, его сын, рав Цви-Иеhуда Кук, воспитали в этой иешиве новое поколение раввинов и религиозных деятелей, для которых сионизм, освоение Земли Израиля, активное участие в жизни Государства были неотъемлемой частью того живого иудаизма, который они изучали, преподавали и осуществляли сами на примере всей своей жизни. Соответственно, выпускники иешивы Мерказ hа-Рав воспитывали в таком активном современно-сионистском духе своих дальнейших учеников и то религиозное общество, на которое они имели влияние.

Поскольку это учение было созвучно эпохе, оно стало широко распространяться. Все это происходило подспудно на протяжении почти полувека, с 1920-х до 1970-х гг. (процесс **4**). И когда после Шестидневной Войны (1967 г.) и особенно после Войны Судного Дня (1973 г.) вопрос создания еврейских поселений на территории Иудеи, Самарии и Газы встал в практической плоскости, то и в поднявшейся тогда в народе «новой сионистской волне» основную силу составляли десятки тысяч учеников школы рава Кука, объединившиеся в движение «Гуш Эмуним».

В этот момент в израильском обществе произошла полная перемена представлений о религиозном мире. Один известный израильский левый публицист выразил свое возмущение ситуацией следующими словами: «У нас был поезд сионизма. Именно мы (левые социалисты-сионисты) были хозяевами паровоза и направляли поезд; а в вагоне-ресторане этого поезда мы держали религиозных сионистов, в качестве наблюдателей за кашрутом. И вот, непонятно почему эти наблюдатели за кашрутом вдруг взбесились, захватили паровоз, и теперь ведут поезд совсем не туда, куда мы хотели бы его вести. Эти религиозные украли у нас сионизм!»

Иными словами, в 1970 – 1980-ч гг. религиозные сионисты (т.е. представители ортодоксального модернизма, школы рава Кука) стали ведущей сионистской группой в стране. И в представлениях общества произошла перемена, понятия «сионизм» и «иудаизм» перестали противостоять друг другу и стали сближаться. Борьба за еврейское заселение Страны Израиля приобрела скорее религиозный (а не антирелигиозный, как это было в начале XX века) характер. В итоге те, кто обладал сионистской душой, кого очень заботило еврейское заселение Страны Израиля, начали приближаться к иудаизму, а не отдаляться от него (процесс **5**). В частности, например, среди алии из России (как и в других слоях израильского общества) можно найти множество людей (я и сам лично отношусь к этой же категории), которые, исходно начав с сионизма, постепенно стали приближаться к религии, ибо именно в религиозном подходе они видели путь углубления своего сионизма. В каком-то смысле можно сказать, что в поколении конца XX века сионизм «вернул» иудаизму те души, которые он «взял у него в долг» в начале XX века.

В результате всех этих процессов «правый фланг» израильского общества (т.е. люди, стремящиеся к заселению и освоению всей территории Страны Израиля) является сегодня существенно более близким к религиозным ценностям, чем «фланг левый». Это различие настолько сильно, что выражение «правые и религиозные» стало расхожим штампом израильского политического лексикона. (В 1920-е гг. все было наоборот – те, кто занимался проблемами заселения Страны Израиля, были существенно дальше от религии, чем те, кто был к проблемам заселения Страны безразличен.) Таким образом, все процессы от **1** до **5** реализовались, и иудаизм совершил «шаг развития» за счет извлечения искры из нерелигиозного сионизма.

(Побочным результатом приближения «сионистских» душ к религии явилось, в частности, и то, что на противоположном, атеистическом фланге таких душ почти не осталось; и это привело сегодня к тому, что антирелигиозность стала весьма часто ассоциироваться с отказом от сионизма, «постсионизмом».)

**14. Пример 2: развитие иудаизма за счет интеграции «искры из атеизма»**

Рассмотрим теперь другой пример, в котором сама постановка проблемы может поначалу показаться шокирующей, но который тем не менее укладывается в общую концепцию отношения к «чуждым идеологиям», разработанную равом Куком. А именно: рассмотрим применение сформулированной выше общей схемы к атеизму, т.е. попробуем осуществить процесс извлечения искр Божественного света (и развития религии) с помощью атеизма.

Атеизм, согласно рассматриваемой нами схеме, полностью подходит под классическую форму чужого «изма». Он противостоит иудаизму, на его «фасаде» висит лозунг отрицания религии, при этом евреи в достаточно массовом порядке идут в это движение, объявляя атеистическую идеологию моральной, уважаемой и достойной.

Поскольку во времена рава Кука атеизм активно развивался и привлекал сторонников, то Рав посвятил анализу его идеологии довольно заметное место в своих трудах, благодаря чему сегодня мы можем сформулировать и детализировать процесс извлечения из атеизма искры Божественного света. Как обычно в своем отношении к чужим идеологиям, рав Кук не концентрировался на критике атеизма за его ошибки, за отрицание Бога, отказ от традиций и т.п. (что тривиально, и чем занималась в то время немалая часть религиозного истеблишмента). Напротив, он пытался понять, в чем глубокая внутренняя привлекательность атеизма, чем он притягивает еврейские души, и как, в связи с этим, должен развиваться иудаизм, для того чтобы души такого типа находили в нем свое достойное место, а не уходили из него.

Что является «духовным ядром» атеизма, его Божественной искрой? Для того чтобы найти это, можно попробовать применить методику «поиска искры в точке гордости», а именно задуматься над вопросом: в чем состоит точка гордости представителей данной группы, в данном случае атеизма? (Ведь гордость есть проявление корреляции наших достижений с нашей же Божественной душой. Мы гордимся именно теми из наших достижений, которым наша Божественная душа радуется, считая их действительно достойными. Иными словами, точка гордости той или иной идеологии есть признак того, что именно здесь надо «копать», т.к. именно здесь коренится причина притяжения Божественной души к данному «изму», и поэтому именно здесь следует искать заключенную в нем искру.)

Итак, чем же гордятся атеисты, причем именно как атеисты? Конечно, я совсем не имею в виду таких из атеистов, которые о религии и атеизме никогда серьезно не задумывались и которых просто научили в школе, что надо быть атеистом. Глупцов достаточно в любом движении, и нам надо обращать внимание не на них, а лишь на тех, кто мыслит самостоятельно. Речь, таким образом, идет здесь о настоящих атеистах, умных, думающих и активных. Так чем же они гордятся? (Мы не имеем здесь в виду «гордость свободой», «гордость независимостью ни от кого» и т. д., т.к. это не специфически атеистическая точка зрения; а нам нужно найти то, чем гордятся атеисты именно как атеисты.) Исходя из собственного знакомства с такими атеистами и их книгами, я думаю, что атеист гордится тем, что он – человек сомневающийся, критически мыслящий. Он говорит: «Вы, религиозные, просто верите. А вот я сомневаюсь. Я не могу просто так поверить во все это, я — скептик». Ведь не случайно, например, переход на атеистическую позицию называется в Израиле «*хазара бе-шеела*», буквально «возвращение к вопросу», (в противовес тому, что приход к религии традиционно называют «*хазара бе-тшува*» – буквально «возвращение к возврату», что также может быть прочитано как «возвращение к ответу»). Такой формулировкой атеисты как бы утверждают противопоставление: «У вас, религиозных, есть "*тшува*" (ответ) — а вот у нас есть "*шеела*" (вопрос). Вы "вернулись к ответу", а мы "вернулись к вопросу"». Это и есть их точка гордости – то, что у них «есть вопросы». (Речь, конечно, не идет о простых вопросах, что кашерно, а что нет, но о принципиальных, фундаментальных и вечных вопросах Мироздания.) Атеист подчеркивает: «Для вас привлекательны ответы, а для нас – вопросы».

Итак, настоящий атеист в качестве ядра своих убеждений декларирует себя как скептика, критически мыслящего, у которого есть безответные вопросы (на которые ни у вас и ни у кого другого нет и не может быть готовых ответов). Является ли это ядро атеизма привлекательным? Представьте себе двух учителей, один из которых говорит: «Приходите ко мне. У меня есть на все ответы», – а другой говорит: «Приходите ко мне. У меня есть вопросы и сомнения по всем проблемам». Кто из них покажется вам духовно более продвинутым, лекцию кого вы захотите пойти послушать? Конечно, скептика. Ведь мы давным-давно уже проходили все это и знаем, что нет в мире готовых ответов на действительно сложные вопросы. Мы знаем также, что ответы очень часто бывают поверхностны, а вопросы зачастую гораздо глубже. Поэтому, если один говорит, что у него есть ответы, а другой – что у него есть вопросы, то мы, конечно, пойдем к тому, у которого есть вопросы.

Таким образом, проведенным сейчас анализом, при помощи собственной религиозной интуиции мы нашли искру Божественного света в атеизме. Наша интуиция ясно подтверждает, что вопросы и сомнения — это великая вещь, и что именно там точка духовного притяжения атеизма.

Существует ли этот аспект – безответные вопросы – в иудаизме? Понятно, что в реальном иудаизме сто-двести лет назад акцент был в основном на «ответы». (Сегодня, к сожалению, бывает, что в популистском, довольно примитивном иудаизме, на который некоторые проповедники пытаются «словить» широкую массу, ударение тоже зачастую ставится на ответы.) Но если мы внутренне убедились в религиозной важности безответных вопросов, то давайте обратим наш взгляд на идеальный иудаизм и найдем, где там присутствуют принципиальные вопросы и сомнения.

Первое, что нам приходит в голову, — это книга Иова. Иов – муж праведный, хороший, а на него градом сыплются несчастья: уничтожение имущества, смерть близких. И вот, приходят к нему трое друзей и после молчания траурного периода начинают с ним обсуждать: где же в мире справедливость, почему праведник страдает? И в этой дискуссии друзья Иова приводят очень разумные объяснения, дающие ответ на вопрос, а Иов все отвергает и говорит им, что это все неверно, что они ничего не понимают, все их объяснения он перечеркивает. И так идет дискуссия через всю книгу — около 40 глав. В конце книги раздается Голос с Неба, который говорит: «Вы, трое друзей, ничего не понимаете, один раб Мой, Иов, только он что-то понял».

Иными словами, книга Иова завершается установкой на то, что на эти сущностные вопросы принципиально нет ответа. Вопрос справедливости остается открытым. Искать ответ нужно, но полагать, что он найден, никогда не следует.

Итак, мы имеем пример книги из ТаНаХа, где явно говорится, что прямого ответа на этот — и, видимо, на многие другие принципиальные вопросы — может и не быть. Другой книгой такого же типа является Коhелет — Экклезиаст. И хотя в конце этой книги есть слова о том, что «бойся Бога — и в этом весь человек», и это как бы «ответ», но, по сути, вся книга повествует о том, что ответа на настоящие экзистенциальные вопросы бытия не существует. Это еще одно типичное проявление в иудаизме «безответного вопроса». (Согласитесь, что если бы вместо вопросов книг Иова и Экклезиаста у нас был бы набор ответов о смысле жизни, то ТаНаХ существенно обеднел бы от этого.)

Однако в конце XIX – начале XX века этот аспект сомнений не был развитой областью живого действующего реального иудаизма (на схеме — **А**). Его духовные лидеры, наоборот, считали сомнение недостатком и отнюдь не рекомендовали своим последователям обсуждать вопросы, сеющие сомнения (т.е. пусть пребывают в **А** и носа оттуда не кажут). Они боялись, чтобы кто-нибудь из их паствы куда-нибудь не ушел; но массы еврейского народа потому от иудаизма и «сбежали», что их духовные лидеры сами не были способны выявить внутренний потенциал иудаизма, чтобы с его помощью дать адекватный ответ на проблемы современности. Они не рекомендовали читать определенные книги — но народ ведь все равно их читал и уходил из «не позволявшего сомнений» иудаизма.

Итак, мы проделали в отношении атеизма работу, связанную с процессами **2** и **3**, нашли Божественную искру атеизма в идеальном иудаизме и увидели, что в реальном иудаизме она не была реализована, т.к. реальный иудаизм боялся сомнений, считал, что надо только верить — до такой степени, что жажда сомнений стала решающим стимулом распространения атеизма. Далее же наши шаги состоят в том, чтобы на основе тех сомнений, которые мы разыскали в корнях иудаизма, мы смогли настолько сильно развить в иудаизме «искру сомнений», чтобы она проявилась в нем еще сильнее, чем в атеизме (в соответствии с изложенным выше принципом «у нас есть это и еще больше»).

Путь продвижения в этом направлении, «раскручивание в иудаизме искры сомнения» дает нам следующая концепция, сформулированная равом Куком. Он говорит, что та вера, которая не имеет сомнений, отнюдь не является идеалом. Напротив, если человек верит без сомнений, то его вера примитивна; при настоящей же вере сомнения становятся интегральной частью самой веры. Ибо Божественность по самой своей сути бесконечна, а все человеческое по самой своей сути – конечно и ограничено. А потому все, что мы, люди, думаем про Бога, — все это неправильно: ведь все наши мысли, представления, рассуждения о Боге тоже конечны и ограничены, и, значит, все наши рассуждения о Боге в принципе не могут быть правильными.

Но что же нам делать, если мы ограничены и конечны, как же мы можем хотя бы приблизиться к бесконечной Божественности, хоть частично что-то понять? Ответ: по крайней мере, мы всегда должны сомневаться во всем, что мы думаем про Божественность; ибо, когда конечное хотя бы ощущает свою конечность и сомневается в самом себе, то оно становится «менее ограниченным», в нем появляются некоторые аспекты «потенциальной» бесконечности. Если мы самоуверенны и не сомневаемся, то наши конечные и ограниченные представления о Божественности становятся «еще более ограниченными», и тогда они еще дальше от бесконечного Бога. Если ограниченное хочет стать менее ограниченным и приблизиться к бесконечному, то оно обязано быть динамичным. Т.е. актуальной бесконечности мы достичь не можем, но мы должны быть хотя бы потенциально бесконечными — хотя бы в том, что сомневаемся в окончательности своего понимания и хотим двигаться дальше. Поэтому при настоящей вере сомнения являются интегральной, необходимой частью самой веры, и они помогают продвижению в вере, а вовсе не мешают ей.

Когда в иешиве или в школе учеников учат такому представлению о вере, то вырастает (процесс **4**) совершенно новое поколение религиозных людей, взгляды которого можно охарактеризовать как «религиозный пост-атеизм», состоящий в использовании религиозных достижений атеизма для развития религии. А именно: скептицизм, сомнения, считавшиеся признаком атеизма, должны быть использованы для развития и продвижения самой религии. Без активизации в ней самой параметра «сомнений» религия будет примитивна. Ей жизненно необходимы сомнения. Поскольку за прошедшие века в религии не был достаточно развит параметр «сомнений», то пришел атеизм, разломал все рамки, продвинул в человечестве идею «ценности сомнения» — и за это религия должна быть благодарна ему.

Атеизм приходит, говорит рав Кук, для того чтобы высмеять примитивную форму религии и разрушить ее, и тем самым освободить площадку для дальнейшего строительства более возвышенной религиозной системы. С точки зрения развития религии, в атеизме была историческая необходимость, поскольку мы сами (т.е. даже то религиозное общество и его лидеры, которые понимали необходимость ортодоксальной модернизации религии) никогда не решились бы сломать примитивный аспект религии — нам просто не хватило бы силы, смелости и нахальства для его разрушения. Поэтому приходит атеизм и делает (фактически за нас и для нас) всю эту работу. Это, как говорит рав Кук, «огорчительно с точки зрения текущей ситуации, но радует с точки зрения дальнейшего развития».

Религиозный соблюдающий человек, воспринявший подход пост-атеизма, является носителем другого вида религиозного сознания: он совмещает ортодоксальную религиозность с готовностью сомневаться в собственных религиозных положениях. Такой человек «эманирует» вокруг себя этот новый тип религиозности и, благодаря этому, изменяет представления окружающих людей о религии, открывает путь к ней «сомневающимся» людям. Эти «сомневающиеся души» начинают приближаться к иудаизму (процесс 5), поскольку в пост-атеистическом иудаизме есть искра сомнения, и «духовная необходимость сомневаться» развита в нем еще больше, чем она была развита в атеизме.

Отличие пост-атеистического религиозного сознания от классического явно и хорошо заметно. Д-р Даниэль Шалит, израильский эссеист и философ, сформулировал сегодняшнюю ситуацию в этой области так: «Стоит поговорить десять минут с религиозным человеком, как сразу становится ясно – он "пост-атеист" или он "пред-атеист"». При таком подходе атеизм – это совсем не враг религии. Атеизм – это враг примитивной религии, и он же помощник построения религии продвинутой. Если мы сможем сделать всеобщим достоянием религиозного мира пост-атеистический подход, то мы и продвинем религию, и дадим возможность приблизиться к этой религии тем, чьи души жаждут скептицизма и сомнения, инстинктивно (и совершенно справедливо!) ощущая в этом Божественность.

### 14а. Замечание: на что, с точки зрения пост-атеистической религии, могут распространяться сомнения?

Итак, согласно подходу модернистской ортодоксии и концепции пост-атеизма, для продвижения в вере сомнения очень важны; без сомнений человек не может правильно верить; а если человек, ограниченный по самой своей сути, еще и не сомневается в

## ГЛАВА В-2. *Ортодоксальный модернизм и...*

своих ограниченных религиозных представлениях, то он отстоит в своем понимании гораздо дальше от Бога, чем тот, кто хотя и ограничен (и поэтому не может постичь Божественную бесконечность), но, по крайней мере, сомневается.

Ставя проблему таким образом, мы зачастую можем встретиться со следующим вопросом: «а во всем ли надо сомневаться? Наверное, есть то, в чем, с религиозной точки зрения, сомневаться совершенно нельзя. Ведь то, что "Бог есть", — это несомненно, так как же можно в этом сомневаться?!» Ответ, с точки зрения религиозного пост-атеизма, состоит в том, что сомневаться можно и нужно во всем. Потому что сомневаться – не означает отрицать, а означает подвергать критике и анализу. Это относится также и к положению о том, что «Бог есть». Но сомневаться (как и во многих подобных случаях) надо не в самих этих словах, а в том, как мы эти слова интерпретируем, как мы их понимаем. А поскольку, как мы отметили выше, сомнение — это не отрицание, а анализ и уточнение, детализация и огранка, то это совершенно необходимо в наших религиозных представлениях. Таким образом, совершенно неверно было бы предполагать, что «сомнение в существовании Бога» – это будто бы выбор между фразами «Бог есть» или «Бога нет». Это совершенно иное сомнение — сомнение в правильности того смысла, который мы придаем слову «существование» по отношению к Богу.

И здесь рав Кук формулирует совершенно радикальный подход к этой проблеме. Он говорит следующее: «Есть такая вера, которая все равно что неверие. А есть такое неверие, такой атеизм, который на самом деле является верой». Что значит «вера, которая на самом деле неверие»? Это значит, что человек верит в Бога, но верит в Него настолько примитивно, представляет себе Его настолько нелепо, что это скорее карикатура на Бога, чем Он Сам. И тогда такая вера — это все равно что неверие. А что такое «неверие, которое есть вера»? Это ситуация, когда человек говорит, что в Бога не верит, но не верит только потому, что религиозные круги обрисовали Его в такой примитивной форме, что уж в такого Бога этот человек поверить не в состоянии. Поэтому это его неверие отражает вовсе не отсутствие веры вообще, но наоборот, высоту его религиозного чувства.

Сами по себе слова «я верю в Бога» или «я не верю в Бога» еще очень далеки от настоящей веры или от неверия. Смысл этих слов должен уточняться всю жизнь – и не только всю жизнь отдельного человека, но и в течение жизни всего человечества. В этом смысле сомневаться можно и нужно во всем, потому что сомнение не означает отрицания – сомнение означает неудовлетворенность простыми ответами и жажду более тонкого понимания.

## 15. Пример 3: извлечение Божественной искры из реформистского иудаизма

Перейдем теперь к рассмотрению совершенно иного примера и проанализируем, согласно нашей схеме, восприятие ортодоксальным модернизмом реформистского иудаизма.

Ясно, что реформистский иудаизм – это вполне типичный «изм». Т.е. он противостоит обычному ортодоксальному иудаизму, при этом достаточно много евреев уходят в эту идеологию, провозглашая ее достойной и моральной. Поскольку реформизм возник в начале XIX века, на волне набирающего силу рационализма, то подход реформистов основывался на рационалистическом триумфализме; они были уверены, что для понимания всего мира, в т.ч. и религии, им совершенно достаточно «правильного рассуждения», что они легко своим рациональным анализом могут выделить в религии главное и второстепенное, а затем это второстепенное отбросить и создать новую правильную религию, основанную лишь на «главных идеях иудаизма». К главным идеям они отнесли философские представления (монотеизм и т. д.) и этику, убрав все, что казалось им не очень важным (Субботу, кашрут и т.д., которые они воспринимали как «ритуалы»). Однако, после того как почти весь XIX век реформизм уверенно распространялся, завоевывая все новые позиции, к концу XIX века и в XX веке, когда наступил кризис рационализма, реформистский иудаизм тоже оказался в кризисе. И тогда он стал меняться в другом направлении, теперь уже во многом приближаясь к традиции (а не отдаляясь от нее). Сегодня реформизм уже совсем не тот, каким он был в начале XIX века; но его внешняя оболочка — «парадная декларация» — осталась, по сути, той же.

Итак, в реформистском иудаизме скорлупа очевидна, и здесь она такова: «мы можем внести изменения в религию по собственной воле, в соответствии с нашими сегодняшними потребностями». Совершенно ясно, что эта оболочка противоречит представлениям о Божественном характере как Письменной, так и Устной Торы, — представлениям, являвшимся основой иудаизма. Когда появилось реформистское движение, то ортодоксы, наблюдая его внешнюю форму, естественно, осудили его как противоречащее иудаизму. Но мы, с точки зрения концепции рава Кука, не должны зацикливаться на конфликте с этой внешней декларацией, не должны концентрироваться на тривиальном осуждении внешней неправильности реформизма, — но должны найти то внутреннее ядро, ту положительную идею, ту Божественную искру, которая притягивает к этому учению еврейские души. Ибо если евреи идут в реформизм, то это значит, что в реформизме непременно должна содержаться позитивная Божественная искра.

В чем состоит эта искра? Как мы уже говорили, одним из инструментов поиска искры является анализ вопроса о том, «чем гордятся» представители этого течения. (Поскольку, как мы отмечали, гордость есть корреляция между достижениями и Божественной душой, то именно там, где есть точка гордости, следует провести анализ и попробовать найти Божественную искру.) Чем же гордятся реформисты? Главный предмет их гордости состоит в том, что они современны, идут в ногу со временем, развиваются, а не стоят на месте (именно поэтому они часто предпочитают называть себя не реформистским, а «прогрессивным иудаизмом»). Поэтому мы должны задать себе вопрос: а как с точки зрения нашей собственной Божественной души, принцип «развиваться и продвигаться, а не стоять на месте» – это хорошо или плохо? Конечно, это хорошо, и каждый из нас прекрасно это чувствует. Таким образом, мы провели анализ «изма» для нахождения в нем Божественной искры, выделения ее из скорлупы (процесс **2**). Теперь нам предстоит осуществить процесс **3** – т.е. обратиться к рассмотрению идеального иудаизма и попробовать найти, как именно эта искра (т.е. ценность развития) представлена в нем.

Идеальный иудаизм – это совокупность всех смыслов, заключенных во всей Еврейской Традиции, во всех текстах и в Устной Традиции; это «душа иудаизма», и она не имеет четких однозначных границ. В этой душе очень трудно разобраться; нужно иметь не только много знаний, но и уметь прочесть под современным углом зрения классические тексты; нужна большая религиозная интуиция, чтобы увидеть и подчеркнуть нужный аспект в том или ином классическом источнике.

(В качестве параллели к тому, что душа иудаизма не имеет четких границ, но при этом вполне определена, рассмотрим нашу собственную душу: она явно существует, но ее четкие границы указать очень трудно, трудно настолько, что некоторым иногда даже кажется, что души вообще не существует. Но ведь мы прекрасно знаем, что душа у нас есть – это говорит нам наш первичный опыт (а первичный опыт сильнее любой логически-рациональной теории, ибо любая такая теория по самой своей сути вторична, и мы создаем ее для того, чтобы объяснить уже имеющиеся эксперимент и опыт). Так вот, подобно тому, как у личной души, несмотря на всю несомненность ее существования, определить и формализовать грани зачастую бывает очень сложно, так и для души иудаизма эти грани очень непросто определить. Но тем не менее в этой душе иудаизма вполне возможно разбираться и что-то в ней находить.)

Итак, как же нам разыскать в идеальном иудаизме идею развития? Конечно, идея развития в явном виде представлена в иудаизме в концепции «продолжающегося Откровения», — но эта концепция очень непростая, и мы более подробно обсудим ее ниже. Здесь же, чтобы не углубляться в излишние детали и сконцентрироваться на более простом и ярком примере, возьмем уже рассмотренный выше пример различий между равом Куком и Маймонидом в вопросе о «наличии развития в Божественности», и, соответственно, о религиозной важности развития (см. выше §6).

Напомним, что рав Кук говорит о том, что ввиду высшего совершенства Божественности в Ней никак не может отсутствовать такой параметр, как постоянное развитие и совершенствование, а потому и религия, если она хочет быть адекватна Божественности, обязана продвигаться и развиваться. Т.е. требование прогресса и модернизации, в том числе и в религиозной области, вовсе не является чисто человеческим; напротив, это проявление в нас Божественного начала. Таким образом, согласно подходу рава Кука, религия обязана развиваться, — но при этом вовсе не потому, что нам, людям, так будет удобней и легче, а потому, что при отсутствии развития религия не будет в достаточной степени отражать Божественность. Разработка равом Куком этих концепций соответствует на нашей схеме процессу **3** – нахождению в идеальном иудаизме соответствующей искры и развитию ее до такой степени, чтобы это превосходило развитие этой искры в том «изме», с которого начинался наш анализ.

И теперь нам предстоит процесс **4** – проращивание этой искры в реальном иудаизме. При этом, в рамках нашей общей схемы, когда в качестве **B** («изма») мы рассматриваем реформистский иудаизм, позицию **D** («реального иудаизма завтра») занимает ортодоксальный модернизм рава Кука, т.е. такой вид ортодоксального иудаизма, который при этом считает важным развитие и указывает схему этого развития. Более того, в некотором смысле ортодоксальный модернизм – это даже более «крутой» модернизм, чем реформистский иудаизм, т.к. он стремится не только к развитию и модернизации в области того, что кажется уже «устаревшим на сегодня» (как это делает реформизм), но и имеет программу дальнейшего развития иудаизма (подробнее мы обсудим это ниже). И этот аспект – обращенность в будущее, наличие программы развития иудаизма – является совершенно уникальным. (В обычном нашем знакомстве с различными религиозными концепциями мы никогда и не слышали такого, чтобы кто-то предлагал «программу развития религии на период ближайших десятилетий или столетий»! Этот аспект показывает, что искра развития светит в ортодоксальном модернизме гораздо сильнее, чем в реформизме.)

**15а. Замечание: сущностное различие между реформистским иудаизмом и ортодоксальным модернизмом**

Здесь нам следует еще раз подчеркнуть, что хотя между реформистским и ортодоксально-модернистским подходами в иудаизме есть, в некоторых параметрах, определенные параллели, — представляется важным отметить очень кардинальное и сущностное различие между ними. Обе эти концепции, глядя на «обычный», исторически сформировавшийся (классический ортодоксальный) иудаизм, видят, что он во многом не соответствует запросам современного общества, а это несоответствие приводит к тому, что многие евреи его оставляют, но их реакция на это несоответствие совершенно различна. Реформисты заявляют, что современному человеку трудно соблюдать все заповеди и положения иудаизма, а потому лучше нам самим уменьшить предъявляемые требования, чтобы последователям такого иудаизма было проще жить. А ортодоксальные модернисты утверждают совершенно противоположное: ведь с технической стороны соблюдение заповедей и всех их требований сегодня гораздо легче, чем это было в прежние века, и реальный вопрос, который современный человек задает себе, состоит только в том, «зачем ему, собственно, все это нужно?». И когда мы, говорят ортодоксальные модернисты, развиваем те искры, которые были «подзабыты» в иудаизме, то создаем для гораздо большего числа людей мотивацию продвинуться в этом направлении. Т.е. реформизм исправляет ситуацию за счет «уменьшения количества иудаизма», уменьшения обязанностей, — а ортодоксальный модернизм, напротив, стремится исправить ситуацию с помощью «увеличения количества иудаизма», увеличения и развития его идеалов, т.е. восстановления в нем искр Божественного света.

Иными словами, они похожим образом видят наличие, серьезность и глубину существующей проблемы (а не отмахиваются от нее, как это делают многие харедим) — но они при этом предлагают во многом противоположные пути ее решения.

## 16. Пример 4: Божественная искра из «американизма»

В качестве еще одного примера применения схемы извлечения искр я хотел бы рассказать случай из собственной преподавательской практики. Однажды (в 1998 г.) мне случилось в Америке читать русскоязычным молодым американцам лекцию о современной философии иудаизма, и я рассказал им про извлечение искр из нерелигиозного сионизма и атеизма. В ответ на это они сказали следующее: «Сионизм от нас далеко, мы его плохо чувствуем. Атеизм нам вообще непонятен, у нас в Америке атеистов не бывает. (Это не совсем так, на самом деле в Америке атеисты бывают, но их там гораздо меньше, чем в других местах западного мира. И та американская еврейская русскоязычная молодежь, которая была на лекции, оказалась прихожанами реформистской синагоги.) Поэтому, – продолжали они, — извлеки нам, пожалуйста, искру из того, что нам более понятно, — из капитализма». И мне пришлось прямо на месте – «on line» — извлекать искру из капитализма.

Прежде всего, надо сказать, что капитализм – это не «изм», это не единая идеология, составляющая общественное движение, а очень много всевозможных разных подходов, умещающихся в некоторые общие рамки. Поэтому, когда эти молодые люди просили извлечь искру из капитализма, то, как выяснилось в более детальном обсуждении, они имели в виду не вообще капитализм, а «американизм». (Они просто по привычке называли американский образ жизни капитализмом, т.к. их русский язык остался на уровне их родителей, которые приехали в 70-е годы.) Но американизм – это уже вполне идеология, и можно попробовать понять, в чем состоит заключенная в этой идеологии Божественная искра.

По многим внешним параметрам американизм действительно стоит в оппозиции к иудаизму. Американизм много говорит о реализации себя в материальной сфере, о свободе личности, об отсутствии скованности внешними догмами и т.п., — что, казалось бы, совершенно не соответствует ортодоксальной еврейской установке. Но, как мы уже подчеркивали выше, мы не должны концентрироваться на внешней стороне дела, а нам следует попытаться разыскать то внутреннее ядро в американизме, которое притягивает еврейские души.

В чем состоит эта «душа американизма», которая привлекает евреев? Вновь для успешного поиска Божественной искры нам нужно попробовать проанализировать точку гордости. И поэтому нам надо прежде всего подумать и попробовать определить, чем гордятся американец, американский народ и американская цивилизация? Точка гордости – это то, чем гордятся люди именно данной группы (данного «изма») в отличие от представителей других групп. Поэтому сказать, что американцы гордятся свободой, демократией или патриотизмом, будет в данном случае неверно, т.к. разные другие народы тоже гордятся этими вещами. Мы же должны разыскать то, что есть специфического именно в американском мировосприятии, что отличает их, в частности, от европейцев.

Представляется, что поиск души Америки надо начать с того, что называется (и не зря) «американской мечтой». Воплощение «американской мечты» – это человек, который «сделал себя сам»: который не получил миллионы по наследству, а сам, благодаря своему уму, настойчивости, инициативе смог развить свое дело и свои идеи, сделал нечто очень важное и общественно полезное, достойное и правильное – и получил за это от общества соответствующую благодарность в виде больших денежных средств. Человек, который случайно нашел миллион – это совсем не «американская мечта»; «американская мечта» – это человек, который смог создать миллион. В американскую мечту входит обязательно позитивное действие, созидание. Это – безусловная точка американской гордости. Переходя же к более широкому, общенациональному плану, ясно, что для американцев воплощением Америки, точкой их гордости являются небоскребы, дороги, мосты, ну и ковбои, мчащиеся по широким прериям. А вот и конкретный пример американской гордости: всеобщий восторг после высадки человека на Луну – восторг, который сфокусировался в знаменитой фразе Н. Амстронга, передвигающего ноги по лунной поверхности: «маленький шаг для человека – большой шаг для человечества».

Попытаемся разобраться, в чем здесь Божественная искра. Вспомним при этом важный, и уже высказанный выше принцип: первая стадия постижения искры – это симпатия. Ведь без симпатии нет понимания, и человеку следует концентрироваться на тех «измах», которые его привлекают. Поэтому, если небоскребы, мосты и высадка человека на Луну вызывают в вашей душе восторг, ощущение продвижения, величественности человека, его Божественности, то здесь можно начать копать. А если этого не возникает и резонанса нет, то в этом «изме» вы лично разобраться не сможете, он вам «не по зубам», и заниматься им вам не следует. (Это совершенно нормально, у каждого человека духовные возможности ограничены – что-то ему доступно, а что-то нет.)

Итак, те, у кого небоскребы, мосты и высадка человека на Луну вызывают восторг, довольно легко найдут, в чем суть души американизма. Это – восхищение от чувства захвата человеком мироздания, окружающего пространства. Оно же – восхищение ковбоем и поселенцами на Диком Западе, и оно же — чувство восторга от того, что человек властвует над природой, восхищение научными достижениями, физикой, техникой, уровнем жизни и медициной, восхищение высадкой на Луну. Ибо когда человек властвует над природой, то сердце его наполняется чувством величия. И вот это чувство величия человека (как на индивидуальном уровне преодоления сопротивления окружающей среды, так и на общенациональном уровне и на уровне человечества как единого целого) — восхищение тем, что человек построил, развил и распространил по миру цивилизацию, — это и есть суть души американизма. Иными словами, душа Америки – это восхищение «человеком цивилизации» и тем, как он захватывает окружающий мир.

Европа в большей степени «живет на наследстве» (это проявляется и в материальном и в культурно-духовном плане и в структуре общества, и т.д.); Америка же – это вера в творческие и созидательные способности «человека цивилизации», в его активность и будущее.

(В качестве иллюстрации различия в ментальности между европейцем и американцем можно привести пример отношения к далеким странам как к колониям. Установка европейца такова: он поехал в далекие «горы мрака» и привез оттуда богатство и невесту. Привез обратно к себе, вернулся в метрополию. А установка американца иная: он поехал в далекие «горы мрака» и превратил их в пространство света. Он не стремится создать колонии, он стремится превратить все в Америку. Он рассматривает «горы мрака» как простор для экспансии своей «цивилизации света», а вовсе не как место, откуда он будет вывозить богатства для метрополии. Это, конечно, совершенно другой взгляд на жизнь.)

Итак, мы определили, в чем состоит искра в американизме (и ясно, параллельно с этим, что эта «жажда захвата простора» не активна сегодня в реальном иудаизме). Но теперь попытаемся найти аутентичное еврейское выражение этой искры (т.е. провести процесс **3**). Где у нас в идеальном иудаизме содержится эта искра? Конечно она записана черным по белому на самой первой странице Торы. Стихи 1:27–28 гласят: «И сотворил Бог человека по образу Своему... и сказал им: плодитесь и размножайтесь, и наполняйте землю и властвуйте над ней, и владычествуйте над рыбами морскими и над птицами небесными... и над всей землей». Т.е. построение цивилизации, реализующей власть человека над природой, является, в общем-то, самой первой заповедью, данной Богом человеку. Поэтому душа Америки отнюдь не противоположна Торе, а наоборот, совершенно соответствует ей, она есть реализация заповеди «властвовать над миром», которая является одним из проявлений Божественности человека. Отсюда и восхищение.

А теперь посмотрим, много ли в реальном иудаизме таких раввинов, которые сказали бы: «Человек высадился на Луну! Как это замечательно и величественно, как это прекрасно с религиозной точки зрения! Человек построил небоскребы и мосты, проложил дороги и развил физику и медицину – как это замечательно!» — и т.д. К сожалению, таких раввинов почти нет. Иными словами, мы наблюдаем типичный дефект в реальном иудаизме. По сути дела, только один из выдающихся раввинов XX века, ортодоксальный модернист рав Й.-Д. Соловейчик, писал и говорил об этом. (Примечательно, что ни один из присутствующих на той моей лекции молодых людей из русско-американской реформистской общины никогда не слышал ничего подобного от раввина в своей синагоге. Оказалось, что рав Й.-Д. Соловейчик, ортодокс, проявил себя гораздо более глубоким модернистом, чем реформисты.)

Искра эта в современном ортодоксальном иудаизме еще далеко не освоена. И для ее развития необходимо как наличие ученых, совмещающих занятия наукой с верностью иудаизму, так и — и даже прежде всего! — то, чтобы религия в своем обращении к еврейскому народу четко подчеркивала религиозно позитивный характер развития науки, технологии и цивилизации. А это уже должны делать как раввины в рамках преподавания в иешивах, в выступлениях в синагогах и в статьях и лекциях, – так и, не в меньшей степени, каждый из нас в своем общении с окружающими. Таким образом, каждый из нас, осознавая религиозную важность развития цивилизации и реализуя это понимание в общении с окружающим миром, может внести конструктивный вклад в развитие иудаизма.

## 17. Пример 5: развитие иудаизма за счет извлечения искры из плюрализма, толерантности

Рассмотрим еще один простой пример применения нашей схемы, а именно: развитие иудаизма за счет извлечения искры из плюрализма, религиозной толерантности.

С внешней точки зрения, монотеизм с его принципиальным отрицанием чужих богов является совсем не толерантной и отнюдь не плюралистической точкой зрения. (В древности различные системы идолопоклонства без больших проблем добавляли новых богов в свой пантеон, а монотеистов-иудеев уже и тогда за отказ признавать чужие божества обвиняли в «атеизме»...) Монотеизм, казалось бы, декларирует единственность религиозной истины – и где же здесь место плюрализму? Да и в обычном смысле плюрализм, с его лозунгом «у каждого своя истина», явно противостоит иудаизму с его тотальностью Единственной Божественности и обязательностью соблюдения заповедей. Так что внешняя скорлупа плюрализма, отрицательная по отношению к иудаизму, – налицо.

И все же, если, как мы видим в жизни, множество евреев идет в «идеологический плюрализм» (т.е. имеет место процесс **1**), то это значит, что в нем должна быть, с точки зрения концепции рава Кука, внутренняя Божественная искра. Для того чтобы ее найти, нам (религиозным и соблюдающим ортодоксам, но при этом симпатизирующим плюрализму) следует задуматься: а что же именно в плюрализме нас привлекает, что гармонирует с нашей глубокой интуицией? Конечно это восклицание: «Ведь не может быть так, чтобы ты был во всем прав, а другой совсем во всем не прав!» Иными словами, это протест против абсолютизации частной истины, протест против «приватизирования» истины только одной стороной, какой бы в принципе хорошей она ни была. Это, очевидно, и есть «душа» (она же – Божественная искра) плюрализма. Таким образом, нами проведен процесс **2**.

Для того чтобы провести в данном случае процесс **3**, т.е. раскопать эту искру в идеальном иудаизме и разработать ее настолько, чтобы она светила в иудаизме более сильно, чем в нерелигиозном плюрализме, обратимся опять к раву Куку и к уже упоминавшейся его концепции «бесконечности Божественности». В этой связи рав Кук отмечает, что поскольку Божественность по самой своей сути бесконечна, а все человеческое по самой своей сути конечно, то никакая воспринимаемая и формулируемая человеком концепция не может объять Божественность целиком. И поэтому в других концепциях – а не только в личной! – есть элементы Божественного света, которые человеку необходимо изучить и воспринять, для того чтобы сделать свою собственную концепцию более полной и цельной. Иными словами, в отличие от нерелигиозного подхода к плюрализму (утверждающего: «у каждого своя истина» – и подразумевающего при этом: «а потому у тебя своя истина, а у меня своя, и живи отдельно, и не лезь ко мне со своей истиной, я знать тебя не хочу») религиозный плюрализм рава Кука говорит: «у каждого свой элемент истины, но все это вместе есть части одной всеобъемлющей Божественной истины».

Такой «плюрализм связи», плюрализм полисубъективного единства, является более высоким уровнем плюрализма, чем нерелигиозный плюрализм субъективной разобщенности. Тот подход, который вырастает на таких взглядах (при дальнейшей работе процесса **4**), есть один из важных аспектов ортодоксального модернизма, который собственно и описывается во всей этой статье. Он религиозно терпим к другим концепциям не просто исходя из того, что «живи и дай жить другим» (что, являясь идеалом нерелигиозного плюрализма, легко может привести к атомизации общества и, в конце концов, к его распаду), а потому, что все мы – части одного целого, и тот элемент Божественной истины, который ухватил ты, – он нужен также и мне, для моей большей духовной полноты. Поэтому я не просто «готов дать тебе жить», но я интересуюсь твоей истиной и хочу ее понять. Именно такой подход ведет к развитию плюрализма и толерантности гораздо более высокого класса, чем просто безразличная к чужой истине нерелигиозная «всеобщая терпимость».

## C. Направление дальнейшего развития иудаизма

После того как мы обрисовали основные параметры схемы развития иудаизма и рассмотрели ее действие на некоторых примерах, сделаем несколько дополнительных замечаний и перейдем к общим выводам о дальнейших возможных направлениях развития иудаизма в соответствии с этой схемой.

### 18. Религиозный антифундаментализм

Для характеристики подхода рава Кука мы хотели бы здесь ввести новое важное понятие (которое ранее, насколько нам известно, не встречалось в исследованиях религии), а именно: «религиозный антифундаментализм».

Сегодня обычно термин «фундаментализм» используется больше в политически-ругательном, чем в каком-то содержательном смысле; слово «фундаменталист» понимается лишь как синоним слов «фанатик», «мракобес» и т.д. Но отвлечемся от этих эмоционально-политических, некорректных употреблений и перейдем в сферу религиоведения. Что означает, по своей сути, понятие «фундаментализм»? Этот термин, по самому смыслу слова «фундамент», означает такую схему модернизации религии, которая состоит в возвращении к фундаменту, в «оживлении основ» и отбрасывании при этом исторического пути развития, в объявлении исторически возникших изменений как «загрязнения исходных чистых основ» данной религии.

Классическим примером реализации такой схемы в христианстве является, очевидно, протестантизм[1]. Протестантизм заявил, что нужно «вернуться к Библии», и что весь тот путь развития, который прошла католическая церковь, неправилен, искажает фундамент; а поэтому он должен быть пересмотрен и даже отброшен. (При этом, например, патристика, т.е. учение отцов церкви, бывшая ранее основой формирования церковных концепций, все еще достойна интереса, но теперь уже совсем не как «источник авторитета», а лишь как «источник вдохновения», т.е. собрание интересных мыслей выдающихся людей.)

Базисом религиозных концепций фундаментализма является представление о том, что историческое развитие религии — это развитие «человеческое», а ее исходный фундамент – Божественный. И уже из сформулированного таким образом соотношения между человеческим историческим развитием и Божественным фундаментом возникает сильнейшая религиозная жажда вернуться к исходному фундаменту. («Потому что именно фундамент – настоящий, именно там Бог проявился, именно это – суть религии. А все остальное написали люди, которые хотели как лучше, но неизбежно многое испортили, не поняли, исказили, не разобрались и т.д.») Принцип «возвращения к основам», который провозглашает фундаментализм, всегда получает среди последователей любой религии немалую поддержку, потому что в религиозном взгляде почти всегда есть такое чувство, что «вначале – было Дарование, Откровение, раскрытие религии, сверху спустился Высший свет, а уже потом люди сами его как-то обрабатывали, понимали, воспринимали и где-то что-то, возможно, и напутали». Т.е. идея о том, что «надо вернуться к фундаменту», всегда найдет немало последователей в любой религии.

Однако, как хорошо известно в религиоведении, фундаменталист, декларируя возвращение к фундаменту, на самом деле вер-

---

[1] Исторически термин «фундаментализм» появился в 1910-х годах среди протестантов Юга США, и он обозначал движение, призывающее к прямому и буквальному прочтению Библейского текста и отвергающее иной, «либеральный» подход. Однако этот термин уже давно используется в гораздо более широком смысле, обозначая «общественные, идеологические, религиозные движения, провозглашающие приверженность исходным идеям, принципам, ценностям определенных учений, доктрин, выдвигающие требования преодоления искривлений и искажений, возникших в ходе их развития» (Российский энциклопедический словарь). Таким образом, в организационном плане движение фундаменталистов было только лишь одним из направлений в протестантизме, противопоставленное другим «либеральным» направлениям в нем, однако, в широком смысле слова весь протестантизм развивался по фундаменталистской схеме.

ГЛАВА В-2. *Ортодоксальный модернизм и...*    191

нуться к нему не может. Потому что фундамент уже скрыт от нас происшедшими за много столетий изменениями ментальности, изменениями понимания, изменением жизни, изменением всего самоощущения, которое невозможно переделать. Чтобы мы ни делали, мы никогда не сможем посмотреть на фундамент глазами людей, которые жили за тысячу или полторы тысячи лет до нас. Фундаменталист неизбежно смотрит на фундамент своими, т.е. современными, глазами, и поэтому фундаментализм, под оболочкой «консервативности» и лозунга «возвращения к фундаменту», на самом деле всегда является формой модернизации[1].

Протестанты осуществили такую модернизацию в христианстве. В иудаизме более или менее фундаменталистами могут считаться караимы. (Их подход был подобен протестантскому: «Талмуд, Устная Тора — это позднее человеческое искажение, нужно вернуться к исходной Письменной Торе». При этом в 7 веке н.э. они никак не могли своим естественным «здравым смыслом», основанном на свойственном их времени мироощущении, взглянуть на Тору так, как смотрели на нее евреи-современники Моисея в 14 веке до н.э., за две тысячи лет до них.) В исламе примером фундаментализма является ваххабизм[2].

Основателям и активистам фундаментализма всегда свойственно бурное и даже экстатическое переживание веры, — ибо для того, чтобы откинуть историческое развитие и сказать: «Мы возвращаемся к исходному фундаменту», нужно действительно яркое религиозное горение[3]. И потому попытка противопоставить

---

[1] И в этом — источник якобы «парадокса», отмечаемого некоторыми исследователями современного ислама, когда они замечают в «исламском фундаментализме» явные элементы модернизации, что, по их исходным представлениям, должно было бы противоречить «консервативности фундаментализма».

[2] Возникший в XVIII веке в Центральной Аравии и взятый под опеку кланом Саудитов, ваххабизм призывал к возвращению к «настоящим, исходным основам ислама». Привлекая к себе активных пассионарных личностей, ваххабизм, в конечном счете, способствовал захвату кланом Саудитов Аравийского полуострова — и, таким образом, Аравия стала «Саудовской Аравией» во многом благодаря именно исламскому фундаментализму.

[3] Здесь в скобках можно отметить, что в этом смысле реформисты в иудаизме, конечно, не имеют ни малейшего отношения к фундаментализму и вовсе не пытаются вернуться к исходному соблюдению Торы (но наоборот, они реформируют ее, изменяя правила соблюдения законов Торы в соответствии с тем, что они считают «запросами современности»). И поэтому совершенно необоснован встречающийся иногда взгляд, представляющий реформистов в иудаизме как некую параллель к протестантам в христианстве — на самом деле у них абсолютно разная система модернизации. В частности, в протестантизме, построившем себя на религиозном горении, неоднократно активизировались новые движения религиозного возрождения, что совсем не

бурному харизматическому фундаментализму вялую «нормальную традиционную благопристойную и умеренную религию» обычно бывает проигрышна для последней. Такова общая религиоведческая перспектива фундаментализма.

Возвращаясь теперь к концепциям рава Кука, мы видим, что предложенная им схема модернизации религии – ортодоксальный модернизм — в корне противоположна фундаменталистскому подходу. Прежде всего, понятие «ортодоксальный» подразумевает сохранение всех законодательных норм, сложившихся в религии, т.е. в еврейском случае – Галахи; фундаментализм же обычно призывает к пересмотру многих сложившихся в религии законов, которые он объявляет «человеческим отклонением от первоначального Божественного фундамента». Но, что еще более важно, сам подход рава Кука к процессу развития религии противоположен фундаменталистскому. Рав Кук видит в развитии культуры, социума, науки и т.д. не «человеческое уклонение», а наоборот, имманентное миру Божественное Откровение, в результате чего меняется сам статус взаимоотношений фундамента с дальнейшим развитием. Фундаменталистская схема оппозиции «Божественный фундамент – человеческое развитие» заменяется на совершенно новое соотношение: «трансцендентный миру Божественный фундамент – имманентное миру Божественное развитие». Т.е. в концепции рава Кука мы наблюдаем совсем не традиционалистское «умеренно-благопристойное» противодействие фундаментализму под знаком «солидная постоянная религия против излишне бурной веры», а наоборот, бунтарское неприятие как фундаментализма, так и классической «статической» формы ортодоксии, и обеих — как проявлений недостаточной, слабой веры, не замечающей, что Божественное Откровение присутствует не только в исходной форме религии, но и в ее дальнейшем развитии, не чувствующей необходимости добавить постоянно живое имманентное Откровение к исходному трансцендентному Откровению.

Таким образом, концепция рава Кука может быть названа «религиозным антифундаментализмом». Она не только признает необходимым историческое развитие религии, но и рассматривает

---

свойственно реформистскому иудаизму (при том, что, конечно, нельзя не признать его чрезвычайно важную социальную роль, особенно в условиях еврейской общины Америки); в этом, по-видимому, источник известной проблемы того, что почти не бывает «третьего поколения реформистов», т.к. они обычно или возвращаются к более традиционному иудаизму, или же совсем ассимилируются.

это развитие как диалог с Богом. Рассмотрим такой подход более подробно.

### 19. Религиозный антифундаментализм и концепция «продолжающегося Откровения»

Концепция «продолжающегося Откровения» — это такой религиозный взгляд, который утверждает, что Божественное Откровение не прекратилось на Синае, оно продолжалось все время и продолжается сейчас, и при этом оно выражается не в «чудесах», а в Божественном аспекте самого хода истории человеческой (и прежде всего еврейской истории). Поэтому это Откровение можно и нужно услышать, и для этого мы должны рассматривать историю как диалог человека с Богом[1].

Концепция «продолжающегося Откровения» укоренена во множестве еврейских источников, начиная с Мишны и продолжая средневековыми авторами и авторами нового времени. Она выражена, например, в идее о том, что «Голос Бога на горе Синай продолжает звучать и провозглашать Тору» (Мишна, Авот 6:2). Иными словами, Бог продолжает вести с нами диалог. И, действительно, было бы необычайно странно, с религиозной точки зрения, предположить, что Бог лишь дал нам Тору, а затем как бы «отошел от общения с человеком».

Несомненно, что сама идея монотеизма как религии Диалога естественно подразумевает продолжение диалога человека с Богом на всем протяжении истории человечества. Причем еврейский монотеизм, как это подчеркивает нам концепция рава Кука, характеризуется тем, что «не только каждый отдельный человек как личность ведет диалог с Богом, но что подобный диалог с Богом ведут и народ, как единое целое, и все человечество»[2]. И будет естественным полагать, что Бог в этом диалоге продолжает говорить, т.е. продолжает давать Откровение. Конечно Бог в ходе этого диалога не говорит ничего такого, что противоречило бы Его прежним словам; ибо Божественное слово не может быть отменено, т.е. прежнее Откровение никогда не отменяется, но оно постоянно должно развиваться и дополняться. Таким образом,

---

[1] Подробное изложение и анализ концепции «продолжающегося Откровения» см. в: Тамар Росс, Иеhуда Гельман, «Влияние Феминизма на еврейскую ортодоксальную теологию», Часть 5 [Теология «продолжающегося Откровения» и ее предпосылки в еврейской философии, в Агаде, в Каббале и у рава Кука] http://www.machanaim.org/philosof/feminism/t-ros.htm#p5 .

[2] Этой теме в данном сборнике посвящена статья В-1 «Концепция рава Кука о религиозном значении Государства Израиль и о еврейской избранности сегодня».

представление об общенациональном диалоге с Богом естественно ведет к принципу «продолжающегося Откровения», а оно — к концепции ортодоксального модернизма.

Иными словами, восприятие истории как диалога человека с Богом подразумевает, что Бог постоянно что-то говорит нам, и это новое, развивающее культуру, общество и религию, – вовсе не просто человеческие «выдумки», но тоже Божественное Откровение. А раз оно тоже Откровение, оно должно быть интегрировано нами в наши религиозные представления и не может быть отброшено.

Разумеется, совсем не все, что произошло в ходе исторического процесса, является Божественным, многочисленные элементы прежнего развития могут и должны подвергаться критике, их можно изменять и обновлять; но категорически неправильно было бы отбрасывать историческое развитие целиком, потому что вместе с ним были бы отброшены и существенные элементы Откровения. С точки зрения этой концепции, мы не имеем права отбросить историческое развитие не потому, что хотим гуманистически только лишь «защитить творческую активность человека от изначальных религиозных догм», но наоборот, именно потому, что придерживаемся религиозной точки зрения. Тем самым и концепция «продолжающегося Откровения» (т.е. концепция «продолжающегося живого диалога между человеком и Богом, народом и Богом, человечеством и Богом»), и базирующаяся на ней концепция «ортодоксальной модернизации» рава Кука являются аспектами его религиозного антифундаментализма.

### 20. Заложенное в общей схеме «отставание» развития иудаизма от развития культуры

Оглядываясь теперь в целом на сформулированную здесь схему развития иудаизма за счет извлечения искр Божественного света из окружающих «измов», мы должны отметить один, весьма существенный момент – который, с религиозной точки зрения можно посчитать даже заложенным в ней «недостатком», а именно: описанная нами схема обязательно предполагает отставание развития иудаизма от развития культуры. Ведь сначала появляется «изм», и он возникает именно ввиду развития и прогресса общей культуры, вследствие чего люди перестают мириться с теми недостатками в иудаизме, с которыми в предыдущих поколениях мирились[1] (т.е. с дефектом в **А**), а поэтому они уходят и строят **В**, и затем, только через 2–3 поколения, часть религиозного общества воспринима-

---

[1] Яркий пример этого см. ниже в настоящем сборнике, раздел D-1 §2 и §68

## ГЛАВА В-2. *Ортодоксальный модернизм и...*

ет, развивает и реализует суть этих новых идей и создает **D**. Таким образом, получается, что развитие религии (выражающееся в создании **D**) неизбежно отстает от развития культуры (приводящего к возникновению «изма» **B**).

Но если это всегда так, то как же, даже и в дальнейшем, религия сможет повести за собой культуру – осуществит действие, которое она вроде бы и призвана осуществлять?!

Ответ на этот вопрос возможен в двух разных аспектах, дополняющих друг друга.

Первый аспект состоит в том, что действительно, воспринимая искры из различных «измов»(через «идеальный иудаизм»), иудаизм в рамках этого процесса никогда не будет в состоянии все эти «измы» обогнать. Но при этом мы должны иметь в виду, что в иудаизме, как объясняет это рав Кук, есть «в запасе» еще одна важнейшая идея, а именно, концепция «общенационального диалога с Богом», дополняющего диалог индивидуальный. Эта идея, изначально содержащаяся в иудаизме, никак не была при этом воспринята христианством и западной цивилизацией; и только сегодня человечество подошло к тому, чтобы начать ее воспринимать. А поэтому «повести цивилизацию за собой» иудаизм сможет именно на основе этой концепции, а не через восприятие искр из «измов», – что само по себе необычайно важно, но это всего лишь «прохождение поворота», разворот от галутного иудаизма к иудаизму Страны Израиля, исправление накопившихся недостатков.

Пока мы не исправили, в достаточной мере, эти недостатки — мы отстаем, и поэтому не сможем говорить с миром таким образом, чтобы мир нас услышал. Нам нужно продолжить исправление недостатков, но параллельно с этим развивать то уникальное, что есть только у нас (концепцию «общенационального диалога с Богом»), чтобы затем передать это человечеству и через это сделать дальнейший кардинальный вклад в развитие цивилизации.

Таков первый аспект ответа.

Однако, у этой проблемы есть еще один аспект. И этот второй аспект объяснения неизбежности «отставания развития иудаизма от развития общей культуры» состоит в том, что, как объясняет каббала, весь наш мир вообще есть *«олам тикун»* – «мир исправления». Все существенное, весь Божественный свет в нашем мире не может появиться сразу в правильной форме. В начале Сотворения Мира (и это реализуется каждый раз заново на новых этапах развития) происходит *«швират келим»* – «разбитие сосудов». Вследствие этого, сначала в мире проявляются «разбитые сосуды» и искры Божественного света обязательно захвачены «скорлупой», и только потом, в результате наших усилий по исправлению мира, свет этих искр освобождается от скорлупы и проявляется в более чистом и исправленном виде. Иными словами, в данном случае, «отставание иудаизма от развития культуры» связано с самыми основами бытия: идея должна сначала проявиться в неправильной форме, в рамках «изма», и только потом, благодаря нашим усилиям, она очищается, чтобы затем действовать в мире в правильном виде.

Такое устройство мироздания является, конечно, неслучайным; и оно связано со стремлением Бога дать нам возможность стать Его «компаньонами», со-Творцами в деле построения мироздания. Впрочем, эта тема слишком большая и более подробно должна быть рассмотрена отдельно, не в рамках данной статьи.

### 21. «Интеграция трех групп в еврейском народе» и программа развития иудаизма на период ближайших десятилетий

Завершая обсуждение «процесса извлечения искр» и схемы ортодоксальной модернизации, мы теперь, для оценки направления дальнейшей эволюции иудаизма, рассмотрим нижеследующий отрывок из книги «Орот» (в свободном переводе):

> «Сегодня [1920 г.] в еврейском народе мы можем наблюдать три большие оформившиеся группы. Первая группа — это ортодоксально-религиозные круги, отстаивающие изучение Торы и соблюдение заповедей. Вторая группа — национально-сионистское движение, жаждущее обновления национальной жизни в Стране Израиля и построения государства. Третья группа — либеральная, поднимающая знамя "европейского просвещения". Эта группа не довольствуется лишь узконациональными рамками, но требует универсальных, общечеловеческих идеалов в просвещении, культуре, морали и т.д. [При этом неверно будет думать (как считают некоторые), что будущее иудаизма как религии связано лишь с первой группой. Напротив –] Понятно, что при нормальном положении дел есть необходимость во всех этих трех силах вместе. И мы всегда должны стремиться к тому, чтобы они властвовали над нами во всей их полноте, осуществляя гармонию без ущерба и избытка, когда эти три силы — святое, народ и человек — сольются вместе в любви бескорыстной и действенной и объединятся группы и группировки, когда каждая из них обнаружит способность действовать вместе эффективнее, чем по отдельности, с подобающей тому дружелюбностью, щедро признавая положительную роль своего помощника».

Иными словами, не подумайте, говорит нам рав Кук, что правильный, будущий иудаизм есть продолжение и наследие современной ему ортодоксии. На самом деле будущий иудаизм есть интеграция идеалов ортодоксов, националистов и универсалистов. (Чтобы почувствовать ошеломительную радикальность этого подхода, переведем его на сегодняшний (2002 г.) язык: это будет декларация того, что будущее иудаизма есть интеграция ценностных идеалов Агудат Исраэль, Ликуда и Мереца.)

На языке изложенной выше концепции «извлечения искр для развития религии» это означает, что идеологии «национальной» и «универсальной» групп содержат в себе две «группы искр», которые иудаизм должен воспринять. Такая концепция совершенно революционна, и в начале XX века, когда она была сформулирована, никто себе и помыслить такого не мог. Однако сегодня, более чем через 80 лет после того, как эти слова были написаны, перспектива выглядит несколько иначе.

Фактически, концепция рава Кука о «трех группах в еврейском народе и необходимости синтеза идеалов», на которых эти группы основываются, представляет собой общую «программу развития иудаизма». С тех пор как эта программа была сформулирована, прошло, как уже было отмечено, более восьми десятилетий, и нам следовало бы рассмотреть ее в ретроспективе и попробовать оценить степень продвижения (т.е. выполнения программы) и направление дальнейшего развития. Конечно, ставя вопрос о предвидении дальнейшего хода развития иудаизма на 30—50—80 лет вперед, мы делаем лишь предположения, но все же хотелось бы привести ниже краткий набросок одного из возможных вариантов.

За истекшие десятилетия динамика отношений между «религиозным лагерем» и «национальным лагерем» была такова, что религиозный сионизм, реализуя, по сути, программу рава Кука, в значительной степени интегрировал в себя многие из ценностей, которые в начале XX века считались уделом нерелигиозного сионизма (т.е. заселение и освоение страны, заботу о Государстве, армии и т.п.). Таким образом, в этой части программы процесс налицо. Однако искры третьей, «универсалистской» группы в еврействе, т.е. той, которая считает самым главным «общечеловеческие ценности», за 80 лет почти не были интегрированы иудаизмом. Но ведь эти ценности — защита прав человека и индивидуальных свобод, отрицательное отношение к религиозному и национальному принуждению, защита индивидуума от посягательств со стороны общества и власти, защита животных и окружающей среды, важность мира, демократия и многое другое — все они в своей основе никак не менее еврейско-религиозны, чем национальные и социальные идеалы «национальной группы». Мы не можем интегрировать их в иудаизм в том виде, в котором они существуют в нашей общественной жизни сейчас, когда содержащуюся в них искру Божественного света окружает чуждая скорлупа, питающаяся энергией этой искры и часто направляющая ее силы во зло. Но на самом деле все эти идеалы в иудаизме не только существуют, но и находятся там в потенциале на гораздо более высоком уровне по сравнению с их сегодняшними антирелигиозными реализациями.

В начале XX века казалось невероятным, что религиозные круги интегрируют идеалы сионистского движения и станут наиболее значимой и активной сионистской группой в израильском обществе, — но вот, прошло менее ста лет, и к сегодняшнему дню это осуществлено. Подобно этому, нам сейчас может показаться совершенно невероятной программа интеллектуального «захвата» ортодоксальным модернизмом тех общечеловеческих ценностей, которые мы сегодня привыкли видеть декларируемыми от имени движений с антирелигиозной ориентацией. И все же нам представляется, что именно это, с точки зрения подхода рава Кука, является программой развития иудаизма на период ближайших 3—5—8 десятилетий.

Конечно, не нам суждено довести эту работу до конца, но и не вправе мы уклониться от нее.[1]

---

[1] Более подробный анализ того, на какой стадии и в чем конкретно может состоять восприятие иудаизмом искры из того или иного современного «изма» см. на сайте http://www.machanaim.org/philosof/in_kuk.htm .

## ГЛАВА В-3

*Пинхас Полонский*

### ПОДХОД ОРТОДОКСАЛЬНОГО МОДЕРНИЗМА К ПРОБЛЕМАМ СТОЛКНОВЕНИЯ ГАЛАХИ И ЭТИЧЕСКОГО ЧУВСТВА

*(Концепция рава Кука и ее возможные применения к современным проблемам еврейской жизни)*

0. ПРЕДИСЛОВИЕ
A. ОБЩИЕ ПРИНЦИПЫ
   1. Столкновение Галахи и этического чувства – примеры проблем
   2. Два исходных противоположных подхода к решению таких проблем – подход охранительный («харедимный») и подход обновленческий («реформаторский»)
   3. Подход рава Кука как поиск синтеза, а не компромисса
   4. «Ортодоксальный модернизм» как синтез позитивной сути «охранительной» и «обновленческой» позиций
   5. Причины возможного «накопления ошибок» в Галахе и в этическом чувстве; процесс их «уточнения» и взаимной «притирки»
   6. Религиозная важность «спонтанных проявлений» индивидуального и национального духа. Возможность синтеза при ощущении внутри себя элементов истинности обеих точек зрения
B. ПРИМЕРЫ
   7. Пример: положение женщин в Галахе, в богослужении и в синагоге
   8. Гиюр нееврея, вступившего в брак с евреем, – пример изменения галахической позиции по сравнению с Шулхан Арухом
   9. Статус «еврея лишь по отцу» в еврейском обществе

## 0. Предисловие

Данная статья ставит себе целью проанализировать подход «ортодоксального модернизма» к проблемам столкновения Галахи и этики – т.е. к ситуациям, когда Галаха входит в противоречие с тем, что мы ощущаем как правильное, достойное, справедливое, как «поведение по совести», т.е. с нашим интуитивным этическим чувством.

Подход рава Кука к подобным проблемам существенно отличался от того, который можно было обычно встретить у религиозных авторитетов. Обсуждая этот подход, мы определяем его как «ортодоксальный модернизм» — хотя сам Рав, конечно, не пользовался таким понятием. Вообще стиль книг рава Кука есть род «философской поэзии», которой свойственны головокружительная глубина и образность, но в которых, при этом, совершенно отсутствуют западная (и тем более университетская) терминология, систематичность и формализованность изложения, дидактика «от простого к сложному» и т.п. Все это необычайно затрудняет изложение основ взглядов рава Кука – так, чтобы оно могло бы стать понятным для начинающего читателя. Данная работа, тем самым, есть попытка представить «первую упрощенную ступеньку» к пониманию подхода рава Кука к этим проблемам.

Во времена рава Кука столкновение Галахи с интуитивным этическим чувством происходило, в основном, в области отношения к нерелигиозным первопроходцам сионистского движения, и оно включало вопросы отношения к атеизму, нерелигиозному сионизму, социализму и другим подобным идеологиям, ставящим острые проблемы перед религией в начале XX века. Но сегодня, когда прошло уже более восьми десятилетий, ситуация значительно изменилась. Конфликты, которые были актуальны тогда, сегодня являются давно пройденным этапом и уже не вызывают острого ощущения проблемы – а потому, как нам кажется, они не будут глубоко поняты современным читателем. Поэтому, излагая ниже подход «ортодоксального модернизма» (т.е. концепции рава Кука), мы выбрали в качестве иллюстрации совсем другие примеры, являющиеся действительно остроконфликтными для нашего времени. Соответственно, весь анализ конкретных примеров отнюдь не является здесь тем или иным изложением статей рава Кука (который об этих проблемах вообще не писал, поскольку они не были актуальными в его время), но является нашим собственным анализом, построенным на основе идей рава Кука и его подхода, — в той мере, в которой мы его понимаем.

\* \* \*

Хотелось бы также отметить, что данная статья представляет собой, в некоторой степени, продолжение статьи **В-2** «Ортодоксальный модернизм и проблемы эволюции иудаизма в учении рава А.И. Кука» — или, может быть, это скорее есть взгляд на эту же концепцию с несколько иной стороны, в другом ракурсе, что должно помочь читателю получить более «стереоскопическое» ее понимание.

# ГЛАВА В-3. *Столкновение галахи и этики*

Сделав такое предисловие, мы можем теперь перейти к изложению самой темы.

## А. *Общие принципы*

### 1. Столкновение Галахи и этического чувства – примеры проблем

Религиозное (ортодоксальное) мировоззрение в иудаизме характеризуется, по своему определению, признанием обязательности соблюдения Галахи (т.е. религиозного закона, дошедшего до нас по Традиции). Но как же следует поступать религиозному человеку в тех случаях, в которых точка зрения Галахи, насколько мы ее знаем, — противоречит тому, что говорят нам наши представления о морали, наше внутреннее этическое чувство? Т.е. какой должна быть наша (религиозных людей) позиция в тех случаях, когда Галаха вроде бы говорит: «надо поступать так-то и так-то», а мы сами – нашим внутренним этическим чувством, т.е. совестью — чувствуем, что поступить так — будет неправильно, и что действовать таким путем не следует? Ведь религия, с одной стороны, не может существовать без признания Божественного содержания ее Традиции; а с другой стороны, она же провозглашает себя основой этики и морали. Так что же нам следует делать, если эти два компонента, Галаха и этическое чувство, как будто противоречат один другому?

Рассмотрим простейший пример. Обычно в ортодоксальной синагоге женщины сидят на балконе, где не всегда настолько же хорошо видно и слышно, как в самом зале; а бывает, что помещение для женщин расположено далеко в конце зала и отделено такой плотной перегородкой, что женщины совсем не видят службы и тем самым ощущение присутствия на ней может вообще пропадать. Галаха вроде бы говорит, что в этих случаях все вполне нормально (т.е. что все законы соблюдены); но что же делать, если кто-то, человек религиозный и соблюдающий, ощущает, что здесь есть дискриминация женщин, и заявляет: «А по моему мнению, согласно моей совести и моим представлениям о морали — это ненормально! Это принижение женщин, и этого допускать нельзя!» И что делать, если сами женщины (религиозные, соблюдающие, ортодоксальные) начинают ощущать, что это ненормально, что они не хотят быть вытеснены из службы в синагоге; если они сами ощущают протест против такого положения дел? Как следует отнестись к такой проблеме?

Или другой, еще более радикальный случай, когда в Израиле репатриант из России говорит: «Я – еврей по отцу, в России меня всегда считали евреем, а здесь (в Израиле) за еврея не считают. Где же здесь справедливость? Там я ходил с еврейской фамилией, страдал от антисемитизма, а здесь мне отказывают в признании еврейства, считают чужим! При этом какой-нибудь "еврей по бабушке по материнской линии", который в России ни фамилией, ни внешностью не выделялся и, соответственно, от антисемитизма совершенно не страдал, – здесь он считается евреем, в отличие от меня!»

Соответственно, такой человек (и многие евреи вокруг него) делают заключение, что «Галаха и весь ваш иудаизм совершенно аморальны». Что на это можно ответить? Действительно, Галаха вроде бы говорит «такой человек – нееврей, и все тут, ничего не поделаешь»; но совесть при этом остается отнюдь не спокойной[1].

## 2. Два исходных противоположных подхода к решению проблем столкновения Галахи и этики: подход охранительный («харедимный») и подход обновленческий («реформаторский»)

Итак, перед нами конфликт столкновения Галахи и этического чувства.

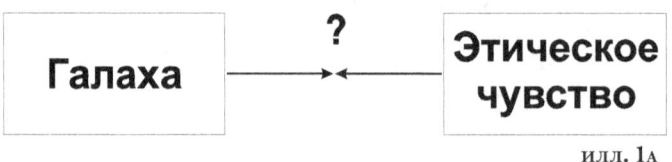

илл. 1а

Какие подходы в принципе возможны в случае такого конфликта? Существуют два «классических» варианта подхода к этой проблеме.

Первый подход – этот подход охранительный (он широко распространен, например, в харедимном обществе). Прежде всего, говорят сторонники охранительного подхода, Галаха – Божественна.

---

[1] «Совесть» по самому своему определению есть интуитивный протест против несправедливости, требующий от человека поступить честно и справедливо самому и протестовать или стыдиться, если нечестно или несправедливо поступает кто-то другой вокруг него. Является ли совесть исключительно только продуктом воспитания и поэтому понятием весьма относительным, или же в ней (кроме, конечно, развития, уточнения и тонкости, созданных воспитанием), есть еще и «внутреннее ядро», являющееся Голосом Бога в человеке? Различные подходы к этой проблеме будут обсуждены ниже.

## ГЛАВА В-3. Столкновение галахи и этики

Она дана от Бога на Синае, и дошла к нам по Традиции, и поэтому она есть Закон, данный Богом. А этическое чувство, «совесть», сформировалось под влиянием исторического развития и культуры окружающих народов, современного состояния общества, средств массовой информации и т.п., — и, следовательно, оно обусловлено человеческо-историческими причинами. А человеческое, в принципе, обязано отступить перед Божественным, и поэтому этическое чувство должно отступить перед Галахой; и если между ними есть конфликт, то этическое чувство следует отодвинуть в сторону.

илл. 1в

Существует и другой подход, противоположный этому, который мы можем обозначить как обновленческую, реформаторскую позицию[1]. Такой подход подчеркивает, что мы, прежде всего, должны осознать, что этическое чувство, нравственность – в основе своей Божественны. Более того, что этическое чувство есть «Бог внутри нас». Ведь человек создан по образу и подобию Бога, и Бог присутствует внутри каждого из нас в виде совести, совесть это и есть «Бессознательный Бог»[2]. Соответственно, если наша совесть что-то говорит нам, то это не просто «важно», но даже «Божественно». А вот Галаха, говорят представители «реформаторского» подхода – это явление человечески-историческое, она сформировалась в разные историко-культурные эпохи под воздействием разных общественных отношений, под влиянием разных

---

[1] Иногда подобную позицию называют «реформистской», однако реально представители реформистского иудаизма весьма редко готовы декларировать «Божественность совести». Кроме того, в тех реальных конфликтах, в рамках которых рав Кук сформировал свой подход, «оппонентами ортодоксии» были совсем не реформисты, а сионистские первопроходцы Второй и Третьей Алии, стремившиеся к «обновлению еврейства».

[2] Подробное обсуждение данной темы см. у одного из крупнейших психологов XX в. Виктора Франкла в книге «Бессознательный Бог – психоанализ и религия».

культур и т.п. А поскольку человеческое, в принципе, обязано отступать перед Божественным, то в случае конфликта между ними этическое чувство довлеет, и Галаха обязана ему уступить.

Иными словами, реформаторская и харедимная точки зрения зеркально отражаются друг в друге.

илл. 1с

## 3. Подход рава Кука как поиск синтеза, а не компромисса

Какую же позицию занимает в данном вопросе рав Кук, т.е. в чем состоит подход «ортодоксального модернизма» к таким проблемам?

Важнейшим принципом подхода рава Кука к ситуации конфликта идеологий внутри еврейского общества является представление о том, что наша задача состоит не в установлении компромисса между противоборствующими сторонами, а в нахождении их синтеза. Конечно, в практической жизни часто приходится идти на компромисс; но в области идеологии, в области идей — компромисс совершенно непродуктивен, а созидательным и живым является только синтез.

(Еще раз отметим, что речь идет совсем не о столкновении с внешним врагом, а о конфликте идеологий внутри еврейского общества, когда чувство базового единства всех участников конфликта перевешивает, в конце концов, идеологические различия. Вообще, весь подход рава Кука базируется именно на том, что каждая идеологическая группа в еврейском народе является носителом своей характеристической «еврейскости», являющейся необходимым элементом общей картины; и что даже если «оболочка» («скорлупа», т.е. внешняя, декларируемая идеология) взглядов этой группы является отрицательной, неправильной и противоречащей всем установкам иудаизма, то все равно внутри нее содержится правильное «ядро», Божественная искра, элемент высшей истины, восприятие и «интеграция» которого необходимы для полноты общей картины).

В чем разница между компромиссом и синтезом? Компромисс – это ситуация, когда две разные точки зрения, сталкиваясь, пытаются подавить друг друга, после чего достигают в некоторый момент равновесия и решают временно прекратить бороться. В результате достигнутого компромисса создается перемирие (и соответственно, можно тратить меньше сил на борьбу с противником), но при этом каждая из этих идей деформируется и искривляется.

илл. **2а.** *Компромисс*
*(обе концепции искривляются)*

Компромисс – это равновесие искривления, равновесие искажения. При нем не появляется никакое настоящее единство, и каждая сторона продолжает чувствовать себя ущемленной. А, значит, это обычно временное перемирие, когда обе стороны копят силы для дальнейшего раунда борьбы и для неизбежного будущего столкновения.

На практике, в решении текущих жизненных проблем, компромисс часто необходим, без него невозможно обойтись; но в области идеологии компромисс совершенно непродуктивен, он не рождает ничего нового и живого. В области идеологии нужен не компромисс, но синтез, а это нечто совсем иное.

Синтез – это когда в каждой из точек зрения мы выделяем ядро, т.е. Божественную суть дела, Божественную искру, отделяя ее от внешних, несущественных деталей, от скорлупы, поверхности; и далее мы, вместо того чтобы брать две исходных точки зрения – берем их суть, два их «ядра», и формируем на их основе новую общую конструкцию.

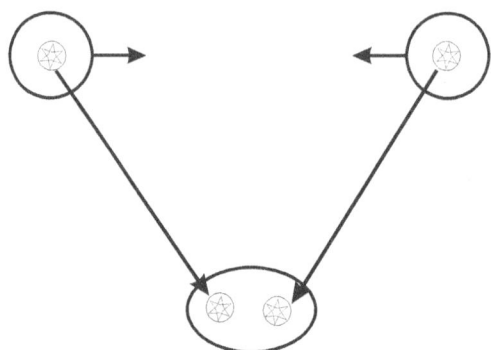

илл. 2в. *Синтез*
*(вместо столкновения)*

При синтезе центральные идеи обеих точек зрения реализуются полностью в своем единстве. Нет никакого ущерба ни для одной из этих идей, ни одна из них не должна искажаться, чтобы избежать конфликта с другой. Они реализуются полностью и гармонично, потому что создается общая структура, общая «оболочка», основанная на идеалах обеих сторон. При синтезе мы соединяем не сами исходные позиции, а их «центральные идеи» (и строим на их основе новую конструкцию). А поскольку именно эти идеи (а вовсе не внешняя скорлупа) придают этим позициям жизненную силу, то возникает живая развивающаяся общность, единство, достигающее истинного мира (а не временного перемирия) и дающее возможность для дальнейшего продолжения и развития.

[Легко видеть, что именно так происходит зарождение нового живого организма также и в физической (биологической) жизни.]

### 4. «Ортодоксальный модернизм» как синтез позитивной сути «охранительной» и «обновленческой» позиций

Рассмотрим, как такой подход работает на практике. Мы описали выше две противоположных позиции, которых, во многих случаях, придерживаются, с одной стороны, харедим, а с другой – реформаторски настроенное «нерелигиозное» еврейство. Разумеется, по многим конкретным вопросам между этими точками зрения будет наблюдаться столкновение. И хотя, может быть, в какой-то практической ситуации они решат пойти на компромисс («здесь мы уступим, а здесь уступите вы») и как-то договорятся,

## ГЛАВА В-3. Столкновение галахи и этики

(при наличии других общих интересов или же опасности со стороны общего врага), но в области идеологии они отнюдь не приходят и не собираются приходить ни к какой общей точке зрения; так что компромисс между ними не рождает ничего нового и дает лишь временное перемирие. Концепция же рава Кука, «ортодоксальный модернизм», — это совсем не компромисс этих точек зрения, но их синтез. (Т.е. выявление в каждой из этих точек зрения центрального ядра, Божественной идеи и затем построение новой конструкции на объединении этих идей.)

Это происходит следующим образом. Рассмотрим сначала, что является центральным ядром, сутью дела в охранительно-харедимной точке зрения. Очевидно, что это утверждение о том, что Галаха — Божественна. Это утверждение, несомненно, правильно и позитивно (вообще, поскольку «ортодоксальный модернизм» рава Кука является ортодоксальной религиозной идеологией, то он, конечно, подчеркивает необходимость полного соблюдения Галахи), и поэтому мы должны перенести идею Божественности Галахи в формирующийся «ортодоксальный модернизм». А что является ядром, Божественной искрой в обновленческой, реформаторской точке зрения? Очевидно, утверждение о том, что этическое чувство — Божественно; и эта позиция и идея тоже, несомненно, правильна, поэтому и она тоже должна быть реализована в ортодоксальном модернизме.

Итак, ортодоксальный модернизм должен быть построен на обеих этих идеях — и на Божественности Галахи, и на Божественности этического чувства.

илл. 1D

Итак, с точки зрения ортодоксального модернизма как Галаха, так и этическое чувство являются по своему происхождению Божественными. Однако характер их Божественности различен. Источник Галахи – это «Божественное трансцендентное», т.е. это та Божественность, которая при Даровании Торы на Синае «извне» спустилась в наш мир (и, соответственно, источник ее появления вне нашего мира, он трансцендентен), а затем она постепенно, по Традиции, доходит до нас. А источник этического чувства – «Божественное имманентное», т.е. это та Божественность, которая проявляется из собственно самой нашей жизни, из нашего интуитивного чувства совести, из образа Бога в человеке.

А поскольку и то и другое Божественно, то, как объясняет рав Кук, ни одно из них не имеет права уступить. Поэтому нам нужно реализовать в полной мере и Галаху, и этическое чувство. Но как же быть в случае конфликта между ними?

Поскольку и Галаха, и этическое чувство имеют один и тот же Божественный источник, то, следовательно, они должны между собой согласовываться. Но что же нам делать, если реально, в нашей сегодняшней жизни, они не согласуются? Ответ состоит в том, что причина несогласования кроется не в истинном противоречии Галахи и этики, а в нашем неправильном понимании Галахи[1], или же в нашем неправильном и недостаточном понимании собственного этического чувства — или, скорее, и в том, и в другом одновременно. Причина не в Галахе самой по себе, а в наших ошибках восприятия Галахи. И также не в этическом чувстве самом по себе, а в том, что мы были обмануты поверхностным этическим чувством и недостаточно задумались над сутью дела.

Поэтому наша задача состоит в том, чтобы начать уточнять, «зачищать», т.е. разбирать и анализировать обе эти основы нашего существования — как Галаху, так и этическое чувство — чтобы счистить покрывающую их шелуху и выявить их истинное содержание так, чтобы, в конце концов, они согласовались, «притерлись» друг к другу.

Конечно, здесь, как и в любой другой ситуации, создать синтез очень непросто, это совсем не механическое объединение. Для этого надо «любить» обе эти точки зрения и глубоко чувствовать

---

[1] Рав Кук, например, пишет в связи с этим, что «Богобоязненность, если она противоречит здоровому этическому чувству, не может быть правильной». См. об этом подробнее раздел D-1 Первый дневник §75, а также, статью Э. Зускина (раздел «E») в данном сборнике.

их. Ниже мы рассмотрим конкретно, как к подобному синтезу можно прийти в некоторых конкретных случаях.

### 5. Причины возможного «накопления ошибок» в Галахе и в этическом чувстве; процесс их «уточнения» и взаимной «притирки»

Когда мы говорим о том, что у нас есть «неправильно или неточно понимаемая Галаха», которую нужно «уточнять», — то мы, конечно, совсем не имеем в виду что это «вообще неправильная или ошибочно принятая Галаха». Дело в ином: возможны случаи, когда то или иное галахическое решение, которое раньше, в определенной ситуации, было правильным, — сегодня, в изменившейся культурно-социальной ситуации, может быть уже далеко не совсем правильным. Ведь по самой своей сути Галаха – это законодательное решение для конкретных ситуаций, применение исходного Закона к конкретной реальности. В каждой конкретной Галахе есть две стороны: с одной стороны есть исходный, сам по себе никак не изменяемый Божественный Закон (=Тора), а с другой стороны — реальная ситуация, к которой мы этот закон хотим применить; и «принять Галаху» — это и значит определить применение Закона именно в данной ситуации. Но если мы взяли Галаху просто из книги, из определенной прежней эпохи, или изучили мнение раввинов предыдущих поколений — то можем ли мы быть уверены, что сегодня Галаха осталась прежней (т.е. что ситуация сегодня та же что и в прошлом, и что поэтому и сегодня нужно принять такое же решение, как и в прошлом)? Может быть, сегодня ситуация уже совсем иная, и, согласно тем же самым, нисколько не изменяемым принципам того же самого Божественного Закона, в данной конкретной ситуации решение будет иное? Поэтому некритический перенос Галахи из одной эпохи или ситуации в другую вполне может создать ошибку в Галахе. Не потому, что эта Галаха «неправильная вообще», а потому, что она неправильно нами понимается и применяется. И раз Галаха – это применение общих принципов к конкретной ситуации, то при изменении ситуации нам, возможно, вместо «переписывания ответа» следует перепроверить весь процесс решения задачи.

Иными словами, при применении Галахи в новой социально-культурной ситуации, особенно по прошествии нескольких столетий после ее принятия и при изменении общественных структур жизни, следует обязательно учесть, что может поменяться очень многое в постановке самой задачи и в ее «граничных условиях». Поэтому зачастую будет неправильным пытаться просто буквально переносить Галаху из одной эпохи в другую; а вместо этого следует снова взять исходную задачу, посмотреть, какие были начальные принципы, какие предполагались условия, почему было принято то или иное решение, — а затем проанализировать, действуют ли те же самые условия сейчас, или же изменилось столь многое, что сегодня эту задачу нужно решать заново.

(Здесь надо еще раз подчеркнуть, что пересмотр того или иного галахического, или «около-галахического» решения прошлых веков ни в коем случае не означает, конечно, что раввины прошлого в чем-то «ошибались» или что-то «неправильно понимали». Такое недостаточно уважительное отношение к тем, через которых мы, собственно, и получили нашу сегодняшнюю традицию — было бы не только в корне неправильным, но и перечеркивало бы весь смысл традиции в религии. Наоборот, мы полностью полагаемся на мудрецов прошлого и на их учение. И мы изменяем высказанные ими постановления только в тех случаях, когда эти постановления были, в сущности, ответами для другой задачи, которая стояла в их время. Мы полагаем, что в свое время они эту задачу решили правильно, — однако, в наше время нам предложена уже другая задача с другими условиями, и поэтому переносить прежний ответ к новой задаче будет ошибкой, и без выработки нового решения обойтись невозможно.)

При этом именно *столкновение Галахи с этическим чувством является симптомом того*, что в данном вопросе что-то не так, и что ситуация изменилась. Если нет столкновения, если Галаха и этическое чувство согласуются, то можно продолжать жить по тем же самым, ранее принятым галахическим решениям (ведь нельзя же перепроверять каждую задачу). Но если есть столкновение, то это признак того, что ситуация перестала быть прежней. Ведь этическое чувство устроено так, что оно реагирует не на теорию, а именно на конкретную ситуацию, оно более чувствительно к конкретике, оно реагирует непосредственно, даже иногда без прояснения причины. А Галаха более формализована, поэтому она легче может отдалиться от реальности. Таким образом, их столкновение – показатель того, что ситуация изменилась.

Но само по себе этическое чувство тоже может нас обманывать. Может быть, в том или ином конкретном случае мы судим не по действительной реальности, а согласно тому, как это преподносят нам средства массовой информации. Например, сегодня (август 2003 года) в Израиле имеется конфликт между Министерством финансов, изменившим правила выдачи социальных пособий (и постановившим, что пособие получают только те, кто идет работать), и матерями-одиночками (точнее – стоящей за их спиной политической оппозицией), которые требуют вернуться к прежним правилам выдачи пособий. При этом многие граждане в стране жалеют матерей-одиночек и хотят, чтобы им «вернули пособия», но это этическое чувство возникает у людей не потому, что положение всех матерей-одиночек действительно такое уж ужасное, и не потому, что они считают, что правильно выдавать пособия без того, чтобы побуждать людей выходить на работу – но только потому, что средства массовой информации так обрисовали им ситуацию, так подали материал. Соответственно, есть много честных, но обманутых СМИ людей, которые готовы поддержать борьбу матерей-одиночек за их «права».

Или, например, совершенно другой случай: ситуация во время конфликта в Косово 1999 года, когда НАТО, встав на сторону албанцев, бомбило города Сербии, но при этом СМИ постоянно показывали сербско-албанский конфликт в абсолютно превратном виде, так что многие вполне честные люди в Западном мире восприняли ситуацию так, как будто имеется столь чудовищная несправедливость сербов по отношению к албанцам, что совесть требует бомбить сербов. При этом на самом деле обратная «несправедливость албанцев по отношению к сербам» (т.е. война и террор албанцев против сербов, имевшие место в начале конфликта) была, возможно, не меньшей, но по телевизору ее не показали. Иными словами, этическое чувство тоже может нас обманывать, когда оно вместо вживания в настоящую ситуацию оперирует лозунгами и подретушированными образами, созданными СМИ. Поэтому нужно уточнять и очищать наше этическое чувство, проверять, на самом ли деле ситуация такова, какой ее изображают, и не обмануты ли мы поверхностным восприятием ситуации, и действительно ли дело обстоит так, как нам кажется.

(Оба приведенных выше примера, конечно, никак не связаны ни с сугубо еврейскими проблемами, ни с Галахой; но и в нашей еврейской жизни мы можем наблюдать ситуации, вполне аналогичные приведенным.)

Процессы уточнения как Галахи, так и этического чувства надо продолжать параллельно, пытаясь при этом достичь согласования между ними. Поиск такого согласования – это и есть процесс выработки Галахи, адекватной той реальной ситуации, в которой мы в настоящее время находимся.

(Следует еще раз подчеркнуть, что рав Кук описывал все эти вещи совсем не так формально, как мы делаем это в настоящей статье. Его язык – это язык религиозно-мистической поэзии в прозе;

но наша работа – попытаться изложить «начальный уровень» его концепции в более простых терминах.)

**6. Религиозная важность «спонтанных проявлений» индивидуального и национального духа. Возможность синтеза при ощущении внутри себя элементов истинности обеих точек зрения**

Важно отметить, что концепция рава Кука вообще придает огромное значение спонтанным проявлениям души (одним из которых, в частности, является совесть). Это относится как к спонтанным проявлениям души индивидуума, так и к спонтанным проявлениям национальной души (т.е. к порывам народа, к его продвижению в том или ином новом направлении). Таким «общенациональным спонтанным порывам» придается, в некотором смысле, даже значение «имманентного миру Божественного Откровения». Соответственно, если на индивидуальном уровне (и тем более на общественном, т.е. когда это проявляется у целой группы) нам что-то говорит совесть — то это, в некотором смысле, «слово от Бога». Другое дело, что это не единственное приходящее к нам «слово от Бога» и поэтому его нужно согласовать с другими «словами», также исходящими от Бога, — как, например, Галахой; но самому этому слову, «имманентному Откровению», придается такой высокий статус, что оно не имеет права просто так «отступить». Поэтому в случае несогласования Галахи и этического чувства возникает, с точки зрения рава Кука, не поверхностное столкновение, а настоящий глубокий и живой (и являющийся источником творческого развития) конфликт двух «Божественных слов».

В рамках охранительно-харедимной позиции такого конфликта нет, и также в рамках самой обновленческо-реформаторской позиции конфликта тоже нет, т.к. в них обеих заранее «известно», что именно должно отступить. Для них общественное столкновение между Галахой и этикой воспринимается как конфликт внешний, т.е. как столкновение двух противоположных общественных групп, имеющих свои внешние интересы, т.е. сторонников Галахи или же сторонников этики. Но для «ортодоксального модернизма» столкновение Галахи и этики – это прежде всего конфликт внутренний, это конфликт внутри нас самих, потому что обе точки зрения («харедимная» и «реформаторская») представлены своими центральными идеями внутри нас. Поэтому конфликт становится не внешним конфликтом двух групп, а внутренним конфликтом внутри нашей собственной идеологической позиции. И поскольку это конфликт внутренний, то у нас возникает глубокое

## ГЛАВА В-3. *Столкновение галахи и этики*

понимание, непосредственное ощущение тех элементов правоты, которые существуют как в той, так и в другой точке зрения. А ведь только в такой ситуации и возможно создать их синтез.

Ни одна из групп стоящих на противоположных позициях - ни харедимная, ни реформаторская, ни обе они вместе – синтез создать не могут, потому что каждая из них борется с другой, чужой точкой зрения. Для них это внешняя борьба, внешний конфликт. Синтез же можно создать лишь при интеграции в самом себе центральных идей обоих направлений – а это можно осуществить только при их внутреннем, а не внешнем столкновении.

## В. Примеры

### 7. Пример: положение женщин в Галахе, в богослужении и в синагоге

Переходя от общей теории к конкретным примерам, мы должны учесть, что хотя рав Кук, конечно, проложил нам путь и указал на общий метод подхода к проблемам столкновения Галахи и этики, — но конкретные излагаемые ниже решения есть уже наши собственные предложения. Поэтому ниже мы никак не настаиваем на том, что именно данные решения должны быть приняты в той или иной конкретной ситуации (и конечно, изложенное ниже не есть непосредственно точка зрения рава Кука), — но мы проводим нижеследующий анализ скорее в качестве примера ортодоксально-модернистского подхода, предлагаем возможный подход к той или иной проблеме.

Начнем наше обсуждение с весьма важного конкретного примера – статуса женщин в синагоге. Есть женщины, для которых совершенно нормально и даже комфортно сидеть в синагоге на балконе (где в большинстве современных ортодоксальных синагог располагаются места для женщин); они считают, что им там удобно и вполне хорошо слышно, и что сверху можно все хорошо видеть. Но есть женщины, которым это не нравится, они ощущают, что это нехорошо, несправедливо и нечестно. Они ощущают, что при таком размещении они являются только зрителями, а не участниками Богослужения; и они хотели бы изменить положение.

В подобной ситуации было бы совершенно неправильно убеждать этих женщин, что все хорошо, справедливо и честно, и что так и должно быть. Это было бы просто попыткой подавить инстинктивное спонтанное чувство справедливости. И так делать не следует, это чувство надо не подавлять, а наоборот, сохранять и развивать, потому что в этом спонтанном проявлении этического чувства есть существенная религиозная ценность. Поэтому нужно попытаться найти решения, с помощью которых можно было бы исправить ситуацию, т.е. согласовать этику с Галахой.

Опять-таки, позиция ортодоксального модернизма основывается на полном соблюдении Галахи, и поэтому мы прежде всего должны обратиться к тому ее разделу, в котором объясняется, почему в синагоге женщины должны молиться отдельно от мужчин. При этом надо не просто «узнать ответ», а обратиться к истории проблемы и выяснить, почему то или иное решение было принято. Начав изучать историю вопроса в данном случае, мы тут же узнаем, что причины такого постановления Мудрецов кроются прежде всего в слабости мужчин, потому что мужчины – это такие существа, которые (или, по крайней мере, многие из которых) в присутствии женщин не в состоянии сосредоточиться на молитве (и прямо скажем, что женщинам в целом было бы гораздо хуже, если бы мужчины не были такими существами...). Это свойство мужчин не изменилось за последние две тысячи лет – от момента, когда, в конце эпохи Второго Храма, было вынесено это постановление («Когда увидели, что наблюдается в Храме легкомысленное поведение, то разделили мужчин и женщин») и до сегодняшнего дня.

Вообще говоря, само по себе изменение ситуации, в которой было вынесено то или иное галахическое постановление, не требует изменения постановления; и бывают случаи, когда то или иное постановление сохраняется, несмотря на то, что причины, вызвавшие его, сегодня не действуют. Однако такое положение дел сохраняется только в тех случаях, если нет существенных причин для пересмотра данного постановления, т.е. тогда, когда оно не противоречит нашему этическому чувству и общей социокультурной ситуации. Вообще говоря, в самом этом принципе «сохранения даже тех постановлений, причины которых отменились» есть важный позитивный элемент сохранения исторической связи и исторической памяти о пути развития религии и народа; и поэтому уже сделанные установления изменяются только при очень серьезной необходимости. Но в данном случае, как мы отметили, также и ситуация осталась прежней – и, следовательно, это постановление не должно быть изменено.

Поэтому нам следует найти такую форму, которая, соблюдая Галаху, создавала бы при этом более равные взаимоотношения мужчин и женщин в синагоге. Существуют различные методы, которые позволяют это сделать. Например, можно разделить молитвенный зал перегородкой не «поперек», а «посредине зала вдоль» (от Арон hа-Кодеш ко входу) так, что мужчины и женщины будут располагаться симметрично по разные стороны от нее, — отделены друг от друга, но как бы «уравнены».

Есть женщины, которые в таком случае говорят: «Все хорошо, теперь ситуация исправлена и такая ортодоксальная, но "равноправная" синагога удовлетворяет нашим подробностям». Но другие говорят: «Этого недостаточно, потому что мы не полностью участники молитвы, нас не вызывают к чтению Торы и т.д.» Если женщин с такой установкой окажется достаточно много, то можно, например, сделать «синагогу для женщин», в которой будет «хазани́т» (т.е. женщина, ведущая молитву) и женщины будут вызываться к чтению Торы. При этом мы не можем (т.к. Галаха это запрещает) согласиться на то, чтобы при молитве мужчины и женщины располагались в одном зале без перегородок, но вполне можно организовать отдельную молитвенную церемонию (службу) для женщин, и, если они хотят, то им надо дать возможность самостоятельно разобраться со всеми возникающими при этом проблемами.

Например, в некоторых религиозных израильских школах для девушек (причем в серьезных школах, «у́льпанах» — нечто вроде иешивы для девушек) школьницы решили: «почему только мужчины читают свиток Эстер в Пурим; мы хотим сами читать свиток Эстер!» (Галаха разрешает чтение Свитка женщинами для женщин). Приняв такое решение, они научились читать свиток Эстер с кантилляцией и в Пурим устраивают полностью свою службу, читая Свиток, как полагается. В подобных ситуациях общий принцип, по-видимому, должен быть таков: надо дать той группе, которая хочет изменить положение, возможность самостоятельно действовать и самой все организовать. Следует углубленно проанализировать и выяснить точные обязывающие рамки Галахи, а далее разрешить экспериментировать, не нарушая этих рамок. В процессе подобных экспериментов живые реальные формы обновленной (но с сохранением Галахи) религиозной жизни выработаются сами.

Итак, возвращаясь к вопросам разделения мужчин и женщин при молитве, мы говорим, что следует дать женщинам возможность религиозной самореализации в процессе службы в синагоге, но при этом всем сторонам важно понимать, что совместная молитва мужчин и женщин невозможна не из-за женщин, а из-за мужчин. В такой ситуации проблема уйдет. И наше этическое чувство, которое сначала требовало равенства женщин в смысле «одинаковости» их положения в религиозной службе, изменится; оно будет требовать представления женщинам возможностей религиозного развития, но вовсе не смешения мужчин и женщин во время молитвы. (Уточненное таким образом этическое чувство будет продолжать выступать против дискриминации женщин, но оно при этом совсем не будет требовать именно «совместной молитвы».) И это – пример подхода являющегося «религиозным феминизмом» в ортодоксальном галахическом обществе.[1]

## 8. Гиюр нееврея, вступившего в брак с евреем – пример изменения галахической позиции по сравнению с Шулхан Арухом

Рассмотрим теперь другой пример изменения галахической позиции – ситуацию с гиюром.

Если мы будем изучать Галаху про гиюр по классическим кодексам Закона, то быстро обнаружатся некоторые положения, которые в нынешней ситуации вряд ли продолжают оставаться действующими (и даже скорее наоборот). Конечно, в общем случае «Шулхан Арух» [классический, последний из общепринятых галахических кодексов, XVI век] продолжает действовать. Но это «в общем случае» означает, что вполне могут быть (и есть) исключения, когда сегодняшняя Галаха существенно отличается от «Шулхан Арух». Вообще, из того, что что-то написано в «Шулхан Арух», совершенно не всегда следует, что это автоматически действует сегодня – ведь условия могут быть совсем иными, и при полном сохранении всех тех же галахических принципов можно придти к иным выводам.

Рассмотрим следующий пример. В «Шулхан Арух» говорится, что если, например, мужчина-еврей был (или даже это только подозревали) в интимных отношениях с какой-то женщиной-нееврейкой, [естественно, имеется в виду ситуация, когда она свободна, не замужем] и она позже сделала гиюр (или наоборот, женщина-еврейка была или подозревалась в интимных отношениях с неевреем, и он позднее сделал гиюр), — то они не могут пожениться, чтобы не возникало подозрение, что гиюр сделан ради брака.

Рассмотрим, однако, галахическое решение венгерских раввинов середины XIX века (кстати, венгерских ортодоксальных раввинов того времени трудно заподозрить в модернизме, скорее нао-

---

[1] Подробнее о феминизме в рамках еврейского ортодоксального подхода см. в статье Т.Росс «Влияние феминизма на теологию ортодоксального иудаизма»: http://www.machanaim.org/philosof/feminism/t-ros.htm

борот, – они были весьма консервативны). В этом решении рассматривается следующая ситуация: молодой человек ушел из еврейства, женился на нееврейке, теперь у него двое детей, и он пришел с женой и детьми и просит, чтобы им сделали гиюр и чтобы его семья далее была еврейской семьей. По «Шулхан Арух» гиюр в такой ситуации вроде бы делать не положено. Однако раввины, рассматривавшие дело, решили иначе. Они сказали: прежде всего нужно учесть, что данное утверждение «Шулхан Арух» не является ни законом из Торы, ни законом от Мудрецов; но это было сложившейся нормой, призванной правильно направить жизненную ситуацию. И в свое время (в XVI веке и ранее) это правило ограждало евреев от интимных связей с неевреями. Но сегодня перед нами иная ситуация. Предотвратить подобные связи мы не можем. При этом, если не сделать гиюр этой женщине, то ведь ее муж-еврей не разведется с ней, и, следовательно, он будет продолжать жить с нееврейкой, а это очень сильное нарушение сути Закона. Дети в его семье будут неевреями, и это тем более закроет ему путь к нормальной еврейской жизни. А если позволить ей и детям сделать гиюр, то он далее будет жить с еврейкой, у него будет еврейская семья, что и для него, и для народа в целом в данном случае гораздо предпочтительнее. Поэтому они приняли решение о гиюре, хотя это вроде бы не соответствовало «Шулхан-Арух». И так поступили совсем не модернисты XX века, а раввины консервативно настроенного венгерского еврейства середины XIX века!

«Шулхан Арух» исходил из того, что, если мы разрешим подобный гиюр, то это будет «проломом в ограде», и найдутся люди, которые из-за этого будут считать: «интимные отношения с неевреем – это не страшно, в крайнем случае, он/она сделает гиюр, и мы сможем пожениться». Поэтому, считает «Шулхан Арух», следует это запретить. И в XVI веке это запрещение, видимо, действительно могло предотвратить нежелательные связи.

Но в XIX и тем более в XX веке подход должен быть совершенно иным. Запрет из «Шулхан Арух» давно уже не сдерживает тех, кто вообще отошел от соблюдения заповедей. Более того, у нас может возникнуть противоположная ситуация: часто именно нееврейский супруг в «смешанном браке» хочет сделать гиюр и исправить ситуацию, соблюдать еврейскую традицию и сделать свою семью полноценной еврейской (а еврейскому супругу все это довольно безразлично), и если бы мы следовали подходу «Шулхан Арух», то это не позволило бы нееврейскому супругу приблизить своего еврейского супруга к Торе. А ведь здесь – что критически важно в данном случае! – мы имеем не «запрет из Торы» и даже не «запрет от мудрецов», а скорее просто сложившуюся норму, при том, что основы Галахи в принципе позволяют, чтобы «Бейт-Дин» (религиозный суд) принимал те критерии гиюра, которые он считает правильными для еврейского народа в текущей ситуации. Следовательно, конкретная Галаха в данном вопросе должна быть иной. При этом сущность Галахи, с точки зрения ее принципов и ее общих правил, осталась неизменной. Но ввиду изменения «условий задачи» – мы получаем совершенно иной ответ.

И сегодня, соответственно, ни один «Бейт-Дин» не станет запрещать нееврейскому супругу сделать гиюр в подобном случае.

### 9. Статус «еврея лишь по отцу» в еврейском обществе

Теперь попробуем наметить возможные пути решения очень сложной проблемы, остро стоящей сегодня прежде всего в Израиле: каков статус тех, кто является евреем лишь по отцу, но не является евреем по матери и при этом он считает себя и хочет быть частью еврейского народа.

(Еще раз отметим, что как все предыдущее обсуждение конкретных примеров, так и приводимое далее обсуждение не является непосредственно точкой зрения рава Кука. В его время ситуации и проблемы были иные, тогда данной проблемы не возникало, и поэтому мы не можем найти у самого рава Кука высказываний на эту тему. Все нижеследующее обсуждение есть наша собственная попытка, основываясь на принципах, выдвинутых р.Куком, найти возможный путь к решению.)

Итак, рассмотрим ситуацию: когда репатриант из России говорит: «я, еврей по отцу и по фамилии, всю жизнь считал себя евреем, ко мне в России все окружающие относились как к еврею, я страдал от антисемитизма, но фамилию не менял, — а здесь, в Израиле, меня евреем не признают! Это совершенно несправедливо!»

Каков адекватный религиозный подход к подобной ситуации? По Галахе, вроде бы, этот человек евреем не является, но с другой стороны, этическое чувство говорит нам, что немалая часть правды явно на его стороне. Мы можем, наверное, сделать усилие и подавить в себе это чувство, сказав: «Все это глупости, есть Галаха и точка», — но поступить так будет совершенно неправильно. Ведь этическое чувство есть важнейший элемент нашего диалога с Богом, поэтому нужно не подавлять, а наоборот, развивать и углублять его. И подумать: какая позиция на самом деле правильна? Все ли так уж ясно в Галахе? И если мы начинаем серьезно исследовать эту область, то выясняется, что вопрос совсем не так очевиден, как нам казалось вначале.

Конечно, в популярной литературе можно нередко встретить утверждения типа того, что «всякий человек или однозначно еврей, или однозначно нееврей, и никакой промежуточной позиции не бывает; и что если нееврей является сыном еврея, то он ничем не отличается по статусу от любого другого нееврея; а тот факт, что у него отец еврей, не имеет с точки зрения иудаизма никакого значения». Однако при более внимательном анализе выясняется, что подобное утверждение отнюдь не точно. На самом деле, в Галахе есть и совершенно иной подход. Один аспект этого иного подхода я сам в первый раз услышал еще в Москве в начале 80-х годов, когда реб Авром Миллер (человек, учившийся еще в начале XX века в иешиве Хафец-Хаима, и сумевший пронести иудаизм через Вторую Мировую войну и сталинские лагеря и продолжавший преподавать в синагоге; всеобщий учитель религиозной молодежи в Москве 1970-1980 годов) объяснил мне: конечно, ни в каких книжках об этом не написано, но надо самому знать, что если пришел делать гиюр человек, у которого отец еврей, то мы такого человека не отговариваем, а наоборот, помогаем ему пройти гиюр. Законы гиюра, которые говорят, что «если нееврей пришел делать гиюр, то мы его отговариваем от этого решения, и только если он настаивает на том, что хочет сделать гиюр и соблюдать заповеди, только тогда мы соглашаемся», — эти законы относятся к такому нееврею, который никак не связан с еврейством; но если пришел делать гиюр тот, у кого отец — еврей, то его отговаривать не надо. На мой вопрос о том, в какой галахической книге так написано, реб Авром еще раз подчеркнул: «Это не написано нигде, но самому понимать надо».

Здесь следует сказать, что сегодня (и, в частности, ввиду того, что «смешанная» алия из СНГ ставит эту проблему перед израильским обществом) есть гораздо более подробная литература по вопросам гиюра, поэтому по данной теме можно найти и письменные источники. Более того, есть даже галахические источники, которые в ситуации «Еврей был женат на нееврейке, и у него дети от нее» утверждают, что существует «мицва», заповедь для этого еврея сделать этим своим детям гиюр; и далее разбирается вопрос о том, что если он сделал этим детям гиюр, то выполнил ли он тем самым заповедь «плодиться и размножаться». Однако, в любом случае, в принципе важно отметить, что существует в иудаизме многое такое, что «самому понимать надо», даже если трудно при этом прямо сослаться на какой-то формальный галахический текст.

Итак, мы видим, что если у человека отец — еврей, то он уже не является (вопреки тому, что поверхностно утверждают некоторые) «просто неевреем». Правильным термином для определения статуса такого человека является *зе́ра Исраэль*, т.е. «из потомков евреев», и отношение к нему в иудаизме совершенно иное.

Таким образом, отношение к «евреям по отцу», которые приехали в Израиль с последней волной алии (если, конечно, они хотят быть частью еврейского народа) не должно быть идентичным отношению к «неевреям», к ним надо относится как к «частично евреям», «потенциально евреям» — и, соответственно, нужно постараться помочь им пройти гиюр.

Конечно, было неправильным просто засчитать их евреями, вообще без гиюра, т.к. Закон Торы явно и однозначно запрещает это; но, очень может быть, нужно постараться облегчить им гиюр, проанализировав подробно, какие требования к гиюру Галаха действительно выдвигает, а что есть просто сложившаяся «устрожающая» норма, на самом деле не всегда обязательная. Кстати, один из центральных аспектов гиюра состоит в том, что проходящий гиюр становится частью еврейского народа в смысле общей судьбы, в смысле жизни вместе с еврейским народом; а поэтому, возможно, в этом аспекте сам факт переезда этих людей в Израиль (если, еще раз повторим, они сделали это потому, что хотят быть частью еврейского народа) может иметь религиозное и даже галахическое значение, т. к. жизнь в Израиле и участие в жизни Страны вполне может рассматриваться как реальное, подтвержденное действиями намерение быть частью еврейского народа. Конечно, этого намерения самого по себе недостаточно, и необходимо пройти еще долгий путь; но, очень возможно, что если мы (религиозное еврейство) внятно заявим, что алия в таких случаях имеет религиозное и галахическое значение, что она уже, в некотором смысле, есть начало процесса гиюра, и что такие люди вовсе не являются «просто неевреями» — то само такое изменение нашей позиции уже изменит ситуацию в Стране и отношение этих (и многих других) людей к иудаизму, перенаправив ситуацию от конфликта к позитивному сотрудничеству.

Суммируя ситуацию, можно сказать, что признавая здесь за «евреем по отцу» определенный еврейский статус (*зе́ра Исраэль*), мы, в некотором смысле, признаем, что в его претензиях «почему же вы не считаете меня евреем?!» была определенная позитивная Божественная истина; и мы, интегрируя этот элемент его правоты с одной стороны, и уточненную («зачищенную») Галаху по данному вопросу с другой стороны, можем найти не компромисс между ними, а их синтез.

Конечно, в каждой реальной религиозно-социальной проблеме достичь такого синтеза весьма непросто; но именно это должно быть направлением нашего поиска.

# РАЗДЕЛ С

# БАЗОВЫЕ КОНЦЕПЦИИ МЕТАФИЗИКИ И КАББАЛЫ В УЧЕНИИ РАВА КУКА

**Данный раздел является переводом книги проф. Йосефа Бен-Шломо «Песнь жизни — главы из учения р. А.И. Кука».**

*Перевод первой (биографической) главы этой книги помещен нами в раздел А («Личность») и составляет главу А-3 данного сборника, а остальные главы (2–13) книги составили данный раздел (С-2–С-13).*
*Редакция перевода: П. Полонский*

*Все цитаты из произведений р. Кука выделены курсивом. Вставки, помещенные в квадратные скобки, а также все подзаголовки являются дополнениями, сделанными редактором перевода. Следует также отметить, что сама книга «Песнь жизни» была написана на основе курса лекций, прочитанных автором в рамках израильского «Радио-университета», и поэтому логика изложения и распределение материала в них носят во многом «лекционный характер».*

## ГЛАВА С-2

## ОБЩЕЕ ОПИСАНИЕ И ОСНОВНЫЕ ЧЕРТЫ УЧЕНИЯ РАВА КУКА

*2.1 р.Кук не использует терминологию Каббалы, а излагает ее концепции в их применении к современности, «обычным языком»*

Мы уже говорили выше [см. раздел А, главу А-3] о том, что концепция рава Кука, при том, что она носит современный, модернистский характер, — основывается и базируется на еврейской мистической традиции. В связи с этим возникает вопрос: не следует ли рассматривать труды рава Кука как просто один из этапов в развитии Каббалы? По этому поводу один из крупнейших исследователей Каббалы Гершом Шолем писал: «Рав Кук – это классический пример великого еврейского мистика. Таким, в частности, он предстает перед нами в трех томах его главного философского сборника "Сияние святости"... Однако характер книг рава Кука отличается от каббалистической литературы в обычном классическом понимании этого слова. Рав Кук — это великий мыслитель, которому удалось выразить свой религиозный опыт на обычном языке [а не на специальном языке каббалистических понятий]. При этом он придал словам "обычного" языка особые смыслы, — так, что он смог соотнести со своим подходом древнюю еврейскую каббалистическую традицию во всей ее полноте и свежести».

Иными словами, рав Кук, базируясь на классических каббалистических и хасидских принципах и традиции, смог сформулировать свои концепции в такой форме, которая уже не является «каббалистической» в обычном, традиционном смысле. Рав Кук базируется на идеях Каббалы (и использует их для понимания проблем современности), однако он при этом почти не использует традиционный знаково-мифологический понятийный аппарат каббалистической терминологии [поэтому глубокий каббалистический фундамент всего его подхода не всегда виден при поверхностном чтении его книг]. Кроме того, р. Кук «проектирует» идеи каббалы на современные мировоззренческие проблемы, и через это наполняет символы Каббалы новым содержанием. Один из примеров этого мы приведем ниже.

*2.2. Позитивное религиозное восприятие концепций эволюции как источника «космической моральной ответственности»*

В соответствии с одной из наиболее важных и известных идей Каббалы, человек способен влиять на процессы, протекающие на глобальном, космическом уровне мироздания и поэтому он ответственен перед Богом и перед Мирозданием за все свои поступки [при этом обычно считается, что рациональные, научные концепции не дают основания для подобного подхода]. Рав Кук, однако, считал, что концепция эволюции, распространившаяся в науке во второй половине XIX века, подводит, в принципе, именно к такому взгляду на мир. Поэтому рав Кук дает свою, связанную с эволюционным взглядом на мир, формулировку идеи «мирового влияния и мировой ответственности человека». [В резком контрасте с абсолютным большинством религиозных авторитетов своего времени — как еврейских, так и нееврейских — р. Кук высказал поддержку концепции эволюции, при этом совсем не считая ее чисто естественным процессом, основанном на накоплении случайных мелких изменений и естественном отборе, но - целенаправленным процессом развития внутреннего потенциала Мироздания, заложенным Богом при Сотворении Мира. Подробнее смотри об этом ниже.] Поэтому, говоря о *«космической моральной ответственности»* человека за все его поступки и помыслы и об ответственности человека за судьбу бытия в целом, р. Кук указывал, что эта ответственность за все Мироздание возлагается именно на человека, поскольку он является последним достижением, своего рода итогом тех космических усилий, которые стоят за процессом эволюции. Цель этого (заложенного Богом в Мироздание) эволюционного процесса – поднять жизнь на уровень одухотворенного существа, каким является человек, поскольку лишь человек, по собственной свободной воле, может содействовать Божественной Воле в реализации тех идеалов, ради которых было осуществлено Творение. Иными словами: *«Все живущее стремится к тому идеальному содержанию, для которого мир был сотворен, для которого мир существует и к которому он старается приблизиться, развивая свою жизнь и осуществляя свое бытие»*. Таким образом, задача человека – продолжать и поддерживать эволюционный путь развития Вселенной, поднять ее этический и духовный уровень и даже возвысить ее материальное естество. С момента появления человека на земном шаре дальнейшее развитие процесса эволюции, как считал рав Кук, стало зависеть также и от человеческой воли: как от воли общества в целом, так и от воли индивида. В этой связи рав Кук говорил: *«Совершенно ясно, что с возвышением воли человека возвышается все Творение».* Он отмечал также, что космическая ответственность, возложенная на человека, *«непосредственна, проста и естественна».* Научные, духовные и нравственные достижения человечества могут поднять мир на более высокие ступени развития и стать своего рода мостом к новым этапам эволюции, которые пока еще недоступны нашему разуму.

На этом примере мы видим, как рав Кук проявляет новый смысл традиционной идеи, в преломлении с современными концепциями. При этом, объясняя религиозный и мистический характер данной идеи, рав Кук не прибегает к обычной каббалистической терминологии – десять сфирот и т.п. [Мы видим здесь также, что эволюционная идея, считающаяся обычно противоречащей религии, у р. Кука приобретает, напротив, глубоко религиозное содержание — ибо р. Кук считал, что по сути эта идея глубоко верна, и то, что она не «одевается в религиозную оболочку», происходит только лишь из-за неразвитости наших религиозных представлений.]

**2.3. В отличие от хасидизма, рав Кук видит мессианское Избавление прежде всего в конкретной исторической, а не в индивидуально-мистической перспективе**

Мы еще обратимся к вопросу о том, какие изменения претерпели в учении рава Кука идеи хасидизма [выше мы отмечали, что отец р. Кука происходил из семьи литваков, а мать — из хасидского движения ХаБаД; и р. Кук в своем подходе базируется на обеих этих подходах], однако уже на этом этапе полезно будет отметить одно важное отличие философского мировоззрения рава Кука от хасидского подхода. Речь идет об отношении к истории и об отношении к историческому восприятию понятия мессианского Избавления. Известно, что внимание хасидизма было сосредоточено на внутреннем душевном мире человека, и в этом состояло одно из важнейших новшеств этого движения. Хасидские мыслители занимались вопросами внутреннего Избавления человека, а не историческим Избавлением. Гершом Шолем назвал это явление «нейтрализацией мессианской идеи». Это означает, что хасидизм (при том, конечно, что он не отменял надежду на Избавление еврейского народа в целом и деятели этого движения продолжали говорить об Избавлении как о чем-то естественном и очевидном) сосредоточил свои усилия, свои наиболее глубокие мысли и чувства на другом, — а именно, на том, чтобы указать каждому отдельному индивиду «путь внутреннего Избавления».

Учение рава Кука, с этой точки зрения, принципиально отличается от хасидского учения. Рав говорил, прежде всего, об историческом положении еврейского народа, и все его учение отражало попытку понять современность как часть непрерывного реально-исторического процесса, который должен будет принести мессианское Избавление, как народу Израиля, так и всему миру.

[Однажды, отвечая на вопрос о том, в чем его учение отличается от хасидизма, рав Кук сказал: *«Мое учение также является хасидизмом, но только с добавлением Страны Израиля»*, — что включает в себя не только переезд в Святую Землю, но и реализацию Торы в жизни той новой национальной общности, которая актуализируется у еврейского народа как единого целого при его национально-государственной жизни в Стране Израиля.]

*2.4. Проблемы восприятия учения р.Кука: (1) поэтический стиль; (2) отсутствие систематического изложения; (3) необходимость восприятия учения только в его «целостности»*

В нашей попытке понять учение рава Кука мы сталкиваемся с рядом трудностей, некоторые из которых возникли еще тогда, когда Рав только начал формулировать свои идеи и записывать мысли, составляющие его философскую систему. Как мы уже отмечали, его стиль – это высокохудожественная проза, его язык глубоко поэтичен, и в его трудах нет последовательного систематического изложения его философии. Сам рав Кук заметил по этому поводу: *«Я пишу вслед озарениям»*.

Первая трудность, таким образом, связана со стилем изложения. В дальнейшем мы постараемся показать, что эти стилевые особенности не являются поверхностными или «случайными», и что причина их кроется весьма глубоко.

Вторая трудность, с которой мы здесь сталкиваемся, характерна для любого учения, подобного учению рава Кука, которое является «учением целостным» (то, что сегодня часто называют «холистическим»). Учения такого типа придерживаются подхода, согласно которому истина познается не последовательно, одной деталью за другой, но только в рамках общей, всеобъемлющей системы (такими же были, например, концепции Спинозы и Гегеля). С этой точки зрения каждое подобное учение заключает в себе своего рода логический круг: человек, которому еще не понятен конец, не может понять и начало; если неизвестны все части системы, то невозможно познать ни одну из отдельных ее частей. Рав Кук говорил по этому поводу: *«Истина не открывается человеку фрагментами, она является перед ним одновременно во всей своей полно-*

## ГЛАВА С-2. *Общее описание и основные черты учения р. Кука*

те. *И все труды по изучению фрагментов – это ничто иное, как подготовка человека к тому, чтобы эта истина целиком была явлена ему*». Однако мы все же будем вынуждены в данной книге представить читателю систему р. Кука по «фрагментам» — надеясь, что в конце концов, они сложатся в нечто целое, и учение будет понятно во всей своей полноте.

*2.5. Формализованное описание реальности (как понятийное, так и символьное) не может быть адекватным; оно является лишь ступенькой к «пониманию-озарению», и это несоответствие есть источник мук творчества*

Мы уже отмечали, что сам рав Кук затруднялся в систематическом изложении своих идей. Трудность эта связана отнюдь не с тем, что Раву недоставало писательских способностей (мы знаем, что он обладал незаурядным литературным даром). Рав Кук считал, что такое изложение в принципе невозможно. Отвечая на резкие обличения в адрес своей книги «Сияние» («Орот»), рав Кук писал: *«Передо мной стоит тяжелая задача – объяснить глубокие мысли понятным языком. Задача эта особенно сложна еще и потому, что и после объяснений идеи эти в своей основе остаются выше [логического] познания и приближаются скорее к виду поэзии»*.

В этом предложении кроется ключ к пониманию того, почему рав Кук затруднялся изложить на письме свою философскую систему, а также того, почему нам столь сложно понять его сочинения. Рав Кук постоянно подчеркивал, что система логического изложения, которая призвана дать теоретическое, формализованно-понятийное описание реальности – от самой этой реальности необычайно далека. Логическое систематическое описание жизни во всех случаях будет носить характер неадекватного перевода, поскольку *«по отношению к изначальной подлинной реальности любое учение и его изложение может являть собой лишь копирование, лишь приблизительный пересказ»*. Это означает, что любая теоретическая формулировка по сути своей является формально абстрактным представлением живой истины — и, следовательно, не может отразить ее первозданную реальность.

Похожие мысли были высказаны Бергсоном в его «Введении в метафизику». Бергсон, говоря о различии между познанием «интуитивным» и познанием аналитическим, выраженном понятиями, писал следующее: «Интуицией называется род *интеллектуальной симпатии*, путем которой переносятся внутрь предмета, чтобы слиться с тем, что есть в нем особого, единственного, а, следовательно, и невыразимого. Анализ же, напротив, является операцией, сводящей предмет к элементам уже известным, т.е. общим этому предмету и другим. *Анализировать значит выражать какую-либо вещь в виде функции того, что самою этой вещью не является.* Всякий анализ предмета есть, таким образом, перевод его на язык чуждых ему представлений, получаемый с последовательных внешних точек зрения, с которых и отмечаются соприкосновения нового изучаемого предмета с другими, считающимися уже известными. В своем вечно ненасытном желании охватить предмет, вокруг которого он осужден вращаться, анализ без конца умножает точки зрения, чтобы дополнить представление, всегда неполное, без устали разнообразить символы, чтобы довершить перевод, всегда несовершенный. Это круговращение (и недостижение цели) при использовании анализа продолжается бесконечно».

Именно такому абстрактному аналитическому формализованному знанию рав Кук противопоставляет *«озарение, которое выше мыслительных символов»*. Именно это озарение делает возможным раскрытие действительности перед человеком (Бергсон, говоря о том же самом явлении, называет его «интуицией»). Это озарение в силу своей природы «отталкивает мыслительные символы». И хотя, конечно, совершенно оттолкнуть четкие формализованные понятия и «символы» нельзя, т.к. без них никакое выражение вообще невозможно, – но все же при любой настоящей попытке словесно выразить действительность *«символы должны лишь содействовать высшему озарению»*. [Иными словами, понятийно-символьное изложение никогда не становится адекватным описанием действительности; но оно является лишь «ступенькой», которая может помочь душе достичь «высшего озарения» и через это понять действительность.] Понятно, что обойтись вообще без словесных форм нельзя, но при этом с самого начала возникает неизбежный конфликт — между, с одной стороны, стремлением воспринимать жизнь во всей ее полноте, и, с другой стороны, необходимостью выразить это словесными формами, которые ограничивают живое восприятие действительности. Этот конфликт является источником тех мук, с которыми сопряжено творчество. Лишь в муках может родиться произведение, объединяющее в себе две противоположности: духовное озарение, не знающее границ, и формальные символы, стремящиеся ограничить это озарение и заключить его в четкие формулировки.

**2.6. Для передачи «озарения» р.Кук выбирает не сложно-символьную терминологию Каббалы, а художественно-мистический поэтический язык, дающий возможность «пережить и через это понять»**

Именно с этой проблемой «формализации озарения» мы сталкиваемся в творчестве рава Кука. Для того чтобы выразить живую реальность средствами языка, ему необходимо было найти формы, которые максимально соответствовали бы этой реальности. Формы эти не могут быть четкими и ясными: *«Существуют такие великие вещи, которые мы можем ясно выразить, лишь исказив их форму, сделав их настолько малыми, насколько мала и слаба наша речь в сравнении с полетом мысли. Однако если мы будем стремиться постичь суть вещей, их душу, понять их во всем их величии, во всей высоте, – то не сможем добиться полной ясности».*

Перед нами проблема, которая не раз возникала перед философами, – трудность формулировки метафизических истин. Еще Платон считал, что высшая метафизическая истина может быть выражена лишь эзотерически, то есть с помощью тайного языка, а не посредством ясных и однозначных понятий. Классическим примером такой «тайнописи» в еврейской философии считается «Путеводитель растерянных» Маймонида; каббалистические книги также, несомненно, написаны эзотерическим, символическим языком. Однако Маймонид выбрал такую форму, поскольку хотел сделать свое учение недоступным для большинства, и понятным лишь избранным, в то время как рав Кук отнюдь не стремился скрыть содержание своего учения. «Нечеткий» стиль изложения в этом случае совсем не проистекает из намерений автора затруднить понимание текста. Более того, по мнению рава Кука, именно в наше время учение «Тайн Торы», которое в прошлом считалось закрытым и не распространяемым, должно стать открытым и доступным для всего народа. Таким образом, в этом вопросе перед равом Куком стояла еще более трудная задача: раньше существовало определенное соответствие между тайным характером учения и желанием скрыть его от масс; у рава Кука же возникло противоречие между, с одной стороны, содержанием, которое сложно сформулировать, пользуясь ясными и четкими понятиями, и, с другой стороны, душевной потребностью и историческим долгом выразить это содержание открыто и довести его до современников.

Рав Кук пытался разрешить это противоречие, не прибегая при этом к знаково-символической терминологии, как это обычно делалось в Каббале. Он использовал художественный, поэтичный, живой язык, соответствующий самой природе бытия и призванный постепенно подготовить читателя к такому пониманию, которое явится плодом не только теоретического абстрактного познания, но и личного непосредственного восприятия, подобного тому, которое испытал сам автор. Эта связь между произведением и жизнью возникает в результате освобождения духа художника (и читателя!) от оков жестких абстрактных понятий. Душа художника должна быть *«душой, полностью свободной от жестких ограничений логики, которые примитивизируют идею и убивают поэзию»*. Процесс творчества является выражением глубинной сути души. Для того чтобы эта суть выразилась в произведении, необходима полная свобода, поскольку творчество должно проистекать из внутреннего источника духовной жизни. В связи с этим Рав говорил: *«Свободное творчество не подвержено никаким внешним ограничениям. Оно возникает и развивается согласно внутреннему движению духа. Чем сильнее вера души в свои силы, тем ближе она к вершинам истины»*.

*2.7. Необходимость свободы и спонтанности в творчестве, т.к. жизнь свободна и спонтанна; свобода и самобытность как основа самореализации человека*

Вышеуказанная необходимость свободы и спонтанности связывает творчество с жизнью, которая также носит спонтанный характер. Конечно, каждому художнику необходимо учиться, усваивать ценности, понятия и идеи, приходящие извне. Однако само творческое начало полностью происходит из того, что рав Кук называет *«внутренней искрой души»*. Эта искра может быть усилена учением, но *«если не дать внутренней искре светить своим светом, то все, что придет снаружи, не принесет никакой пользы»*. Это в особенности касается души художника; однако спонтанность эстетического и мыслительного творчества раскрывает истинную сущность человеческого духа в целом – его свободу. Поэтому каждый человек может и должен создавать свою самобытность, свое частное «Я» как свободное выражение его особой и неповторимой личности, а не ограничиваться пассивным восприятием внешних влияний[1].

В словах Рава о процессе творчества содержится также идея о противоречии между «формализованным изучением предмета» и «спонтанностью души». И далее в более явной форме высказывается критика по отношению к формализованному учению (даже если речь идет об изучении Торы), которое отличается «поверхностным постоянством» и принимает рутинный характер. Такое

---

[1] См. об этом отрывок «В поисках собственного Я» в разделе D-1 настоящего сборника (Третий дневник, §24).

изучение (даже формализованное изучение Торы!) может стать «домом рабства для духа» и убить творческую мысль в зародыше. Каждый художник должен «вызволить» себя из этого рабства, связанного с формализованным абстрактным изучением предмета: *«Тот, у кого есть душа творца, должен творить идеи и мысли. Он не может ограничиться лишь изучением того, что приходит извне, поскольку пламя души поднимается лишь само из себя, и его продвижение невозможно остановить».*

Эта необходимость в свободе и в душевном просторе существует как для художественного творчества, так и для философской мысли; и рав Кук сам говорил о себе, что он обладает «поэтической душой».

*2.8. Стихи р. Кука; Тора как «Песнь»*

Рав Кук писал и стихи (они были много позже опубликованы его учениками в сборнике «Орот hа-Рэайя» – «Сияния р. Кука»). Приведем здесь фрагмент его стихотворения «Мерхавим» — «Просторы», выражающего стремление к духовной свободе и чувство боли, стесненности и ограниченности, возникающее при любой попытке выразить средствами языка то, что он постиг.

> Просторы, просторы...
> Просторов Господа страстно жаждет душа моя
> Не заключайте меня в какой-нибудь клетке —
> Ни в клетке физической, ни в клетке духовной.
> Плывет душа моя в просторах небесных,
> Не вместят ее ни стены мыслей, ни чувства,
> Ни стены действия.
> Этика, логика, вежливость –
> Поверх всего этого плывет она и летит.
> Над всем, чему можно дать имя,
> Над всякими видами наслаждений,
> Над всеми очарованиями и красотами,
> Поверх всего, что возвышенно и благородно.
> О, Господь, помоги мне в беде моей.
> Найди для меня пути языка,
> Подскажи мне слова и дай движение уст,
> Чтобы сказал я в хоре о действительных истинах твоих, Боже.

Поэтическая душа понимает глубже также и предметы теоретического мышления, и поэтому *«многие философские вопросы не могут быть до конца поняты, если чувство не будет должным образом подготовлено. Поэтому Тора называется также "Песнь"».* [Эти слова р. Кука являются аллюзией на стих Второзакония 31:22, в котором Тора ассоциируется с «Песнью Моисея».] Истинное понимание – это состояние личностного и чувственного отождествления с предметом, которым человек занимается, даже если предмет этот относится к области теории, мысли, философии. Постижение истины подобно поэтическому видению действительности, поэтому *«песнь – это путь более острого, более глубокого постижения сущности понятий. Это то, что не может быть постигнуто силами прозаического языка».*

*2.9 «Песнь жизни» требует для своего описания многозначных динамических понятий; проза же вторична, она лишь обсуждает то, что уже открылось через «Песнь»*

Сила восприятия, скрытая в поэзии, объясняется тем, что поэзия соответствует внутренней сути действительности, поскольку действительность, по раву Куку, «не прозаична», она, если можно так выразиться, носит поэтический характер. *«Горе тому, кто пытается лишить Песнь Жизни ее поэтического великолепия. Вместе с ним он теряет всю сущность жизни, всю ее правду»*, – писал Рав. Бытие не является статичной данностью, состоящей из застывших объектов, воспринимаемых посредством постоянных терминов. Это движение текущей и постоянно обновляющейся жизни, которое может быть достоверно познано лишь с помощью динамических [т.е. развивающихся в процессе их употребления], а не однозначно «устоявшихся» понятий. Таким образом, учение, которое призвано дать истинное описание действительности, должно быть сформулировано с использованием динамических многозначных понятий, отражающих диалектическую природу мира.

В онтологическом (сущностном) смысле рав Кук говорил, что проза вторична по отношению к поэзии: *«Проза ценна лишь потому, что она опирается на Песнь Жизни».* Первичное, фундаментальное понимание действительности дается человеку через Песнь, функция же прозы – толкование и обсуждение того, что уже открылось. С этим связана ограниченность рационалистической философии, которая не может постичь жизнь во всем ее многообразии. Также и душа человека в ее конкретном проявлении не может быть воспринята лишь путем философского исследования и рационального анализа, поскольку эти методы позволяют отметить лишь внешние признаки жизни. Когда аналитические методы познания, — например, естественные науки, — стремятся постичь сущность жизни, то *«они видят только тени жизни, а не ее сокровенный смысл; поэтому они могут не более чем проложить дорогу, ведущую к ощущению действительной реальности».*

**2.10. р.Кука нельзя отнести к экзистенциалистам.** Подчеркивая ограниченность рационализма, р.Кук стремится его не отменить, а дополнить – экзистенциальным, эмоциональным, интуитивным и т.д., ибо разум не независим, а базируется на всем этом

Точка зрения рава Кука, согласно которой «формализованное мышление слишком узко для того, чтобы позволить человеку проникнуть в глубину реальности», соответствует центральному направлению современной философии – от Фейербаха и Кьеркегора до Бергсона. Это то направление, которое критикует рационализм и требует с него «сатисфакции» за пренебрежение по отношению к реальной и сложной действительности. Оно подчеркивает экзистенциальный аспект жизни, т.е. придает фундаментальное, базовое значение конкретному внутренне-противоречивому существованию реального индивида. Однако рава Кука никак не следует относить к философам-экзистенциалистам (и этим он отличается, например, от такого хасидского мыслителя, как рабби Нахман из Браслава), поскольку, как будет показано далее, критика, выдвигаемая им против рационализма, основана на метафизических положениях. [Т.е. философия р.Кука не отталкивается в своей основе лишь от конкретного бытия индивидуума, как это делает экзистенциализм, а дает общее «метафизическое» описание устройства мироздания, и поэтому хотя у р.Кука можно найти элементы экзистенциализма, он не может быть отнесен к экзистенциализму как к направлению.]

Судя по всему, рав Кук не был знаком с собственно сочинениями Фейербаха и Кьеркегора, хотя, очевидно, философские настроения эпохи были известны ему по общей литературе. Возможно при этом, что он читал труды Бергсона. (Например, Бергсон утверждает, что научное и рациональное познание не способно постигнуть реальный поток жизни и собственно познающего индивидуума, которые нельзя сравнить ни с чем другим; а поэтому, по словам Бергсона, «его невозможно описать с помощью рациональных понятий, то есть с помощью общих абстракций» [ведь все такие понятия происходят из сравнения объекта изучения с другими объектами; а если объект изучения принципиально ни с чем не сравним, то познавать его на основе рациональных понятий невозможно]. Эти идеи близки с положениями, высказанными равом Куком [при этом, в других случаях р.Кук критикует взгляды Бергсона – см. гл. С-4].)

Из процитированного выше можно было бы предположить, что учение рава Кука, возможно, является своего рода антирациональным или эмоциональным учением. Но, конечно, это не так. Истинное противоречие, по раву Куку, существует не между рациональным и иррациональным вообще (или, пользуясь его терминами, между «разумом и чувством»), а между абстрактным ограниченным догматическим формализмом и свободным разумом, который открыт для всего, что находится также и вне пределов рационалистического мышления. При этом, ровно в такой же мере безрассудную чувственность, иррационализм, который полностью отвергает разум, — следует противопоставить чувству, которое обогащает душу и дает ей жизненные силы, а, следовательно, поддерживает и деятельность разума [а не отвергает его].

Таким образом, призыв выйти за рамки разума, ограниченного своей понятийной системой, не отменяет истинной сущности разума. Согласно раву Куку, разум сам по себе – это «проявление Божественного духа». Но дело здесь в том, что и сам разум не является «сугубо рациональным», ибо он движим эмоциональными мотивами: *«Даже наша склонность "любить разум" берет свое начало в чувстве. Если бы не это чувство, то люди разума не могли бы достичь своего величия»*. В этом смысле иррациональное является необходимым базовым элементом внутри самого рационального познания, если только последнее не является лишь формально-аналитическим углублением в детали и частности, рутинным занятием без вдохновения. В рациональном мышлении есть внутреннее иррациональное влечение, которое придает размах делу науки и направляет мысль за пределы самой себя, направляет ее к тем горизонтам, намек на которые кроется в том, что рав Кук называет *«высокие мысли, сияние которых устремлено вдаль»*. Это нерациональное стремление, спрятанное за внешне рациональной деятельностью, проявилось в широко известных примерах из истории науки. Рав Кук, таким образом, весьма подчеркивал роль интуиции в развитии разума и науки. Подробнее мы будем говорить об этом далее.

## ГЛАВА С-3

## СООТНОШЕНИЕ МЕЖДУ РАЦИОНАЛЬНЫМ И ИРРАЦИОНАЛЬНЫМ В ПОЗНАНИИ И В РЕЛИГИИ

*3.1. Для продвижения рационального познания необходимо, чтобы идеи сначала «созрели» в «иррациональной части личности»*

Мы уже говорили об иррациональном как о скрытой основе деятельности разума. Это означает, что развитию любого явного умственно-логического процесса предшествует скрытая душевная подготовка, неявная и неосознанная. Рациональное возникает лишь потому, что в глубине личности, за рамкой человеческого самосознания, *«тайное выполняет свою информационную и морально-этическую миссию»*. Поэтому рав Кук считает абсолютно неверным «всеобщее предубеждение против иррационального, которое якобы является врагом ясной науки».

*3.2. Рациональные понятия слишком узки для охвата бытия и жизни в ее глубинной сути*

Вместе с тем, мы отметили, что рациональные понятия слишком узки для того, чтобы охватить реальную действительность и, в особенности, чтобы охватить сам феномен жизни. Речь, естественно, идет не о генетическом объяснении зарождения биологической жизнедеятельности, а о восприятии сути жизни в ее непрерывном потоке многообразного течения, которое невозможно объяснить чисто механически как «соединение множества отдельных частей и деталей». Познание сущности бытия и жизни выходит за пределы возможностей формализованного разума, который, оперируя статическими абстрактными формами, как бы «замораживает» реальный поток, т.е. как бы фотографирует и анализирует отдельные состояния, не будучи в силах ухватить динамику развития многоплановой реальности. С этой точки зрения можно сказать, что сама жизнь над-рациональна и поэтому может быть воспринята лишь над-рациональным путем, который ближе к ней по своей природе. Такое восприятие становится возможным благодаря «духовной силе, исходящей из глубинных пластов души».

*3.3. Три уровня познания: инстинкт, рациональность, интуиция; диалектика их взаимоотношений и недостатки рационального познания*

Таким образом, постижение жизни достигается только через над-рациональное знание на уровне духовной интуиции. В этом отношении подход рава Кука близок к идеям Бергсона. То же можно сказать и о другой идее, связанной с его пониманием жизни: «глубокий интимный контакт с живой реальностью» возможен и на том полюсе, который противоположен духу, – речь идет о под-рациональной инстинктивной реакции [т.е. о нашей непосредственной инстинктивной реакции на окружающую ситуацию, которая возникает еще до того, как мы рационально обдумали и проанализировали эту ситуацию]. То, что объединяет эти высший и низший уровни познания (несмотря на существующие между ними принципиальные различия), – это восприятие реальности в ее данной конкретности [которое противопоставляется абстрактному познанию, оперирующему «общими понятиями»][1]. С этой точки зрения самая простая вера, почти инстинктивная, может приблизиться к познанию Бога больше, чем сложный разум.

Рав Кук предлагает чрезвычайно смелую формулировку этой идеи, говоря о *«соприкосновении позиций высшего мышления с мышлением совершенно скудным»*. По его словам, *«нечто существенное стоит и за самыми первобытными, дикими [в религиозном плане] представлениями, которые возникли до понятий, имеющих отношение к религии и к Божественному»*. Дело в том, что такая вера в основе своей ориентируется на сокровенную тайну бытия, то есть на Божественную бесконечность, которая не может быть объектом рационального познания и «не умещается в рамки рациональных понятий». В обоих крайних случаях (как в случае инстинкта, так и в случае интуиции) знание возникает естественным образом в процессе непосредственного участия индивида в существующей реальности. При этом на высшей интуитивной ступени появляется возможность осуществить то, что не было возможным, пока действовал

---

[1] Эта связь между «непосредственной реакцией» и «высшей интуицией» происходит ввиду того, что обе они оперируют только данной конкретной ситуацией, не привлекая аппарат общих понятий, в отличие от рационального познания, которое целиком опирается на аппарат общих понятий и поэтому находится несколько «дальше» от той конкретной ситуации, в которой оно должно разобраться. Яркое проявление этого мы наблюдаем, например, когда случается, что при первой встрече с человеком или ситуацией мы сразу чувствуем к ним то или иное отношение, а затем нам что-то, по-видимому, очень логичное, объясняют, и мы нехотя начинаем менять свою точку зрения; и только впоследствии, через значительное время, мы понимаем, что именно первая реакция и была самой правильной.

только инстинкт, а именно: при интуитивном познании, которое есть уже следующий этаж, надстроенный над рациональностью, степень участия индивида в реальности повышается до самоосознанного уровня.

Пока (при помощи разума) не произойдет полностью этот диалектический подъем исходной «немедленной инстинктивной реакции» в новое качество, в духовную интуицию, – до тех пор разум остается на промежуточной ступени (т.е. на уровне «рационального познания»), на которой инстинкт имеет перед разумом определенные преимущества в познании реальности. А именно: *«инстинкт постигает быстрее и точнее, чем рациональное человеческое познание, и, кроме того, он реже приводит к ошибкам»*, возникновение которых связано с процессами оценки и осмысления, происходящими во временном промежутке между данной ситуацией и реакцией на нее.

Однако человеческое сознание уже преодолело в своем развитии тот этап, когда властвовал инстинкт, характеризовавшийся полным слиянием с материальной природой, и процесс эволюции человечества направлен в сторону роста духовности. С одной стороны, *«чем более совершенным и устойчивым становится мир и чем больше развивается в нем человеческий дух, тем яснее видно, что жизнь переходит из инстинктивного состояния в сознательное. Прежде всего, стремление человека к совершенствованию не дает ему остаться навсегда в своем природном положении, и он поднимается на сознательную ступень»*. Однако, с другой стороны, такое продвижение требует отхода, отрыва от природы, и цена, которую человеку приходится за это заплатить, есть *«утрата многих из особых свойств инстинкта»*. Развитие разума чревато потерей некоторой доли жизненной энергии и ослаблением естественного инстинкта бытия: *«Там, где развивается рассудочный разум, определяющий ценности бытия не путем естественного решения, а путем рационального суждения, там сразу же слабеет сила естественной реакции»*.

*3.4. Побочные последствия рационального развития и их преодоление через осознание важности сохранения «инстинктивной реакции»*

Возникающее таким образом ослабление инстинкта не означает задержки или нарушения процесса развития. Напротив, сознательное состояние находится на более высоком уровне, чем инстинкт; и рациональное познание само по себе также является источником энергии, питающей *«всеобщую жажду бытия»*. Однако нельзя допустить, чтобы вышеупомянутые отрицательные «побочные последствия» этого процесса, заключающегося в переходе от инстинктивной реакции к сознательным суждениям, привели к потере преимуществ естественной прямой связи с природным бытием. Эта связь должна быть сохранена, при том что теперь она поддерживается уже *«не слепым внутренним побуждением, а четким внутренним сознанием»*[1].

Связь с природной жизненностью должна сохраняться на всех уровнях познания в духовной жизни. Это важно подчеркнуть потому, что зачастую в нашем Западном рациональном мире связь «людей духа» с реальной жизнью ослабевает, а с другой стороны, *«каждый, кто обладает сильным инстинктом, слаб в вопросах, требующих размышления и оценки»*[2].

*3.5. «Песнь души» (т.е. ее связь с иррациональным) дает возможность сохранить «душевную простоту» и продвинуться к высшей («простой») истине*

Из важности сохранения инстинктивной реакции следует, что даже и на самом высоком духовном уровне должно остаться душевное качество, которое Рав называет *«немного глупости»* (имеется в виду душевная простота, наивность в противоположность рассудочности), – т.е. иррациональное начало, без которого дух теряет свою жизненную силу.

Как мы уже отметили, с точки зрения ясности сознания и возможности познания мира явлений рациональное, по степени своего развития, превосходит иррациональное; однако, в иррациональном раскрываются самые глубокие и жизненные слои духа. В области иррационального следует вести себя чрезвычайно осторожно, *«беречься изгибов ее [иррациональности] дорог, путаности и изворотов»*. Но, вместе с тем, полное отвержение иррационального компонента в душе человека вызывает *«чувство стеснения, грусти и горечи»*. Эти грусть и горечь свидетельствуют о том, что в душе человека чего-то недостает, что в этом случае *«душа требует своей свободы»*. Иррациональные инстинктивные чувства, по сути, *«и есть тот самый материал, на котором строится Песнь души»*.

Итак, высшая ступень познания не является, с одной стороны, чисто рациональной, а с другой – и чисто иррациональной или чувственной; высшая ступень является над-рациональным инту-

---

[1] То есть человек, не отказываясь от логического анализа явлений жизни, должен сознательно «доверять» и «придавать большой вес» той естественной инстинктивной реакции на ситуацию, которая у него возникает.

[2] См. ниже, раздел D-1, «Арфилей Тоhар», § 43

итивным знанием. Такое познание происходит иногда внезапно, как прозрение, подобно сверкающей молнии. Даже в истории точных наук – от Архимеда до Макса Планка и квантовой механики – есть много примеров такой интуиции [когда решение поставленной проблемы приходит не в качестве результата длинной цепочки рассуждений, а как неожиданная идея-прозрение]. Интуиция обнаруживает, что истина в основе своей проста: *«Чем выше истина, тем она проще»*.

Рав Кук противился тому почтению, с которым принято относиться к формализованной и облеченной в систему сложных и абстрактных философских понятий метафизической истине, к возвеличиванию ее: *«Такое отношение – это не что иное, как узость разума, не понимающего простоты истины. Время от времени обязательно нужно возвращаться к высоким истинам по своей сути, и, несмотря на всю их сложность и глубину, следует давать им новую формулировку на основах простых и ясных»*.

*3.6. Парадоксальная близость «начального инстинкта» и «высшей интуиции»*

Более того, «с раскрытием души в ее величии» сложные и глубокие философские понятия и мысли «укореняются», находят свое понятное и естественное место в *«лучезарном начале первичной интуиции»*. Подобным образом и Бергсон характеризует сущность любого большого метафизического учения: основное его ядро всегда сконцентрировано в одной «точке», которая и является особым новшеством этого учения. Мы можем чувствовать эту центральную точку и даже приближаться к ней, но не можем дать ей четкое описание в явных формулировках: «В этой центральной точке есть нечто простое, бесконечно простое, простое такой чудесной простотой, что философ никогда не сможет сформулировать и высказать это. А поэтому философ говорит всю свою жизнь. Он не может должным образом сформулировать свою идею, и в связи с этим ему остается, по существу, лишь выражать простоту своей первичной интуиции путаными мыслями. Это связано с тем, что не существует средства выражения, которое действительно соответствовало бы его простой интуиции»[1]. У рава Кука мы наблюдаем подход, сходный с этими идеями Бергсона.

Простота, характерная для интуиции, является признаком всякого непосредственного конкретного восприятия, и она отличает

---

[1] А. Бергсон, «Философская интуиция», «Введение в Метафизику» (в ивритском издании – стр. 151).

его от формализованного мышления, построенного на сложной многоуровневой системе абстрактных понятий. Интуиция проста в том смысле, что сущность вещи (т.е. не ее понятие, не ее определение, не ее мысленный анализ, а само существование вещи) дается в непосредственном контакте. Это та самая непосредственность, с которой наше «Я» воспринимает самое себя, или же та, с которой простым актом воли приводятся в движение части тела. Такой акт производится и воспринимается нами интуитивно или «инстинктивно», несмотря на то, что с точки зрения физиологии и механики тела он требует осуществления чрезвычайно сложных процессов, которые никак, однако, не отражаются в сознании. Во всех этих видах познания происходит своего рода единение познания с познаваемым объектом – единение, которое практически стирает расстояние между ними.

Объект, воспринимаемый с помощью интуиции, рав Кук (как и Бергсон) называет «абсолютной вещью». Интуиция же есть тот тип связи, та эмпатия, чувственность, «вовлеченность» в объект познания, которые дают нам возможность проникнуть в суть вещи для того, чтобы соединиться с ее «экзистенцией», с тем особым, что есть только и именно в ней и что не может быть выражено словами. Анализ же, в отличие от интуиции, раскрывает вещь с точки зрения уже известных элементов, которые являются общими для этой вещи и для других вещей. С этой точки зрения интуиция похожа не на логически-аналитическое, а на чувственное восприятие, на инстинкт (не случайно два эти вида восприятия называются в некоторых языках одним словом, как, например, в английском – «intuition» [или аналогичное русское слово «чутье»]). Таким образом, мы снова возвращаемся к сопоставлению самого высокого уровня познания с самым низким. Конечно, *«расстояние между двумя этими типами познания велико»*, но все-таки ситуация эта похожа на *«встречу двух крайних точек очень длинной дуги, которых сближает именно большое расстояние между ними вдоль окружности»*.

*3.7. Особенности мистического опыта как непосредственного переживания истины*

Это подобие характера «познания высшего уровня» с характером «познания низшего уровня» проявляется и в отношении мистического опыта, достоверность которого непосредственна, так же, как и при чувственном восприятии[1].

---

[1] См. об этом в книге Уильяма Джеймса «Различные виды религиозного опыта».

## ГЛАВА С-3. *Соотношение рационального и иррационального*

По существу, мистический опыт не является в полной мере «знанием» в обычном (информационном) смысле этого слова и не может быть описан с помощью понятий – точно так же, как, например, ощущения определенного цвета или звука являются «непосредственными» и их нельзя описать понятиями [их можно «назвать», но нельзя «описать», т.е. выразить через систему других понятий]. Отметим также, что никакие научные данные о физических процессах, происходящих в то время, когда мы испытываем ощущение определенного цвета или звука, не способны по-настоящему дать нам представление о самом этом ощущении. [И аналогично, мистический опыт невозможно рационализировать научным исследованием. Таким образом, этот опыт может быть осмыслен только в адекватных ему категориях.]

В мистической символике (всех религий) та точка, в которой человеческая душа встречается с Абсолютным началом, т.е. с Богом, обозначается как «Ничто», находящееся за пределами бытия [т.е. это уровень Божественности, столь непостижимый для нас, что мы можем назвать его лишь «Божественное Ничто», ибо никакое понятие нашего мира не передаст его ни в малейшей мере]. Опыт достоверности мистического переживания в чистом виде является не чем иным, как «прислушиванием к Божественному Ничто». В этой ситуации замолкает не только человеческая речь – всей душой овладевает «мыслительное молчание», создающее контакт с «молчанием Божественным». Когда человек достигает этой ступени, то *«он понимает всю малость себя как отдельно-частного и начинает ощущать в себе все мироздание, он начинает жить жизнью всех миров: мира неодушевленного, мира растительного и мира живого; и тогда все бытие поднимается вместе с ним к своему Источнику».* Таким образом, это уже не просто отдельное теоретическое знание, а состояние личности в целом, когда знание объединяется с жизнью.

Все, что человек делает в таком состоянии, может быть названо «истинным действием», поскольку он переживает истину, «обживает» ее. Что же касается рефлексивного [т.е. дистанцированного от объекта] размышления, то оно при этом является лишь начальной стадией познания, которая становится «пройденным этапом» в процессе непосредственного переживания и внутренней глубокой связи с объектом. Это верно и в отношении мыслей о Боге, поскольку потребность «размышлять о Боге» – это лишь один из этапов на пути к «жизни с Богом».

Перед нами известный парадокс, с которым сталкивается любое мистическое учение (а учение рава Кука является, конечно, в этом плане мистическим), заключающийся в том, что такое учение [как и вообще всякое учение, являющееся теоретической формализованной системой, но стремящееся к глубине истины] стремится перестать существовать как теоретическая формализованная система [т.е. перестать быть «чисто учением»] и стать частью жизни. Это должно быть достигнуто посредством поднятия человека до уровня *«высшего возвышения, когда не будет необходимости специально думать о Божественном, поскольку собственно сама жизнь – она и станет светом Всевышнего».*

### 3.8. Свобода и анархизм веры, находящейся на уровне «мистического опыта»

В этом высший смысл понятия «вера». Вера проявляется на разных уровнях: на уровне фантазии, на уровне примитивной веры, на рационально-«обычном» уровне, на уровне философии и на уровне мистического опыта. При этом вера на уровне мистического опыта не тождественна обычной религиозной вере, поскольку в ней нет никаких обычных религиозных ограничений, различий и противоречий. Она выше ценностей, она выходит за пределы области относительного добра и зла, существующих в нашем мире, подобно тому, как Сам Всевышний в Его абсолютной бесконечности, отменяющей все границы, находится за переделами обычной действительности, за пределами любых относительных ценностей. Человек, переживающий мистический опыт, сам сближается с Богом в этом аспекте. Когда его душа объединяется с Божественной жизнью мира (со «светом бесконечности», который не может быть описан с помощью понятий), то человек также освобождается и от всех внешних влияний, а все его действия исходят из его внутренней самобытности и полны ею.

Такой подход, несомненно, чрезвычайно смел и опасен. В подобном состоянии внутренней свободы нетрудно увидеть анархическое начало. (Впрочем, оно возникает и при изучении других аспектов учения рава Кука, а не только его теории познания, о которой мы говорим здесь)[1].

Дело в том, что в рамках веры мистического уровня стираются различия между противоположными идеологическими позициями [поскольку эти позиции, будучи выражены на формализован-

---

[1] При этом, как хорошо известно, подобный «анархизм» не приводил в мировоззрении рава Кука ни к каким непосредственно-практическим выводам [т.е. какому-либо разрушению рамок соблюдения заповедей, какой-либо отмене религиозных запретов и т.п.], а реализовывался лишь через область глубоких мыслей и чувств.

ном понятийном языке, равно ничтожны по сравнению с самой этой верой]. Рав Кук говорит об этом так: *«в сравнении с высшей Божественной истиной нет различия между обычной "образной" верой* [т.е. верой, воспринимаемой посредством образов и понятий] *и неверием-атеизмом»*[1]. Далее мы еще возвратимся к этой теме.

*3.9. Учение р.Кука о Божественном: критика как «статического» рационалистического [моно]теизма, так и полного «пантеизма»*

Теперь, когда мы рассмотрели аспект «веры мистического уровня» в мировоззрении рава Кука, обсудим его учение о Божественном. Необходимо отметить, что здесь уже не идет речь о вере мистического уровня, которая, как мы отмечали, не может быть выражена в формализованно-мыслительных категориях, — а разговор переходит в область систематического мышления [и поэтому понятийный аппарат теперь не только возможен, но и совершенно необходим]. Однако уже при обсуждении общих вопросов нам следует иметь в виду, что даже там, где Рав использует общепринятые теологические термины, тот смысл, который он вкладывает в них, не всегда совпадает с обычно принятым смыслом этих терминов в философии религии.

Когда, например, он говорит о «монотеизме», то при этом зачастую имеет в виду не обычный монотеизм, а «философский теизм» [т.е. несколько «сухую» рационалистически-философскую концепцию религии]. Соответственно, этот термин приобретает у рава Кука некоторый отрицательный оттенок, ввиду того, что Рав выступает против статической (аристотелевской) концепции Бога, которая полностью отделяет Его от мира (т.е. против концепции, которой придерживались, в частности, многие видные представители еврейства). В качестве противоположного полюса (который рав Кук также отвергает) он рассматривает «пантеизм» – концепцию, при которой Бог настолько «не отделен» от мира, что становится тождественен ему. В соответствии с этим противопоставлением двух полюсов, центральным вопросом при рассмотрении предложенного Равом учения о Божественном является вопрос о том, каково соотношение Божественного с каждой из вышеназванных двух противоположных тенденций. В следующих главах мы будем говорить об этом подробнее.

---

[1] См. этот отрывок полностью ниже в разделе D-1, «Арфилей Тоhар», § 120.

**3.10. Божественное абсолютное совершенство побуждает человека приблизиться к Себе; но оно же и сдерживает это влечение посредством интеллектуального мышления**

Так или иначе, представляя понятие «Бог», рав Кук иногда использует традиционные философские определения, такие, как «Первопричина», «Абсолютная реальность, которая необходимо существует» и т.п. Однако даже в этом теологическом контексте подход рава Кука отличается от классических философских концепций: он вносит в них дополнительные идеи. Например обсуждая вопрос о трансцендентной Божественности, Рав не удовлетворяется, подчеркивает недостаточность обычной схемы, согласно которой одним из аспектов абсолютного Божественного совершенства является Его самодостаточность, и добавляет к этому идею, которая вносит динамичность в отношения между трансцендентным Богом и миром. Он говорит: *«Абсолютное Божественное совершенство не просто самодостаточно – но оно также всегда пробуждает влечение к Себе»*. Однако Рав указывает, что, наряду с таким естественным стремлением приблизиться к Богу и объединиться с Ним, действует и другая тенденция – сдерживание этого влечения посредством интеллектуального мышления. Это две основные тенденции человеческого духа в целом, которые в разных формах проявляются в различных культурах и религиях.

**3.11. Конфликт и равновесие тенденций «стремления к Богу» и «отграничения от Него»**

Однако если первая тенденция (т.е. стремление приблизиться к Богу и объединиться с Ним) будет полностью превалировать и действовать совершенно в отрыве от второй (т.е. той, которая силой разума ограничивает это стремление, отгораживает человека от Божественного), то она может привести к языческим представлениям о Боге и к пантеизму. Если же вторая тенденция (отграничение от Божественности) получит полный приоритет и будет действовать и реализовываться в отрыве от первой, то это может привести к сухой бесплодной «рационалистической религии», «монотеизму схоластического вида».

Как в еврейском народе, так и в человечестве в целом *«подъем движения, направленного на близость ко Всевышнему и при этом не обращающего достаточного внимания на фундаментальные принципы Его чистоты»*, привел к описанию Бога посредством терминов, выражающих материальные и «позитивные» (описательные) понятия, что конечно примитивизирует Божественность. С другой стороны, те, кто воспротивился этой тенденции, выступая в защиту чистоты мысли [т.е. религиозные философы-рационалисты], *«так много сделали для того, чтобы умножить отрицание, что они бесконечно удалились от всякого внимания к ощущению близости Всевышнего»*. Под отрицанием здесь имеется в виду «негативная теология», т.е. требование религиозной философии не приписывать Богу никаких позитивных описаний, поскольку Он трансцендентен, т. е. находится за пределами нашего мира. Если придерживаться таких позиций, то постепенно положительная сила религии так уменьшится, что она превратится просто в абстрактное мышление.

*3.12. В наше время требуется усиление тенденции «приблизиться к Богу» и менее значимо опасение слишком материализованного описания Его; поэтому есть позитивное содержание даже в «стремлении к язычеству», хотя само язычество является отрицательным*

Какая же из тенденций, по мнению рава Кука, более опасна? Это зависит от конкретной исторической ситуации, поскольку на протяжении истории человечества можно наблюдать колебания, как в ту, так и в другую сторону: чрезмерное внимание уделялось то той, то другой тенденции. Очевидно, что стремление к очищению понятия «Бог» обусловлено теологическими требованиями, от которых нельзя отказываться. Но вместе с тем ясно, что лично Раву ближе другая тенденция: по его мнению, в наши дни следует усиливать скорее стремление приблизиться к Богу.

Подчеркивая важность живого религиозного чувства, рав Кук был довольно резок и говорил, что *«с того времени, как потеряло силу влечение к язычеству, исчезла из мира и живая сила Божественной любви»*. Иными словами, в язычестве (несмотря на то, что оно как таковое, конечно, неприемлемо) есть все же нечто положительное, что может быть утрачено при введении формализованного монотеистического института религии, – а именно мощное первобытное стремление приблизиться к Всевышнему, воспринимая природу как проявление Бога (и это стремление, в превратной форме, проявляется даже в таких диких и ужасных языческих обрядах, как, например, принесение детей в жертву Молоху). Т.е. язычество является лишь искаженным проявлением того стремления, которое живет в каждом человеке, – стремления как бы объединиться со Всевышним.

Таким образом, несмотря на то, что язычество является злом (как с религиозной, так и с этической точки зрения), в нем есть стремление к высшему, в основе своей позитивное (рав Кук называет это стремление *«влечением к язычеству»)*; и если оно исчезает, то религия становится не чем иным, как формальными рамками, лишенными всякого живого религиозного чувства.

**3.13. Комментарий к «жертвоприношению Ицхака»: этический и утонченно-духовный характер монотеистической веры не снимает ее «пугающих» [т.е. темных, глубинных] сторон, а именно страха, трепета, страстной полноты «отдачи себя» и т.д. Эти «страсти» должны переживаться, но они, однако, не должны быть реализованы в поступок, и тогда они обретут свои светлые формы**

В связи с этим отношением рава Кука к язычеству — как к учению, хотя в целом и неправильному, но имеющему искру Божественного света, — интересно рассмотреть его комментарий на «испытание Авраама» в истории о «жертвоприношении Ицхака» (Бытие, гл. 22). Рав Кук толкует эту историю следующим образом: *«Тора хочет научить нас тому, что, несмотря на то, что вера в Единого Бога имеет моральный и духовный характер, эта вера не отменяет ни чувства ужасного трепета перед Его могуществом, свойственного изначальному религиозному переживанию, ни сильнейшей степени полной личной преданности Богу. Вместе с тем, эти чувства не должны проявляться в реальных "ужасных поступках"».*

История о «жертвоприношении Ицхака», приведенная в Торе, *«показывает нам, что страсть и полная личная преданность Божественному может проявляться не только тогда, когда постижение Бога принимает такую низкую форму, как язычество, в котором искра Божественного добра совершенно затерялась, – но и в том случае, когда путь постижения Бога чист. И в этом случае тоже не должно быть недостатка в страсти к полной личной преданности, когда дело касается связи с Богом, принимающей здесь светлые формы».*

**3.14. Неописываемая «абсолютность» проявляется через описываемые «идеалы-качества» (сфирот)**

В дальнейшем мы покажем, как в подходе рава Кука происходит синтез этих двух начал: религиозного чувства, рвущегося к Богу, и форм, ограничивающих это чувство. При этом напряженность, конфликт между этими двумя аспектами характерны для всего учения Рава.

Ведь при всей важности религиозного чувства надо отметить, что именно «позитивные» концепции восприятия Бога (т.е. те, в которых Он описывается посредством «материальных» терминов и позитивных понятий) послужили, ввиду своего «несовершенства», косвенной причиной разрушения религиозной веры в последние столетия. Действительно, после эры Просвещения современный человек уже не может принять простую веру, описывающую Бога с помощью антропоморфных терминов и образов. Поскольку развитие культуры продемонстрировало, что такая вера является ложной и примитивной, то для многих стало возможным вообще отрицать существование Бога как такового. Например так развивался атеизм Фейербаха.

С другой стороны, еврейская вера означает не только веру в Бога Невидимого, Непостижимого, Бесконечного и Абсолютного, но и веру в то, что «к Нему могут быть отнесены описывающие эпитеты» или качества, которые Рав именует «идеалами»[1]. «Идеалы» – это Божественные ценности и сущности, которые могут быть постигнуты и реализованы в нашем мире. В этом отличие еврейского монотеизма от *«пустынного монотеизма ислама или от отрешенности буддизма»*. Бог в иудаизме одновременно носит трансцендентный характер (т.е. Он вне мира), и Он же является источником «идеалов» (т.е. божественных сущностей, которые могут быть реализованы в мире): *«Он – высшая форма бытия, радующая все и дающая всему жизнь; и Он же открывается в субъективном проявлении, через сердце того, кто Его ищет»*. Это субъективное проявление Бога выражается в тех требованиях, которые Он предъявляет к людям, посредством которых человечество все более и более приближается к Божественному совершенству.

[Эти идеалы, являясь ограниченными, не должны подменять собой Божественную бесконечность. Однако они (в дополнение к общему призыву к близости к Богу, к призыву к любви и т.д.) проявляют при этом конкретные направления в служении и в приближении к Нему.]

*3.15. Критика Спинозы: он обрывает ростки «ограниченных качеств-идеалов», в которых проявляется Абсолют, и стремится только непосредственно к Нему*

Этому мировоззрению рав Кук противопоставляет позицию Спинозы, в котором он видит крупнейшего философского представителя современного язычества. Учение Спинозы, как и исходная страсть идолопоклонства в его сути, претендует на то, чтобы познать Бесконечную сущность саму по себе, *«и стремится коснуться именно того, что должно относиться к области чудесной и скрытой Божественной сущности»*. Спиноза, по мнению рава Кука, не на-

---

[1] Рав Кук отождествляет «идеалы» с «качествами Бога», которым в Каббале соответствуют «десять сфирот».

меревался отрицать существование Бога, но стремился *«предать забвению Божественные качества-идеалы»*, т.е. характер позитивных ограниченно-конкретных деятельных идеалов-проявлений «призыва именем Всевышнего». Призыв иудаизма служить Богу посредством «идеалов» [т.е. ограниченных позитивных предписаний] Спиноза заменил *«ошеломляющим призывом к Божественному "Я"»* [т.е. к чувству непосредственного слияния с Абсолютом], – иными словами, призывом приблизиться к собственной Сущности Бога. Отход Спинозы от иудаизма заключается, таким образом, не в атеизме, в смысле отрицания Бога, а в «обрывании ростков» проявлений-идеалов иудаизма.

И действительно, учение Спинозы во всех его аспектах вполне может быть названо «учением без конкретных практических идеалов». В нем нет Божественных идеалов, т.е. конкретных свойств или качеств, в которых Бог проявляется для человека, и поэтому нет места для конкретного служения Богу и для исполнения заповедей. Нет «идеалов» (т.е. конкретных, ограниченных) целей в природе, нет места для обязательных ценностных идеалов в этике. Нет цели и назначения у времени, а, следовательно, и в истории нет идеалов. Истинное познание Бога, по мнению Спинозы, никогда не станет доступно человеческому обществу в целом, а останется «аристократическим учением», уделом избранных. Иными словами, философия Спинозы – это полная противоположность этическому монотеизму иудаизма. При этом в следующей главе мы увидим, что, по мнению рава Кука, учение Спинозы все-таки содержит определенное и очень важное зерно истины.

## ГЛАВА С-4

## СООТНОШЕНИЕ БОГА И МИРОЗДАНИЯ: ДВОЙСТВЕННОСТЬ «ПОЛНОГО СОВЕРШЕНСТВА» И «ПРОЦЕССА СОВЕРШЕНСТВОВАНИЯ»

**4.1. «Стремление к слиянию с Божественным» как позитивный аспект учения Спинозы**

Отношение рава Кука к Спинозе было чрезвычайно сложным и амбивалентным. Рав несомненно отрицательно относился к учению Спинозы в целом, считая его по сути своей языческим (хотя и представленным в возвышенной форме). Вместе с тем, он видел в концепции Бога, предложенной Спинозой, некую позитивную искру. *«Ошеломляющий призыв к Божественному "Я"»*, как называл рав Кук учение Спинозы [т. е. призыв к человеку объединиться с Божественным «Я», с собственно Божественной сущностью], выражает глубокое стремление человека достичь единства с Божественным. Сила этого стремления у Спинозы превратила еврейский монотеизм в «монизм» (или «пантеизм»): *«Такая мощная сила, несмотря на то, что ее источник и основа в язычестве, могла проявиться, по-видимому, только в сыне Израиля, в душе которого необычайно глубоко укоренилась мысль о Божественном единстве. При этом Спиноза окутал Великий свет, дошедший до него окольными и кривыми путями, такой страшной тенью, что лишь тяжелый труд позволяет нам извлечь из этой толстой скорлупы некую сущность, которая может быть воспринята лишь после того, как будет очищена от примесей»*[1].

**4.2. Нарушение баланса между «устремлением к Богу» и «отдалением от Него» может привести к ересям «отрицания Источника» (кофер бе-икар) или же к «обрыванию ростков» (коцец нетийот)**

Однако именно в этом положительном аспекте кроется основная опасность возможности распространения учения Спинозы среди народа Израиля. Ибо, действительно, на базе учения Спинозы возможно неверное переистолкование именно еврейской религии, т.к. именно ее последователям

---

[1] Ср. с этим определение Гегеля, считавшего, что учение Спинозы – это «монотеизм, поднятый на уровень философской мысли». Гегель полагал, что концепция Спинозы является логической вершиной и завершением еврейской веры в единого Бога. Рав Кук, конечно, никоим образом не согласился бы с таким толкованием.

свойственна страсть к «слиянию с Божественным» – *«естественное чувство, корень которого кроется в самой глубине их душ, страстное стремление к Тому, Кто выше всяких идей и чувств».* Ведь в каждом процессе познания вообще есть стремление к «Я», к сущности познаваемого объекта, – стремление, которое в данном случае направлено к Богу.

Идею Спинозы о том, что такое стремление может быть полностью реализовано, рав Кук называет «ошеломляющей», поскольку таким путем это стремление доводится до опасной (при этом обладающей своей привлекательностью) крайности. Именно поэтому рав Кук (о чем мы уже упоминали ранее) считает, что в душе человека должна действовать и другая тенденция – та, которая отрицает позитивное познание Всевышнего и призвана тем самым сдерживать и уравновешивать естественное душевное влечение к объединению с Богом. Но и обратно: эта тенденция также не должна привести к противоположной крайности, к тому, что на языке Каббалы называется «отрицание Источника» (*кофер бе-икар*) [и отличается от «обрывания ростков» (*кицуц нетийот*), которое, как было упомянуто в предыдущей главе, имеет место у Спинозы]. В случае «*кофер бе-икар*» речь идет о таком подходе, когда забывается сам Источник, из которого происходят «идеалы», и отвергается само стремление быть ближе к Богу.

На метафизическом уровне это означает что Божественное «Я» отделяют от тех путей и способов, которыми Он проявляется в мире, т.е. происходит прерывание связи между Самим Богом и Его качествами (которые могут быть восприняты человеком). В терминах Каббалы это означает прерывание связи между Эйн Соф и сфирот[1]. На человеческом уровне из такого разделения следует утрата Абсолюта как источника требовательности идеалов, и превращение всех ценностей в чисто прагматические правила поведения. Тогда *«все идеалы расплываются и тают, а человек, как индивидуум, так и "человек общества", становится бездушным существом, в котором только и теплится, что капля чисто механически воспринимаемой жизни».*

---

[1] Это явление «отрыва от Источника», когда остается только «система сфирот» оторванная от связи с Божественной Личностью и от Диалога с Богом, может произойти также и при «техническом изучении Каббалы» — когда ее отделяют от Торы и иудаизма в целом, и превращают в вид якобы «объективной науки о мироздании».

*4.3. «Детское» мышление Спинозы как не прошедшее рефлексии стремление к слиянию с Богом как с объектом познания*

Истинная сущность веры есть страстное влечение к Божественному «Я» – влечение, «зерно которого посеяно в душе человека, даже в самой детской душе». При этом рав Кук много раз отмечает, что именно в душе ребенка, который еще не «испорчен» воспитанием, можно найти наиболее чистое «простое» проявление этого влечения. В этом смысле рав Кук достаточно парадоксально формулирует концепцию о том, что мышление Спинозы было «детским». Это, конечно, никоим образом не означает, что оно было примитивным. Смысл этого в том, что мышление Спинозы пыталось достичь того, к чему стремится душа ребенка: объединения и слияния с объектом познания. Взросление и отход от «детского» мышления – это и есть та тенденция, которая уравновешивает влечение к Богу и ограничивает это влечение постоянными формами «идеалов» [т.е. необходимостью соотнесения и коммуникации с «внешними проявлениями» Божественности – заповедями, моральными нормами и т.п.]. Без этих устоявшихся идеалов такое влечение остается чувством, которое не может реализоваться[1].

*4.4. Двойственность «совершенства» и «совершенствования» на уровне соотношения Бога и мира*

Противоречие между «непосредственным стремлением к Божественному "Я"» и «познанием через идеалы» отражает (на когнитивном уровне) сущностную двойственность: с одной стороны – совершенный, в полном и абсолютном смысле этого слова, Бог, а с другой стороны – мир, находящийся в процессе совершенствования. «Совершенство» и «совершенствование» – это центральные концепции в метафизическом учении рава Кука. На них основан подход Рава к взаимоотношениям Бога и мироздания, и именно из этого подхода вытекает представление о месте и назначении человека в мире как индивида и как исторического существа.

---

[1] Деление на «собственно Бога» и «идеалы» чрезвычайно напоминает кантовское деление на «вещь в себе» и «категории», с помощью которых мы можем познавать мир. Рав Кук действительно упоминает в этой связи Канта, утверждая при этом, что подобная концепция может быть выведена непосредственно из источников иудаизма.

**4.5. «Мировой свет» как динамическое проявление Божественности, характеризующееся процессом совершенствования**

Двойственность, связанная с делением на совершенное и совершенствующееся, на Бога и мироздание, является одновременно и онтологической (сущностной) и ценностной: *«Мы ощущаем всеми силами души признание существования Абсолютного Добра, невозможность отрицать существование этой Абсолютности (совершенства); и при этом мы ощущаем также непрерывное стремление, действующее в глубине сердца (совершенствование) стремление продвинуться, подняться к Нему, приблизиться к Его высотам, узреть Его очарование».*

Высший ценностный статус Божественного проявления как Абсолютного Добра тождествен совершенству Его бытия. И здесь есть некоторое противопоставление между совершенством и совершенствованием.

Влечение души к Богу существует в динамике [т.е. находится в процессе постепенной реализации, в длительном переходе из возможного в актуальное]. Существование же Бога, напротив, совершенно и непреложно, так что Его бытие может быть названо абсолютным, вечным, неизменным. Поэтому мы не можем обсуждать динамику в Нем Самом [это для нас недостижимо], а лишь в *«Его проявлении в искрах Его сияния, которые спускаются к нам».* Это проявление рав Кук именует «Мировым светом». Свет этот характеризуется отсутствием реализованного абсолютного совершенства, и поэтому он представляет собой процесс, стремление и продвижение к совершенству, движение по направлению к полной реализации абсолютного блага. [И, таким образом, столь необходимая миру «высшая динамика», не находимая нами в «Боге Самом», может быть на этом этапе найдена в Божественном Мировом свете.]

**4.6. Диалектика совершенства и совершенствования внутри самой Божественности**

Перед нами, таким образом, однозначное разделение аспектов совершенства и совершенствования: Бог предстает как абсолютное совершенство, а созданный мир — как постоянный процесс совершенствования. Вместе с тем, рав Кук отмечает и иной, гораздо более глубокий аспект связи между совершенством и совершенствованием – связь между этими аспектами внутри самой Божественности (а не только в рамках разделения на Бога и мироздание). А именно: из некоторых отрывков в работах рава Кука можно понять, что абсолютное совершенство Бога включает в себя, в качестве одного из своих аспектов, также процесс динамического совершенствования и, в некотором смысле, даже нуждается в нем для достижения всеобщности своего совершенства: *«мы не охватим благо во всей его целостности и полноте, если не увидим в нем не только его достигнутую полноту и абсолютность, но и динамический процесс возвышения, совершенствование, подъем, постоянный расцвет, неограниченный рост величия и славы».*

В другом, более категоричном высказывании Рава проявляется даже указание на необходимую связь между Божественным совершенством и совершенствующимся миром: *«Хотя свету Эйн Соф [т.е. бесконечному Божественному свету] самому по себе нет нужды в росте и возвышении, но, с другой стороны, воистину не может быть так, чтобы в абсолютном совершенстве отсутствовало преимущество вечного восходящего развития»* [иными словами, не может быть так, чтобы абсолютное совершенство не включало в себя такой величайший аспект, как постоянное совершенствование].

---

*4.7. Эйн Соф, совершая Цимцум (самосокращение), преодолевает (т.е. отрицает) этим свое собственное [исходное] отрицание возможности динамики и совершенствования*

Это утверждение покажется нам менее радикальным, если мы обратим внимание на то, что рав Кук говорит здесь не о Боге Самом (*Эйн Соф*, абсолютной бесконечности), а о Божественном свете (*Ор Эйн Соф*). В трудах Рава действительно можно обнаружить такое деление: невидимый и непостижимый Бог – с одной стороны, и Бог, проявляющийся через Божественный свет, – с другой. Такой подход является продолжением каббалистической и хасидской традиции, в которой говорится отдельно об *Эйн Соф* и отдельно о первой сфире (она же Божественная воля, *кетер*).

*Эйн Соф* абсолютно и бесконечно совершенен по определению, и это совершенство подразумевает также отрицание своей противоположности – необходимости процесса совершенствования, т.е. нашего мира. Для того чтобы «вне Бога» (в терминах Каббалы) возник мир, необходимо, чтобы Божественная воля пересилила это отрицание путем его отрицания. Такое определение первого «сдвига» (внутри Бога) на пути «образования сущности вне Божественного» как отрицания отрицания – это описание, в гегелевских терминах, того метафизического процесса, который на языке Лурианской Каббалы называется «самоограничение» (*Цимцум*). Бог как бы «ограничивает Свою бесконечность» для того, чтобы освободить «место» для образования мира. «Отрицание "отрицания иного"» (оно же здесь — самоограничение) является, таким образом, первым необходимым условием для того, чтобы появилась возможность совершенствования.

**4.8. Трансцендентная сторона Бога (Эйн Решит) остается вне разделения на совершенство и совершенствование; она абсолютно вне мироздания. Т.е. это не пантеизм, а панэнтеизм**

В учении Рава трансцендентная сторона Бога, которая является источником Его абсолютного совершенства, именуется «*Эйн Решит*» (буквально «Изначальное ничто»[1]). Согласно раву Куку, *Эйн Решит* находится за пределами диалектического процесса «отрицания совершенства» – процесса, который приводит к образованию мира и который происходит в рамках Божественного света (*Ор Эйн Соф*), т.е. в Божественной воле, или, на языке Каббалы, в первой сфире (*кетер*). При этом очевидно, что критическим вопросом является вопрос о том, как соотносятся *Эйн Решит* и *Ор Эйн Соф* (т.е. бесконечный Божественный свет). Если Божественный свет – это проявление самого *Эйн Решит*, то, в конечном счете, мир – это результат своего рода детализации Божественного «Я»; а то, что называется «Сотворением Мира», является процессом, осуществляющимся с необходимостью, как бы вынужденно, обязательно. Ибо в таком случае «отрицание отсутствия мира» [т.е. первый толчок к самосокращению Божественности] также входит в необходимо существующее совершенство. Иными словами, желание Бога сотворить мир, который не является настолько совершенным, насколько совершенен Он Сам, является частью сущности Бога. Бог, будучи абсолютно совершенным, включает также совершенствование, то есть все бытие.

Такой подход почти пантеистичен (т.е. Бог здесь почти сливается с миром). Однако у рава Кука мы никоим образом не наблюдаем полного отождествления Бога и мира (как это происходит в философии Спинозы). *Эйн Решит* остается за пределами собственно деления на совершенство и совершенствование – т.е. существует аспект Бога, который остается трансцендентным вне всякого мироздания и не входит в «диалектическое мировое целое». Такую концепцию называют «панэнтеизм»: Бог – это вся окружающая реальность, но при этом не только она. Бог больше, чем все вообще мироздание[2].

---

[1] О «точке встречи с Богом» как с «Ничто» см. выше, § 3.7.

[2] Такой точки зрения придерживался рабби Моше Кордоверо, каббалист, живший в 16 веке (Кордоверо был учителем цфатского каббалиста Ицхака Лурии (Ари), и его учение оказало большое влияние на рава Кука). Он сформулировал свой подход следующим образом: «Бог – это все сущее, но все сущее – это еще не Бог». См. И. Бен-Шломо, «Учение о Божественном у рабби Моше Кордоверо», Иерусалим 1965, стр. 294 и далее.

Вместе с тем, это лишь один из возможных путей толкования точки зрения рава Кука. Если Божественный свет (*Ор Эйн Соф*) не проистекает непосредственно с необходимостью из Божественного «Я», иными словами, если появление Божественного света является свободным актом Божественной воли [и, таким образом, есть сущностное различие между Богом и миром; мир есть творение Бога, но не часть Его Самого], то позиция Рава может восприниматься как традиционный теизм, представленный, впрочем, в рамках мистического, а не просто теологического учения, поскольку лишь мистическое видение и переживание позволяют воспринимать мир как органически единое целое, кроющееся в Божественной воле и постоянно стремящееся к Божественному совершенству.

Согласно первому приведенному выше толкованию, само деление на «совершенство и совершенствование», или на «Бога и мир», относится исключительно к области эпистемологии, т.е. только нашего восприятия. Иными словами, это деление действительно только для нас, а не для Бога, Который включает в Себя совершенствование (т.е. мир) как аспект Своего совершенства. Согласно же второму толкованию, речь идет об онтологическом делении: Бог – это совершенство, не нуждающееся в совершенствовании, а Творение – это бесконечный процесс совершенствования, процесс приближения к Божественному совершенству. При этом это приближение (говоря языком математики) является асимптотическим, т.е. таким, которое стремится соединиться с совершенством, но всегда будет от него на существенном и сущностном расстоянии.

4.9. Сам процесс совершенствования является видом совершенства, и в этом «динамическое совершенство бытия»

При этом сам этот процесс приближения тоже в некотором смысле совершенен: *«у совершенства две стороны: одна сторона – это не поддающийся описанию и не нуждающийся в совершенствовании Бог, а другая – бытие, которое постоянно совершенствуется и благословляется [т.е. продвигается]».* Таким образом, рав Кук говорит о двух аспектах или о двух видах совершенства: достигнутом совершенстве Бога и динамическом совершенстве бытия, мирового целого. *«Постоянный рост и возвышение – это тоже благословение»* и своего рода совершенство. А поскольку *«совершенствование не может осуществиться в самом Эйн Соф, то оно проявляется в его действиях. Поэтому мир построен так, что он всегда будет развиваться».*

**4.10. «Разрушительный анархизм» как обратная сторона «страсти к совершенству» и осознания невозможности это совершенство реализовать**

Динамическое совершенство мира на нашем уровне проявляется в стремлении человека объединиться с Богом. В этом стремлении кроется причина вечного беспокойства, сопровождающего осознание человеком своей несовершенности, недостаточности. Рав Кук говорит: «*Единственное место, где человек обретает покой, – это Всевышний. Принципиальная неспособность человека достичь этой "цельности покоя" может* [причем именно у тех, кто внутренне страстно стремится к этому совершенству] *обернуться желанием разрушить мир, который несовершенен по своей сути*».

Здесь мы вновь видим аспект анархического начала в учении рава Кука: «*Есть праведники, которые, будь их воля, захотели бы уничтожить все, поскольку они не могут смириться с убожеством этого ограниченного мира. Сила святого пламени, которое горит в их душе, не позволяет им примириться ни с чем, кроме абсолютного Божественного совершенства*». Подобным образом рав Кук объясняет и деятельность секулярных, социалистических и революционных анархистских движений своего времени. Он считает, что у этих людей, под внешней маской атеизма и отрицания традиционных ценностей иудаизма, скрыто глубокое стремление к абсолютному совершенству, которое и является истинной причиной того, что они хотят разрушить старый мир и построить на его месте новый. В этом рав Кук видит историческое и социальное проявление их неосознанного влечения к совершенству, к абсолютному Божественному благу.

**4.11. Недостаточность восприятия Божественности только как совершенства (упрощенный теизм, а также пантеизм Спинозы) или только как совершенствования (Бергсон)**

Это ощущение несовершенства реальности с очевидностью указывает на то, что между совершенством и совершенствованием, между Творцом и Его творением всегда существует определенная дистанция. По этому поводу рав Кук (критикуя позицию Бергсона) говорил: «*Мраку подобно то мышление, которое не знает этой высокой тайны, этого движения Божественного совершенства, которое поднимается с помощью сотворенного мира к высшей цели, к Эйн Соф,* [т.е. те, кто воспринимает Бога статически]. *Но еще глубже погружен во тьму тот, кто полагает, что единственное совершенство, которое существует, – это совершенство восходящего развития, и что нет абсолютного совершенства, которое не растет и не возвышает-*

ся, поскольку в нем все уже превосходно, все исполнено и завершено. Такой тьмой покрыто учение современных философов-новаторов [Бергсона]».

В этом отрывке рав Кук подвергает критике два противоположных подхода к соотношению совершенства и совершенствования. Один из них – это «застывший» монотеизм, который полностью лишает мир его внутренней связи со Всевышним и не признает никакого иного совершенства, кроме абсолютного совершенства Бога. Таким, можно сказать, является «примитивизированный», «упрощенный» вариант понимания классического иудаизма. Противоположной крайностью является подход, согласно которому нет различия между Богом и миром.

Рав Кук понимает учение Бергсона (возможно, это толкование не вполне правильное) как некоторый вид натуралистического пантеизма, представляющего собой параллель к концепции Спинозы, согласно которой само мироздание – это и есть проявление собственно Божественного совершенства. Различие между Спинозой и Бергсоном заключается в том, что Спиноза считает совершенство «Бога или природы» законченным, если его воспринимать «с точки зрения вечности», а Бергсон признает лишь один вид совершенства – совершенство, которое тождественно с собственно самим динамическим процессом бесконечного совершенствования и воспринимается, по словам Бергсона, «не с точки зрения вечности, а с точки зрения времени».

*4.12. Спиноза и Бергсон как представители двух классических вариантов ереси в иудаизме: «обрывающий ростки» и «отрицающий Источник»*

Рав Кук дал очень емкую характеристику позиций этих двух философов, которые, несмотря на свои еврейские корни, отошли от иудаизма. Эти позиции являются выражением двух противоположных типов отрицания еврейской веры: «*Спиноза по существу не признавал Божественной эманации* [т. е. говоря языком Каббалы, роли сфирот как передатчика Божественного света между Богом и миром], *и поэтому он представлял собой тот тип разрушения религии, который называется в еврейской традиции "обрывающий ростки" (коцец нетийот). Бергсон же признавал одну лишь эманацию* [т.е. сам процесс развития и совершенствования] *и не ощущал Эйн Соф (Бесконечное Абсолютное совершенство). Он, таким образом, был из представителей того вида атеизма, которых традиция называет "кофер бе-икар" (отрицающим Основу, отрицающим Источник)*».

Критикуя Бергсона, Рав отмечал, что без трансцендентной составляющей, т.е. без абсолютного совершенства, для которого не требуется никакого совершенствования, не было бы никакой цели, к которой мог бы стремиться мир. Но ведь тогда не было бы и совершенствования: зачем миру совершенствоваться и развиваться, если за его пределами не существует никакой цели, к которой он стремится? Полемизируя же со Спинозой, рав Кук утверждал следующее: если «с точки зрения вечности» бытию не свойственно развитие, то динамическая реальность нашего мира – это всего лишь иллюзия (а тогда мироздание, по правде говоря, теряет смысл).

*4.13. Совершенствование как фундаментальное устремление мироздания*

Таким образом, по раву Куку, совершенствование – это бесконечный процесс приближения к Высшему Благу, к *«благу, которое выше всяких уровней и величин»*. Это идеал, к реализации которого стремится все бытие. На человеческом уровне это выражается в стремлении к развитию, в стремлении быть совершеннее, «лучше» во всех смыслах этого слова. Однако это стремление не ограничивается рамками человеческой морали, а имеет всемирный масштаб. Ниже мы попытаемся найти ответ на вопрос о том, каким образом даже неодушевленная природа стремится к совершенству и благу.

*4.14. Панэнтеизм (т.е. «Все в Боге») рава Кука не становится «а-космизмом» (т.е. отрицанием реальности существования мироздания)*

Объясняя свой подход к соотношению Бога и мироздания, рав Кук, отталкиваясь от двух основных (и противоположных) течений в истории философии и религии: теизма (для обозначения которого он использовал термин «монотеистическое мировоззрение») и пантеизма, — объяснял, что существует третья, промежуточная позиция, которую он называл *«монотеистическим мировоззрением, склоняющимся к пантеистическому объяснению»*. Он находил эту точку зрения в *«разумной части нового хасидизма»* (т.е. в философии Хабада), но лишь тогда, когда ее излагают *«очищенной от примесей»*.

Концепция Хабада включает идею о том, что самостоятельное, отдельное от Бога существование мира невозможно, ибо «нет ничего, кроме Бога», и что бытие вне Бога лишено всякого сущностного статуса. Рав Кук считал важным, чтобы такой подход не превращался в «а-космизм», т.е. взгляд, отрицающий вообще реальность существования космоса и утверждающий, что он есть «полное и абсолютное ничто», а видимая нами временная конечная реальность – это лишь мираж.

Здесь следует учесть, что критика равом Куком того, что он называет «монотеизмом», направлена лишь против примитивного его понимания, против рутинной веры, против религии, лишенной чувства и против абстрактной академической теологии. По мнению рава Кука, глубинные основы человеческой души открыты трансцендентному и человек стремится к тому, что находится за пределами сотворенного мира. Подобно этому и сам мир стремится избавиться от своего статуса как творения и раствориться в Божественном совершенстве; однако, это стремление блокируется, так и не достигнув конечной цели. Таким образом, согласно философии рава Кука, мир реален и сотворен.

И все же, точка зрения Рава на то, что мир сотворен, т.е. самостоятельно реален, не совпадает с упрощенной «стандартной» точкой зрения на этот вопрос. По раву Куку, мир сотворен не во времени, и «с точки зрения Бога» сотворение мира – это вечный акт. Отметим, однако, что такой точки зрения (не вполне совпадающей с «примитивно-стандартной») придерживалось большинство каббалистов, и, с другой стороны, ее сторонником являлся также Рамбам, которого никак нельзя заподозрить в приверженности к пантеизму.

*4.15. Божественная воля и «страсть мира к совершенствованию» как две дополняющие друг друга силы в мире*

Сила, движущая мир к совершенству и к высшему благу, – это Божественная воля, *«действующая по великому плану вечного развития и роста, с целью не только вести этот мир к совершенству, но и утвердить в нем процесс совершенствования и возвеличивания, а также и постоянную потребность получать Божественное благословение»*. Стремление совершенствующегося мироздания к Божественному совершенству, «движение снизу вверх» есть не что иное, как оборотная сторона «движения сверху вниз»: от совершенной, необходимой и необходимо существующей Божественности – к первому проявлению реальности, существование которой не «необходимо», а лишь «возможно». Именно в силу этого первого процесса (начинающегося с действия Божественной воли) существует мир, динамичный в своем развитии и совершенствовании.

Понимание сути этой высшей точки, в которой происходит переход от абсолютного Божественного совершенства к совершенствующемуся мирозданию, определяет позицию рава Кука по всем важнейшим вопросам его учения. От этого перехода зависит характер Божественной спонтанности как полной свободы Бога, проявляющегося как Личность, т.е. действующего и творящего мир по Своей воле, а не в силу логически предопределенной необходимости. Из этого перехода вытекает онтологический статус мироздания как творения, и в нем же источник человеческой свободы выбора, личной ответственности человека перед Богом и его возможности действовать в мире и в истории, а также участвовать в реализации цели «*Геула*», т.е. процесса окончательного очищения и Божественного спасения мироздания в рамках исторического развития.

## ГЛАВА С-5

## СООТНОШЕНИЕ «СВОБОДЫ» И «НЕОБХОДИМОСТИ» В БОГЕ И В МИРЕ

*5.1. И необходимость и свобода в нашем мире равно являются Божественными, и они исходят: первая – из «необходимо существования» Бога, вторая – из Его свободной (не предопределенной) воли при Сотворении Мира. Акт Сотворения Мира не является ни необходимым, ни рациональным, поэтому он – «абсолютное чудо»*

В конце предыдущей главы мы отметили, что вопрос отношений между Богом и миром связан с проблемой соотношения необходимости и свободы, причем речь идет не только и не столько о необходимости и свободе в нашем мире, сколько, в первую очередь, об их высшем источнике, т.е. о «свободе» и «необходимости» в мире Божественном.

Принятыми понятиями в этой области являются термины «возможное существование» (таким является существование любого элемента нашего мира, поскольку этот элемент в принципе может существовать, а может и не существовать) и «необходимое существование» (таким является существование Бога, ибо Его существование не условное, а абсолютное, Он «не может не существовать»). При этом в обсуждении темы соотношения Бога и мира очень важную роль всегда играет вопрос о том, является ли существование мира «неизбежно вытекающим» из существования Бога, или же это акт Божественной воли (важность этого вопроса и следствий из него мы увидим ниже). По этому вопросу рав Кук подчеркивает, что «с точки зрения Самого Бога», существование Которого абсолютно необходимо, нет обоснований ни для какой реальности, кроме Него. Поэтому для того, чтобы существовало то, что «возможно» (а не «необходимо»), т.е. Сотворенный Мир, действует свобода Божественной воли, и, таким образом, возникает бытие: «*Существование реальности – это акт Божественной воли, а свободная воля – это то, что находится за пределами "необходимого"*».

В данном случае разница между пантеизмом и позицией рава Кука состоит в том, к какому виду существования относится существование мира в целом: следует ли оно с необходимостью из Божественного существования (и тогда оно само тоже «необходимое»), или же является результатом волевого акта? В этом последнем случае переход от Бога к реальности мироздания является не необходимым процессом, а свободным актом спонтанной Божественной воли. Этот акт может быть назван «иррациональным», поскольку у него нет никаких других [необходимых, т.е. рациональных] причин, кроме собственно желания Бога сотворить мир. Эта позиция противоположна пантеистической, поскольку, согласно пантеистической концепции, связь между необходимостью и свободой, бесконечным и конечным, единством и множеством, совершенством и совершенствованием – это связь, которая лежит внутри самой Божественной субстанции [и, таким образом, вся эта связь, а с ней и мир, существует «с необходимостью», и нет места для свободной Божественной воли].

Рав Кук формулирует концепцию «свободной Божественной воли» следующими словами: «*С точки зрения "необходимого существования" Бога, нет вообще акта Творения и не существует ничего, кроме Него Самого*». Иными словами, «необходимо-должным» по отношению к Богу (если можно так выразиться) является только Его собственное существование, Он не «должен» творить мир вне Себя. Однако Он желает сотворить такой мир. «*Все, что существует, существует лишь потому, что есть на то Высшая воля. Поэтому никакая часть бытия не может считаться "необходимо существующей"*». Переход от Бога к Творению не является непрерывным. Мы наблюдаем в нем некий «скачок», в результате которого возникает сущностная дистанция. «*В этом повороте от "необходимого существования" к "возможному существованию" нет постепенности – он подобен броску*»[1].

Первоначальным «орудием» (сосудом), с помощью которого Бог действует, является Его воля. Эта воля [будучи квинтэссенцией понятия «свобода»] является «основой всего мира» и метафизическим источником всякой свободы в нашем мире. Необходимость же, существующая в нашем мире, метафизически проистекает из «высшего начала Божественной сути» [т.е. из того, что Его существование является «необходимо-существующим». Таким образом, и свобода, и необходимость в нашем мире имеют своим источником Божественность]. Жизнь существует и развивается под действием Божественной воли, которая бесконечна, так как возможностям Божественной свободы нет предела.

Однако эта традиционная двойственность (с одной стороны – «необходимо-существующий» Бог, а с другой – мир, существование

---

[1] Термины «скачок» (*дилуг*) и «бросок» (*зрика*) в этом смысле мы находим и в философии Хабада.

ГЛАВА С-5. *Соотношение «свободы» и «необходимости»*

которого лишь возможно, но не необходимо) несет в себе внутреннее напряжение. Чем с большим вниманием мы сосредоточимся на необходимости существования Бога, тем слабее станет вырисовываться образ отдельно существующего мира и возможной в нем свободы. При таком подходе существование мира будет «все менее необходимым» и, следовательно, «все более чудесным» (т.к. *«понятие "чудесное" противоположно понятию "необходимое"»*).

Подобный же вывод должен логически следовать из представления об абсолютном Божественном совершенстве: Божественное совершенство не предполагает никакой потребности или «склонности» создавать нечто дополнительное, не содержащееся в Божественной сущности. Иными словами, Богу незачем создавать реальность, которая лишена Его совершенства. Существование несовершенного мира, находящегося вне Бога, противоречит внутренней логике Божественного совершенства. В этом смысле Творение абсурдно с рациональной точки зрения, и поэтому (делает неожиданный вывод рав Кук) оно является «абсолютным чудом».

*5.2. Самоограничение свободы в процессе встречи с глубинно заключенной в ней самой необходимостью. В абсолютности добра Бога скрыт метафизический «корень зла» (т.е. препятствия) для процесса совершенствования мира*

Таким образом, получается, что свободная Божественная воля «прорывается» сквозь абсолютную необходимость Божественного присутствия, становясь источником всякого проявления свободы – как в мире вообще, так и человеческой свободы в частности. Эта свобода является внутренней движущей силой стремления жизни и бытия «объединиться с абсолютным добром Божественного совершенства». Однако [как это ни парадоксально] для самой возможности существования этого стремления абсолютное добро Бога является как бы «злом» [препятствием], так как в нем и согласно ему нет ни Творения, ни свободы, а лишь необходимость Его существования.

Рав предлагает смелую формулировку этой идеи: *«В глубине этого добра сокрыт глубинный корень зла, и из него произрастает отрицание "чудесного", отрицание "возможности", утверждение, что все "существует необходимо" и "естественно", не принимающее нового, и говорящее, что в мироздании ничего нельзя изменить, ибо Изначальное (Творец) сверкает духом, более великим, чем все великое»*. Иными словами высший источник необходимого (т.е. «препятствия» для свободы, зла) есть сам Всевышний.

*5.3. При переходе из Божественности в мироздание высшая свобода проектируется в добро, а высшая необходимость – в зло*

Разумеется, слово «зло» употреблено выше не в обычном смысле – речь идет не о зле нашего мира; скорее наоборот: это зло названо «злом» в том смысле, что оно вообще отрицает существование несовершенного мира, то есть саму возможность процесса совершенствования, саму свободу, приводящую этот процесс в действие [т.е. оно «зло» по отношению к свободе, препятствие по отношению к ней]. Однако, когда мы опускаемся на уровень ниже, в мир, находящийся вне Бога, то свобода и необходимость приобретают иной смысл. Необходимость в нашем мире уже не является «необходимым существованием» Бога, и она проявляется в действии внешних для нас естественных закономерностей окружающего мира, сковывающего наши возможности. При этом, однако, важно осознавать, что ее источником является Божественная мудрость (на языке Каббалы – это *хохма*, вторая сфира), а она подчинена Божественной воле, «первой сфире» – «*кетер*», источнику свободы.

В соответствии с этим, свобода и необходимость в нашем мире соотносятся с обычными ценностными понятиями «добра» и «зла». Свобода – это важный положительный элемент в нашей реальности, это духовная сила, способствующая процессу совершенствования. Свобода обеспечивает динамику стремления к совершенству. И, напротив, необходимость – это закономерность естественного хода вещей, закономерность закона природы, ограничивающая и замедляющая свободное стремление духа. Зло в нашем мире – это то, что тормозит совершенствование и развитие, причем не только в материальной, но и в духовной области: всякое окостенение, ограничивающее спонтанность свободного желания посредством привычек, механической рутины, душевной инерции, всякая пассивность духа есть «злое» подчинение необходимости.

*5.4. В Каббале понятиям «необходимость» и «свобода» соответствуют «круг» (игуль) и «луч» (кав), и они всегда присутствуют вместе*

В этом смысле, высший источник необходимости и свободы заключается в двух принципах, действующих и в мире Божественном: в терминах Лурианской Каббалы они называются «круг» (*игуль*) и «прямой луч» (*кав*). Круг символизирует необходимость, заключенную в рамки своей закономерности, ограничение свободного развития. В противоположность этому, прямой луч, безо всяких ограничений «прорывающийся» вперед, в бесконечность, символизирует свободу – глубинную суть развивающегося мироздания.

Эти два принципа действуют во всех областях. С одной стороны, и в духовном мире есть не только свобода, но существует и некая необходимая закономерность, с другой – свобода луча не противоречит внутренней сути необходимых законов природы: *«Свобода действует внутри самих "кругов", в незыблемых законах бытия, одинаковым образом действительных и для народа, и для человека».* Даже в «темной бездне» самых жестких оков причинно-следственной необходимости «тайно сияет свет свободы», черпающий энергию в Божественной воле, несущей надежду спасения от всякого рабства. И если иногда *«эти железные цепи причиняют страдания человеку, сражающемуся за жизнь в войне духовной и материальной, то свет Господа [т.е. свет Эйн Соф, Божественная воля] проявляется как совершенное чудо, как высшая свобода, которая легко разрывает оковы "законов природы", преодолевает их пределы».*

---

5.5. Источник свободы выбора – в абсолютной Божественной воле, поэтому она всегда торжествует над рабством подчинения природным законам

Торжество свободы над порабощением природной причинно-следственной связи становится возможным благодаря силе над-естественного источника этой свободы. А источник этот – *«высшее свободное влечение, берущее свое начало в абсолютной (Божественной) воле».* Божественная свобода совершенно спонтанна и не подчиняется никакой необходимости. Именно в ней берет свое начало свобода человеческого духа. В нашей реальности, обусловленной всякими видами необходимости, эта свобода человеческого духа, родственная Божественной, проявляется, конечно, относительно слабо. Она лишь *«тень и отзвук от той абсолютной самостоятельности и независимости, которой обладала изначальная Божественная воля в своей сокрытой основе».* Иногда мы вообще перестаем замечать существование этой свободы. Это связано с тем, что явная, видимая свобода вокруг нас есть *«не что иное, как слабое проявление ее истинного источника».*

На самом деле свобода и необходимость сосуществуют в каждом предмете и явлении нашего мира, и беспрестанно меняющееся соотношение между ними определяет темпы совершенствования мира: *«во всем, что содержит в себе ограничивающий момент, нужно разделять волю [свободу] и необходимость».* А поскольку любая действительность, кроме Божественной, содержит в себе ограничения, то любая вещь в мире содержит в себе как начало необходимости, так и начало свободы: *«Все сущее, поскольку оно имеет ограничивающий момент, включает в себя элементы вынужденности, и в этом – проявление зла, заложенного в нем. Путь к совершенству лежит через свободу, высвобождение из оков необходимости и вынужденности».*

---

**5.6. Вынужденность (= зло) ограничена, т.к. она сама тоже происходит от свободной Божественной воли. Она лишь оболочка; и ее внутреннее ядро есть свобода (= добро)**

Необходимость является внешним облачением свободы, и в этом смысле она неотделима от действительности, в которой мы существуем. Но необходимость, вынужденность, никогда не абсолютна: *«Глубоко внутри всякой вынужденности (=зла) содержится ядро свободы (=добра), и оно несет надежду избавления* ("*подслащивает*" *это зло). И причина этого в том, что необходимость, вынужденность, на самом деле не абсолютна; она не существует сама по себе, но является внешней формой выражения высшей свободной воли. Ибо все сущее есть добро по своей внутренней сути, а зло проявляется лишь во внешней оболочке».* При этом важно подчеркнуть, что «глубокое внутреннее ядро добра», о котором говорится здесь, – это не собственно Бог, а свободно проявленная воля Бога. Свободная Божественная воля, подарившая миру его существование, является также источником свободы, действующей в этом мире и в человеке.

---

**5.7. Мир пронизывает [не Сам Бог, а] свободная Божественная воля (в этом отличие от пантеизма). Это дает человеку свободу, и потому Сотворение «морально»**

Таким образом, концепция рава Кука не является пантеистической, ибо она основывается на центральном положении понятия «Божественная воля» [т.е. на том, что Божественная воля (а не Сам Бог) пронизывает мироздание, отождествляясь, в каком-то смысле, с «душой» этого мироздания].

Даже в самых вдохновенных фрагментах рава Кука, описывающих «проникающий всюду» Божественный свет жизни, речь идет не о Самом Боге, а о Его Высшей воле, проявляющейся во всем мире: *«Тот внутренний двигатель мироздания, что вдыхает жизнь и движение в материальное и духовное бытие – это колоссальное влечение»,* космическая воля, стремящаяся к Божественному совершенству. Таким образом, классическая идея Сотворения Мира «из ничего» (ex nihilo) в данной интерпретации приобретает в основе своей моральный смысл, так как Бог создает Своей свободной волей мир, в котором человек вследствие этого может свободно действовать (в соответствии уже со своей собственной волей) и соучаствовать в воле Божественной, ведущей мироздание к реализации основного его предназначения, связанного с процессом Избавления. Этот принципиальный вывод о моральной основе свободы и мироздания вообще очень важен для понимания характера учения рава Кука.

*5.8. Мир как выражение Божественной воли, стремящейся к совершенству; и потому мир совершенствуется*

Проявление и действие в мироздании Божественной воли получает у рава Кука название «всеобщей (или мировой) воли». Этот космический импульс неотъемлем от мироздания, он побуждает мир к совершенствованию и осуществляет *«продвижение [буквально: "восхождение", "карабкание"] бытия вверх»*. Рав Кук иногда разграничивает «космическую» (мировую) и Божественную волю, при этом космическая мировая воля является реализацией Божественной воли. *«Мировая воля проистекает из высшего влечения»*, т.е. из Божественной воли. Весь мир есть раскрытие и проявление неограниченного бесконечного желания, «жажды бесконечности», в чем и состоит его истинная сущность. Эта истина познается на уровне высшего знания: *«Самое возвышенное, самое совершенное представление о мире – это мир как выражение Божественной воли»*.

*5.9. Критика идей Шопенгауэра: 1) воля – это не вся действительность, но лишь один из ее аспектов; 2) Божественная воля не слепа, но моральна и осмысленна*

На первый взгляд это восприятие действительности как проявления воли сходно в чем-то с учением Шопенгауэра, и, может быть, в нем даже слышится отголосок заглавия книги Шопенгауэра «Мир как воля и представление». Однако когда сам рав Кук упоминает концепции Шопенгауэра, то он полемизирует с ними: *«Сами по себе воззрения Шопенгауэра на вопрос воли не являются совершенно далекими от истины. Ущербность же их в том, что вместо того, чтобы явиться как одно из представлений о действительности, они воспринимаются как вся вообще действительность целиком и ее причина – что неверно»*.

Рав Кук считает, что Шопенгауэр ошибается также и в понимании внутренней сущности космической воли. По мысли Шопенгауэра, мировая воля есть «слепое желание», имеющее единственной целью самое себя, не обладающее моральной ценностью и проявляющееся наиболее очевидным образом в биологических влечениях и в инстинкте самосохранения. Рав Кук считает подобный подход совершенно односторонним взглядом даже на явную, видимую действительность, ибо даже при взгляде на нее *«обладающие духовным зрением видят не только [Шопенгауэровское] слепое и глухое желание, но также и полную и глубокую мудрость».*

**5.10. Слепое желание (т.е. жажда просто существования) есть низкий уровень проявления Божественной воли, и оно доминирует лишь в нижних этажах бытия**

Тем не менее слепое желание, даже в его проявлении как зла, тоже является частью реальности, и его власть особенно велика в области жизни материальной и эмоциональной. Однако *«было бы ошибкой считать, что это доминирование распространяется на все сущее, поскольку на самом деле оно является основой лишь нижних частей общего строения бытия».* В действительности, слепое желание является одним из начальных этапов процесса развития глобальной космической воли; это нижняя грань Божественной воли. В процессе видоизменения «сверху вниз» ее нижней гранью является проявление в качестве элементарного желания, лишенного всякой явной осмысленности и являющегося ни чем иным, как просто желанием продолжать существовать. *«В начале линии луча Божественной воли она всеобъемлюща и включает в себя все; далее же она развивается, расслаивается и видоизменяется, дробится на меньшие элементы, пока в конечном счете, в самом низу, от нее не останется только лишь ее ядро: простое желание, не несущее никакой другой положительной окраски».*

**5.11. В отличие от Шопенгауэра, рав Кук считает слепое желание аспектом проявления разумной созидательной Божественной воли, а потому – положительным**

В этом и есть корень отличия мировоззрения рава Кука от *«являющейся злом, крайне пессимистичной»* концепции Шопенгауэра. Этой концепции недоступна даже истинная суть собственно слепого желания. Ибо *«слепая сила, которая так сильно проявляется во всем без исключения мире чувств и образов, эмоций и устремлений, а также в человеческих мыслях и во всем ощутимом мире»*, играет положительную роль, являясь элементом, «укрепляющим бытие». Слепое желание подобно дрожжам, способствующим брожению вина, и оно упрочивает важнейшие основы действительности.

Более глубокое восприятие бытия (в рамках подхода, который рав Кук называет *«мудростью святости»*) проникает в положительный внутренний смысл «воли к жизни» и обнаруживает, что воля эта на самом деле вовсе не слепа, и что она действует в соответствии с определенной целью и смыслом. Этот смысл – реализация сущности воли как моральной свободы. Творение есть проявление или «представление» воли, в котором действует Божественная свобода. И хотя, проявляясь как слепое желание, эта свобода остается невидимой, выбирающие ее освобождают себя и мир от бремени зла, привносимого слепым и необузданным желанием. *«Выбирающие свободу знают, что внутри этого искаженного слепого желания, во всех его проявлениях, внутри него есть разумная созидательная воля, которая, будучи его истинным смыслом, берет свое начало в том же источнике, в котором рождается сама жизнь».*

5.12. У Канта свобода воли человека есть исключение из естественного мира, в котором властвует необходимость; а по раву Куку свобода воли человека есть лишь частный случай свободы воли всего мироздания

Мы отметили, что различные уровни свободы существуют во всех элементах мироздания, и что свобода *«проявляется в параметре свободного выбора, наличествующем в базисных основах нашей действительности»*. Каждый из нас ощущает собственную свободу воли: *«мы встречаемся с ней в глубине того человеческого, что в нас заложено»*, но это есть лишь проявление в нашем человеческом мире всеобъемлющего принципа свободы, – проявление, которое *«не оторвано от общего, от бытия в целом и от каждой из его составляющих»*. Эта свобода является одновременно явной и скрытой: *«Эта сила сокрыта более всего сокрытого в глубинах понимания, и она же открыта более всего открытого восприятию»*. Свобода раскрывается в *«мыслящей и чувствующей человеческой душе»* и в ее способности выбирать. Однако свобода сокрыта, поскольку *«ее истоки находятся там, где любой интеллект теряет остроту зрения»*, т.е. в Божественной воле.

Мы уже отмечали выше, что с рациональной точки зрения эта удивительность свободы воли абсурдна, так как она, казалось бы, выходит за пределы системы обычных законов природы, носящих «предписывающий» характер и распространяющихся как на природу, так и на человека. И все же свобода воли непосредственным образом заложена в человеческом сознании [и потому она является одним из первичных, базисных элементов нашего восприятия бытия, восприятия окружающего мира]. Сам по себе, будучи взят отдельно, этот факт (наличие у человека свободы воли в противовес «детерминирующим» законам природы) не поддается осмыслению. Его можно понять только как часть общего, если воспринять свободу человека на базе общей онтологической основы: *«Невозможно постичь чудо человеческой воли во всем великолепии ее свободы, если только не представить ее отдельной искрой от общего бушующего* пламени великой воли, охватывающей все бытие проявлением воли великого Царя миров, благословен Он».

Здесь мы заметим, что в философии Канта моральная свобода человека воспринимается как отклонение от естественной системы законов мира явлений, «вещей в себе». Но в учении рава Кука, в отличие от Канта, человек – не единственный носитель свободы, ибо свобода присуща всей Вселенной. Для рава Кука человек не является кантовским единственным «гражданином двух миров» (мира естественной необходимости и мира моральной свободы, противопоставленных друг другу), но все сущее наделено единым гражданством в мире свободы.

*5.13. В познании воли недостаточно только мудрости, нужна также и вера, т.к. воля объемлет все бытие, а мудрость – не все*

При этом чудо человеческой свободы есть не что иное, как частное проявление величайшего чуда – самой реальности мира, вытекающей из таинственной *«свободы обновления бытия»*. Поэтому «идея обновления мира» не может возникнуть из того, что рав Кук называет «*источником познания*», но она может возникнуть только из «*источника веры*». Мы не можем «знать», что обновление всего Творения действительно происходит, или что реальность обновляется с каждым движением человеческой воли; можно только верить, что свобода не иллюзорна, что она существует и проявляется в каждой вещи: *«Естественная вера в своей естественности, спускаясь в бездонные глубины, охватывает все без исключения создания и действия и поднимается в бесконечную высь... Тайна этого сокрыта и глубоко запечатана»*.

Скрытая свобода существует внутри необходимости, властвующей в доступном взору мире. И в этом вопросе как будто даже Божественная мудрость замолкает, ибо в «потемках необходимости» она никак не может коснуться свободы воли: ни ее высшего корня – бездны Божественного Ничто, ни «темноты» элементарного инстинкта жизни, ни тайны свободного движения человеческой воли. Однако воля, в противоположность мудрости, в своей бесконечности объемлет все части реальности – и те, что выше разума, и те, что ниже его: «*Не сможет мудрость в своем проявлении распространиться так, как распространяется воля, не достигнет мудрость такого величия красоты, не засияет таким великим сиянием, затмевающим светила, и не сможет так опуститься и проникнуть бесконечным светом в глубины глубин, как это доступно воле»*.

> 5.14. Сущность жизни, во всех ее проявлениях, есть выражение свободы воли, стремящейся к расширению, самовыражению и продвижению

Вернемся к утверждению рава Кука о том, что свободой воли наделен не только человек. Попытаемся понять это утверждение, рассматривая феномен жизни и бытия вообще.

Жизнь – это самое яркое проявление «волевой» сущности всей реальности. Природа жизни характеризуется способностью к спонтанному действию, обновлению и творчеству; это свидетельствует о том, что *«именно свободная воля является сущностью жизни»*. Непреклонность, с которой каждое живое существо стремится сохранить жизнь и выразить свои уникальные способности, *«склонность всего живого к самореализации и самовыражению»* – это не что иное, как частное проявление космической воли: *«Воля не в смысле желания чего-либо особенного и конкретного, но в общем смысле; общее желание, утверждающее жизнь и вытекающее из самой жизненной сути»*.

Чем активнее частное желание, тем больше его участие в желании общем, в *«свободном от всякого ограничения духе Господа, парящем над бытием»*. Все сущее в мире стремится, сознательно или неосознанно, увеличить, насколько это возможно, свои способности, расширить пределы своей свободы. Это стремление и определяет природу бытия как постоянное непрерывное влечение, стремление к Божественному совершенству. В этом – особенное «преимущество бытия», «преимущество накопления, увеличения силы», отличающее его от абсолютного, полного совершенства Бога.

В тех слоях мира, которые лежат вне границ человеческого сознания, космическая тяга к бесконечному всемогуществу Божественного совершенства проявляется в различных формах энергии, начиная от физического движения неодушевленных предметов и до жизненных сил мира животных и растений. Эта энергия кажется нам материальной, но на самом деле она тоже является частью *«всеобщего внутреннего усилия соответствовать изобилию света Бесконечности»*.

Но конечно, страсть всего сущего к совершенствованию и могуществу наиболее явно проявляется на примере человеческой истории и развития духовной и материальной культуры. Однако это всем очевидное явление есть не отдельное особое человеческое свойство, а лишь одно из выражений общей воли, действующей во всей реальности, – как в том мире, который ниже человеческого, так и в том, который выше него. *«Это та самая основная сила, яв-*

ляющаяся причиной каждого движения бытия и любого развития; сила, приводящая в действие совершенный механизм, реализующийся в каждом мире и в каждой сущности в соответствии с их особенностями. И это та же самая внутренняя основа, на которой зиждется культурное развитие, как частного человека, так и целых народов; основа эта существует в каждом создании, и нет такой частички, как бы мала она ни была и в каких бы скудных условиях она ни существовала, бытие которой не определялось бы этой основой; и даже величественные миры святых ангелов построены на том же фундаменте».*

**5.15. Существование есть благо, а ослабление силы жизни, ослабление реальности есть зло, т.к. они снижают интенсивность стремления к совершенству**

Стремление космической воли к Божественному совершенству выражается не только в развитии и укреплении всего сущего, но и в самом факте существования. Бытие ценно само по себе: *«существование – это счастье, и действительность – благо»*; а всякий упадок сил и ослабление действительности являются злом, так как они снижают интенсивность стремления к совершенству. *«Все худое в этом мире есть ни что иное, как уменьшение, ослабление действительности. Это ощущение ущербности, недостаточности становится для человеческой души источником страдания и боли».*

С другой стороны, чувство душевного страдания и боли возникает также в связи с положительным «стремлением к существованию, стремлением к совершенствованию сущего». Оно возникает, когда человек осознает величину дистанции между, с одной стороны, им самим, и, с другой стороны, совершенством Божественной сущности, к которой он стремится.

**5.16. Хотя конечное ничтожно по сравнению с бесконечной Божественностью, но оно хорошо «в глазах Бога»; и потому мир в основе своей есть благо (в отличие от подхода буддизма)**

Однако «душевная боль», сопровождающая ощущение зыбкости конечной реальности, глубокое осознание «ничтожности всего сущего» в сравнении с «могуществом высшей реальности» – все это отнюдь не должно легитимизировать подход, который культивировал бы *«пренебрежение бытием и безоговорочное стремление к ничтожности»*. Говоря так, рав Кук имеет в виду Шопенгауэра и буддизм, видящие в «страстном стремлении к ничтожности» путь к избавлению от всех страданий.

Источник пессимизма буддистского учения – в отрицательной оценке самой реальности. Идеал буддизма основан на отрицании того, что «совершенствование действительности есть благо». Этому пессимистическому «стремлению к упразднению бытия» рав Кук противопоставляет стремление к утверждению и усилению действительности, как истинное выражение стремления к Богу: *«признание Израилем того, что для Бога сотворенная Им действительность хороша* [ср.: "И увидел Бог, что это хорошо" (Быт. гл.1)], *приводит к пониманию реальности как стремления к полному и совершенному бытию».* Это понимание меняет экзистенциальное и эмоциональное отношение человека к миру: он не только учится *«благосклонно воспринимать жизнь и действительность»,* но в нем также просыпается радость, *«сопровождающая каждый глоток жизни».*

Осознание человеком своей слабости, таким образом, не свидетельствует о его ничтожности, но, напротив, говорит о неразрывной связи человека с совершенством, которого ему не хватает и которого он стремится достичь: *«Мы сожалеем о том, что у нас недостает совершенства. Но не именно ли это сожаление является признаком того, что мы на пути к нему?»* (Это напоминает высказывание Паскаля: «Кто чувствует себя несчастным из-за того, что он не царь? – Только царь, потерявший престол!»)

Ощущение ущербности достигает пика, когда мы тоскуем по абсолютному благу: *«Нет страдания, подобного тому, что причиняется страстным желанием абсолютного добра».* Чем глубже осознание бесконечности, тем сильнее чувство конечности всего, кроме Всевышнего: *«Тому, чья душа насыщена светом Бесконечности, обычные ограниченные идеи сжимают сердце, и в них он не находит покоя».* Однако у этого ощущения конечности и боли, причиняемой «страстной жаждой абсолютного блага», есть положительная роль: они пробуждают в человеке «жизненную основу его души», заставляют его взор «устремляться вверх», укрепляют в нем «высшую страсть к горнему свету» и подвигают его на бо́льшие усилия в его стремлении к совершенству.

---

*5.17. Сущность жизни есть развитие, в стремлении всего мироздания к Божественному совершенству*

Таким образом, с одной стороны, в душе человека заложено основное свойство бытия – несовершенство всего, существующего вне Бога; и это свойство побуждает его к постоянному совершенствованию. А с другой стороны, душа отражает путь к цели, к которой стремится мироздание. Всякое продвижение в развитии человеческой души, *«всякая мысль, принадлежащая идеальности, которая важнее грубости материализма»,* указывает на «направление движения мирового бытия», развивающееся и усиливающееся одухотворение человеческой, а вместе с ней и космической действительности. Но это совсем не духовность абстрактной мысли, которая оторвана от реальности и может ослабить жизненную силу, необходимую для того, чтобы действовать в нашем мире. Напротив, имеется в виду развитие самой жизни, т.е. увеличение мощи космической воли, *«вливающейся в каждую душу живительной росой»*.

Осознание сущности жизни как постоянного обновления обнаруживает, что и в самом материальном мире наличествует действие и влияние Божественной воли – истока любого обновления и созидания также и в мире материи. И подобно тому, как при Сотворении Мира Божественная воля была причиной возникновения самого бытия, она продолжает это бытие притягивать и возвышать: *«Все и вся стремится к Истоку жизни. Всякая трава или куст, всякая песчинка или комочек земли, все, в чем жизнь проявляется явно или тайно, все малые создания и все большие, высшие сферы и святые ангелы, все частное и общее в бытии – все кипит, стремится, тянется, тоскует по совершенству своего высшего Истока»*.

## ГЛАВА С-6

## «МОРАЛЬНЫЕ УСТРЕМЛЕНИЯ БЫТИЯ» — МИР КАК ПРОЯВЛЕНИЕ ЭТИЧНОЙ ВОЛИ. КОНЦЕПЦИЯ «КОСМИЧЕСКОЙ ТШУВЫ»

*6.1. «Этичный волюнтаризм»: сутью мироздания является высшая свободная воля к жизни; а поскольку это воля Божественна, то она не слепа, а этична, и она есть стремление к добру и к совершенству*

Мы говорили выше о представлениях рава Кука, согласно которым во всем сущем заложена свободная воля к жизни, которая выражается в непрекращающемся стремлении к полноте бытия, к совершенству и благу. Без этой заложенной в самых основах мироздания бесконечно страстной жажды к добру и совершенству духовные устремления не имели бы никакой моральной ценности и никакое стремление к идеалу не имело бы смысла. Такая связь онтологии и этики [т.е. связь вопросов базисного устройства бытия с проблемами морали] является чрезвычайно важным элементом в учении рава Кука. Именно этот элемент ограждает учение Рава от опасностей, кроющихся во всяком волюнтарном [т.е. в таком, согласно которому сущность действительности следует искать в области воли, а не в области разума] воззрении, и характеризует его как подход, который в терминах философии можно назвать «этическая волюнтарность мироздания»[1].

*6.2. По раву Куку (в отличие от Бергсона) процесс совершенствования мира направлен к цели – Божественному абсолютному добру; а потому продвижение и совершенствование мироздания в целом есть моральный акт продвижения к добру и святости*

Разграничение между собственно процессом совершенствования и его высшей целью, Божественным совершенством, определяет природу бытия как постоянное «восхождение всего Творения к Творцу», как непрекращающееся стремление, — а вовсе не как процесс чистого движения, при котором само движение уже является высшим

---

[1] В философской литературе для обозначения такого подхода принято использовать термин "волюнтаризм"; но поскольку в русском языке термин "волюнтаризм" обычно понимается в политическом, а не в философском смысле, — то мы, чтобы подчеркнуть разницу, переводим его здесь как "волюнтарность".

совершенством, в котором как будто бы *«все уже совершенно, цельно и закончено»*.

Мы уже отмечали, что в этом заключается различие между подходом рава Кука и философией витализма типа учения Бергсона. Следует подчеркнуть, однако, что это различие проявляется главным образом в понимании совершенства. С точки зрения рава Кука, совершенство (а также, разумеется, и процесс совершенствования) наделено не только сущностным, но также и моральным статусом. Божественное совершенство – это «абсолютное добро», а совершенствование – это процесс «улучшения». В процессе совершенствования мир и все наполняющие его создания не только обретают дополнительную энергию бытия, не только достигают все более высокого уровня биологической сложности, увеличения жизненной силы и усиления воли, углубления самосознания и усиления способности к интеллектуальному, эстетическому и духовному творчеству – но и совершенствуются с «моральной» точки зрения.

Различные уровни действительности – это ничто иное, как ступени процесса обретения святости (этой категории, разумеется, нет в концепции Бергсона). Каждое творение, каждое существо в мире, да и весь мир, стремится стать лучше — и, таким образом, стремится приблизиться к святости Бога.

*6.3. «Несовершенство» мира морально ценно, т.к. оно дает возможность развития, а это есть добро*

Но и то обстоятельство, что в Сотворенном Мире отсутствует совершенная святость, имеет определенный моральный смысл. Именно это обстоятельство является основой, источником возможности стремления к добру, которое дано достигнуть только усилием свободного действия и только в процессе совершенствования. Добро — это все то, что усиливает высшее моральное устремление бытия, то есть продвигает процесс совершенствования Вселенной; тогда как зло есть то, что задерживает этот процесс[1].

---

[1] Это, несомненно, не кантовское понимание морали. Рав Кук определяет добро отнюдь не как кантовский этический императив, отделенный от космоса, а как ценностную сущность, имманентную мирозданию, в действии которой соучаствует человек. Эта позиция аналогична платоновской (к этому моменту мы вернемся позже).

**6.4. «Моральное устремление» действует изнутри во всём мироздании; и у человека оно идёт не от сознания, а из глубины души**

Божественная «моральная программа» властвует, однако, не только над «духовными» законами бытия. «*Её искры светят также и в законах материальных, поскольку Божественный свет, проявляющийся в великом, общем для всего бытия моральном устремлении, проникает также во все действия сил природы, которые, на первый взгляд, совершают свою работу как бы подобно неживым механизмам, бесцельно и безотчётно*». В человеке (наделённом по своей природе разумом и самосознанием) это сущностное устремление проявляется в виде морального закона, в виде зова, звучащего в глубине души и требующего от человека реализовать это устремление к добру в своей жизни в мире. Но этот голос возникает не на уровне разума, а на гораздо более глубоком уровне: это «*...глас самостоятельного естественного душевного влечения, стремления приблизиться к Богу. Всё бытие в целом, каждое живое движение души в мироздании, вся сила человеческого сознания утверждают неустанно, что только в этом — добро, только это и есть счастье*».

**6.5. Даже «естественная необходимость» есть результат свободного выбора, который все элементы мироздания совершают, отзываясь на зов «морального устремления бытия»**

Человек, по своему свободному выбору, может отозваться на этот зов, а может и не отозваться. В этом «тайна выбора», тайна человеческой души, характеризующая моральный аспект его жизни. Однако явная, видимая способность к свободному выбору — всего лишь «очень узкая часть» большой области «тайного выбора», скрытого в мире явлений под оболочкой необходимости. [Иными словами, то, что воспринимается нами как необходимость, жёстко диктуемая законами природы, на самом деле несёт в себе невидимый нам аспект свободного морального выбора, осуществляемого всеми элементами мироздания как единым целым.] Способность человека принимать решения морального характера, «*которые мы называем свободным выбором*», есть только одно из проявлений этой всеобщей возможности выбирать, и «*особенность её в том, что она высвечивает явно и раскрывает бытие во всей глубине его самостоятельной сущности*». В этом онтологическом смысле свободный выбор и «моральная склонность» существуют абсолютно во всех частях мироздания. Разумеется, в мироздании вне человека этот выбор не может сопровождаться самосознанием и моральной ответственностью, однако, во всём живом присутствует скрытый от наших глаз свободный выбор:

«Каждое живое существо, согласно его способностям, участвует в выборе, и это – основа его совершенствования в дальнейшем».

Категория «выбора» действительно относится абсолютно ко всему сущему. Она находит свое выражение уже в самом явлении поэтапного, поуровневого деления Творения на частные объекты. Каждая новая ступень в развитии мироздания при помощи выбора добра и справедливости «выбирает» свое место в иерархии уровней реальности. Этот выбор совершается космической волей: *«Скрытый выбор есть то, что действует на те самые стороны, в которых действие явного выбора не проявляется. Более всего скрытый выбор отвечает за разделение уровней, разделение между материальным и духовным, и даже за разделение родов и видов в областях, которые далеки от человека, но в которых тоже непременно проявляется Божественная справедливость»*[1].

**6.6. Творческая сила нашей жизни есть проявление общемировой этичной воли к совершенству**

Моральный характер выбора виден в реализации воли человека, поскольку именно в ней космическая воля достигает уровня самосознания, «скрытые желания» наполняются знанием и понимаются нами не только как свободный импульс, но и как действие воли к добру. Основное внешнее проявление этой воли в мироздании — это творческая сила самой жизни. Это *«действие центральной силы жизни, действие воли, лежащей в основе движения всех колес жизни»*, выражающееся также (как мы увидим далее) и в процессе эволюции.

**6.7. «Сильный» жизненный импульс чрезвычайно важен, он обладает также и этической ценностью. И хотя есть в нем определенная «опасность» и иногда он может внешне противоречить моральным установкам, но, с другой стороны, если жизненный импульс падает, то возникающая слабость гораздо скорее может привести к развалу духовности и морали**

Моральная сущность развития жизни есть единое, присущее всему мирозданию стремление к совершенству Божественного блага, которое проявляется по-разному и на разных уровнях: *«Импульс стремления к Божественной близости не исключает из своего влияния ничего сущего. Этот импульс охватывает все и полон всем, он один и единственный во всех его проявлениях».* Но до появления рода человеческого это стремление остается скрытым и морально не реализуется. В биологическом развитии и со-

---

[1] Бергсон тоже говорит о свободе выбора животных, но в его интерпретации эта свобода не содержит в себе никакого морального смысла, она лишь очерчивает границы области возможных действий того или иного существа.

ГЛАВА С-6. *«Моральные устремления бытия»* 281

вершенствовании форм живых организмов еще не видны никакие моральные аспекты – продолжается все то же движение жизни, *«и не имеет значения, какую форму принимает это движение, и какое место оно занимает относительно моральных ценностей»*. На ранних стадиях развития (а иногда, как известно, и на самых высоких...) *«движение природы под действием ее сил подобно буре»* и жизненный импульс действует в видимом противоречии с любой моралью; *«стремление к усилению власти и расширению возможностей»* принимает форму борьбы за существование, которая может использоваться силами природы *«во всяческих злых целях, во всевозможных действиях против морали»*.

[Однако это противоречие природного и морального — лишь внешнее. Ибо для того, чтобы жизнь (а с ней – и все ее моральные и духовные аспекты) развивалась, необходимо предварительное развитие всех «природных» аспектов жизни. Иными словами, внутри «силы жизни» кроется моральное устремление, а потому (несмотря даже на то, что внешне это не всегда заметно), эта сила жизни морально ценна. Природное в своей основе не противоречит моральному – а работает, создает базу, на основе которой моральное только и может развиваться.] Более того, поскольку жизнь развивается под действием свободного внутреннего импульса, а *«воля развивается посредством силы»*, то отдаление от силы жизненной воли может привести к ослаблению проявления духовности и морали; иными словами, *«идеальное, высшее, духовно цельное может разрушиться из-за слабости, кроющейся в излишней деликатности»*.

6.8. Противоречие между духовностью и жизненной силой – кажущееся; и оно преодолевается, когда духовность воспринимает позитивные элементы жизненной силы

Ощущение противоречия между духом и жизнью особенно характерно для современного способа мышления, и оно весьма распространено в культуре, философии и литературе последних поколений. Однако это противоречие поверхностное, и оно может и должно быть преодолено. Согласно раву Куку, преодоление этого противоречия происходит, с одной стороны, при помощи того, что мы освобождаемся от «внеморальных» сторон природной реальности: *«освободимся от ее слепоты, от ее дикости, и порабощающей обязательности, от отсутствия цели, от недостатка идеального в ней»*, – и, с другой стороны, когда при этом мы обращаемся к ее позитивным жизненным силам: *«возьмем у природы ее силу, ее мощь, ее точный порядок»*.

Чем глубже сознание проникает в сущность жизни, тем яснее становится, что противоречие между природным стремлением к силе и благим моральным стремлением к добру – есть лишь кажущееся противоречие, и что источник жизненной силы, существующей в самой системе причинно-следственных связей, кроется именно в «*оживляющей моральности, вдыхающей жизнь в эту громадную цепь причин и следствий*».

**6.9. Несмотря на локальные падения, мир в целом (неосознанно) продвигается к совершенству; величие же человека в том, что его устремление к совершенству осуществляется сознательно**

Впрочем, движение мира к добру происходит диалектическим путем, т.е. не «монотонно», постоянно увеличиваясь, а волнообразно; оно идет таким путем, на котором есть спады и подъемы, «стремительные продвижения вперед и досадные отступления», но при этом «спады на самом деле внутренне содержат в себе зерно дальнейшего восхождения». Вопреки всем внешне видимым проявлениям дикости и насилия, развитие жизни, по сути своей, неотступно движется в сторону полноты исполнения своей моральной задачи: «*Воля, скрытая в мироздании, раскрывается под влиянием Божественного света, шаг за шагом, и добро умножается и укрепляется в мире*».

Особый статус человека в этом развитии заключается в том, что стремление к совершенству, которое в природе действует без морального осознания и без осознания свободы, достигло в человеке уровня «*полного проявления морального выбора, открывающегося нам в человеческой душе*». Это, несомненно, высшая ступень эволюции в нашем мире.

**6.10. Распознавая Божественность и выбирая «объединение» с Ней, человек усиливает стремление мироздания к Богу**

Человек отличается также возможностью распознавать действие воли Всевышнего во Вселенной и способностью подключать к Ней свою волю, участвовать в Ее деятельности, совершая моральные действия в силу свободного выбора. Таким путем человеческая мораль объединяется с «высшей моралью, происходящей из Божественного источника». Здесь концепция «этической волюнтарности» рава Кука достигает своего апогея. Перед нами высшая ступень восхождения воли к ее источнику и проявление в действии. Когда человек находится на этой ступени, его воля поднимается «до уровня, предназначенного ей, и тогда воля всего бытия, свет влечения к явлению абсолютного Божества открывается человеку». Стремясь ко Всевышнему, человек возвышает к Нему все устремления мироздания.

## ГЛАВА С-6. «Моральные устремления бытия»

> **6.11.** «Жизнь неидеальна только в отношении частного человека (т.е. локально), но она идеальна в отношении всего сущего (т.е. глобально)». Заповедь – это не только рамки Галахи, но и всякая подобающая реализация стремления к Божественности

Разумеется, от человека требуется повиновение воле Всевышнего, исполнение Его заповедей, реализующих идеал жизни (и поэтому соблюдение заповедей может иногда восприниматься человеком как ограничение и стеснение). Однако на высшей ступени знания человеку открыто, что эта жизнь *«неидеальна только в отношении частного человека, но она идеальна в отношении всего сущего в целом»*. Такое видение расширяет понятие «заповедь» (*мицва*), выводит его за пределы обычного галахического смысла этого слова. «Все суть заповедь, во всех путях твоих познавай Творца» (ср. Притчи 3:6).

Любое моральное, свободное, творческое действие в человеческом мире состоит в выборе осуществления Божественной заповеди, это конкретное проявление благой воли, властвующей над мирозданием: *«Каждое из проявлений качеств искренности, морали, святости, героизма, славы есть жизненное проявление совершенствования бытия, и все они выступают в роли орудий, которыми благая Высшая воля осуществляет свои намерения»*. Когда человек стремится стать «орудием Божественной воли», его собственная (человеческая) воля обнаруживает свою божественную суть, и посредством этого усиливается проявление Божественности и Ее действий в мире.

Разумеется, такое смелое восприятие роли свободного выбора в процессе исполнения заповедей не толкуется равом Куком как позволение неточно исполнять те заповеди и повеления, которые предписаны Галахой. Но он заключает их в более широкие рамки, которые придает понятию *«мицва»*, когда он включает в него такие действия, в которых проявляется и реализуется устремленность к Богу, даже если формально эти действия не определены как религиозные постановления.

> **6.12.** В рамках «осознания мира как проявления этичной воли» (=этичный волюнтаризм) исходным глубинным импульсом тшувы предстает (не разум, а) встреча воли Бога и воли человека; и «тшува скрытая предшествует тшуве явной»

Понятие *тшува* занимает в концепции рава Кука особое место. Рав Кук воспринимал и интерпретировал это понятие необычайно широко не только в значении «исправления грехов», но и как общие рамки, в которых развиваются взаимоотношения между Богом и мирозданием; и в этой концепции, как в фокусе, мы можем увидеть все его идеи, выражающие принцип «этической волюнтарности мироздания».

[Само понятие *тшува* (от корня «*шув*» — «вернуть», «вернуться») — это чрезвычайно важное понятие иудаизма, означающее «раскаяние», «возвращение», «исправление греха», «восполнение недостатка»; это же слово используется в смысле «ответ» и «Ответ».]

В плане моральном рав Кук говорил о том, что аналогично тому, как человек, через свое собственное моральное самосознание, учится природе ценностей всей реальности, так и *тшува* человека представляет собой «пример всего сущего», и по ней познается всеобщий космический закон, исток которого в мире Божественного. *«В глубине бытия реальной жизни лежит тшува, ибо тшува предвосхищает мир»*. (Рав говорит здесь не только о том, что, раскаиваясь и исправляя свои грехи, человек прикасается к корню бытия, но и утверждает, что *тшува* является прообразом мира). Пробуждение человеческой души к раскаянию *«начинается с внутреннего толчка»*, однако, на самом деле истинный корень, причина раскаяния *«происходит от высшего импульса, приходящего извне»*.

Есть два ведущих к раскаянию параллельных источника: воля человека и воля Всевышнего, и само раскаяние «приводится в действие» в результате их встречи. *«Раскаяние поднимается из такой глубины, что на ней отдельная душа неразличима, ибо эта душа там является лишь продолжением души бытийной, всеобщей; воля тшувы прикасается к воле мировой в ее наивысшем источнике»*. [Таким образом, для истинного пробуждения *тшувы* необходимо так глубоко заглянуть в свою душу, чтобы суметь увидеть в ней душу всего бытия, мировую волю.] *Тшува* берет свое начало одновременно и из мистической глубины воли Всевышнего, и из глубины души человека.

Мы видели, что, согласно раву Куку, моральная природа человека и мира – в свободной воле, а не в рациональном мышлении или законе Божественной мудрости. Природа *тшувы* также является, по сути, следствием свободной воли – *«тшува скрытая, не явленная, – она предвосхищает тшуву представимую, мыслимую, видимую, осознаваемую»*.

*6.13. Тшува как творческий акт преодоления природно-навязанного, реализующий «моральные устремления бытия»*

Посредством *тшувы* человеческая воля разрывает сеть природных законов и создает новую ситуацию в личности и в жизни человека — ситуацию, возвращающую его к чуду обновляющегося Творения, спонтанного акта Божественной воли. Ведь толчок к *тшуве* человека есть только

## ГЛАВА С-6. «Моральные устремления бытия»

проявление стремления всего бытия к совершенству, к укреплению жизненной силы, к преодолению конечного и ограниченного: *«Тшува происходит из стремления всей реальности быть более укрепленной и внутренне наполненной, и в этом заключена жизненная сила преодоления ограниченных рамок бытия и его слабости».*

**6.14. Тшува индивидуума есть элемент тшувы всего мироздания, и она реализует его жажду к совершенствованию и к прогрессу**

Итак, рав Кук рассматривает понятие *тшува* онтологически — как проявление имманентной жажды всего мира стать совершеннее. Такой взгляд подчеркивает силу морального аспекта реальности и при этом он соответствует также и простому исходному пониманию смысла *тшувы* как желания человека быть лучше и совершеннее, желания, происходящего от осознания своего греха и несовершенства. Таким образом, *тшува* человека реализует непрерывное продолжение процесса совершенствования, процесса «улучшения» всей действительности, причем не только в направлении укрепления своей силы и способности действовать, но также и в направлении добра и чистоты. Раскаяние есть стремление быть «лучше и чище».

При этом истинным импульсом к *тшуве* является космическая воля, движущая мир в направлении его совершенствования, так что при *тшуве* человека также и все мироздание тоже как бы «возвращается в тшуве». Такая космическая *тшува* идентична сути процесса развития жизни: *«мир обязан прийти к полной тшуве; мироздание не застыло в каком-либо единственном состоянии, но оно движется и развивается. А истинное и полное развитие обязательно приносит совершенное здоровье, как духовное, так и материальное... дух тшувы витает в мире, это он дает миру основу его существования и побуждает к развитию».*

**6.15. Как тшува человека, так и «великая космическая тшува мироздания» возвращают все сущее к его истинной сущности, к единению с Божественным**

Взаимозависимость между *тшувой* индивидуума и тем, что рав Кук называет *«великой космической тшувой»*, соответствует их общей цели — возвращению к своей истинной сущности. Исходное буквальное значение слова *тшува* — «возвращение», и, действительно, *тшува* возвращает человека к самому себе, к корню его индивидуальной души. Истинное «Я» человека по природе своей всегда добро, однако, погружаясь в грехи, человек отступается от своей природы; делая же *тшуву*, он возвращается к ней.

Также и «общая тшува всего мира приводит к исцелению всего бытия, недуг которого происходит всегда из-за того, что мироздание "забывает себя", забывает свою истинную природу»[1]. Эта истинная исходная индивидуальность и сущность мироздания — та самая, о которой мир «забывает», — есть единение мира с его Божественным корнем. «*Посредством тшувы все возвращается к Божественному истоку, посредством силы тшувы, которая властвует во всех мирах, мироздание возвращается и действительно присоединяется к Божественному совершенству*».

---

6.16. Первоначальное «падение и отдаление» мироздания от Божественности было необходимо для будущего восхождения, которое устанавливает единство с Богом на более высоком уровне

---

Такой взгляд на *тшуву* содержит в себе некое диалектическое начало, уже упомянутое нами: Божественный исток, «корень бытия», к которому стремится вернуться все сущее, есть «абсолютное добро», и в Нем все различия теряют силу и все противоположности объединяются. Однако именно для того, чтобы появилась сама возможность возвращения и объединения миров на еще более высшем уровне, путем *тшувы*, первоначально это единство мироздания нарушается, происходит «падение и разобщение» миров.

Такое исходное падение необходимо для обеспечения возможности восхождения мироздания к Божественному истоку. Падение достигает «*провалов глубочайших, темноты кромешной*» — как в сущностном, так и в моральном смысле — именно для того, чтобы сделать возможным восхождение оттуда посредством «всеобщей *тшувы*». Иными словами: конечная цель развития Сотворенного Мира (цель, которую при этом мироздание никогда не достигнет) есть отмена самого ее отдельного существования и полное единение с Богом[2].

---

6.17. Начальной и конечной (т.е. целевой) точкой мироздания является не Сам Бог, а Божественная воля

---

Впрочем, пути вверх и вниз идут по одной дороге: как реальность спустилась от Божественного совершенства к земному совершенствованию, так

---

[1] См. об этом также отрывок "В поисках собственного Я" в разделе D-1 настоящего сборника. Третий дневник §24.

[2] Это также является и скрытым, — притом никогда не достигаемым — направлением конечных устремлений отдельного человека: растворения индивидуальности в Божественном. В классическом высказывании иудаизма это сформулировано как "предать себя [клятвенно] личности Царя [т.е. Бога]"; это та самая тенденция продвижения к а-космизму, которое при этом не достигает его (этот вопрос обсуждался выше, в главе С-4).

## ГЛАВА С-6. «Моральные устремления бытия»

и *тшува* поднимает ее в обратном направлении, от низших ступеней развития к скрытому наивысшему своему Источнику. При этом нам следует помнить, что под высшим Источником здесь понимается не Сам Бог в категории «Эйн Соф» (Бесконечность), но Божественная воля, из которой проистекает существование мироздания и к которой это мироздание возвращается. [Или, иными словами, «близость человека к Богу» мыслится как «близость моей воли к Божественной воле».]

*6.18. Тшува движется и подталкивается как «памятью об исходном совершенстве», так, в особенности, и «памятью о прошлом падении»*

Внутренней силой, движущей процессом *тшувы*, является «воспоминание» о начальной точке движения реальности в обоих названных направлениях. С одной стороны, в самом своем глубоком падении Творение все же *«помнит тот исходный первичный свет, и, соответственно, оно стремится вернуться к дням своей силы и сияния»*, когда мироздание было единым в Божественном совершенстве. С другой стороны, у мироздания существует и «память о прошлой ущербности», о самой низкой ступени, на которую спустился Сотворенный Мир и с которой начался подъем. Эта память [т.е. острое ощущение «неправильности пребывания в состоянии ущербности»] дает Творению *«постоянный импульс к развивающемуся и ускоряющемуся совершенствованию»*. Из двух этих воспоминаний именно чувство «несовершенства и ограниченности Сотворенного Мира» является осознанием истинных основ мироздания и пробуждает желание совершить *тшуву*, возвращение к Источнику. Это чувство постоянно *«побуждает великую страсть вернуться к своему истоку в высшей реальности и объединиться с Божественным совершенством, и это желание присуще всей Вселенной, всему Творению»*.

*6.19. Сам Бог непознаваем, но Он раскрывается нам в Его проявлениях в мире. Мы можем проникнуть «в залу Божественного» только лишь через «ворота космического»*

И здесь мы от обсуждения отношений между Творцом и Творением, совершенством и совершенствованием, переходим к взглядам рава Кука непосредственно на сам Сотворенный Мир.

Сам Бог превыше всей познаваемой действительности, и поэтому человек познает Божественное не непосредственно, а лишь через Его проявление в мире. Мы можем проникнуть «в залу Божественного» только лишь через «ворота космического», т.е. через то, чтобы разглядеть *«Божественность, воспаряю-*

щую над миром и пронизывающую его, во всей Ее красоте и славе, в каждой душе и каждом духе, в каждом животном и насекомом, в каждом цветке и каждой травинке, в каждом народе и каждой стране, в море и на суше, в сиянии светил, и в тихой беседе, и в идеях писателя, и в воображении поэта, в каждой мысли, в каждом чувстве, в каждом подвиге».

*6.20. Поскольку рав Кук подчеркивает участие души человека в процессе творения самого бытия, то некоторые исследователи причисляют его к философам-идеалистам, но есть и считающие иначе*

Так в чем же состоит онтологическая природа мира? Мы уже отмечали, что вся реальность стремится к Божественному совершенству, стремится «раствориться в Его близости, присоединиться к Его сиянию»; но мы видели также, что только человеческая душа «знает» это стремление и способна направлять свои действия в нужное русло. Эти знание и понимание не являются чисто абстрактными, ибо они предполагают участие души в процессе творения самого бытия: «*Душа человека приводит все бытие к осознанию своей истинной сути, и в этом самом осознании и берет начало жизнь во всей ее полноте, достигающая единения разума и воли*».

Это единение воли и разума в человеческом духе и во всем бытии можно истолковать в философско-идеалистическом смысле, т.е. как теорию, согласно которой человеческая мысль есть часть мысли бесконечной, содержащей целый мир, и при этом мир приходит к самосознанию как раз посредством мысли человека (таков был, например, подход Гегеля). Вопрос же, считать ли рава Кука философом-идеалистом, связан, очевидно, с вопросом о том, как в учении рава Кука понимается соотношение между материей и духом, а в этом аспекте учение Рава допускает толкование в разных направлениях. Действительно, есть исследователи, относящие его к философам-идеалистам, т.е. к тем, кто считает, что лишь «мировая духовность» исходно реальна, а материя есть только ее производная, подобно тому, как Лейбница, предшественника Гегеля, также толковали как философа-идеалиста; но есть и другие исследователи, согласно которым обсуждение соотношения духа и материи у рава Кука обнаруживает фундаментальное разделение между ними, которым совершенно нельзя пренебречь. Мы представим здесь оба эти взгляда.

*6.21. «Единство материального и духовного» – это не тождественность духа и материи, а их гармония. Критика «духовности, оторванной от материальности»; недопустимость поклонения «идолу духовности»*

Разумеется, совсем не следует толковать единение духовного и материального, о котором так много говорит рав Кук, как единение мира и Бога; из него также совсем не выводится полная идентичность духа и материи (как это утверждается в философско-идеалистической точке зрения). Ведь когда у Рава говорится о *«совершенном единении мира духовного с миром материальным, поскольку оба они – из одного источника»*, то подразумевается, по-видимому, всего лишь гармония между разными, но при этом действительно и самостоятельно существующими проявлениями бытия.

Что же касается иногда встречающегося у рава Кука использования радикальных понятий, отрицающих разделение между этими двумя мирами, то это можно понимать как подчеркнутое неприятие им взгляда на эти миры как на противоречащие друг другу. В таком контексте рав Кук не отрицает действительную реальность материального, но только критикует *«духовность, которая отделяется от материального мира и противопоставляет себя ему»*. Такая двойственность, разделенность восприятия мира, при которой поклоняются «идолу духовности», представляется в глазах рава Кука не меньшим язычеством, чем противоположный подход, при котором поклоняются «идолу материального». Ибо это не истинная духовность, а *«иллюзорно-романтическая духовность, плод ложного воображения»*.

*6.22. Критика христианства как разобщающего духовное и материальное; оно наносит ущерб пониманию духовности материи и бумерангом приводит к гегемонии именно грубо-материального*

Этот ошибочный дуалистический подход характерен для классического христианства, которое *«разобщает эти понятия и поэтому отрывает материальный мир от источника его святости»*. По мнению рава Кука, самой большой ошибкой христианства явилось [происходящее из недостаточной веры в силы человека] отрицание «истинности реальности материального мира». Именно в этом причина всего того отрицательного, которое христианство — при учете, конечно, всех его достижений — принесло как народу Израиля, так и материальному миру и его явлениям, выбору человека и проявлениям его воли во всех ценностных аспектах, а также пониманию ценности физического осуществления заповедей. Оно *«в своей внутренней слабости пред-*

*ставляет себе, что тело и его силы, а также материальный мир и его явления совершенно отделены от позитивного выбора человека и от его воли во всех ценностных аспектах»* [т.е. христианство рассматривает позитивную внутреннюю жизнь человека, его выбор и волю — в отрыве от материального мира, в котором человек, в сущности, живет].

При этом подобное разделение привело к результату, совершенно обратному тому, на который христианство исходно рассчитывало: христианство попыталось превознестись над повседневностью для того, чтобы подняться к идеальным вершинам, но потерпело крах именно вследствие того, что материальное, воспринятое как отдельное, взяло в конце концов верх и подчинило себе духовное содержание.

*6.23. Духовное и материальное нуждаются друг в друге, и они же нуждаются в конфликте между собой. Конфликт этот преодолевается «расширением сознания»*

Такой подход рава Кука отнюдь не означает, что его собственное мировоззрение было спиритуалистически-идеалистическим. Разрешение противоречия между духовным и материальным не означает отрицания реальности материального мира. Ведь взаимоотношение между материальным и духовным (как и между любыми другими противоположностями) изначально не является простым противоречием: *«Выдвижение принципа "одно исключает другое" – это следствие крайней узости мышления, при котором противоречие приводит к уничтожению и исчезновению. Однако в реальном мире это не так: два противоречащих друг другу начала объединяются, чтобы приносить плоды».*

Кажущееся противоречие между материей и духом можно преодолеть путем *«расширения сознания»* [которое, вследствие этого, вберет в себя одновременно различные, противопоставленные друг другу элементы]: *«мир между телом и душой, между духом и материей, которые сегодня кажутся нам несовместимыми, – этот мир постепенно растет и укрепляется».* Такого рода гармония возможна только между объектами, различными по своей природе, и поэтому она напрямую зависит от реальности существования материального мира.

## ГЛАВА С-6. «Моральные устремления бытия»

**6.24. Яркий Божественный свет нуждается в сокрытии; поэтому в материальности скрывается наиболее сильный свет. И также в современном общественном развитии скрыт великий свет**

С точки зрения метафизики, рав Кук представляет отношение между материальным и духовным как отношение между сиянием Божественного света и его сокрытием: Бог обнаруживает сияние Своего исключительно духовного света посредством его затемнения. Эта диалектика «открытого проявления и сокрытия» и есть, на всех ступенях мироздания, источник материальности и вещественности. Но здесь таится парадокс: чем более ощутима эта материальность, тем более сконцентрирован в ней Божественный свет, так как *«чем больше высшей Божественной силы собрано в предмете, тем больше эта сила нуждается в сокрытии»*. Отсюда рав Кук делает очень важные выводы, касающиеся восприятия истории, и в частности, текущей эпохи. Это времена, говорит рав, в которые *«сильнейшее сокрытие»*, прячущее Божественный свет, как раз и является знаком близкой вспышки света спасения, знаком приближения самого мощного проявления духовности и святости.

**6.25. Божественный и позитивный характер реально данной нам материальности**

Эта диалектическая теория объясняет важность материального мира, поскольку именно в нем реализуется проявление Божественного в точном и основном смысле этого слова. Божественный свет сияет в мире именно в виде сотворенной материи. Иными словами, материя нашего мира и есть тот аспект Божественного света, который мы только и можем, в силу нашей природы, воспринимать. «Истина произрастает из земли» (Псалом 85:12), — такими словами Рав формулирует свой позитивный подход к материальному миру. Кроме того, материальность материального мира никогда не абсолютна, ведь все живое по сути своего бытия обладает свободой воли, т.е. во всем имеется определенная степень духовности. Но, однако, и двойственность духа и материи – вовсе не иллюзия (т.е. материальность не иллюзорна, а действительно существует). При этом рав Кук не считает отрицательной такую ситуацию, когда духовность является нам не сама по себе, а в маске материи, при том что чистый мистик стремился бы, по-видимому, избавиться от этой двойственности, преодолеть ее.

Чувство сотворенности мироздания, явленное человеку в осознании материальности и конечности его телесной жизни, не выливается у рава Кука в «ощущение подавленности, страха и, соответственно, стремления к Богу по причине глубокого отчаяния в материальном бытии» (как это проявляется у мыслителей экзистенциалистского направления, например, у рабби Нахмана из Бреслава). Рав Кук считает, что, несмотря на «недостаточность» этого мира, сердцевина материальной реальности позитивна и хороша, точно так же, как несовершенство всего бытия не является «недостатком» для этого бытия. Напротив, благодаря именно этому несовершенству и становится возможным стремление к совершенству, к свободному совершенствованию.

*6.26. Запрет подавления или ослабления материальной жизненности, ибо она тоже духовно ценна. Духовность, пренебрегающая материальностью, сама же и ослабляется; не имея «тела», она отрывается от жизни и лишь вызывает протест*

В учении Рава эта позитивная точка зрения на материальность жизни выражается в разных аспектах и, прежде всего, в отрицании аскетизма, отрицании подавления телесных нужд и сил: *«Ни в коем случае нельзя требовать от человека пренебрегать своей природной силой, ослаблять её, препятствовать ей, насиловать её форму, уменьшать её естественное действие. Жизни необходимо идти своими обычными путями».* Это и множество подобных ему высказываний Рава, конечно, весьма и радикально выходят за рамки обычного (нередко встречающегося у авторов предыдущих поколений) напоминания, что необходимо сохранять хорошее телесное здоровье, чтобы лучше исполнять свою роль в деле Творения, поддерживая баланс тела и души по принципу «в здоровом теле — здоровый дух» и т.п. Рав Кук здесь имеет в виду, что в самой материи как таковой существует духовная ценность. Пренебрежение материальной стороной бытия посредством «акцентирования духовности» не только нарушает баланс между различными силами в мире, но и *«приводит к потере истинной основы самой духовности».*

Необходимо *«найти тот духовный свет, что сокрыт в материальном и является внутренней целью материального мира»,* даже если поначалу этот свет проявляется в грубом, приземлённом виде. Духовность же, взятая, так сказать, «в чистом виде», отдельно от материального, способна привести в конечном итоге к своему же отрицанию — именно потому, что у неё нет «тела». Так объясняется частая в истории неудача духовных движений, отрекающихся от «материального качества и природных основ» и пришедших таким путём к разрушению духа: когда они пытаются реализоваться во внешнем материальном мире, то материальное начало, изначально отвергнутое ими, восстаёт и бунтует, что приводит к *«ненависти и уничтожению всего святого и возвышенного».*

## ГЛАВА С-7

## СООТНОШЕНИЕ МАТЕРИАЛЬНОГО И ДУХОВНОГО. БУДНИЧНОЕ И СВЯТОЕ; ДЕРЗОСТЬ И ТВОРЧЕСТВО

*7.1. Силы зла поддерживают "бурление жизни", поэтому они необходимы (временно) для продвижения мира к добру*

Мы обсуждали в предыдущей главе, что рав Кук считал ошибочной отвлеченную духовность, обособленную от реальности жизни и от материальной активности. По его мнению, такая духовность является нездоровой, «болезненной». Ведь мир устроен так, что силы зла, заключенные в материальном мире, «не являются чисто отрицательными», но имеют определенное духовно-положительное значение: они поддерживают бурление жизни, без которого нет истинной духовности. Мы уже упоминали притчу о дрожжах и вине: *«Подобно тому, как дрожжи заставляют бродить вино и сохраняют его, так и грубые материальные устремления злодеев обеспечивают развитие жизни обычных людей и праведников».*

Полезная сторона этих сил проистекает из витальной жизненной мощи действующего в них желания (и поэтому они обеспечивают развитие материального мира, техники, цивилизации, общества), однако, в то же время, они выступают как *«искаженный подход к жизни, погружение в материальность и пребывание в грязи и скотстве».* При этом сегодняшняя ситуация, когда развитие материальной стороны цивилизации осуществляется руками злодеев, отнюдь не является идеальной: цель жизни состоит в том, чтобы достичь духовности, преодолевающей отрицательные свойства этой необходимой реальности: *«конец перехода – это осаждение дрожжей на дне бочки, вытеснение и осаждение сил зла в низы жизни».* Но это только избавление от *«их* [материальных сторон жизни] *болезненного и ужасающего содержания»*, а не отказ от собственно материальных основ, ибо они – сосуд, в который заключается святое.

*7.2. "Дерзость эпохи перед приходом Мессии" необходима для "исправления сосудов" — возвышения материального мира*

С точки зрения рава Кука, излишняя «материальность», прагматичность современного мира объясняется необходимостью, «уравновешивающей связи» между проявлением и сокрытием Божественного света (о чем говорилось в предыдущей главе). *«Дерзость поколения, предшествующего приходу Машиаха, – это уменьшение света, необходимое для исправления сосудов»*[1]. В этом заключается метафизический смысл знаменитого высказывания Рава: *«В нашем поколении духовность можно исправить, только направляя силы на решение проблем материального мира»*.

Будничная действительность вовсе не является противником духовности. Наоборот, по своей сути она положительна, что является основой для ее возвышения на более высокую ступень живительной силы, деятельности и свободы, а это и есть продвижение к духовности. В материальном мире это возвышение происходит в рамках потока жизни; а поскольку жизненность есть во всем, она увлекает за собой и возвышает все мироздание.

7.3. Материальная жизненная сила, питающая духовность, становится ее неотъемлемой частью; без нее духовность "анемична", и это ясно видно в искусстве

Каков, согласно раву Куку, смысл этого возвышения материи? Мы убедились, что духовность сама по себе, когда она оторвана от материальной основы, неполноценна, и что без «низших» сил души, таких как воображение и чувство, человеческое сознание остается отвлеченно-абстрактным и бессильным. Когда же душа наполняется жизненной силой, обогащается чувствами и свободным воображением, то она жаждет действовать и имеет для этого достаточно решимости; и вот тогда можно сказать, что материальные силы поднялись на духовный уровень, ибо они являются вещественной основой духовности, и они становятся ее неотъемлемой частью.

Это можно ясно увидеть, например, в сфере искусства, когда гениальные писатели, художники или композиторы обладают какой-то особой жизненной силой; и тогда именно из тех чувств и страстей, которые сами по себе могли бы быть отрицательными, создается та плодотворно-духовная мощь, которая отличает гениальное творение от слабых, «анемичных» произведений (в

---

[1] Концепция «сосудов восприятия Божественного света» является одной из базовых концепций Каббалы. Рав Кук, таким образом, говорит здесь о том, что «дерзость начала мессианского процесса» (*хуцпа иквета де-Мешиха*), включая отход активистов сионистского движения от Торы, – являлась необходимой для того, чтобы наши «сосуды» исправились, обновились и смогли в дальнейшем воспринимать Божественный свет на более высоком уровне. Полный перевод этого отрывка и комментарий к нему см. в разделе D-1 данного сборника, §107-108.

которые, может быть, тоже вложены талант и мысль, но в них отсутствует та витальная сила, которая есть в работах гениев). Позитивные силы, «все те силы, истоки которых материальны», трансформируются при этом в «духовность», т.е. все эти силы становятся активными в области духа, они «дают нам искру пламени духовной жизни». И это – настоящая трансформация, которая происходит не только в мире людей, но на всех уровнях реальности: от неживой природы и до высших проявлений человеческого духа (как в приведенном здесь примере с искусством).

*7.4. Путь возвышения себя и мира: через любовь ко всему мирозданию (в том числе к его материальным компонентам) и при реализации "через себя" стремления мироздания к совершенству*

Однако материальный мир может подняться на духовный уровень и другим способом – путем интенсивной духовной работы человека. Как уже было сказано, воля человека – это один из аспектов всеобщей космической воли, которая стремится продвинуть мироздание к совершенству, и человек способен усилить это стремление, увеличивая свою долю участия в этом процессе.

«Все то, с чем человек сталкивается в жизни непосредственно или более отдаленно, — оно запечатлевается в его внутреннем мире. И еда, и питье, и повседневные заботы отзываются в человеческой душе приливами жизненной силы; и если он любит все мироздание, то в его власти поднять эти силы на высокий духовный уровень и подняться вместе с ними». Когда стремление к высшему благу, внутренне присущее всему мирозданию, осуществляется через сознательное нравственное совершенствование человека и его служение Всевышнему, то открывается истинная сущность бытия как духовной реальности.

Эта духовная сущность скрыта в материальной действительности, поэтому, когда человек освящает ее своим сознанием и использует ее физические и биологические проявления для этического и религиозного действия, то происходит процесс возвышения материальности и активизации ее потенциальной духовной основы. И когда мы воспринимаем мироздание как стремящееся к нравственности, когда мы ощущаем, что направление человеческой жизни и истории сообразуется с этим идеалом, то это придает смысл материальному миру. С помощью этого смысла осознается внутренняя цель мироздания.

**7.5. Все зависит от человека: широта взгляда человека объединяет дух и материю, и она же создает для материи возможность реализации в качестве (низшего) уровня духовности**

Именно так следует понимать слова об «истине, сброшенной на землю» (Даниил 8:12), ибо на этой земле истина поднимается и расцветает вновь. Т.е. все мироздание опирается на духовный фундамент (на истину), однако и эта истина сокрыта в материальной реальности, она «брошена в землю». И эта истина получает возможность всходить и расцветать в человеческом сознании, когда человек осознанно участвует в процессе развития мира.

Эта истина не может быть постигнута, если человек смотрит на мир узким поверхностным взглядом, который по природе своей видит материю и дух как две отчужденные друг от друга сферы. Только широта взгляда, объединяющая дух и материю, дает возможность продвинуться в постижении истины. При этом сам процесс постижения единства мироздания постепенно сближает материю и дух. Ведь эта истина, как уже было сказано, придает смысл всему мирозданию [а наличие общего смысла, общей цели — это и есть то, что сближает противоположности].

Этот смысл более высок, чем эмпирические проявления мироздания в виде материи и реальности как таковой. С другой стороны, можно сказать, что таким образом материальность возвышается на духовную ступень, и тем самым превращается в интегральную часть единого космического духовно-материального организма, физическое проявление которого есть не что иное, как лишь низшая ступень духовности.

**7.6. И эта широта взгляда достигается процессом свободного творчества, при котором дух формирует материю**

Так во всей Вселенной происходит интенсивный процесс одухотворения, *«который предотвращает отделение жизненного духа человека от космического духа, представляющего собой обобщенную реальность»*. Сама материя может откликнуться на зов человеческого духа и возвыситься с его помощью до своего полного идеального раскрытия, т.е. до свободного творческого духа в науке, философии, искусстве, этике, обществе, истории. Этот тезис сформулирован у рава Кука однозначно идеалистическим языком, в котором утверждается, что духовность творит материю по своему образу и подобию: *«Только свободная душа способна творить – дух, в котором раскрывается свет жизни. И он работает непрестанно: растет и распространяется, растягивает тело – и* оно воспринимает и формируется в соответствии с совершением и характером той духовности, которая ставит на нем свою печать. И то, что происходит с каждым цветком и с каждым животным, происходит и с целыми мирами, повторяя путь духа как в общем, так и в частностях».

Перед нами идеалистическая формулировка: материальный мир формируется и развивается благодаря некоему скрытому духовному толчку, заключенному в нем самом. Пока длится этот процесс, сама суть его продолжения свидетельствует о подлинном характере тех ступеней мироздания, которые представляются нам материальными. *«Мы знаем, что на практике в окружающем нас бытии еще не проявилась эта мощная сила Божественной идеальности, а с ней – и вся слава, все великолепие, заложенное в основании мироздания. Однако все это мощное движение бытия направлено к идеальному совершенству».*

*7.7. Возвышение материальности до духовности не будет отменять ее материальность*

Возвышение материального мира благодаря человеческому духу является диалектическим процессом: материальная основа мироздания сохраняется, но она обретает смысл и, таким образом, поднимается на духовный уровень. *«Проявление духовности не стирает материального мира, даже в его отвратительных проявлениях, но только делает отношение к нему более ясным, более свободным и более тонким И когда человек поднимается до полного исправления (тикун), то его духовное просветление не происходит за счет разрушения всего, что было прежде, не путем утраты первоначал, но является дополнением к этому. Поднимаются все жизненные и творческие силы, собираются все сокровища знания и все существующие душевные взаимоотношения – они и добавляют силу в обновленную систему святости и поднимают ее до совершенства».*

*7.8. Святость не отменяет нормальной материальной жизни – но она проявляется через нее*

Этот подход характеризует еврейскую мистику (Каббалу) и иудаизм в целом, ибо он акцентирует то, что святость не отделяется от жизни, а наоборот, сохраняет связь с конкретной жизнью, человеческой и общественной. *«Проявления обычной жизни не отменяются. Обыденный разговор, жизнь тела и жизнь общества не исчезают, однако они поднимаются на идеальную высоту».* Это еврейское мировоззрение отличается от того, что обычно провозглашается в христианстве, поскольку оно видит проявления духа святости отнюдь не в уходе из общества (как в идеале монашества) и не в отходе от материального мира. Даже на мистическом уровне оно противоположно мистике того (типичного для Дальнего Востока) рода, в которой обнажение внутренней сущности мира выявляет окружающий нас материальный мир как якобы несуществующий и полную иллюзию.

Напротив, с точки зрения еврейского осознания выступление реальности как материальности само по себе обладает положительной ценностью во всеобъемлющей системе бытия. Великолепное многоцветное богатство Вселенной в многочисленных формах неживой, растительной и животной природы — это отнюдь не «иллюзия» и не «несущественная мелочь», напротив, это элемент Божественной реальности, выявляющий славу Создателя, Его мудрость и полноту духовной жизни, которые мы видим именно в ее ощутимых проявлениях, таких, как подлинный физический мир.

*7.9. "Несовершенство" есть Божественно-позитивный аспект материальности, т.к. только оно дает возможность совершенствования и свободы*

Материальность, проявляющаяся на низких уровнях реализации бытия, в физическом мире, раскрывает наличие во всем потенциального высшего основания. Как мы уже обсуждали выше, во всем мироздании есть «стремление к абсолюту», к полному духовному совершенству, при том что сама эта полнота совершенства в нем отсутствует, и стремление к этой полноте есть бесконечный процесс совершенствования. Это стремление, источник которого есть воля Творца, является и духовным, и материальным одновременно. В рамках этого и побуждение к действию, и желание, и мысль, и тоска по абсолютному добру – все это представляет собой разные уровни духовной жизни. Эта духовность была бы невозможна, если бы мир не находился в положении «тварного» (сотворенного), т.е. неполноценного, проявляющегося не только в духовной, но и в материальной форме. Можно даже сказать, что только мир «материальный» может быть свободным, потому что миру абсолютно духовно совершенному нет нужды совершенствоваться, и, соответственно, у него уже нет возможности проявить свою свободу.

*7.10. Материальному миру присуще "стремление", и в этом он духовен; параллель р. Кука с Лейбницем*

Весь мир пронизан духовностью, потому что все наполнено развивающейся жизнью. Мир отделен от Всевышнего, он материален, однако внутри этой материальности скрыта духовность, т.к.

мир непрестанно стремится (не достигая этого) «стать подобным Богу», т.е. стать духом чистым и абсолютным. В этом учение рава Кука напоминает подход Лейбница, который тоже воспринимал всю действительность как «жаждущую совершенства», стремящуюся к духовной завершенности. В этом смысле весь мир, хоть он и материален, – это духовная сущность, ведь стремление есть действие духовное.

Тем не менее в каждой вещи обязательно присутствует «материальная» основа, что и отличает ее от Бога. Именно в силу того, что мир сотворен, он несовершенен. Это несовершенство и составляет материальную основу мира, а духовное стремление есть непрерывное усилие преодолеть ее.

*7.11. Различие: у Лейбница "устремление мира" базируется на жажде рационального познания, а у р. Кука – на "мировой воле"*

Обсуждение учения Лейбница не является здесь предметом нашего анализа (хотя, по нашему мнению, это одна из самых важных и глубоких систем в философии нового времени), но стоит отметить различие в данном вопросе между ним и равом Куком: Лейбниц – рационалист, и поэтому у него совершенствование мироздания осуществляется путем глубокого и всеобъемлющего рационального познания, и именно оно является внутренним стремлением всего сущего. Рав Кук, напротив, считает, что совершенствование мира движимо волей, составляющей фундаментальную сущность духа (в этом плане учение рава Кука, как мы уже отмечали это выше, можно назвать «волюнтарностным»). Продвижение же в области рационального познания является лишь следствием этого.

*7.12. Сегодня мы не сможем влиять на окружающий мир без понимания новых взаимоотношений "святого" и "будничного"*

Двойственность материи и духа связана с дополнительной парой понятий, занимающих особое место в учении рава Кука и важных для религиозного мировоззрения в целом. Это понятия «святое» и «будничное» (отметим, что в большой степени именно на проблеме отношения Рава к светско-секулярному миру сосредоточились критики рава Кука, — как при его жизни, так и в наши дни). Высшим проявлением святого является Божественная воля, действующая в природе и в истории. Однако каким образом она соотносится со всеми явлениями окружающего нас мира?

Отправная точка обсуждения взаимоотношений святого и будничного в учении рава Кука выявляет самую суть его метода: стремление понять исторические события наших дней, чтобы участвовать в них и реально влиять на ситуацию. Так, в одной из его ранних публикаций, почти целиком посвященных этой теме, Рав начинает обсуждение с утверждения, что *«знание ценности и соотношения святого и будничного»* является обязательным условием к пониманию задачи, возложенной на нас в наше время, и *«от этого зависит решение всех трудных вопросов нашей жизни, как частной, так и общественной».*

*7.13. Будничное – это вся нравственно нейтральная реальность (включая общество, экономику, науку и т.д.), а святое – это ценностное содержание жизни; но святое может полноценно реализоваться лишь на мощном фундаменте будничного*

Следует отличать «двойственность святого и будничного» от «двойственности духа и материи». «Материя» и «дух» – исключительно онтологические категории, описывающие свойства и сущность действительности. В отличие от этого, «будничное» и «святое» – категории ценностные, относящиеся к нормативным состояниям действительности и распространяющиеся на все бытие, как в его материальных, так и в его духовных проявлениях. Таким образом, физическая реальность, материя, может как обладать святостью, так и оказаться совершенно будничной, и также духовная реальность может быть святой или же будничной и может оказаться даже нечистой или плохой. Поэтому *«понимание взаимоотношений святого и будничного охватывает все бытие, всю жизнь и всю реальность во всей ее полноте».*

Из этого следует, что различие между святым и будничным не всегда очевидно: *«Весь мир страдает от того, что святое и будничное перемешаны без всякого порядка... так что порой очень трудно определить, что представляет собой святое, а что – будничное».* Однако это выяснение чрезвычайно важно, потому что будничное и святое выражают двойственность самого мироздания, которая достигает степени противостояния и столкновения. В этом смысле ценностная двойственность будничного и святого проявляется в нашей жизни более реально, чем онтологическая оппозиция материи и духа (хотя разница между святостью и будничностью, как мы уже отметили, не абсолютна, а относительна).

Будничное – это реальность, нейтральная с точки зрения ее ценности; тогда как святое обладает ценностным положением. Но святое, со своей стороны, нуждается в будничном: *«Святое должно* быть построено на фундаменте будничного. Будничное – материал для воплощения ценностей святого, тогда как святое – это форма (т.е. содержание, сущность), которая проявляется на этом материале. И чем прочнее материал, тем в большей степени может проявиться эта форма [т.е. чем мощнее материальные силы, тем более высокая духовная сущность может проявиться через них]». В связи с этим материя включает в себя, по отношению к святому, также все будничные чувства и мысли, и их усиление обеспечивает святому более полный материал, более прочную основу для духовного восхождения на ценностную высоту.

Различные направления деятельности будничного человеческого духа – наука, философия, искусство – не обладают ценностным состоянием. Это очевидно по отношению к науке (которая сама по себе, безусловно, нейтральна с точки зрения своей нравственной ценности), а также по отношению к философии и искусству. При этом более сложной проблемой является отношение к ценностному аспекту будничной этики, поскольку она обладает ценностным состоянием, и этот вопрос будет подробнее обсужден ниже.

---

*7.14. Материальная природа не обладает святостью, но ее стремление к совершенству является ценностным, и потому через него может реализоваться святость в материальном*

Использование понятий «материя» и «реализующаяся на ней форма» [термин «форма» всюду используется здесь в его философском смысле, т.е. это то специфическое содержание, которое «облекает материю и реализуется на ее базе»] подчеркивают их необходимость друг в друге. Однако эта система понятий не отменяет разницу между будничным и святым. Пока неясно, является ли ценностное различие между ними только лишь относительным и феноменальным (как разница между физическим и духовным), или же оно сохраняется даже в положении самом гармоничном. Однако нет сомнения, что многое из сказанного Равом о духовном начале, скрытом в физических явлениях, относится к ценностному аспекту. Т.е. физические явления — это не только низшие ступени духа, но они (или, по крайней мере, некоторые из них) содержат в себе ценностный аспект, и потому не являются законченной и полной будничностью.

Но на самом деле материальная природа сама по себе не обладает состоянием святости, а только ее предрасположенность [ее склонность, направленность], т.е. ее стремление к совершенству, может обладать святостью. Человек может реализовать этот потенциал (т.е. эту склонность) в тех случаях, когда физический мир становится платформой для деятельности, имеющей нравственный смысл.

---

**7.15.** "Когда круг жизни наполняется до краёв жизненно необходимыми будничными мыслями и чувствами, то это является основой для взращивания стремления к святости"

Именно в таком плане следует понимать радикальные слова Рава о «*добре, которое приходит в мир путём будничного*» и о «*пробуждении силы святости, заключённой в будничном*», его выражения типа «*святость плоти*» (материальности) и «*мощь святости плоти*». Нет ничего удивительного в том, что данные выражения всегда подвергались нападкам. Однако в этих словах не было намерения отменить ценностную разницу между будничным и святым; эти слова имеют намерение сказать нам, что укрепление будничного мира, как физическое, так и духовное, расширяет базу для деятельности святого в нем: «*Когда круг жизни наполняется до краёв жизненно необходимыми будничными мыслями и чувствами, то это является основой для взращивания стремления к святости*».

Будничный мир может служить святости, создавая внешние условия, необходимые для её реализации, в том смысле, что развитие и усиление будничных достижений (как в технологическом плане, так и в плане создания структур государства, власти, а также в созидании произведений культуры) расширяет возможности действия святого в мире.

---

**7.16.** Развитие культуры, науки, социума политики – всё это есть ценностные проявления Божественной воли; и их польза миру уже суть Божественное добро. Не видеть этого есть недостаток веры

Даже когда эти достижения (культуры, технологии, социума и т.д.) выступают как буднично-светские, ещё до своего подъёма на уровень святости, они по своей природе и активности суть проявление Божественного желания, Божественной воли. В силу этого ими нельзя пренебрегать, несмотря на их будничность.

В качестве примера такой позиции мы приведём здесь отрывок из произведений Рава, в котором он полемизирует с точкой зрения харедим по этому вопросу: «*Из-за недостатка веры может показаться, что активная жизнь, деятельная жажда людей – жажда укреплять своё положение, бороться с несчастьями, случающимися в мире, приобретать знания, силу, красоту, порядок, интеллект и т.п. – выходит якобы за рамки Божественного в мире. И по причине этого недостатка в вере* некоторые люди, стоящие, как им кажется, на Божественных основах [харедим], смотрят недобрым взглядом на развитие и прогресс мира и ненавидят культуру, науки, политическое развитие в Израиле и среди других народов. Но все это большая ошибка и недостаток веры. Чистое мнение [т.е. широкий взгляд на вещи] видит Божественное проявление в каждом исправлении жизни, единичном и общественном, духовном и физическом. Оно измеряет их содержание мерой пользы, которую они доставляют, или же вреда, наносимого ими. В соответствии с этой мерой, ни одно созидательное движение не будет признано полностью грешным [т.е. отрицательным], если оно занято созданием чего-то позитивного, как в физическом мире, так и в духовном. Возможны частные недостатки, но в целом все это – Божественное творчество, активное и продвигающееся»[1].

*7.17. Будничная (не святая) духовность обладает внутренней силой и потому даже "опасна". Она "болезненна", т.к. отрывает природное начало от нравственного*

Однако участие человеческого творчества в совокупности Божественного проявления не отменяет при этом будничного характера этого творчества. Во всяком культурном продвижении, говорит рав Кук, «со стороны его источника» содержится элемент добра, но при этом «со стороны его положения» может содержаться и что-то от зла. Часто оно действует именно посредством *«злодеев или же людей, далеких от святого»*, исправляющих мир в общественной сфере «своей практической и интеллектуальной деятельностью». Более того, будничный дух даже может, именно из-за своей духовной силы, быть в большей степени опасным для святости, чем материальная будничность.

Фундаментальный недостаток будничного духа состоит в отрицании им единства мира природного с миром нравственным (ценностным) и в довольствовании только духовным измерением, безо всякой связи со святостью. Когда светский дух (секулярная духовность) отрывается от мира как от поля его нравственной (ценностной) реализации, то он при этом не прекращает быть духовным, но эта духовность «болезненная». Такая духовность столь же далека от святости, как и противоположная ей тенденция, при которой дух «подчиняется» миру материального и прагматичного действия, и тогда он порождает философию, которая «спускается,

---

[1] Перевод этого отрывка полностью и комментарии к нему см. ниже в разделе D-1, §190

поглощается практическими соображениями» вплоть до полного выхолащивания из области духа всего «духовного содержания».

**7.18. Святость (в отличие от секулярной духовности) обязательно нравственно позитивна. Ее задача – наделить будничное мироздание смыслом, а не существовать отдельно от него**

Вопреки светскому духу (секулярной духовности), отвергающему наличие нравственного ценностного измерения в природном мире, дух святости является действенной силой, которая дает миру это измерение. Ибо святое проявляется не только через веру или через религиозное мировоззрение, отличное от светского; святость – это такая действительность, которая обладает творческим потенциалом, источником которой служит святая Божественная воля. Онтологический смысл святого невозможно постичь путем «рационально ограниченного познания» (каковым является, например, материалистический подход), которое пытается рассматривать святое как нечто абстрактное, оторванное от конкретной реальности будничного; поэтому *«при таком подходе его последователям представляется, что всякий отрыв от будничного в направлении святости есть переход из бытия в небытие»* [т.е. святость представляется им вещью безжизненной, и поэтому они отрицательно относятся к ней].

Однако на самом деле ситуация обстоит совершенно противоположным образом: лишь ценностная действительность существует полноценно, так как есть смысл в ее существовании; святое есть неограниченный дар, изобилие, распространяющееся на все части действительности, чтобы наделить ее смыслом.

**7.19. Святость есть усилие преодолеть разрыв материальности и духовности для восстановления единства мира: она не автономна, и не противопоставлена природе (в этом отличие от подхода христианства и от Канта)**

Этим отличается восприятие святого равом Куком от принятого в феноменологии религии, особенно в традиции кантианского мышления и протестантской теологии, в соответствии с которой сущность святости заключается в ее «совершенно иной» (противоположной материальной природе) основе; так провозглашается полная автономия религиозной сферы и ее ясное и однозначное отделение от других проявлений человеческого духа в области науки, философии, этики и эстетики.

В противоположность этому, понятие святости у рава Кука основано на видении бытия как единого процесса совершенствования и освящения, охватывающего все проявления, и на восприятии святости как усилия преодолеть существующее разделение между материальной реальностью и различными сферами духа, чтобы вернуть исходное единство, в чем и состоит Божественная воля. (От имени Рава приводят такую цитату: *«Вечная борьба идет между еврейством и народами мира. Еврейство говорит, что святость человека хочет и может быть вместе с естественной жизнью; мнение же народов мира таково, что путь святости в том, чтобы быть отделенным от естественной жизни, что природность противоположна святости и что она противится святости».*)

**7.20. Общность духа (и святого и будничного) – в творчестве; необходимо принимать (а не отрицать) светский дух, ибо без этого нет религиозной полноты**

Основой этой интеграции сфер духа является способность к творчеству — область, общая как для святости, так и для светской культуры. Вершиной ее будничного проявления, по словам Рава, является философия и высшая поэзия. Поэтому несмотря на то, что духовное творчество само по себе еще не обладает святостью, его нельзя отрицать, как об этом уже было сказано выше. Рав Кук требует от религиозного человека расширять свои общие познания, *«освобождать воображение и чувства посредством знания мира и жизни, посредством богатства чувств во всей полноте бытия»*. Таким образом, он считает, что занятия *«всеми премудростями мира, всеми учениями о жизни и всеми культурами»*[1], даже в светской форме, не только не наносит вреда святости, но наоборот, помогает человеку приблизиться к постижению Божественного величия.

---

[1] Перевод этого отрывка полностью и комментарии к нему см. ниже в разделе D-1, §126.

## ГЛАВА С-8

## СООТНОШЕНИЕ ЭСТЕТИКИ, РЕЛИГИИ И ЭТИКИ. БОЖЕСТВЕННОСТЬ СОВЕСТИ

[Отметим, что в иврите термин «*хилони*» (светский, секулярный) образован как прилагательное от «*холь*» — «будничное»; таким образом, слова «светский» и «будничный» являются здесь переводом одного и того же термина и должны рассматриваться как синонимы.]

*8.1. Святость соотносится с мирозданием во всей его полноте; светские же области духа – частные (т.е. оперируют с раздельными областями науки, искусства и т.д.), поэтому они не несут святости*

Мы обсуждали выше отношение рава Кука к светскому (т.е. будничному) духу и к творчеству этого духа. Мы отмечали, что рав Кук подчеркивает различение, с ценностной точки зрения, между сферой святого и сферой будничного (хотя он и наделяет область будничного определенной ценностью). Это связано, в частности, с тем, что в отличие от единой природы святого, будничный дух разделяется на отдельные сферы: науку, философию, искусство. Эта ограниченность каждой области светской культуры (в зависимости от ее духовного содержания и типа человеческой творческой силы) приводит к ценностной нейтральности этой выделенной области внутри реальности, взятой во всей ее полноте. И даже если какая-то одна духовная сфера заявляет, что она требует для своих ценностей всеобщего значения, она все равно ограничена и стеснена посредством другой духовной сферы, которая также требует для себя того же всеобщего значения [тем самым, каждая область частная и не может быть всеобщей]. Частное же не может обладать абсолютной ценностью само по себе.

*8.2. Нравственно-ценностная нейтральность науки*

Нравственно-ценностная нейтральность светского духа особенно выделяется в сфере науки. Несмотря на то, что «*вся чистая наука в целом – она действительно принадлежит к стороне света*» [т.е. имеет положительное значение], все-таки в ее содержании нет собственного ценностного смысла [и поэтому, в частности, наука не может высказываться по ценностным вопросам]; любое мнение и высказывание по метафизическим и религиозным темам, представленное от имени науки, само по себе уже вне-научно.

Что же касается так называемого «научного атеизма», отрицающего реальность Божественного и выступающего при этом против религиозной веры якобы от имени науки, то он представляет собой не научный, а всего лишь «наукообразный атеизм», и является на самом деле не научным выводом, а *отступничеством [т.е. отходом от религии] по мотивам нравственным; а ведь любой образованный человек знает, что ни вопрос веры, ни вопрос познания Бога, ни вопрос святости Торы не имеют никакой связи с тем или иным состоянием технических или научных знаний. Со стороны Торы нет никаких ценностно-религиозных различий, например, между взглядами Птолемея или же Коперника, или Галилея».*

Будничность науки ярко проявляется, как только становится ясным ее вне-этический характер: как с точки зрения методов и целей исследований, так и в связи с отсутствием влияния науки на нравственность личности, занимающейся ею.

*8.3. Эстетика недостаточна для продвижения духа, т.к. она «вне-моральна»; однако она подготавливает душу к более высокому уровню восприятия, что необходимо для развития духовности*

Такая же вне-моральность характеризует и сферу эстетики, которая является наиболее явным выражением творческих сил народов мира. Отношение Рава к художественному творчеству очень сложно и многогранно, и оно находит свое выражение на различных уровнях. Простое основание этого отношения состоит в традиционном противопоставлении между, с одной стороны, эстетикой, лишенной нравственных требований, а с другой стороны, Торой Израиля, которая в святости своей стремится внедрить нравственность действия во все сферы жизни. *«И мы не таковы, как многие народы, которые принимают внешние тени за идеалы жизни, но только при этом их красота, которая порой очаровывает их, не приносит плодов, а остается слабым беспомощным призраком. Эту красоту можно только выставлять напоказ и хвалиться ее внешними качествами».* (В этом вопросе можно видеть связь позиции рава Кука с позицией р. Йеhуды Галеви.)

Однако, с другой стороны, рав Кук утверждает, что проявления красоты в природе и в произведениях искусства обогащают жизнь души и обучают ее впитывать дар святости. *«Увеличение эстетического чувства в человеке подготавливает пути для восприятия высшего горнего света, высшего духовного сокровища, которое непрерывно струится и жаждет распространиться, чтобы наполнить собой любое пространство, готовое для его принятия».* Таким образом, развитие эстетического чувства является положительным действием, даже если оно осуществляется с помощью современных литературных произведений, зачастую далеких от религиозных норм: их влияние в рамках всего процесса развития позитивно, *«несмотря на то, что они склонны к вещам будничным, а иногда даже очень нечистым»*[1]. И поэтому в ходе исторического процесса, участниками которого мы являемся, еще проявится святое *«и в свободной поэзии, откуда выйдет побуждение к раскаянию, и в светской литературе».*

**8.4. Предназначение искусства — выявить духовность, скрытую в глубине души**

В словах рава Кука о том, что *«из свободной поэзии и светской литературы еще выйдет побуждение к раскаянию»*, содержится указание на то предназначение, которое, по его мнению, отведено науке и искусству во всеобщей действительности. А именно их ценность в том, что они могут способствовать очищению души человека. Ведь, как уже было сказано, они есть проявления творческой силы человеческого духа, а поэтому приближают общий процесс одухотворения мира. И так как именно дух человека выражает себя в научном творчестве, философии и искусстве, то ясно, что в этом аспекте они подготавливают основу для освящения самой реальности. Поэтому художественное творчество, *«литература, ее изобразительность и скульптурность, приводит в действие все естественные духовные понятия в глубине души человеческой. И пока самый последний набросок, что хранится в глубине души, не будет раскрыт и явен, на искусство возложена задача выявить его».*

**8.5. Эстетика и искусство не являются самоценными; однако исключительно инструментальное отношения к красоте тоже неправильно**

Следует отметить, что данное высказывание Рава было несколько «подредактировано» со стороны издателей его работ, ибо первоначально там была не «*литература, ее изобразительность и скульптурность*», а «*литература, изобразительное [искусство] и скульптура*», т. е. этот отрывок включал также живопись и скульптуру. Изменение, сделанное в печатной версии, было призвано несколько замаскировать это [из опасения, что читатель сделает слишком далеко идущие выводы], как будто у рава Кука имелись в виду только литература и «изобразительность и скульптурность» литературных форм. Впрочем, и сам рав Кук в

---

[1] См. перевод этого отрывка и комментарий к нему в разделе D-1, §111.

своем знаменитом письме по поводу учреждения в Иерусалиме школы искусств «Бецалель» выражал глубокие опасения по поводу сползания к идолопоклонству, которое скрывается в культе изобразительной красоты. Он считал необходимым выдвинуть требование, чтобы в рамках учебы в «Бецалель» строго соблюдались галахические запреты в отношении проблем идолопоклонства при изготовлении статуй и портретов, и даже дал несколько указаний по существу[1].

Конечно, рав Кук не поддерживал лозунг «искусство ради искусства» [т.е. он не считал искусство самоценным], но он также не впадал в противоположную крайность чисто утилитарного прагматического подхода к искусству, который можно найти во многих традициях, а не только в еврейской.

(Ярким примером чисто прагматического и духовно-нейтрального отношения к параметру красоты и художественного творчества является, например, учение Спинозы, который пишет: «Прилично мудрому, чтобы он в меру получал удовольствие и услаждал себя самого едой и питьем, ароматами и видом свежих цветов, украшениями, музыкой и физическими упражнениями, театром и иными вещами подобного рода, в которых человек может отыскать пользу для себя безо всякого ущерба для другого. Ибо действительно, тело человека собрано из определенного количества деталей различной природы, и все они нуждаются в разнообразных видах питания, чтобы и тело и душа были развитыми в меру, соответствующую каждому элементу, как это вытекает из его природы» («Учение о мерах» 4:45). И это все, что Спинозе было сказать о ценности изобразительных искусств!)

В этом вопросе рав Кук совсем не был столь же односторонним и склонялся придать большую духовную важность эстетическому творчеству. Он отмечал, что *все ощущения красоты хороши... так как это великое чувство сотворено в человеке неслучайно*, и что ценность сферы эстетики положительна, ибо *чувство красоты открывает и увеличивает лучшие духовные силы в человеке*, т.е. эстетика есть важнейший инструмент развития духовности. [Таким образом, его подход к искусству демонстрировал не утилитарность, а восприятие искусства как интегральной и необходимой компоненты духовного продвижения мироздания.]

---

[1] Послание р.Кука обществу «Бецалель» см. в разделе D данного сборника.

*8.6. Хотя внешне искусство не содержит святости, при «внутреннем взгляде» в нем можно ухватить путь проявления Божественности через эстетику*

В сферах будничного (в рамках их внешних проявлений, поскольку они носят характер изолированного рассмотрения различных сторон действительности) не содержится святости. Однако при внутреннем целостном взгляде мы можем ухватить и различить скрытый смысл, содержащийся в будничном духе, ибо он находит свое выражение через *«свет и силу высшей культуры, запрятанной в душе человечества и взятой от основ сотворенного Всевышним, наполняющего миры»*. При таком широком взгляде то чувство красоты, которое проявляется в *«музыкальной и лирической возвышенности»*, воспринимается не только как выражение конкретной душевной способности человека, создающей самостоятельную эстетическую сферу, – но это чувство красоты есть проявление *«закона, открывающегося в душе человека в качестве искры великого света целостного бытия»*.

Подобная идея фигурирует и у некоторых философов романтической эпохи; там также сфера эстетики не существует сама по себе, а является откровением Божественной силы, «великого света», пронизывающего всю природу. Посредством творчества, раскрывающего красоту, можно увидеть *«поэтическую, музыкальную ценность всего сущего в его возвышенной уникальности. Это показывает, что реальность есть проявление Божественности»*.

*8.7. Поскольку человеческое творчество есть реализация потенциала космической (моральной) творящей силы, то надо предоставить ему творческую свободу, не отменяя при этом ни заповедей Торы, ни моральных ограничений*

Лишь с такой метафизической точки зрения, когда художник предстает проявлением «искры целостного бытия», можно увидеть святое в творческих достижениях будничного духа, потому что при этом они воспринимаются не как произведения только лишь духа человека, но как часть проявления космической творящей силы, бесконечной и святой. Человеческое творчество во всех областях черпает свой нравственный ценностный смысл из морально-этического характера этого космического устремления; а оно является «моральным» в том смысле, что действует на основе стремления к высшему добру. Эта страсть составляет *«более высокую истинность жизни, дающую песнь поющим»*, и ее святость оправдывает ту полную свободу, которую рав Кук требует для творческого процесса: *«мы не должны быть окованы общественными путами, которые подавляют свободный высший дух»*. Нужно дать свободу стремлению к творчеству, *«и пропорционально свободе возрастет святость, и в такой же мере возвысится жизнь».*

Разумеется, вся эта свобода должна иметь ценностно-этический, а не только эстетический статус, и нельзя допустить, чтобы эта свобода противоречила заповедям Торы и моральным принципам. В подходе рава Кука всегда сохраняется приоритет морали: *«при том что красота – это неотъемлемая часть бытия, вписанная в законы реальности, она – ничто по сравнению с великолепием нравственности».*

### 8.8. Стремление будничного мира «стать лучше», эффективнее, полезнее, удачнее и т. п. есть проявление его внутреннего стремления к святости

Стержнем развития и совершенствования человеческой культуры, даже в ее светско-будничных проявлениях, является стремление реализовывать добро, быть и стать, насколько это возможно, лучше (включая в это «лучше» также и удачность, эффективность, большую совершенность, в том числе в области науки и технологии). Это стремление «стать еще лучше» не было бы возможным, как считает рав Кук, если бы внутри него не действовал, явно или скрыто, идеал полного совершенства, который и есть святость. Даже если это будничное стремление рассматривает самое себя как нейтральное с точки зрения нравственных ценностей, все равно внутри него тоже действует *«Божественная сила жизни, которая проникает через все бытие и витает над ним... для того, чтобы вести его подлинной и вечной дорогой исправления, улучшения и возвышения».* Поэтому в будничном духе содержится внутренняя готовность к восприятию влияния святости этого Божественного желания, он как бы откликается на *«Божественное стремление возвысить все, весь мир, все бытие, все души, все чувства»* [и потому даже и светско-будничное развитие есть добро]. И хотя оно и не достигает святости, но оно движется внутренней силой святости и способствует, в дальнейшем, ее проявлению.

### 8.9. Является ли статус светско-будничной морали духовно особым в рамках всей сферы «светско-будничного духа»?

Эта «готовность» будничного духа продвинуться к святости через раскрытие в себе Божественного стремления проявляется прежде всего в этической области, которая, как уже говорилось, обладает ценностным смыслом даже в своем светском проявлении. Этим этика отличается от науки, стоящей вне морали, и от искусства, возносящего себя выше морали и выше понятий о добре и зле. Таким образом, можно рассматривать этику как место встречи светско-будничного и святого – встречи, происходящей внутри будничной реальности как таковой.

При этом возникает вопрос: обладает ли, с точки зрения религии, светско-будничная этика особым статусом в мире человеческого духа, или же она ничем не выделена среди остальных сфер светско-будничного духа? Это знаменитая проблема в феноменологии религии и теологии монотеистических религий. Обычно ее формулируют как «вопрос взаимоотношения религии и [светско-будничной] морали», «вопрос соотношения религии и этики»; однако в глубине своей она касается вообще системы отношений между святым и будничным.

**8.10. Недостаточность «естественной» прагматической этики даже для решения прагматических задач, т.к. прагматическими соображениями можно оправдать все что угодно**

В обсуждении этого вопроса рав Кук, следуя обычно принятой в данной проблеме схеме, различает прежде всего между двумя проявлениями светско-будничной этики: «естественной моралью» и «абсолютной моралью». В состоянии, называемом «естественным», реальность выступает как вне-этическая: *«Природа не знает морали и справедливости, она стремится не к ним, а только лишь к реализации своих устремлений: строить и разрушать, губить и взращивать. Также и естественная природа человека ничего не знает, кроме как реализации ее собственных устремлений».* Однако человек не остается в этом природном до-этическом состоянии, и в процессе своего раскрытия он создает для себя «естественную мораль». Естественная мораль существует в рамках выгоды и прагматизма, и основы ее – в разумном соотношении удовлетворения потребностей индивида и «общественного интереса».

Однако, говорит рав Кук, *«естественная мораль суха»*, и ее не хватает даже для решения тех самых «прагматических» проблем, которые она перед собой ставит; у нее нет постоянного и устойчивого фундамента, она весьма относительна, ее именем можно легализовать весьма и весьма дурные поступки. *«Разве может слабый человек противостоять произволу своего сердца и найти правильную дорогу? – Он не сможет устоять, даже если его заблуждения ведут к смерти и злодейству!»* «Общественный интерес», не содержащий в себе духа святости, способен зачастую превратиться даже в ужас, привести к катастрофе и злодейству; и Рав приводит множество примеров таких опасностей, таящихся в светском национализме и патриотизме.

*8.11. Мораль «внутреннего Божественного начала» (=честности); ее возможное противоречие с религией и формирование «светской этики»*

Однако сущность этических устремлений человека отнюдь не исчерпывается уровнем «естественной прагматической» морали, истоки которой находятся во внешних условиях и потребностях, ибо если бы это было так, человечество никогда не смогло бы духовно и морально продвигаться. И кроме этой прагматической схемы, в душе человека заложен и иной, более глубокий, внутренний источник этики, а именно: *естественная мораль, связанная с природной честностью человека*. Из этой нравственной основы любви к честности и справедливости, которая и есть *«внутреннее Божественное начало»*, развивается *«высшая человеческая этика»*.

При этом может случиться и так, что именно из нее порой приходит сопротивление религии, когда эта религия [ввиду тех или иных ошибок ее представителей или сторонников] ведет к таким поступкам, которые «совершенно противоречат идеальной морали». Вследствие этого столкновения естественного нравственного чувства и отрицательных проявлений религии, «высокая и развитая человеческая культура оказывается вынужденной, из-за своей честной природы, отделять понятие «мораль» от понятия «религия», т.е. разделять религию и нравственность.

*8.12. «Социально-религиозная» и «прагматическая» этики стабилизируют социум; этика же «Божественной души» стремится к высшей нравственности, она анархична и социально-конфликтна*

Так формируется в рамках общей культуры светская этика, которая в лучших своих проявлениях есть *«надежная основа для доброго культурного сознания, коренящегося в глубине природы человека»*. Т.е. эта этика уже не сводится к морали прагматических и установленных обществом правил, но она выражает некую ценность сверхприродной данности. Эта этика продолжает относиться к сфере светско-будничного, так как она еще не укоренена в рамки абсолютных ценностей, и из-за этого в ней нет ясной и открытой связи со святостью. При этом у нравственной внутренней природы есть мощь, и эта нравственная природа будет отталкивать человека от любой такой установки в морали и религии, которая была бы склонна *«ограничивать свет и добро, содержащиеся в его душе, которые находятся выше морали и религии в обычном понимании этих терминов»*.

Прагматическая общественно светская этика (а также и этика религиозная, когда она действует в общественно-принятой моральной сфере) всего лишь «призвана остановить зло и дикость, заключенные в личности человека», в то время как скрытые в его душе более глубокие моральные порывы, которые хотят вырваться из этих внешних ограничений, стремятся к нравственности, вытекающей из внутренней свободы; и эти порывы порой выступают даже как анархические, направленные против социально установленного порядка.

**8.13. Светско-будничная этика «внутреннего человеческо-божественного начала», стремясь к высшему моральному закону (а не к утилитарности), способна приблизиться к святости**

В отличие от естественной, прагматической этики, эта моральная страсть (берущая начало в природной честности человека) стремится выйти за рамки нравственности в обычном понимании, устремляясь к абсолютному нравственно-ценностному измерению. Эта этика не удовлетворяется утилитарной и общественной ролью, а ищет моральный закон, который будет не только прагматическим средством, но явится самостоятельной целью и ценностью сам по себе. Так она продвигается к самому высокому уровню, достижимому для светской морали, на котором уже просматриваются проблески основания святости, действующей изнутри, в глубине ее.

Человеческий дух открывает в самом себе *«дух абсолютной морали, сверкающий в "обобщенной душе" человечества, раскрывающийся иногда в форме потрясающих видений, но при этом его источник остается скрытым»*. Иными словами, человек все еще не рассматривает эту абсолютную нравственность и этику как исходящие из Божественного источника. По мнению рава Кука, *«здесь имеет место "сокрытие источника", поскольку в такой ситуации абсолютная основа нравственности и этики приходит к человечеству в запутанной форме»*. За этим ощущением нравственного абсолютного долга, проявляющегося в душе отдельного человека, и за абсолютным требованием справедливости в обществе и в истории скрывается сила святости.

**8.14. Общество должно стремиться к реализации высших (абсолютных) целей, а не только прагматических принципов, иначе жизнь его потеряет смысл и оно развалится**

Очевидным признаком этого [т.е. того, что глубоко внутренним источником жажды нравственности является святость] служит появление в сознании человека (еще прежде чем человек ясно осознает истинный источник внутренней этики) ощущения того, что нравственная цель не ограничивается только сферой прагматического устройства общественной жизни, и что сама общественная мораль должна опираться на абсолютные ценности, реализация которых важна сама по себе, а не согласно приносимой ими прагматической пользе. «Когда нас спрашивают, в чем смысл общественной жизни, мы не находим ответа в ней самой. Мы должны подняться в пределы духовности, проникнуться стремлением к миру, стоящему выше, открывающему нашему сознанию лишь малую толику своего света; и уже из этого далее мы понимаем, что человеческое устремление никоим образом не может быть полностью погружено только в эту единственную [прагматическую] жизнь. Более того, мы понимаем, что если социальная жизнь перестанет черпать свои жизненные соки из мира высшего, придающего ей смысл, то чрезвычайно упадет сама жизненная ценность этого социального существования, и откроются в ней гигантские погрешности и недостатки, вплоть до ее полного падения».

*8.15. «Высшая светско-будничная этика» (кантовская) есть попытка обосновать абсолютное без Божественного, поэтому она неустойчива и слабо влияет на человечество*

При этом на высшем этапе своего раскрытия светско-будничная этика пытается отыскать свой абсолютный, ничем не обусловленный источник, но будучи сугубо гуманистической (т.е. ставя в центр мира исключительно человека), она ищет его не в Боге, а в человеческой разумности. Тем не менее она уже все-таки признает, что существует нравственно-ценностное измерение, стоящее выше собственно морального деяния, и она знает, что «нравственность не сосредоточена только в поступках, хороших в общественном понимании; она прежде всего есть внутреннее свойство души тянуться к добру, добру абсолютному, быть самому этим добром и прилепиться к добру».

Такая, основанная на моральном абсолюте, светско-будничная этика не готова, как сказано выше, признать, что эта внутренняя сущность, наполняющая мораль жизнью, есть дух святости. И хотя Кант, этическое учение которого представляет данную концепцию этики лучше, чем работы любого другого философа, и называл нравственное стремление «святым порывом», он не имел в виду этику святого в том понимании, в котором говорит о ней рав Кук; так как этическое учение Канта хотя и декларирует в качестве источника нравственного долга категорический императив (т.е. абсолют), но оно привязывает этот абсолют только к человеческому разуму.

И мы уже говорили, что, по мнению рава Кука, такой подход к обоснованию морали является игнорированием истинного источника стремления к нравственному абсолюту, без которого у этого стремления не может быть реального влияния на практику, потому что в таком случае у него не будет достаточной мощи для того, чтобы быть устойчивым, чтобы противостоять иррациональным силам в душе человека. Светская этика недостаточно глубока, она не проникает в глубины души. Несмотря на то, что она ведет человека в позитивном направлении и тянет его к добру, когда он признает истину и правоту, заключенные в доводах рассудка, — в этой ориентации нет достаточно надежной устойчивости против всевозможных вожделений, когда они пробуждаются во всей своей мощи. Тем более что в распоряжении этой ослабленной морали нет средств, подобных традиционно-религиозным, которые подходили бы для воспитания, как следующего поколения, так и всего общества и человечества.

*8.16. Продвижение самого Канта к религиозному обоснованию «категорического императива» демонстрирует недостаточную обоснованность автономной этики*

Таким образом, кантианская «абсолютная» гуманистическая мораль признает существование «абсолютной» (т.е. ничем прагматически не обусловленной в общественной жизни и не зависящей от утилитарных потребностей) нравственной ценности. Однако эта нравственная ценность человечески-«самостоятельна», автономна, она не основывается на высшей силе (т.е. на Боге). При всем том стоит отметить, что сам Кант (в рукописях, оставшихся после его смерти) говорит о категорическом императиве и о нравственном абсолютном приказе как о «голосе Бога», имманентном этическому сознанию, и этим свидетельствует (в рамках своего подхода и терминологии) о Боге как о «Субъекте, возлагающем долженствование вовне Его самого», т. е. как о вне-человеческом источнике этики.

Мы не будем вступать здесь в существующий среди исследователей спор о значении и ценности этого момента развития в мировоззрении Канта, а только хотели бы указать на общую внутреннюю проблему, таящуюся в этой неутилитарной этике. Вопрос состоит в том, что такое вообще «источник требования абсолютной нрав-

ГЛАВА С-8. *Соотношение эстетики, религии и этики...*   317

ственности», особенно в тех случаях, когда она противоположна пользе, когда она противоречит утилитарным целям? Ведь иногда человек вынужден во имя исполнения абсолютного морального приказа даже принести в жертву свою жизнь [т.е. здесь мораль прямо противоречит не только прагматичности, но и чувству самосохранения]! Способна ли только лишь опора на разум продвинуть человека к исполнению такого абсолютного нравственного требования?

*8.17. Требование абсолютности нравственности неизбежно ведет к тому, что ее обосновывают на трансцендентном, на «Божественном голосе»*

Конечно, рав Кук не был знаком с посмертным наследием Канта, но и он утверждал, что в требовании «абсолютной морали» содержится осознание Божественности, хотя там оно и не выражено явно. Ведь уже то, что человек признает абсолютные нравственные ценности, неизбежно вынуждает его подняться на трансцендентный уровень, хотя бы в том смысле, что он выходит за рамки нашей человеческой, относительной реальности. Только из такого трансцендентного источника можно черпать силу для установления абсолютного авторитета морального приказа, и только так можно понять ту внутреннюю основу в душе человека, в силу которой человек способен подчиниться этому приказу: *«Божественным голосом входит нравственность в душу человека, [и она исходит] из жизни всех миров мироздания».*

*8.18. «Голос Бога» звучит во всех высших моральных устремлениях и «исправлениях мироздания»; без распознавания этого Голоса светская этика «увядает»*

Этот Голос Бога говорит с человеком из каждого нравственного проявления в мире, из каждого морального действия, и даже тогда, когда это проявление нравственности выступает в буднично-светском облачении: *«свет веры святости светит из каждого "исправления"* (тикун) *культуры и норм поведения, из всего хорошего, что есть в мире, во всех временах и во всех творениях, во всех языках, во всех склонностях, во всех мирах, во всех душах».* Однако, как уже было сказано, буднично-светская гуманистическая этика, оставаясь автономной, не может прочно обосновать свое абсолютное требование нравственности. До тех пор, пока она не распознает Голос, зовущий изнутри души человека, и пока Божественный источник этого Голоса не будет ясно воспринят сознанием, до этих пор не исчезнет эта отчужденность между буднично-светской этикой и ее внутренней сущностью.

Авторитет «абсолютной этики» (так называет рав Кук эту «этику разума») непременно должен опираться на сущность, обладающую абсолютной ценностью. Однако сущность человека не абсолютна, и поэтому *«мораль не устоит без источника, а источник этот обязательно должен быть бесконечным Божественным светом... и если мораль, обосновавшаяся в сердце человека, не будет брать начало из Божественного источника, то она будет уменьшаться и увядать»*[1].

| 8.19. Моральному действию присуща «самотрансценденция» (т.е. выход за рамки себя), и она преодолевает не только «мелкий эгоизм», но также и узость мироздания |

Не только самотрансценденция (т.е. самостоятельный выход человека из рамок личного интереса), которая свойственна каждому моральному поступку, состоит в преодолении эгоистических частных интересов одного ради общей пользы, ради народа, ради общества, ради человечества, но по сути и ее цель состоит в том, чтобы преодолеть узость (цимцум) всей существующей реальности. Самотрансценденция выражается в ощущении того, что *«невозможно оставаться в этом ужасно узко-сжатом состоянии, в котором сейчас находится мир»*. В этом этическая самотрансценденция подобна святости, которая по природе своей всегда *«стремится открыть дверь тайника света и наполнить этим живительным светом все мироздание»*, тем самым наделив его ценностным статусом.

| 8.20. Нравственное чувство есть проявление в человеке Божественной сути бытия, и поэтому совесть есть стержень сближения с Богом |

Согласно такому онтологическому подходу к святости [и к ее связи с моралью, ведь и святость, и мораль обе стремятся преодолеть узость мироздания] этичные моральные взаимоотношения существуют не только между людьми, но, как мы видели выше (см. главу 6), *«существует сильнейшая связь между духом человека, возвышающимся в своих нравственных качествах, и общим бытием»*. Это и есть мораль святости в ее полном понимании, объединяющая космические и нравственные законы: *«Нравственность – это заветная мечта бытия, и в то же время она является его неотъемлемой составляющей»*. Голос Всевышнего, проявляющийся в ощущении нравственного долга и в ощущении прика-

---

[1] Полный перевод этого отрывка см. ниже, раздел D-1, §133, а также в разделе E, статья Э.Зусмана.

зов человеческой совести, есть истинный отклик в душе человека космической жажды сближения с Творцом: *«В глубинах человеческой души Голос Бога непрерывно зовет. Беспорядочность жизни может смутить душу, вплоть до того, что она в большинстве периодов своей жизни не услышит этот зовущий Голос; но ей ни в коем случае не удастся выкорчевать основу, корень, суть зова [этого Голоса], ибо он есть истинный стержень человеческой жизни, это голос естественной духовной жажды сближения с Богом»* [1].

---

[1] В современной психологии точка зрения, очень близкая к данной, представлена в работах крупнейшего психолога XX века Виктора Франкла. См., например, анализ сущности совести в его работе «Бессознательный Бог» – «Психоанализ и религия».

# ГЛАВА С-9

# ДВЕ КАТЕГОРИИ СВЯТОГО. ПРОБЛЕМА ЗЛА

*9.1. «Этика святости» не старается ограничивать человека, противостоять его эгоизму и т.п. Но она стремится возвысить человека настолько, чтобы его самореализация и была добром, чтобы его любовь к себе расширилась на весь мир и на все бытие*

В предыдущей главе мы видели, что согласно раву Куку есть три типа этики, причем все три стоят над «естественным состоянием» [в самом же «естественном состоянии» есть стремление к жизни и развитию, но нет этики], и это: **(а)** прагматически-утилитарная «общественная» мораль, которая относительна; **(б)** светско-будничная, но при этом декларирующая опору на «абсолют» – кантианская мораль; и **(в)** этика святости. При этом на самом высшем уровне этики, т.е. в этике святости, нравственность снова становится естественной, ибо она не проистекает из рационально установленных человеческих законов, а действует в силу космических закономерностей. Это не мораль кантианского типа, которая борется с естественными эгоистическими наклонностями человека, но это диалектическое возвращение к истинному естественному положению, при котором реализация человеческих устремлений сама и есть добро, поскольку сами эти человеческие устремления соучаствуют в общем устремлении бытия, а оно направлено к добру. Это нравственность, которая отнюдь не противопоставляется любви к самому себе, а даже напротив: «*Святость вообще не борется против любви к себе, глубоко заложенной в природе души каждого живого существа, но она поднимает человека на такой высокий уровень, что чем больше он любит самого себя, тем больше то добро, которое есть в нем, распространяется на все: на все окружающее, на весь мир, на все бытие*».

*9.2. Подход к миру на основе этики святости снимает противоречие между «природным» и моральным, поскольку продвигает нас в понимании этической основы, заложенной как в человеке, так и в естественном развитии природы*

Если мы смотрим на мир на основе такого «возвышенного взгляда» святости, то перед нами исчезает противопоставление между «моралью» и «природой»: этика святости соприродна естественности, а природа, по высшей сути своей, «нравственна». Таким образом, с одной стороны, в естестве человека уже заложена нравственная первичная основа, и поэтому, оно исходно уже не является одной только «природой»; а, с другой стороны, *«мировая этическая настроенность настойчиво продвигается и проникает во все аспекты жизни до тех пор, пока она не приводит ее природу в согласование с нравственностью»*. В этом процессе святость распространяется даже в природе, самой по себе внеморальной, «которая не знает морали и справедливости», поскольку *«Божественный свет кроется в мощном нравственном всеобъемлющем устремлении бытия, и он пробивает себе дорогу сквозь все силы природы, – которые, казалось бы, выполняют свою работу неосознанно и бесцельно, как неодушевленные механизмы»*.

**9.3. Восприятие высшей этики у рава Кука как «реализации святости, имманентно присущей миру» отличается от Маймонида (и Канта), у которых высшая этика есть власть разума над инстинктами**

В этом смысле этика святости стоит выше формализованных определений добра и зла в понимании обычной морали. Ее невозможно определить исключительно в рамках рациональных понятий, ведь она не только побуждает человека поступать в соответствии с его пониманием сути вещей, но и подвигает его приводить свое поведение в соответствие с глобальными законами бытия, в которых человеческое моральное устремление участвует в творческом создании, осуществляемом святостью. На этом уровне моральное соединяется с естественным, а не противостоит ему. В этом подход рава Кука отличается от мнения Маймонида, который в определенном смысле ближе к Канту, т.к. тот отождествляет высшую этику с властью разума над природными инстинктами.

**9.4. Спонтанно-анархический характер высшей нравственности. «Единичные избранники» (Йехидей Сгула) могут подняться к высшей нравственности, «вырываясь из рамок» узкой нравственности**

Это высшее нравственное космическое устремление разворачивается не только в жизни «природы», но также и в рамках истории человечества, оно является стремлением к исторически разворачивающемуся Избавлению (Геула), и человек может интегрироваться в этот процесс, стать частью этого космического нравственного устремления. Более того: существуют даже *«единичные благословенные избранники [Йехидей сгула], которые, может быть, могут вырваться из узких рамок установленных и формализованных этических предписаний [т.е. из обычной морали] и подняться на высшие ступени скрытой внутрен-*

*ней нравственности»*. В таком подходе присутствует определенный анархический элемент, т.к. внутренняя нравственность действует спонтанно, движимая внутренним самостоятельным порывом, а не из повиновения формальным законам.

**9.5. В процессе восхождения к этике святости нельзя пренебрегать низшими уровнями этики, «добром и злом», т.к. только через них проходит путь к высшей этике единства**

Понятно, что при существующем состоянии мира (за исключением тех немногих «благословенных единичных избранников», о которых говорилось выше) человек должен продолжать жить под руководством установленных моральных норм. Более того: процесс продвижения к высшей морали, в которой стирается разница между конвенциональными добром и злом, возможен в нашем относительном мире именно (и только) посредством соблюдения этих норм. *«Человек – такой, какой он есть сегодня, со своими особенностями и болезненными недостатками, – не может он существовать в том Будущем [утопическом] Мире [реализующем высшую анархическую этику святости], где проявится свет, уравнивающий добро и зло. Он может существовать только в мире сегодняшнем и в мире близкого будущего, где добро и зло совершенно противоположны друг другу. И поэтому этот сегодняшний человек должен держаться за традиционную [конвенциональную] мораль. И путь, ведущий каждого человека и все общество вместе к великому миру абсолютного добра, где отменяется различие между [конвенциональными] добром и злом, – путь этот проходит именно через эти миры, миры настоящего и ближайшего будущего, в которых границы добра и зла четко очерчены... и через жизнь, полную моральных наставлений».*

**9.6. Мы можем ощущать «направленность к высшему миру», когда воспринимаем светско-будничный мир не как обособленно-самоценный, а как проявление единой мировой силы святости**

Итак, человек сегодняшний, в его обычном виде, не может (пока) достичь уровня «этики святости», «этики единства». Однако он может, оставаясь в этом мире, быть направленным к этой высшей этике. Таким образом, существование в нынешнем мире, полном противоположностей [т.е. в том мире, в котором зло есть антитеза добра], не отнимает у человека возможность *«видеть будничное сквозь призму святости и ощущать, что на самом деле нет в мире абсолютной будничности»*. Ведь святое как онтологическая сила поддерживает жизнь и осуществляет все

## ГЛАВА С-9. Две категории святого. Проблема зла

Мироздание. Когда мы осознаем это, то различные сферы будничного воспринимаются в общем контексте Мироздания, а не в качестве обособленно существующих и самоценных. Их буднично-светская сущность, как мы уже видели, не исчезает и не отменяется, но они становятся частью единого Мироздания, имеющего высшие смысл и цель. Так происходит потому, что святое, ввиду своей ценностно-нравственной силы, отменяет возможность иметь автономно-самостоятельную святость у всех прочих «отдельных» ценностей нашего мира, однако сами по себе эти ценности не отменены, и именно они могут стать основанием или средством для реализации святого в мире.

**9.7. Можно извлечь искры святости из будничной реальности, из чужой мудрости и даже из «верований чужих и нечистых»; однако, недопустимо перестать различать между «внутренней сущностной искрой святости» (т.е. добром) – и ее будничным, а иногда и «нечистым» облачением (т.е. злом)**

Восприятие будничной «обычной» реальности как средства выявления святого и укрепления его в мире является одной из центральных идей в учении Рава, и она получила у него выражение в самых крайних и смелых формах: *«Великие души, когда они озабочены делами обычной жизни, вносят свет Высшей жизни в эти будничные занятия и освещают их во имя всего Мироздания... Когда они нисходят говорить простые будничные вещи, они уже знают и понимают, каким образом свет жизни всеобщей святости вторгается во все тайники будничного мира и они открывают свет, таящийся там... Когда они нисходят посмотреть на мир вокруг нас, когда обращаются к будничной мудрости, даже к мудрости чужой[1] – то отовсюду они выделяют лучи света, рассеянные повсюду искры живой святости».*

Однако в этих восторженных словах о святом, одетом в будничное и даже в «нечистое», отнюдь нет отмены разницы между святой сущностью и будничным облачением. Раскрытие внутренней сущности святости не уничтожает ее будничный покров, а только показывает отсутствие у этой будничности самостоятельного ценностного существования.

---

[1] Здесь, как и в некоторых аналогичных случаях, в печатных изданиях работ рава Кука, его высказывания «смягчаются», и изъяты слова, написанные в рукописи: «даже когда они обращаются к верованиям чужим и нечистым».

*9.8. Материальное во всякий момент может быть реализовано как средство для святости; но (здесь отличие от подхода христианства) само оно при этом в святость не обращается*

Мы можем подвести здесь итог обсуждению отношений между святым и будничным и сформулировать его следующим образом: нам дано воплотить святость в нашей жизни здесь и сейчас, в любом мгновении и ситуации, когда будничная реальность служит основанием (базой, платформой) или средством определенного действия, обладающего ценностью святого (и это происходит не только при исполнении заповедей, но и при всяком продвижении мира к более возвышенному состоянию), при том что сама эта реальность совсем не превращается в святое.

В иудаизме благословение на хлеб и вино не делает их святыми (как это происходит в христианстве), но наделяет их нравственно-ценностной мерой. Эти материальные вещи – только инструмент для исполнения заповедей, а уже само это исполнение (а вовсе не эти материальные предметы) является освященным действием.

*9.9. Для возвышения материи (тела, государства) необходим высший уровень святости, и он не может проявляться явно. И также именно душа человека (более возвышенная, чем у ангелов) спускается в нижний мир, чтобы поднять Мироздание*

Именно в этом смысле понимается важность реальности, когда она предстает в своем совершенно будничном виде и тем более в ее физических проявлениях. Ведь, как уже было отмечено выше, святое, по самой своей сути, стремится распространиться и влиять на реальность, которая, будучи взята отдельно, сама по себе не обладает ценностным параметром, т.е. не обладает святостью: «*Святость стремится нести свет во все процессы материальной и практической жизни, в управление политическими и государственными процессами*».

В этой формулировке рава Кука (включение светско-государственных структур в те, на которые распространяется влияние святости) мы видим указание на очень важный аспект диалектического понимания отношений между святым и будничным, аспект более глубокий, чем то, что мы обсуждали выше. Святость воспринимается здесь как действующее «*с громадной мощью*» именно в самом нижнем звене цепи эманации Божественных проявлений, т.е. в той реальности, которая выступает как будничо-светская: «*Исправление государства как целого, а также и исправление материально-телесных аспектов жизни индивидуума как частного, принадлежит к* той категории вещей, в которых присутствует наиболее возвышенная святость. А поскольку святость эта огромна, то она не может проявиться явно, в таком виде, в котором была бы подчеркнута форма святого [и поэтому ее проявление скрыто за совершенно светско-будничной формой]»[1].

Мы уже видели выше этот парадоксальный принцип, когда цель схождения Божественного света в том, чтобы достичь именно нижней ступени – для того, чтобы возвысить ее и включить ее в великую всеобъемлющую совершенную систему. Парадокс этот проявляется, например, в статусе человека: *«Душа человека является более глубокой и более возвышенной, чем у ангелов; и именно из-за величия человеческой души она спускается до нижней ступени, и оттуда затем поднимется, обогатив себя великими и прекрасными дарами. И этим она подготавливает весь мир к подлинному высокому восхождению»*. Таким образом, «святость в будничном обличье» должна спуститься «до полной будничности», чтобы затем, при ее поднятии, дать проявиться святости во всей ее полноте.

9.10. Два типа святости: пытающаяся подчинить природу извне (=война) или же подчинить природу изнутри (=проявление)

Перед нами *«более глубокий и более достоверный»* взгляд на взаимоотношения между святым и будничным. Рав Кук называет его *«естественным взглядом на святость... со стороны мира в целом, и, в частности, в физическом и в духовном, в природном и в чудесном»*. Выше мы уже видели, что взаимосвязь между святостью и жизненно важными силами будничного является возвышением будничного «из мрака»; и это происходит путем использования его естественных характерных качеств – материальности, здоровой «жизненной силы» и практической смелости, чтобы усилить действие святости в мире. Это и есть *«святость, проникающая во все уровни Мироздания»* и спасающая народ и весь мир от такой жизни, которая являлась бы совершенно лишенной ценностного содержания. Фундамент такого возвышения светско-будничной природы заложен в ней самой – в ее стремлении к полноте и добру, запечатленном во всем сущем.

*«В самой глубине природы все возрастает настойчивое требование святости и чистоты»*. Только пока что это движение (сближение) происходит с двух противоположных сторон, и каждая из сил продвигается навстречу своей противоположности. Как и святое

---

[1] Полностью перевод этого отрывка и комментарии к нему см. ниже в разделе D-1, §13.

«извне», которое обращается к природе и стремится завоевать ее, так и *«святое, заключенное в естестве природы, прорывает свою ограду и само стремится соединиться со святостью, стоящей выше грубой природы, со святостью, воюющей против природы».* И следует отметить, что в этой войне между святым и природно-естественным термином «природа» обозначается не только материальный мир, но и любая несвятая реальность в жизни человека, народа и в истории.

*9.11. Святость «извне» ущербна, она борется с природой лишь для того, чтобы ослабить ее; а затем и природа, и сама эта «слабая святость» будут поглощены потоком более высокой «внутренней» святости, происходящей из самой природы*

Но эта святость, которая воюет с природой, не является высшей святостью. При более глубоком размышлении и проникновении в суть Мироздания мы можем осознать витальную силу самой природы как проявление святого, которое, несмотря на наличие будничной оболочки (*клипы* – скорлупы), выражает мощь Божественной жизни. Эта внутренняя ценность реальности, которая скрыта за ее искаженными внешними формами, ослабляется из-за той святости, которая противостоит природе, той святости, которая только духовна и которая отталкивает материальное и светско-будничное, ввиду чего, говорит рав Кук, уменьшается совершенство и полнота самой святости: *«Святость, борющаяся с природой, не является совершенной. Она должна быть поглощена водоворотом высшей святости, содержащейся в самой природе».*

Ясно, что в этих словах, кроме всего прочего, содержится критика как антисионистской ультраортодоксии харедим, так и спиритуалистического идеализма «новых еврейских философов» (таких, как Герман Коhен), которые - и те, и другие - противопоставляли святость природе, а духовность – материи.

*9.12. Борьба идет не между «святым» и «будничным», а между двумя типами святости. Неизбежно поражение «святости извне» в ее войне с природным естеством, т.к. это война святости против себя самой (т.е. против «святости в природе»)*

Таким образом, рав Кук говорит, что святое, которое противопоставлено природе, не является совершенным, потому что не включает в себя ту положительную основу, которая содержится в самой материальной и будничной реальности. А *«святость внутри будничности более возвышенна и свята, чем святость, заключенная во внешне святом; однако, она глубоко скрыта».* Отсюда следует вывод, что борьба идет не только между святым и будничным, но и между двумя типами святости. Это борьба за осуществление полноты совершенства, потому что так же, как будничное есть искажение внутренне-положительной природы Мироздания, так и святость неполноценна, когда она противопоставляет себя природе и борется с нею из-за ее крайних светско-будничных проявлений.

Однако такая война святого против светско-будничного естественного есть на самом деле борьба этого святого против своей собственной сущности, потому что святость должна наделить ценностью каждую область реальности (а не бороться с ней): *«При приближении человека (и общества) к природе, к естественной жизни, зачастую возникает ненависть к обычной святости, ибо она "ущемляет" природу, "обедняет" ее структуру. Тогда обычная, "внешняя к природе" святость, привыкшая к конфликту с природой, собирает остаток сил, чтобы воевать с природой, но при этом борется она на самом деле со своей собственной природой и с собственным естеством, отчего и терпит поражение и погибает в этой войне».* Неудивительно, что подобные высказывания [которые, в частности, не только объясняют, почему в процессе сионистского движения его первопроходцы выступали против «галутной религии», но и предрекают этой форме религии поражение в «столкновении с жизнью»] вызвали в свое время и все еще продолжают вызывать большое сопротивление приверженцев традиционных религиозных позиций в иудаизме.

---

*9.13. Аналогично этому, неизбежно поражение и природы в ее войне против святости, т.к. святость заключена также и в ней самой*

Аналогично этой внутренней диалектике, заложенной в святом (ввиду чего борьба святости с природой подобна ее противоборству с самой собой, и поэтому, для дальнейшего продвижения, святость должна преодолеть свое поверхностное сопротивление природе), также и в самой природе действует подобная ей параллельная диалектика, в рамках которой поверхностная будничность, воюя с проявлениями святости, борется на самом деле против основания святости, заложенного в ней самой. *«Природность, которая возносится, требуя своего куска жизни, движима на самом деле силами святости, заложенными в ней самой. Но при усилении природности возрастают и разрастаются также и все ее недостатки и отрицательные черты, и поэтому она ненавидит святое, включая его природность, его великолепие, красоту, здоровье. А потому в этой войне природность неизбежно падает и терпит поражение».*

> **9.14. Обычная (внеприродная) святость с природным воюет, а высшая (внутриприродная) святость преодолевает сам конфликт**

Это двойное поражение: обычной (противопоставляющей себя природе) святости, с одной стороны, и буднично-светской природы, с другой, – является необходимым этапом в диалектическом процессе преодоления (в рамках разрешения конфликта между святым и будничным) внутренних противоречий, присущих как святому, так и природе.

В начале пути природа предстает перед нами абсолютно будничной и внеморальной, так как в природном законе и действии как таковом нет никаких понятий о нравственной ценности. «Обычная святость» отрицает эту природу и воюет с ней, но в конце концов «высшая святость» отрицает само это противостояние. *«Высшая, полная святость, которая внутри природы, включает в себя и обычную святость, которая противится природе. Когда достигается эта высшая святость, война прекращается окончательно».*

> **9.15. Высшая святость не отменяет существования будничности; а высшие уровни будничности (наука, искусство, философия) не приобретают статуса «святости». Они освящаются только тогда, когда будут осознаны как проявления Божественной мировой воли**

Следует ли из этой дерзкой теории, что высшая всеобъемлющая святость (при которой «прекращается война») совершенно отменяет будничное? Мы можем убедиться, что это не так. Будничное есть не что иное, как «сосуд», в котором содержится (т.е. в который «одевается») святое. Соответственно, даже и высшие проявления буднично-светского духа – такие, как наука, философия и искусство, – не святы сами по себе; их сущностно-онтологический статус не отождествляется с нравственными ценностями. Это отождествление бытия с абсолютными ценностями существует только в полноте Божественной святости. Что же касается различных существующих в мире предметов, то их реальностью является абсолютная будничность; приписывание же святости будничным фактам, научной истине или эстетическому произведению есть действие, подобное «идолопоклонству». И хотя даже в самом реальном идолопоклонстве сохраняется некоторая положительная сущностная онтологическая искра, выражающаяся в жизненной силе язычества и его близости к природному космосу, тем не менее статус идолопоклонства уж конечно ни в малейшей степени не становится «святым».

Вместе с тем, чем выше уровень реальности какого-либо предмета, т.е. чем больше его потенциал и духовная творческая сила,

ГЛАВА С-9. *Две категории святого. Проблема зла*

тем ярче он свидетельствует о действии Божественной святости в мире. Произведения гениев духа и гениев деятельности – например «божественная» красота музыки Моцарта, чистая нравственная страсть праведников народов мира, бескорыстный поиск истины подлинных ученых и философов – все это очень высокие и сложные уровни реальности в развитии бытия и человеческого духа. Однако даже при этом нет в них собственной святости (секулярное общественное сознание на самом деле и не приписывает им святости). Несмотря на то, что они придают реальности интеллектуальный или эстетический смысл, они все равно освящаются только действиями, наполненными верой, видящей в них не только проявление человеческого таланта или ума, но и проявления Божественной воли, которая является источником всего бытия и всего ценного в нем. Именно тогда – причем сильнее, чем в любых других проявлениях человеческого духа, – и в них будет услышан «Божественный голос», взывающий к душе человека из глубин нравственности, и можно будет увидеть в буднично-светском духе проявление созидательной силы святого в мире.

**9.16. Высшие добро и зло трудно различимы в нижнем мире: под внешним покровом зла может действовать высшее добро; и наоборот, высшее зло может таиться под видом добра**

Перейдем теперь к следующей теме, которая поднимает одну из самых сложных проблем в любой монотеистической религии и в любой философии, подобной мировоззрению рава Кука. Это проблема существования зла и взаимоотношений между злом и добром. Так как «*мудрость святости*» (как рав Кук называет свое учение) призвана объяснить «Мироздание, все сущее во всех его качествах», она стремится постичь «добро и зло во всей их полноте». Добро и зло, конечно, никоим образом не отождествляются со святым и будничным. Будничность сама по себе не добро и не зло – это реальность, лишенная нравственно-ценностного параметра. Ее можно освятить, ее можно сделать средством для достижения добра, и ее же можно сделать средством для достижения зла; науку, искусство и философию можно использовать как в плохих, с точки зрения морали, так и в хороших целях. Поэтому категория «зла» есть категория ценностная, зло есть отрицательное применение будничности.

Эмпирические проявления зла, согласно раву Куку, суть не только порождения человеческой слабости или злобы, но они выражают метафизический принцип: «*Добро и зло в своей основе гораздо более возвышенны, чем их проявления в человеческой жизни, жизни ин-*

*дивида или общества»*. Отсюда следует, что проявления сущности добра и зла не всегда однозначны и ясны. Наше разделение между ними может быть поверхностным и ошибочным. *«Иногда бывает, что зло в нижних мирах есть только внешнее зло, и оно само пропитано сущностным, высшим добром; и обратно, добро в нижних мирах – это лишь добро поверхностное и внешнее, которое может быть наполнено внутри себя сущностным (высшим) злом».*

**9.17. Источник существования зла – в ограниченности материи и в ее отдалении от Божественности, но это отдаление необходимо (т.е. это «падение ради подъема»), а потому оно по своей внутренней сути является добром**

Итак, с одной стороны, добро и зло – это не простые поверхностные понятия, и зло действительно есть самостоятельное сущее. Но с другой стороны, рав Кук говорит снова и снова, что *«по-настоящему нет зла, есть только добро, а зло – это ничего более чем наше разочарованное, пустое и ошибочное воображение, ибо на самом деле все не так в действительности».* Попробуем понять суть этого противоречия.

Принципиальным источником существования зла является то, что Мироздание по самой своей сути является ограниченным; оно выражает не сущность Бога, но представляет собой лишь «сосуд»[1]. Чем дальше реальность отдаляется от Божественной сущности, тем ярче проявляется ее свойство быть «сосудом», что выражается в виде материальности, которая, как кажется, вообще не обладает свободой и желанием, так что она представляется настоящим злом. *«Это отдаление превращает бытие в низкую, уродливую и испорченную действительность».* Однако мы уже видели, что взаимоотношения между Божественным совершенством и несовершенством мира – диалектические: создание сосудов и их спуск в нижние миры есть «падение ради подъема», и цель этого – полностью использовать все потенциальные возможности реальности. Эта реализация есть добро по своей внутренней сути, даже когда она внешне проявляется в виде зла.

---

[1] Сосуд (*кли*) – понятие Каббалы, означающее «вместилище Божественного света», но не саму Сущность Божественности

## ГЛАВА С-9. Две категории святого. Проблема зла

**9.18.** При этом зло – это не «видимость», оно действительно (онтологически) существует (его действие заключается в извращении стремления мира к совершенству), и отрицать это существование означает быть слепым к миру

Эти слова отнюдь не означают, что глубокий оптимизм, присущий раву Куку (и проявляющийся во всем его учении) ослепляет его, мешает видеть конкретные проявления зла в нашем мире. «*Количество слез ограбленных, вздохов страдающих, сетований изможденных непосильным трудом намного превышает восторги счастливых; и даже в жизни тех, кто выглядит удачливыми... тоже найдется совсем немного света и множество темных провалов; чувства печали, страха, скорби, и беспокойства во много раз превосходят чувство радости*». Человеческие страдания и нравственное зло раскрывают сущность зла во всей его реальности: «*Добро и зло не начинаются только в человеке и в его моральных ценностях; в них раскрывается Мироздание во всей полноте*».

В противовес абсолютному добру существует также и «законченное и полное зло», суть которого – абсолютное отрицание добра. Зло имеет онтологический статус и духовную сущность: «*Идеальное [т.е. высшее] зло, как и абсолютное добро являются частью действительности в целом*». «Идеальная» (высшая) сущность этого зла в том, что оно является метафизическим источником всех зол в мире, и каждое отдельное зло есть не что иное, как часть органичной системы, действующей против системы добра. «*Когда мы рассматриваем зло, в какой бы форме оно ни проявлялось – в общем или в частном, в моральной области или в практической, – мы видим в нем порядок и структуру. И невозможно объяснить существование зла простой случайностью*»[1].

Зло обладает действительной сущностью; и оно действует в мире, извращая основной принцип бытия – стремление к совершенству. Это искажение выражается в том, что зло, используя тягу мира к совершенству, стремится, наоборот, к совершенству самого себя, чтобы стать более полным и совершенным злом. «*Жажда*

---

[1] Здесь рав Кук участвует в критике, которую каббалисты направляют против рационалистической философии, за то, что она не относится серьезно к проблеме зла. Несмотря на то, что Рав, по-видимому, не принимает полностью мифологическую концепцию зла, распространенную в еврейской мистике, он хвалит эту концепцию: «*Как превозносится это мировоззрение над обычным рациональным подходом, который воспринимает зло – как зло абсолютное и совершенное, так и его частные проявления – всего лишь как случайные стечения обстоятельств*».

разрушения мира существует во всех проявлениях действительности, так же, как существует страсть к созиданию, возвышению и исправлению Мироздания». Так же, как святое в сущности своей стремится распространиться во всех областях реальности, так и *«зло хочет властвовать над всеми ценностями жизни и мира»*. Здесь конечно, имеется в виду не простое внешнее зло, которое можно назвать «обывательским» злом, но речь идет о силе, заложенной в основу Мироздания.

9.19. *Зло обладает огромной мощью, часто недостающей добру, и эта мощь есть проявление «мировой воли» (т.е. добра). Эту мощь надо не подавить, а перенаправить на позитивное исправление мира*

Стремление зла к самоосуществлению обладает огромной мощью, которой иногда недостает добру. *«Есть в злодействе особая смелость, настойчивость и жизненная сила – качества, совершенно необходимые честности и добру для усовершенствования»*. В своей жизненной энергии зло проявляет (однако, в извращенной и разрушительной форме) силу действия «мировой воли». С этой точки зрения зло выполняет положительную роль в сохранении реальности (как мы уже обсуждали выше), и оно является обязательным компонентом мира, в который еще не пришло спасение (Геула). Текущая историческая реальность не может существовать без злодеев, вызывающих «брожение», которое обеспечивает и усиливает жизненную силу Мироздания. Это положительная искра, которая скрывается во зле и которая есть внутренняя сила, движущая любым человеческим желанием. При этом, несмотря на то, что прямые цели и содержание этого желания могут быть злом, само присутствие внутри него данной искры дает возможность и надежду на преодоление зла и его полное искоренение. *«Не только в позитивных разрешенных действиях, но также и в каждом грехе и преступлении, в каждом разрушении, в каждом заблуждении – есть в них искра добра и идеальной святости, которая поддерживает дух и подталкивает его к действию»*.

Таким образом, зло черпает свою силу из источника, который сам по себе не является злом, а именно из мировой силы желания, из воли к жизни, которая сама есть добро. Поэтому зло способно – и в дальнейшем сможет – изменить свою отрицательную суть, подобно всем другим физическим и жизненно важным силам в природе. Когда зло познает свой настоящий источник, а именно космическое стремление к добру, *«тогда существующее зло, эта слепая и дикая сила, которая властвует над телом человека, над его материальным миром и над всем живым, превратится далее в добро»*. Т.е. когда та же энергия зла будет направлена в сторону добра, тогда зло «перевернется», и из страсти к разрушению, истреблению, мраку и унижению «превратится» в желание строительства, возрождения, возвышения. Сам этот огромный и мощный импульс (содержащийся сегодня во зле) и тогда продолжит свою работу, но его практическое содержание и прямая цель направятся к добру.

**9.20. Восприятие раскаяния (тшувы), в отличие от литературы «мусар», не как «подавления» (при помощи страха) естественных побуждений, а как «перенаправления» жизненных сил зла в сторону добра**

Именно такое превращение зла в орудие добра и составляет суть процесса раскаяния (*тшувы*), при котором исходное «сильное желание», сокрушающее все преграды, приводящие ранее к греху, теперь само «перенаправляется» и становится *«живой силой, несущей добро и благословение»*. Подобный подход к раскаянию в корне отличается от того, который был принят в традиционной «литературе о нравственности» (*сифрут мусар*). Согласно мировоззрению рава Кука, раскаяние призвано не подавлять естественные побуждения и порывы, а наоборот, использовать их для достижения положительной цели. Не печаль, подавленность духа, страх и ужас перед ожидаемым наказанием или смертью побуждают к раскаянию, но пробуждение духа и радость человека, его жизненная сила. При таком подходе раскаяние сливается с «космическим раскаянием», о котором мы уже говорили выше.

**9.21. Зло пробуждает в нас жажду преодолеть его самое, и в этом его позитивная роль в исправлении мира: зло есть условие существования добра**

Скрытая во зле возможность превратиться в добро вытекает из общей для них обоих метафизической основы, а именно сущностного несовершенства Мироздания и его стремления к совершенству. С этой точки зрения, в осознании реальности зла есть положительная сторона, потому что без нее *«не было бы заложено в природе жизни стремления к поиску своего будущего предназначения»*. Ведь зло и страдание заставляют нас обратить свой взгляд к будущему, они пробуждают желание преодолеть зло и надежду на то, что страдания исчезнут, когда Мироздание улучшится.

Таким образом, согласно раву Куку, решение проблемы зла возвращается ко взаимоотношениям между совершенством и стремлением к совершенству, которые подробно обсуждались в предыдущих главах. То, что мы называем злом, есть обязательное условие добра. *«Если бы не было затемнения, не было бы и побуждения к постоянному возвышению, которое является основой для усовершенствования Мироздания, – до тех пор, пока не будет завершена каждая его деталь».* На языке Лейбница (о близости его взглядов к мировоззрению рава Кука мы уже упоминали), «сотворенный мир не может быть совершенным, так как он сотворен отделенным от Бога». Т.е. несовершенство не является само по себе полным злом, ибо именно оно подталкивает человека к процессу совершенствования. То, что представляется нам как недостаток или зло, является основой для улучшения и возвышения. Если бы не это «зло», то не существовало бы реальности, способной к развитию и совершенствованию, которая и есть наш мир. Нельзя забывать, что корень зла – в «самых недрах добра», т.е. в Божественном желании, которое сотворило мир[1].

*9.22. Для того чтобы поднять мир к высотам добра, нужно не отрицать онтологического существования зла (как это делал Маймонид), а наоборот, осознать зло как реальную сущность, которая в процессе Избавления (Геулы) может «перевернуться в добро»*

Подход рава Кука ко злу (как и вся его система) диалектичен, а именно: совершенное добро достигается только с помощью его «противника», противопоставленного ему; и оно достигается не «победой» над противником, а путем преодоления самого этого противоречия [между добром и «злом»], которое осуществляется ради достижения единства и полноты добра. *«Добро выявляет зло, а зло углубляет добро».* Таким образом, становится ясен принципиальный и глубокий смысл проявления зла и его сил в нашем мире: *«Добро углубляется и достигает полноты также и с помощью зла. Поэтому в Мироздании есть стремление ко злу, злу этическому и злу практическому».* Мир и человек предназначены поднять зло к высотам добра, но не с помощью

---

[1] Это оптимистическое учение пробуждает тяжелые мысли в наших [Й.Б.-Ш.] сердцах сегодня: что сказал бы рав Кук (умерший в 1935 году), если бы он наблюдал истребление евреев в Катастрофе Второй Мировой войны? Нашел ли бы он положительную искру даже в таком крайнем проявлении зла? У меня [Й.Б.-Ш.] нет ответа на этот вопрос. Рав Кук знал, что есть зло в мире, он был знаком с началом нацизма, но не мог знать, куда это приведет. Его принципиальная метафизическая позиция заставляет говорить, что принцип добра действует даже здесь. Если бы это было не так, то пришлось бы изменять самые основы всего этого учения, ведь мы видели, что проблема зла не отделена от метафизической основы его мировоззрения. Изменил ли бы он в корне свой подход или продолжал бы придерживаться своей общей системы [и соответственно, смог бы выявить принцип добра, действующий, вопреки всему, поверх даже Катастрофы] – мы, конечно, не можем знать.

## ГЛАВА С-9. *Две категории святого. Проблема зла*

уничтожения или отрицания зла, как якобы «несуществующего в реальности» (как делали такие философы, как Маймонид, утверждавшие, что зло – это не более чем отсутствие добра). Напротив, само предназначение зла в том, что, *«будучи реальной сущностью, оно тоже возвысится и превратится в добро, – осознав, что его отрицательные стремления, по сути, направлены на усовершенствование добра».*

Это превращение зла в инструмент для полного воплощения добра будет завершено только во время наступления Избавления (*Геулы*), когда *«проявится в нем свет, который уравнивает добро и зло».* Но процесс, приводящий к Геуле, проходит *«именно через этот мир»*, через добро и зло, содержащиеся в нем. Иными словами, мы в нашей жизни должны реализовывать добро и противодействовать злу, потому что только так мы можем продвинуть мир к более высокому состоянию; но при этом должны осознавать, что зло тоже имеет позитивный источник и в будущем «перенаправленная» сила зла будет являться частью общей системы добра.

Теперь мы сможем понять смысл кажущегося противоречия в рассуждениях рава Кука о реальности зла. С метафизической точки зрения, причина существования зла лежит в том, что согласно Божественному желанию мир создан несовершенным, и при этом он наделен бесконечным стремлением к абсолютной полноте и к добру, и перед ним стоит задача преодолеть зло. В этом смысле «высшее зло» не менее реально, чем его конкретные проявления в мире – проявления, в глубине которых скрывается космическое желание, действующее в качестве телесной и душевной энергии, естественных побуждений и силы воли. Все они хороши сами по себе, но их можно запутать и исказить. Их внутренняя реальность есть «искра добра», которая дает надежду на превращение зла в добро, с помощью изменения его целей и содержания.

Ошибкой будет видеть в искаженных проявлениях воли часть внутренней сути действительности. С этой точки зрения, у зла нет никакой собственной автономно существующей реальности; и когда его положительные основы повернутся в Конце Дней на службу добра, то все его «искажения жизни» исправятся (в том смысле, что мы увидим, что исторически, на определенных этапах, локальное зло было необходимо для дальнейшего продвижения добра), и Мироздание в целом придет к абсолютной ясности. [В связи с этим рав Кук объясняет, что при локальном рассмотрении той или иной ситуации (в мире и в истории) зло является реальным, и ему необходимо противостоять; но при глобальном взгляде на Мироздание в целом, от начала Истории человечества и до конца мировой истории, – зла нет вообще, т.к. все то, что локально представляется злом, при глобальном взгляде осознается как необходимая часть всеобщего добра.]

**9.23. «Души мира Хаоса» укоренены в той «искре добра, которая внутри зла», поэтому они сильно разрушают мировой порядок, и в то же время обладают силой радикально продвинуть мир к добру**

Однако, откуда же появились эти искажения? Ведь у них обязательно должен быть какой-то настоящий источник! И действительно, они тоже происходят из источника всей жизни – Божественного желания, дарующего свободу воли каждому творению. Мы видели, что свобода есть сущность мира, стремящегося к совершенству, и что она открывает перед человеком возможности свободного выбора, и поэтому он может использовать свои силы также и во имя разрушения: *«воля к действию есть, по сути своей, проявление духовности; и когда эта воля к действию спускается вниз, то уродство, порок и зло, тянущееся за ним и смешанное с ним, оказываются в качестве компонента того, кто выбирает в бытии своем зло»*.

И не только свободный выбор человека приводит к появлению зла, потому что свободное желание действует, с разными уровнями интенсивности и осознанности, во всем сущем, а не только в людях. При этом в человеческом мире эта свобода выбора представлена максимально широко – ведь человек более, чем какое-либо иное творение, способен также стать причиной наиболее крупных и ужасных злодеяний. С другой стороны, именно люди, корень душ которых находится в «мире хаоса» (*Олам Тоhу*), обладают особой жизненной силой и творческим началом, и у них есть «смелость жить». Вечное беспокойство и «живое брожение» непрерывно толкают их к стремлению *«быть все более и более вне меры»*, и они и есть «очень высокие души».

Иногда в мире парадоксально случается так, что проявления «глубин зла» больше склонны к освящению, чем проявления будничности. В сравнении с «будничными», обыкновенными людьми, в чьей жизни властвует равнодушие к ценностям, самоудовлетворение, утилитарность и прагматизм, «нарушители с принципами» стоят на более высокой ступени, и ценность, скрытая в их воле, намного выше, потому что *«квинтэссенция дерзости, заключенная в их воле, есть точка святого»*[1].

---

[1] рав Кук имеет в виду людей типа И. Х. Бреннера и других ярких личностей Второй Алии.

## ГЛАВА С-10

## «РЕАЛЬНОСТЬ НЕ БОИТСЯ ПРОТИВОРЕЧИЙ»

*10.1. Божественное единство «простое», но проявление Божественности двойственно: Бог выступает и как Абсолют, и как Творец Мира; поэтому мир диалектичен, т.е. он строится и развивается на основе противоречий, но стремится к простому единству*

Процесс «осуществления абсолютного добра посредством очищения и возвышения зла», который мы обсуждали в предыдущей главе, выражает диалектическую сущность всей действительности. Суть этой диалектики заключается в двойственности Божественности: с одной стороны, Его существование абсолютно и необходимо-сущее, с другой стороны, Бог, обращая Свою волю на сотворение мира [т.е. чего-то «еще», кроме Него], как бы Сам отменяет эту Свою «абсолютность».

И поскольку эта двойственность есть в Божественности, то также и в сотворенном Богом мире фундаментальные противоречия носят диалектический характер. Мы уже обсуждали ранее, что как «над-природная святость» (т.е. святость, внешняя к природе, воющая с ней), так и «природная будничность» (т.е. будничность, отрицающая святость) – обе они содержат в себе самоотрицание; и только из этой внутренней войны создается «всеохватывающая святость», включающая в себя как будничную природу, так и природу, восходящую к святому. Существующие противоречия между свободой и необходимостью, добром и злом, святым и будничным, духом и материей – из них формируется бытие как диалектическое единство, т.е. как реальность, построенная и развивающаяся из противоречий.

Однако Бог Сам по Себе является единством простым, а не диалектическим; и к этому вечному единству стремится все временное и преходящее бытие. В этом стремлении участвует также то, что выглядит противоположным этому единству, потому что *«это является внутренним сознанием, которым наполнен дух всего Мироздания, и никакие духовные войны не способны сдвинуть его с места – но только еще больше расчищают перед ним дорогу. И даже то, что на поверхност-*

---

[1] Перевод этого отрывка целиком и комментарии к нему см. в разделе D-1 настоящего сборника, §141.

*ном уровне выступает против (этого стремления к единству), оно, в конце концов, в глубине своей тоже за него»*[1].

**10.2. Противоречия необходимы, и их неправильно воспринимать как «отрицание одного другим»**

С этой точки зрения, в мире (в отличие от того, что есть в Самом Божественном единстве) существующие противоречия не исчезают, но напротив, *«обнаружение противоречий расширяет существующие границы Мироздания»*. Только поверхностное, недиалектическое понимание воспринимает противоречащие друг другу свойства реальности как «полностью отрицающие друг друга». В мировоззрении же диалектическом отрицание каждой вещи относительно, и это отрицание воспринимается не как «противоречащее ей», а как неотъемлемая составляющая ее собственной особенной сущности: *«Основание для разобщения [различных сил Мироздания] заключено в том, что каждая сила видит в другой силе прежде всего отрицательные стороны. На самом деле даже и отрицательные стороны сами по себе не заслуживают такого названия, потому что в каждой такой отдельной силе... просто обязаны быть также и отрицательные стороны [т.е. такие стороны, которые отрицают другие силы], в частности в том, что она распространяется, подавляя другие силы; и в этом одинаковы и святое, и будничное»*.

**10.3. «Души мира Хаоса» продвигают мир к высшим идеалам через локальное анархическое «разрушение святости», и это необходимо ради построения более возвышенной ее формы. «Гниение зерна необходимо для вырастания плодов»**

Отсюда следует, что иногда созидательные и объединяющие действия в области святости сами по себе требуют сначала действий разобщения и отрицания, а иногда они требуют даже разрушения и уничтожения, т.к. без этого невозможно построить цельное здание. *«Бывает, что в области святости разрушается сущность явная, и при этом строится сущность скрытая; потому что предыдущее разрушается, чтобы была возможность построить нечто более возвышенное и совершенное, чем то, что было построено ранее»*.

Сила этого «разрушения в области святости» движет *«великими борцами, приносящими благословение в мир»*, такими как Моисей, который разбил Скрижали Завета; но таков характер также и тех анархистов, которые пылают жаждой критики и разрушения, отрицают всю существующую действительность и стремятся разрушить ее. В глубине их тотального отрицания заложено диалектическое основание «разрушения ради строительства», даже если на уровне сознания это скрыто от них самих. Скрытая причина, побуждающая этих людей к отрицанию и разрушению, состоит в стремлении осуществить положительный идеал во всей его полноте. На фоне этого идеала отрицается любая частичная несовершенная реальность[1]. Тому человеку, который, в противоположность таким сильным личностям, *«далек от этой святой сокрушительной тайны»*, не угрожают разрушительные кризисы, но он при этом не может также и взлететь к созидательным высотам. *«Тот, в ком нет души, путешествующей по просторам, тот, в ком нет тяги к истинному свету и добру, – тот не страдает от духовных сокрушений, но и не выстраивает творений. Он прячется в тени природных сооружений, как горные кролики, которых укрывают скалы».* Не следует также считать, что подобное анархическое разрушение может уничтожить святость; ведь сущностное ядро святости никогда не разрушается, но наоборот, на базе этого ядра в дальнейшем святость отстраивается на руинах прежнего и строит на их основе *«новый мир, полный великого света».*

Подобная диалектика отрицания осознает, что иногда разрушение прежнего здания необходимо для духовного совершенствования человека, что оно есть неотъемлемая часть процесса постоянного обновления Мироздания, которая реализуется и в мире духа, и в мире природы. По этому поводу Рав несколько раз использует известную (и опасную) притчу о зерне, брошенном в землю: оно гниет и распадается, чтобы дать жизнь новому дереву. Каждое обновление, ведущее к добру, связано с подобным изменением: *«гниение зерна, необходимое для роста, цветения и завязей, дающих затем много новых плодов».*

> 10.4. *«В отличие от науки, реальность не боится противоречий, потому что она неизмеримо выше науки».* *«Две противодействующие силы при столкновении порождают не отрицание, а обновленную положительную силу».* Продвижение основано не на присоединении к себе чего-то ограниченного, а на синтезе столкновения

Таким образом, Мироздание существует и развивается только через диалектику разрушения и строительства. Противоречие между этими понятиями, как и другие упомянутые ранее противоречия, является всего лишь логическим упрощенным противоречием на уровне формальной логики; на самом деле *«в отличие от науки, реальность не боится противоречий, потому что она неизмеримо выше науки».* При этом следует учесть, что даже и естественные науки могут выявлять действие этого созидательного противоречия в закономерностях материального мира. Вопреки упрощенному представлению о том, что «две силы, противостоящие друг другу, при столкновении порождают отрицание», даже наука во многих случаях видит в противоречиях основу динамичности природы: «*две противодействующие силы при столкновении порождают не отрицание, а обновленную положительную [равнодействующую] силу*».

Эта закономерность господствует как в материальном мире, так и в интеллектуальной и нравственной природе, и более всего она проявляется в живой природе. «*Мы видим своими глазами, что все Мироздание, и особенно живая природа, развивается не за счет присоединения ограниченных сил, каждая из которых действует внутри своих рамок, а путем синтеза сил, каждая из которых стремится выйти за рамки своих пределов, и их синтез также стремится к этому [преодолению рамок]. И когда эти силы сталкиваются, каждая из них пытается утеснить другую, и именно в этих противоборствах осуществляется полнота жизни*».

Борьба между противоположными и даже разрушающими друг друга силами вытекает из сущности самой жизни и не ограничивается только биологическим миром. Исторические события открывают те же закономерности. «*Когда происходит конфликт между силами, между людьми, между народами, спор этот, по сути, есть результат изменений и противостояний, составляющих богатство жизни*». (К этому вопросу мы еще вернемся при обсуждении философии истории.)

10.5. Все сталкивающиеся в мире силы на самом деле продвигают мир в едином направлении – совершенствования

Неверным будет думать, что все эти внешние и внутренние противоречия могут раздробить жизнь на мелкие осколки. Этого не происходит, так как у различных противодействующих сил есть единая склонность и цель, достижению которой все они служат. Осознав эту истину, «*мы уже находимся в том пространстве, которое подводит нас к разрешению загадки жизни, которая предстает перед нами в различных проявлениях движения, в слиянии и разделении, усилении и ослаблении, воссоединении и разделении*». Единство направлений совершенствования соответствует органическому единству самой жизни и ее развития. «*Поскольку все сущее едино, со всеми его войнами и острыми конфликтами, то нет ничего, противостоящего ему и препятствующего его постоянному возвышению. Поток жизни, по сути своей, всегда стремится к усилению и*

---

[2] Рав Кук говорит здесь о некоторых лидерах Второй Алии; см. конец предыдущей главы.

*возвышению – кто же может противостоять этому мощному течению? Посему этот поток непрестанно поднимается ввысь».*

**10.6. Падение и разрушение есть неотъемлемая сущность жизни, которая в целом есть продвижение**

Отсюда следует, что даже то, что кажется нам падением и отступлением в процессе постоянного восхождения мира, на самом деле является неотъемлемым этапом диалектического ритма совершенствования жизни. *«Восхождение и падение постоянно сменяют друг друга в жизни отдельного человека и всего мира. Движение во всей своей полноте есть подъем, установление равновесия и смена положений. Даже период упадка, по сути, есть не что иное, как часть этого ритма чередования подъемов и спадов, подобного чередованию полной Луны и ее затемнению, приливу и отливу моря; вдоху, который наполняет тело жизненной силой, и выдоху; бодрствованию и сну. Эти понятия только с виду противоречат друг другу, на самом деле лишь их соединение обеспечивает полный жизненный цикл».*

**10.7. Различные области духа** *«иногда неизбежно опровергают друг друга, ибо пытаются сделать слишком обширные выводы, стоя на слишком узкой основе»*

Этот ритм, при котором противоречия, дополняя друг друга, достигают полноты, существует и в мире духа. Не только каждая сфера духа склонна увеличиваться и быть самостоятельным «предметом», но и *«каждая категория знаний в какой-то мере стремится подавить другую. Это выражается в том, что она не пытается найти какую-то систему интеграции с этой другой, чтобы вместе усовершенствоваться и расшириться. Таким образом, одна область мудрости в некоторой степени наступает на ноги другой».* Тем не менее, у каждого противоречия есть легитимное место в развитии мысли, хотя различные области духа и различные подходы *«иногда неизбежно опровергают друг друга, ибо пытаются сделать слишком обширные выводы, стоя на слишком узкой основе».*

**10.8. После разобщающего «аналитического подхода» мир будет стремиться к синтезу «всех специализаций духа», которые будут выглядеть как разные составляющие единого организма**

При этом, по мере обострения противоречий между сферами духа, усиливается также стремление преодолеть эту разобщенность, и поэтому увеличивается и возможность осуществить это. *«Чем явственней противоречие между одним видом знания и другим, между одним разделом этики и смежным с ним – тем сильнее жажда их полного глубокого примирения. Лишь тогда они* обретают способность возвратиться к своим высшим истокам». Сила этого стремления способна приблизить, так сказать, и «дальние миры»; и после периода деятельности «аналитического подхода», как называет его Рав, развивающего каждую область отдельно, в соответствии с ее специфическим характером, должен вступить в действие «синтетический подход», соединяющий различные области. В результате этого *«все науки, все специализации духа во всем их многообразии будут выглядеть как разные составляющие единого целого, разные органы одного сильного, стройного организма, освященного одной сильной, живой, многогранной душой»*. (Пример с «единым организмом» не уникален, как мы увидим это далее.)

**10.9. Божественность является базой единства Мироздания; и наше чувство гармонии мира свидетельствует о том, что мир действительно гармоничен**

Восприятие силы духа как единого организма раскрывается в Торе Израиля. *«Тора вмещает все мировоззрения, все образы, все сущее»*. Духовное единство Торы отражает единство внутренних закономерностей, лежащих в основе Мироздания, несмотря на многообразие и противоречивость его внешних проявлений. Это космический смысл принципа веры в вечность Торы. *«Перемены и замещения существуют лишь в отдельных внешних проявлениях Мироздания: это изменение места или формы. Однако их нет в глубинных законах всеобщей реальности, потому что нет изменений, нет замен вечной истине, лежащей в фундаменте всего Мироздания, которое едино в своей полноте»*. Т.е. внутренние противоречия заключены в едином мире, у которого есть единое стремление и единое строение. Единство Божественности, являющейся источником как Вселенной, так и Торы, является предпосылкой соответствия между миром природы и миром духа. *«В объективном мире, – говорит Рав, – все части сливаются в одну систему закономерностей, и тогда она познается в «субъективном мире», т.е. в мире человеческого сознания. Наша способность видеть красоту и гармонию в объективном мире свидетельствует о том, что этот мир объединен и действительно связан»*.

**10.10. Человек играет центральную роль в том, чтобы осуществить объединение реальности, т.к. будучи реализовано в душе, оно в дальнейшем реализуется и в природе**

Кроме этого, когерентная [т.е. внутренне самосогласованная] человеческая мысль является также реальным «объективным» фактором в процессе объединения самой реальности. Здесь мы также видим идеалистический [т.е. признающий первенствующую роль духа в процессе развития реальности] тон подхода Рава: *«Изящное здание, которое мы строим в наших душах, не остается ограниченной частной постройкой, а превращается в сооружение всемирное. Весь мир объединен, и все в нем связано. Когда одна часть Мироздания (т.е. человек) светит и живет, поднимается и растет, то все Мироздание живет, освящается, поднимается и превозносится. И таким образом наше душевное единство объединяет весь мир».*

---

**10.11. В природе сознания заложено стремление связывать разделенные понятия, и в этом проявляется стремление к истине, ибо она не может быть частичной, а обязана охватывать все**

Единство мироздания проявляется в когеренции, согласованности всех его частей, которая отражается в нашей мысли как единство многообразия понятий. Соответственно, *«все мысли логичны и связаны систематической связью, даже те, которые кажутся нам лишь беспорядочным мельканием идей. Если мы постараемся добраться до их корней, то обнаружим, что они берут свое начало во вполне логичном источнике, ибо таково главное свойство мышления».* В природе сознания заложено стремление связывать разделенные понятия, и в этом объединяющем действии человеческое сознание выражает характер самой истины, в которой все частичные фрагментарные мировоззрения слиты в одну целостную систему. *«Истина не может быть частичной. Она обязана охватывать все».* (Ср. это со знаменитым высказыванием Гегеля – «истина во всеобщности».)

---

**10.12. Хотя человек не может достичь высшего единства, но ему важно знать, что это единство существует, и стремиться к нему**

При этом, в человеческом сознании эта истина, объемлющая все, предстает как диалектическое единство противоположностей, в то время как в высшем единстве уничтожается само противопоставление между истиной и ложью [т.к. ложные высказывания совершенно необходимы для того, чтобы глубоко понять истинные; и поэтому эти ложные высказывания как бы являются частью этой высшей истины]. *«Все мысли есть истина в Божественности»*, – говорит Рав. И хотя в человеческом мышлении это не так, человек при этом может осознавать, что единая истина существует, и что именно она – основа и источник всего человеческого сознания, пусть даже неполного и фрагментарного.

*«Явление истины происходит всегда от Источника высшего единства. С высот звучит призывающий голос»,* который человек воспри-

нимает высшими силами своей души и ее глубинными корнями. Человеческое сознание несовершенно, и в нем есть противоречие между различными подходами и частичными истинами. Несмотря на это, человеческое сознание постоянно совершенствуется и расширяется, подобно тому, как совершенствуется все Мироздание. В ходе этого совершенствования человеческого сознания происходит процесс интеграции относительных частных истин, которые начинают проявляться как различные аспекты одной полной единой истины.

*10.13. Это стремление продвигает мир, и в Конце Дней каждое отдельное направление духа будет отражать также и все многообразие духовности*

Даже если человеческое сознание не может охватить истину в ее полноте и примирить все противоречия, тем не менее в стремлении к Божественному оно *«пытается найти единство в Мироздании, в человеке, в народах, в каждом проявлении бытия. Оно стремится преодолеть разрыв между практикой и наукой, между интеллектом и воображением. Все существующие противоречия также объединяются благодаря высшему свету, который определяет место каждого из них в этом единстве»*. Это стремление воплотится во всей своей полноте только в Конце Дней, когда полностью исчезнет разграничение различных областей духа, потому что каждая из них будет отражать цельный и совершенный дух: *«И придет будущее человека, когда он достигнет такого высокого и прочного духовного статуса, что ни одна интеллектуальная дисциплина не будет противоречить другой. Более того, каждое направление науки и каждое чувство будет отражать [как в капле отражается океан] также и все обширное море науки, и всю бездну чувств в целом»*.

*10.14. Продвижение в уровне когерентности истины увеличивает также и степень ее достоверности*

По мере того, как расширяется эта когерентность истины, это единство сознания, поднимается также уровень достоверности истины. Ведь даже ощущение частичной достоверности истины есть результат ее слияния с другими частичными истинами, и это ощущение вытекает из глубин сознания, а не из внешнего опыта. Свет совершенной истины все ярче освещает «тени сомнений», которые отбрасывают противоречия между различными мировоззрениями – противоречия, ведущие к смущению и неуверенности. Все отчетливее проясняется *«глубокое понимание того, что все противоречия есть не что иное, как следствие ограниченности*

## ГЛАВА С-10. «Реальность не боится противоречий»

интеллекта, когда он не может взглянуть [как на единое целое] на великую обобщающую истину, которая самодостаточна и независима». Тогда становится ясно, что ущербность прежних сомнений только во внешних проявлениях, а внутри, в глубине этих сомнений, растет и укрепляется ощущение достоверности. Эти внешние недостатки исчезают в единстве истины, которая является «источником всего достоверного», точно так же, как она является и «источником всех сомнений».

*10.15. Продвигаясь к высшей объединяющей мудрости, человек способен снять противопоставления и увидеть прежние «противоречия» как необходимые части общего единства*

Отсюда следует, что не только в Божественной мудрости объединяются противоположности, но и человеческое сознание способно достичь понимания диалектического отношения между противоречащими друг другу мнениями. Это понимание (как в любом диалектическом подходе) находится выше уровня формального противоречия. С точки зрения формальной логики нет возможности свести воедино две противоположности. Однако по мере совершенствования сознания противоречия постепенно снимаются в рамках более широкой совокупности, до тех пор, пока *«со стороны мысли, исследующей глубины вещей, выясняется, что в реальности, взятой в своей целостности, вообще нет противопоставлений. И в каждом месте, где еще есть противостояние, имеется, конечно же, некое пропавшее [т.е. ускользнувшее от нашего внимания] условие, при выяснении которого обнаруживается, что лишь посредством этих двух противоположностей вместе мы увидим суть дела с обеих его сторон, и станет ясно, что здесь абсолютно нет никаких противопоставлений»*, ибо все вместе есть лишь часть общего единства.

*10.16. Высшая цельность, также как и исходная «первичная наивность», свободна от сомнений, но для ее достижения необходимо пройти весь путь сомнений и противоречий*

На основе такого подхода мысль достигает высшей ступени, которая есть диалектическое возвращение к первоначальной чистоте и цельности, даже к «простодушию», к первичной наивности, в которой не было сомнений. Но до этой новой, высшей ступени можно добраться только после того, как мысль уже прошла путем свободы, рождающим сомнения, и научилась сама их преодолевать. Промежуточный же путь между первичной наивностью, еще не знающей сомнений, и этой высшей цельностью («высшей наивностью») наполнен не только сомнениями, но и глубокими противоречиями – как противоречиями интеллектуальными, так и, в не меньшей степени, противоречиями эмоциональными. Но именно ввиду того, что человек в силах воспринимать разнообразные аспекты Мироздания, одно мнение в нем противоречит другому мнению, а одно чувство противоречит другому чувству. Однако по мере возрастания и расширения «внутреннего знания» выясняется, *«что одно знание на самом деле [не противоречит другому знанию, а] укрепляет другое [противоположное] знание, а одно чувство [не подавляет, а] оживляет другое [противоположное] чувство... и тогда создается мир и гармония, прорывающиеся сквозь все преграды, проникающие всюду и спускающиеся до самых глубин и основ Мироздания».*

**10.17. Противоречия и разделение необходимы в начале развития, чтобы каждая область духа смогла достичь собственной полноты; но в дальнейшем они должны быть превзойдены. Надо осознать духовное многообразие и суметь выявить искру Божественного света изо всякой идеи**

Противоречия в мире духа есть порождения того характера, подхода, того «стиля», который неизбежно присущ любому духовному содержанию, а именно того, что для его развития и проявления ему необходимо иметь такую форму, которая будет отгораживать и отделять его от других содержаний. Иногда приходится даже подчеркнуть эту разницу и дистанцию между различными знаниями и мировоззрениями, чтобы каждое из них могло выразиться во всей своей полноте и неповторимости. Это явление *«подобно отдалению, при посадке, саженцев друг от друга, которое позволяет каждому из них сохранить свежесть, получая достаточное питание, чтобы каждое растение развивалось во всей своей полноте».* С другой стороны, это изолированное расширение каждой области духа подчеркивает и усиливает противоречия между ней и другими духовными сферами. С этой точки зрения, *«каждая мудрость наступает на ноги другой»,* как мы уже говорили об этом выше. Однако *«это наступание на ноги происходит только из-за присущего каждой мудрости своего особого стиля, который и отделяет их друг от друга. Но с точки зрения внутреннего осознания нет никакого разграничения, и все знание в основе своей едино».*

Богатое наполнение истины, объединяющей противоречия, состоит из самих этих противоречий, сливающихся путем синтеза в органическое единство. *«Все знания, все чувства и все образы приходят в органичную, прочную и продвинутую форму, в которой каждая часть дополняет другую... Лишь на более низкой стадии сознания одно мировоззрение противоречит другому и отрицает его».* Тем не менее даже на низкой ступени сознания это взаимное отрицание может принести пользу, осуществляя отдельное развитие частей, которое есть подготовка к дальнейшему полному слиянию и интеграции. Таким образом, на начальном уровне даже и отрицание человеком тех мнений, которые не принимаются, имеет свое позитивное назначение. *«В какой-то мере человек должен также быть причастен к этому отрицанию другой силы, когда она отвергает его мнение; так как именно через это отрицание он способен уместить свое мировоззрение в подходящую для него меру, придать ему правильную форму».* Человек должен не только дополнить свое мировоззрение положительными чертами других мнений, но и усвоить «компоненту добра из их отрицательных сторон». Это не только практическая мудрость жизни, выраженная талмудической поговоркой: «Кто настоящий мудрец? – Тот, кто учится у каждого человека» (Трактат «Авот» – «Поучения Отцов»), – но это еще и проявление диалектического принципа, на котором строится Мироздание, а также и осознание подлинных глубин, таящихся в каждой вещи и в каждой идее.

Здесь лежит глубокий источник идеи религиозной толерантности, которую мы будем обсуждать в следующей главе. Человек познает истину по мере того, как он осознает духовное многообразие. *«Духовно возвышаясь, человек находит в каждой мысли, своей или чужой, ее ядро, зерно вечного истинного добра, заложенного в этой мысли».* Это та внутренняя Божественная искра, которая *«сверкает в каждой из религий, и даже под самой грубой оболочкой [клипой, скорлупой] в глубине спрятана эта искра добра».*

*10.18 «Атеизм безразличия» есть проявление слабости духа и «рабства отрицательного фанатизма», но «критический атеизм» содержит положительные элементы, и он основан на высоких нравственных установках*

Свет истины мерцает даже в языческих религиях и в атеизме. Однако бывает такой вид неверия, который отрицателен целиком, и это – «атеизм безразличия». Он не является полезным этапом в диалектическом процессе, ведущем к более охватывающему пониманию Мироздания, потому что в самом этом виде неверия нет никакого положительного содержания, он не признает значимости вообще никакой религиозной веры, словно «у человека нет в ней потребности». Этот вид неверия характерен для начала Нового времени: *«Явились первопроходцы этого отступничества и сказали, что Божественное вообще не касается человека, потому что и духовная, и материальная жизнь могут идти по заведенному порядку, даже когда люди полностью отделяются от веры в Бога и от всего, что с ней связа-*

но. *Разумеется, по их мнению, интерес к Божественному – это тяжкий труд, противоречивый и даже приносящий вред».*

Такое отрицание ценности идеи Божественности и религии в жизни индивида и общества противоречит и человеческой природе, и исторической реальности, в которой религиозный критерий выступает в качестве очень важного фактора в жизни человека. *«Нет народа, –* говорит Рав, *– который, когда он достигает определенного уровня развития, не искал бы связи с Божественным. Нет народа, в жизнь которого эта связь не проникла бы в духовных и практических путях».*

Обращаться к Богу – это естественная потребность человека, и, по мнению рава Кука, она поведет к Божественной истине, если только получит свободу действий. *«Настоящая вера не требует ничего иного, кроме как освободить перед ней естественную дорогу, не чинить ей препятствий и не пытаться наполнить глубокую жажду истинного живого Бога служением идолам».* В силу этого, целиком отрицательное неверие – это не что иное, как проявление «слабости жизни», снижение естественной жизненной силы человека. Отметим, что так говорит также Гегель в предисловии к своим лекциям по философии религии: «Односторонний подход, равнодушие души по отношению к религии или же нападки на веру, сопротивление ей – вот пути людей слабого, поверхностного духа».

Однако этот зашоренный «атеизм безразличия», который, по словам Рава, есть *«рабство отрицательного фанатизма»*, сильно отличается от серьезного неверия, которое пытается установить мировоззрение, альтернативное религии. В неверии этого «критического типа» имеется положительная Божественная основа и искра. Эта искра добра, которая спрятана в «полезных» заблуждениях и является источником их силы и влияния, заключена, прежде всего, в их нравственном содержании. Рав видит в нравственности ту самую тему, на базе которой и существуют разногласия и борьба между противоположными верами: *«Все конфликты мнений рода человеческого... происходят только на нравственной основе».* Даже когда неверие маскируется под «научные изыскания», на самом деле они не более чем *«этическая литература испорченной фантазии»*, и у неверия нет силы аргументации действительно научной. Атеисты, которые были *«великими мыслителями рода человеческого»*, отрицали с помощью научной аргументации не *«познание Божественности со стороны ее самой»*, а отрицательное, по их мнению, этическое влияние, распространяемое этими божественными занятиями, *«т.к.*

с их точки зрения это влияние было вредным для человечества, оно являлось помехой в его естественном и нравственном развитии».

**10.19. Атеизм получает моральный пафос и силу при критике реальных недостатков религии; однако, источник его морали – в интуитивной религиозности самих атеистов**

Та критика религии, которую производит атеизм, находит свою главную поддержку и силу в реальных изъянах, недостатках и слабостях, элементы которых присущи религиозным мировоззрениям. Когда атеизм атакует эти действительно существующие недостатки со всей силой заключенного в нем морального пафоса, то он «поддерживает» этим и сохраняет свое положение *«в силу каких-то своих моральных прав»*. Только откуда же у неверия может взяться это нравственное превосходство, позволяющее обвинять и наставлять верующих? Ведь *«только святое имеет собственный характер и бытие»*, в то время как неверие само по себе есть только отрицание; и *«мораль атеизма совершенно пуста, потому что атеизм в сущности своей – противоположность праведности и нравственности»*! Однако реальное наличие морального пафоса в атеизме указывает на то, что его этическое содержание вытекает из такого положительного источника, который расположен вне его самого. *«Таким образом, атеисты, обладающие нравственностью, черпают мораль вовсе не из своего атеизма, а наоборот, из интуитивного видения Божественного, таящегося в глубине их душ, хотя сами они этого не осознают»*.

Мы продолжим обсуждение этого вида атеизма в следующей главе.

## ГЛАВА С-11

## ЕДИНСТВО РАЗНООБРАЗИЯ В МИРЕ ДУХА И ПРИРОДЫ — КОНЦЕПЦИИ «РЕЛИГИОЗНОЙ ТЕРПИМОСТИ» И «ОРГАНИЧЕСКОГО ВОСПРИЯТИЯ МИРОЗДАНИЯ В ЦЕЛОМ»

11.1. "Возвышенный атеизм" (содержащий в себе некоторое позитивное религиозное начало) проистекает из несоответствия "реальной религии" возросшему уровню духовных требований

В конце предыдущей главы мы начали обсуждение двух видов атеизма: «атеизма безразличия», сводящегося только к отрицанию и базирующегося на низменных основах, и другого, «возвышенного» и критического вида атеизма, проистекающего от неудовлетворенности стандартными религиозными схемами. В последнем виде атеизма рав Кук видит наличие моральных оснований, некоторое религиозно-позитивное начало. Этот «возвышенный» вид атеизма *приходит из скрытой духовной силы, наполненной мужеством и страстностью. Ибо душа жаждет быть освещенной Божественным светом, наполненным гармонией абсолютной истины, поэтому она и требует от себя самой достижения столь чистых религиозных образов, которые она сама не в силах описать [т.е. ее внутренние требования к чистоте Божественных образов столь велики, что сама эта душа в своем понимании высших миров неспособна до такого уровня дойти]. И потому она воспринимает все то, что, по ее мнению, содержится в Писании и в Традиции, в обычаях и в еврейском учении, как ограниченное, затемненное и смутное по сравнению с тем страстным, рисуемым ей себе образом, который вытекает из нестерпимой жажды души к высвобождению чистоты, существующей в ней [т.е. ее духовные запросы столь высоки, что она отрицает религиозные представления, о которых ей говорит общество, т.к. по ее уровню требований они «ограниченные, затемненные и смутные», достичь же более ясных образов сама она не в состоянии]. Однако именно таким путем, неосознанно, придет она в конце концов к тому наследию и духовному отдохновению, которого она внутренне жаждет».*

## ГЛАВА С-11. Единство разнообразия в мире духа и природы

### 11.2. "Возвышенный атеизм" есть ступенька к более высокому уровню веры: ибо "бывает такой атеизм, который по сути своей есть вера; и бывает такая вера, которая, по сути своей есть неверие"

Таким образом, Рав диалектически описывает, что даже атеизм и неверие в Бога могут быть положительными, т.к. и они могут стать этапом на пути к глубокой вере. Ибо отрицание примитивно-упрощенного восприятия Бога, восприятия, которое описывает Бога в материализованных терминах и образах [или сводит отношения человека с Богом к схеме «награды и наказания»], – отрицание такого образа Бога подготавливает и расчищает место для более высокого духовного Его восприятия. В своих словах об этой внутренней «*тенденции атеизма к преодолению упрощенности веры и ее вырождения*» рав Кук доходит до весьма жестких выражений: «*Есть неверие, которое является признанием Бога, и есть вера, которая, по существу, является неверием. Каким же образом? А именно: человек признает, что Тора получена с Небес [т.е. от Бога], но эти Небеса представляются ему в формах столь странных [т.е. примитивных], что в них не остается ничего от религиозной подлинной веры. А как же может неверие быть по сути своей верой? Например следующим образом: не верит человек, что Тора дана с Небес, но неверие его направлено только против такого [распространенного в обществе] упрощенно-примитивного восприятия Небес [т.е. Бога], которое само представляется мыслящему сознанию ужасным ничтожеством. И такой человек приходит к мнению, что у Торы должен быть более возвышенный источник, чем тот [примитивный Бог], на которого ему указывают, и он начинает искать ее основание в высоких проявлениях духа человека, в высоте мудрости его и в глубине этики. И несмотря на то, что он не достигает на этом пути истины, – при всем том этот атеизм является на самом деле верой, и он продвигает человека к признанию действительной истины*».

### 11.3. По отношению к высшему Божественному свету нет вообще разницы между верой и неверием, ибо они равно далеки от Него; но в нашем мировосприятии разница есть, и она существенна

Использование термина «действительная истина» («*эмуна омен*», слова из Исайи 25:1) в связи с этим неслучайно, потому что этот термин указывает на высшее «Божественное Ничто» [т.е. на уровень Божественности, столь непостижимый для нас, что мы можем назвать его лишь «Божественное Ничто», ибо никакое понятие нашего мира не передаст его ни в малейшей мере], и на этом высочайшем уровне пропадает противопоставление между "обычной верой" (сформулированной в образах и понятиях) и «неверием». Рав Кук говорит об этом так: «*В *соотношении с высшей Божественной истиной нет разницы между «формализованно-образной» верой и неверием, и оба они не передают истину, потому что все, что человек может постичь позитивными описаниями, – все это только ничтожество по отношению к Божественной истинности»*[1].

Это не означает, конечно, смазывания разницы между верой и неверием с нашей точки зрения. И точно так же, как «единство всего сущего в Божественности» не отменяет при этом отдельное существование мира и онтологическую разницу между миром и Богом, – так же и в нашем мире сохраняется различение между верой и неверием: *«Вера приближается, в этом плане, к истине, а неверие – ко лжи; и, конечно, также добро и зло продолжают быть противоположностями, ведь сказано: «Прямы пути Бога, праведники пройдут по ним, а злодеи преткнутся [ошибутся] на них же» (Гошеа 14:10). При этом весь мир с его материальными и духовными ценностями, и все градации в нем существуют относительно нас [а не по соотношению с Божественным абсолютом]. С «нашей точки зрения» истина проявляется в вере, и она есть источник добра, а ложь проявляется в неверии, и оно есть источник зла. Однако по отношению к бесконечному Божественному свету все эти вещи равны».* Таким образом, у рава Кука в единство противоположностей, присущее бесконечному свету, включен также корень неверия, поэтому оно и дается в диалектической оппозиции к истинной вере: *«Неверие также есть проявление силы жизни, ибо высший Божественный свет одевается в него, и поэтому великие духом черпают из него искры весьма возвышенные, и обращают его горечь в сладость».*

**11.4. Неудовлетворенная страсть увидеть Божественное единство столь ревностна в "возвышенных атеистах", что именно она приводит их к неверию**

Поэтому именно в наиболее крайних проявлениях неверия и атеизма иногда спрятан самый глубокий корень веры, и в них выражаются *«глубины страданий сердца, широкого по своей натуре, души, стремящейся к просторам Бога»*. И, таким образом, может получиться, что существует тяжелое искажение веры, абсолютный атеизм и неверие, – но при этом оно является только оборотной стороной тоски по абсолютному единству с Богом. И в том случае, когда эта тоска не достигает полного удовлетворения, *«она иногда находит свое выражение, кроме своих подлинных форм, еще и в весьма различных иных*

---

[1] См. выше главу C-3; полный перевод этого отрывка и комментарий к нему см. ниже в разделе D-1, §120.

*формах, как это вообще бывает со следствиями ревностного отношения, которое непременно одевается в какое-либо чужое одеяние. И когда все эти промежуточные средства [примитивная вера] оказываются недостаточными для того, чтобы накормить душу, ее страсть и гнев, то она приходит к абсолютному неверию, чтобы закрыть от больной воспаленной души жало ужасной пронзительной ревностной зависти».* Эта ревность и зависть ревнуют Божественное совершенство, и поэтому разочарование от его недостижимости приводит этих людей к отрицанию самого существования Бога. Примерами таких антиверующих могут служить Ницше или герои романов Достоевского.

Таким образом, рав Кук посвящает взаимоотношениям между верой и неверием особое обсуждение, считая эти взаимоотношения не враждебными, а диалектическими. Такой подход весьма радикален, и неслучайно, наверное, что эти его слова оставались в рукописях и не были изданы в течение долгого времени.

*11.5. Два типа религиозной терпимости: один, происходящий от "безразличия"; и другой, происходящий от "страстной заинтересованности в полноте истины"*

Таков общий фундамент знаменитого принципа «религиозной терпимости» рава Кука, принципа, требовавшего *«углубиться во внутреннюю суть каждого из мнений и оценить каждое чувство по его глубинной значимости».* Однако нужно четко различать между именно такой «религиозной терпимостью», в которой множество и богатство мнений приводит к «изначальной гармонии, которая объединяет всех», и между поверхностной терпимостью, происходящей из равнодушия и безразличия к духовным ценностям и к их обязывающей сущности: *«холодная терпимость проистекает из того, что мир духовности не занимает никакого места в такой душе».* Ибо подобно тому, как есть два типа неверия (одно, идущее от духовной пустоты, которое есть не что иное, как только полное отрицание; и другое неверие, вытекающее из глубины нравственно страдающей души, а оно есть дорога к совершенству), точно также есть два типа терпимости. Один – это всего лишь релятивистский подход ко всему, принимающий любое мнение как могущее быть в равной мере достоверным или недостоверным, исходя при этом из принципиальной установки на то, что вообще нет никакой действительной истины. И есть другая терпимость, основанная на внутренней убежденности в существовании высшей истины, включающей в себя множество мнений (и даже те мнения, которые отрицают ее); эта терпимость видит в них *«частичные истины,... выражающие все* стороны духа как органичной сущности, так что каждая из них осознает как свое место в ней, так и место соседа».

**11.6. Парадоксальным образом "терпимость", коренящаяся в душевной лени, приводит в дальнейшем к фанатизму; в то время как настоящая свобода мнений и терпимость основаны на жажде поиска Абсолюта**

На существовании двух типов «религиозной терпимости» основан парадоксальный вывод, который делает рав Кук. Он утверждает, что второй подход, который исходит из признания абсолютности истины, ведет к такой религиозной терпимости, которая характеризуется как «источник жизни», и это – динамическое видение постоянно углубляющейся истины, т.к. она постоянно находится в попытках отыскать положительное ядро даже в тех мнениях, подходах и идеологиях, которые считает неверными сами по себе. Первая же разновидность терпимости – это та, *«что приходит из мягкотелости сердца и дряблости духа, и она становится смертельной отравой, а в конце концов приводит к горькой и тяжелой как ад однобокой ревнивой зависти»* [т.е. к фанатизму, и фактически, отрицанию других мнений], при том что дошедшими до этого фанатизма будут в конце концов именно те, кто вначале размахивал знаменем «толерантности»!

И таков закон действия принципа «терпимости к свободе мнений»: он может привести к полноте истины только тогда, когда именно в этом поиске истины ставится его цель. В отличие от этого, в чисто релятивистской свободе мнений, которая с равным безразличием принимает каждый взгляд, выступающий перед ней, отсутствует на самом деле свободно действующая мысль, ибо в этом случае человек [вовсе не задумывается и не «примеряет на себя» все эти взгляды, которым он из «толерантности, происходящей от лени», позволяет существовать, а поэтому] *он остается в плену своих предвзятых мнений, которые могут являться как его собственными мнениями, к которым он ранее сам пришел, так и просто стереотипами, которые он воспринял как общепринятую точку зрения».* [А поскольку сам он ни о чем таком не задумывается, то постепенно начинает ненавидеть тех, кто думает самостоятельно и приходит при этом к иным точкам зрения. Таким образом, «терпимость, коренящаяся в душевной лени», легко скатывается к фанатизму.] Напротив, свободное течение мысли возникает тогда, когда есть жажда развития и поиска высшей истины, и в ее полноте состоит тот источник, который наделяет смыслом весь процесс движения. Мысль, по-настоящему свободная, *«нуждается в представлении о су-*

ГЛАВА С-11. *Единство разнообразия в мире духа и природы* 355

ществовании Абсолютного источника *[недостижимого ни в одном из мнений]*, относительно которого уже нет множественности мнений».

| | |
|---|---|
| 11.7. В процессе продвижения открывается общность Мироздания и усиливается его достоверность; и тогда ранее существовавшее различие мнений "отменяется" перед этой общностью | Однако в этой вере в «абсолютную истину, которая выше всего множества мнений, но которая есть также и источник этой множественности», неизбежно содержится также и основа «ревностности», выступающей иногда в виде нетерпимости. Ведь в соответствии с тем, что |

та или иная истина воспринимается как более соответствующая и достоверная, она вытесняет иные «истины»: *«Любое проявление всеобщего духа, происходящее через усиление его общности, непременно укрепляет степень его достоверности, и в соответствии с этим не остается места сомнению, и потому оно не дает возможности другим мнениям остаться существовать в сочетании с ним. Таким образом, уровень достоверности и уровень «единственности» («особости», уникальности) соотносятся и зависят друг от друга».*

Этот процесс продвигающейся и распространяющейся истины проявляется даже в такой области, как развитие современной науки о природе: прежние научные теории были разграничены на отдельные области материального мира и не давали единой картины всего; поэтому в отношении каждой из них отсутствовала достаточная достоверность, при том что они вполне могли существовать одна рядом с другой во «взаимотерпимости» [ибо одна никак не претендовала на область другой]. Но с того момента, как нашелся единый универсальный закон, который описал «общее космологическое видение» (Рав упоминает в качестве примера закон всемирного тяготения Ньютона, который объяснил на основании единого принципа многие области знания, ранее казавшиеся разобщенными) и *«отбросил прочь пути сомнения»*, новая общая теория отменила прежнюю «взаимотерпимость» разных частных подходов.

| | |
|---|---|
| 11.8. По сравнению с язычеством, монотеизм "нетерпим" именно из-за его "всеобщности", но это лишь внешне; "всеобщность" содержит в себе ядро терпимости, ибо всему есть в ней место | Подобная же трансформация от множества «взаимотерпимых» мнений к одной «ревностно-радикальной» выделенной обобщающей истине выступает и при переходе от политеистических богов к монотеистической вере: *«Так, дух идолопоклонства был толерантным [по отношению к чужим богам], а* |

монотеистическое сознание было «ревностно» *[т.е. не допускало ничего иного]. Ибо поскольку монотеистическое сознание всеохватывающее, а не частно-разрозненное, то оно достоверное, а не сомнительное. И потому оно настаивает на своей «особости», единственно правильности и несовместимости с другими».*

Однако эта *«монотеистическая вера нетерпима лишь в своей внешней форме, но внутри ее «ревностности» находится внутреннее ядро основы терпимости»*; в то время как та внешняя терпимость, которая была присуща миру языческому, есть не что иное, как *«проявление мысли, ослабляющей жизнь»*, потому что в ней нет духовной творческой силы, которая объединяет разные мнения в общей истине; ее *«допущение другого»* есть чисто внешнее действие, потому что она оставляет и сохраняет противопоставление между отдельными частями бытия и соотносит с ними статус самостоятельных различных богов. Поэтому подобная терпимость поражена изнутри бесплодной завистью-ревностностью, ибо она *«заставляет частные проявления духа думать, что они находятся на высшем уровне всеобщего; а поскольку они всего лишь локальные проявления духа, то неспособны дать жизнь всему разнообразию духовности, расположенному вне их круга».*

Напротив, *«абсолютная истина, именно благодаря своей широте охвата и достоверности»*, имеет характер тотальности, «всеобщности», включая в себя все веры и мнения, и она *«по своей природе не может выводить что бы то ни было из-под своей власти и из своей целостности, и всему она дает место в себе, умножая при этом присутствие ее света во всех формах жизни и проявлениях духа. Фундаментальная сущность ее терпимости состоит в предоставлении [внутри единой, но бесконечной по своей сути высшей истины] определенного места каждому лучу света, жизни и духовных проявлений».*

*11.9. "Всеобщая абсолютная истина" ревнива по своей природе (форме), но терпима по своему содержанию*

Отсюда следует, что вера во всеобще-абсолютную истину «ревнива» [т.е. не допускает иного] по своему характеру выражения, по своей внешней форме, ибо она требует признания истинности только для одной правды; однако, при этом она терпима к другим мнениям с точки зрения содержания ее сознания, которое охватывает различные подходы: *«В религиозной вере, верности, есть две составляющие – составляющая природная, и составляющая сознания и просвещения. Религиозная вера действительно наполнена твердостью и пылающим огнем и не может терпеть ничего иного, что не согласно с ней, но это лишь со стороны своей природно-естественной составляющей»* [а с точки зрения второй составляющей – «сознания и просвещения» – она, наоборот, в высшей степени терпима, и содержит в себе все].

*11.10. Рав Кук провозглашал терпимость в области духа, но противодействие внедрению чуждых идеологий и нарушению заповедей в социальной жизни*

Разумеется, что философская точка зрения рава Кука в поддержку религиозной терпимости не препятствовала ему в практической и галахической областях занимать вполне четкую позицию, выступая против распространения в еврейском народе чуждых идеологий и несоблюдения заповедей. Его общественная борьба против осквернения Субботы и вытеснения религии из сферы образования была не менее твердой, чем у харедимных (т.е. «ультраортодоксальных») раввинов. Таким образом, нужно различать между установлениями, касающимися практической и социальной жизни, с одной стороны, и, философским обсуждением внутренней диалектики веры и неверия, с другой стороны. Этот аспект необходимо особо отметить, чтобы не получить искаженного представления о личности рава Кука как «разрушителя запретов» или «прогрессивно-реформистского» раввина.

*11.11. Единство Самой Божественности – "простое"; но единство проявлений Божественности – "диалектично"*

Терпимость по отношению к многообразию мнений опирается у рава Кука на диалектическое видение истины – подход, охватывающий в мире духа единство реальности во всем ее многообразии. Это единство, как уже было отмечено выше, осуществится во всей своей полноте только в Конце Дней (т.е. в Мессианскую эпоху), однако, его метафизический корень-источник укоренен в Начале Дней (т.е. в Сотворении Мира), в Начале Бытия: *«лишь из силы высшей тайны, которая есть источник любого единства, продолжает проявляться единство Мироздания»*. Единство самой Божественности есть единство «простое» [т.е. однозначное, не дающее существования противоположностям] и трансцендентное [т.е. не могущее быть формализованным в наших терминах], в то время как единство проявления Божественности есть диалектический синтез, который интегрирует многообразие, но не отменяет его [т.е. дает противоположностям продолжать сосуществовать внутри него].

*11.12. Многообразие мира необходимо для процесса совершенствования. Единство мира не отрицает многообразия, а объединяет его*

Реальность многообразия в мире (как и его материальность, как и наличие в нем «зла») необходима, в силу самой сущности онтологического статуса мира как «отдельного от Бога», посколько мир есть бытие «развивающееся», «совершенствующееся», а не бытие полно-совершенное. Соотношение между единством Божественности и многообразием космоса подобно соотношению между «полным совершенством» и «развитием-совершенствованием». И так как «развитие-совершенствование» есть позитивный параметр реальности, и оно само, как мы это уже видели, есть один из аспектов полноты совершенства – то, соответственно, позитивным является и многообразие реальности, и без этого многообразия бытие невозможно. Поэтому тенденция совершенствования ориентирована не на отмену, а на объединение многообразия: *«все наполнено богатством и величием, все стремится к превознесению, очищению и поднятию, и все строит, работает, улучшает, поднимает, стремится объединить и организовать»*. Единство Мироздания не есть просто статическая общность, которая отрицала бы реальность многообразия, считая его проявление всего лишь иллюзией (как это в философии Парменида или в индийской мистике); но она есть совокупность «объединенного многообразия».

---

*11.13. Единство Мироздания – это не объединение элементов, а единый организм с многообразием органов. Его характеризует: иерархическая структура, неразрывное единство одного с другим, самостоятельное функционирование элементов и при этом их функциональное согласование, в каждом его элементе отражается вся система в целом*

Это «объединенное разнообразие» Мироздания являет собой одно единое «обще-индивидуальное» бытие, которое со всем множеством, содержащимся в нем, есть *«одна столь малая точка, что вообще невозможно представить себе ее разъединенность»*. Ведь в соотношении с бесконечным Божественным светом все миры во всем их величии *«есть, по сути, не что иное, как одна светящаяся точка, точка бытия, капля Божественной искры»*. Но если все многообразие бытия связано между собой в полной согласованности, и все бытие включено в одну точку, то тогда можно сказать, что любая частность содержит в себе всю совокупность: *«Одна частная точка и ее состояние возвещают нам обо всем наполнении миров»*. Этот подход опять таки напоминает учение о «монадах» Лейбница: любое бытие в мире есть духовная сущность (монада), которая отражает в себе, в той или иной степени полноты, всю совокупность целиком.

С такой точки зрения единство многообразия воспринимается не только механически, как существование связи и влияние между его элементами, но и как органическая интеграция: *«любое частичное явление надо рассматривать не обособленно, но только в совокупности*

## ГЛАВА С-11. Единство разнообразия в мире духа и природы

с другими явлениями, так как в любом объекте, в любой частице, даже в мельчайшей, отражается результат всеобщего движения». Эта всеохватывающая связь всех частей Вселенной нам почти незнакома, но «она стремительно завоевывает свое место в современной науке, которая непрерывно совершенствуется и обновляется». И если «пока еще каждый атом может восприниматься как обособленный элемент», то при рассмотрении динамики в физике, говорил рав Кук (более 80 лет назад!), «уже необходимо рассматривать всю систему вместе, когда движение, есть результат всего влияющего на все»[1]. В этих и во многих подобных высказываниях рав Кук, конечно, не пытается создать научную теорию, но демонстрирует на примере науки, как метафизический принцип единства Мироздания осуществляется в любом его проявлении: «Даже мельчайшая песчинка непостижима! Не хватит человеческой жизни, чтобы объяснить все множество законов, действующих в ней, и они обоснованы Божественной мудростью, сопряжены один с другим в Божественном знании и могуществе»[2].

Согласно этому органическому подходу, многообразие мира не есть простая совокупность отдельных частей; но все эти части «связаны между собой подобно тому, как множество органов составляют единое тело». Согласно раву Куку, Мироздание во всей его полноте надо рассматривать как «единый организм, состоящий из множества разнообразных органов, неотделимых от целого». «Вся реальность есть единое действие, состоящее из многих деталей, из бесчисленного множества физических миров, из нескончаемой мириады духовных творений, которые связаны в стройную единую систему. И если бы мы могли увидеть великий свет, пронизывающий бытие, то Мироздание предстало бы перед нами подобным человеку во всех его физических и духовных проявлениях»[3].

Чем глубже мы проникаем в сущность непрерывной причинной связи между частями реальности, тем яснее открывается нам

---

[1] Эта необходимость «рассматривать все Мироздание в целом» для объяснения даже физических процессов, которые мы наблюдаем, была заложена уже в теории тяготения Ньютона, но явно определяющим этот принцип стал в современных физических теориях, как, например, в квантовой механике. Поразительно, что рав Кук подчеркивал этот аспект современной науки еще в начале XX века, когда он почти совсем еще не проявлялся.

[2] Ср. слова Бергсона: «наименьшая из пылинок сохраняет свою принадлежность ко всей нашей солнечной системе целиком», – а также первые строки в знаменитой поэме Уильяма Блейка: «Увидеть мир в одной песчинке/ И небо в чашечке цветка/ ...Держать бесконечность на ладони своей/ И целую вечность в одном мгновении».

[3] Подобие структуры Мироздания и структуры человека обычно формулируется в виде идеи «подобия микрокосмоса и макрокосмоса». Это, в частности, одна из центральных идей Каббалы (*Адам Кадмон*).

сущность Мироздания как органического единства. Отдельные детали образуют частичные системы: с одной стороны, они являются индивидуальными единицами, а с другой стороны, они входят в состав систем более высокого уровня. *«Каждая система действует на основании своих законов, и все эти системы в свою очередь мыслятся как части единого целого, на уровне которого действуют более общие принципы»*[1].

11.14. Поскольку все Мироздание есть единый организм, то следует не пренебрегать «материальной жизнью», а рассматривать ее как органически необходимый (хоть и низший) аспект духовности

Взгляд рава Кука на Мироздание как на органическое единство ставит реалии жизни в центр всех разделов его философии: от «учения о Божественности» и до «философии истории». Эта точка зрения берет начало в углубленном взгляде на материальные процессы, выявляющем природу отдельных частей Мироздания через восприятие их как части общности: *«когда мы вглядываемся в мир физической реальности, то видим в нем не нагромождение деталей, а один общий организм, в котором все части связаны между собой и дополняют друг друга»*. Тогда мы понимаем, что Мироздание не только обладает органической структурой, но оно и само по себе является единым живым организмом.

Очевидно, что в нем существует непрерывная связь всех элементов: начиная от того, что представляется нам «безмолвной» неорганической материей, и вплоть до высших проявлений человеческого духа. Следовательно, материальная жизнь представляет собой не что-то противоположное и враждебное духовности, а часть единого целого с духовностью – низшую и «сонную» ступень духовности; при том что духовность является высоким и ин-

---

[1] Суть органической модели Мироздания, в отличие от модели механической, формулируется в терминах, источник которых в самой биологии. Она заключается в особом отношении между элементами как между частями единого тела: это такая связь, в которой каждая часть проявляет свою особую сущность, и вместе с тем эти части зависят друг от друга, влияют друг на друга и объединяются в выполнении определенных функций. При этом слияние отдельных частей происходит на уровне их действий, а не внутреннего строения каждой из них, так что здесь осуществляются, наличествуют и «индивидуальный», и «общий» уровни функционирования. Каждая из частей, оставаясь сама собой, как бы «желает» быть элементом общего целого, осуществляет «симбиоз» с другими частями, и при этом вся система действует как единое целое. Органическую систему нельзя понять, если рассматривать ее элементы отдельно друг от друга. Лишь таким путем из отдельных частей создается новое единство – деятельность живого организма. (См. И. Лейбович. «Между наукой и философией», Иерусалим, 1987, особенно стр. 25-31.)

тенсивным проявлением материальной жизни. В этой связи нам следует вспомнить слова Шеллинга: «Жизнь – это зримый аналог духовного бытия».

**11.15. Органически единая система остается собой, хотя ее элементы и заменяются. Жизнь не познается в статике, ее сущность – развитие, а цель – самореализация Мироздания**

Свойства биологической природы достигают своего наивысшего выражения на уровне духа, когда достигается органическое соотношение единства и многообразия. Это соотношение единства и многообразия построено так, что каждое существо – это не механический набор отдельных деталей, а многообразие сущностей, которые объединены в общую слаженную систему. Соотношение важности тех или иных элементов этой системы базируется на качественном принципе (т.е. малая часть может быть не менее важна, чем большая), а не определяется количеством ее материальных составляющих. С течением времени сущность этой системы не изменяется и она остается «сама собой», несмотря на то, что элементы, ее составляющие, постоянно заменяются. По сути, эта система представляет собой творческий процесс, цель которого – самореализация Мироздания.

Все эти черты свойственны жизни даже в ее наиболее низких проявлениях: *«сущностным и неотъемлемым свойством жизни является ее непрерывный рост»*. Статическое состояние жизни, застывшей в определенном положении, есть иллюзия, потому что *«истинная суть жизни заключена в продвижении и расширении, в распространении себя»*.

**11.16. Мир, полный борьбы и конфликтов, – основа для продвижения Мироздания**

Когда мы осознаем неразрывность связи между материальной жизнью и духом, мы перестаем воспринимать мир, со всеми его конфликтами и острыми противоречиями (наиболее ярко выделяющимися в области конфликтов биологических), как «войну всех против всех», в которой побеждает брутальная сила. Мироздание предстает перед нами иначе: как сложный диалектический процесс, несмотря на заложенные в нем противоречия, так что *«нет ничего, что способно противостоять ему и помешать его непрерывному развитию»*. У духа и материальной жизни есть одна общая закономерность – «жажда возвышения» до совершенства, которая является *«и источником всякого движения жизни, и естественной мощью духа, непрерывно растущего и возвышающегося»*.

*11.17. Мироздание возвышается благодаря тому, что каждый его элемент стремится к вознесению; развиваться желает все, и вследствие этого возникает многообразие жизни*

Мы уже обсуждали вопрос о том, что страстное стремление к продвижению, вложенное во все элементы Мироздания, есть проявление «*космического желания (воли)*», пронизывающего все формы жизни и объединяющего все материальные и духовные миры. Позитивная творческая сила «космического желания» с огромной мощью проявляется уже на самых низких уровнях биологического мира: «*это мощное желание различимо во всех проявлениях Мироздания – в неживой природе, в растениях, в животных, в человеке, в каждой мельчайшей детали мира*». Но эта всеобъемлющая жажда жизни является не случайным слепым импульсом, она имеет четкое направление: «*это желание неизменно стремится к вознесению*». Эта тенденция проявляется в развитии каждого элемента: «*Мироздание возвышается за счет того, что каждая его деталь стремится к вознесению*».

Точно также в каждом живом существе, мельчайшем из малых, находит свое выражение великое чудо жизни. Поразительное разнообразие живых существ, маленьких и неприметных, существующих на земном шаре без особой, казалось бы, цели, – оно пробуждает восхищение деяниями Творца, восхищение не менее сильное, чем чудовищные просторы космоса. «*Как малы бывают творения Твои, Всевышний!*» – восклицает рав Кук, перефразируя стих (Псалмы 104:24) «так велики творения Твои, о Всевышний, Ты все сотворил мудростью»[1].

*11.18. Изучение жизни на уровне механической конструкции (чем занимаются естественные науки) может дать только внешнюю картину, но неспособно проникнуть в суть жизни*

Сущность самой жизни невозможно постичь, если рассматривать только ее материальные составляющие. Механический подход к жизни способен охватить лишь внешнюю оболочку жизни, но он не проникает в сущность самой жизни. Подобно виталистам, рав Кук подчеркивает, что между ме-

---

[1] «Стоит человек и удивляется: какая нужда есть во всем обилии разнообразных деяний и творений?» Ощущение, о котором упоминает здесь рав Кук, подкрепляется тем, что к нашему времени открыто и классифицировано, например, более миллиона видов насекомых, но они составляют всего лишь примерно треть от предположительного числа насекомых, существующих на земном шаре, – и это только насекомых, не считая микроорганизмов на суше и в море, и т.п.

## ГЛАВА С-11. Единство разнообразия в мире духа и природы

ханическими и органическими явлениями существует огромная дистанция, а также огромные качественные отличия.

*«Самые искусные соединения электрических сил [т.е. техника], во всех их мощных проявлениях, не могут сравниться с удивительной сложностью и стройностью явлений живой природы».* В этой связи упомянем слова знаменитого физика Нильса Бора: «Жизнь – это изначальный факт действительности, и ее нельзя вывести, как производную, из физики или из чего-либо другого».

*11.19. Воля к жизни, даже проявляющаяся в примитивных формах, несет в себе искру святости*

Все частные проявления жизни, и биологические и духовные, есть «только мельчайшие искры» изобилия Божественной жизни. Даже такой базисный инстинкт всего живого, как воля к жизни, берет свое начало в сокровищах высшей жизни. В процессе эволюционного развития Мироздания это стремление изменяется: воля к жизни выходит за пределы слепого бессознательного инстинкта, становится более целенаправленной и действенной, хотя и теряет при этом часть своей первозданной силы. При этом, несмотря на то, что воля к жизни в своих самых примитивных формах может проявляться как разрушительная сила, *«это не отменяет той святости, которая лежит в основе даже таких биологических процессов, как питание или сексуальность».*

*11.20. Все формы жизни (от неживой и до человеческой) неотделимы друг от друга; и чем выше форма, тем ярче светит в ней искра Божественного света*

Изобилие «космической жизни» проявляется в биологических свойствах, общих для всех живых существ, и при этом *«мир растений и даже мир неживой природы не могут оторваться от великой цепи жизни».* Потому что непрерывная связь между звеньями этой цепи скрыта во всех проявлениях действительности: *«Вот дремлющая молчаливая жизнь неорганического мира, и вот уже его искра разгорается в растительном мире; и далее свет этот делится на тысячи особенных разнообразных лучей. Они тянутся к святыне жизни, и там сверкают с радостной силой и восходят до уровня венца творения – человека».*

Разделение природы на отдельные уровни (неодушевленное, растения, животные и человек) исчезает в виталистическом учении рава Кука. Оно отрицает идею разобщения между различными ветвями «древа жизни» и видит в каждом таком расколе *«подход, оторванный от всеобщего величия».* Один и тот же Божественный свет жизни дремлет *«в неодушевленных предметах, просыпается в рас-*

тениях и бодрствует в животных существах». Иными словами, материя – это, по сути, энергия; а физическая энергия – это на самом деле дремлющая сила жизни; а биологическая жизнь – это только первый уровень духа.

**11.22.** Поскольку Мироздание едино, то всякая мудрость жизни исходит из Божественной мудрости, а всякая воля к жизни – из Божественной воли к жизни

Вглядываясь в непрерывную связь элементов Мироздания, можно понять чудесные явления, происходящие в мире животных: «*Все те великолепные таланты животных, которые так поражают нас порой, человеку недоступны. Они даны животным, потому что все ступени живых существ во всем их видовом многообразии – это огоньки единой истинной жизни, это осколки единой великой души*». Если истоки воли к жизни заключены в Божественном желании, то удивительная разумность поведения животных коренится в Божественной мудрости. И не только животные, «*но и все творения, будь то камни или растения, вся полнота жизни... вся природа прислушивается к голосу высшей мудрости*».

**11.23.** Концепция «панпсихизма»: во всяком элементе Мироздания есть душа, которая выражается в его собственном «внутреннем содержании», а также в наличии у него «стремления»

Это учение утверждает, что жизнь и духовность свойственны всему сущему – «*все элементы Мироздания в той или иной степени наполнены жизнью, и в каждом из них есть какая-то доля сознания. Мы окружены жизнью со всех сторон*». Подобный подход известен в истории философии под названием «панпсихизм».

Такое мировоззрение отнюдь не обязательно является мистическим; так, например, великий рационалист Спиноза говорит, что «все предметы, пусть и в различной степени, обладают душой». Уровень одушевленности вещи определяется тем, в какой мере она способна действовать или быть задействованной. Разумеется, это не означает, что каждый предмет обладает самосознанием, однако, каждое тело имеет свое определенное внутреннее содержание (пусть даже самое ничтожное). На уровне «неодушевленного» предмета это всего лишь ограниченное и слабое ощущение окружающей среды, но вместе с тем в нем заложено стремление продолжать свое существование в окружающей действительности (этот импульс Спиноза называет «Conatus»)[1].

---

[1] В этом вопросе взгляды рава Кука, возможно, имеют связь с учением Бергсона; близкие идеи выражены также в письмах Моше Гесса.

*11.23. Все Мироздание проникнуто жизнью*

Все Мироздание проникнуто жизнью. Согласно философии рава Кука, это не только метафизическое утверждение о жизни Бога, имманентной бытию, но оно относится также к миру в его материальных проявлениях, каким он представлен в естественных науках. Скрытые признаки жизни таятся в неодушевленных предметах. Их можно обнаружить в организованной внутренней структуре тел, и чем сложнее и индивидуальней эта структура, тем ярче проявляются в предмете скрытые признаки жизни. «*Даже в том, что кажется нам абсолютно безжизненным, – в нем также в глубине таится жизнь, если заглянуть в эту глубину. В каждом атоме, в самой мельчайшей частице, а уж тем более в каждом предмете, имеющем сложную структуру; и в еще большей степени это верно для любого организма, растения или животного*».

*11.24. Мироздание всегда в движении, идет ли речь о материи или о духе; ибо движение – это не добавочное внешнее свойство тел, а сущность жизни*

Наиболее важное качество материального мира, выводящее его за рамки абсолютно пассивной действительности, – это скрытая в нем энергия и его способность изменять свое состояние путем физического движения. Даже в таком, казалось бы, абсолютно статическом положении, где тело просто существует, скрывается внутреннее «движение», а именно движение, выражающее стремление сохранить и продолжить свое существование, которое является частью всеобщей воли. По сути, «*Мироздание находится в непрестанном движении, начиная с первого шага из небытия в бытие и включая все многочисленные движения, где бы они ни проявлялись*». Движение – это не добавочное внешнее свойство тела, а его сущность, и поэтому на самом деле бытие всегда наполнено движением, а абсолютная неподвижность невозможна. Внутренняя динамичность живого организма может служить примером, раскрывающим смысл этого движения. Постоянные изменения в мире духа «*напоминают нам картину непрерывного и многопланового движения в материальном мире. Все уголки Мироздания наполнены движением, и даже неорганический мир, на первый взгляд застывший и безмолвный, на самом деле не является неподвижным: каждая его частица, даже самая мелкая, наполнена многообразными движениями*».

*11.25. Мерой жизненной силы и степенью одушевленности является мера «живости» и способности воспринять и «ухватить» окружающий мир, взаимодействовать с ним*

Мера жизненной силы различных видов тел и их место на всеобщей лестнице развития определяются степенью их «живости» и способности постигать окружающий их мир. «*Разве сама суть жизни не проявляется в том, что мы ощущаем окружающую реальность? Чем сильнее предмет чувствует и «схватывает» происходящее вне его самого, тем выше уровень его одушевленности, тем мощнее его жизненная сила. Исходная точка жизни находится внутри самого предмета и проявляется как осознание реальности собственного существования; но степень величия жизни зависит от того, насколько существенна ее связь с внешним миром, а мерой величия жизни является сила этой связи, уровень ощущения того, что происходит вокруг, вне самого себя*».

На уровне неодушевленного предмета его внутренние движения есть дремлющая жизнь, но суть такой жизни ограничивается лишь самим фактом его существования. Все, что неодушевленный предмет способен воспринять, – это просто, безо всякого осознания, отражение окружающего мира (т.е. он «воспринимает» только то, что внешний мир на нем «отпечатывает»). На следующем уровне, у растения, все еще отсутствует чувственное понимание, но со всех других сторон оно является более живым организмом. Животное характеризуется еще и способностью к самостоятельным движениям, его понимание сопровождается ощущением, памятью и, возможно, также сознанием, – что уже смутно напоминает рефлективную жизнь еще более высокой ступени – жизни человека.

## ГЛАВА С-12

## ВОСПРИЯТИЕ РАВОМ КУКОМ ТЕОРИИ ЭВОЛЮЦИИ И ЕГО ИСТОРИОСОФСКАЯ КОНЦЕПЦИЯ

*12.1. Теория эволюции подчеркивает стремление бытия к совершенству, и она соответствует Каббале*

Как мы уже отмечали, видение мира равом Куком виталистично: «мир» для него – это прежде всего «жизнь»; он подчеркивает единство жизни и непрерывность спектра ее форм, от простейших и до самых высших, включая человека с его духовным миром. Этот подход, как представляется, весьма соответствует эволюционным концепциям в науке и философии, столь распространившимся в его время. При этом само понятие «прогресса» как позитивного продвижения окружающей действительности занимает вообще центральное место в подходе рава Кука, а прогресс «биологический» (в рамках теории эволюции) является для него не более, чем физическим выражением общего *«процесса усовершенствования всего Бытия навстречу Божественному совершенству»*. Таким образом, рав Кук принимает, в целом, концепцию эволюции, причем не только как биологическую модель, по схеме которой строится метафизическое мировоззрение, но и как реальное описание всего мира явлений, имеющее важные последствия также и в области истории.

Рав Кук высказывается по этому вопросу весьма решительно: *«Теория развития (эволюции), постепенно захватывающая сегодня весь мир, соответствует тайнам учения Каббалы более, чем все остальные философские теории»*. Противоречие между теорией эволюции и религиозной верой (или текстом Торы) является лишь противоречием кажущимся; и правильное понимание теории эволюции способно опровергнуть поспешные атеистические выводы из нее – выводы, согласно которым мир есть якобы всего лишь арена беспросветной битвы, в которой побеждает сильнейший: *«Признание развития, направленного к конечной цели, продвигается и укореняется в естественных и гуманитарных науках. Постепенно вызревая и освобождаясь от изначальной наивности, оно поднимает человеческий дух к высотам Божественного света, аккумулируя в себе внутреннее стремление к познанию Бога»*.

[Здесь следует особо подчеркнуть, что, принимая концепцию эволюции, рав Кук отнюдь не принимал Дарвиновскую теорию эволюции. Иными словами, рав Кук ни в коем случае не считал, что развитие видов на земле «произошло в результате случайных мутаций и затем естественного отбора» и т.п., что составляет суть именно Дарвиновской теории (этот базисный принцип «случайных изменений и естественного отбора» остается основой всех видов и даже «модернизированных» дарвинистических подходов к эволюции). Рав Кук занимал в этом вопросе совершенно иную позицию: он считал, что в мире действительно произошел процесс развития, но что этот процесс отнюдь не был «самостоятельным» и случайным. Его религиозный (каббалистический) подход к эволюции говорит о том, что Бог не создал мир «готовым», но создал его «потенциальным», развивающимся; что Бог при Сотворении Мира заложил в него «пружину эволюции» и даже направлял этот процесс. При этом не отрицается (хотя, конечно, не утверждается), что Бог мог запустить этот эволюционный механизм так, чтобы он превратил организм обезьяны в организм человека. Но при этом человеческая душа была создана отдельно, особо, и была специально «дана» сформированному таким образом человеку.

Иными словами, подход рава Кука не является ни «эволюционизмом», ни «креационизмом» в обычном понимании этих терминов, а это некоторый синтетический «эволюционный креационизм». При этом такой подход вовсе не возник под влиянием Дарвиновской теории эволюции, ибо подобную схему развития Мироздания Каббала представляла нам и ранее, и она говорила об этом за много столетий до Дарвина. Положительное же влияние, происходившее ввиду распространения в человечестве эволюционных концепций, рав Кук видел в том, что теперь все человечество (а не только те, кто глубоко изучает Каббалу) получает возможность ощутить имманентное единство всего живого, а себя – как часть этого космического единства. Что же касается отрицательных сторон Дарвиновской теории эволюции, то рав Кук надеялся, что они сами отомрут в процессе развития науки, и тогда человечество (даже в рамках своих научных теорий) ощутит Божественность (т.е. «цель», а не «причины») как источник единства и развития всего Мироздания. (Надо отметить, что сегодня (2005 г.) даже в научных кругах, ввиду новых открытий в вопросе структуры генома человека и животных, стала получать все большее распространение концепция «Intelligent design», смотрящая на процесс эволюции как на целенаправленный и «исходно заложенный в Мироздании».)]

**12.2. Морально-религиозная ценность теории эволюции: продвижение к высшему, несмотря на противодействие энтропии**

«Моральная» значимость эволюции находит свое выражение в заключенной в ней самой тенденции, направленной на создание новых, более совершенных видов; и эта тенденция осуществляется вопреки [а вовсе не благодаря!] разрушительным событиям – таким, как катастрофы, борьба за выживание и вызванные ею столкновения и войны.

Известные нам сегодня естественные законы, которым подчиняется физическая эволюция (как, например, законов генетики), не дают ответа на то, что рав Кук называл «загадкой жизни». Описание физико-химических механизмов, действующих в процессе эволюции, не позволяет объяснить сам факт ее наличия. Ведь если рассматривать мир как чисто материальный, то нам следует признать, что само существование эволюционного процесса, в ходе которого объекты становятся более организованными, более сложными и более развитыми, плохо согласуется с другими естественными общими законами всего физического мира. Известный биолог-эволюционист первой половины 20 века (он же католический «диссидентский» философ, и к его идеям мы еще вернемся) П. Тейяр де Шарден в этом преодолении эволюцией энтропийного принципа видел «проявление Божественности в мире».

**12.3. Наука только описывает процесс эволюции, а религия говорит о его цели и смысле**

Научная теория эволюции только описывает процесс развития и его законы; она не в состоянии (и даже не пытается) ответить на вопрос об источнике процесса развития и его сущности. Задавая такой вопрос, мы выходим из рамок естественных наук и переходим на язык метафизического мышления, утверждающего, что в этом процессе присутствует смысл, его направляющий. Рассмотрение Мироздания как системы телеологической (т.е. целенаправленной), как системы осмысленной, подразумевает сущностный порядок, обратный тому, который царствует в естественных науках (где все объясняется только каузально, т.е. причинами, но никогда не «целями»). Телеологическое рассмотрение (в отличие от каузативного) не сводит более сложные и более высокие понятия к соединению более простых и «низменных», а предлагает поступить наоборот: осмыслить процесс, исходя из его цели, осмыслить немую материю, исходя из органического мира, а жизнь органическую – исходя из жизни духовной. Основной аргумент такого мировоззрения, еще со времен Аристотеля, состоит в том, что жизнь не может произойти сама из материи, если не внедрена в материю извне; и что биологическая жизнь не смогла бы развиться и достичь своей разумной формы, если бы в этой жизни изначально не было заложено такого «стремления». Даже если по шкале времени (чисто хронологически) безжизненная материя предшествует материи органической, все же на шкале «сущностной» всему предшествует замысел, который раскрывается позже, когда он устанавливает направление прогресса на этой временной шкале.

Такое мировоззрение не отрицает, разумеется, обычные «материальные» законы вещества и механики, но оно видит в них только платформу, базу, необходимое условие для осуществления органической жизни: прогресс совершается, и жизнь начинает обнаруживаться в то время и в том месте, где *«условия для жизни и условия для ее развития и расширения уже подготовлены»* [тем, что есть изначальный замысел и изначальная пружина «стремления» достичь высших уровней жизненности].

*12.4. Осмысленность эволюции выражается в том, что смена форм происходит не хаотически, а по возрастающей*

Все духовные высоты, которых достигает жизнь, начинаются с самой низкой точки отсчета: *«Жизнь, полная красоты и мудрости, богатая мужеством и великолепием, начинается не там, где уже нашли свое выражение слово и логика, а с сумерек».* Но стремление к совершенству, заложенное в бытие, возносит примитивные формы из этих сумерек: *«И из тонкой струйки жизни появляется знак этой жизни; вот он растет и ширится, поднимается выше и выше на своем пути, постоянно приобретая новое, дополняя предшествующее, и вместе они организуются в поток, полный силы и устремленности».*

В этом «едином потоке устремленности и развития жизни» совершенствование бытия в процессе эволюции, происходящей в мире явлений, выражается как действие, наполненное метафизическим смыслом. Главное в этом процессе – его тенденция к развитию от простых форм к более сложным и более организованным. А если действительно все стадии прогресса направляются вну-

# ГЛАВА С-12. *«Теория эволюции» и историософская концепция*

тренней целью, то это означает, что они не только следуют друг за другом во времени, но и упорядочены в структуре, осмысленной и направленной: *«Смена форм происходит не циклически [хаотически, с периодической регрессией и возвратом к старому], а по постоянно возрастающей линии»*. Эмпирические данные сами по себе, разумеется, не доказывают наличия «разумности» в эволюции[1], однако, некоторое подтверждение этого может все же найти в них каждый, кто умеет прислушиваться к скрытому пульсу Вселенной: *«Каждый настоящий исследователь, каждый честный поэт, каждый человек, внимающий духу святости – встречается с высшим его проявлением. Это тем более верно, если речь идет о человеке, и еще более применимо к народам и народной душе, а более всего – к миру в целом»*.

**12.5. Принятие человеком каузативной механической эволюционной концепции разрушительно для его духа и этики; но телеологический подход к эволюции продвигает их**

Развитие жизни в природе привело ее к способности духовной деятельности; но задача развития состоит не только в том, чтобы создать новые виды жизни с еще большими возможностями, а чтобы сделать жизнь лучше. С этой точки зрения эволюция является индикатором степени реализации совершенствования на пути к «наилучшему». В этом, как мы видели, состоит разница между учением рава Кука и витализмом А. Бергсона (для которого важно лишь само движение, но никакой высшей цели это движение не имеет), несмотря на близость их позиций при рассмотрении связи между метафизикой и наукой, а также в их оценке метафизической важности эволюции.

Рав Кук здесь также полностью противоположен в своем подходе той реально-натуралистической (философской и социологической) интерпретации, которая была дана эволюции дарвинизмом Спенсера, Геккеля и других. Ибо эволюция, согласно раву Куку, учит не только борьбе за существование или тому, что выживает сильнейший (в истории и в животном мире); из нее вовсе не вы-

---

[1] Однако здесь стоит вспомнить слова самого Дарвина, в конце его книги «Происхождение видов», где он пишет: «Поскольку естественный отбор действует во благо самим живым существам, он подталкивает все элементы мира, физические и духовные, к совершенству». Здесь важно отметить употребление Дарвином терминов, имеющих ценностную ориентацию и никак формально не следующих из самой теории эволюции, носящей чисто научно-объективистский, а не ценностный характер.

текает автоматически, что человек и его мораль редуцированы из генетического источника. Напротив, она может приводить к совершенно иным выводам. [Концепция эволюции сама по себе может только указать на механизм развития, но она не может ничего ответить на вопрос о существовании высшей цели, оказывающей влияние на это развитие.]

Вообще, сами по себе научные представления об эволюционном процессе могут оказать влияние на человека в совершенно противоположных направлениях: *«Идея прогресса бытия и всего сущего способна как принизить человеческий дух, так и поднять его; в ней заключены как эликсир жизни, так и смертельный яд»*. Все зависит от точки зрения на эволюционный процесс: будет ли человек ориентироваться только на «механизм эволюции», на прошлое, или же он будет ориентироваться также и на цель эволюции, на будущее. Подчеркивание начальных низких стадий прошлого развития живого мира может утвердить в человеческой жизни систему «законов джунглей», свойственную этому «естественному миру» и лишенную моральных измерений; противоположный же взгляд, обращенный к предназначенности развития, раскроет человеку его подлинную моральную сущность: *«Взгляд на мир как на развитие, продвигающееся по направлению к будущему, поднимает и возносит человека морально... и далее идея прогресса Мироздания продолжает действовать на него, выпрямляя его пути и поддерживая его моральные качества»*. В таком видении моральность человека усиливается даже на основе памяти о его темном прошлом, *«ибо воспримет он всем сердцем ужасную низменность прошлого и почувствует, что на пути своем он сможет избежать падения в ту же пропасть благодаря моральному усовершенствованию своего пути и личного и общественного поведения; в этом – великий луч света, освещающий его продвижение к той Бесконечной высоте, которая уготована ему»*.

*12.6. Наличие эволюционной силы в мире внушает надежду на реализацию добра*

Этот процесс возвышения бесконечен, ибо он является выражением существующей в мире силы Божественной воли – силы, стремящейся к абсолютному добру. Такое понимание эволюции придает философско-оптимистическое звучание самой эволюционной тенденции, в отличие от того философско-пессимистического характера, который придавали ей некоторые философы-дарвинисты. *«Развитие, идущее по пути возвышения, служит основой оптимизма в мире. Ибо как можно отчаяться, если мы видим, что все развивается и возвеличивается?»* В самом принципе эволюции заложена надежда не только для определенных видов, но и для всего Мироздания и всех его частей, ибо речь идет о стремлении к реализации высшего добра.

---

**12.7. Эволюция цивилизации устремлена к свободе и реализации творческого потенциала, а это один из параметров Божественности человека**

Таким образом, развитие не заканчивается на создании человеческого вида. Развитие продолжается через посредство человека, продвигаясь к более высоким стадиям: *«Процесс совершенствования целиком устремлен навстречу полной свободе – к завершению воцарения человеческого духа над самим собой и Вселенной»*. На этой высшей стадии развития человек достигнет творческих сил, которые он сегодня не может себе и представить. Научные достижения человека в наши дни и его способность с их помощью влиять на природу являются не чем иным, как прообразами того отдаленного будущего, когда *«дух человеческий раскроется по своему желанию во всем великолепии его мощи, гораздо более, чем это происходило до сих пор в его технической деятельности»*.

---

**12.8. Конечная цель прогресса – воссоединение с Божественностью**

И все же конечная цель прогресса находится за пределами горизонта человеческого понимания: *«процесс оттачивания разума и его глобальное усовершенствование не смогут остановиться на полпути, а будут вечно стремиться к своей цели»*. Путь, предназначенный для развития человека, бесконечен, и при этом человек стремится *«вернуться к своему безграничному источнику, воссоединиться с Божественностью»*. Поэтому человек желает выйти за рамки своей человеческой (*«человеческой, слишком человеческой»*, как говорил Ницше) природы и подняться *«над пределом всего созданного»* – до тех пор, пока он не сможет участвовать в празднике изобилия Божественного света и не *«будет стоять на ступенях Божественного совершенства»*, как смело формулирует это рав Кук.

---

**12.9. Религиозное восприятие эволюции Т. де Шарденом, параллельное взглядам р. Кука**

Можно было бы представлять себе человека на следующем витке эволюции как некоего духовного «высшего человека», чьи способности превосходят *«чувства человека из плоти и крови»*, а за ним – некоего «сверхчеловека», по выражению Пьера Тейяра де Шардена[1], концепция которого содержит несколько идей, удивительно похожих на идеи рава Кука. Два этих мыслителя, столь далекие друг от друга по своему культурному базису [и не знавшие,

---

[1] Эту близость учения Пьера Тейяра де Шардена, католического философа и палеонтолога, к учению рава Кука отмечает Бергсон в своей работе «Тейяр де Шарден и эволюционная идея».

[Дополнительная справка о П.Тейяре де Шардене по книге «История христианства» Х.Л. Гонсалеса: <<Самым творчески мыслящим среди католических богословов первой половины 20 века был, пожалуй, Пьер Тейяр де Шарден (1881-1955). Он родился во французской аристократической семье и уже в раннем возрасте решил стать иезуитом. После окончания иезуитского колледжа, он в 1911 году был рукоположен в священники. Когда началась Первая мировая война, он отказался от звания капитана, положенного военным священникам, и служил капралом в качестве санитара, выносившего раненых на носилках. По окончании войны он стал полноправным членом ордена Иезуитов, а в 1922 году получил также степень доктора палеонтологии и начал преподавать в Парижском университете.

Его всегда интересовала теория эволюции, но не как отрицание Творения, а как научный путь постижения действия Божьей творческой силы. Однако его первые сочинения о взаимосвязи между верой и теорией эволюции очень быстро подверглись осуждению со стороны Ватикана. Ему запретили в дальнейшем публиковать работы на богословские темы, а самого отправили служить в Китай, где, как полагали, он не сможет принести большого вреда. Будучи послушным священником, он подчинился. Но запрет не мешал ему продолжать писать, хотя он и не публиковал свои рукописи. Таким образом, занимаясь палеонтологическими изысканиями в Китае, он одновременно продолжал богословскую работу, показывая написанное лишь нескольким близким друзьям. В 1929 году он участвовал в идентификации черепа синантропа, ставшей еще одной яркой иллюстрацией принципа эволюции и принесшей ему известность в научных кругах всего мира. Но Ватикан по-прежнему не давал ему разрешения на публикацию его философских и богословских работ, распространявшихся теперь среди его друзей во Франции. Лишь после его смерти в 1955 году друзья опубликовали его сочинения, сразу же привлекшие широкое внимание.

Признавая общие принципы теории эволюции, Тейяр де Шарден отвергал тезис Дарвина, согласно которому движущей силой эволюции является «выживание наиболее приспособленных». Вместо этого он выдвинул концепцию о «космическом законе усложнения и осознания», означающем, что эволюция представляет собой [заранее заложенное в Мироздании] стремление продвижения к более сложному и более осознанному. Эволюция начинается с обобщенной «ткани универсума», которая затем превращается в «литосферу» — материю, образующую молекулы; следующая стадия — «биосфера», в которой появляется жизнь; из нее развивается «ноосфера», в которой жизнь начинает осознавать себя. На этом этапе эволюция не прекращается, но она теперь принимает осознанный характер. Люди в том виде, в каком мы их сейчас знаем, — это еще не конец эволюционного процесса. Мы находимся на определенном этапе продолжающейся эволюции, ведущей к «гоминизации» человека. Эта новая стадия характеризуется тем, что, будучи разумными существами, мы принимаем участие в собственной эволюции.

Но что касается пути, по которому должна идти эволюция, то здесь мы не предоставлены самим себе. В этом процессе есть «пункт Омега» — конечный пункт всего космического процесса. Чтобы понять эволюцию, на нее, по мнению Тейяра де Шардена, надо смотреть не от начала к концу (т.е. от причин к следствию), а наоборот,

## ГЛАВА С-12. «Теория эволюции» и историософская концепция　375

конечно, друг о друге], оказались близки по тому, насколько центральное место занимает идея прогресса в их учениях и в их метафизической религиозной трактовке эволюции.

Как и рав Кук, Тейяр де Шарден рассматривает всю действительность, материальную и духовную, как целеустремленный непрерывный процесс, который невозможно понять, если не принимать за основу существование Бога, Который является как источником этого процесса, так и, одновременно, его сверхцелью. Тейяр де Шарден говорит: «Ибо только приняв такой подход, мы сможем объяснить процесс эволюции в заданных рамках... если мы постановим считать Бога движущей силой, исходной точкой и, одновременно, «высшей инстанцией эволюции». [Таким образом, эволюция воспринимается здесь не как «чисто природный», не имеющий цели и задачи, случайный процесс, а как исходная «пружина», которую Бог инсталлировал в структуру Мироздания, для того чтобы она могла довести мир до той цели, ради которой

---

от конца к началу (т.е. от целей к инструментам достижения этих целей). Смысл всему процессу придает его завершение. А завершением, этим «пунктом Омега», для Тейяра де Шардена как христианина, является Иисус, который символизирует соединение человеческого и Божественного [в еврейском мировосприятии это соединение символизирует Адам, созданный «по образу и подобию Бога»], и, значит, каждый из нас в конце эволюции соединится с Богом, оставаясь при этом самим собой.

Таким образом, концепции Тейяра де Шардена соединяли науку с верой, причем также и с мистическим компонентом этой веры. Но, в отличие от большинства представителей мистических направлений, Тейяр де Шарден [как, впрочем, и рав Кук] был «мистиком, обращенным к миру».

Во второй половине XX века влияние Тейяра де Шардена чрезвычайно распространилось в христианской теологии, причем оно стало заметно даже среди многих из тех, кто не принял его широкомасштабной космической схемы. Во-первых, его попытка смотреть на эволюционный процесс «с конца к началу», т.е. «от цели к инструментам», побудила современных христианских богословов, как католических, так и протестантских, вновь обратиться к эсхатологии — учению о «последних днях», обсуждающему проблемы цели и смысла жизни человечества. Во многих важных разделах современного богословия такая эсхатология стала важнейшим исходным пунктом, а не просто дополнением ко всей остальной богословской системе. Во-вторых, мысль Тейяра де Шардена о продолжающемся эволюционном процессе и о нашем сознательном участии в нем побудила других христианских богословов заняться исследованием вопроса об участии человека в осуществлении Божьих целей и относиться к человечеству как к активной действующей силе в формировании исторического процесса. И, наконец, его «земной мистицизм» побудил многих связать свою духовную жизнь с активной реформаторской деятельностью. Ученики и последователи Тейяра де Шардена были среди главных инициаторов «аджорнаменто» («обновления католической церкви», провозглашенного II Ватиканским Собором в 1963 г.) и приняли деятельное участие в формировании всех решений и документов Собора. >>

Таким образом, мы видим, что подобно тому, как работы рава Кука стали основой «ортодоксальной модернизации» в иудаизме, работы Тейяра де Шардена явились впоследствии одним из элементов «ортодоксальной модернизации» в католицизме.]

этот мир был создан.] А поскольку внутренней целью эволюции является формирование сознания, то следует предположить, что оно было «имплантировано» извне в эволюционный процесс еще на ранних его стадиях. Тейяр де Шарден пишет так: «В каждой материи заключена некая внутренняя сущность, что-то вроде «протосознания», и постепенное увеличение сложности материи приводит к все более и более сложным степеням и развитию этого сознания. Мы не в состоянии обнаружить это сознание до тех пор, пока материя не станет достаточно усложненной, но в действительности оно существует в материи изначально».

Взгляды Тейяра де Шардена на эволюцию также очень во многом соответствуют концепции рава Кука. При таком восприятии смысла эволюции движущая сила, побуждающая жизнь развиваться и совершенствоваться, не может заключаться, как уже было сказано, исключительно в материальных механизмах, действующих в жизни, – но она происходит из Высшего источника всего процесса эволюции: *«Очевидно, что существует Высшая сила, стремящаяся поддерживать эволюцию, которая с самого начала не дает ей остановиться».* Эволюционный прогресс, следовательно, направляется влиянием из двух источников: из менее развитого «прошлого» и из предуготованного ему будущего. С одной стороны, бытие подталкивается снизу и вперед (*«по причине исходного недостатка»*) от самого основания процесса эволюционного совершенствования; а с другой стороны, при этом «разнообразие жизни» притягивается выше и выше к Божественному совершенству, являющемуся одновременно его источником и целью стремления: *«Это разнообразие помнит свое пробуждение и стремится дойти-вернуться к состоянию защищенности и сияния»*[1].

Мы снова видим, что естественное развитие – есть не что иное, как одно из проявлений космического процесса «возвращения» (*Тшувы*) всего Мироздания к Богу: *«И ощущаемое развитие снизу вверх – это зримое воплощение шагов Тшувы всего сущего».* Но такой процесс «возвращения» обусловлен существованием трансцендентного источника, к которому Мироздание стремится вернуться. Имманентно встроенная в саму эволюцию, сверхзадача *Тшувы* не заключена в ней самой, но направлена за ее пределы, за ее грань: ведь как «всякое движение бытия» и любое развитие, так и эволюция совершается по причине Космической воли, *«Великого стрем-*

---

[1] Ср. с тем, что говорилось выше, в гл. С-6.

ления», которое также, вместе с бытием, стремится *«вернуться к Источнику всего сущего...»*[1]

**12.10. Вследствие «единства бытия», философия истории р. Кука органически вытекает из его диалектической метафизики**

Перейдем теперь к обсуждению исторической философии рава Кука и, в особенности, к его пониманию еврейской истории нового времени. Мы уже говорили в самом начале, что рав Кук на основе своей метафизической теории приходит к актуальным выводам; на ее базе он объясняет «современные течения» в общественной жизни Израиля. Мы также говорили, что рав Кук является единственным религиозным мыслителем 20 века, учение которого дает позитивный взгляд на движение национального возрождения в Стране Израиля, и что его концепция включает в себя последовательное диалектическое объяснение как секулярного характера этого движения, так и явления секулярности в целом, и что это объяснение также базируется на общем метафизическом учении рава Кука.

Подобная связь между метафизикой и историософией является принципиальной для рава Кука, поскольку его «органическое восприятие мира» связывает «общественные движения» с «большими движениями жизни» также и в естественном, и духовном мире. В этом вопросе взгляды рава Кука имеют сходство с подходом Моше Гесса, который также сравнивал реальность историческую и общественную с реальностью органической и утверждал, что «нет принципиальной разницы между этими двумя понятиями, как нет принципиальной разницы между органической и космической областями»[2]. Такая непрерывность обусловлена самим подходом рава Кука, ибо та *«Космическая воля, которая является основной силой, вращающей колеса всего движения бытия, всего развития, как идеальная машина... она и есть тот внутренний базис, который вращает также и колесо человеческой культуры со всеми ее партиями и народами».*

---

[1] Также и здесь, по словам Бергсона, наблюдается близость взглядов Тейяра де Шардена и рава Кука, которые оба рассматривают эволюцию как имеющую цель, а не только причину. Однако если «пункт Омега» (т.е. цель эволюции по Тейяру де Шардену) – это Сам Бог [с которым Тейяр де Шарден как христианин отождествляет Иисуса], то в такой концепции можно увидеть признаки пантеизма (или, по крайне мере, панэнтеизма), и это было одной из причин того, что Ватикан запретил публикацию трудов Тейяра де Шардена (который подчинился этому запрещению, хотя, как он отмечал, «подобный вид пантеизма действительно отражает дух Христианства»).

[2] М. Гесс, «Рим и Иерусалим» (в ивритском издании – стр. 110).

**12.11. Восприятие истории как синтеза «духовности» и «жизни», а не как их противопоставления; и, соответственно, сионизм не противоречит духовности, а необходим для нее**

В восприятии равом Куком еврейской истории мы постоянно обнаруживаем ту напряженность во взаимоотношениях между «духовностью» и «жизнью», которую мы уже несколько раз встречали в рамках нашего обсуждения. Как и в других областях, в своем подходе к историографии рав Кук представлял позицию, противоположную взглядам абсолютного большинства еврейских философов и идеологов того времени. Все они – как сторонники сионизма, так и его противники – рассматривали сионистское возобновление естественной жизни народа Израиля на его земле как противоречащее сущности иудаизма, который они воспринимали как религию чистого духа. В этой связи можно понять, почему рав Кук так подчеркивает свое виталистическое мировоззрение [т.е. взгляд на непосредственную жизненность как на необходимую основу для функционирования духовности], в чем можно иногда усмотреть его парадоксальную близость к идеям таких людей, как М-И. Бердичевский и Я. Кляцкин[1].

**12.12. «Изощренность Божественного Разума» в рационалистической историософии Гегеля, и «Сокровенный замысел Всевышнего» в волюнтарной историософии р. Кука**

Общие основания исторической философии в новое время так или иначе испытывают известное влияние гегелевской историософии. Возможно, некоторые сочинения Гегеля были известны раву Куку; с некоторыми из гегелевских идей рав Кук мог также ознакомиться по книге РаНаКа (р. Нахмана Крохмаля) "Путеводитель для блуждающих" нашего времени». Гегель рассматривал всю человеческую историю как распространение целостной Божественной идеи через диалектические процессы, самым известным из которых является триада «теза, антитеза, синтез». Этот логический принцип в истории (в несколько упрощенном объяснении) действует следующим образом: всякая историческая ситуация или историческое событие есть «теза», и она обязательно вызывает обратную реакцию – «антитезу». В результате их столкновения возникает новое, интегральное состоя-

---

[1] Миха Йосеф Бердичевский (1865, Меджибож – 1921, Берлин) – выдающийся еврейский писатель и мыслитель; Яков Кляцкин (1882, Белоруссия – 1948, Швейцария) – сионистский деятель и философ. Оба они выросли в раввинских семьях, но затем отошли от иудаизма, считая его «устарелым», недостаточно жизненным и не соответствующим потребностям развития современного еврейского общества.

ние – «синтез», представляющий собой, в свою очередь, «тезу» для следующей фазы развития. Так продвигается история, постепенно приближаясь к реализации целостной разумной Идеи в нашем мире.

С точки зрения этого диалектического процесса у каждого исторического этапа есть своя особая позитивная функция, сохраняющая его позитивное начало и поднимающая его выше, на новую ступень. Единство этих трех происходящих с «тезой» процессов (ее устранение, сохранение ее сути и подъем) обозначается по-немецки одним словом «aufheben» (на иврит его можно перевести как *«силук»*, смысл которого – одновременно и «отменить», и «возвысить» [по-русски это примерно «вознести», имеющее также аспект «унести»]).

Гегель считал, что по мере продвижения исторического процесса навстречу реализации Идеи, которая есть не что иное, как «Абсолютный Дух», проявляется закономерность, называемая им «изощренность Божественного Разума». При этом можно сказать, что изначальный источник этой Идеи находится в еврейской библейской традиции и называется там *«Эцат hаШем»* – «Сокровенный замысел Всевышнего». Это означает, что Божественный план управления историей обязательно осуществляется, при этом он иногда реализуется действиями таких людей, которые имеют совершенно противоположные намерения, как это выражено словами ТаНаХа (Притчи 19:21): «Много помыслов в сердце человека, но все свершится согласно Замыслу Всевышнего».

У Гегеля «изощренность Божественного Разума» – это принцип, согласно которому Высшая идея зачастую осуществляется в мире такими людьми, которые продвигают ее безо всякого понимания и намерения; Высшая идея как бы «пользуется» ими для достижения своих целей. В истории есть люди, действующие из эмоциональных побуждений, из личных амбиций, по различным причинам, вовсе не связанным в их сознании с осуществлением какой-либо идеи, однако, результат их деятельности, по существу, соответствует общей рациональной тенденции и всей реальности. Так, например, Гегель указывает на Александра Великого, Наполеона и на других людей, изменивших историю, причем, иногда, в направлении, противоположном их собственным намерениям.

Подобные идеи появляются и в историософии рава Кука; но поскольку его общий подход, в отличие от Гегеля, является не рационалистическим, а волюнтарным, то было бы правильнее сказать, что у него главная действующая сила – это не «мудрость», а Воля Всевышнего. [Эта Воля, конечно, проявляется для нас и как мудрость, но она, в основе своей, не есть «неизбежное следствие правильности», но свободное Божественное решение.] Эта Сила действует и в мире, и в человеческой истории; она скрыта *«во всех сюжетах, идет ли речь о судьбах наций и человеческих идей или же о Бытие и Природе»*. Рав Кук, как и Гегель, говорит об исторических событиях, *«открывающихся в самых разных проявлениях, в святом и в будничном, в построении и в разрушении»*, направляемых Замыслом Всевышнего, который *«неизмеримо выше как уровня понимания действующих лиц, так и уровня их ограниченных задач»*. Это, по выражению рава Кука, – *«ирония истории»*, и тот, кто знает ее тайну, увидит в ней не «горькую иронию», а необходимое средство для достижения предназначения и цели.

*12.13. В отличие от Гегеля, р. Кук рассматривает биологическую и историческую реальности как единое развивающееся целое*

Мы не будем здесь заниматься полным сравнением учений Гегеля и рава Кука, но только отметим, что, в отличие от Гегеля, рав Кук рассматривает естественную (природную) и историческую (социальную) реальности как одно целое, развивающееся по единым жизненным закономерностям: *«Культурные сдвиги связаны сильнейшим образом со сдвигами всей жизни»*. История – органическое образование более высокого уровня, нежели биологическая природа, но в той же мере можно сказать, как мы видели, что органическая природа суть «историческое образование», находящееся пока еще на более низком уровне. Их общая черта – постоянное обновление и усовершенствование, и как в естественных процессах, *«так и в поступи исторического построения действуют вместе разрушение и строительство, хаос и исправление»*. Каждое отрицание и противоречие существующего состояния необходимы *«для того, чтобы строить, а стирание – чтобы написать, так что и новая постройка и новая запись превзойдут по своему совершенству старое, постепенно разрушающееся»*.

*12.14. Реализовав свой специфический вклад в «универсальную идею», цивилизации и народы неизбежно распадаются*

Эта диалектическая закономерность [когда разрушение существующего является интегральной частью дальнейшего строительства] охватывает периоды подъема и спада целых культур. В истории человеческого духа она выражается в смене различных философских теорий и религий, каждая из которых, даже самая примитивная, выполняет определенную роль в реализации той или иной стороны «Абсолютной Духовности».

Одной из наиболее важных форм, в которых проявляется Божественная идея (это понятие есть и у Гегеля, и у рава Кука), является национальная идея, реализуемая в истории различных народов. История отдельного народа также подчиняется этой закономерности: после того как данный народ внес свой особый вклад в универсальную идею, он начинает вырождаться и сходит с исторической сцены; сам по себе факт сегодняшнего, казалось бы вполне устойчивого физического и социального существования народа не может изменить этой тенденции. После того как нация исчерпала свой духовный потенциал, она проходит процесс *«старения и постепенного ослабления. Некоторое время сила инерции еще будет поддерживать общество, но его жизненные силы будут неотвратимо слабеть и исчезать. Когда духовный подъем исчерпается, национальное единство также потеряет свой облик. Личные потребности поднимут голову над ценностями общей гармонии. Этот процесс будет продолжаться и расширяться до полного самоуправства отдельных людей, а с этим придет отчаяние и отвращение к жизни и реальности. Встав на этот путь, нация попытается изобрести для себя лекарство в виде различных систем, основанных на шатких базисах материальных раздражителей, от которых не будет пользы. Последние силы будут потрачены в отчаянной попытке дать пищу сердцу и уму, механически воздвигнув из старых обломков как бы новое общественное здание, но напрасно. Тщетны будут все эти усилия».*

*12.15. Однако еврейский народ, в отличие от остальных, смог сохраниться даже после распада государства*

Еврейский народ также ощутил на себе этот процесс во времена Первого Храма, но он является исключением из общей закономерности, приводящей народ к уничтожению в конце пути. У еврейского народа после разрушения и периода вырождения начинается новая страница в его истории. В самом деле, среди всех народов мира еврейский народ оказался единственным, кто продолжил свое национальное существование, даже лишившись территориальной целостности и других материальных и социальных условий, с утратой которых другие народы ушли с исторической сцены. Более того, еврейский народ сумел при этом также и оказать глубокое влияние на все человечество в целом. *«История неопровержимо показывает, что, согласно общему правилу, народ должен умереть и уйти из мира, и именно так произошло почти со всеми древними народами, а если и есть несколько народов, которые сохранились с* древности до наших дней, то это случилось лишь в тех случаях, когда они не испытали на себе действия сил, которые должны были привести их к рассеянию, или же эти народы жили совершенно отдельно и не развивались надлежащим образом, чтобы влиять на человечество. Но не найти в мире другого народа, кроме еврейского, который был бы настолько живуч, активен и закален как сталь, чтобы выстоять после многочисленных катастроф, обрушившихся на него».

| 12.16. Сохранение еврейского народа означает, что реализация идеи, которую он несет, еще не завершена |
|---|

Этот удивительный факт сохранения еврейского народа свидетельствует, по мнению рава Кука, что дух еврейского народа олицетворяет (кроме того вклада, который еврейский народ уже внес в цивилизацию) также и еще неосуществленную идею, ту самую Божественную идею, к которой стремится вся история. Пока не исполнена эта универсальная миссия (и пока эта идея не будет передана человечеству), не прекратится и отдельное, особое существование еврейского народа, ибо только он может воплотить эту идею в мире. «Мы начали говорить самим себе и всему миру что-то очень важное, но еще не завершили нашу речь. Сейчас мы находимся посредине этой речи, и остановиться мы не сможем и не захотим. Уйти с исторической сцены может лишь народ, который уже закончил начатое, т. е. тот, который уже вынес на обозрение всему миру совершенно все, что было в нем сокрыто». Здесь мы видим, в некоторой степени, гегелевский принцип, примененный особым образом к еврейскому народу (сам Гегель, разумеется, не согласился бы с этим).

И вот, в новейшее время, наблюдается поворот в истории еврейского народа. Он начинает утрачивать свою исключительность, большинство народа отдаляется от своей религиозной почвы, обеспечивавшей его существование до сих пор. Он присоединяется к тенденции секуляризации, антирелигиозности, характеризующей все современное общество, и тем самым затушевывается и его национальная неповторимость, а сам он стоит перед опасностью полной ассимиляции, подобно другим народам, изгнанным из своей страны. Однако, согласно диалектическому видению рава Кука, именно это, на первый взгляд обескураживающее положение и возвещает решительным образом о непосредственно следующих за этим положительных изменениях, которые приблизят еврейский народ к выполнению его предназначения.

## ГЛАВА С-12. «Теория эволюции» и историософская концепция

*12.17. Сегодняшний отход от религии связан с тем, что религия не развивала свои представления, и образованным людям эти представления стали казаться примитивными*

Мы уже видели, как объясняет Рав явление отхода от традиционной религии, наблюдаемое в последних поколениях: причина состоит в том, что религия пренебрегала углубленным изучением вопросов веры и различных философских систем. Это пренебрежение привело к забвению истинных понятий о Боге и к искажению отношений между человеком и Всевышним. Бог при этих взглядах видится *«только как авторитарно-диктующее и принуждающее Начало, от которого нельзя уклониться и которому следует лишь подчиняться»* [и такой образ Бога, конечно, у духовно продвинутых людей вызывает лишь отторжение]. Бог предстает в сознании в совершенно искаженном, надуманном образе: *«Его наделяют качествами чего-то надуманного, затененного, что приводит человека в смятение, угнетает его дух»*. Неудивительно поэтому, что наши современники, причем лучшие из них, восстают против веры их отцов. Они видят перед собой только нарисованный эмоциями какой-то темный образ, не дающий никакой пищи развитому уму, и поэтому они «с разочарованием и болью в сердце» отрицают веру вообще.

*12.18. Идеи, в которых развитие религии отстает (пока) от общего развития общества: (1) чувство общности всего человечества, открытости миру; (1а) отказ от опоры на страх (перед наказаниями ада и т.д.); (2) новые научные (в частности космологические) концепции; (2а) которые требуют, чтобы все частности выводились из общих принципов, из ясных и четких понятий; (3) принцип эволюции и ощущение прогресса и развития*

Однако неверие, наблюдаемое в нашем поколении, не есть только отрицательная реакция на духовное состояние еврейства, оно есть также результат глубоких изменений, произошедших в современную эпоху во всем мире в целом. Эти изменения принесли с собой новые понятия о ценностях, которые вызвали разрушение старых. Рав Кук выделяет три центральных изменения, произошедших в человеческом сознании в новейшее время.

Первое из них произошло в сфере общественного сознания вследствие пролома бреши в стенах закрытого общества и проникновения в массы образования, знания и понимания жизни других сообществ и т.д., что стало вести к осознанию всего человечества как единого социума, чувства глобального единства человечества, общей жизни и судьбы [в сегодняшних терминах – «мировая деревня»]. Эта идея всеобщего объединения не имела успеха в прошлом, особенно у еврейского народа: как из-за преследований, которым он подвергался, так и вследствие норм практической жизни, которые отделяли его от других народов. В течение многих веков еврейский народ был отгорожен благодаря строго очерченным нормам Галахи и религиозных обычаев, в рамках которых он жил. Он «никогда не заглядывался на то, что находится вовне», его духовный мир также был строго ограничен. Это состояние постепенно изменилось в последних поколениях, пришло общественное признание не только отдельных просветителей, но и всего просвещения в целом.

Этот в принципе положительный процесс открыл дорогу также и отрицательному явлению: с уменьшением невежества и расширением просвещения, когда общество встало на путь подъема, именно этот подъем и привел к снижению авторитета религии, т.к. она уже не утоляла жажду народа. С другой стороны религия теперь уже не внушала человеку страх (и из-за этого люди перестали бояться нарушать ее законы). Однако, добавляет рав Кук, положительным здесь является то, что образ жизни больше не определяется каким-либо страхом, ни материальным, ни духовным. Это поколение, подчеркивает Рав, не сможет, даже если захочет, вернуться к Богу только из страха.

Таким образом, это изменение является необратимым, но именно поэтому велика сила, сокрытая в нем. Нынешнее поколение внутренне полно желания подняться с помощью еврейской духовности, но ему подходит только такой иудаизм, который полон «света жизни, знания и чувства»; и если наше поколение не находит этого нужного ему света в Традиции, то оно ищет удовлетворения в других учениях: *«Такое поколение, смело идущее на смерть во имя достижения возвышенных, как оно считает, целей [имеются в виду, в основном, революционеры-социалисты того времени], не сможет быть униженным, даже если оно выбрало себе совершенно ошибочные цели. Дух его устремлен ввысь, он стремится и обязан стремиться слышать возвышенное во всем, к чему он обратится».*

Вторым изменением в наше время является обновление научных концепций, и прежде всего космологической мысли, произошедшее одновременно с изменением в обществе. Средневековое геоцентрическое мировоззрение идеально подходило «малости в ограниченной среде», в то время как новое и новейшее представление о Вселенной не только расширит научное мировоззрение о материальном мире, но *«оно, проникая в широкие массы, безусловно,*

## ГЛАВА C-12. «Теория эволюции» и историософская концепция

*обновит также и духовный мир».* Этот переворот в духовном мире тоже наносит серьезный ущерб традиционной вере. Однако грандиозное расширение картины материального мира на самом деле гораздо больше (чем мышление ограниченное) подходит вере для выявления Божественного света, находящегося в мире: *«Совершенно очевидно, что сейчас, вследствие новых воззрений о сущности мира, Божественный свет проникает в мир лучше, размеры и величие этого света видятся бесконечными по сравнению с тем уровнем проникновения Божественного света, который рисовали древние философы с их несовершенным взглядом на размеры и величие космоса».*

Трещина в стенах закрытого общества, просвещение, распространившееся в широких массах, и неудовлетворенность простой верой приведут к еще неосознанной потребности, к учению об единстве Мудрости святости: *«неслыханная дерзость (хуцпа), присутствующая в поколениях начала мессианского процесса [т.е. отход сионистского движения от религии] появляется из-за того, что мир уже подготовлен к требованию объяснения связи всех частностей с общими принципами; и если какая-то частность не получает объяснения в рамках целого – это не оставляет разум в покое»*[1]. [Т.е. вся культура в новое время устроена так, что частности должны вытекать из общего целого; а те частности, которые не связаны с общими принципами, отвергаются. И, соответственно, если в области религии те или иные частности (т.е. заповеди) перестают быть связаны с общими принципами (моральными ценностями и т.п.), то такие частности отвергаются, и люди перестают их соблюдать; этот отход от религии и резкая критика ее положений и являются «неслыханной дерзостью периода начала мессианского процесса».] Поэтому Рав пишет в одном из своих писем, что он не только не считает нужным тревожиться из-за усиления в мире нападок атеизма на религию, но, напротив, рад им, так как эти тенденции, на первый взгляд наносящие вред и сокрушающие веру и религию, на самом деле приближают мир к истинно высокому пониманию религии: *«Все атаки разума на религию приходятся исключительно на те аспекты, про которые вообразили, что будто бы в них наши знания о природе связаны верой; и эти аспекты обязаны развалиться и исчезнуть. На их место должны прийти ясные и точные понятия, свободные от вводящих в заблуждение домыслов, и они могут быть найдены только при нашем проникновении в глубину замысла Божественного единства».*

---

[1] Подобный перевод этого отрывка и комментарий к нему, а также объяснение понятия «хуцпа» (дерзость) периода начала «мессианского процесса» см. ниже в разделе D данного сборника, §2.

Нет нужды говорить, что рав Кук тяжело переживал отход его поколения от религиозного уклада жизни. Но он видел в этом также и положительный аспект, поскольку *«тогда, когда пришло время проявиться национальному возрождению, и когда «вознесение рога Мессианского избавления» должно произойти фактически – в этот период есть необходимость в том, чтобы было истреблено все затемненное в представлениях о Всевышнем, несмотря на то, что это страшно: видеть, как выкорчевываются и уносятся мутным потоком отрицания некоторые подлинные ценности, положительные качества, заповеди и законы»*, но ведь спасение не может реально прийти без того, чтобы разрушить ошибочные основы, даже если они связаны со святостью.

Третье важное изменение, произошедшее в новое время, – это распространение теории эволюции, *«учения о развитии, которое охватило все слои общества в период нового изучения природы»*. Духовный смысл этой теории также выходит далеко за рамки ее научной сферы, и мы уже видели его место в учении рава Кука. Закон развития действует и в истории, и в общественных отношениях, и все эти изменения ведут к тому, что *«грубая форма веры»* не в состоянии больше держаться. Теперь общество уже готово к восприятию Мудрости святости, основанной на принципах Каббалы, которую в прошлом могли постигнуть лишь избранные: *«Постижение Божественной истины становится возможным для всякого, и ситуация такова, что даже простую веру можно объяснять среднему человеку, лишь если подробно пояснять ему высшие таинства, являющиеся краеугольным камнем Мира»*.

*12.19. Новое поколение требует очень высокого уровня Божественного света; и такой уровень духовности скрыт только в материальности*

Знаком этого повышения уровня требовательности послужил отказ нынешнего поколения утолить свою жажду таким содержанием, которое очень ограничено и не может привести к глубокому познанию. Это поколение – «с большими потенциальными возможностями»: все, что есть у него, – это жажда, желание, неосознанное стремление к совершенной истине, в то время как наяву, в исторической действительности, эта жажда выражается в секулярной форме, в поиске суррогатов истины. Но истина уже не сможет проявиться топорно-напрямую, недиалектическим путем. Она проявится исключительно с помощью внешней материальности: *«в нашем поколении духовность может быть исправлена только с достижением материальных целей»*.

Таким образом, в усилении внешней, светской материальности скрыто духовно-положительное начало, которое мы можем ощутить лишь тогда, когда при постижении мира на основе Каббалы (внутреннего света Торы) нам станет понятен диалектический характер «внешнего духовного упадка» (т.е. отхода от Торы) в нашем поколении: *«Этот (внешний) упадок на самом деле является (внутренним) подъемом»*. Это и есть идея, высказанная Равом в его учении о диалектической связи материального и духовного: Божественный свет содержится наиболее концентрированно именно там, где он наиболее сокрыт, т. е. в том, что выглядит совершенно темным, материальным и будничным. На основе этой концепции рав Кук сделал практические, далеко идущие выводы о положении и перспективах развития еврейского народа в наше время.

## ГЛАВА С-13

## ВОСПРИЯТИЕ СИОНИСТСКОГО ДВИЖЕНИЯ КАК ПРОЦЕССА «ГЕУЛЫ» — «МЕССИАНСКОГО ИЗБАВЛЕНИЯ»

*13.1. В эпоху Первого и Второго Храма евреи были настолько поглощены материальным, что не было возможности исправить это без того, чтобы все разрушить и выслать народ в Изгнание*

Диалектика отношений между материей и духом в целом, о чем шла речь в предыдущей главе, проявляется также и в рамках исторического процесса. Рав Кук находит в таком подходе объяснение различным периодам в истории еврейского народа, как в древности, в эпоху Изгнания – Галута, так и на разных стадиях выхода из него.

Первое изгнание нашего народа из своей страны (связанное с разрушением Первого Храма) стало неизбежным *«вследствие усилившейся тенденции к материальному, которая перевесила духовные устремления»*. Это чрезмерное подчеркивание материальной природы находило свое выражение (в рамках видения мира той эпохи) в грехе идолопоклонства, другими словами, в обожествлении природы и в поклонении ей: *«Идолопоклонство, поразившее нас в течение долгого периода, предшествовавшего разрушению Первого Храма, явилось порождением чрезмерной тяги к материальному, и оно повлияло также и на следующий этап в истории нации, когда стали умножаться дурные наклонности»*. Хотя идолопоклонство само по себе и ослабилось во времена Второго Храма, также и в ту эпоху излишняя склонность к материальному не была преодолена, она проявилась в форме «беспричинной ненависти», что привело к состоянию, *«в котором не было другого лекарства от болезни, кроме сокрушения народа настолько, что в течение долгого времени ему нечем было заниматься в материальном мире вообще. Во время длительного периода Изгнания всему народу осталась возможность обратиться только лишь к возвышенным и благородным вещам»*. Жизнь еврейского народа в изгнании отмечена таким уровнем духовности и нравственности, какого не было у окружавших его народов. И естественно, что *«даже если евреи и обращались к материальному миру, в силу жизненной необходимости и потребностей, – наряду с этим, у всего народа в целом не было никакого материального занятия в эпоху Изгнания»*.

## ГЛАВА С-13. *Сионистское движение как процесс «Геулы»*

**13.2. Жизнь в изгнании «чиста», но «неполноценна»**

Эта характеристика жизни в изгнании как «морально чистой, неподвластной загрязнению» (вытекающему из необходимости управления страной, армией, политикой), является со времени рава Кука и до наших дней одним из известных аргументов в пользу жизни в Галуте и против сионизма. Однако рав Кук рассматривает состояние изгнания как существенный изъян в цельности исторического существования еврейского народа – и всего сущего вообще, – цельности, которая реализуется только в единстве «божественной идеи», источника духовной и религиозной жизни, и «национальной идеи», олицетворяемой реальной историей, ибо *«обе они выходят из Божественного источника»*.

В Галуте существование еврейства как народа было ограничено религиозными заповедями; при этом «религиозные нормы» соблюдались, но в этом было и уменьшение Божественной идеи, которая *«все дни изгнания умещалась в маленьком, убогом гнезде, в «малом Храме» синагог и иешив, в праведной домашней и семейной жизни... При таком положении понятно, что невозможно было открыться тому грандиозному величию единства двух идей, дополняющих друг друга, в их древнем великолепии и прочности, пока народ не был полновластным хозяином своей страны»*.

**13.3. Вместе с возвращением в Страну Израиля происходит необходимый возврат от «чрезмерной духовности» к материальности, и в этом источник сионистского «нахальства»**

Этот раскол между божественной и национальной идеями представляет собой недостаток в метафизическом смысле, так как мы знаем, что изолированная преувеличенная духовность, оторванная от материальности и от жизни, наносит ущерб единству бытия, и она в качестве «духовного идолопоклонства» искажает также и сущность самого духа. *«Тенденция, уводящая от равновесия в сторону увеличенной духовности, также наносит вред, так как утрачивается подлинное величие по сравнению с самой духовностью»*. В Галуте еврейский народ утратил свою жизненную силу, а без нее дух становится безжизненным и «абстрактным»: *«Галут истощил силу чувства и образа, одновременно с истощением ощущения могущества жизни и эстетического совершенства»*, – но он был необходимой ступенью как антитеза природе идолопоклонства, он послужил «лекарством против непомерного стремления к материальности». Этот период истории еврейского народа заканчивается в нашу эпоху: наступило время диалектического процесса, который даст начало противоположному движению, и это движение начинается с активизации светского сионизма. При этом неизбежно, что сионизм сопротивляется религии вместе с его неприятием любого проявления Галута. В этот начальный этап неприятие категорично по своей природе, т.к. оно есть антитеза предыдущему периоду, и необходимо лекарство от тяжелой галутной болезни: «*И вот теперь, когда пробил час национального возрождения, мы точно знаем, что излечились от болезни в целом, и что народ уже удостоился права заниматься материальными вещами. Первичный отход от чрезмерной духовности к материальному обязан происходить несколько преувеличенно в пользу последнего, а это и есть источник «неслыханной наглости (нахальства, дерзости, «хуцпа») времен начала мессианского процесса».*

### 13.4. Религиозная ценность спорта и физического возрождения

Известны резкие и категоричные высказывания Рава о религиозной пользе физической культуры, которые навлекли на него гнев харедим «Старого Ишува»: «*Гимнастика, которой занимается еврейская молодежь для укрепления тела, чтобы стать достойными сыновьями своего народа, – она усовершенствует духовную силу высших праведников, занимающихся соединением святых имен; она способствует усилению Божественного света в мире, и не может одно проявление света состояться без другого*». [Т.е. физическое укрепление молодежи также является проявлением Божественного света; более того – оно поднимает «весь Израиль», и это поднятие на уровне «нижних этажей», поднимая всю систему в целом, способствует тому, что духовная сила «высших праведников» тоже увеличивается.] Так идея *тшувы* (возвращения/раскаяния/исправления) получает у р. Кука более широкий смысл – подобно тому, как мы это видели при обсуждении аспектов метафизики в его концепции. Рав Кук считает, что обращение к проблемам материальным, жизненным, которыми пренебрегали в эпоху Галута, является необходимым условием для духовного и религиозного возрождения: «*Велики наши требования к телу, нам нужно тело здоровое, мы слишком долго занимались только лишь душами, забыли о святости тела, не уделяли внимания здоровью и физической стойкости, забыли, что ведь плоть наша священна в не меньшей степени, чем душа. Мы оставили практическую жизнь, изысканность чувств и связь с конкретной материальной действительностью из-за недостатка веры в святость нашей страны... Наше духовное возвращение состоится только вместе с физическим возвращением, во всем его духовном блеске*».

**13.5. «Душа у нерелигиозных первопроходцев более совершенна, чем у богобоязненных, но не связанных с возрождением народа в целом; однако дух более совершенен у этих последних»**

После этого высказывания становится понятной та знаменитая похвала, которую Рав дает светским первопроходцам: *«Душа у еврейских отступников (букв. «преступников», т.е. нарушителей заповедей) времен начала мессианского процесса, которым дороги заботы еврейского народа и его национальное возрождение, – она более совершенна, чем душа евреев богобоязненных, но которые не обладают этим преимуществом ощущения себя как части народа и участия в возрождении Страны. Однако дух гораздо более совершенен у евреев богобоязненных и соблюдающих заповеди, несмотря на то, что не сильно в них ощущение самих себя как части народа и нет у них пробуждения желания действовать для всего еврейства»*[1].

Следует отметить, что в этих словах, при всем положительном отношении р.Кука к нерелигиозным строителям Страны, он также сохраняет и критический взгляд на них: они остаются «еврейскими преступниками» (т.е. нарушение ими заповедей – это не мелочь, это остается их существенным недостатком), и при том, что души их более совершенны, чем души «богобоязненных евреев», «дух» последних выше, чем у первых. Слова рава Кука выглядят здесь так, как будто он использует термины из области психологии, но на самом деле их содержание основано на подходе каббалы [выделяющем пять уровней в личности человека: нефеш (душа), руах (дух), нешама (внутренняя душа), хая (жизненность), йехида (единство с Богом)]. Душа («нефеш») есть совокупность жизненных сил и чувств человека, она ответственна за «реализацию» и является низшей ступенью по сравнению с духом («руах»).

**13.6. Духовность, оторванная от материальности, есть вид дуализма и идолопоклонства; и секулярные сионисты уничтожая ее, совершают важнейшее религиозное действие. А в дальнейшем «они же уничтожат идола материальности, и национальная душа выработает гармоничную духовность»**

Позитивное отношение р. Кука к представителям «Нового Ишува» связано, конечно, с его известным чувством «любви ко всему Израилю», но оно не основано только на этом; принципиальная позиция поддержки р. Куком светского сионистского движения вытекает из общих философских основ его учения. Сущность реального в единстве, и поэтому *«дуализм – это идо-*

---

[1] Перевод этого отрывка целиком и комментарий к нему см. ниже в разделе D-1, §21.

лопоклонство». Одним из видов дуализма является и подход, отделяющий духовное от материального. Таким образом, акцент на «чистой духовности» с пренебрежением к материальному миру является «видом идолопоклонства», и оно должно быть уничтожено. Рав Кук говорит об этом так: *«идолопоклонство не может быть исправлено иначе, как уничтожением его; и современным «еврейским отступникам» [т.е. сионистам, не соблюдающим заповеди] принадлежит здесь решающая роль... Они сокрушают сначала эту «духовность», возносящуюся над материальным и противоречащую ей. Едкой критикой они демонстрируют всю ложность и убогость этой «духовности». Они разбивают ее с особым фанатизмом, присущим еврейскому народу, и рады видеть, что идол этой «духовности» лежит в руинах»*[1].

Так проявляется «хитроумие Божественного замысла» на нынешнем этапе истории еврейского народа: разбиванием «временных идолов» секулярные революционеры, без всякого намерения выполняют важную функцию в процессе возвращения единства святости в мир, *«они расчищают место, уничтожая мнимую духовность* [и, соответственно, рисуемую этой духовностью «пустоту и низменность» материальности], *тем самым подготавливая путь для высшей святости, которая пошлет свой свет, чтобы возвратить сердца сынов еврейского народа к такому уровню веры, когда мир воспринимается как единство»*. Сами они, правда, «ошибочно полагают, что искоренили уже всю духовность», т.е. все соблюдение Торы и ее заповедей (которая, конечно, и является единственной духовностью еврейского народа). Но на самом же деле *«они сокрушили лишь иллюзорную духовность, а не подлинную, которую невозможно уничтожить, она существует и будет существовать вечно, независимо от того, признают ее или отвергают»*. А поэтому, *«после того, как они разобьют окончательно идола «отделенной духовности», они поневоле начнут разбивать и идола материальности, т. к. когда материальное отделено от духовного, то оно само тоже становится ничем иным, как идолом, не имеющим права на существование»*.

Таким образом, Геула – «мессианское избавление» – придет тогда, когда эти противоречия между духом и материей и между святым и будничным приблизятся к состоянию высшего синтеза, т. е. когда на секулярной антитезе религии начнет действовать диалектическая закономерность, чтобы оповестить: *«Не продлится долго и эта тенденция к крайности, поскольку в основе народа зало-

---

[1] В этой «войне с ложной духовностью», говорит Рав, есть своя позитивная функция даже и у «исторического материализма» (несмотря на всю отрицательность последнего).

жено равновесие; а поэтому, когда утихнет буря, дела пойдут в нужном направлении и получат надлежащий вес... *Нужно найти этот духовный свет, содержащийся в стремлении к материальному, найти внутреннюю цель этого устремления. И когда этот свет откроется, будет побеждена эта болезнь «невиданной наглости»* [«хуцпа», начальная антирелигиозная стадия сионизма], *будут уничтожены ее дурные симптомы, и народ в целом пробудится к его естественному состоянию, обнаружив великолепие своей души».*

**13.7. Если сионизм понимается чисто прагматически (как «нормализация»), то он неполноценен и не сможет быть устойчиво успешным**

Только такое диалектическое учение в состоянии постигнуть истинную сущность явления возрождения еврейского народа в наше время, осознав его не как отдельное внешнее историческое явление («эпизод» по выражению Германа Коhена), а как этап в процессе Геулы. Причем само это понимание ведет к обретению национальным возрождением своей цельности, и только благодаря ему приобретет это возрождение свой духовный статус и свою ценность в достижении возвышенной цели. Рав считал, что пока сионистское движение будет пониматься только в смысле утилитарно-политическом, оно не сможет пробудить в глубине души народа желание возвратиться на родину. Что же касается пробуждения, пришедшего в результате страданий и преследований, то оно «есть лишь случайное пробуждение», способное привести в Страну Израиля только тех, кто действует в силу внешней необходимости, «но не из-за исключительности самого внутреннего стремления народа». Всякое «рациональное, общечеловеческое» понимание возвращения в Страну Израиля, восприятие страны как «внешнего достояния нации», т. е. понимание его как средства, обеспечивающего физическое или даже культурное ее существование, – оно не сможет объяснить всю глубину связи еврейского народа со своей Страной. Понимание, основанное на физической невыносимости жизни в Галуте (из-за погромов и т.п.) также не принесет национальному возрождению «плод, достойный существования», пока оно не включит в себя принципиальное (а не прагматическое) объяснение этой невыносимости. Без понимания сущности Галута, без понимания невозможности смириться с Галутом – возвращение не получит необходимой ему *«огромной силы в душе народа и отдельного еврея; ведь жизнь в Галуте может быть даже и привлекательна сама по себе»*, а отдельным человеком при свободной жизни могут и не ощущаться никакие неудобства из-за отсутствия родины, государства и всего остального, что формирует нацию при ее становлении. Глубокое непризнание внутренней сути Галута, которого нужно достичь – вытекает не из желания «нормализовать жизнь народа», которую светское сионистское движение декларировало в качестве цели, а из более глубокого источника, стоящего за самим этим желанием, хотя выразители этого желания, т.е. светские сионисты, сами не осознают этого.

*13.8. Внутренний источник сионизма: жажда объединить материальное и духовное в единый Божественный мир*

Этот внутренний источник сионизма (который зачастую не осознается его светскими последователями) есть жажда объединить все проявления жизни в единое целое. Когда еврейский народ живет в условиях Галута, то осуществить это объединение невозможно, так как в Галуте проявления жизни основаны на отделении духа от материи и от жизни и на противоречии между святым и будничным. Отрицая Галут, национальное возрождение при этом подчеркивает материальное и светское и не признает святое; но тем самым оно само становится не менее односторонним, чем был до того Галут. В противовес этому «мудрость святости», чья сущность сводится к видению единства в мире и к требованию полностью осуществить все стороны жизни нации, – она выражает внутреннюю основу, дающую толчок к движению возрождения в Земле Израиля: *«Тора со всей силой ее внутренней логики обращается во весь голос к цельной душе народа; с ее помощью народ начинает чувствовать боль Галута, который не дает проявиться облику народа, преследуемого и скитающегося без руля и ветрил на чужой земле».*

Проявление национального облика во всей его целостности является высшим синтезом освобождения, включающего *«возвышенное благородство просвещения и фундамент чистоты жизни во всей ее крови и плоти, воображении и чувстве..., которые готовят базис для органической жизни, охватывающий возрождение полностью, от полной абстрактности и до реальной радости жизни во всех ее проявлениях».*

В этом суть событий, происходящих в наше время, «тайна нынешних перемен». Посредством этих событий святость выдвигает требование *«естественности, простоты, здоровья, нормализации в жизни, в ощущении, в мыслях и действиях».* Даже если в процессе осуществления этого требования «мы загрязнимся скверной» материального мира, это будет промежуточным этапом, с помощью которого «мы приблизимся к выполнению требований природы». Здесь проявляется в исторической сфере та диалектика, которую мы обнаружили в отношении между святым и будничным в сфере метафизики, т. е. противоречие между святым, борющимся с природой, – и святым, объемлющим природу, заключающим ее в себе: *«С одной стороны святое в природе, т. е. святость Страны Израиля, а с другой стороны, Шхина, сошедшая в Изгнание вместе с еврейским народом, т. е. способность углубить святое вопреки природе».* Но, как мы уже видели выше (см. главу 9), эта святость, противостоящая природе, не есть полная святость. *«Полная святость является исправлением всего мира, при котором Святое, присутствующее в Галуте, Изгнании, соединится со Святостью, характерной для Страны Израиля».*

**13.9. Только при материальной реализации в Стране Израиля возможна настоящая духовность**

В свете этой историософской концепции становится понятной исключительно важное значение Страны Израиля в учении рава Кука. Это не «Эрец-Исраэль как духовный символ» (как рассматривали ее несионистские мыслители, подобные Герману Коhену или Францу Розенцвейгу), а Страна в ее реальном физическом воплощении, так как в ее природности и в возвращении к ней сосредоточены все те виталистические и волевые стороны действительности, которых не хватало народу в изгнании: связь с живой природой, земледелие, телесная и военная сила, политическое самоуправление. Рав Кук не признает учение, отводящее еврейскому народу жизненную и моральную функцию быть «светом другим народам», находясь при этом самим в рассеянии Галута. Подлинная и целостная реализация духа, святости и идеалов возможна лишь после обыденного и конкретного воплощения в пределах Страны, а не в «стерильном» существовании вне нее. Такая настоящая жизнь, являющаяся синтезом различных сил реальности и выражающая дух единства еврейства, может иметь место только в Стране Израиля: *«Явное единство мира морального, духовного и разумного с миром общения и действия выражается в еврейском народе, и неповторимость Страны Израиля заключается в подготовке мира к открытию этого единства, проливающего новый свет на всю человеческую культуру».* С осуществлением этого единства выполнит еврейский народ и свое универсальное предназначение, так как *«достоинство такого цельного существования Израиля есть основа света для всего мира, обнаружения Божественности в мире, очищения качеств, возвышения справедливости и продвижения нравственности в мире»*[1].

---

[1] Похожую концепцию демонстрирует Моше Гесс в своей книге «Рим и Иерусалим»; он также подчеркивает важность Страны Израиля в выполнении исторической миссии еврейского народа.

**13.10. Страна Израиля нужна еврейскому народу не для его физического или даже для духовного существования, но для реализации цели своей национальной жизни**

Отсюда следует, что Страна Израиля выполняет не только обычную историческую функцию сплочения народа на его исторической родине, как это делают другие страны для своих народов. Отношения между еврейским народом и его страной с самого начала были аномальными, и так это было во всех поколениях. В этом факте рав Кук усматривает выражение статуса Страны Израиля как единственной в своем роде (подобно тому, как высказывался Иеhуда Галеви): *«Страна Израиля не является для еврейского народа чем-то внешним, случайным приобретением нации, только средством для достижения полного объединения и укрепления материального или даже духовного существования народа. Страна Израиля – это ценность, имеющая самостоятельное значение, связанная жизненными узами с народом, чья внутренняя исключительность неотделима от ее существования, поэтому всякая рациональная человеческая теория не в силах объяснить ни сущность исключительности святости Страны Израиля, ни глубину привязанности к ней»*[1]. Но эта исключительность не является магическим свойством Страны и не действует сама по себе. Уникальность народа и страны проявляются в историческом диалектическом процессе, в котором есть подъемы и спады, связанные с поведением людей; и рав Кук считает, что мы находимся на решающем этапе этого процесса.

**13.11. Отход от Торы создал «жажду морального свершения», которую могло удовлетворить только строительство Государства, поэтому этот отход был исторически необходим**

Как мы уже сказали, невозможно достичь «высшей святости», напрямую, недиалектическим способом. Принцип «хитроумия Божественного замысла» должен действовать и здесь; и он реализуется в том, что возврат к «духовности в природе» и начало Мессианского

---

[1] Это позиция очень близка, в частности, к позиции Мартина Бубера (при том, что у него концепция еврейства была совершенно иной, чем у рава Кука), который утверждал: «Основа, заложенная в слове Сион, не является чем-то случайным в национальной идее и национальном движении: то особенное, что добавилось здесь к общему, дает начало самостоятельному, выходящему далеко за рамки национальных проблем и касающемуся проблемы общечеловеческого, космического, может быть даже и проблемы самого бытия. Даже если рассматривать еврейский народ как народ среди народов, а Страну Израиля – как страну среди стран, то все равно в отношении еврейского народа к своей Стране и в их общем назначении они являются одним целым, не имеющим аналога. И это есть таинство, которое таковым и останется» (М. Бубер, «Народ и его страна», Иерусалим, 1944, стр. 4).

освобождения осуществится именно с помощью движения светского, которое само по себе не ощущает связи с религией. Таким образом, рав Кук давал религиозное объяснение движению светского сионизма и явлению нерелигиозного лидерства в процессе возрождения народа в Эрец-Исраэль. Вполне естественно, что многим представителям светской части общества это объяснение не нравится, так как из него вытекает, что национальное возрождение, по сути, пришло исключительно для того, чтобы вернуть их, диалектическим путем, к подлинному еврейству – другими словами, к тому, что в значительной степени является в их глазах противоположностью первоначальной идее светского национального движения, стремившегося отодвинуть религию и занять ее место. При этом рав Кук считал, что отход от религии в начале сионистского движения является неизбежным этапом: *«Весьма велика печаль сердца нашего из-за духа «разрушения ограды» [«ломки рамок», разрушения принятой системы ценностей и норм поведения], разразившегося во всем мире и повлекшего за собой разрушение в области Торы и религиозной веры до такой степени, что огромные массы еврейского народа оставили еврейство в ужасающей форме, и забывается Тора многими. Однако само это устрашающее положение привело к пробуждению национального духа, столь насущно необходимого нам. Эти удалившиеся сыновья ощутили себя отвергнутыми и не находящими никаких моральных устоев, не находящими никаких морально достойных поступков и идей, чтобы насытить их истосковавшиеся души, в сочетании с преследованиями и непризнанием со стороны народов, с которыми они искали контактов, считая, что если они откажутся от еврейства, то их примут с любовью. Эти сыновья начали ощущать недостающее им. И когда уже они отдалились от религиозного чувства, и выполнение требований Торы и соблюдение заповедей забылось ими, тогда смогли они найти убежище своим душам только в национальном чувстве... Поэтому и предстало перед нами это поразительное зрелище, когда национальный дух пробуждается гораздо сильнее у людей, далеких от заповедей и веры, которыми Тора забыта почти совсем».* Описание этого процесса, – который одинаково и страшен и чудесен! – безусловно, подходит таким личностям, как Герцль и Нордау, но рав Кук относит его ко всему секулярно-сионистскому поколению.

*13.12. Секулярный сионизм велик скрытой (потенциальной) духовностью, но убог духовностью реальной, и это приведет его к деградации и кризису*

Итак, у поколения первых сионистов «в области духовности есть необычайно много в потенциале, притом, что нет ничего в актуальности», и параллельно тому, как рав Кук хвалит сокрытое в нем, он описывает в мрачных красках его фактическое положение, а также предрекает ухудшение этого положения вплоть до открытого кризиса. Поскольку все еще не найдено настоящего духовного решения насущных и исторических проблем поколения, то достижения науки и распространение просвещения приведут к расцвету только внешней материальной культуры и к снижению ценности внутреннего в мире человека: *«Поднимаясь все выше во внешней культуре, их мир теряет свою внутреннюю ценность. Это падение происходит из-за того, что с возрастанием значения культуры человек усваивает больше ее внешнее выражение, но при этом пренебрегает внутренним. Это приводит к тому, что уменьшается истинная ценность человека».*

*13.13. Внешние достижения не смогут насытить сердце человека, а в особенности еврея; после овладения внешним наступит разочарование, а далее – прорыв к «мудрости святости»*

Эта секулярная болезнь культуры выражается во «внутреннем охлаждении и во внешнем воодушевлении по отношению ко внешним ценностям». Она, в конце концов, приведет к глубокому духовному упадку и превратит жизнь всего лишь в «механическую задачу», когда для удовлетворения духовных потребностей придут развлечения и появятся «замечательные изобретения для убийства времени». Однако человек вообще, а в особенности еврей, не сможет оставаться в течение долгого периода в этом «унылом покое», так как «он рожден, чтобы летать, и он обязан летать». Человек – это «существо, ищущее смысла» [как нам сказал и другой замечательный мыслитель нашего времени, психолог В. Франкл], и без духовного параметра жизни он быстро разочаруется в материальных достижениях, *и если внутри них нет священного огня полной веры, то эти внешние достижения ослабевают и застывают, приводят к злости и горечи из-за обманутых надежд, из-за пустой, пресной жизни».* Когда поколение дойдет до этого ощущения внутренней пустоты, до самой нижней ступени – то оно будет готово обратиться к сердцевине еврейского, к мудрости святости, а тогда и *«все внешние ценности осветятся высшим светом».*

*13.14. Только глубокая «мудрость святости» может дать ответ на запросы времени; это не под силу ни «сухой ортодоксальности», ни рационализму*

Почему только мудрость святости, учение глубокое и сложное, сможет излечить болезнь поколения? Прежде всего, из-за сложности болезни, ибо только крайнее средство может изменить критическое состояние: *«Именно в мо-*

мент величайшего кризиса и огромной опасности нам нужно обратиться к наилучшему лекарству, и мы должны быть радикальными». Тора, предлагающая «ортодоксальность», пока она будет оставаться тем «сухим учением», которое не смогло остановить бурю, обрушившуюся на нее, – такая Тора не сможет удовлетворить духовные требования текущего периода. В этом плане кризис, в котором находится еврейский народ, отражает общее состояние культуры нашего времени. Потребность современного мира в учении о «внутреннем» явится неизбежным следствием диалектического отношения между силами разума и силами жизни, поиск «внутреннего» есть реакция на неограниченную власть в окружающем мире рационализма, науки и технологии. Сторонники рационализма должны ясно представлять, что со всем его духовным богатством он недостаточен, чтобы удовлетворить глубокую потребность человеческой души в иррациональном начале в жизни; только люди недалекие, *«низкие души»*, могут относить эту потребность в иррациональном *«на счет ложного воображения, из объятий которого современное образование спасает, якобы, своих носителей»*[1].

**13.15. Для того чтобы национальное возрождение не превратилось в отрицательный национализм, оно должно держаться «Божественной души еврейского народа»**

Ослабление силы религии, в которой человек мог бы найти недостающее ему духовное измерение, привело к тому, что ее место замещают общественные идеологии и движения – такие, как, например, «социализм» – которые способны вместо религии вознести и воспламенить душу в поисках идеалов. Современное национальное движение также является такой идеологией, но в нем кроется опасность превратиться в отрицательную форму национализма, *«так как иногда национальный дух может быть связан с духом нечистоты и порока, которые повлияют и на его приверженцев»*. Для того, чтобы еврейское национальное чувство не подвергалось этой опасности, оно должно быть верно своему естественному высшему источнику, чтобы черпать из него жизненную силу, происходящую *«из внутреннего Божественного свойства любви к правде и справедливости и искреннего стремления к достижению этих Божественных идеалов»*.

---

[1] Сходный анализ эпохи мы находим в письмах психолога К.Г.Юнга.

*13.16. Евреи должны продемонстрировать миру реализацию Божественной справедливости не только на индивидуальном, но и на общенациональном уровне, т.к. жажда справедливости является главной сутью еврейской души*

Такой морально-религиозный идеализм (при котором внутренним источником национальной жизни является стремление к достижению Божественных идеалов) заключен в самой природе еврейского национального движения, *«потому что такой религиозный идеализм установлен не для отдельных личностей, праведников, которые встречаются в любом народе, – но для целого общественного и национального объединения. И нет другого народа в мире, основой внутренней исключительности которого и высшим стремлением, скрытым в глубине его национальной души, являлась бы неуемная жажда Божественной справедливости, как это у народа еврейского»*. Справедливость и праведность по еврейским понятиям *«должны проявляться не только в частной жизни отдельного человека, но также, и причем особенно сильно, в жизни всего национального организма, и они должны быть не чем-то второстепенным, но составлять основу его существования»*. Этим отличается еврейская религия от религий других народов, особенно от христианства: иудаизм стремится установить в мире моральные ценности не только на уровне личности, но и в историческом и государственном проявлении, и поэтому на еврейском народе лежит обязанность своей национальной жизнью демонстрировать всему миру их существование.

*13.17. Отличительная черта иудаизма – жажда воплотить Божественные идеалы не только в индивидуальной, но и в национальной жизни*

Отсюда вытекает потребность в реализации «божественных идеалов» именно в национальной и государственной сферах; в этом и состояла особая весть, провозглашенная именно иудаизмом, – *«стремление создать значительное человеческое общество, которое пойдет по пути, указанному Всевышним, «чтобы творить добро и правосудие» (см. Быт. 18:19); и для достижения этой цели необходимо, чтобы общество это обладало политическим и социальным государством, а также национальной властью, ...чтобы знать, что достижение Божественных идеалов доступно не только отдельным великим мудрецам, праведникам и отшельникам, мужам святости, живущим в свете Божественной идеи, – но и целым народам, устоявшимся и пользующимся всеми благами культуры и упорядоченного государства; целым народам, содержащим в себе все социальные слои, от высокой творческой интеллигенции, думающей и уважаемой, до более широких масс са-*

мого простого народа во всем его многообразии, вплоть до самых грубых его представителей».

**13.18. Воплотить моральные нормы в государственном масштабе несравненно труднее, чем в индивидуальной жизни**

Раву Куку, конечно, было хорошо известно, что воплощение моральных и духовных ценностей в рамках целой национальной жизни – задача гораздо более сложная, чем воплощение их в частной жизни: *«Конечно, это тяжелый труд – соблюдать законы Торы, связанные с обществом и государством; гораздо более тяжелый, чем соблюдение законов, налагаемых на отдельного человека... И миссия очищения общества в целом, общества, организованного государством, – гораздо более сложна по сравнению с миссией очищения каждого человека в отдельности. Поэтому мы и видим, что если в мире по отношению к отдельным людям и есть какая-то минимальная реализация норм простой человеческой морали в реальной жизни, то в государственном масштабе все человечество в целом совсем еще не пришло к соглашению о моральных нормах, соблюдение которых обязательно. И мы знаем, что то дурное начало, которое есть в отдельном человеке, оно во много раз сильнее в человеке, являющемся частью управления обществом, – вплоть до того, что все понятия о хорошем и плохом, справедливости и злодействе совершенно исчезают в неразберихе кипящего котла государства».*

**13.19. Именно для этого евреи (в отличие от всех других народов) стали народом и получили Тору еще до создания собственного государства**

И вот, еврейский народ является единственным в истории среди других народов, базовые культурные достижения которого, его национальные и сущностные особенности определились еще до того, как он стал жить в рамках государственной структуры, на своей земле, – они определились и были установлены во время стояния у горы Синай, когда на еврейский народ были возложены ценностные принципы его национального существования и ему было возвещено о его универсальном историческом предназначении; и это было сделано еще *«до того, как тяга к справедливости и нравственности будет вытеснена из его сознания суматохой жизни, а сам он будет захлестнут мутным потоком и обрушивающимися волнами общественной жизни».* Поэтому и в наше время, когда снова пробуждается в еврействе национальная идея и когда усиливается движение за создание государства, должно сохраняться в нем *«качество* справедливости и правды, одинаково уважаемые обществом и каждым в отдельности. И особая святая обязанность еврейства состоит в том, что мы должны быть не только людьми святости каждый сам по себе, но в особенности быть царством священников, святым народом и стремиться к такому государственному фундаменту, который был бы освящен этими идеалами».

*13.20. Евреи не могли править государством, когда это было неотделимо от кровопролития и дикости, и поэтому восстановление государства происходит только сегодня. Войны нужно вести, но помнить при этом об идеале мира*

Это была одна из функций периода Изгнания, – когда, как мы упоминали, еврейство было отстранено от всякого занятия материальным миром: *«мы оставили мировую политику вынужденно, но внутренне желая этого, пока не придет то счастливое время, когда можно будет управлять страной без дикости и преступлений; мы ждем этого времени... Не стоит Якову заниматься делами государства, когда оно полно кровопролития»*. Это не означает, конечно, что на историческом пути к осуществлению идеалов народ не воспользуется «всеми средствами, которые предоставит время», включая даже войны, *«как это было у первых поколений, которые вели войны, войны за существование нации; ...когда мы вглядываемся в них в нашем стремлении к достижению нравственного идеала, то мы стремимся к их отточенной и выкристаллизованной жизненной силе, мужеству и твердости, заложенных в них, и в этом стремлении крепнет наша духовная сила, и наше мужество становится более утонченным»*. Несомненно, что рав Кук был совершенно далек от пацифизма: Израиль, *«как всякое национальное и общественное объединение, обязан охранять свою независимость от чьих-либо посягательств, и он будет воевать, используя все необходимые средства»*. Поэтому *«мы совершенно не должны стесняться тех войн, которые мы вели для нашего возрождения»*. Но Рав подчеркивает также, что не менее важно знать, что это не идеал, а только средство. Конечно, *«война и меч...тоже служат Божественному добру»*, но нельзя забывать, что *«все войны являются ступеньками на лестнице к миру»*, и сама необходимость их ведения указывает на несовершенство современной истории. *«Все это хорошо в свое время, пока не отпадает нужда в нем вследствие познания Всевышнего и Его мудрости, которая наполнит всю землю, как воды наполняют океан»*[1].

---

[1] В этом вопросе (а так же в восприятии сущности национального государства, см. ниже) позиция р. Кука отличалась от позиции Гегеля.

**13.21. Государство Израиль должно стать «троном Всевышнего в мире», должно воплощать духовность, — в отличие от обычного государства, являющегося «большой страховой компанией»**

Национальное государство и все, что с этим связано, является, таким образом, необходимым условием для осуществления религиозных и моральных идеалов еврейства. Но это государство есть лишь материальное и партикулярное средство, необходимое для достижения универсальной духовной цели:

*«Что касается обычного государства, то оно не является высшим счастьем человека. Обычное государство является, по сути своей, «большой страховой компанией» [т.е. оно охраняет человека, дает ему гарантии надежности, поддерживает в случае трудностей и т.д.], при том, что множество идей, являющихся венцом человеческой мысли, как бы витают над ним, совершенно не касаясь его. Однако, если мы обратимся к такому государству, которое идеально в своей основе, в самой сущности которого заложено идеальное содержание, которое действительно является богатством индивидуума, — то такое государство действительно может дать человеку высшую ступень счастья. И таким должно стать наше государство, Государство Израиля, которое должно явиться основанием трона Всевышнего в этом мире, вся цель которого — провозглашение Единства Всевышнего и Единства Его Имени, достижение чего является действительно высшим счастьем»*[1].

**13.22. Нынешнее государство – это «Машиах бен Йосеф». Но он погибнет, уступая место еврейскому религиозному универсальному общечеловеческому «Машиах бен Давид»**

Национальное государство и виталистические силы, пробуждающиеся с возрождением Израиля, олицетворяются у рава Кука в классическом каббалистическом образе «Машиах бен Йосеф» – «Мессии, сына Йосефа» [т.е. Мессии, обладающего категориями «потомков Йосефа»]. Это «предварительный Машиах», который придет раньше, чем «Машиах, сын Давида», символизирующий универсальную Геулу – духовное освобождение человечества. *«В «Машиахе, сыне Йосефа» проявляется национальное качество еврейского народа как такового. Естественно, что конечной целью национального строительства являются не отгоражива-*

---

[1] Здесь следует отметить, что эти слова написаны в начале XX в. еще до Первой Мировой войны. Термин «Государство Израиль» («Мединат Исраэль», букв. «Государство Израиля», т.е. «Государство еврейского народа») был, по-видимому, введен в использование именно р. Куком, и означал у него «идеальное еврейское государство». [Таким образом, еврейское государство должно стремиться и продвигаться к тому, чтобы стать «основанием Трона Всевышнего в мире»; и не следует считать, что оно уже достигло этого статуса.]

ние и не национальное уединение, а стремление объединить всех живущих на Земле в одну семью и добиться признания ими власти Всевышнего. И хотя для свершения этого национального строительства еврейству требуется определенное место и территория, но все же они важны не сами по себе, но как влияние этого «географического образования» на человечество в целом. И когда мир должен будет перейти от национального к общечеловеческому, неизбежной станет ломка укоренившихся узконациональных понятий, недостаток которых состоит в их эгоистичности. Поэтому Машиах, сын Йосефа, погибнет, и подлинная власть перейдет к Машиаху, сыну Давида»[1].

**13.23. Восприятие Мессии (Машиаха) не как индивидуума, а как эпохи**

Рав Кук приводит здесь законченную деперсонализацию традиционных образов мессии. Это не отдельные индивидуумы, а исторические эпохи. «Эпоха Машиаха, сына Давида» начнется только после упрочения физического национального существования, когда еврейский народ уже не удовлетворится исключительно его национальными и материальными достижениями. Ощущение угнетенности в жизни без Всевышнего приведет к пробуждению стремления к тому, что выше этих материальных достижений.

**13.24. Эпоха «Машиах бен Йосеф» может длиться очень долго; но ее бездуховность приведет к буре и возвращению к Творцу через «родовые муки Машиаха»**

Понятно, что период «Машиаха сына Йосефа» может продолжаться очень долго, поскольку речь идет об очень важном историческом процессе. Подобно предыдущему периоду, почти двухтысячелетнему периоду Изгнания, период «Начала мессианского избавления» также может продолжаться длительное время. Эта эпоха будет сопровождаться борьбой, внутренними противоречиями,

---

[1] Рав Кук видел в образе «Машиаха, сына Йосефа», символ государственного сионизма Герцля. Это тема его статьи «hЭспэд бИрушалаим» на смерть Герцля (1904 г.). В самой статье имя Герцля ни разу не упоминается, речь идет о Герцлианском виде сионизма в целом. [Еврейская традиция рассматривает образы Иеhуды (одним из потомков которого является Давид) и Йосефа как противостоящие–дополняющие друг друга на всем протяжении еврейской истории: начиная от столкновения Йосефа с братьями /см. Быт. 37:26, 44:18, 46:28, 49:10, 49:22/; и далее разделения Объединенного Государства Соломона на Северное (Эфраим/Йосеф) и Южное (Иеhуда) царства. Соответственно ТаНаХ представляет нам видение пророками Мессианского будущего как объединение Иеhуды и Йосефа, реализующееся в концепциях «Машиах бен Йосеф», предназначенного к устройству материального аспекта мессианского периода, и «Машиах бен Давид», который есть реализация духовного аспекта мессианского периода. См. об этом также выше, в главе А-4 настоящего сборника.]

страданиями – диалектическими процессами, характеризующими период, называемый «муки перед приходом Мессии». Приведем известные слова Рава: *«Мы заранее знаем, что бунт против духовного произойдет в Стране Израиля и в еврейском народе, в эпоху, когда начнется возрождение народа. Материальное удовлетворение приведет к тому, что часть народа вообразит, что цель уже достигнута, и это приведет к измельчанию их душ, и придут дни, о которых ты скажешь: «не нужны они мне». Стремление к высшим святым идеалам прекратится, и сама собой упадет духовность до низкого уровня. Но все это – пока не разразится буря и пока не станет очевидным, что защита Израиля лишь в руках Всевышнего, она в Его свете и в Его Торе, в стремлении к духовному свету... Изначальный бунт против духовного был необходим ввиду тяги народа в сторону материальной реализации, которая неизбежно должна была возникнуть после того, как в течение столь многих веков народ не имел потребности и возможности заниматься материальной стороной своего существования. И она, эта тяга, будет сопровождаться гневом и разразятся бури, а они-то и явятся «родовыми муками Машиаха», которые окажут огромное влияние на мир, делая его более утонченными через свои страдания»*[1].

Не нам решать здесь, действительно ли сбудется это предсказание[2]...

---

[1] Вариант перевода этого отрывка и комментарий к нему см. ниже в разделе D-1, §247

[2] [Эти слова, завершающие курс лекций проф. Йосефа Бен-Шломо, были сказаны в начале 1980-х годов. Сегодня же, по прошествии 20 лет, предсказание рава Кука о дальнейших путях развития сионизма и Государства Израиль представляются существенно более близкими к реализации...]

# РАЗДЕЛ D.
# ИЗБРАННЫЕ ОТРЫВКИ ИЗ ПРОИЗВЕДЕНИЙ РАВА КУКА

# ГЛАВА D-1

## «АРФИЛЕЙ ТОhАР»
*(избранные отрывки)*

### *Оглавление*

Предисловие редактора перевода.

§1/стр.1. Подобно тому, как мы обязаны исправлять наши неправильные мысли и качества

§2/стр.1. «Дерзость периода начала мессианского процесса появилась потому»

§3/стр.1. Истинная суть «изучения Торы ради нее самой»

§4/стр.2. Во многих ситуациях, являющихся причиной для огорчения

§5/стр.2. Два уровня Божественного Провидения

§13/стр.6. Исправление (*Тикун*) государства как «целого»

§15/стр.8. Любовь к Израилю ... не являются исключительно неформальными эмоциональными побуждениями – см в разделе D-8

§21/стр.11. Душа «еврейских преступников» эпохи начала мессианского процесса

§22/стр.12. Чем больше человек любит людей

§26/стр.13. О знании высших идей неуместно спрашивать: «А откуда известно это?»

§ 27/стр.14. Бренность как часть вечности

§30/стр.15. Временами, [когда] существует необходимость преступить слова Торы

§33/стр.16. Праведники на самом деле должны быть людьми, связанными с естественной природой

§43/стр.19. Инстинкт действует быстрее и точнее, чем рассудок

§65-66/стр.27. Подобно тому, как в жизни высших праведников нет места «просто действиям».../В период начала мессианского процесса всякий, кто соединяет

§67/стр. 27. Мудрецы Торы совершенствуются посредством простолюдинов

§68/стр.28. «Заусенцы», которые имеются в понимании Божественного

§76/стр.31. Я люблю все мироздание

§84/стр.34. Также и в этом мире удаляться от жизни дефектной и продвигаться к жизни полной

§92/стр.36. Понимание Божественности на уровне *Зеир Анпин* и на уровне *Арих Анпин*

§97/стр. 38. Когда человек совершает грех, он находится в мире разделения

§107-108/стр. 41. «Дерзость...» – это ослабление Божественного света для исправления сосудов.../Без этого не могут проявиться тайны Торы

§111/стр.42. Восприятие любви должно развиться

§112/стр.43. Наряду с наличием прилежных ученых, необходимо

§120/стр.45. По сравнению с высшей Божественной истиной нет разницы между «изображающей верой» и атеизмом

§126/стр. 47. Если степень образованности в духовных вопросах мала

§128/стр.47. Следует стремиться быть соединенным со всем обществом Израиля

§129/стр.47. Великая душа жаждет распространиться на все

§133/стр.49. Мораль не устоит без своего источника

§139/стр. 51. В личной индивидуальности каждого есть нечто более возвышенное, чем есть в обществе

§141-142/стр. 51 Наше временное бытие есть лишь отдельная искра от бытия вечности

§ 163/стр. 59. Праведники теряют свой уровень, когда оставляют категорию высшей милости

§ 176/стр. 62. Суть «слушания голоса Бога» состоит в чуткости к процессам жизни

§184/стр.65. Когда думают о вещах Божественных, то иногда в направлении отрицания жизни этого мира

§186/стр.66. Бывают ситуации, когда человек не в состоянии заниматься никаким действием этого мира

§188/стр.67. Возвысить обыденные вещи невозможно иначе, как раскрывая тайны Торы

§ 190/стр.67. Из-за мелкости веры некоторым представляется

§ 191/стр.68. Исправления мира, которые обычно не могут быть сделаны праведниками

§247/стр. 86. Восстание против духовности будет в Стране Израиля

§ 283/стр.101 Суть главного спора в наше время – см. в разделе D-8

§ 287/стр. 105. Вера, с которой разум не может согласиться, пробуждает в человеке гнев и жестокость

§ 290/стр. 107. Когда искренне смотрят на хорошую сторону ближнего

ПЕРВЫЙ ДНЕВНИК

§ 75. Запрещено богобоязненности отодвигать естественную мораль

§ 476. Свежий дух атеизма

ТРЕТИЙ ДНЕВНИК

§24 В поисках собственного Я

§63. Три ступеньки, на которые еврейский народ должен подняться

§176. Когда дух свободы получает гражданство в мире

## ГЛАВА D-1. *Арфилей Тоһар*

### Предисловие редактора перевода

**О названии книги**

Буквальный перевод названия книги «Арфилей Тоһар» – «Облака (Туманы) чистоты/сияния»; имеется в виду облако, которое покрывало вершину горы Синай, когда Моисей поднялся туда для получения Торы (Исход 20:17-18); это выражение используется также и в молитвеннике (Мусаф Рош һа-Шана) как напоминание о Даровании Торы: «и Ты явился нам *из облаков сияния*»

Слово *Тоһар* (букв. «чистота») родственно словам *Зоһар* («сияние»), *Цоһар* («источник сияния»), *Цоһораим* («полдень»), так что *Тоһар* – это «сияющая чистота». Таким образом, название книги можно было бы перевести как «Облака Сияния» или же «Затуманенный свет».

Смысл такого названия состоит в том, что на уровне высших идей, которым посвящена эта книга, невозможно четкое и формализованное описание; понятия неизбежно «расплываются», и поэтому «высший свет» в нашем восприятии сегодня (впрочем, как и в восприятии еврейского народа когда-то, при получении Торы на горе Синай) поневоле «затуманен».

**История книги «Арфилей Тоһар»**

Материал, вошедший в «Арфилей Тоһар», был записан равом Куком как часть его философского дневника в Яффо, с 1904 по 1914 г.

Текст писался сразу набело, без помарок и исправлений и никогда не редактировался. Весной 1914 г. р.Кук передал рукопись в печать и написал своему сыну, раву Цви-Иеһуде Куку (который в этот момент был в отъезде в Европе) письмо, где сообщал, что он *«хочет издать книгу в таком виде, в каком она спонтанно вышла из под его пера»*, чтобы она оставалась горячей и живой и чтобы именно в таком виде ее читали и понимали.

Летом 1914г., когда р.Кук уехал в Европу на конференцию «Агудат Исраэль», началась Первая мировая война, так что р.Кук не мог вернуться в Страну вплоть до 1919 г. Из книги тем временем успели напечатать около двух третей, но из-за войны ее печатание приостановилось. Таким образом, первое (частичное) издание «Арфилей Тоһар» 1914 г. сегодня является библиографической редкостью, и в своем исходном виде книга почти не была известна.

---

[1] Фотографию одной из страниц рукописи Арфилей Тоһар см. выше, на стр. 37.

Многие отрывки из «Арфилей Тоhар» (как и других частей философского дневника р. Кука) вошли в сборники «Орот» и «Орот hа-Кодеш», но сама книга целиком долгое время не переиздавалась.

Только к 1983 г. р.Цви-Иеhуда разрешил переиздать книгу. В этом втором издании было сделано небольшое количество правок, призванных смягчить некоторые наиболее резкие и радикальные высказывания рава Кука, – чтобы неподготовленные читатели не сделали бы слишком далеко идущих выводов из своего неправильного понимания текста. (Эта опасность – ввиду которой полное издание книги столь долго откладывалось – существует, конечно, и сегодня.) По выходе издания 1983 г. некоторые исследователи р.Кука сравнили его с первым изданием 1914 г. и обнаружили эти правки.

В конце концов, в 1994 г. исходные оригинальные рукописи всего философского дневника р.Кука вышли в свет в полном виде, с восстановлением всех купюр под названием «Шмона Квацим» («Восемь Дневников», в 3 томах; Второй Дневник этого сборника составляют «Арфилей Тоhар»). Это издание при выходе в свет было мгновенно раскуплено, и несколько лет его невозможно было достать – настолько, что имелись в продаже даже его «самиздатовские» ксерокопии.

В 2002 г. вышло еще одно издание «Шмона Квацим» (в 2 томах), которое сегодня можно приобрести.

**Перевод**

Перевод отрывков из «Арфилей Тоhар» представляет собой, конечно, очень непростую задачу. Наш перевод не является буквальным, мы стремились, скорее, передать смысл отрывков в рамках учения р. Кука в целом. Когда мы не могли подобрать подходящий термин по-русски, мы давали (иногда в скобках) несколько вариантов перевода. В круглых скобках мы добавили также некоторые пояснения по ходу перевода, а в квадратных (иногда) - изменения и добавления, сделанные редактором ивритского издания 1983 г. Все примечания и комментарии сделаны переводчиками и редакторами перевода.

В издании «Шмона Квацим» (в отличие от изданий 1914 или 1983 г.) все отрывки пронумерованы редактором. В нашем переводе мы даем нумерацию отрывков по изданию «Шмона Квацим» (*Ковец Бет* – «Второй Дневник»), указывая также номер страницы по более распространенному изданию 1983 г.

ГЛАВА D-1. *Арфилей Тоhар* 413

Мы надеемся, что эти тексты дадут пищу собственным размышлениям читателей и будут служить дл них стимулом к дальнейшему изучению текстов р. Кука.

В переводе отрывков и их последующем редактировании принимали участие Зеев Дашевский, Леви Китросский, Меир Левинов, Гершон Левицкий, Хаим Левицкий, Соня Гуткина, Ицхак Стрешинский. Общая редакция: Пинхас Полонский.

**Вводное замечание:**
**Отрывок из Талмуда (Сота 49 б) о «начале времени Машиаха»**

Одним из важнейших вопросов, рассматриваемых равом Куком, является вопрос о восприятии сионистского движения, еврейского заселения и освоения Страны Израиля как «начала Мессианского процесса» (*иквета де-Мешиха*) – и, в связи с этим, религиозного анализа таких сопровождавших еврейскую жизнь начала XX века явлений, как массовый отход от соблюдения заповедей, потеря общественного интереса к традиционному религиозному и талмудическому дискурсу, распространение «современных», во многом противостоящих иудаизму, этических, естественнонаучных, социальных учений. Религиозный анализ, проводимый р. Куком, связывает современную ему еврейскую ситуацию со знаменитым отрывком из Талмуда (Сота 49 б), описывающим «начало времени Машиаха». Вот этот отрывок:

בעקבות משיחא חוצפא יסגא, ויוקר יאמיר. הגפן תתן פריה והיין ביוקר, ומלכות תהפך למינות, ואין תוכחת. בית וועד יהיה לזנות, והגליל יחרב והגבלן ישום, ואנשי הגבול יסובבו מעיר לעיר ולא יחוננו. וחכמות סופרים תסרח, ויראי חטא ימאסו, והאמת תהא נעדרת. נערים פני זקנים ילבינו, זקנים יעמדו מפני קטנים, בן מנוול אב, בת קמה באמה, כלה בחמותה, אויבי איש אנשי ביתו. פני הדור כפני הכלב, הבן אינו מתבייש מאביו. ועל מה יש לנו להשען – על אבינו שבשמים.

**Перевод и пояснения**

**В начале времен Машиаха** [это выражение можно понимать как «начало мессианского процесса» или как «время перед приходом Машиаха»]
**увеличится дерзость** [«хуцпа» – дерзость, нахальство, наглость];

**и возрастет важность** [богатство, дороговизна, почет];

**урожая винограда** [в Стране Израиля] **будет в достатке, но вино - весьма дорого.**

**Государство превратится в еретика** [т.е. еврейская власть в Стране Израиля будет проводить политику, противоречащую подходу иудаизма]

**и этому не будет увещевания** [«Не будет достойных увещевателей, и увещевания не будут услышаны»].

**Дом общественного собрания превратится в вертеп разврата,**

**Галилея будет разрушена, и граница опустошена**

**Жители пограничных мест** [букв. «люди границы»] **будут скитаться из города в город, и нет у них пристанища.**

**Мудрость книжников протухнет; и «боящиеся греха» будут презираемы.**

**Истина пропадет** [или «разбредется по разным стадам»].

**Молодежь будет оскорблять старцев; старшие вынуждены будут вставать перед младшими; сын будет оскорблять отца, дочь восстает против матери, невестка против свекрови.**

**Врагами человека станут домашние его; и лицо поколения – как лицо собаки** [лает и кусается], **сын не стыдится отца.**

**Так на кого же мы сможем** [в такой ситуации] **надеяться?!**

**– Только на Отца нашего Небесного!**

Рав Кук понимает этот отрывок не только как «общее ощущение трагичности родовых мук прихода Машиаха», но и как детальное описание ситуации, соответствующее сегодняшнему дню. Ссылки на этот отрывок мы находим, например, в приведенных ниже §§ 2, 21, 68, 107, 188, 247 и в других местах. См. об этом также статью р. Фильбера в разделе Е.

———— * ————

# ГЛАВА D-1. *Арфилей Тоhар*

## §1/стр. 1
## Подобно тому, как мы обязаны исправлять наши неправильные мысли и качества

Подобно тому, как мы обязаны исправлять наши неправильные[1] мысли и качества,

т.е. такие, в которых зло и уродство заметно преобладают, чтобы очистить их и «вознести» их до их глубочайшего источника, коренящегося в святости, и тогда становится видно, что эти мысли и качества в основе своей являются мыслями возвышенными и качествами положительными[2], –

Точно также мы должны исправлять и поднимать те мысли, которые являются «кашерными» (допустимыми)[3], но находящимися при этом на низших ступенях духовности,

так что зло и хаос соединяются[4] с ними, хоть эти мысли и обращены к Святости.

Следует исправлять и поднимать их, чтобы они могли соответствовать вершине идеальности высших миров,

כשם שצריכים להעלות את המחשבות והמידות הנפולות,

שהרע והכיעור ניכר בהן, למקור שרשן בקודש, שאז רואים שהן הינן באמת מחשבות נשגבות ומידות טובות,

כן צריך לרומם את המחשבות שהן כשרות, אלא שהן עומדות בתחתית המדרגה,

שהרע והתוהו מחובר עימן אף על פי שהן פונות לקדושה,

אל רום המעלה של האצילות האידיאלית,

---

[1] Букв. «искривленные», «падшие».

[2] Таким образом, даже те наши мысли и качества, которые представляются нам «плохими», «отрицательными», имеют исходный источник в силах святости и добра, т.е. «корень» их на самом деле положителен. И нужно «поднять их до их корня», т.е. развить в этих мыслях и качествах уже существующее в них положительное начало. И тогда становится видно, что «зло в них преобладает» только на внешнем уровне, а святость и добро присутствуют, но лишь неправильно используются. Эти мысли и качества поэтому не «плохие», но лишь «искривленные», «падшие». Изложенная здесь идея – «перенаправление на добро (а не подавление) тех душевных сил, которые (сегодня) используются во зло» – является классической в иудаизме.

[3] Т.е. даже то, что кашерно, допустимо – совсем еще не является при этом идеальным, и тоже должно быть исправлено и «поднято».

[4] Т.е. в этих мыслях и качествах, – при том, что в целом они направлены к святости, – присутствует все же определенный элемент зла и хаоса, хотя и не настолько сильно, как в упомянутых выше «искривленных» (=некашерных) мыслях и качествах.

что есть направление их лишь к абсолютному добру (для всего мироздания) и к абсолютной прямоте.

Следует поднимать их к высшему миру, в котором чистая святость царит во всей силе своей.⁵

שהיא מכוונת רק אל הטוב הגמור והישרנות המוחלטת,

עד שההתרוממות הולכת וגדילה עד העולם העליון, שהקודש הטהור מושל בו בגבורתו.

---

⁵ Этот первый отрывок, являющийся как бы предисловием к книге, говорит о том, что просто «кашерного» уровня мыслей, понимания и действий (который, возможно, был достаточен для предыдущих поколений) сегодня уже недостаточно, и что «кашерное» должно быть «улучшено» – до такой степени, чтобы оно было направлено к абсолютному добру, т.е. к добру для всего мироздания. Именно тому, как продвинуть «кашерность» в сторону «идеальности» – и посвящена, в целом, вся книга «Арфилей Тоhар». См. также ниже §184.

---

\*

---

## §2/стр. 1
### «Дерзость периода начала мессианского процесса»

«*Хуцпа* (дерзость) периода начала мессианского процесса»¹ появилась потому,

что мир уже созрел для того, чтобы требовать понимания единства и связи всех частностей (деталей заповедей) с общим целым (принципами и ценностями);

החוצפה דעקבתא דמשיחא באה,

מפני שהעולם הוכשר כבר עד כדי לתבוע את ההבנה, איך כל הפרטים הם מקושרים עם הכלל.

---

¹ Термин «*Хуцпа* (дерзость) периода начала мессианского процесса» является указанием на слова Талмуда (Сота 49б), где сказано: «в начале мессианского процесса возрастет в людях *хуцпа*». Термин *хуцпа* в разных случаях может переводиться как «дерзость», «нахальство», «наглость»; но здесь он все же имеет скорее положительную, нежели отрицательную коннотацию (т.е. это больше «дерзость» – способность не пасовать перед трудностями и с непокорностью, безрассудством и решительностью добиваться определенных целей – чем «наглость», выражающаяся в способности без стыда совершать зазорные поступки).

Именно термин *хуцпа* использовался в сионистском лексиконе для того, чтобы подчеркнуть свободный, смелый и первопроходческий характер первых сионистских поселенцев в Стране Израиля и их психологическое превосходство над «галутным евреем». Рав Кук, который отождествлял современный ему сионизм с началом мессианского процесса (вследствие чего высказывание Талмуда о «возрастании *хуцпа*» явно коррелировало с психологическим самоопределением сионистов-первопроходцев), использует этот термин для описания «дерзкого» отхода основоположников сионизма от религии. См. также ниже §68 и §107.

и если некие частные детали не связаны с общим целым, то это не может удовлетворить сознание[2].

И если бы изучение Торы находилось на таком уровне, который давал бы душе возможность духовно расти, так чтобы приходить к пониманию должной связи частностей с общими духовными принципами,

тогда *Тшува*[3] и исправление мира (*Тикун Олам*) уже могли бы реализоваться.

Но вследствие нерадивости (халатности) в изучении Торы, так не получилось,

ואין פרט בלתי מקושר עם הגודל הכללי יכול להניח את הדעת.

ואם היה העולם עוסק באורה של תורה במידה זו, שתתגדל הנשמה הרוחנית עד כדי הכרת הקישור הראוי של הפרטים עם הכללים הרוחניים,

היתה התשובה ותיקון העולם יוצאה אל הפועל.

אבל כיון שההתרשלות גרמה,

---

[2] Рав Кук говорит здесь как об общем положении вещей в современной культуре мышления (которая проявляется в науке, идеологии, философии, социальных идеях и т.д.), так и о проекции этого состояния на религию. Мир сегодня достаточно развился, продвинулся, созрел до такой степени, что человеку нужна общая картина в целом (такова, например, современная научная парадигма или общая физическая картина мира, в которой все детали являются следствием общих законов, и человечество стремится именно к нахождению этих общих законов), и современный разум не терпит таких представлений, в которых отдельные детали существуют как бы сами по себе и не связаны с общими принципами. (См. также гл. С-10, §10,11 и гл. С-12, §18.)

Такое современное положение вещей является в принципе положительным («мир созрел») и продвигает человечество; но у него есть и отрицательные, «побочные» эффекты. В соответствии с таким подходом у представителей современного секулярного общества взгляды в области религии таковы, что они поддерживают, в основном, главные «ценности» и «идеалы», отвергая при этом «детали», которые кажутся им несвязанными с целями. Например, признавая важной идею Субботы как еженедельного отдыха и даже превознося древнюю еврейскую религию, провозгласившую идеал «еженедельного выходного дня», они отвергают конкретные «детальные» запреты «субботних работ», поскольку не видят, как эти законы связаны с принципами «еженедельного отдыха». Или, например, восторгаясь «моральной справедливостью, провозглашенной пророками древнего Израиля», они при этом отвергают увещевания пророков к конкретному соблюдению заповедей, т.к. это представляется им «деталями, несвязанными с общими идеями и идеалами» и т.д.

А поскольку секулярный сионизм, современный раву Куку, рассматривает многие заповеди иудаизма как частности, не связанные с общими идеалами,– то он отвергает соблюдение этих заповедей.

[3] Тшува – раскаяние, возвращение, исправление грехов и недостатков, возвышение мира к Богу.

и внутренний свет Торы, наполненный самостоятельной святостью (которая показывает связь деталей с целым), не проявился в мире на должном уровне.

Поэтому появилось в обществе требование организовать жизнь на таких (нерелигиозных) основах, чтобы все частности ясно следовали из общих принципов,

в то время как в области изучения Торы подобная связь еще не была проявлена, и дорога к ее пониманию еще не была проложена,

и из-за этого и возникло ужасное разрушение (т.е. отход людей от Торы)[4].

И поэтому для исправления ситуации мы должны воспользоваться высшим лекарством[5],

которое состоит в придании дополнительной силы духовным способностям[6] до того состояния, когда возможность осознать связь всех религиозных действий и деталей с высшими духовными принципами и ценностями станет делом, понятным в рамках возможностей и ощущений среднего человека[7].

שאור תורה פנימית, הטעון רוממות וקדושה עצמית, לא הופיע בעולם כראוי,

באה התביעה של סידור חיים כאלה שהפרטים יהיו מובנים במובן הכלל,

בזמן כזה שהגמר של גילוי האור וסלילת הדרך להבנה זו עדיין לא בא,

ומזה באה ההריסה הנוראה.

ואנו מוכרחים להשתמש בהתרופה העליונה,

שהיא הוספת כח בהכשרון הרוחני, עד אשר הדרך איך להבין ולשער את הקישור של כל עניני הדיעות והמעשים התוריים עם הכלל היותר עליון, יהיה דבר המובן והמוצע בדרך ישרה על פי הרגשת הנפשות השכיחות.

---

[4] Иными словами, отход от религии в конце XIX – начале XX века связан не с «падением духовного уровня еврейского народа» (как утверждали многие представители религиозного истеблишмента), но, наоборот, – с повышением требовательности людей к духовным системам, с требованием ясного осознания связи деталей с общими духовными принципами. При этом, в мире изучения Торы подобного интеллектуального продвижения в тот период не происходило. Итак, общественное сознание требовало продвинутого и углубленного понимания, а современному ему миру Торы не было что ответить или противопоставить этому – отсюда и «великое разрушение».

[5] Т.е. «низшее лекарство» (просто призыв к соблюдению заповедей, к возвращению в тот иудаизм, который существовал ранее и из которого эти люди ушли) – уже не сможет помочь.

[6] Развивая в людях духовную интуицию и поднимая уровень изучения Торы.

[7] Т.е. пока все это не будет понято и очевидно каждому среднему, обычному человеку.

# ГЛАВА D-1. Арфилей Тоһар

Именно тогда вновь проявится в мире сила духовной жизни, в действиях и в помыслах, и «всеобщая Тшува»[8] начнёт приносить свои плоды.

ואז ישוב כח החיים הרוחניים, במעשה ובדיעה, להופיע בעולם, ותשובה כללית תחל ליתן את פריה.

---

[8] «Всеобщая тшува» – общее восхождение мира к Богу.

———— * ————

## §3/стр. 1
### Истинная суть «изучения Торы ради нее самой»

Истинная суть «изучения Торы ради нее самой»

реализуется лишь посредством развития (для мира) такого её понимания и сопутствующего ему ощущения,

которое прояснило бы, каким образом все детали Торы являются единым проявлением Святости,

и каким образом свет общих идеалов, который наполняет жизнью все мироздание, проявляется во всех этих деталях и частностях[1].

עיקר לימוד תורה לשמה אי אפשר לבוא,

כי אם על ידי הכשר זה של ההבנה, וההרגשה הבאה עימה,

איך כל פרטי תורה חביבים חיבת קודש,

ואיך האור הכללי, המלא חיים ומביא חיים לעולם, מתפלש הוא בכל הפרטים כולם.

---

[1] Обычно мы понимаем термин «изучение Торы ради нее самой» (а еврейская традиция подчеркивает важность именно такого изучения Торы) как «изучение Торы само по себе», просто учебу без прагматической выгоды, учение ради собственно процесса учения. Рав Кук придает здесь этому термину новое звучание: а именно, это «изучение Торы ради самой Торы», ради её восстановления и углубления (а не ради «процесса учения»), и это есть изучение того, как все частности и детали заповедей связаны с общими принципами. Подобное изучение, как указано в предыдущем отрывке, необходимо для исправления нашего поколения и приведения его к Тшуве.

**Дополнительное замечание: о связи отрывков 1, 2 и 3:**
Подобно тому, как недостаточно просто «кашерного» и надо возвысить его к высшей святости, так же недостаточно и обычного изучения Торы как просто суммы законов и правил (и даже более того: поскольку изучение Торы находилось именно на таком уровне, то это и привело к разрушению); и требуется «возвысить» изучение Торы до уровня проявления смысла деталей и их связи с общими ценностями. Именно об этом говорится в отрывке 3.

## §4/стр. 2
## Во многих ситуациях, являющихся причиной для огорчения

Во многих ситуациях, являющихся причиной для огорчения,

следует преодолевать это огорчение посредством радости, связанной с соблюдением заповедей,

ибо именно в этом состоит тот постоянный источник радости, который подобает Израилю, вследствие постоянно пребывающего на Израиле Божественного Света [1].

Одной из причин для огорчения является то, что люди зачастую склонны к грубым (материальным) удовольствиям,

כמה סיבות ישנן לעיצבון,

ועל כולן צריכים להתגבר בשמחה של מצוה,

שהיא שמחה תדירית הראויה לישראל, מצד אור הרוחני ששורה בהם תמיד.

הסיבה האחת היא נטייה מעשית להנאה גסה,

שהנשמה נמשכת על ידה למקום החושך, והיא מתעצבת על ירידתה. וראוי להפוך יגון עצום זה לששון,

вследствие чего душа человека погружается во тьму[2], и сама приходит в уныние от собственной деградации.

(Однако не следует поддаваться такому унынию, а наоборот) – и необходимо обратить это сильное огорчение в радость

(а для этого необходимо осознать то, что будет происходить на следующем этапе), ибо при возвышении души и преодолении ею «бремени изгнания», которое над ней возобладало[3], –

---

[1] Когда мы смотрим на окружающий мир, то видим немало явлений, которые нас огорчают. И во многих ситуациях это чувство огорчения должно быть преодолено «радостью, связанной с заповедями» – т.е. посредством не просто веселья и радости, но пониманием того, что данная огорчительная ситуация является основой и отправной точкой для дальнейшего продвижения, для реализации Израилем заповедей Бога, ибо именно к этому призван Израиль: вносить в мир Божественный свет через реализацию заповедей.

[2] Т.е. душа перестает видеть и различать Божественный свет; человек погрязает исключительно в материальном.

[3] Возвышение души к высшим мирам есть реализация заповеди «возвращения» – *Тшува*. В учении рава Кука концепция *Тшува* не сводится лишь к исправлению преступлений и нарушений, но относится также и к поднятию мира на более высокий уровень: поскольку в процессе своего сотворения мир отходит от Бога, то он должен «вернуться» к Нему; и, таким образом, глобальная *Тшува* является исходной заповедью, она есть «духовное поднятие мира к Богу». Уход души в материальность есть «отдаление», а потому возвращение души из этого изгнания (*галута*) также является *Тшува*.

ГЛАВА D-1. *Арфилей Тоhар*

| | |
|---|---|
| вместе с ней громадный поток радости поднимется от нижних миров к высшим, | כי בעלייתה של הנשמה מתוך עול הגלות שגבר עליה, |
| и чистое возвышенное содержание станет гораздо более богатым в своей духовности[4]. | הרי זרם גדול של שמחה עולה מלמטה למעלה, והתוכן האצילי הטהור נעשה יותר עשיר ברוחניותו |

---

[4] Иными словами, сама по себе чистая духовность, оторванная от материальной реализации, не обладает «полнокровием», – т.е. она чиста, но бледна и немощна. Когда же душа спускается в миры более низкие, материальные, то хоть этот факт и огорчителен, но зато душа набирается в них полнокровия и полноценности, она становится эмоционально и экзистенциально богаче, и при возвращении своем в мир горний обогащает его; а в этом и состоит радость. Сегодняшнее «падение души» есть основа для будущего возвышения, поднимающего богатство содержания, и поэтому радоваться надо уже даже и сейчас от осознания будущего возвышения души и всего мира вместе с ней.

**Дополнительное замечание о связи этого отрывка с предыдущим:**
Когда старая концепция Торы (не дававшая чувства связи деталей с целым) перестает работать, то душа (как индивидуальная, так и общенациональная) погружается во тьму материального, ибо хотя бы в этой «низшей» области она может наблюдать связь деталей с общими ценностными идеями. Телу индивидуума и телу народа хочется получать материальные удовольствия, и оно погружается в них; душа же созерцает этот процесс и огорчается. Преодолевать это огорчение нужно не отрицанием материальности, а пониманием того, что это «опускание», погружение является в историческом плане объективно необходимым (и, хотя, конечно, ты сам не должен способствовать этому опусканию, но следует понимать, что мир так устроен). Огорчение от спуска, от погружения в материальность надо преодолевать пониманием объективно исторической необходимости этого процесса, и радостью от осознания того, что в дальнейшем – с помощью того, что жизнь станет более «полнокровной», – мы сможем подняться на более высокий уровень. (Следует особо отметить, что речь здесь идет не об «опускании в грехи», в нарушение заповедей, – а об «опускании в материальность», в захваченность мирскими удовольствиями.) Все сказанное относится, конечно, как к индивидуальной, так и к общенациональной ситуации.

---

\*

---

## §5/стр. 2
### Два уровня Божественного Провидения

| | |
|---|---|
| (Следует выделять и отличать два уровня Божественного управления, Провидения, действующего в Мироздании.) | ההנהגה האלהית, המקושרת עם היחס המוסרי, בין באישים פרטיים בין בלאומים ובכללים, |

Первый – это Божественное управление миром, связанное с нравственным законом[1], проявляющемся как на индивидуальном, так и на общественном и общенациональном уровне; оно является проявлением моральной природы Мироздания[2] и персонифицировано Божественным Именем *Элоhим*[3].

Однако над этим «Провидением в рамках морального Закона» находится более высокий Провиденциальный уровень,

а именно – Божественный Скрытый Выбор, осуществляемый Всевышним не по нормам открытого морального содержания, но в соответствии с высшими идеалами Провидения[4].

И этот Выбор выше тех условий, в которых Мироздание находится сейчас[5].

Те отблески, которые приходят и распространяются от этого сияния (т.е. от осуществления «Скрытого Выбора»), – они являются внутренней душой всего сущего;

הכל הוא המשך מן הטבע של המוסר הכללי הנמסך בעצמיותה של ההויה, שבשם אלהים.

אמנם למעלה מזה עומדת היא הבחירה הכמוסה,

שאיננה על פי התוכן המוסרי המתגלה, אלא על פי האידיאל העליון שעל פי הצפייה העליונה,

למעלה מהתנאים שההויה נמצאת בהם כעת.

ההזרחות שבאות מתוכן זה הם אורות הנשמה הפנימית של כל היש,

---

[1] Т.е. первый уровень Провидения связан с нравственным законом, наградой за добро и наказанием за зло, – включая, конечно, аспекты раскаяния, прощения, милосердия, благодати и т.п., – т.е. всего того, что составляет в нашем представлении Божественную мораль.

[2] Таким образом, само Мироздание, по самой своей сути, морально; оно устроено Богом так, чтобы в нем действовал моральный закон (подробнее см. главу C-6 настоящего сборника).

[3] Божественное имя *Элоhим* (в Торе обычно переводится как «Бог») связывается с проявлением Бога в рамках природы и закона.

[4] Этот выбор производится не в соответствии с балансом в рамках настоящего и прошлого (т.е. с заслугами, грехами, милосердием, благодарностью и другими понятными критериями морали), но в соответствии с целью Мироздания, т.е. с тем идеалом, который следует достичь в мире.

[5] Если Божественное Управление первого типа (т.е. Провидение, которое основывается на морали) происходит в соответствии с тем, каков мир и каковы люди в настоящий момент, – то Божественное Управление миром второго типа (т.е. Провидение в соответствии с высшим Идеалом) основывается на цели, которую миру предстоит достичь в будущем.

ГЛАВА D-1. *Арфилей Тоѓар*

и они принимают во внимание не только настоящее и прошедшее, но и будущее[6], что выше порядка времен и их обычных форм.

И все это заключено в Тетраграмматоне[7], в его обычном виде и в разных его формах.

והן כוללות את העבר ההווה והעתיד למעלה מסדר זמנים וצורתם,

וכל זה כלול בשם ההויה, כסדרו ובכל אופני צירופיו.

---

[6] Т.е. «Провидение, основанное на достижении идеала», принимает во внимание не только прошлое и настоящее (т.е. причину), но и будущее (т.е. цель). Чтобы будущее мира было таким, каким Бог хочет его достичь, для этого в настоящем происходят те или иные процессы. Провидение первого типа является причинностным (каузативным), а Провидение второго типа – целевым (телеологическим).

[7] Тетраграмматон, Божественное Четырехбуквенное Имя (*ѓа-Шем*; в Торе обычно переводится как «Господь») связывается с проявлением Всевышнего как Бога Завета, своим милосердием преодолевающего Закон и находящегося в высшей, надприродной связи с человеком.

**Связь с предыдущим отрывком:**
Ранее говорилось, что те явления, которые сегодня являются причиной для огорчения, в будущем могут стать основой для развития и радости. Огорчение, связанное с текущим состоянием, следует преодолеть, рассматривая текущее состояние не изолированно, а как звено в цепи прошлого, настоящего и будущего – и тогда мы увидим, что у событий и ситуаций есть не только причина, но и цель; а это и есть способ преодоления огорчения.

---

\*

---

## §13/стр. 6
### Исправление государства как «целого»

Исправление (*Тикун*)[1] государства как «целого», а также исправление телесного начала индивидуума как «частного»[2]

принадлежат к той категории вещей, в которых присутствует наиболее возвышенная святость.

תיקון המדינה בכלל, ותיקון הגוף בפרט,

הוא מכלל הופעת הקודש היותר עליונה,

---

[1] *Тикун* – термин Каббалы, означающий «исправление миров» и приведение их в состояние, соответствующее цели Творения.

[2] Государство является общенациональным «телом» (подробнее см. выше, гл. B-1 §1, §3), и в этом смысле его исправление параллельно исправлению индивидуумом своего телесного начала.

А поскольку святость эта огромна, то она не может быть проявлена открыто, в виде святости явной и конкретной[3].

И потому она лишь «склоняет» Божественный Свет, который «облекает ее извне»[4].

Те аспекты, которые при этом процессе «исправления тела» проявляются как конкретные действия ради исправления государства и живущих в нем, в рамках осуществления заповедей[5], подобны значению *Цицит*[6];

в то время как сам общественный порядок и цивилизация подобны при этом *Талиту*[7].

*Цицит* делают для нас явным тот великий потенциал святости, который скрыт во всем *Талите*[8].

שמפני רוב קדושתה אינה יכולה להיות מוארת בגלוי באור תכוני שיש לו צורת קודש בולטת,

אבל האור נטוי בה ועימה כשלמה.

וקצוות האצילים היוצאים מאלה, פרטים מעשיים לשם תיקון המדינה והבריאות, בתור מצוות, הרי הם כערך הציצית,

בשעה שכל התרבות בכללה היא כערך הטלית.

הציצית מביאה לידי גילוי קודש את כל האור המסותר בכל הטלית כולה מרוב גילוייו והופעתו,

Подобным же образом и конкретные действия в вопросах выполнения заповедей и в вопросах святости, которые имеют ме-

---

[3] В исправлении материального «тела» (и, в частности, с исправлением государства как материального тела народа) содержится настолько высокий потенциал святости, что эта святость не может проявляться явно своими конкретными качествами, т.к. явное проявление столь большого уровня святости привело бы к тому, что она «затопила» бы все вокруг, а это вызвало бы разрушение существующего в Мироздании порядка. И поэтому эта святость должна быть скрыта, и она проявляется неявно.

[4] Псалом 104:2.

[5] Т.е. это те ситуации, в которых государственные структуры (или же материальное тело индивидуума) задействованы в деле исполнения конкретных, явных заповедей.

[6] *Цицит* – заповедь привязать «кисти на краях одежды» (Числа, 15:37-41 )

[7] *Талит* – одежда с четырьмя углами, к которым привязываются кисти-цицит.

[8] *Талит* – это «вообще одежда»; а одежда реально нужна человеку для того, чтобы укрываться от холода, правильно выглядеть и вообще для того, чтобы построить цивилизацию, через которую проявляется Божественный потенциал человека. Святость *талита* неявна; святость же кистей-цицит, которые привязываются к *талиту*, явна и открыта. Однако только существование *талита* делает возможным исполнение заповеди *цицит*; а *талит* при этом – не «техническое орудие», нужное только для *цицит*, но резервуар огромной скрытой святости, лишь часть которой проявляется через *цицит*.

Отметим, что само слово *цицит* этимологически происходит от корня, означающего «выглядывать наружу», т.е. через *цицит* «выглядывает» скрытая святость *талита*.

сто в деятельности человека по исправлению общественной и частной жизни –

они лишь проявляют свет, скрытый во всем объеме человеческой цивилизации и культуры.

Это (отдельное проявление света) действует для того, чтобы (постепенно) вывести на подобающий уровень все аспекты жизни человечества,

и показать свет жизни Вечности во всем, и даже в текущей обыденной преходящей жизни[9].

והפעולות של מצוה וקדושה המסומנות בכללות מעשה האדם לתיקון חייו הכלליים והפרטיים,

הן מוציאות אל הפועל את האור הגנוז במעמקי כל סדרי התרבות

האנושית, להביא אל המקום הראוי לו את גילוייו,

ולהראות את אור חיי עולם המחיה את הכל, אפילו את חיי השעה והרגע.

---

[9] Иными словами, целью Бога при Сотворении является реализация святости в материальном мире, и поэтому во всем материальном, «телесном», заключена огромная потенциальная святость. Небольшое явное проявление этой святости (*цицит* по отношению к *талит*) мы наблюдаем тогда, когда материальное (включая тело, общество, государство, цивилизацию) дает нам возможность выполнить конкретные заповеди; но дело, в конце концов, не в этих заповедях самих по себе, а в постепенном проявлении той скрытой потенциальной святости, которая заключена в самом теле (обществе, государстве, цивилизации). Тогда «засияют светом вечности» даже дела обычной, преходящей жизни. Поэтому исправление (*тикун*) материи (в том числе тела, государства, цивилизации) обладает огромной святостью, хотя явно она и не проявляется.

---

\*

---

## §21/стр.11
### Душа «еврейских отступников» эпохи начала мессианского процесса

Душа (*нефеш*)[1] «еврейских отступников» (*букв.* «преступников»)[2] эпохи начала мессианского процесса,

הנפש של פושעי ישראל שבעקבא דמשיחא,

---

[1] *Нефеш*: в Каббале – внешняя, нижняя часть Божественной души человека.
[2] Т.е. нарушителей заповедей Торы.

тех из них, кто с любовью связал себя с проблемами еврейского народа в целом, Страны Израиля и национального возрождения[3], –

душа эта более исправлена, чем души «истинно верующих», у которых нет этого преимущества самостоятельного чувства[4] во благо национальной общности, и понимания необходимости дела построения Страны и народа.

Однако дух (*руах*)[5] гораздо более правилен у евреев богобоязненных и соблюдающих заповеди,

несмотря на то, что самостоятельное чувство и пробужденная этим сила действия во благо всей национальной общности не сильны в них по сравнению с первыми[6],

у которых дух искажен и замутняет их сердца настолько, что они связываются с идеями чуждыми и делами нечистыми, которые оскверняют тело и препятствуют исправлению духа; из-за чего, соответственно, и душа их страдает от этой ущербности[7].

אותם שהם מתחברים באהבה אל עניני כלל ישראל, לארץ ישראל ולתחיית האומה,

היא יותר מתוקנת מהנפש של שלומי אמוני ישראל, שאין להם זה היתרון של ההרגשה העצמית לטובת הכלל, ובנין האומה והארץ.

אבל הרוח הוא מתוקן הרבה יותר אצל יראי ד' ושומרי תורה ומצוות,

אף על פי שההרגשה העצמית וההתעוררות של כח פעולה בעניני כלל ישראל אינם אמיצים אצלם,

ממה שהוא אצל אלו שרוח עיועים אשר בתוכם מעכר את לבם, עד כדי להתקשר בדיעות זרות ובמעשים המטמאים את הגוף ומונעים את אור הרוח מלהיתקן, וממילא סובלת גם הנפש מפגמיהם.

---

[3] Т.е. представителей секулярного сионизма начала 20 века; см. об этом выше, примечание к §2.

[4] Т.е. эти истинно верующие очень сильно ориентируются на книгу и традицию, а самостоятельное чувство развито у них недостаточно.

[5] *Руах*: в Каббале – вторая, более возвышенная, более внутренняя (чем *нефеш*) часть Божественной души человека.

[6] Поскольку у нерелигиозных сионистов более правильно устроена *нефеш*, внешняя часть души, то они лучше воспринимают Божественность из внешнего мира, из жизни вокруг них и из обычного хода исторического процесса (и из-за этого они и стали сионистами, т.к. «услышали» раздающийся в истории Божественный голос, зовущий их в Сион).

[7] Т.е. душа (*нефеш*) у этих первых (нерелигиозных сионистов) исходно лучше, но подвергается сильному вредному воздействию неправильного духа, и поэтому страдает и далее постепенно портится. Однако, она все же остается лучше, чем душа у «религиозных, но не сионистов».

ГЛАВА D-1. *Арфилей Тоhар*

Исправление же ситуации придёт посредством Мессианского света[8],

и этому весьма поможет распространение учения скрытых тайн Торы и света Божественной мудрости, во всех её формах, предназначенных для раскрытия[9];

и именно это раскрытие сделает Израиль единым сообществом[10].

И тогда, соответственно, душа (*нефеш*) богобоязненных евреев будет исправлена посредством той полноты души, которая присуща «преступникам добрым»[11],

реализующим добро по отношению к общенациональной общности и обладающих потенциалом материальной и духовной реализации, достигаемой в общечеловеческом познании и в чувстве[12].

והתיקון שיבוא על ידי אורו של משיח,

שיעזור לזה הרבה דבר ההתפשטות של תלמוד רזי תורה וגילויי אורות חכמת אלהים, בכל צורותיה הראויות להיגלות,

הוא שייעשו ישראל אגודה אחת,

ותתיקן הנפש של היראים שומרי תורה על ידי שלימות הנפש שבפושעים הטובים

ביחש לעניני הכלל והתקוות הגשמיות והרוחניות המושגות בהכרה והרגשה האנושית,

---

[8] Мессианский свет – это тот свет, который имеет своим источником цель (приход Мессии), а не проистекает из оценки текущего состояния дел. Со стороны Мессианского света каждая группа в еврейском народе рассматривается не по своему сегодняшнему уровню, а по тому вкладу, который она вносит в будущий идеал. (См. об этом также выше, §5.)

[9] Имеется в виду не собственно изучение Каббалы в прямом или тем более «техническом» виде (ставшее популярным в последнее время), а скорее исходящее из Каббалы внутреннее понимание процессов, происходящих сегодня с еврейским народом в целом, со Страной и с Государством Израиль. Такое «применение Каббалы для понимания исторических процессов жизни еврейского народа» есть «Тора Мессианского Избавления». (Отметим, что уже и Аризаль в XVI веке считал, что процесс «начала Мессианского Избавления» требует «обновления Торы», и это обновление связано с более широким изучением Каббалы как важнейшей составляющей иудаизма. Однако, при этом критически важно, чтобы изучение Каббалы было интегральной частью иудаизма, а не отрывалось от него.)

[10] В это единое еврейское сообщество каждая из групп будет вкладывать то положительное, что у неё есть, и воспринимать от другой группы то, чего ей самой недостаёт.

[11] Т.е. секулярным сионистам, являющимся «преступниками» (нарушителями) по отношению ко многим индивидуальным заповедям иудаизма (Суббота, кашрут и т.д.), но с «добром» относящихся к еврейскому национальному возрождению. Поэтому р. Кук использует для их обозначения термин «добрые преступники».

[12] Т.е. прогресс, достигаемый человечеством в материальной и духовной областях, в познании (в области науки), в социальной области, в чувстве, в искусстве (безотносительно к религии) – всё это тоже является реализацией духовности.

И, наоборот, дух (*руах*) отступников исправляется посредством влияния богобоязненных, соблюдающих и великих верой.

И тогда на обе эти категории евреев[13] прольется Великий Свет, и проявление полной *Тшувы*[14] придет в мир, и только тогда Израиль будет готов к *Геуле* (мессианскому Избавлению).

А высшие праведники, «обладатели высших душ» (*нешама*)[15], будут сосудами соединяющими, через которые величие света души перейдет слева направо, а величие света духа – справа налево[16].

И будет великая радость, «священники Твои облекутся справедливостью, а благочестивые Твои торжествовать будут»[17].

И произойдет это посредством силы света Мессии[18],

והרוח של הפושעים יתוקן על ידי השפעתם של יראי ד' שומרי תורה וגדולי אמנה,

וממילא יבוא לאלה ולאלה אור גדול, והופעת תשובה שלימה תבוא לעולם, ואז יהיו ישראל מוכנים לגאולה.

והצדיקים העליונים, מארי דנשמתא, הם יהיו הצינורות המאחדים, שעל ידם יעבור שפע אור הנפש משמאל לימין, ושפע אור הרוח מימין לשמאל.

ותהיה השמחה גדולה מאד, כהניך ילבשו צדק וחסידיך ירננו.

וזה יהיה בכח אורו של משיח,

---

[13] Каждая из которых, при этом, способствовала исправлению другой.

[14] Т.е. раскаяния, исправления, захватывающего как индивидуальные, так и общенациональные и общечеловеческие аспекты.

[15] Буквально этот термин может быть понят как «Обладатели высшей божественной души», «Большой души люди». Употребленный здесь термин *нешама* означает в Каббале третий, еще более глубокий и возвышенный уровень Божественной души человека, превосходящий как *нефеш* (душа) так и *руах* (дух). Соответственно – это те, кто понимает душу как первой, так и второй группы. И они в полноте реализуют идеалы обеих групп, и поэтому являются авторитетами для каждой из них, и могут повлиять на ее представителей.

[16] Т.е. «преступники добрые», обладающие исправленной душой (*нефеш*), – это левая сторона еврейского народа; а богобоязненные Израиля, у которых правилен дух, – это его правая сторона; и посредством «высших праведников», владеющих «третьим уровнем души» (*нешама*), сможет свет исправления души придти к «несионистским богобоязненным», а свет исправления духа – к «нерелигиозным сионистам».

[17] Псалом 132:9.

[18] Т.е. Мессия «из будущего присылает» нам свет и тем самым помогает нам исправиться. Когда мы вглядываемся не в прошлое, а в будущее, когда мы не занимаемся оценкой заслуг и грехов разных групп евреев, но видим их будущее единство – только тогда мы можем способствовать переносу положительного влияния от одних групп евреев к другим.

ГЛАВА D-1. *Арфилей Тоһар*

который есть реализация самого царя Давида, поднимающего бремя *Тшувы*[19], как сказано: «ради Давида раба твоего не отвергнется лик Мессии»[20].

שהוא דוד בעצמו,

שהקים עולה של תשובה. בעבור דוד עבדך אל תשב פני משיחך.

---

[19] Колено Иеһуды в целом, и царь Давид в особенности, известны своей особой силой *Тшувы* – исправления грехов и недостатков. Как яркий пример подобных действий в еврейской традиции воспринимаются, в частности, история Иеһуды и Тамар (Быт., гл.38) и история Давида и Бат-Шевы (1-я Шмуэля, гл. 11 – см. комментарии там, и дополнительно см. Моэд Катан 16б.) Соответственно, «Мессия, сын Давида» обладает особой силой *Тшувы*, и потому в свете его прихода разные группы евреев смогут исправиться сами и взаимно исправить друг друга.

[20] Псалом 132:10. Мы видим здесь дополнительный аспект, который р. Кук придает понятию «Мессия, сын Давида». Этот мессия является «сыном Давида» не только в том смысле, что он его потомок, но и в том, что он «поднимает бремя тшувы», т.е. может привести к раскаянию и исправлению все группы в еврейском народе – как нерелигиозных, так и религиозных (что, возможно, еще труднее, чем первых).

---

\*

---

## §22/стр. 12
### Чем больше человек любит людей

Чем больше человек любит людей и чем доброжелательнее он приглядывается к тем, кто всеми силами своими погружен в дела этого мира и в его строительство, тем более спокоен его дух[1].

И если при этом он еще способен «смотреть ввысь», на высшую духовность и на Божественность, – он все более будет устремляться к миру Высшему,

כל מה שהאדם אוהב יותר את הבריות, וכל מה שהוא מביט בעין יפה על השקועים בכל כח בעסקי העולם הזה ובנינו, כן דעתו מתיישבת עליו.

ואם הוא מוכשר לפנות אל על, לרוחניות עליונה, להסתכלויות אלהית, יהיה מוצא את עצמו יותר נתון לעולמו העליון,

---

[1] И вовсе не будет он сердиться на окружающих за то, что они погрязают в делах этого мира и его тоже затягивают в них.

и не будут ему при этом сильной помехой все насущные и рутинные дела, возложенные на человека, которые своей подражательностью (вторичностью) заслоняют высшие образы².

Ведь понятно, что рутинные вещи эти созидаются, в конце концов, ради него же³ всеми теми, кто находит отраду в практической деятельности⁴.

И Бен-Зома (Брахот 58а) сказал про это так: «Благословен Тот, Кто создал всех этих, чтобы они ради меня трудились».

ולא יפריעוהו כל כך עסקי העולם ההכרחיים המוטלים על האדם, שהם בחיקוים סותרים את ההצטיירות העליונה,

שהרי יודע הוא, שאלה הענינים הולכים הם ונעשים בעדו על ידי כל אלה שהם מוצאים קורת רוח בעבודתם המעשית הזאת.

ובן זומא אמר על זה: ברוך שברא כל אלה לשמשני.

---

² Всевышний – это прежде всего Творец (Быт., 1:1), и поэтому Высший, Божественный образ в человеке требует от него жизни творческой, требует созидательных усилий, раскрытия нового в себе и в мире. Те люди, которые живут только «подражательной», рутинной жизнью, грешат тем самым против Божественного образа в самих себе.

³ Ради того чтобы на базе этого в дальнейшем проявилась духовность.

⁴ Итог: человек духа проникается спокойствием от понимания того, что вся эта материальная деятельность, по сути, нужна ему и служит базисом для продвижения духа; и в результате он вовсе не будет сердиться и раздражаться от всех тех практических, обычных дел, которые его дергают со всех сторон и надоели ему безмерно.

---

\*

---

### §26/стр. 13
### *О знании высших идей неуместно спрашивать «А откуда известно это?»*

О знании высших идей неправильно (неуместно) спрашивать «А откуда известно это?»¹

על הידיעות העליונות אין מקום לשאול מהיכן יודעים אותן.

---

¹ Т.е. в вопросах высших знаний (в отличие от «низших знаний», например, практической Галахи) не следует обязательно требовать, чтобы было указание на классические тексты прошлых времен: на что опирается, откуда взялось и т.д.

# ГЛАВА D-1. *Арфилей Тоhар*

Ибо когда для познания этих вещей мыслитель извлекает из глубин своей души высший дух и упорядоченное хранилище связанных между собой идей – это и есть высший уровень мышления и познания.

כשמוצאים בקרב הנשמה רוח עליון, ואוצר ידיעות מסודרות, מתאימות זו לזו, זהו היותר עליון שבבירורים.

Что же касается всех сведений, приходящих к нам посредством исследования, то они не более чем посредник в получении этого высшего знания, которое душа извлекает из своих самых потаенных глубин[2].

כל הידיעה הבאה מתוך מחקר, אינה כי אם אמצעי איך להגיע לידיעה עליונה זו, שהנשמה מפכה מקרב עומק עמקים שלה.

И самое подходящее средство подойти к этому высшему уровню познания – это стремление к приверженности («прилеплению» – *двекут*) к Богу изо всех сил и к логике понимания всего на основе Тайн Торы[3].

האמצעי היותר מוכשר לבוא למידה עליונה זו, הוא דביקות בד' בכל כח, והגיון רזי תורה.

---

[2] Т.е. интуитивное познание является высшим, поскольку исходит из глубины души, а всякое аналитическое познание мира – это не что иное, как способ или подготовительный этап подхода к познанию интуитивному (см. об этом подробнее в данном сборнике в гл. С-3). Вместе с тем это совсем не означает, что аналитическое познание не нужно. Наоборот, оно необходимо; но оно является лишь подготовительным этапом.

[3] Изучение «внутреннего смысла Торы» (вместе с ее обычным, внешним смыслом) развивает в человеке интуицию и позволяет видеть в окружающем мире вещи, которых он ранее не замечал.

---

\*

---

## § 27/стр. 14
### Бренность как часть вечности

Свет Израиля[1] показывает, каким образом именно те устремления, которые выше всего обыч-

אורן של ישראל מראה, איך השאיפות שהן ממעל לכל העולם כולו, דוקא הן מחיות הן ומאשרות את העולם.

---

[1] Свет Израиля – пример Израиля; Учение Израиля, преломленное в национально-историческом опыте еврейского народа.

ного мира, – именно они оживляют и делают более богатым этот мир².

Не только для вечности вечность нужна, но также и для бренности³.

А бренность – она важна именно потому, что она есть одно из проявлений вечности⁴.

Обычный бренный мир важен, потому что он является одним из проявлений Божественной бесконечности, и свет Божественного бытия раскрывается через него⁵.

לא רק בשביל הנצחה נצח נדרש,
כי אם גם בשביל השעה.

והשעה חשובה היא בשביל שהיא אחת מגילויי הנצח,

העולם חשוב הוא, מפני שהוא צורה אחת מהצורות שאין להן סוף, שאור ההויה האלהית מתגלה על ידן.

---

² Зачастую люди думают, что для того, чтобы жизнь была богаче и полнее, нужно заниматься делами именно этого мира и оставить в стороне «ненужные высшие устремления». Однако дело обстоит совсем наоборот; и пример Израиля показывает, что когда человек стремится к вещам, которые выше этого мира, – именно тогда эти вещи оживляют и делают более богатым, полным и полноценным все Мироздание.

³ Не следует думать, что вечность – это вещь противоположная (или тем более «враждебная») бренности. Наоборот, когда человек связан с вечностью, тогда он продвигается лучше и в области бренности.

⁴ Бренность важна не сама по себе, а потому, что вечность без нее будет не полна. Бренность – интегральная часть вечности. С одной стороны, нужно стремиться к вечности, чтобы бренность была более полноценной, а с другой стороны, бренность не является отдельной и ненужной вещью, противоположной вечности, но она является частью этой вечности.

⁵ **Итоговое замечание:** Различные религиозные концепции, описывая проблему взаимоотношения «этого мира», бренной жизни, с «тем миром», миром истинной и вечной жизни, следуют обычно одному из двух нижеследующих подходов. Первый подход рассматривает «этот мир» позитивно, но лишь как подготовку к «будущему миру», не имеющую саму по себе никакой ценности (таково обычное понимание фразы из Мишны: «Этот мир похож на прихожую, ведущую в пиршественный зал будущего мира»). Второй подход вообще смотрит на этот мир как на препятствие, которое нужно отринуть для того, чтобы достичь вечности (такой «спиритуалистический» подход обычно отвергается иудаизмом, но некоторые его вариации могут встречаться и в еврейских источниках). Рав Кук считает, что «пренебрежение материальным миром» (имеющееся, по сути, в обоих подходах, хотя гораздо более ярко выраженное во втором) в корне неверно, и что материя «мстит» за это: в виде того, что сильные души, ощущающие «духовную важность материи» (хотя сами такие люди и не произносят подобных слов) – эти люди зачастую отвергают религию, поскольку религия, уйдя в чисто «духовное» и оторвавшись от реальной почвы, теряет свою жизненность и не может удовлетворить духовные запросы таких людей. В соответствии с этим, рав Кук предлагает нам здесь третий подход: «этот мир» рассматривается как интегральная часть вечности, и тогда вечность наполняет светом временное бытие, которое обретает теперь полноценный духовно-религиозный смысл. См. также ниже, § 141-142.

ГЛАВА D-1. *Арфилей Тоhар*

## §30/стр. 15
## Временами, [когда] существует необходимость преступить слова Торы

Временами, [когда]¹ существует необходимость преступить слова Торы,

и при этом нет в поколении такой личности, которая могла бы указать путь²,

тогда происходит это путем народного прорыва³.

В любом случае, для мира лучше, когда подобное случается вследствие ошибки, и в этом состоит внутренний смысл высказывания Талмуда (Шабат 148б): «лучше, чтобы нарушение заповеди произошло по ошибке, чем злоумышленно»⁴.

.לפעמים [כש] יש צורך בהעברה על דברי תורה,

ואין בדור מי שיוכל להראות את הדרך,

בא העניין על ידי התפרצות.

ומכל מקום יותר טוב הוא לעולם שיבוא עניין כזה על ידי שגגה, ובזה מונח היסוד של מוטב שיהיו שוגגין ואל יהיו מזידין.

רק כשהנבואה שרויה בישראל אפשר לתקן עניין כזה על ידי הוראת שעה,

Только в те эпохи, когда пророчество присутствует в Израиле, возможно сделать подобное исправление (т.е. приостановить действие какой-то заповеди) путем «временного указания» (*hораат Шаа*). ⁵

---

¹ Слово «когда» отсутствует в рукописи р. Кука; в издании 1983г. оно было по смыслу добавлено редактором. Это добавление, при этом, несколько «сглаживает» радикальность высказывания р.Кука.

² Т.е. сделать это в разрешенной форме, через *hораат Шаа* – указание на временную приостановку действия заповеди.

³ Стихийное народное движение, которое «прорывает ограду», т.е. нарушает религиозный закон в массовом порядке.

⁴ Если не было *hораат Шаа*, и исправление ситуации произошло путем «прорыва ограды», – то лучше, чтобы это происходило в виде спонтанного действия простых людей («посредством ошибки»), а не чтобы религиозные люди сделали это нарушение «сознательно».

⁵ Согласно Торе, у пророка (в критической исторической ситуации) есть право временно отменять какие-то из законов Торы. Классическим примером является пророк Элияhу, когда он, совершив жертвоприношение на горе Кармель, а не в Храме (см. 1-ю Книгу Царей, 18:23), – устраивает этим «религиозную революцию», ибо этого требовало его время. (Вообще надо отметить, что законы Торы описывают некоторую стабильную ситуацию, когда в целом течение жизни происходит нормально. Но никакая стабильная система не может быть адекватна для любой критической ситуации, и именно для подобных случаев в Торе предусмотрена *hораат Шаа* – временная отмена пророком какой-то заповеди.)

Тогда это произойдет разрешенным путем и открыто, по указанию заповеди[6].

ואז נעשה בדרך היתר ומצוה בגלוי.

Однако, поскольку свет пророчества был сокрыт, то теперь такие исправления совершаются путем спонтанного народного «прорыва ограды»[7] [длящегося длительное время][8].

ועל ידי סתימת אור הנבואה, נעשה תיקון זה על ידי פרצה [ארוכת זמן],

Это явление огорчает сердце со стороны своих внешних проявлений[9],

שמדאבת את הלב מצד חיצוניותה, ומשמחת אותו מצד פנימיותה.

но при этом радует его своими внутренними аспектами[10].

---

[6] Ввиду того, что в этом случае будет исполнена «заповедь слушаться пророка», включая его «временные указания» – hораат Шаа.

[7] Разрушение ограды закона и нарушение самого закона.

[8] Слова «длящегося длительное время», имеющиеся в рукописи, были убраны редактором в издании 1983 г. как слишком резкие и радикальные.

[9] Т.к. здесь имеется отход от соблюдения Торы и заповедей

[10] Т.е. это изменение, в конце концов, является очень важным и позитивным по своей глубинной сути. «Внешнее» — это то, что есть на сегодня, «внутреннее» — это подход со стороны будущего, в аспекте того глубокого изменения существующей ситуации, которое необходимо для правильного построения будущего. В издании 1983 г. заключительные слова – для того, чтобы у читателей не возникло неправильного понимания текста – были заменены редактором на «и это явление огорчает нас как таковое, но оно радует нас тем будущим (т.е. той целью), к которому оно направлено».

---

\*

---

### §33/стр. 16
### *Праведники на самом деле должны быть людьми, связанными с естественной природой*

Праведники на самом деле должны быть людьми, связанными с естественной природой[1],

צדיקים באמת צריכים להיות אנשים טבעיים,

---

[1] Т.е. неверно представление, согласно которому праведник должен быть «человеком не от мира сего». Напротив, праведники не должны быть оторваны от естественной природы и жизни, не должны быть заперты в стенах Дома Учения.

ГЛАВА D-1. *Арфилей Тоhар*

так, чтобы всякое природное свойство тела и души было частью их жизни и физического существования.

И лишь тогда они смогут, в процессе собственного поднятия, возвысить вместе с собой и весь мир[2].

שכל תכונות הטבע של הגוף ושל הנפש יהיו אצלם בתכונה של חיים ובריאות.

ואז הם יכולים בעיליום להעלות את העולם וכל יקומו עימם.

---

[2] Если праведник ради «погружения в Тору и в соблюдение заповедей» отгораживается от реального окружающего мира, то он не сможет возвысить этот мир, т.е. не сможет реализовать свою Божественную задачу.

———— * ————

### §43/стр. 19
### *Инстинкт действует быстрее и точнее, чем рассудок*

Инстинкт[1] действует быстрее и точнее, чем рассудок.

Достоинство же человека состоит в том, что он поднимает свое постижение на высший уровень своего инстинкта, и благодаря этому его способность постижения мира приобретает точность и скорость, присущие инстинкту.

По отношению к высшему возвышенному истинные обладатели божественной веры как раз обладают очень сильным инстинктом, и все будущие носители культуры должны будут вернуться к нему[2].

האינסטינקט הוא יותר מהיר ויותר מדויק מההכרה השכלית של האדם.

ומעלת האדם היא, שיעלה את כל הכרותיו למרומי הצד העליון שבאינסטינקט, ששמש לקוחה היא הדייקנות והמהירות שלו.

ביחש להנשגב העליון, בעלי אמונה אלהית באמת הם בעלי האינסטינקט היותר אמיץ, וכל בעלי התרבות עתידים לשוב אליהם.

---

[1] Рав Кук выделяет три уровня познания – инстинктивный, сознательный и интуитивный (надсознательный). Парадоксальным образом наиболее «низкое», базисное, инстинктивное – в чем-то сродни наиболее высокому, интуитивному. (Подробнее см. в данном сборнике гл. C-3, §3.3 – 3.6).

[2] Не следует думать, что «инстинкт» – это простая, примитивная часть человека и что в процессе дальнейшего развития и прогресса она якобы будет отмирать.

Таково же положение и в сфере «средних» областей жизни – как, например, стремления к нравственности, стремления к познанию окружающего мира, стремления к построению национального Дома еврейского народа во всем его величии и т.п.; во всех этих областях наиболее культурные люди – это именно те, кто обладают более развитым инстинктом.

Вместе с тем обладатели более сильного инстинкта оказываются слабы в областях, которые требуют подсчета, точной оценки, взвешенного мнения и т.д.

Поэтому отдельные части народа должны быть вместе (и составлять единое целое), и чтобы давали они друг другу отсвет знания и силу инстинкта в соответствии с тем, насколько полно наделена соответствующим свойством каждая из этих групп.

מצד המגמות הבינוניות, כמו שאיפת המוסר, הדעת, הבנין הלאומי וכבודו, וכיוצא בהן, התרבותיים הינם בעלי האינסטינקט היותר חזק.

כל בעל אינסטינקט חזק רפוי הוא בדברים שהם צריכים חשבון ושיקול דעת.

ועל כן צריכים הם פלגותיה של האומה להיות מאוגדים יחד, כדי שיקבלו זה מזה הארת הדעת, ואומץ האינסטינקט, לפי ערכם של פרטי הדברים שהמניות הללו חלוקות אצלם.

---

Наоборот: чтобы стать истинными носителями культуры будущего, мы должны не уходить от инстинкта и интуиции, но развивать их, уделять им особое внимание. И таково положение не только в «высших областях жизни» (стремление к Божественному), но и в «средних областях жизни» (стремление к познанию, к нравственности, к развитию материальной стороны жизни – как в индивидуальном, так и в национальном плане): наиболее выдающимися представителями в каждой из этих областей являются люди сильного инстинкта и интуиции.

---

\*

# ГЛАВА D-1. Арфилей Тоѓар

## §65-66/стр. 27
## Подобно тому, как в жизни высших праведников нет места «просто действиям» / В период начала мессианского процесса всякий, кто соединяет

Подобно тому, как в жизни высших праведников нет места «просто действиям»[1] или бездумному времяпрепровождению,

и уровень их святости выше всякой прагматической склонности,

и уж, конечно, ясно, что они едят лишь для того, чтобы заниматься праведными делами, учить Тору, молиться и т.д. – что, вообще-то, является свойством даже и среднего человека[2];

но более того: даже и сама еда, и сам разговор их, и все их движения и чувства – все это полно святости и света.

И тем более вся мудрость мира, внутренняя и внешняя, чистая и нечистая – все это раскрывается через индивидуальную сущность праведников[3].

И все, что входит в круг их знания и постижения, возвышается вместе с ними[4].

כשם שהצדיקים העליונים אין שייך אצלם דברי רשות ולא דברים בטלים,

ומדת הקדושה היא למעלה מכל מגמה,

שאין צורך לומר שאוכל כדי שיוכל ללמוד ולהתפלל ולעסוק במצוות וכיוצא בזה, שזו היא מידה בינונית,

אלא שעצם האכילה, והוא הדין הדיבור, וכל התנועות ורגשות החיים, קודש ואור הם מלאים,

קל וחומר שכל החכמות שבעולם, הפנימיות והחיצוניות, הטהורות והטמאות, הן לגבי דידהו כולן מכוונות כוונה עצמית,

וכל מה שנכנס בחוג ידיעתם הרי הוא מתעלה בעילוים.

---

[1] «Просто действия» – *диврей ршут* – , т.е. такие действия, которые не связаны со святостью и не имеют статус «реализации заповедей», а просто разрешенное времяпрепровождение, – таким действиям, конечно, нет места в жизни «высшего праведника», вся жизнь которого связана с реализацией Божественной задачи.

[2] Даже тот, кто находится на уровне «среднего человека» – он ест совсем не ради того, чтобы просто получать удовольствие, но еда и удовольствие от нее необходимы ему, чтобы иметь силы заниматься праведными делами и заповедями; в то время как праведники должны быть гораздо выше этого.

[3] Они (праведники) направляют все эти вещи в соответствии со своей собственной направленностью. Это касается не только «чистой», но и «нечистой мудрости», из которой праведники могут извлечь правильные вещи и направить их к святости.

[4] Праведники, поднимаясь, возвышают все вещи, попавшие в их сферу – даже вещи нечистые.

Однако, хотя ни один человек не может подняться до этого уровня в практических действиях, поскольку Тора поставила вечные преграды всему[5],

но в области мысли – там нет оград высотою более десяти ладоней[6].

И там нет ни Сата́на («препятствующего»), ни преткновения, и даже ангел смерти[7] дает ему нечто (положительное).

אמנם במעשה לא יגיע שום אדם לידי מידה זו, שהתורה גדרה גדרות עולמים לכל,

אבל מה שנוגע למחשבה שם אין תחומין למעלה מעשרה,

ואין שטן ואין פגע רע, ואף מלאך המות מסר לו דבר.

### (§66)

В период начала мессианского процесса[8] всякий, кто соединяет устремления своего сердца со Спасением Израиля[9], является обладателем души высшего праведника[10].

И нельзя мерить его мерилом средних людей[11].

בעקבתא דמשיחא, כל המתחבר בנטיית לבבו לתשועת ישראל הוא בעל נשמה של צדיק עליון,

שאי אפשר למודדו במידה בינונית.

---

[5] Поскольку Тора запрещает действия, связанные с нарушением и нечистотой, то на «практическом уровне» праведник не может быть с ними связан и не может «поднять их с собой». Однако, мысль его может вмещать все, и тогда все поднимается вместе с ним.

[6] Термин «высотою больше 10 ладоней» относится к области «типов субботних владений» (ограничивающих право переноски вещей в Субботу). Выше «уровня десяти ладоней над землей» находится «свободное пространство» – и, по ассоциации с этим, мысль, находящаяся выше десяти ладоней, может проникнуть в такие области, куда практическое действие не может войти.

[7] Т.е. душа высшего праведника, свободная в своем исследовании всех мудростей и всех вещей, даже нечистых и даже зла смерти, – извлекает из всего нечто положительное. Высший праведник может извлечь позитивное зерно из всего, однако на уровне практическом он не может извлекать свет из нечистых вещей или вещей, которые недосягаемы из-за «загородок, поставленных Торой» (т.е. запретов). Но в области мысли он может делать это. Вся мудрость в мире, чистая и нечистая, по отношению к нему перенаправляется в соответствии с его собственным «вектором»: в области мысли нет оград, и «хорошие мысли о плохом» разрешены.

[8] Период *Иквета де-Мешиха*, с которым рав Кук отождествлял деятельность сионистского движения. См. комментарий к §2.

[9] Т.е. с возрождением еврейского народа в стране Израиля.

[10] Не сказано, что он является «высшим праведником», но что душа его «того же типа, как душа высших праведников».

[11] Т.е. он как бы «кандидат в клуб» высших праведников. Душа его присоединена к такому резервуару, из которого черпают настоящие силы; она обладает характером или склонностью высшего праведника; и, соответственно, «средняя мерка» ему не подходит, он способен к извлечению искр.

## §67/стр. 27
## Мудрецы Торы совершенствуются посредством простолюдинов

Мудрецы Торы совершенствуются посредством простолюдинов.

Ибо, хотя, конечно, свет Торы дает жизнь всему, но ведь известно также, что «Тора является смертельным ядом для тех, кто держит ее левой рукой»[1].

Изучение Торы уменьшает их силу несравненно больше, чем у людей, вообще несведущих в Торе, которые в жизни повседневной руководствуются простыми естественными решениями.

А поскольку в душе всякого человека есть некоторая доля уродства, то в соответствии с этой мерой искривленности, пусть даже самой по себе и небольшой[2], – пропорционально ей Тора наносит ему вред[3]. И в этой области ущерб оказывается несравненно большим, чем награда.

А противоядие против этого смертельного яда, примешавшегося к нему, состоит в объединении мудрецов с простыми людьми из народа.

תלמידי חכמים משתלמים על ידי עמי הארץ.

כי אף על פי שאור התורה הוא חיי כל, מכל מקום הלא היא גם כן סמא דמותא למשמאילים בה,

והיא מגרעת את כחם הרבה יותר מאילו היו חסרי תורה. והטבע הפשוט פעל עליהם בארחות חייהם.

וכאשר בכל אדם יש שמץ של כיעור, נגד זאת השמצה המועטת באמת מזיקה לו התורה, אלא שההפסד יוצא בכפלים אין קץ נגד השכר.

והרפואה הניגודית לסמא דמותא המעורב, באה על ידי ההתחברות הכללית שיש לתלמידי חכמים עם עמי הארץ מכללות האומה,

שעל ידי זה משפיעים הם האחרונים את היושר הטבעי, שלא ניטשטש כלל על ידי שום התחכמות שבעולם,

Ибо посредством этого объединения люди из простого народа могут своим естественным прямодушием, которое не затушевывается никакими умствованиями, повлиять на мудреца.

---

[1] См. Шабат 88б. «Держать Тору левой рукой» означает излишнее усиление категории Суда; см ниже §128.

[2] Тора наносит вред мудрецу в соответствии с той (хоть и весьма небольшой) долей уродства, искривленности, которая изначально есть в его душе.

[3] Тора, подобно «увеличительному стеклу», раздувает все стороны его души, как правильные, так и неправильные; и поэтому его душевное уродство, исходно небольшое, тоже «увеличивается», так что вред оказывается очень большим, пропорциональным изученной им Торе.

И тогда исправляется исходная доля этой смертельной отравы, становясь эликсиром жизни, и оживляя этим всю общность, что позитивно влияет также и на сам простой народ[4].

וחוזרת גם הנקודה הקטנה של סמא דמותא להיות חוזרת לסמא דחיי. ומחיה גם כן על ידי זה את הכלל כולו. וגם את עמי הארץ שבו.

---

[4] Таким образом, отношения между мудрецами (*талмидей хахамим*) и простонародьем (*ам ha-арец*) здесь обрисованы вовсе не односторонними (типа «мудрецы призваны учить и направлять простой народ»), как это обычно представляют, но амбивалентными: как мудрецы учат и продвигают простой народ, так и простой народ тоже исправляет мудрецов. Это соответствует общему подходу р. Кука, в рамках которого все группы в еврейском народе вносят свой элемент позитивного вклада в общее продвижение, и при этом каждая из групп имеет свои недостатки и должна исправляться (в частности, под воздействием других групп; см. параллельную схему выше в § 21). При этом следует отметить, что у р. Кука совершенно отсутствует (распространенное среди некоторых идеологических учений в его эпоху) преклонение перед простым народом как почти монопольным «носителем духовности» и т.п. Простые люди (как и все остальные части народа), несомненно, обладают своими достоинствами и могут позитивно повлиять на других – точно так же, как обладают они и своими немалыми недостатками, и должны сами исправлять их и учиться этому от других; соответственно, «исправление мудреца» помогает в дальнейшем духовному продвижению и «простого народа».

---

\*

---

### §68/стр.28

### «Заусенцы», которые имеются в понимании Божественного

«Заусенцы»[1], которые имеются в понимании Божественного, в трепете перед Богом, в вере и во всем, что относится к ним –

הסיגים שבהבנת האלהות, היראה, האמונה, וכל התלוי בהן,

эти «заусенцы» не наносят явного ощутимого вреда все то время, пока народ не должен практически исправлять свои пути и возрождать национальную общность[2].

כל זמן שאין האומה צריכה לתקן את דרכי חייה המעשיים בכללותה, אין ההיזק שלהם ניכר,

---

[1] Т.е. небольшие неправильности, неровности, зацепки. В целом, еврейские религиозные представления в Галуте верны, но они все же имеют «заусенцы», т.е. некоторые аспекты иудаизма они трактуют неправильно.

[2] Т.е. эти относительно небольшие неправильности и искажения в вопросах святости не приносили особого вреда в века Галута, изгнания.

## ГЛАВА D-1. Арфилей Тоѓар

Однако в наши дни, поскольку пришло время реализации национального возрождения, и свет спасения должен раскрыться реально – эти «заусенцы» немедленно начинают мешать.

И невозможно народу объединиться[3] и достичь в глубинах постижения своей жизни тайны всей мощи своей и правильного представления об устройстве своей жизни,

– но только посредством полностью очищенных представлений о святости и таких дел святости, которые происходили бы от чистоты знания о Всевышнем и из высшей просветленности[4].

И в этом причина того, что во времена начала мессианского процесса с огромной дерзостью (*хуцпа*)[5] проявляется громадная отрицательная сила,

и эта сила отрицания выжжет все то, что слабо и уродливо в представлениях о Божественном и во всем, что связано с ними в национальной жизни[6].

אבל כיון שהגיע הזמן שהתחייה הלאומית מוכרחת לבוא, וצמיחת קרן ישועה בפועל מוכרחת להיגלות, מיד הסיגים מעכבים,

ואי אפשר לאומה שתתאגד ותשיג בעומק חייה את סוד גבורתה וציורי סידוריה,

כי אם על פי דיעות מזוככות ומעשים היוצאים מטהרתה של דעת ד' אמת בבהירות היותר עליונה.

וזאת היא הסיבה שכח שלילי גדול מתעורר בעקבא דמשיחא בחוצפא סגיאה,

ושלילה זאת תבער את כל מה שהוא חלוש ומכוער בהמושגים האלהיים והתלוי בהם בכללות האומה.

ואף על פי שנורא הדבר לראות, שכמה עניני אמת, מידות טובות ומצוות וחוקים, הולכים ונשטפים ונעקרים לכאורה על ידי זרם השלילה,

И хотя страшно видеть, как некоторые правильные вещи, заповеди и законы выкорчевываются и как будто смываются этим потоком отрицания,

---

[3] Т.е. обрести национальное единство, в том числе и на физическом (государственном) уровне.

[4] А тот иудаизм, который принесен из Галута, не обладает этой чистотой и просветленностью, т.к. он содержит «заусенцы», и поэтому на его основе не удается построить Государство.

[5] Перефразированная цитата из Талмуда (Сота 49б), где сказано: «В начале мессианского процесса дерзость возрастет». См. выше, примечание к § 2.

[6] Поскольку для обновления национальной жизни необходимы исключительно правильные познания Божественного, а все «заусенцы» мешают в продвижении национального возрождения – то дерзость с «дикой силой» выжигает все, что слабо и искривлено в религиозной области. Пока не было национального возрождения, все эти искривления не очень мешали. Но когда возрождение стало развиваться на практике, эти искривления стали препятствием, и «отрицательная сила» с дерзостью сносит их со своего пути.

но в любом случае, в конце концов все необходимое вырастет в силе и высшей святости из того ядра, могучего, чистого и возвышенного, до которого не доберется никакое отрицание.

И свет его «воссияет светом новым над Сионом»⁷, в высшем величии,

и будет это выше всех тех представлений, которые души усталые, физически и духовно, от долгого и изнуряющего Изгнания, могут сегодня себе представить.

מכל מקום סוף סוף שהכל יצמח בטהרה וגבורה, בקדושה עליונה, מהגרעין האיתן הטהור והמרומם, שכל שלילה לא תגיע אליו,

ואורו יזרח בתור אור חדש על ציון, בגדולה מופלאת,

למעלה מכל ציור שכחות דלים של נפשות עייפות, עייפות חמרית ורוחנית של גלות ארוכה ודלולה, יכולים לצייר.

---

⁷ Цитата из утренней молитвы. Рав Кук придает здесь ей смысл того, что «над обновленным Сионом» может засиять только новый свет, а «старый свет» (т.е. иудаизм Галута) не имеет достаточных сил на это.

---

\*

---

## § 76/стр. 31
### Я люблю все мироздание

Я люблю все мироздание.

Я не могу никоим образом не любить все создания и все народы¹, я жажду всей глубиной сердца торжества всего, красоты всего и исправления всего мира.

И хотя моя любовь к Израилю более пылка и более глубока², но внутренняя жажда любви распространяет свой огонь и на все остальное Мироздание.

אני אוהב את הכל.

איני יכול שלא לאהוב את כל הבריות, את כל העמים. רוצה אני בכל מעמקי לב בתפארת הכל, בתקנת הכל.

אהבתי לישראל היא יותר נלהבה. יותר עמוקה, אבל החפץ הפנימי מתפשט הוא בעזוז אהבתו על הכל ממש.

---

¹ Неверно думать, что идеалом иудаизма является любовь только к еврейскому народу; этот идеал – любовь ко всему человечеству и даже вообще ко всему Мирозданию.

² Любовь к миру и человечеству не должна быть ко всем одинакова, но она должна быть «градуирована» – любовь к ближним должна быть больше, чем к дальним; а к евреям – больше, чем к другим народам.

# ГЛАВА D-1. Арфилей Тоѓар

Мне нет необходимости принуждать эту мою любовь ко всему миру, она проистекает напрямую от святой глубины мудрости Божественного источника моей души³.

אין לי כל צורך לכוף את רגש אהבה זה, הוא נובע ישר מעומק הקודש של החכמה של הנשמה האלהית.

---

³ Правильно – любить все Мироздание, но свой народ следует любить сильнее. При этом никоим образом не следует замыкаться на одной только любви к евреям, т.к. без любви ко всему Мирозданию сама любовь к еврейскому народу не приобретает правильную форму (ибо любовь ко всему Мирозданию проистекает «напрямую из источника души», и без нее реализация души не будет полноценной).

**Дополнительный комментарий:**
Этот отрывок простой и не радикальный, но полезный для того, чтобы не терять этот момент из виду. См. также раздел F настоящего сборника.

---

\*

---

## § 84/стр. 34
### Также и в этом мире удаляться от жизни дефектной и продвигаться к жизни полной

Глубокое знание Бога¹ побуждает к тому, чтобы также и в этом мире² удаляться от жизни дефектной, раздробленной и недостаточной и продвигаться к жизни полной, яркой и насыщенной³.

И даже единой искры Божественного света, живущей в чьем-то сердце, хватает, чтобы разогнать неисчислимое множество темноты⁴.

דעת אלהים מיוסדת לברוח מהחיים הפגומים, המרוסקים והחסרים, לחיים שלמים, מבולטים ומלאים, גם בעולם הזה.

וניצוץ אחד של אור ד' החי באיזה לב, מספיק כבר לגרש מחשכים רבים לאין חקר.

---

¹ «Глубокое знание Бога» – это не поверхностное знание религиозных законов и текстов, а глубокое ощущение своей индивидуальной и национальной жизни как непрекращающегося Диалога с Богом.

² Религия призвана не только призывать к «спасению души», но и реализовывать Божественный свет в этом, нашем мире.

³ Жажда полноты и яркости жизни есть отражение полноты и яркости Божественности.

⁴ Когда кто-то один начинает это чувствовать и проявлять в своей жизни, то это передается и многим окружающим.

Глупцы те, кто безо всякого понимания говорят про познание Бога, что оно уменьшает краски жизни[5]. Такие люди стоят снаружи[6].

А народ, знающий Бога[7], должен являться миру в знании полноты жизни, в свете Бога живого[8].

טיפשים באין בינה הם האומרים על דעת ד' שהיא ממעטת את צביון החיים. מבחוץ הם עומדים.

ועם יודע אלהיו צריכים להופיע בעולם באותה הידיעה של השתלמות החיים, באור אלהים חיים.

---

[5] Им представляется, что чем больше энергии, света и красок в этом мире, тем меньше их в Божественном мире. Но это неправильно; и хотя так иногда бывает когда еврейский народ находится в изгнании, это принципиально неверно в Стране Израиля.

[6] «Стоят снаружи» – видят все очень поверхностно, не заглядывая в глубину. Они вне истинного иудаизма; а также духовно они – «вне Страны Израиля». (Ибо под «иудаизмом» они понимают его галутную форму. Среди них есть как сторонники этого галутного иудаизма, так и его противники; но все они прежде всего неправильно воспринимают иудаизм, так что доводы его защитников неправильны, а доводы его противников нерелевантны).

[7] Еврейский народ в правильном его развитии.

[8] Важнейший эпитет Бога в ТаНаХе – это «Бог живой»; и Он связан со всеми аспектами жизни, а не отделен от них.

--- * ---

### § 92/стр. 36
### Понимание Божественности на уровне Зеир Анпин и на уровне Арих Анпин[1]

В рамках индивидуального подхода понимание Божественности вмещается в уровень *Зеир Анпин*,

אפשר לכלול בזעיר אנפין ההבנה האישית של האלהות,

---

[1] *Арих Анпин* – это парцуф сферы *Кетер*, а *Зеир Анпин* – парцуф сферы *Тиферет*. Понятие *парцуф* (лик) означает в Каббале «комплекс сфирот, проявляющийся как личностная манифестация Божественности». Термин *Арих Анпин* (арам., на иврите «эрэх апаим») буквально означает «длинный лик», «большой лик», «долготерпеливый», а *Зеир Анпин* – «короткий лик», «малый лик» (в разговорном иврите сегодня «*Зеир Анпин*» = «в миниатюре») и также «кратко терпеливый», «нетерпеливый». Парцуф *Зеир Анпин* («нетерпеливый») означает Божественное управление миром, основанное на текущем балансе добра и зла, на вознаграждении и наказании. Такой тип диалога человека с Богом весьма важен; и при индивидуальном типе диалога с Богом невозможно подняться выше этого уровня.

## ГЛАВА D-1. *Арфилей Тоѓар*

а именно: Единый Бог – Творец мира; и мир, и все вещи в нем – все они деяния Его рук².

Но это понимание недостаточное (слишком мелкое)³.

Понимание же на уровне *Арих Анпин* превосходит его, потому что включает в себя все в высшем единстве⁴,

что необычайно выше индивидуального (локального) подхода к пониманию Божественности⁵.

בתור אל אחד יוצר כל, והעולם וכל ההוויות מעשי ידיו כולם.

אבל הבנה זו קטנה,

ואריך אנפין גדול מזה מאד, שהוא כולל את הכל באחדות עליונה ונפלאה,

למעלה למעלה מהמחשבה האישית הנזכרת.

---

² Соответственно, на индивидуальном «кратком» уровне Диалога человек понимает, что Бог – Творец, Он создал весь мир, управляет всем миром и делает все по милосердию и по справедливости.

³ Нельзя сказать, что это понимание неправильное, напротив, оно очень нужное и на своем уровне правильное; но наша задача – подняться на более высокий уровень.

⁴ Уровень *Арих Анпин* – это понимание на уровне «Управление единством мира», когда все в мире имеет общую цель и общую задачу. (О двух типах Провидения – «Управление на уровне добра и зла» и «Управление на уровне единства» – см. выше, §5, эта тема также подробно рассматривается у Рамхаля.) *Арих Анпин* – парцуф сфиры *Кетер* – это изначальная Божественная воля, стремящаяся продвинуть мир к его цели, в отличие от *Зеир Анпин* – практического, «естественного» управления миром. Парцуф *Зеир Анпин* объединяет шесть сфирот (от *Хесед* до *Йесод*), которые соответствуют Шести дням творения, т.е. нормальному естественному функционированию мира. Поэтому в диалоге с Богом на уровне *Зеир Анпин* реализуется «естественное» Божественное управление миром: справедливость, милосердие, любовь Бога. А на уровне *Арих Анпин* реализуется изначальный глобальный замысел, в соответствии с которым человек должен являться частью Божественного единства. (Диалог на уровне *Арих Анпин* не может быть достигнут, когда человек концентрируется только на рассмотрении себя, т.к. масштабы отдельной личной жизни просто слишком малы для «Долгого диалога», простирающегося на всю историю человечества.)

*Зеир Анпин* является «нетерпеливым» в том смысле, что в нем есть награда и наказание, текущий баланс грехов и заслуг, милосердия и справедливости. А на уровне *Арих Анпин* вопрос о справедливости вообще не ставится, поскольку все едино и осмысленно, все Божественно и является добром. Поэтому в диалоге с Богом на уровне *Зеир Анпин* добро и зло разделены: это хорошо, а то плохо; за это награждают, за то наказывают; это продвигает мир, а то мешает этому продвижению; и таково, действительно, локальное функционирование мира. А *Арих Анпин* – это всеобщее единство мира, при котором зла просто не остается, нет места для зла (и поэтому вообще не ставится вопрос о справедливости). См. об этом также ниже, §97.

⁵ Наша задача в диалоге с Богом состоит в том, чтобы не остановиться на индивидуальном уровне диалога, а подняться также к общенациональному: от диалога *Зеир Анпин* подниматься к *Арих Анпин*, от «Провидения добра и зла» – к «Провидению единства».

## § 97/стр. 38
## Когда человек совершает грех, он находится в мире разделения

В тот час, когда человек совершает грех, он находится в мире разделения;

и тогда каждая отдельная деталь Мироздания существует сама по себе; и тогда зло, взятое само по себе, отдельно, действительно является настоящим злом, и есть у него способность быть злом и вредить[1].

Если же человек делает *тшуву* из любви, то тут же над ним сияет свет, исходящий из мира единства[2], и все в этом мире соединяется в некую единую общность;

а в этой общности нет никакого зла[3],

בשעה שאדם חוטא הוא בעלמא דפירודא,

ואז כל פרט ופרט עומד בפני עצמו, והרע הוא רע בפני עצמו, ויש לו ערך רע ומזיק.

וכשהוא שב מאהבה מיד מתנוצץ עליו אור ההויה של עלמא דיחודא, שהכל מתארגן לחטיבה אחת,

ובקישור הכללי אין שום רע כלל.

כי הרע מצטרף אל הטוב לתבלו, ולהרים עוד יותר את יקרת ערכו.

потому что тогда то, что (локально) было злом, присоединяется теперь к добру, чтобы (образовав с ним единое целое) придать ему нужный вкус, смысл и значение, чтобы поднять еще больше важность и достоинство добра[4].

---

[1] Человек совершает грех в ситуации, когда он рассматривает себя отдельно, когда каждая деталь Мироздания отдельна, и он отделен от Источника, от Бога, и это – «мир разделения». И тогда зло, рассматриваемое как отдельное, действительно является одной из деталей этого локального пространства, и оно имеет силу и возможность вредить.

[2] *Тшува* (раскаяние, возвращение к Богу) берет свое начало из ощущения всеобщей связи, всеобщего единства с Богом, что противоположно «миру разделения», – и, наоборот, есть «мир единства». «Раскаяние из любви» – это раскаяние не из страха перед наказанием, а раскаяние из любви к Богу и желания обрести связь с Ним.

[3] «Никакого зла нет» – нет места для понятия «зло»; все является интегральной частью добра.

[4] Если рассматривать мироздание не локально как «мир разделения», а глобально как «мир единства», то ясно видно, что зло было необходимо, чтобы реализовалось добро, и чтобы это добро обрело более высокий уровень. При таком глобальном рассмотрении зла самого по себе вообще нет – именно потому, что оно является необходимой частью общей системы. Когда добро преодолевает зло, являющееся для него препятствием, то оно приобретает большее достоинство, понимает больше, достигает более высокого уровня. Тем самым зло в глобальном плане перестает быть злом. Любое зло является злом (и оно действительно является злом!), только когда его рассматривают локально; в глобальном же рассмотрении – это необходимая часть добра.

## ГЛАВА D-1. Арфилей Тоhар

И таким путем даже сознательные грехи (в случае, если человек осуществляет «раскаяние из любви») становятся действительными заслугами[5]

ובזה נעשים הזדונות לזכויות ממש.

---

[5] «Раскаяние из любви обладает такой силой, что оно даже сознательные грехи обращает в заслуги» (Талмуд, Йома 86 б), поскольку в конечном счете эти грехи послужили причиной для раскаяния, возвращения, и, в итоге, продвижения на более высокий уровень духовности.

---

\*

---

### §107-108/стр. 41
### «Дерзость...» — это ослабление Божественного света для исправления сосудов /Без этого не могут проявиться тайны Торы

«Дерзость начала мессианского процесса»[1] — это ослабление Божественного света для исправления сосудов[2] (келим),

החוצפא של עקבתא דמשיחא היא מיעוט אור לשם תיקון הכלים,

и она совсем не похожа на преступления в других веках[3], в других ситуациях, т.к. последние были просто отрицанием ради разрушения[4].

ואינה דומה כלל למאורעות של עבריינות אחרים, שהם היו לקותות גמורות, דרך הריסה.

При этом среди них (представителей «дерзости начала месси-

אמנם ישנם בתוך המחנה הזה של בעלי החוצפא גם כן זיקין שהם מוכרחים להיות דועכים לגמרי,

---

[1] «Дерзость начала мессианского процесса» — Хуцпа иквета де-Мешиха, одним из аспектов которой рав Кук считал процесс отхода от соблюдения Торы в среде активистов сионистского движения. См. выше, примечание к §2 и к §68.

[2] Т.е. это необходимо для того, чтобы эти сосуды смогли в дальнейшем лучше воспринимать Божественный свет. Концепция «сосудов восприятия Божественного света» является одной из базовых концепций Каббалы.

[3] Т.е. отход от Торы в другие времена.

[4] Отход сионистов начала XX-го века от религии очень отличается от подобных явлений в прошлом, — прежде всего тем, что отказываясь от религии, эти евреи не отказывались от своего еврейства; наоборот, они стремились его реализовать.

анского процесса») есть также и такие явления, которые должны быть полностью уничтожены[5].

ודעיכה זו תבוא על ידי הארה גדולה של אור תורה מגבורה של מעלה, על ידי הופעת צדיקים גדולים מאד.

Загашение этих угольков (источников, порождающих неправильные явления) происходит при появлении Великого света – света Торы от высшей Божественной силы (*Гвура*), с появлением очень больших праведников[6].

אור צדיקים ישמח ונר רשעים ידעך.

Как сказано в Писании: «Свет праведников возрадуется, а свеча злодеев загасится»[7].

(§108)

Без «дерзости начала мессианского процесса» не могут проявиться тайны Торы в полноте своего откровения.

בלא החוצפא דעקבתא דמשיחא, לא היה אפשר לבאר רזי תורה בגילוי גמור.

Только посредством огрубления (утолщения) чувств[8], которое приходит из-за этой дерзости, будет возможно получить высший свет Мудрости,

רק על ידי התעבות ההרגשות שעל ידי החוצפא, יהיה אפשר לקבל הארות שכליות עליונות מאד,

и, благодаря этому, все, в конечном счете, придет к своему исправлению.

וסוף סוף שהכל ישוב לתיקון גמור.

---

[5] Отнюдь не все, что несет секулярный сионизм, хорошо и по сути необходимо для исправления сосудов. Есть в нем и такие вещи, которые впоследствии должны быть уничтожены .

[6] Угольки нельзя затушить просто темнотой, не давая им разгореться, а нужно затмить их с помощью гораздо большего света, в котором они затеряются, пропадут, т.к. перестанут быть нужны.

[7] См. (Притчи 13:9).
Свеча злодеев потускнеет и затеряется именно на фоне яркого света праведников.

[8] Это «утолщение», огрубление чувств создает на самом деле развитие, усиление, расширение «сосудов», – что необходимо в дальнейшем для получения большего света. Пока народ слабосилен и немощен физически и духовно, он не в силах постичь глубокие истины Торы.

## §111/стр. 42
### Восприятие любви должно развиться

Восприятие любви должно развиться во всех своих нюансах, чтобы проявились все богатства жизни мыслительной, чувственной, и воображения, – все, что с этим (чувством любви) связано.

И тогда явится и придет хранилище богатства Всевышнего, чтобы возвыситься до любви Высшей, название которой – Имя Бога[1].

Также эстетическое чувство должно быть развито достаточно хорошо, чтобы смогла душа подпоясаться этим своим воображением и чувством Высшего прекрасного, чтобы, в свою очередь, достичь высокой ступени восприятия красоты Божественного[2].

Современная литература[3] и стремление расширить область эстетики, которая захватила поколение[4], несмотря на то, что все эти занятия склонны к вещам будничным, а порой и просто нечистым,

חוש האהבה מוכרח הוא להתפתח בכל פרטיו, להראות את כל אוצרות החיים השכליים, ההרגשיים והדמיוניים שלו,

ואז יובא אוצר ד׳, להתעלות להאהבה האצילית ששם ד׳, נקרא עליה.

כמו כן צריך החוש האסתטי בדרך כלל להתפתח יפה, עד כדי שתוכל הנשמה להתאזר בציור התפארת האצילי, באופן שתוכל לעמוד במרומי דרגותיה.

והספרות שבדור, ותאות ההתרחבות של היופי שאחזה אותו, אף על פי שהם נוטים לעניני החול, ולפעמים הנם נטמאים מאד,

---

[1] Чтобы воспринять высшую Божественную любовь, надо прежде всего развить просто чувство любви. А если чувство любви неразвито в человеке, то он тогда не сможет воспринять и высшую Божественную любовь.

[2] Если у человека не будет развитого эстетического чувства, то он не сможет также стоять и на высокой ступени восприятия красоты Божественного.

[3] Художественная или философская нерелигиозная литература.

[4] Поколение хочет развиваться, воспринимать красоту и любовь.

тем не менее это не что иное, как ступени развития и подготовки к восприятию Высшей чистоты, через которую Божественное проявится в этом мире⁵.

אינם כי אם דרגות והכשרים אל הטוהר העליון של הוד של מעלה שיופיע בעולם.

---

⁵ Человек, который духовно не развивается, не читает художественную литературу, не может развить в себе чувство прекрасного и чувство любви, чтобы воспринимать все богатство Всевышнего на должном уровне, он будет воспринимать Бога на низком уровне и продвинуться не сможет. Поэтому художественная и философская литература поколения и желание объять красоту и богатство мира являются необходимой ступенькой в духовном развитии. Иными словами, в этом отрывке проводится очень радикальная мысль о том, что нерелигиозная литература нужна совсем не для того, чтобы (как иногда думают некоторые религиозные люди) «знать, как живут нерелигиозные и уметь их переубеждать», или же «учиться технике воздействия на окружающий мир» и т.п., – но она необходима собственно для религиозного и духовного развития человека. Здесь проводится идея не «прагматической», а собственной ценности художественной литературы и искусства, их необходимости для восприятия Божественности. В этом смысле надо отметить, что также Тора и Заповеди не являются самоцелью, но они лишь путь к Божественности; и потому данным утверждением художественная литература помещается с ними, в некотором смысле, в одно пространство.

---

\*

---

### §112\ стр.43
### *Наряду с наличием прилежных ученых необходимо*

Наряду с наличием прилежных ученых («*матмидим*»), необходимо, чтобы существовала в еврейском народе такая сила¹,

לעומת השקדנים מחמירי ההתמדה, מוכרח שיימצא כח

---

¹ Т.е. чисто «иешивных» ученых недостаточно для правильного развития народа; необходимо также развитие и другой силы, которая дает свет душе в свободной жизни – в отдыхе, в расширении сознания и т.д. В дополнении к жесткому изучению Торы – которое тоже необходимо! – должен существовать также и свободный дух, стремящийся, в частности, к получению «обычных» жизненных удовольствий – как физических, так и эмоциональных, интеллектуальных и т.д., ибо без этого нет полноты жизни, а без полноты жизни нет полноты Торы.

## ГЛАВА D-1. *Арфилей Тоhар*

которая проявит свободный внутренний свет посредством путешествия[2], отдыха, расширения горизонтов сознания,

благодаря которым душа возносится и витает в небе в летающей башне, и там она востребует все страсти свои и найдет тончайшее самопознание свое.

И поколение наше, столь ослабленное страданиями тела и души, нуждается в позитивном влиянии отдохновения.

Только так оно сможет восстановить внутреннюю страсть (к глубокому познанию Торы), которая, в свою очередь, разовьет страсть внешнюю (постоянство в изучении Торы), и сможет дать им правильное соотношение с силами души и тела так, чтобы раскрыть все способности, скрытые в человеке, для их нормального и достойного развития.

И это принесет благословение человеку и миру[3].

שיראה איך מגלים את האור החפשי הפנימי, בטיול [רוחני] ובמנוחה, בהרחבת הדעת

שהנשמה מתרוממת על ידה, פורחת היא במגדל הפורח באויר, ושמה היא שואלת את כל מאוייה, דורשת את מושגיה העדינים, דורשת ומתמצא לה.

והדור הנחלש כל כך מעינוי גוף ונשמה, צריך הוא להשפעה של מרגוע,

שרק היא תביא את השקידה הפנימית, שתשפיע במידה הגונה גם כן על השקידה החיצונה, להעמידה בתכונה מתאמת לכחות הגוף והנפש, ולענין המפתח את כל כשרון חבוי בפיתוח הגון ובטוח,

עד שיצא לברכה לאיש ולעולם.

---

[2] В издании 1983 года здесь было внесено исправление «духовное путешествие», чтобы подчеркнуть, что эти путешествия по Стране Израиля должны быть наполнены духом. Однако, конечно, термин «духовное путешествие» не означает нечто лишь умозрительное, а имеется в виду реальное физическое путешествие, имеющее также и духовные атрибуты.

[3] Без нормального получения удовольствий от жизни нормальное изучение Торы тоже невозможно. Благословение миру принесет не такое изучение Торы, которое противостоит естественной природе, — но лишь такое, которое гармонирует с этой природой. Подробнее о различии (по отношению к природности) между характером святости в Галуте и характером святости в Эрец Исраэль см. выше гл. С-9.

---

\*

## §120/стр. 45
### По сравнению с высшей Божественной истиной нет разницы между «изображающей верой» и атеизмом

По сравнению с высшей Божественной истиной нет в общем-то никакой разницы между «изображающей верой»[1] и между совершенным неверием (атеизмом) – оба они не дают истины[2].

Однако (в нашей жизни) разница между ними все же есть; и она заключается в том, что вера сама по себе больше склоняется к истине, а атеизм ближе ко лжи. И ввиду этой склонности от одного происходит добро, а от другого – зло[3].

И так сказано у пророка: (Гошеа 14:10) «Праведники пройдут по ним, а злодеи споткнутся на них»[4].

При этом весь мир со своими материальными и духовными ценностями в целом устроен по человеческим меркам[5],

לעומת האמת העליונה האלוהית, אין הבדל בין האמונה המצויירת להכפירה כלל, שתיהן אינן נותנות את האמת.

אלא שהאמונה מתקרבת לגבי דידן אל האמת, והכפירה אל השקר, וממילא נמשך הטוב והרע מאלה ההפכים,

צדיקים ילכו בם ופושעים יכשלו בם.

והעולם כולו עם כל ערכיו החמריים והרוחניים, הכל הוא לערכנו,

ולגבי ערכנו האמת מתגלה באמונה, והיא מקור הטוב, והשקר בהכפירה, והיא מקור הרע.

а по этим меркам истина проявляется в вере, и поэтому в ней – источник добра, а ложь проявляется в неверии, и в ней – источник зла.

---

[1] «Изображающая вера» – это вера, которая каким-то образом изображает нам Бога и дает то или иное описание Его, даже если это описание не «телесное», а «духовное». См. об этом также выше, глава C-3, §3.8.

[2] Т.е. как атеизм, так и примитивная изображающая вера совершенно далеки от истины, и по сравнению с высшей Божественностью равно неверны.

[3] Иными словами, с Божественной точки зрения нет никакой разницы между примитивной верой и атеизмом – и то и другое неправильно; но с человеческой точки зрения они имеют разную направленность: одно склоняется к добру и истине, а другое – ко злу и лжи.

[4] Т.е. именно там, где праведники пройдут, там злодеи и споткнутся.

[5] А не по «высшим Божественным» меркам; т.к. Бог создал мир для того, чтобы человек мог жить и действовать в нем.

ГЛАВА D-1. *Арфилей Тоhар*

Но по отношению к бесконечному Божественному свету (*Ор Эйн Соф*) все это одинаково[6],

поэтому и неверие (атеизм) есть проявление силы жизни, в которое облачается высший свет Его сияния[7].

И поэтому истинные герои духа черпают (выбирают, вытаскивают) из своего атеизма искры необычайного добра [– и обращают его горечь в сладость][8].

אבל לגבי אור אין סוף הכל שוה,

גם הכפירה היא התגלות כח חיים, שאור החיים של זיו העליון מתלבש בתוכה,

ומשום כך מלקטים ממנה גיבורים רוחניים ניצוצות טובים מאוד [ומהפכים מרירו למתיקו].

---

[6] Т.е. по отношению к Бесконечному эта разница не является сущностной.

[7] Причины этого в том, что атеизм берет свои духовные силы в отрицании примитивной религиозности, что является по своей сути религиозным действием. Настоящим самостоятельным атеистом становится человек, у которого духовные запросы относительно Божественности настолько высоки, что он не терпит примитивной веры, которую видит вокруг себя; поэтому его атеизм содержит в себе высший свет. (См. об этом также ниже в разделе Е статью Р. Файермана.)

[8] Слова «и обращают его горечь в сладость» добавлены в издании 1983 г. Они призваны подчеркнуть, что отнюдь не сам атеизм есть добро – но люди высокого духа, ставшие атеистами лишь потому, что те представления о религии, которым их научили, слишком примитивны для них (и поэтому они не могут с ними согласиться) – они «вытаскивают» из атеизма, «выбирают» из него искры высшего добра, и тем самым обращают свое «неверие» в элементы высшего Божественного света.

---

\*

---

## §126/стр. 47
### Если степень образованности в духовных вопросах мала

Если степень образованности в духовных вопросах мала, тогда человек рисует себе Бога очень маленьким[1].

כשההשכלה אלהית היא קטנה, אז הציור שמציירים את האלהות הוא גם כן קטן.

---

[1] Это случается, например, если человек воображает себе Бога как педантичного Судью, заинтересованного в первую очередь в соблюдении Своих приказов и установлений, непрерывно следящего прежде всего за тем, насколько люди подчиняются Ему. Подобный образ Бога как «верховного надзирателя» чудовищно примитивизирует как Всевышнего, так и того человека, который представляет себе Бога таким образом. (См. также ниже, Первый дневник, §75.)

А поскольку содержание Божественного претерпевает бесконечное уменьшение соответственно человеку[2],

то трудно даже вообразить, насколько человек делается пресмыкающимся и ничтожным от такой богобоязненности, вместе с которой нет просвещенного понимания[3].

И как же прийти человеку к восприятию величия Божественности так, чтобы его самоощущение и величие души не стерлись, а расширились и развились?

Это должно произойти с помощью расширения силы его познания, освобождения его воображения и полета мысли, посредством знания жизни и мира, посредством полноты ощущения всего мироздания.

Для этого он должен заниматься всеми видами мудрости, которые есть в мире, всеми учениями жизни, познавать культуру, этику и религию всяких народов[4].

И в величии своей души он сможет «просеивать» все это правильным образом.

И естественно, что так как он является евреем, то все устои его знаний будут построены на

וכיון שהתוכן האלהי הוא מבאר את ההקטנה האין סופית של האדם לפניו,

אז אין לשער עד כמה האדם נעשה זוחל ובטלן על ידי יראת שמים שאין בה דיעה.

ואיך יבוא האדם לידי השערה של הגודל האלהי, באופן שצורתו העצמית של הדר הנפש לא תיטשטש אלא תתרחב –

על ידי הרחבת כח המדע שלו, על ידי שחרור דמיונו ומעוף הגיונו, על ידי דעת העולם והחיים, על ידי עושר ההרגשה בכל ההויה.

שצריך על זה באמת לעסוק בכל החכמות שבעולם, ובכל תורות החיים, ובכל דרכי התרבויות השונות ותוכני המוסר והדת של כל אומה ולשון,

ובגדולת נפש ידע לזכך את כולם.

ופשוט הוא שכל יסוד מדעו בתור ישראל, יהיה בנוי על יסוד התורה בהרחבתה היותר גמורה,

---

[2] Поскольку всякий человек представляет самого себя в пропорции к тому, как он рисует себе Бога (ведь человек создан по Его образу и подобию), тогда, если он воображает себе Бога малым, то уж себя-то он считает совсем ничтожным.

[3] Иными словами, богобоязненность, при которой нет широты познания, заставляет человека ощущать себя приниженным и ничтожным.

[4] Для религиозного человека не только нет запрета на изучение всего разнообразного, что есть в мире, но даже есть указание изучать это.

## ГЛАВА D-1. Арфилей Тоhар

основах Торы[5], однако при возможном максимальном их расширении[6].

И он должен всегда стараться, чтобы его путь не был ограниченным, мысли не были зажаты, а шли широко и уверенно.

Он не должен брать на себя ненужные страхи[7], которые препятствуют работе мыслей и расширению духовных чувств.

Человек должен быть сильным, видеть свои духовные возможности, понимать добро и зло, осознавать высший источник, из которого все проистекает, и делать все это упорядоченно, развивая это параллельно с собственным продвижением.

И тогда, в соответствии с величием его души, над ним воссияет Божественный свет, его душа станет великой, и высшее Божественное смирение, возвеличивающее все способности, наполнит его.

Он всегда будет воспринимать небесное величие и совершать великие дела по отношению к себе и ко всему миру[8].

וישתדל תמיד שדרכו לא תהיה מצומצמת, ודיעותיו לא תהיינה דחוקות ומרוסקות, אלא הולכות בהרחבה ובדרך בטוחה.

אל ישיא על עצמו פחדים רבים, שמונעים את השכל מעבודתו, ואת החושים הרוחניים משפיעת השפעתם.

רק יהיה בן חיל, ידע את העוז, את הטוב ואת הרע, ואת המקוריות העליונה שהשכל נובע ממנה בצורה מסודרת, ההולכת ומשתלמת עם השתלמותו.

ואז, לפי גדלו הנשמתי, תזרח עליו האורה האלהית, ונפשו תהיה גדולה, והענוה האלהית העליונה, המגדלת את כל הכשרונות כולם, תמלא את כל קרביו,

וגבורה שמימית תאמצהו תמיד, ויעשה גדולות ונצורות לעצמו ולעולם כולו.

ראוי להשתוקק להיות מחובר עם כל כלל ישראל.

---

[5] Т.е. речь идет о таком человеке, который, воспринимая всю культуру человечества, остается верен Торе, и строит свое мироощущение на ее основе.

[6] Если понимать слова Торы слишком узко, то на них нельзя будет построить полноценную жизнь; поэтому необходимо «широкое понимание слов Торы».

[7] Имеются в виду опасения типа того, что «если будешь знаком с широким миром, есть опасность отойти от иудаизма», и т.п.

[8] Иными словами, человек, страшащийся всего, ничего не достигнет; а человек, понимающий, что истина в Торе, но изучающий при этом другие культуры, языки и учения, отделяя и просеивая хорошее от плохого – только он сможет исправить мир.

## §128/стр. 47

### Следует стремиться быть соединенным со всем народом Израиля

Следует стремиться быть соединенным со всем народом и обществом Израиля в целом.

И чем больше человек очистит свои мысли и действия, тем больше он сможет соединиться как с более высокими, так и с более низкими ступенями этого общества.

Но в соответствии с его малостью и с усилением категории Суда[1], объединение это будет менее общим[2].

А все, что недостаточно связано с наиболее низким уровнем, соответственно, будет недостаточно связано и с самой высшей из ступенек[3], потому что истинная цельность достигается лишь при соединении со всем обществом в целом, во всех формах и категориях, в которых оно существует[4].

וכל מה שיזקק יותר את דיעותיו ומעשיו, כן יוכל להיות מתחבר עם הדרגות היותר גדולות ועם הדרגות היותר קטנות שבכלל.

וכפי הקוטן והגברת הדינים, כך יהיה החיבור פחות כולל,

וכל מה שיחסר חיבור עם הדרגה היותר ירודה, לעומתו יחסר החיבור עם הגדולה שבמדרגות,

כי השלימות הגמורה היא חיבור עם הכלל כולו, בכל אופן ומידה שהוא.

משתוקקת היא הנשמה הגדולה להתפשט על הכל, על כל הדרגות.

---

[1] «Усиление категории Суда» (*гвура*, *дин*) – это «усиление осуждения», т.е. оценка поступков окружающих людей с точки зрения меры соблюдения ими Галахи, Закона; и если человек подходит к окружающим с такой меркой, то в этом проявляется его «малость». «Гвура» – это «левая сторона», см. об этом также §67.

[2] Поскольку далеко не все общество Израиля соблюдает Галаху, то такой человек не сможет быть связан с этим «несоблюдающим» обществом. Путь, предлагаемый здесь равом Куком, состоит в том, чтобы самому, конечно, строго соблюдать Закон, но не оценивать окружающих в соответствии с мерой соблюдения ими Галахи, ибо тогда его соединение с другими частями общества не сможет произойти. Это соединение может осуществляться лишь на основе любви (*хесед*).

[3] То, что человеку, «оценивающему всех по Галахе», представляется низшим уровнем, на самом деле содержит в себе очень важный свет, пусть и недостаточно «утонченный», но очень мощный. И при отсутствии связи с этим уровнем такой человек лишается «полноты света», а без этой полноты он сам не может достигнуть никаких высших уровней.

[4] В рамках связи этого отрывка с §126 можно сказать, что тот, кто «оценивает окружающих по степени их соблюдения», низводит Божественность до чистого «закона» и тем самым рисует Бога «мелким» (т.е. представляет Его себе только как наказывающего и награждающего), этим он принижает высшую Божественную духовность, и поэтому сам не может подняться до высших ступеней и соединиться с ними.

См. также ниже, §129, §163 и §184.

# ГЛАВА D-1. *Арфилей Тоѓар*

## §129/стр. 47
## *Великая душа жаждет распространиться на все*

Великая душа жаждет распространиться на все, на все уровни жизни.

«Распрямить свои ноги», протянув их до конца всех ступенек, которые есть в Мироздании, чтобы оживить все, приблизить все и возвысить все.

И тем, что она далеко «вытягивает свои ноги», – этим она поднимает свою высоту[1], и так она растет и достигает более и более высоких уровней,

и тогда великий и сильный свет *хеседа* возникает перед ней, и все пути она может выпрямить[2].

И приходят всякие мелочные души[3], и не дают ей «вытянуть свои ноги»[4] и тем самым уменьшают ее высоту.

Она от этого очень сокрушается и сминается, и иногда делает так, как жаждут все эти ей препятствующие[5].

לפשוט את רגליה עד סוף כל המדרגות כולן, כדי להחיות את הכל, לקרב את הכל, לעלה את הכל.

וכפי מה שהיא פושטת רגליה, הרי היא מגבהת את כל שיעור קומתה, והיא מתגדלת, ומשגת ברוממותה דרגות עילאות,

חסדים גדולים ועזיזים מופיעים לפניה, את כל הדרכים היא מיישרת.

ובאים קטנים, ומעכבים אותה מפישוט רגליה, וממילא כופפין את קומתה,

והיא מצטערת, מתכווצת ומתמקמקת, עושה לפעמים את חפץ המעכבים,

---

[1] Чем больше она проникает в нижние, простые области жизни, в реализацию, в материализацию всех вещей, тем больше она увеличивает свой собственный духовный рост.

[2] Она поднимается до уровня *хесед* (уровень оценки всех явлений в окружающей жизни исходя не из того, как они согласуются с иудаизмом сегодня, а из того, какое продвижение может быть на их основе достигнуто), и это настраивает ее на соответствующее позитивное отношение ко всему. Возвышение души – осуществляемое, в том числе, за счет освоения ею нижних, материальных областей жизни – необходимо для правильного продвижения к будущему; и с его помощью она (душа) может выпрямить все пути, и показать, что со стороны «взгляда в будущее» есть духовный и религиозный смысл в разных вещах, которые есть в мире и которые сегодня не кажутся нам религиозно позитивными. См. об этом также §15 (в разделе D-8), §21, §128 и §163.

[3] Которые не видят перспективы, а озабочены только соблюдением рамок.

[4] Поскольку они считают, что распространение на эти нижние области бытия будет сделано не в соответствии с их узким видением иудаизма.

[5] Поскольку эта великая душа не хочет сломать сложившиеся в жизни формы религиозно-социальной организации общества (т.к. их она тоже считает ценными, хотя они иногда и мешают продвигаться), то она не хочет входить в прямую конфронтацию с этими «мелкими душами».

И она сжимается в узкий круг, но глаза ее возвышены[6], чтобы освещать все, и также тех, которые ей препятствуют.

И на всех путях, высших и низших, полна она надежды на расширение мира[7], на наследие без ограничений, на наследие Яакова, на овладение высотами земной жизни[8].

מתקמטת היא בחוג צר, ועיניה נשואות להאיר לכל, גם לאלה המעכבים,

גם לכל השדרות שמלמעלה ומלמטה, מליאה היא תקוה לרחבי עולם, לנחלה בלא מצרים, לנחלת יעקב, לבמתי ארץ

---

[6] Хотя она не всегда может действовать в соответствии со своими высшими идеалами, она должна хотя бы сохранять внутреннюю верность им.

[7] И поскольку она полна этой надежды, то она «эманирует» ее, распространяет ее вокруг себя; и уже через это она способствует продвижению мира.

[8] Без овладения высотами земной жизни невозможно достичь высот духа.

---

\*

---

### §133/стр. 49
### *Мораль не устоит без своего источника*

Мораль не устоит без своего источника,

а ее источником должен быть свет Божественной бесконечности (*Ор Эйн Соф*), после того как он будет «исправлен» посредством возникновения миров[1].

המוסר לא יעמוד בלא מקורו,

והמקור מוכרח הוא להיות אור אין סוף, אחרי תיקוניו בהופעת העולמות.

---

[1] Свет Божественной бесконечности сам по себе абсолютно совершенен, однако для того, чтобы проявиться для нас в этом мире, он должен быть соответствующим образом «исправлен», и это «исправление» происходит посредством «появления миров», ибо только в таких мирах (и с помощью их) мы можем воспринимать этот свет. Иными словами, в некотором парадоксальном смысле путем «создания миров» свет Божественной бесконечности «продвигается», «развивается» и «улучшается» («исправляется»), но не «по отношению к Самому Себе» (в чем он не нуждается, т.к. абсолютно совершенен изначально), но «по отношению к нам», в том смысле, что мы теперь, с помощью этих миров, можем его воспринимать. Эта чрезвычайно радикальная теологическая концепция рава Кука является одним из аспектов его «уномистики» – видения «единства Мироздания», согласно которому «этот мир» является интегральной компонентой «вечности», так что «бренность» является необходимой для реализации и проявления вечности, а вовсе не воспринимается «лишней», «мешающей» и т.п.

# ГЛАВА D-1. Арфилей Тоhар

Но когда привычной в сердцах людей становится «мораль без своего Божественного источника», то она уменьшается и увядает[2].

Подобно тому, как мораль пришла в этот мир через Божественные каналы, также и всегда она будет питаться через них.

И поскольку способ связи человеческого мышления и чувства с Божественным светом, который неограничен и превыше всего, обязан быть разносторонним, то отличаются образы духовной жизни разных народов и сообществ[3].

Но связующая и объединяющая нить должна победить и пройти через все различия,

וכשיהיה נשגר בלב בני אדם מוסר בלא מקורו האלהי, יפחת ויבול.

כשם שבא המוסר לעולם על ידי הצינורות האלהיים, כן תמיד יפרה ממנו.

כיון שהאופן המקשר את המחשבה האנושית והרגשותיה עם האורה האלהית הבלתי גבולית ועליונה מכל, מוכרח להיות בגוונים משונים, בשביל כך שונות הן ארחות החיים הרוחניים בכל עם וקיבוץ רשום.

אבל המחרוזה המסדרת, המאחדת, מוכרחת לנצח ולעבור על הכל.

---

[2] Иными словами, мораль, этика не только проистекает из связи с Богом, но и не может существовать без этой связи; если эта связь разрывается, то мораль начинает вянуть и уменьшаться. Отдельный человек может быть вполне этичным и моральным без связи с Богом; однако, если «нерелигиозная концепция морали» разрушает эту связь (и мораль начинает основываться на «очевидных представлениях о порядочности», на принципе «живи сам и давай жить другим», на «категорическом императиве» Канта и т.п. идеях), то в рамках жизни общества этика постепенно теряет свою «жизненную силу», блекнет и увядает, а затем становится неустойчивой и разрушается. Подобно тому, например, как если прекращают идти дожди, то деревья не сразу засыхают, некоторое время они еще зеленеют, и при «краткосрочном рассмотрении» может создаться впечатление, что «вот, смотрите, деревья живут и без дождя», – но долго так продолжаться не может, они вянут и умирают. (См. также гл. С-8, §8, 18.)

[3] Поскольку Божественность безгранична, то она не может выразиться во всей полноте ни в одной из ограниченных традиций. Исходя из этого, она обязана выражаться в разных формах, т.е. иметь разный характер у разных народов и сообществ. Соответственно, другие, нееврейские формы религиозной традиции, отнюдь не являются следствием «просто» ошибок тех или иных народов или непонимания ими Бога. Существование этих иных традиций важно, так как собственно наша, еврейская традиция, являясь традицией реализуемой и формализованной, неизбежно ограничена по сравнению с бесконечной Божественностью. Подобный радикальный религиозный плюрализм рава Кука является одним из чрезвычайно существенных элементов его теологии.

ибо Бог – Один, и Имя Его – Едино⁴.

ד' אחד ושמו אחד.

---

⁴ Т.е. единство, проходящее через разные религиозные и духовные установки, должно превозмочь все различия, так как «Бог – Один, и Имя Его – Едино» (Захария 14:9). Иными словами, религиозный плюрализм рава Кука вовсе не является просто «признанием допустимости множественности подходов». Необходимое проявление этого единства в будущем («должна победить») сделает все разнообразие не набором различий, а одной единой картиной.

**Завершающее замечание:** В этом отрывке можно выделить три главные мысли:
1) (относительно обычную и повторяемую также и у других авторов) об «увядании морали, если она отрывается от Божественного источника»;
2) (довольно радикальную) о том, что «бесконечный Божественный свет исправляется посредством возникновения миров»;
3) (чрезвычайно радикальную) о неполноте любой ограниченной формализованной концепции и, как следствие, о религиозной необходимости плюрализма.

Вторая и третья идеи являются следствием подхода «уно-мистики» рава Кука.

---

\*

---

§139/стр. 51

## *В личной индивидуальности каждого есть нечто более возвышенное, чем есть в обществе*

В личной индивидуальности каждого есть нечто более высокое и возвышенное, чем то, что есть в обществе в целом по его общим ценностям¹,

и высшая сторона этого личного освещает и оживляет общество в целом.

И по величию его личностных ценностей и преумножением великих личностей, общество все больше поднимается в своем значении².

יש בהאישיות הפרטית של כל יחיד ענין איכותי יותר נשגב ונעלה ממה שיש בהכלל כולו על ידי ערך הקיבוץ שלו,

והצד העליון הזה האישי הוא המאיר ומחיה את הכלל כולו.

ולפי רוממות הערך של האישיות, ולפי ריבוים של האישים גדולי הערך, הכלל מתעלה מאד מאד בערכו הכללי,

---

¹ В каждой индивидуальности есть нечто специфическое, которое выше, чем уровень, достигнутый в этом параметре обществом в целом.

² Правильный путь для развития общества – поддерживать сильных и выдающихся в каждой области индивидуумов, и ни в коем случае не пытаться «усреднить» их.

ГЛАВА D-1. *Арфилей Тоhар*

И тогда это общее возвышение будет в совершенном соответствии с размером наиболее полной личности³.

והעלייה הכללית היא שתהיה לגמרי מתאים אל הגודל האישי היותר שלם.

---

³ Хотя р. Кук в своем учении выделяет важность общества (в том числе духовную важность *Клаль Исраэль* – всего собрания народа Израиля), в данном фрагменте он подчеркивает, что это не должно приводить к искривлениям: человек не должен пренебрегать собой ради общества и уж тем более не должен ощущать себя «винтиком» в нем. Напротив, каждый человек должен знать, что в нем самом есть некая черта, которая выше, чем эта же черта в обществе в целом, и что в этом аспекте он должен не поддаваться общественным нормам (более низким, чем те, которых он сам достиг), а наоборот, здесь он может вести за собой общество, оживлять его, быть ответственным за его развитие.

---

              \*

## §141-142/стр. 51
### *Наше временно́е бытие есть лишь отдельная искра от бытия вечности*

Наше временно́е бытие есть лишь одна отдельная искра от бесконечного бытия вечности¹,

и невозможно реализовать богатство добра, спрятанного во временной жизни, иначе как увеличением его соответствия с жизнью вечной².

И внутреннее понимание этого разлито во всем Мироздании³,

הוויתנו הזמנית היא ניצוץ אחד מההויה הנצחית של הוד נצח הנצחים,

ואי אפשר להוציא אל הפועל את אוצר הטוב הגנוז בהתוכן של חיי הזמן, רק על פי גודל התאמתו לחיי הנצחים.

וזאת היא הכרה פנימית שרויה ברוח כל היקום,

---

¹ Т.е. временно́е бытие, «бренная жизнь», является не противоположностью вечности, а ее частью. В этом отрывке проявляется подход «единства Мироздания», согласно которому материальное и духовное рассматриваются не как противопоставленные друг другу, а наоборот, как дополняющие одно другое. Более того, материальная жизнь рассматривается как интегральная часть проявления духовности, бренность есть интегральная часть вечности. Таким образом, вся обычная «будничная» жизнь не противопоставляется духовности, и возвышенности, и вечности – а выражает собой лишь один из ее элементов. См. об этом подробно выше, §27.

² Т.е. невозможно реализовать полноценно эту жизнь, если не рассматривать ее как составную часть «вечной жизни».

³ Синтез бренности и вечности – это и есть истинная духовность, находящаяся во всем мире («разлитая в Мироздании»).

и никакие духовные войны не смогут отодвинуть и убрать эту связь, но только еще более расчищают перед ней дорогу.

И даже то, что внешне против нее[4], внутри своей сущности – за нее[5].

**(§142)**

Вечность – это фундаментальная сила, которая лежит в основе жизни культуры в полном ее понимании.

Страсть к величию вечности преодолевает смерть, и стирает слезы со всякого лица.

ולא יועילו כל מלחמות רוחניות להזיזה ממקומה, רק לפנות ביותר את הדרכים לפניה.

ואפילו מה שכנגדה הוא גם כן, בעומק האמת, בעדה.

הנצח הוא היסוד האיתן לכל חיים תרבותיים במלוא מובנם.

השאיפה אל הדר הנצח, מנצחת את המות, ומוחה דמעה מעל כל פנים.

---

[4] «Против нее» – здесь имеются в виду те, кто выступает за отрыв бренности, текущей жизни, от вечности; кто стремится абсолютизировать только «мирскую» жизнь (т.е. сторонники материалистического подхода).

[5] Такой подход, разрывая ощушаемую сегодня поверхностную связь бренности с вечностью, дает бренности возможность самостоятельно усилиться и этим лишь расчищает путь для построения в дальнейшем ее более глубокой связи с вечностью.

---

\*

---

§ 163/стр. 59

## Праведники теряют свой уровень, когда оставляют категорию высшей милости

Всегда, когда высшие праведники падают и теряют свой уровень, почет, здоровье, свой возвышенный дух –

это происходит только потому, что они оставляют, хотя бы немного, силу своей категории высшей милости – *хесед*[1].

כל הנפילות שצדיקים העליונים נופלים מכבודם, ממעמדם, מבריאותם ומרוחניותם העליונה.

באות רק מפני שהם עוזבים במעט אתתוקף מידת החסד העליונה שלהם,

---

[1] Т.е. падение происходит из-за того, что праведник недостаточно реализует силу категории своей высшей милости и начинает к чему-то относиться чрезмерно строго. См. также §129 и §194.

# ГЛАВА D-1. *Арфилей Тоhар*

И тогда они тут же загрязняются жесткой категорией *гвура* (закона, строгости) и обвинениями[2], которыми полон этот мир.

А следует им (праведникам), поскольку они основа и фундамент мира[3], всегда делать более сладкой всю горечь, которая есть в мире, и через это освещать все темные вещи[4].

ומזדהמים על ידי זה בזוהמת העולם המלא גבורות קשות וקטיגוריות.

תחת שעליהם, שהם יסודי עולם, תמיד למתק את כל המרירות, ולהאיר את כל המחשכים.

---

[2] Хотя и есть в мире много неправильного, но когда праведник смотрит на мир, то он должен найти положительное, найти позитивное, которое обязательно существует даже в плохих ситуациях, и выявить это позитивное. И через то, что он находит в таких ситуациях позитивные элементы и усиливает их, он несколько «услащает горечь» и освещает темноту. Это и есть правильный подход со стороны *хесед*. А если праведник вместо того, чтобы добавлять свет, начинает судить о том, насколько все плохо и неправильно, т.е. если он проявляет категорию *гвура*, то эта категория своим «Критическим подходом», «отрицательным отношением к миру» загрязняет его самого, и поэтому он падает и теряет свой уровень.

[3] Ибо «праведник – основа (фундамент) мира» (Притчи, 10:25). Поэтому его восприятие ситуации очень сильно влияет на окружающих и, соответственно, на саму ситуацию.

[4] Когда люди начинают видеть (после того, как праведник им это показал), что в ситуации, которая казалась очень плохой, есть некий позитивный аспект, то они по-другому к этому относятся. Бывает зачастую, что когда вещь или явление рассматриваются отдельно, сами по себе, то они кажутся отрицательными; но когда мы видим их связь с остальными вещами, когда они составляют часть единого мира, соединены со всей мировой историей в целом, – то проявляется их положительный смысл; и поэтому людям становятся менее горьки те трудности, которые им приходится преодолевать, а это и есть «услащение (уменьшение) горечи». Например, во время Первой Мировой войны рав Кук писал, что при всех ужасах войны она на самом деле открывает путь к строительству еврейского Национального дома. Война – это очень плохо, но, в конце концов, она открывает дорогу к чему-то лучшему, в данном случае – к тому переустройству мира, которое приведет к возвращению еврейского народа, после двухтысячелетнего изгнания, в свою Страну. При таком подходе горечь войны остается, но она не становится безысходной.

---

\*

## § 176/стр. 62
## Суть «слушания голоса Бога» состоит в чуткости к процессам жизни

Суть «слушания голоса Бога»[1] состоит в чуткости ко всем процессам, происходящим в жизни, во всех их деталях,

ко всяким сообществам людей, которые есть вокруг, в соответствии с отличием одного сообщества от другого, и к каждой личности в соответствии с ее уровнем[2].

Надо делать это, исходя из высшей мудрости, которая дает жизнь и оживляет все Мироздание.

И от того, насколько понимает человек, что детали происходят из высшей и цельной духовной жизни, которая есть мудрость души всего Мироздания, в наиболее чистом ее виде,

настолько он сможет в этой жизни услышать голос Бога, который говорит ему, и учит его, и дает ему реальные указания.

עיקר השמיעה בקול ד' הוא מה שמקשיבים את כל התהלוכה של דרכי החיים לכל פרטיהם,

אל הקיבוצים הכלליים לפי הבדליהם, ולכל יחיד לפי ערכו,

מתוך החכמה הכללית העליונה, החיה ומחיה את כל ההויה.

וכל מה שהפרטים נובעים מתוך החיים הרוחניים העליונים הכוללים, שהיא חכמת נשמת אל בעולם, בצורה יותר ברורה,

האדם שומע ומאזין יותר בבירור את קול ד' הדובר אליו, מורהו ומצוה וממש.

אני ד' אלהיך מלמדך להועיל, מדריכך בדרך תלך.

«Я, Господь, Бог твой, Который учит тебя, чтобы ты был более успешным, и даю тебе наставления на том пути, которым ты должен идти»[3] (Исайя 48:17).

---

[1] «Слушать голос Бога» — это вести диалог с Богом в своей жизни. И именно этот диалог является сутью религии.

[2] «Слушать голос Бога», «Прислушиваться к голосу Бога» — означает прислушиваться к тому, как Бог проявляется в ходе окружающей обычной жизни, как на индивидуальном уровне, так и на общественном и общенациональном.

[3] Самое главное предназначение мудрости не в том, чтобы она диктовала человеку предписанные схемы действия, а в том, чтобы дать ему возможность самому, из той жизни, которая есть вокруг него, услышать голос Бога; и этот голос дает ему его личное наставление, дает ему его личную миссию, задачу и путь, по которому он должен идти.

## §184/стр. 65
## Когда думают о вещах Божественных, то иногда в направлении отрицания жизни этого мира

Когда думают о вещах Божественных, то иногда мысль развивается в направлении отрицания жизни этого мира.

А именно: происходит так, что образ Бога – в Его величии, силе, святости, красоте, мощи, в Его бесконечности –

он как бы упраздняет все Мироздание, превращает его в ничто, в не имеющее никакого значения и образа.

Подобное направление мысли приходит от Божественной категории *гвура*, и оно принимает ее характер[1].

Однако есть более утонченный подход, согласно которому мысль о Божественном дополняет (а не отрицает) мир, придает всему Мирозданию правильную ценность.

Со стороны такой мысли, источник которой в Божественной категории *хесед*[2], растет в человеке любовь ко всему миру и всем творениям,

כשחושבים על דבר האלהות, לפעמים הולכת היא המחשבה בצורה שוללת את העולם,

כלומר שהציור האלהי בגדלו, בעוזו, בקדושתו, ביופיו, בגבורתו, באין סופיותו,

מאפס את ההויה כולה, וכולא כלא חשיבין, לאין דומין.

זאת היא המחשבה הבאה מתוך הגבורה, והמתלבשת במידתה.

ויש עוד ציור יותר מבוסם, שהמחשבה האלהית משלמת היא את העולם, היא נותנת להויה כולה את ערכה הנכון.

מצד מחשבה שממקור חסד כזאת, הולכת אהבת העולם וכל הבריות ומתגברת,

בכל המילוא שהאהבה האלהית, והמחשבה הצלולה בענין האלהי,

и она все более усиливается по мере того, как Божественная любовь, а также чистая и ясная (а не затемненная и запутанная)

---

[1] *Гвура* (букв. «сила») – категория (*сфира*) Суда, закона, строгости, удерживания, ограничения. С точки зрения строгого взгляда, весь мир есть абсолютно ничто по сравнению с Богом, и если человек в своих мыслях и чувствах о Боге "подключается" к категории гвура, то он начинает склоняться к отрицанию этого мира как ничтожного.

[2] *Хесед* (букв. «милость») – категория (*сфира*) открытости, отдачи, милости, благодати.

мысль о Божественных вещах занимают все больше места в мире³.

Думающий о Боге таким образом будет не удаляться от мира, а, напротив, стремиться возвышать мир⁴ к его высшему блаженству, к Божественной утонченности и возвышенности.

מתמלאת ותופסת יותר מקום בעולם.

בזה החושב לא נפרש מן העולם, אלא מעלה את העולם אל העדן העליון, העדנה והרוממות האלהית.

---

³ Иными словами, здесь противопоставляются два подхода: через категорию *гвура* и через категорию *хесед*. Подход со стороны *гвура*, умаляющий мир по сравнению с Божественным, является слишком жестким; при нем видятся только основные детали, не замечаются тонкости. При подходе же со стороны *хесед* взгляд становится более утонченным, бренность осознается как часть вечности, и тогда мир приобретает свой смысл и ценность, ибо тогда он находится в сочетании (а не в противопоставлении) с Божественным.

⁴ Подход со стороны *гвура* не является «вообще неправильным»; однако это подход более низкого уровня. Необходимо помнить, что сама *гвура* также является производной от *хесед*, поэтому следует воспринимать *гвура* не саму по себе, а оживляя ее корень, *хесед*, и поднимаясь тем самым (и возвышая весь мир) к его высшему источнику. См. также §1, §27, §128, §129, §141, §163.

———— * ————

### §186/стр. 66
### *Бывают ситуации, когда человек не в состоянии заниматься никаким действием этого мира*

Бывают ситуации, когда человек не в состоянии заниматься Торой, никаким действием и заповедью, никаким делом этого мира,

потому что возрастает в нем жажда быть связанным с высшим образом красоты света Бесконечности¹.

יש לפעמים שאי אפשר לעסוק בתורה, ולא בשום פעולה ומצוה, ושום עסק עולמי,

מפני שמתגבר הרצון להיות קשור בציור העליון של נעימת אור אין סוף.

---

¹ Т.е. человек настолько стремится к связи с высшей Божественностью, которая не может быть формализована, что он отдаляется от реального мира и становится не в состоянии даже заниматься обычными религиозными действиями, являющимися формализованными и ограниченными.

Необходимо тогда продвигаться постепенно, чтобы не потерять это святое желание, которое является основой всего, высшим уровнем сознания, оживляющим все культуры человечества, все различные оттенки, существующие в Мироздании,

но чтобы «исправить» этот огромный свет с помощью исправления сосудов[2] и притягивания высших желаний в виде линий и точек[3],

которые будут соответствовать логике Торы, и путям заповедей, и укладу жизни в этом мире, и всем естественным жизненным аспектам[4],

и этим упорядочивать мир посредством высшего порядка святости[5].

וצריכים אז ללכת בהדרגה, שלא להיפרד מהתשוקה הקדושה הזאת, שהיא יסוד הכל, וההשכלה היותר עליונה, המחיה את כל התרבותיות האנושית, וכל גוני העולמים השונים שבהויה כולה,

אלא לתקן את האור הגדול על ידי תיקוני כלים, והמשכת רצונות בתור קוים ונקודות,

שהם יהיו מתאימים להגיוני תורה ודרכי מצוות וארחות חיים בעולם, בכל ההליכות של דרך ארץ,

ובזה מיישבים את העולם ביישוב עליון של קודש.

---

[2] Т.е. подготовить свою душу и сознание к принятию этого света.

[3] «Линии и точки» - термины Каббалы. «Точка» - это начальная идея, а «линия» - ее дальнейшее продвижение и раскрытие. Высшие сфирот (и также миры более высоких уровней по отношению к более низким мирам) являются «точками», содержащими исходную идею в сжатом виде, а нижние — «линиями», распределяющими и распространяющими эту идею. Таким образом, здесь говорится о том, что свет «высших желаний» (т.е. исходной Божественной воли, дающей жизнь мирозданию, сфиры Кетер) должен постепенно получить свою форму путем прохождения через структуру миров.

[4] Т.е. высший свет, в процессе его «притягивания вниз», должен формализоваться так, чтобы находиться в соответствии и в гармонии с духовно положительным аспектом обычной жизни, с нормальным укладом в естественном нижнем мире.

[5] И в такой ситуации стремление к высшему свету не «отменяет» обычный нижний мир (как это может происходить в ситуации, описанной в начале данного отрывка), а наоборот, дополняет, улучшает, организует и оживляет его.

\*

## §188/стр.67

### Возвысить обыденные вещи невозможно иначе, как раскрывая тайны Торы

Возвысить обыденные вещи[1] невозможно иначе, как раскрывая тайны Торы[2],

и когда раскрытие света высших тайн приходит в изобилии, то возвышаются и самые обыденные («низкие») вещи, и раскрывается свет, находящийся в их глубинах[3].

Вследствие этого, в «начале мессианского процесса» ученая мудрость протухнет («воссмердит», загниет)[4],

и умножатся обыденные вещи в форме литературы и в форме общественной жизни[5], и с помощью раскрытия света Машиаха они обернутся к святости[6].

להעלות דברים בטלים אי אפשר כי אם על ידי גילוי רזי תורה,

וכשה גילוי האור של סתרי עליון בא בשפע, מתעלים כל הדברים היותר שפלים, ומתראה בהם האור הצפון במעמקים.

ועל כן בעקבתא דמשיחא חכמת סופרים תסרח,

ומתרבים דברים בטלים רבים בצורה של ספרות, של קיבוץ, ועל ידי התגלות אור של משיח יהפכו כולם לקדושה.

---

[1] *Дварим бетелим* – «обыденные» (букв. «никчемные», «несущественные») вещи – термин, употребляющийся в классической еврейской религиозной литературе для чисто «мирских» обыденных вещей, никак не связанных со святостью.

[2] Т.е. невозможно возвысить «обыденные вещи» с помощью нормативной религиозной практики, Галахи (Закона). Можно сделать это только через тайны Торы, когда углубление во внутренний смысл заповедей и идеалов Торы дополняет обычную религиозную практику (о термине «Тайн Торы» см. выше, в комментариях к § 21).

[3] Благодаря тому, что при изучении «тайны Торы» раскрывается глубинный свет Мироздания, то и «несущественные вещи» возвышаются. Это происходит естественно, ненасильственным путем – из-за того, что становится понятным место этих вещей в общей системе Мироздания и в Плане Творения, раскрытие смысла их существования.

[4] (См. Сота, 49б.) Т.е. в период начала мессианского процесса (см. выше, §2) классическая еврейская мудрость (букв. «мудрость книжников», книжный иудаизм) потеряет свою привлекательность и свежесть, поблекнет, воссмердит, не справляясь с возвышением обыденных вещей.

[5] И поэтому тогда многие живые и сильные личности не захотят заниматься «классической мудростью», книжным иудаизмом, а будут вкладывать свои силы и творческую энергию в художественную литературу и в строительство общества.

[6] Иными словами, то, что до света Машиаха казалось обыденным, низким – теперь откроет свой истинный смысл и потенциал, ибо свет Машиаха (см. выше, § 21) оценивает вещи не по степени их соответствия Закону или формализованной святости, а по степени их вклада в построение будущего общего идеала.

## ГЛАВА D-1. *Арфилей Тоhар*

И будет «плод его для еды, а листья его для лекарства»[7].

ויהיה פריו למאכל ועלהו לתרופה.

---

[7] См. Иехезкиэль, 47:12. Т.е. как результаты (плоды), так и просто деятельность (листья) всех этих «обыденных вещей» станут нужны и востребованы для общего исправления и улучшения мира.

---

\*

---

### § 190/стр.67
### *Из-за мелкости веры некоторым представляется*

Из-за мелкости веры некоторым представляется, что все то, что люди делают, стремясь усилить свое положение, бороться против зла, которое происходит в мире, приобретать знания, силу, красоту, устанавливать порядок жизни – что все это вещи, якобы находятся вне сферы Божественного в мире[1].

И по этой причине некоторые люди, – которым кажется, что только они стоят на основе Божественной[2] отрицательно смотрят они на весь прогресс, который идет в мире, ненавидят культуру, науку, развитие государственных систем в Израиле и в мире.

Но все это – огромная ошибка[3] и она происходит от недостатка веры.

מתוך קטנות אמונה נדמה, שכל מה שבני אדם מזדרזים לחזק את מעמדם, להילחם נגד הרעות המתרגשות בעולם, לרכוש להם מדע, גבורה, יופי, סדר, שכל אלה הינם דברים היוצאים מחוץ לתוכן האלהי שבעולם.

ומתוך כך עין צרה צופה מתוך כמה אנשים, שלפי דעתם עומדים הם על הבסיס האלהי, על כל התקדמות עולמית, שונאים את התרבות, את המדעים, את התחבולות המדיניות, בישראל ובעמים.

אבל כל זה טעות גדולה היא, וחסרון אמונה.

---

[1] Тем людям, вера которых мелкая – им кажется, что светская, мирская сторона жизни – т.е. усилия людей построить нормальное общество, развить науку, технику, искусство и все прочее – что все это, якобы, не имеет отношения к Богу и к Божественному аспекту жизни.

[2] Т.е. эти люди считают, что только их подход в религиозных вопросах является единственно правильным.

[3] Т.е. ошибка считать, что наука, техника, искусство, социально-государственная жизнь – что все это, якобы, не имеет отношения к Божественности в мире.

А чистый взгляд[4] видит проявление Всевышнего во всяком исправлении, которое есть в мире, в продвижении как индивидуума, так и общества, как в духовном, так и в материальном прогрессе.

Он измеряет все вещи только по степени пользы или вреда, которые они приносят[5].

И при таком подходе никогда не будет, чтобы какое-нибудь движение, которое занимается созиданием или продвижением какой-либо вещи, материальной или духовной[6], было бы все целиком отрицательным[7].

Возможно, что в этом движении есть недостатки – но в целом, при общем рассмотрении, все это является частями общего Божественного созидания, которое развивается.

Ибо Бог создал мир не с тем, чтобы он был в хаосе – но наоборот, чтобы он был населен, упорядочен и прогрессировал[8].

הדיעה הטהורה רואה היא את ההופעה האלהית בכל תיקון חיים, יחידי וציבורי, רוחני וגשמי.

היא מודדת את העניניים רק במידת התועלת שהם מביאים, או הקלקול שהם מקלקלים,

ובמידה זו לעולם לא תהיה תנועה חיובית כולה, כשהיא עוסקת לברוא איזה דבר, בין גשמי בין רוחני.

יוכל הדבר שיהיו בה מגרעות, אבל בכללותה, הכל הוא מכלל היצירה האלהית ההולכת ופועלת.

לא תוהו בראה לשבת יצרה.

---

[4] Т.е. широкий взгляд.

[5] А отнюдь не по соответствию этих вещей узко понимаемой религиозности.

[6] Т.е. движение, которое занимается конструктивным развитием мира и жизни, даже в том направлении, которое не укладывается в стандартные религиозные рамки.

[7] Т.е. во всяком таком движении непременно найдутся позитивные элементы.

[8] См. Исайя, 45:18 (перевод сделан с учетом контекста).

# § 191/стр.68
## Исправления мира, которые обычно не могут быть сделаны праведниками

Есть такие исправления мира, которые (при обычном порядке вещей) вообще не могут быть сделаны праведниками;

и такие исправления мира делают злодеи или люди, которые ущербны в своих мыслях и в своих действиях[1].

Однако, если происходит глубокое «раскаяние из любви»[2] и проявится сильнейшая жажда увеличить святость в мире, с прямодушной молитвой праведников,

то тогда можем мы удостоиться того, чтобы и праведники тоже смогли поучаствовать в этих исправлениях мира, которые, согласно обычному порядку жизни, реализуются, как правило, только посредством злодеев или, по крайней мере, людей, далеких от святости.

Эти исправления мира включают, например, исправления социально-общественного плана, развитие всякой техники и промышленности, войны, которые тоже нужны для развития мира, практические изобретения; и также некоторые исправления мира в духовной области – развитие наук, практических и теоретических.

ישנם תיקוני עולם כאלה, שאי אפשר להם שייעשו על ידי צדיקים,

כי אם על ידי רשעים ואנשים פגומים בדיעות ומעשים.

אמנם על ידי תשובה מאהבה, והתאמצות גדולה להרבות קדושה בעולם, בתפילת צדיקים ישרה.

זוכים שגם צדיקים יוכלו להשתתף באלו התיקונים, שעל פי הסדר הנהוג אינם רגילים לצאת כי אם מידי רשעים ואנשים רחוקים מהקדושה.

תיקונים הללו כוללים תיקונים חברותיים, כמו מכשירי עבודת אדמה, מלחמות, שישנן מהן שהן דרושות הרבה לעולם. המצאות מעשיות, וישנם מהם תיקונים רוחניים של כמה חכמות מעשיות ושכליות,

---

[1] Этим людям безразлична духовность и святость, они озабочены лишь своим собственным материальным успехом – но при этом они продвигают мир.

[2] «Раскаяние из любви»: еврейская традиция выделяет «раскаяние из страха» перед наказанием и «раскаяние из любви» ко Всевышнему. «Раскаяние из любви» основано на желании помочь осуществлению Божественных путей в мире, поэтому оно может открыть перед праведниками путь к соучастию в исправлении мира.

Душа, которая окутана праведностью и возвышенным стремлением к святости, не может вникнуть в детали всего этого.

Только посредством серьезного возвышения и духовного подъема можно удостоиться того великого благословения[3], чтобы все исправление мира осуществлялось праведниками и людьми святости.

שהנשמה המעוטרת בחסידות ובהתנשאות נפש לקדושה אינה יכולה לחדור לפרטים הללו.

רק על ידי עלייה גדולה של המהלך הרוחני אפשר לזכות לברכה עליונה זו, של כיבוש כל תיקוני עולם על ידי צדיקים ואנשי קודש.

---

[3] Т.е. нынешнее состояние мира, когда необходимые материальные исправления мира осуществляются злодеями или людьми далекими от святости – оно ущербно; и будет величайшим благословлением для мира, если этим смогут заняться праведники. Однако, сегодня праведники еще не готовы к этому, и они должны совершить глубокое раскаяние, чтобы перед ними открылся этот путь.

---

\*

### §247. стр. 86
### *Восстание против духовности будет в Стране Израиля*

Известно нам на основании Каббалы[1], что восстание против духовности[2] будет в Стране Израиля и в еврейском народе в начале процесса национального возрождения[3].

А именно: произойдет так, что материальное благополучие, которого достигнет часть народа, которая вообразит себе, что

מקובלים אנו, שמרידה רוחנית תהיה בארץ ישראל ובישראל בפרק שהתחלת תחיית האומה תתעורר לבוא.

השלוה הגשמית שתבוא לחלק מהאומה, אשר ידמו גם כן שכבר

---

[1] Т.е. передано нам по внутренней традиции, от мудрецов предыдущих поколений.

[2] Буквально «восстание в духовности»: оно против классической духовности, но причина его – в смене парадигмы духовности и необходимости поднять ее на новый уровень.

[3] Т.е. в начале мессианского процесса.

## ГЛАВА D-1. Арфилей Тоѓар

они уже достигли всех своих целей[4], будет способствовать «мельчанию» их души.

И тогда придут дни, о которых скажешь: «не хотел бы я их».[5]

Стремление к идеалам возвышенным и святым совершенно исчезнет[6], и, соответственно, сникнет и падёт дух[7].

И все это продлится до тех пор, пока не придет буря[8], и она совершит переворот,

когда всем станет ясно, что основа силы Израиля – в Боге[9], который Святой миров[10],

в свете Всевышнего, в Его Торе[11], в страсти к духовному свету, который есть источник настоящего мужества, которое и может победить все миры и все их силы.

Необходимость этого восстания против духовности[12] состоит в склонности к материальной стороне, которая в народе в целом обязана проявиться (в начале мессианского процесса) необычайно сильно, по причине того, что прошли многие века[13], когда у народа в целом[14] не было

באו למטרתם כולה, תקטין את הנשמה,

ויבואו ימים אשר תאמר אין בהם חפץ.

השאיפה לאידיאלים נישאים וקדושים כליל תחדל, וממילא ירד הרוח וישקע.

עד אשר יבוא סער, ויהפוך מהפכה,

וייראה אז בעליל כי חוסן ישראל הוא בקודש עולמים,

באור ד', בתורתו, בחשק האורה הרוחנית, שהיא הגבורה הגמורה המנצחת את כל העולמים וכל כחותיהם.

הצורך למרידה זו היא הנטייה לצד החמריות שמוכרחה להיולד בכללות האומה בצורה תקיפה. אחרי אשר

---

[4] Т.е. материальный успех нерелигиозного сионизма.
[5] См. Талмуд, Сота 49б.
[6] Т.е. материальные сиюминутные устремления полностью захватят большую часть народа.
[7] Первоначальный порыв духа, который был у нерелигиозных первопроходцев, к этому времени рассеется.
[8] Т.е. кризис общенационального масштаба, катастрофа.
[9] Т.е. что нет у Израиля возможности спастись без Божественной поддержки.
[10] Именно со стороны святости придет поддержка и спасение для «будничности».
[11] И религиозный аспект, который поначалу казался противоположным сионизму, будет осознан как необходимый для выживания еврейского народа в Стране Израиля.
[12] Т.е. необходимость такого развития духа, которое приводит к этому восстанию против духовности.
[13] В изгнании.

возможности и надобности заниматься материальной стороной жизни.

И эта склонность[15], когда она рождается, поступ ее будет тяжелой, яростной[16], и она будет рождать бурю[17].

И это и есть родовые муки Машиаха, которые облагородят весь мир в целом своими страданиями.

עברו פרקי שנים רבות שנאפס לגמרי מכלל האומה הצורך והאפשרות להתעסקות חמרית.

וזאת הנטייה כשתיולד, תדרוך בזעם ותחולל סופות,

והם הם חבלי משיח אשר יבסמו את העולם כולו על ידי מכאוביהם.

---

[14] Т.е. каждый человек отдельно как индивидуум, занимался, конечно, материальной жизнью; но весь народ как единое целое не имел возможности заниматься материальной стороной жизни.

[15] Жажда построить материальную жизнь народа.

[16] Будет подавлять все остальное.

[17] Т.е. неизбежно доведет ситуацию до кризиса.

---

\* 

### § 287/стр. 105
### *Вера, с которой разум не может согласиться, пробуждает в человеке гнев и жестокость*

Вера, с которой разум не может согласиться[1], пробуждает в человеке гнев и жестокость[2],

поскольку в такой ситуации высшая сторона в человеке, каковой является разум, становится «убогой» (униженной, жалкой)[3] из-за такой веры[4].

אמונה שאין השכל מסכים לה, מעוררת היא קצף ואכזריות,

מפני שהצד היותר עליון שבאדם, שהוא השכל, נעשה עלוב מחמתה.

---

[1] Это такая вера, которая противоречит разуму или же указывает верить не раздумывая, и тем более антирациональная вера (типа «верую, ибо абсурдно»).

[2] И если человек (или общество) принимает такой тип веры, то это создает внутри их душ глубокий конфликт с разумом, что приводит к развитию в их подсознании сильной напряженности, прорывающейся наружу в виде гнева или даже жестокости.

[3] В оригинале *алув*, вар. перевода: «униженной», «убогой», «обедненной», «жалкой».

[4] Поскольку принятие такой веры принижает и оскорбляет разум, то разум (хотя

# ГЛАВА D-1. *Арфилей Тоhар*

Однако высшая вера, несмотря на то, что она весьма скрыта (непостижима), и пути Всевышнего – чудесны[5],

при этом есть в них (в высшей вере и в путях Бога) такое великое наслаждение, что гнев, возникающий из-за принуждения разума, сразу пропадает, и сам он превращается в великую сладость и в блистательный свет, поскольку проявление Всевышнего соединяется с ним[6],

и спускается оно до нижней веры, соединяясь с прямым (честным, прямодушным) сознанием, которое присутствует в открытом мире[7].

Тогда скрытый и открытый миры делаются соответствующими друг другу, и строят вместе Дом Израиля[8], в двойной красоте, и это приводит его в ликование.

אמנם האמונה העליונה, אף על פי שהיא כמוסה מאוד, ודרכי ד׳ נפלאים הם,

יש בהם נועם גדול כל כך, שהקצף המתעורר מצד כפיית השכל מתבטל מיד, ונהפך בעצמו למתיקות גדולה ולאור צח, מפני ההופעה האלהית המתחברת עימו,

ויורדת עד האמונה התחתונה, המתחברת עם השכל הישר שבעולם הגלוי.

ועלמא דאתכסיא ועלמא דאתגליא נעשו מתאימות, ובונות יחד את בית ישראל, בחן כפול, והוציא את האבן הראשה, תשואות חן חן לה.

---

он и был здесь «изнасилован» и подавлен, и сдался) внутри себя не может смириться и находит возможность «отомстить», и тогда накопившееся напряжение прорывается в форме гнева и жестокости.

[5] Высшая вера непостижима разумом, так же как не может разум охватить и пути Всевышнего. Высшая вера – это такой уровень веры, который невозможно формализовать; тогда как низшая вера имеет формализацию, и поэтому она должна быть в согласовании с разумом.

[6] Т.е. явственное ощущение проявления Всевышнего дает возможность разуму «немножко отступить», не ощущая себя ушемленным.

[7] Т.е. в этом случае нижняя, обычная вера будет, с одной стороны, иметь явный надрациональный источник, а с другой стороны, не будет противоречить разуму. Процесс «спуска высшей веры к нижней» – это и есть формализация, которая, как сказано выше, не должна быть в противоречии с разумом. Рав Кук подчеркивает, что разумом нельзя пренебрегать, необходимо очень серьезно учитывать его, не подменяя его чувствами или воображением.

[8] Аллюзия на классическое высказывание о том, что «Рахель и Лея строят вместе Дом Израиля» (Рут, 4:11). Рахель (красота, Йосеф, такой тип духовности, который выражается через достижения в материи) – это «открытый мир», а Лея («слабые глаза», Иеhуда, Давид, духовность *тшувы* – раскаяния, перешагивающего через материю) – это «скрытый мир»; и только соединение обоих этих аспектов может дать правильное развитие еврейскому народу.

## § 290/стр. 107
### Когда искренне смотрят на хорошую сторону ближнего

Когда человек искренне смотрит на хорошую сторону всякого ближнего, тогда начинает он любить окружающих людей глубокой внутренней любовью, и ему не требуется даже «пыль» лести[1].

Потому что когда человек интересуется хорошей стороной, с которой он все время встречается[2],

כשמסתכלים באמת בצד הטוב של כל אחד ואחד, מתאהב האדם על הבריות בחבה פנימית, ואיננו צריך להזדקק לשום אבק של חנופה,

כי ההתענינות בצד הטוב שהוא פוגש תמיד,

מכסה ממנו באמת את כל הצדדים הרעים. וכוסה קלון ערום.

тогда действительно закрываются от него все плохие стороны ближнего; и прикрывается «стыд наготы»[3].

---

[1] Он действительно относится к людям хорошо и вовсе не льстит им.
[2] Т.к. он видит в другом человеке хорошую сторону.
[3] См. Притчи 12:16. Т.е. для того чтобы действительно любить людей, нужно все время смотреть на хорошую сторону в человеке, и тогда это будет естественно, и не будет необходимости заставлять себя любить окружающих.

---

※

---

### Первый дневник, § 75/Орот һа-Кодеш, 3, Вступление, стр. 27
### Запрещено богобоязненности отодвигать естественную мораль

Запрещено богобоязненности отодвигать в сторону естественную мораль человека[1],

потому что тогда такая богобоязненность уже не является богобоязненностью чистой[2].

אסור ליראת שמים שתדחק את המוסר הטבעי של האדם,

כי אז אינה עוד יראת שמים טהורה.

---

[1] Ситуация, когда богобоязненность начинает отодвигать в сторону естественное чувство справедливости, морали и нравственности – неправильная.
[2] Если богобоязненность отодвигает в сторону естественную нравственность человека, то это показатель неправильной, нечистой богобоязненности.

## ГЛАВА D-1. *Арфилей Тоhар*

Показатель правильной, чистой богобоязненности таков, что естественное моральное чувство человека, которое укоренено в его прямой природе, поднимается с помощью этой богобоязненности выше, чем оно могло бы подняться без нее[3].

Что же касается такого типа богобоязненности, без влияния которой жизнь была бы более полной и реализовывала бы правильные вещи для индивидуума и для общества[4],

но из-за влияния этой богобоязненности уменьшается сила этого действия[5], то такая богобоязненность является богобоязненностью негодной[6].

סימן ליראת שמים טהורה הוא כשהמוסר הטבעי, הנטוע בטבע הישר של האדם, הולך ועולה על פיה במעלות יותר גבוהות ממה שהוא עומד מבלעדה.

אבל אם תצוייר יראת שמים בתכונה כזאת שבלא השפעתה על החיים היו החיים יותר נוטים לפעול טוב, ולהוציא אל הפועל דברים מועילים לפרט ולכלל,

ועל פי השפעתה מתמעט כח הפועל ההוא, יראת שמים כזאת היא יראה פסולה.

---

[3] Богобоязненность, которую мы воспринимаем «снаружи», при изучении Торы, должна продвигать то моральное чувство, которое само есть у человека внутри, т.е. естественную мораль человека. Здесь проявляется общий принцип учения рава Кука, согласно которому все, что мы изучаем и воспринимаем от внешнего, окружающего мира, должно развивать нашу «самость», Божественную искру, исходно заключенную в нас самих, а не подменять ее.

[4] Продвижение индивида и общества, даже материальное, обладает огромной религиозной ценностью.

[5] Т.е. если богобоязненность мешает развивать вещи, полезные для общества и для индивидуума.

[6] Этот отрывок фактически является основой для концепции столкновения Галахи и этики – когда то, что представляется человеку Галахой, входит в противоречие с его этическим чувством. Здесь сказано, что богобоязненность, которая к такому приводит – неправильная, и в ней есть какие-то ошибки, которые необходимо исправить. Идеалом же, к которому следует продвигаться, является состояние, при котором богобоязненность согласовывается с интуитивной этикой. Подробнее см. гл. В-3 («Подход ортодоксального модернизма к проблемам столкновения Галахи и этического чувства»), гл. Е-1 (Э. Зусман, «Галаха, поэзия и природная нравственность человека в учении р. Кука») а также выше §126.

---

\*

## Первый дневник, § 476/Орот, 126
### Свежий дух атеизма

Свежий дух атеизма[1] очищает всякую тину, которая налипла на нижнюю поверхность духа веры[2],

и посредством этого очищаются небеса.

Тогда проявится яркий свет, который в категории высшей веры, которая есть Песнь мироздания и Истина мироздания[3].

רוח הפרצים של הכפירות, מטהר הוא את כל הסחי שנתקבץ בשטח התחתון של רוח האמונה,

ומתוך כך יטהרו השמים

ויראה האור הבהיר שבתכונת האמונה העליונה, שהיא שירת העולם ואמת העולם.

---

[1] Буквально глагол *лифроц* означает «проламывать ограду»; *прицут* – «нарушение ограды», «распущенность». Обычно этот термин означает отказ от религии, нарушение религиозных норм и т.п.; но и в данном случае рав Кук использует этот термин в смысле «ветер, сквозняк, который все продувает». Речь идет о том, что имеется атеистическое бурное поветрие, свежий дух атеизма.

[2] Нижние этажи веры, на которые налипла примитивная, упрощенная религиозность, они очищаются продувающим духом атеизма. Т.к. атеизм высмеивает и уничтожает примитивную веру; но этим он лишь «расчищает площадку» для строительства глубокой и продвинутой веры.

[3] Песнь мироздания – это поэтическая истина, которая есть в мире. Рав Кук считает, что именно поэзия передает суть, а проза только описывает и систематизирует то, что открыто через «Песнь» (подробнее см. в гл. С-2, §2.8). Когда небеса «расчищаются», то проявляется «высшая вера» и Песнь Мироздания и Истина Мироздания становятся более явными .

---

\*

## Третий дневник, § 24/Орот hа-Кодеш, 3:140
### «В поисках собственного Я»

«И я нахожусь в изгнании...», – говорит пророк Иехезкиэль (1:1). Здесь говорится также и о нашем внутреннем Я[1], которое

ואני בתוך הגולה, האני הפנימי העצמי , של היחיד ושל הציבור, אינו מתגלה בתוכיותו רק לפי

---

[1] Рав Кук берет здесь стих из книги пророка Иехезкиэля, который получил пророчество в изгнании в Вавилоне, и делает его основой для размышлении о том, что в изгнании находится наше собственное Я.

## ГЛАВА D-1. Арфилей Тоѓар

находится в изгнании. Я индивидуума и Я общества[2] раскрывается только в соответствии с мерой его собственной святости и чистоты[3], в соответствии с мерой высшей мощи (*гвура*), впитывающей чистый свет высшего сияния, – мощи, разгорающейся в нем[4].

ערך הקדושה והטהרה שלו, לפי ערך הגבורה העליונה, הספוגה מהאורה הטהורה של זיו מעלה, שהיא מתלהבת בקרבו.

Согрешили и мы вместе с праотцами нашими грехом Адама, который стал чужим для собственной сущности, когда он склонился к мнению Змея и потерял себя[5], и не смог дать ясный ответ на вопрос Бога «Где ты?» (Бытие, 3:9), потому что не знал своей души, потому что потерял свое истинное Я[6].

חטאנו עם אבותינו, חטא האדם הראשון, שנתנכר לעצמיותו, שפנה לדעתו של נחש, ואבד את עצמו, לא ידע להשיב תשובה ברורה על שאלת "איך", מפני שלא ידע נפשו, מפני שהאניות האמיתית נאבדה ממנו, בחטא ההשתחואה לאל זר.

Согрешил Израиль, блудно следуя чужим богам, оставил свое истинное Я[7].

חטא ישראל, זנה אחרי אלהי נכר, את אניותו העצמית עזב, זנח ישראל טוב.

Согрешила также и Земля, изменила своей сущности, приуменьшила свои силы, устремилась вслед за односторонним подходом и быстрыми достижениями, не реализовала своего потен-

חטאה הארץ, הכחישה את עצמיותה, צמצמה את חילה, הלכה אחרי מגמות ותכליתות, לא נתנה את כל חילה הכמוס להיות טעם עץ כטעם

---

[2] Для всего учения рава Кука характерно восприятие народа как единого «национального организма», национальной личности, поэтому есть параллель между раскрытием «Я индивидуума» и «Я общества» (народа).

[3] «Собственной» – т.е. раскрытия святости и чистоты из его собственной души, а не привнесенных извне.

[4] «В нем» – чем больше в человеке и в обществе собственной святости и чистоты, тем большее количество высшего света они могут воспринять. Настоящая святость связана с реализацией своего собственного Божественного начала на индивидуальном и на общенациональном уровне.

[5] Змей персонифицирует «внешние страсти» в душе человека, отличные от его собственной сущности. В Райском саду еще можно было ясно отделить эти «внешние страсти» (т.е. змея) от самого человека; в дальнейшем же, через «съедание» (поглощение внутрь) плода Дерева Познания Добра и Зла эти страсти вошли внутрь человека, и отделить их от себя стало гораздо сложнее.

[6] И, согласно этому архетипу, всякий грех есть потеря своей истинной сущности.

[7] Ибо Израиль – и как личность индивидуальная, и как личность общенациональная – черпает свое Я из Божественной сущности; и если он занимается идолопоклонством, то тем самым предает сам себя.

циала, не сделала деревья по вкусу такими же, как их плоды[8], вознесла глаза свои вовне, возмечтала о судьбах и достижениях[9].

Недовольна была Луна своей судьбой, потеряла свою сущность, не радовалась своей участи, возмечтала о внешнем великолепии царей[10].

И так идет мир и хромает, когда каждый теряет свое Я, индивидуум и общество.

Приходят педагоги, получившие образование, смотрят на внешнюю сторону; также и они не обращают никакого внимания на Я[11] – и тем самым добавляют соломы в костер, жаждущих поят уксусом, пичкают мозг и сердце вещами посторонними для них. И Я все более забывается.

פריו, נשאה עין מחוץ לה, לחשוב על דבר גורלות וקריירות.

קטרגה הירח, אבדה סיבוב פנימיותה, שמחת חלקה, חלמה על דבר הדרת מלכים חיצונה.

וכה הולך העולם וצולל באבדן האני של כל אחד, של הפרט ושל הכלל.

באים מחנכים מלומדים, מסתכלים בחיצוניות, מסיחים דעה גם הם מן האני, ומוסיפים תבן על המדורה, משקים את הצמאים בחומץ, מפטמים את המוחות ואת הלבבות בכל מה שהוא חוץ מהם.

והאני הולך ומשתכח, וכיון שאין אני, אין הוא, וקל וחומר שאין אתה.

И из-за того, что нет Я, нет также ОН[12], и тем более нет ТЫ[13].

---

[8] Имеется в виду мидраш, согласно которому вначале планировалось, что земля произведет «дерево плодовое, производящее плоды по роду своему» (Быт., 1:11), так что само дерево тоже должно было быть «плодом», т.е. съедобным; но земля «самовольно» поступила иначе: она создала «дерево, производящее плоды» (Быт., 1:12), т.е. дерево само по себе несъедобно, у которого съедобны только плоды; и это «грех земли, предшествовавший греху человека», так что земля была наказана вместе с наказанием человека при изгнании из Сада: «проклята земля за тебя, тернии и волчец произрастит она за тебя...» (Быт., 3:17-18).

[9] Т.е. земля хотела добиться более быстрого результата, поэтому вся «ушла в плод», а не «в дерево», в связи с чем ситуация сделалась непрочной и неустойчивой, и произошло разрушение и падение.

[10] Имеется в виду мидраш, согласно которому Бог вначале планировал создать два равновеликих светила («и создал Бог два светила великие...» – Быт., 1:16). Но Луна заявила: «Не могут два царя пользоваться одной короной» (т.е. равным статусом), – за что была немедленно уменьшена, и поэтому тут же далее читаем в Торе: «Светило большее – для владения днем, и светило меньшее – для владения ночью».

[11] Т.е. педагоги озабочены только передачей ученику суммы знаний, и вовсе не думают о развитии его Я.

[12] Тот, кто не является (развитой) личностью, тем более неспособен познавать мир. (Познание мира базируется на отношении Я – ОН.)

[13] Тот, кто не является (развитой) личностью, тем более не сможет вступать в диалог с Богом (что есть отношения Я – ТЫ).

## ГЛАВА D-1. *Арфилей Тоhар*

«Машиах Господа – он дыхание наших ноздрей» (Эйха 4:20)[14]. И в этом его сила и величие, он не чужой нам, он «дыхание наших ноздрей». Господа Бога нашего и Давида, царя нашего, мы ищем, перед Богом и его благостью будем трепетать – и этим мы ищем наше собственное Я[15], нашу собственную суть мы ищем и найдем. И удалим всех богов чуждых, все постороннее и чужое. «И познаете вы, что Я – Господь, Бог ваш, выведший вас из земли Египетской, чтобы быть вам Богом. Я – Господь» (Исход, 6:7; Левит, 22:33)[16].

רוח אפינו משיח ד׳, זהו גבורתו הדר גדלו, איננו מבחוץ לנו, רוח אפינו הוא, את ד׳ אלהינו ודוד מלכנו נבקש, אל ה׳ ואל טובו נפחד, את האני שלנו נבקש, את עצמנו נבקש ונמצא, הסר כל אלהי נכר, הסר כל זר וממזר, וידעתם כי אני ה׳ אלהיכם, המוציא אתכם מארץ מצרים להיות לכם לאלהים, אני ה׳ [התעלות לאחדות ולחרות].

---

[14] Стих из книги «Эйха» («Плач Иеремии») подчеркивает, что Машиах не приходит «извне», но он есть воплощение внутреннего развития еврейского народа, его имманентной сущности – «дыхание ноздрей наших». (В книге Эйха непосредственно имеется в виду Цидкияhу, который был царем Израиля во время разрушения Первого Храма; но вместе с тем раскрывается важный аспект самого понятия Мессии.)

[15] Т.е. религиозный поиск идет совсем не через отказ от себя, не через подчинение внешней силе, но через реализацию собственного внутреннего потенциала.

[16] Познание не есть восприятие внешней информации, а есть создание связи и активация ее в себе; поэтому познание развивается лишь через развитие собственного Я; и когда мы находим и очищаем свое Я, то мы становимся способны познавать Бога, Который вывел нас из Египта, вывел из рабства (в т.ч. внутреннего) на свободу.

---

\*

---

Третий дневник, § 63/Орот hа-Кодеш, 2:193

### Три ступеньки, на которые еврейский народ должен подняться

Есть три ступеньки, на которые еврейский народ должен подняться, и они являются базой для обретения индивидуальной и общенациональной цельности[1],

שלש מדרגות הן, שההשלמה הפרטית והכללית לישראל מחויבת להיות מבוססת עליהן,

---

[1] Т.е. существуют три вещи, которые пока еще (пишет рав Кук в начале XX в., в начале процесса возвращения еврейского народа в Страну Израиля) не освоены нами. Пока эти три вещи не будут освоены, мы не можем достичь цельности полноценного индивидуального и общенационального существования.

и это – возвращение к природе², возвращение к естественной человеческой нравственности³ и возвращение к общенациональному сознанию⁴.

И высшая святость основывается не иначе, как на этих трех вещах⁵.

השיבה אל הטבע,
אל המוסר האנושי,
אל יסוד האומה.
והקדושה העליונה חלה דוקא על גבי שלשתן.

---

За прошедшие сто лет мы немного продвинулись по третьей ступеньке (в национальном сознании), но дальнейшее развитие в направлениях «природном» и «общечеловеческом» только еще предстоит нам.

² О проблеме противопоставления «святости» и «природности» см. главы С-6 и С-7.

³ Т.е. существует естественная общечеловеческая этика, и религия должна согласовываться с ней, а не противоречить ей.

⁴ Ощущение общенационального диалога с Богом, см. подробнее в главе В-1.

⁵ Это и есть три самые главные вещи, через которые необходимо пройти Израилю – и индивидууму, и народу в целом. Это означает, что евреи в галуте утратили эти три качества: возвращение к природности – вместо сидения только в стенах дома учения; к общечеловеческой нравственности – вместо того, чтобы говорить, что общечеловеческое не должно волновать, а только еврейское; и к национальному сознанию.

---

\*

---

### Третий дневник, § 176
#### Когда дух свободы получает гражданство в мире

Когда дух свободы «получает гражданство»¹ в мире, тогда жизнь становится более утонченной, и все наполняется желанием².

כשרוח החופש מתאזרחת בעולם,
החיים מתעדנים, והכל מלא רצון.

---

¹ Т.е. становится законной, признанной частью окружающего социального, экономического, юридического и духовного пространства.

² Здесь мы видим, во-первых, связь понятия *рацон* (желание) с понятием *хофеш* (свобода), то есть воля связана со свободой. Богу свойственна свобода; и Высшая Божественная воля связана с высшей Божественной свободой; и, соответственно этому, частная свобода человека — это отражение, локальное проявление этой глобальной высшей Божественной свободы. Сам по Себе Бог свободен, и поэтому, когда человек поступает более свободно, он ближе к Богу, чем когда он поступает вынужденно. Когда человек поступает свободно, он этим приближается к Богу, и потому чувствует себя хорошо. Когда человек поступает вынужденно, он этим отдаляется от Бога и поэтому чувствует себя плохо.

## ГЛАВА D-1. *Арфилей Тоѓар*

И тогда у человека с большой силой проявляется чистое чувство признательности за добро,

и это чувство благодарности приводит к проявлению Божественного величия, присоединению к радости жизни и ее наполненности.

И поэтому все жертвоприношения в будущем отменяются, но «жертвоприношение благодарности» не должно отменяться даже в будущем[3].

Ибо именно жертвоприношение благодарности вбирает в себя суть всех остальных жертвоприношений, которые сами по себе отменились, и тогда она возвышается и поднимается с большой силой[4].

אז מתעורר בחזקה הרגש הטהור של הכרת טובה,

ומביא להופעלה אלהית אצילית, קשורה בשמחת החיים ומילואם.

כל הקרבנות בטלים, וקרבן תודה אינו בטל לעולם, אלא מתוך התמצית של כל הקרבנות הבטלים,

הרי הוא מתמר ועולה ברב כח.

---

[3] Потому что благодарность – необходимая вещь, которая должна всегда сохраняться. Именно когда человек становится совершенно свободным и ничего его не принуждает, и при этом он реализует добро – вот тогда он по-настоящему испытывает благодарность.

[4] Иными словами, все жертвоприношения в будущем должны интегрироваться в жертвоприношение благодарности, поскольку, когда человек по-настоящему свободен, тогда самое главное, что его переполняет – это чувство благодарности за то, что он получает. И в этом смысле самое важное отношение к миру – это благодарность.

# ГЛАВА D-2

# ДВОЙСТВЕННОСТЬ ДУШИ И ДВОЙСТВЕННОСТЬ ДУХА

*Текст рава Кука с комментарием р. Шломо Авинера*

перевод и пояснения – П. Полонский

## *Двойственность души и двойственность духа*[1]

*(Первый дневник, §459, 468 «Орот hа Кодеш» 3:135)*

Невозможно переоценить значение тайного знания[2], когда идет речь о двух душах, святой и нечистой[3], которые даны человеку, и о том, как каждая из них стремится расширить границы своей власти над телом человека[4], потому что только исходя из этого представления мы сможем увидеть тайны души и понять мотивы человеческих поступков. А мудрость, основанная на морали, благодаря этому знанию сможет контролировать действия[5].

Но еще выше этого знания находится знание о том, что и в собственно самой святой душе содержатся два духа: «дух мира сего» и «дух мира грядущего»[6]. И следует признать, что эти два духа ведут своего рода войну друг с другом, но это уже «мирная война», полная любви и уважения, которые каждый дух испытывает по отношению к другому[7].

Но двое их, и когда один усиливается, и стремление к миру грядущему до краев наполняет сердце, тогда дух этого мира не может больше как прежде продолжать заниматься делами этого мира, даже самыми возвышенными из них[8]. А когда дух мира сего усиливается, тогда удаляется дух мира грядущего, и посылает он только слабые искры, чтобы освещать дорогу духу мира сего, когда тот идет прямыми путями[9].

Необычен был праотец наш Ицхак после Акеды, ибо жил в нем тогда только дух мира грядущего[10]. И по причине величия сияния высшего света на нем он становится печатью на мысли о прощении в мире грядущем. Ибо в ответ на слова «Твои сыновья грешили...» он не скажет: «Что ж, пусть они будут уничтожены ради освящения Имени Твоего», – как сказали бы Авраам и Яаков[11]. Потому что существование мира и

## ГЛАВА D-2. Двойственность души и двойственность духа

мощь милосердия, приводящего к полному прощению, взяты именно из высшего духа, вознесенного над этим миром и поэтому способного постоянно оживлять его и осуществлять за ним провидение во благо ему в полном объеме, как в частном, так и в общем[12]. И тот, кто выше всего мира этого, находит все добро этого мира перед собой. И сеет он, и получает стократный урожай, и возвеличивается все более и более[13].

МУДРЫЕ СЕРДЦЕМ воистину знают ничтожность этого мира как такового[14], и они поднимают свои мысли и ощущения до уровня мира грядущего и его блаженства[15]. Но поскольку они видят, что все мироздание есть одно всеобщее единство[16], то тотчас также и этот мир становится прекрасным для них[17], и поэтому они стремятся исправить его и усовершенствовать его[18].

И из этого проистекает их стремление к культуре и усовершенствованию жизни этого мира[19], которое произойдет через праведников, святых духом, и которое превзойдет силой духа все, что открыл дух человека[20] в тех ситуациях, когда это происходило из поверхностной любви к этому миру как таковому, ибо такая любовь была основана на хаосе и лжи[21]. Да, необходимо для существования мира и его заселения, чтобы были безумцы в мире. Но гораздо более совершенным будет мир в будущем, когда его построение и заселение будут идти от полноты знания[22].

---

### Комментарий рава Шломо Авинера

*(Рав Шломо Авинер — один из выдающихся выпускников иешивы «Мерказ hа-Рав», глава иешивы «Атерет Коhаним» и раввин поселения Бейт-Эль. Данный материал представляет собой распечатку лекции, прочитанной р. Авинером на семинаре в «Маханаим»)*

Как вы понимаете, речь здесь идет об устройстве души, т.е., пользуясь современным языком, о психологии. Вместе с тем, это не вполне психология в общепринятом смысле этого слова, это, скорее, учение о таких человеческих качествах, как доброта и прямота, праведность и святость. Тем не менее, учение об этих качествах невозможно понять без изучения структуры души.

Заголовок рассматриваемого нами отрывка из рава Кука таков:

**1) Двойственность души и двойственность духа.** Это означает, что у человека есть две души, а также есть два духа. Душа (*нефеш*) и дух (*руах*) – это отнюдь не одно и то же. Есть еще и более высокое понятие «дыхание» (*нешама*), а Мидраш выделяет дальнейшую иерархию уровней души, находящихся каждый последующий как бы «внутри» предыдущего: *нефеш, руах, нешама, хая* (жизненность), *йехида* (единство с Богом).

Душа – *нефеш* – это витальная субстанция, которая дана человеку, как написано в Торе: «И будет человек душой живой». Но ведь и о животных сказано: «Произведет земля душу живую». А что такое «душа живая» животного? Это – витальность органики. Итак, и у человека, и у животного есть подобная душа.

Написано в Торе: «Душа – это кровь», – поэтому запрещено употреблять кровь в пищу. Но, согласно этому определению души как крови, она относится к биологической или физиологической, лучше даже сказать психо-био-физиологической области.

Дух – *руах* – это гораздо более тонкая субстанция. Говорят: «одухотворенная личность», «жизнь духа». В книге Kohəlet (Экклезиаст) мы читаем: «...дух человека поднимается ввысь, а дух животного опускается вниз». Дух не имеет ничего общего с биологией, психологией или физиологией. Область духа – это сфера чистого разума и духовности.

Вернемся к тексту рава Кука:

**2) Двойственность души и двойственность духа. Невозможно переоценить значение тайного знания...** Есть тайное знание, касающееся учения о двух душах. «Тайное» – то есть скрытое, исходящее из области тайны, заключенной в Торе. Например, если мы обратимся к книге «Врата Святости», написанной рабби Хаимом Виталем со слов своего учителя Аризаля, то мы найдем в ней, что, по мнению Аризаля, душа человека двойственна. Это – тайное знание, т.е. подход Каббалы.

А Рамбам никак не касается этого вопроса в книге «Восемь глав», посвященной определению душевных свойств (или качеств) человека. В начале «Восьми глав» приводится определение того, что является, по мнению Рамбама, учением о душе. В книге говорится – по пунктам – о тех или иных принципах поведения, о том, что хорошо и что недостойно; и, по мнению Рамбама, у человека есть только одна душа. Такой подход есть проявление свойственного Рамбаму рационализма. (Впрочем, сам Рамбам никогда не отрицал значения тайного знания.)

## ГЛАВА D-2. Двойственность души и двойственность духа

**3) Невозможно переоценить значение тайного знания, когда идет речь о двух душах, святой и нечистой...** У человека есть две души: святая и нечистая – возвышенная божественная душа и более низкая, животная (см. «Врата Святости»). Эта последняя совсем не есть «зло», она может проявляться и как плохая, и как хорошая; но эта душа, присутствующая в крови человека, – она животного происхождения.

Одно время науку очень занимал вопрос о происхождении человека от животных. Меня не очень занимает вопрос о том, произошел ли человек от животного. Гораздо более существенным я считаю вопрос о том, остался ли человек животным. Ведь несомненно, что человеку присущи такие животные проявления, как: склонность к агрессии и подавлению чужой личности, чужой воли, как на войне, так и в обычной жизни; подавление –как физическое, так и словесное; подавление в общении и т.д. Все это проявления животной души – зверя в человеке.

Однако животная душа не властна полностью над человеком, ибо есть в нем и божественная душа.

Рав Кук продолжает:

**4) ...когда речь идет о двух душах, святой и нечистой, которые даны человеку, и о том, как каждая из них стремится расширить границы своей власти над телом человека.** Каждая из этих двух душ – максималистская, каждая хочет, чтобы ей принадлежал весь мир, чтобы она властвовала над человеком целиком. При этом только сам человек в силах отдать предпочтение той или иной своей душе. В другом месте рав Кук говорит, что человек должен *«сжечь в себе свою животную душу, как некогда сжигали в Храме огнепалимую жертву».*

Но пепел сожженной жертвы не рассеивали, а помещали в «святое место»; это показывает, что в животной душе содержатся элементы «нейтральной» скорлупы, способной присоединяться как к нечистоте, так и к святости.

**5) ...потому что только исходя из этого представления мы сможем увидеть тайны души и понять мотивы человеческих поступков. А мудрость, основанная на морали, благодаря этому знанию сможет контролировать действия.** «Мудрость, основанная на морали» – это учение о свойствах человеческой души. Мудрость должна существовать не сама по себе, но она должна быть основана на морали, на моральном волевом решении, и только тогда она сможет правильно направлять действия человека.

**6) Но еще выше этого знания** [знания о наличии двух душ] **находится знание о том, что и в собственно самой святой душе**

содержатся два духа: «дух мира сего» и «дух мира грядущего». Речь идет о двух разных устремлениях, содержащихся внутри святой души: одно устремление – «дух этого мира» – направлено к тому, чтобы улучшить, исправить и обустроить наш нижний мир; второе же – «дух мира грядущего» – не обращает внимания на этот мир: он не важен для него, он есть стремление лишь к «миру грядущему». И эти стремления противоположны друг другу.

**7) И следует признать, что эти два духа ведут своего рода войну друг с другом, но это уже мирная война, полная любви и уважения, которые каждый дух испытывает по отношению к другому.** Это не та бескомпромиссная война, которую ведут друг с другом святость и нечистота, но это все же война.

Есть люди, которые мало задумываются о мире грядущем. Они видят свое истинное предназначение в том, чтобы строить дома и сажать деревья. Даже в Стране Израиля главное для них – это наш мир. А есть люди другого склада, погруженные в изучение Мудрости, стремящиеся только к жизни мира грядущего. И война, «полная любви и уважения», ведется между первыми и вторыми.

**8) Но двое их, и когда один усиливается, и стремление к миру грядущему до краев наполняет сердце, тогда дух этого мира не может больше, как прежде, продолжать заниматься делами этого мира, даже самыми возвышенными из них...** Если, например, человек полностью посвятил себя изучению Торы, то ему просто малоинтересны дела этого мира (я имею в виду хорошие дела, мы говорим здесь только о хороших делах).

Рав Кук однажды не пришел на некую конференцию, где собрались многие выдающиеся религиозные деятели его поколения. Ему было некогда – он учил Тору днем и ночью. Аналогично этому рассказывает Мидраш, что когда рабби Шимон бар Йохай вышел из пещеры (где он прятался от римлян и учил Тору) и увидел земледельцев, то с осуждением заметил: «Занимаетесь делами сиюминутной, бренной жизни и оставляете жизнь вечную!»

**9) А когда дух мира сего усиливается, тогда удаляется дух мира грядущего, и посылает он только слабые искры, чтобы освещать дорогу духу мира сего, когда тот идет прямыми путями.** Обычный человек не стремится к жизни мира грядущего. Его устремления – это наш мир. Мудрецы сравнили «этот мир» с коридором, а «мир грядущий» – с триклинием (залом). Миллионы ламп освещают этот зал, и лишь слабый их отблеск проливается в мир человека, живущего «коридорной» жизнью. Да, этот мир может возвыситься и идти «прямыми путями», но и эти пути еще не есть жизнь грядущего мира.

**10) Необычен был праотец наш Ицхак после Акеды, ибо жил в нем тогда только дух мира грядущего.** Это не сказано про Авраама, но только про Ицхака. Авраам был человеком, как сего мира, так и мира грядущего. Авраам «взывал к имени Господа»; и это устремлённость к миру грядущему, это – пребывание в осознании мира грядущего. Но он также вёл войны, он завоёвывал землю Израиля, и это – занятия делами нашего мира. Яаков также вёл войну и завоевал Шхем: «...который я взял мечом моим и луком моим» (см. Раши на Бытие, 48:22), – это дела нашего мира. Но Ицхак после Акеды стал человеком только мира грядущего. Устранение естества – вот что такое «жертвоприношение Ицхака».

**11) И по причине величия сияния высшего света на нем [Ицхаке], он становится печатью на мысли о прощении в мире грядущем. Ибо в ответ на слова «Твои сыновья грешили...» он не скажет: «Что ж, пусть они будут уничтожены ради освящения Имени Твоего», – как сказали бы Авраам и Яаков.**

Какой парадокс! Ведь и Авраам, и Яаков также были людьми мира грядущего, но они при этом занимались и делами этого мира. А Ицхак, хоть он и не был окончательно принесён в жертву, являлся источником духа, готового к самопожертвованию.

**12) Потому что существование мира и мощь милосердия, приводящего к полному прощению, взяты именно из высшего духа, вознесённого над этим миром, и поэтому способного постоянно оживлять его и осуществлять за ним провидение во благо ему в полном объёме, как в частном, так и в общем.**

Только дух мира грядущего способен спасти и исправить мир этот. Материалисты заблуждались, считая, что можно спасти этот мир, действуя в нём и только в нём; на самом деле без связи с миром грядущим невозможно исправить этот мир. Подобный же порядок вещей верен также по отношению к нашей сегодняшней жизни в Израиле. Что может спасти сейчас страну? Только дух грядущего мира, не наивный, а истинный сионизм.

**13) И тот, кто выше всего мира этого, находит все добро этого мира перед собой. И сеет он, и получает стократный урожай, и возвеличивается все более и более.** Эти слова основаны на стихе из книги Бытия (26:12), говорящем об Ицхаке: «стократный урожай», который собирает Ицхак, указывает нам на то, что в сто раз больше будет дано тому, кто живёт жизнью мира грядущего, чем то, что получит живущий жизнью этого мира.

**14) МУДРЫЕ СЕРДЦЕМ воистину знают ничтожность этого мира как такового...** Мудрецы Израиля знают, что этот мир, если брать его отдельно, сам по себе практически не имеет никакого значения. Этот мир – всего лишь тело, и если оно не является инструментом для служения Всевышнему, то его словно не существует.

**15) И они поднимают свои мысли и ощущения до уровня мира грядущего и его блаженства.** В мире грядущем праведники наслаждаются отблеском Шхины, и это – истинное блаженство, несравнимое с наслаждениями этого мира.

**16) Но поскольку они видят, что все Мироздание есть одно всеобщее единство...** И мир этот, и мир высший являются на самом деле одним неразделимым целым. Этот еврейский взгляд на мир как на единство всех его аспектов отличен от того, которого придерживаются христиане, разделяющие мир и говорящие: «Богу – Богово, а кесарю – кесарево».

**17) ...то тотчас также и этот мир становится прекрасным для них...** поскольку нижний мир является основанием для высшего, как и тело является основанием для души, то он не плох, а хорош, и поэтому:

**18) ...и поэтому они стремятся исправить его и усовершенствовать его.** Исправление и совершенствование этого мира важны не сами по себе, но как часть исправления и совершенствования всего Мироздания. И из-за этого, например, считается, что суд, разбирающий дело о возврате мелкой суммы ее владельцу, важен ничуть не меньше суда, занимающегося возвращением крупной денежной суммы. Ибо важны не сами по себе деньги, а важен принцип осуществления справедливости в мире.

И христианство, и марксизм, взяв свои исходные идеалы из иудаизма, отрицали это единство миров. Они всегда стремились только к одному из двух миров: христиане – к миру грядущему, марксисты – к миру материальному. И тот, и другой подходы – не истинны, потому что и этот мир, и мир грядущий – есть единое целое.

**19) И из этого проистекает их [мудрецов и праведников] стремление к культуре и усовершенствованию жизни этого мира...** Т.е. мудрецы вовсе не живут в отрыве от мира, они стремятся к усовершенствованию мира во всех аспектах: в технике, медицине, современной науке и т.д.

**20) ...которое произойдет через праведников, святых духом, и которое превзойдет силой духа все, что открыл дух человека...** Праведник, связанный с миром грядущим, для исправления даже этого мира может сделать гораздо больше того человека, чей дух занят делами только этого мира.

## ГЛАВА D-2. Двойственность души и двойственность духа

**21) ...[чем это происходит] в тех ситуациях, когда это проистекало из поверхностной любви к этому миру как таковому, ибо такая любовь была основана на хаосе и лжи...** Все достижения техники, если их цель – исключительно удобства и улучшение материальной жизни человека, базируются на ложной любви. [Это не означает, конечно, что эти достижения малозначимы, но они все же воздействуют на мир гораздо слабее того, как могли бы воздействовать, если бы их продвигали праведники.]

**22) Да, необходимо для существования мира и его заселения, чтобы были безумцы в мире. Но гораздо более совершенным будет мир в будущем, когда его построение и заселение будут идти от полноты знания.** Безумные люди, не знающие ни минуты покоя и находящиеся в постоянной погоне за достижениями этого мира, при том что они, конечно, неправы в своем подходе, они все же строят мир. И политики – разве можно назвать их людьми мира грядущего или хотя бы идеалистами? Но ведь и они строят материальный мир. Однако настоящий, истинный «этот мир» выстраивают не они, а праведники – люди мира грядущего.

(См. об этом подробнее выше, раздел D-1, §191)

## ГЛАВА D-3

## СВЯЗЬ НАРОДА ИЗРАИЛЯ СО СТРАНОЙ ИЗРАИЛЯ (ОТРЫВКИ ИЗ КНИГИ «ОРОТ»)

*Перевод – Фрима Гурфинкель, комментарий – П. Полонский*

*(Книга «Орот», содержащая основы религиозно-сионистской концепции рава Кука, говорит прежде всего об особой связи еврейского народа со Страной Израиля и об отличиях путей духовного развития еврейского народа в Эрец Исраэль от путей его развития в Галуте)*

Страна Израиля не является для еврейского народа чем-то внешним, неким внешним достоянием, средством для достижения цели общего объединения и поддержания материального или даже духовного существования нации. Страна Израиля – это самостоятельное целое, связанное жизненной связью с народом, она соединена своими внутренними свойствами с его действительностью.

*Комментарий:* Обычное западное сознание воспринимает как «субъекта» лишь человека (в крайнем случае, народ), а страна, земля воспринимается им как внешнее средство для его жизни, материальной и духовной. Рав Кук утверждает, что по отношению к связи еврейского народа и Страны Израиля такой подход неверен. «Страна» тоже является «субъектом», вступающим в диалог с народом.

Свойства страны и свойства народа соответствуют друг другу. Подобно предназначению народа – вознесению Божественного из глубин его бытия – Страна Израиля, которая есть земля Господа, совершенствует народ, живущей на ней, в силу вечного наследства, полученного с Заветом, с клятвой и с упованием. Вечность Израиля основана на неизменяющейся Божественной природе, заложенной в этой удивительной, прекрасной земле, предназначенной служить народу, который Господь избрал сокровищем Себе. Душа народа и земля вместе формируют основу своего бытия, стремятся и требуют осуществить свое святое стремление

*Комментарий:* Таким образом, Страна Израиля совершенствует (воспитывает, продвигает) еврейский народ. Когда еврейский народ живет вне своей Страны, то он не в состоянии духовно развиваться, а Страна Израиля без еврейского народа тоже чахнет и пустеет. Только в соединении способны они осуществить свои предназначения.

## ГЛАВА D-3. Связь народа Израиля со Страной Израиля

Священная связь народа Израиля со своей святой землей отличается от естественной связи любого другого народа с его страной. Ибо естественная связь формируется в течение длительного периода в ходе целого ряда событий в процессе жизни многочисленного и сильного народа, собравшегося для совместного постоянного проживания в определенной стране. И тогда некая историческая привязанность, происходящая от привыкания, начинает биться в сердцах грядущих поколений, и между народом и землей возникает духовная связь. От такой (естественной) связи отличается связь народа Израиля с Эрец-Исраэль, ибо это – Божественная связь из источника святости, когда народ Израиля освятился святостью прекрасной земли. Эта священная печать выделяется высшим Божественным указанием. Тора, описывая создание связи между евреями и Святой землей, говорит: «Вы были тогда малочисленны, когда появились в этой стране». И более того: «Вы тогда жили в ней не как постоянные жители, а как пришельцы.» Иными словами, ни один из естественных факторов не способствовал установлению этой начальной связи между народом и страной. Эта связь возникла как Божественное творение по слову Господа и святому завету Его, по закону вечной клятвы, когда «Он изрек, и стало так». Вы были тогда малочисленны и ничтожны, пришельцы в ней – и, тем не менее, эта связь осуществилась.

> *Комментарий:* Связь еврейского народа со Страной Израиля не возникла (как это было у всех остальных народов) вследствие многовековой национально-государственной истории проживания в этой стране, но она началась еще задолго до этого – когда евреи еще только пришли в эту Страну, после Исхода и хождения по Пустыне; и еще раньше, в период Праотцев, когда они жили в этой стране, не владея ею; и даже еще раньше, когда Бог повелел Аврааму идти жить в эту Страну. Во всех других культурах соотношение страны и народа описывается понятиями «родители – сын» («Родина – мать», «Fatherland», и т.д.); но в еврейской культуре отношения «Народа Израиля» со «Страной Израиля» описываются понятиями «жениха и невесты», «мужа и жены»: еврейский народ сформировался не в этой стране (а в Египте и в Пустыне), но затем он идет и «женится» на этой стране, чтобы вместе с ней «рождать» мессианский свет для человечества.

Чтобы познать жизнь нации, еврейского народа как целого, познать путь, по которому он идет, в особенности, его устремленность к будущему, нужно прийти в Страну Израиля, жить здесь и быть здесь постоянно – телом, душой и духом.

> *Комментарий:* В начале XX века, с появлением сионистского движения, центр жизни еврейского народа начал перемещать-

ся в Страну Израиля; именно здесь начало происходить то, что определит потом всю еврейскую историю. Для того, чтобы почувствовать и понять все это, надо поселиться в Стране Израиля не только физически, но и «душевно» (психологически) и духовно (своими высшими устремлениями), ощущать все, что происходит здесь и жить этим.

Самобытное израильское [т.е. еврейское] творчество в области мысли, жизни и действия становится возможным для народа Израиля только в Стране Израиля.

*Комментарий:* Т.е. настоящее самобытное еврейское национальное творчество – творчество самобытное, а не подражательное – возможно только в Стране Израиля, ибо *«только в Стране Израиля Небеса открыты до уровня хохма; а в землях Изгнания небеса закрыты на уровне бина»* [подробнее см. статью B-1 «Концепция рава Кука о религиозном значении Государства Израиль и о еврейской избранности сегодня», §2, «Соотношение *хохма* и *бина* в Изгнании и в Стране Израиля»].

Святость, заложенная в природе, в нормальной естественной жизни, может осуществиться только в Стране Израиля. Когда же Шехина [Божественное Присутствие] отправляется в Изгнание вместе с народом Израиля, то там, в Галуте, она реализует иной уровень святости: это святость, противопоставленная природе и обычному течению естественной жизни. Но святость, противоборствующая природе и жизни, не является святостью совершенной. И потому в процессе возвращения еврейского народа и Шехины в Эрец-Исраэль эта несовершенная [галутная] святость должна быть поглощена высшей сущностью, высшей святостью, которая является святостью, существующей внутри природы и жизни [а не противостоящей ей]. В Галуте святость вытесняет жизнь, противоборствует ей. В Эрец-Исраэль, напротив, святость согласуется с жизнью и реализуется в ней самой. Такой, более высокий уровень святости, является основой исправления и совершенствования всего мира. При этом, святость, осуществляемая в изгнании, не будет утеряна, а присоединится к святости Страны. Именно об этом говорит нам Талмуд, предсказывая, что в будущем молитвенные и учебные дома Вавилона [т.е. святость Изгнания] утвердятся в Стране Израиля [т.е. будут поглощены этой более высокой «Израильской святостью»][1].

---

[1] Подробнее см. выше, гл. C-6 и C-7 настоящего сборника.

## ГЛАВА D-4

## КОММЕНТАРИЙ К ЗАПОВЕДИ ПРИНЕСЕНИЯ ОМЕРА И СЧЕТА ОМЕРА

*(Комментарии р.Кука к молитвам были собраны его учениками и изданы в виде молитвенника под названием «Олат Реайа», из которого взят данный отрывок)*

Песах, день исхода из Египта, – это время физического рождения народа, и это время жатвы ячменя. Тора заповедует в первый день Песаха принести в Храм особую «ячменную» жертву – «омер», а затем отсчитать 49 дней (счет «омера») и праздновать Шавуот

... Основа идеи «принесения омера» состоит в том, что животное начало, общее для человека и животных, заключено (персонифицировано) в ячменном снопе омера. Когда оно возносится на жертвенник, чтобы быть принесенным в жертву, то смыслом этого действия является проявление стремления склонить «общую волю мироздания» в сторону возвышенности и святости. И это производит сильнейшее брожение во всех душах и во всех сторонах жизни и бытия, относящихся к ним.

Жертва омера приносится из ячменя, пищи животных; и когда животная душа поднимается к высотам своего Источника и с огромной силой склоняется к святости и к истинной чистоте, – тогда и Божественная, сильнейшая любовь празднует праздник святости своей. И тогда весь народ, принося на жертвенник [т.е. приближая к Богу] свою материальную составляющую, делает это для того, чтобы стать святым Богу, объединить свою волю с волей Божественной и быть в завете любви, и привести свои склонности к пути жизни. И это, в процессе Божественного управления миром, вносит высшую цельность и совершенство; а в процессе жизни всего святого народа – способствует ее развитию и упрочнению, посредством этого святого действия [т.е. приближения к Богу своей материальной составляющей, персонифицированной в принесении жертвы омера].

И тогда любовь вечная воцаряется между Всевышним и Израилем – народом, близким к Нему.

## ГЛАВА D-5

## ОБРАЩЕНИЕ К РУКОВОДИТЕЛЯМ ОБЩЕСТВА ЕВРЕЙСКОГО ИСКУССТВА «БЕЦАЛЕЛЬ»

*Перевод (в сокращении) – рав Зеев Мешков*

## *Предисловие*

«Общество еврейского искусства Бецалель» (названное именем библейского мастера, назначенного Всевышним для создания Ковчега и всей утвари Скинии) было создано в 1906 г. группой (нерелигиозных) художников и скульпторов, приехавших в Страну в период Первой – начала Второй Алии.

Как известно, взаимоотношения иудаизма с изобразительными искусствами не очень просты, так что выступление р. Кука с приветствием к обществу Бецалель воспринималось в то время как совершенно шокирующее.

Две главные идеи составляют центральное содержание обращения р. Кука:

(1) идея о «жажде жизни» как о важнейшем стержне национального возрождения. Эта «жажда жизни» проявляется и в собственно сионистском движении, и в освоении земли, и в кибуце, и в занятиях всеми аспектами современной цивилизации – и, конечно же, в искусстве. Несмотря на то, что эта «жажда жизни» не всегда приобретает правильную форму – само ее наличие необычайно важно. Это наличие жажды жизни составляет разительный контраст с предыдущим состоянием народа и является залогом его дальнейшего развития и продвижения.

(2) Идея о важности «точки самоограничения», необходимой для достижения высокого духовного уровня. Этот принцип действует во всех областях жизни – и, в частности, в изобразительном искусстве. Находя «точку самоограничения» в еврейской традиции, художник отнюдь не «теряет» свои изобразительные возможности, а наоборот, получает доступ к большему духовному потенциалу.

*Яффо, 1908 г.*
## Обращение к руководителям общества еврейского искусства «Бецалель»

Уважаемым руководителям общества еврейского искусства «Бецалель» – мир вам!

Повсюду в странах рассеяния братьев наших смятение, хаос и тьма[1]. Льется кровь, растоптаны тела, раздроблены черепа, разорены грабителями и мародерами дома и имущество. Народ наш лежит как беззащитный ребенок под копытами дикого кабана – и нет спасения[2]. Иссякла надежда на «любящих» друзей (т.е. на «либеральную интеллигенцию», на которую еврейство России возлагало основные надежды в области нормализации еврейской жизни), кажущихся близкими в час свободы, безучастных – в час бедствия.

Но вот сквозь непроглядный мрак, сгустившийся над миром, пробился луч света – это пробуждается Страна Израиля. И хотя медленно, очень медленно, и с долгими перерывами в своем поступательном движении к возрождению – но все же она набирает силы. Всякий, кто захочет присмотреться, увидит ростки новой жизни.

Одна из наиболее ярких примет этого не всегда заметного движения – та достойная уважения деятельность, за которую взялось ваше общество: возрождение еврейского искусства и красоты в Эрец Исраэль. Отрадно видеть здесь наших талантливых братьев, гениев изящных искусств, занимающих достойное место в самых

---

[1] Рав Кук имеет в виду раны Кишиневского погрома 1903 г. и погромов, прокатившихся по всей Украине и России в 1905 – 1906 гг., когда вина за попытку революционного переворота была возложена на евреев, изнемогавших от своего бесправного положения. Погромы были страшны не только количеством потерянных жизней, но и попустительством и подстрекательством властей, зверской расправой с беззащитными жертвами, доказывавшей, что значительная часть населения России (в результате веками культивировавшихся представлений о евреях) не в состоянии видеть в них людей. Погромы оставляли чувство вечного страха и желания бежать из России. Большинство искало убежище в Америке, но вместе с этим началась новая волна репатриации в Израиль («вторая Алия» 1906 – 1914 гг.).

[2] Дикий кабан – образ потомков Эсава (см. Псалмы, 80:14 и Раши там же). Эсав – брат-близнец Яакова, отказавшийся от духовного наследия семьи Авраама. Еврейская традиция считает европейские народы наследниками его идеологии и потомками, – не по крови, а «по духу». Эсав задумал убить Яакова за то, что тот (несмотря на то, что родился на мгновение позже) удостоился благословений первородного сына. Христианские народы Европы, когда они вступают в спор с еврейским народом «о первородстве» или «об избранности», становятся прямыми наследниками идеологии Эсава, собиравшегося доказать свою правду устранением соперника.

высоких кругах деятелей универсальной культуры. Ветры небесных высей принесли вас в Иерусалим, чтобы вы удостоились украсить незабвенный Святой Город своими произведениями и приложили усилия ради его величия и славы, благополучия и пользы. Это доброе начинание должно обрадовать всех: и молодых, и людей преклонного возраста, и даже тех из наших братьев, кто согбен непосильной тяжестью повседневных забот.

Состояние нашего народа сегодня можно сравнить с девочкой, любимой дочерью своих родителей, которая после долгой болезни вдруг открыла глаза, ее пальцы зашевелились, как бы ища чего-то, и послышался слабый голос: «Мама, мама, дай мне куклу, мою любимую куклу!». Радость и ликование, все счастливы – отец и мать, братья и сестры: «Маленькая Шошана просит куклу! Слава Богу, это хороший знак, болезнь и в самом деле оставила ее!»[1] Теперь и у доктора есть надежда, что Шошана вырастет и превратится во взрослую девушку. Кукла – это только первая ее просьба, за ней последует множество других. Ее душа и тело будут крепнуть день ото дня, она потребует лекарства и еду, книги и помощь в учении, платья, и многое-многое другое. А сейчас у отца и матери слезы счастья на глазах: «Ах, маленькая Шошана просит куклу!» А братья и сестры хлопают в ладоши и пляшут от радости.

Возлюбленный Иерусалим, столица Израиля – ты и есть «шошана ("лилия"), растущая в ущельях»[2], драгоценная дочь Сиона[3]. Ты была больна тяжелой и продолжительной болезнью, имя которой – изгнание детей из твоих пределов. Многие сыновья утратили твердость духа и потеряли надежду на твое выздоровление. Но вот жизненные силы начинают проникать в изможденное тело, и, едва придя в себя, ты тянешься к красоте, к искусству, к прекрасному.

Возможно, что глядя на вас, люди прагматического склада ума скажут, что еще не время заниматься развитием еврейского художественного творчества, что в настоящий момент есть более неотложные проблемы, ожидающие своего решения... Может быть, в чем-то они и правы, но в целом – правда отнюдь не на их стороне, ибо устремленность к прекрасному, возникшая в среде сыновей Израиля, является признаком пробуждения новой жизни. И потому тяга к художественному творчеству, рожденная духом выздо-

---

[1] См. трактат Шабат, 137.
[2] Песнь Песней, 2:1.
[3] Сион – гора в Иерусалиме, на которой располагался царский дворец и верхний город. Символизирует народ Израиля в периоды его независимости, духовной высоты и силы.

## ГЛАВА D-5. Обращение к руководителям общества «Бецалель»

равливающей дочери Сиона, не только не отвлекает от решения насущных проблем – но, наоборот, прибавляет сил и вдохновляет на другие важные дела.

Уважаемые господа и дорогие братья, благодаря вашему начинанию мое сердце наполняется доброй надеждой, и это дает мне смелость обратиться к вам с несколькими словами о творчестве и искусстве, которые выражают позицию раввина. На первый взгляд представляется, что взгляды раввина по отношению к изящным искусствам несовместимы с мировоззрением творческих личностей, свободных художников. Но на самом деле, это отнюдь не так – и я надеюсь, что слова эти послужат разъяснению данной проблемы.

Наш народ со времен древности относился с любовью к шедеврам изобразительного искусства, но при этом никогда не считал, что творчество может быть полностью свободно от любых ограничений. Мы стремимся защитить свои души от дурного влияния, которое может быть оказано разными явлениями, в том числе и произведениями гениев изобразительного искусства. Мы никогда не станем рабами какого-либо земного желания, и даже желание столь возвышенное, как стремление создавать прекрасные произведения, не должно поработить нас. Признаком порабощенности какой-либо идеей можно было бы считать такое безудержное увлечение, при котором человек не в состоянии ограничить свои действия, направленные на ее развитие и воплощение в жизнь [и поэтому всякой идее и устремлению, даже идее и устремлению правильным и замечательным, должны тоже быть положены предел и граница].

Ограничения, которые ставил еврейский народ в области искусства, никогда не преследовали своей целью уничтожение сути самого явления (изобразительного творчества), а были призваны служить добрым и возвышенным целям. И потому обозначение границ допустимого придавало изящество творческой мысли и делало изысканными и прекрасными сами произведения искусства. Про еврейский народ говорят, что он «словно (девушка) окаймленная лилиями»[1], и «даже если она окаймлена всего лишь лилиями (а не шипами и колючками, которые физически мешали бы ей пройти), она не преступит преграды»[2]. Народу Израиля достаточно ограды даже из лилий, достаточно одной обозначенной

---

[1] Песнь Песней, 7:3. «Народ» в иврите – женского рода, и поэтому еврейский народ – «дочь Сиона», «шошана» (лилия), или она же «девушка, окаймленная лилиями».

[2] Трактат Санhедрин, 37. «Ограда из лилий» символизирует соблюдение Закона не из страха наказания, а в силу осознания величия Творца и любви к Нему.

линии, единственной «красной черты»¹, одного ограничивающего штриха – ибо эта ограничивающая черта указывает на существование другой – более высокой, чем свободное творчество, идеи, а именно, идеи Высшего единства. «Ибо всякого высокого (ангела) охраняет (чтобы он не вышел за поставленные ему пределы) более высший, а более высшего – наивысший»². Нередко и в других областях многосторонней и многогранной жизни народа бывает так, что именно ограничения и «самоограничения», едва обозначенные и никоим образом не похожие на грубый окрик – именно они отнюдь не препятствуют продвижению, но, напротив, помогают достичь желанной цели, не ущемляя при этом свободу человеческого духа, не заключая ее в железные оковы и не отделяя «Китайской стеной» личность от жизни. Более того, установление оград нередко становилось выражением внутренней сущности общины Израиля и проявлением ее особых свойств, что отличает ее от окружения, не знающего рамок и ограничений в претворении своих желаний.

Наш народ формировался на основе великого этического учения Праотцев – в окружении людей, чьи представления о мире и этические нормы были развиты меньше, чем у младенца. Язычество, со всеми его пороками, простерло обагренные кровью руки над прелестным цветком, имя которому – красота и искусство, и почти лишило его чистоты и непорочности. Божественное откровение, блеснув в юдоли тьмы, породило дух Израиля, чтобы спасти дивную лилию (чувство красоты в душе человека), нежную и прекрасную. Нельзя было дать ей увянуть в грубых руках презренного язычества, нельзя было дать раздавить и загубить ее.

Эта вспышка света, давшая сынам Израиля силы вернуть всему миру чистоту эстетического чувства – есть дарование Торы, о котором сказано «Бог от Синая пришел и воссиял им от Сеира, явился от горы Паран»³. При этом на Синае Голос незримого Бога даровал народу закон, основой которого стали заповеди, запрещающие создание образов сверхъестественных сил: «Не делайте при Мне богов серебряных и богов золотых не делайте себе»⁴, «Не делай

---

¹ Мишна, Мидот, 3:1
² Экклезиаст, 5:7.
³ Второзаконие, 33:2. Т.е. исходное дарование Торы (на горе Синай) послужит в дальнейшем также раскрытию «света горы Сеир» (где жил Эсав, т.е. ассоциация на европейские христианские народы) и «проявления с горы Паран» (ассоциация на Ишмаэля, т.е. исламские народы).
⁴ Исход, 20:19-20.

## ГЛАВА D-5. *Обращение к руководителям общества «Бецалель»*

себе изваяния»[1], «Не делай себе литых богов»[2] и т.д. При этом, искусство само по себе вовсе не было запрещено, и символично, что первой заповедью после дарования Торы было повеление создать переносной Храм, который, в частности, был украшен внутри также и изображением ангелов. Более того, само Божественное провидение позаботилось о том, чтобы все изделия храма стали выражением красоты: «Смотрите, Бог призвал Бецалеля, сына Ури... И исполнил его Божественным духом, мудростью, разумением и знанием, и талантом к любому ремеслу: искусно ткать, работать по золоту и по серебру, и по меди, и резать камни для вставления (в оправы), и резать по дереву...»[3] Из этого мы ясно видим, что нет абсолютных запретов, исключающих изображение даже высоких духовных сущностей – но, при этом, все же существует требование трепетного отношения ко всему, что наделено святостью, и понимания проблем изобразительного творчества, возникающих из-за распространенного во всем мире идолопоклонства.

Даже после того, как с течением времени грубое язычество отошло на задний план и исчезло из повседневной жизни, община народа Израиля не отказалась от ограничения на изображения и, опираясь на письменную Тору и устную традицию, определила ту черту, которая должна служить вечным напоминанием о Божественной «мощи спасающей десницы»[4], без которой не избавиться от идолопоклонства; даже если в будущем эта черта станет еще тоньше, так как человечество, достигнув мудрости в ее истинном понимании, не будет нуждаться в таком сильном запрете, удаляющем его от идолопоклонства; даже если от этой черты останется лишь одна точка, неизменяющаяся и вечная, – то и тогда она одна сможет вобрать в себя весь великий и мощный дух, отражающий силу победы, одержанной еврейством над язычеством в прошлом, и величие надежд на будущее.

И потому вся великая широта красоты, сообщающая великолепие искусству и живописи, дозволена Израилю, кроме, однако, одной ограничительной линии, одного огораживающего штриха, который представляется строгим запретом, но на самом деле велик только своим значением, а не размером. Он несет в себе глубокий духовный смысл и лишь в незначительной степени ослабляет

---

[1] Исход, 20:4.
[2] Исход, 34:17.
[3] Исход 35:30-35 Само имя этого упомянутого в Торе «художника Божьей милостью» – «Бецалель» – стало и названием того художественного общества, которому р.Кук обращает данное приветствие.
[4] См. Псалмы, 20:7.

силу ремесла и искусства, придавая при этом всему творчеству несоизмеримую с самим ограничением важность. Талмуд, передавая нам устную традицию, формулирует это ограничение так: «Все изображения лиц дозволены, кроме [полного изображения] лица человека»[1]. Речь при этом идет только о выпуклом скульптурном законченном изображении человеческого лица. Но и в этом случае существуют галахические решения, позволяющие скульптору, если он хочет, довести свою работу до запланированного им завершения: а именно, он может воспользоваться помощью мастера-нееврея для придания своему произведению самых последних штрихов.

Таким образом, от «длинной линии» запрета останется лишь маленькая точка. Но как велико воздействие этого единственного строгого правила на душу народа Израиля! Благодаря тому, что оно постоянно напоминает о святости и ее невыразимости, евреи возненавидели изображения, созданные идолопоклонниками, как в языческом, так и в христианском мире прошлого и настоящего – они стали невыносимы для них.

Поэтому нам подобает позаботиться о том, чтобы в национальной сокровищнице произведений искусства, расположенной в Святом Городе, не было подобных изваяний. И со стороны вашего уважаемого общества было бы весьма достойно объявить всему просвещенному миру – еврейскому и универсальному: «Наша деятельность сосредоточена в той области, где пролегает линия соприкосновения эмоционального мира народа, законов религии и силы искусства». Она должна соответствовать стремлению нации связать развитие изящных искусств с Иерусалимом, Городом ее радости и надежды, кладезем всего, что дорого ей, оплотом ее величия и местом расположения Храма. И потому необходимо, чтобы вся наша деятельность развивалась только с учетом того, о чем говорят мудрецы Торы, гении Страны Израиля, люди прославленные в народе.

Вы можете быть уверены, братья мои, что соблюдение этой небольшой предосторожности откроет перед вами сердца людей и поможет приблизиться к намеченной вами цели, к которой стремятся все любящие наш народ и нашу землю.

И когда мы приблизимся к достижению того блага, которое вы стремитесь принести своими делами Святой Земле: станет ясно, что здание, возводимое вами, способно привлечь множество на-

---

[1] Трактат Рош hа-Шана, 24.

ших братьев, занятых подобным мастерством или наделенных талантом к нему. В его стенах они смогут усовершенствовать свое дарование, а также воспитать целый ряд учеников – представителей всех слоев нашего народа, живущих в Стране Израиля. И тогда во всем народе станет распространенным занятие почетными ремеслами, берущими свое начало там же, где и корни животворного древа искусства.

Все это станет возможным лишь в том случае, если наша сокровищница не будет содержать предметов, на которые мы, повинуясь долгу нашей святой веры, взираем с внутренним духовным отвращением. Уважаемые господа, чья праведная цель – улучшать, а не портить, строить, а не рушить, уверен я в возвышенности ваших душ, в том, что мои слова встретят у вас понимание, ибо они исходят из сердца, полного любви и уважения к тем истокам, из которых берет начало ваше стремление к благородной цели.

## ГЛАВА D-6

## РАДОСТЬ И ТРЕПЕТ
## (*ОТНОШЕНИЕ ИУДАИЗМА К УНИВЕРСИТЕТУ*)

*Отрывок из речи, произнесенной на церемонии основания
Еврейского Университета в Иерусалиме в 1925 г.*

### I.

Пророк Исайя (60:4—5) описывая собирание изгнанников и возвращение еврейского народа в свою страну, говорит следующие слова:

> Возведи очи твои и посмотри вокруг:
> все они собираются, идут к тебе.
> Сыновья и дочери твои идут издалека.
> Увидев это, ты возрадуешься,
> но и затрепещет и расширится сердце твое,
> Когда богатства заморские обратятся к тебе
> и достояние народов к тебе придет.

Эти слова пророка имеют прямое отношение к великому событию, ради которого мы собрались сегодня — открытию Еврейского Университета в Иерусалиме на горе Скопус; событию, которое сопровождается столь великолепной церемонией и столь пышным торжеством, стечением тысяч и тысяч наших сыновей и дочерей со всех концов Страны Израиля и изо всех стран диаспоры. Ибо характер этого события раскрывает перед нами в наглядной, хотя и миниатюрной форме смысл священного пророческого видения.

Мы находимся сегодня в начале эпохи «собирания изгнанников», о которой говорит здесь Исайя: «Сыновья твои идут издалека» — и если еще не все наши изгнанники собрались здесь, то это лишь потому, что вначале этот процесс может происходить только в небольшом масштабе. Но, конечно, в природе даже такого собирания уже есть нечто величественное – ибо явно видно, что настало время, и ворота Избавления распахнуты перед нами. Мы утверждаемся в надежде, что не за горами великий день, когда все сыновья нашего народа соберутся и придут к нам, и, искупленные, взойдут в Сион.

И если мы вглядимся в особенности сегодняшнего собрания, то мы сможем глубже постичь смысл слов пророка Исайи. Своими глазами видели мы чудеса Всевышнего, Который сотворил все это ради нас: усилил дух Своего народа, рассеянного среди народов земли, и дал нам наш сегодняшний удел в Иудее, наделил нас силой и упорством, дабы, как и в древние времена, мы могли начать строить жизнь нашего народа на Святой Земле. Выражение «и возрадуешься» относится к осознанию нами милости Всевышнего, и оно светится в великом веселье и счастье тысяч собравшихся здесь и выражается в приветствиях и чести, которые множат славу именитых гостей. Присутствие представителя Его Величества лорда Бальфура, подписавшего Декларацию, присутствие достопочтеннейшего верховного комиссара, нашего брата Герберта Самуэля, его чести лорда Алленби и прославленных раввинов и ученых, которые венчают своим благородством величие этого славного торжества, вызывает радость у собравшихся здесь и десятков тысяч наших братьев за рубежом, сердца которых разделяют с большинством нашего народа славу, которой отмечен этот день.

Но пророк говорит не только «возрадуешься», но и «вострепещешь» — откуда же приходит этот трепет, этот страх? И как «вострепещешь» связано с последующим: «И расширится сердце твое»?

## II.

Если мы подумаем о прошлых веках и о влиянии духовных сил, воздействовавших на наш народ, то сможем сразу же понять, что сочетание трепета с радостью весьма оправдано.

В духовной жизни Израиля есть два направления. Первое, внутреннее и полностью освященное, служит исключительно задаче углубления духа Израиля и усиления света Торы, заключенного в нем. Ради этого во все времена действовали установленные Торой институты. Иешивы, устои духа Израиля, были, есть и будут в нашей среде, дабы способствовать распространению знания Торы и возвеличить ее в каждом поколении. Это направление имеет вполне ясный позитивный характер, и не случайно о них говорится: «...Велико благополучие возлюбивших Учение Твое, не споткнутся они» (Псалмы 119:165). Но все же, при всей бесспорности этого, рабби Нехуния бен hа-Кана, входя в Дом Учения, молился, чтобы он не стал причиной несчастья для кого-либо (Мишна, Брахот, 4:2).

Второе же направление духовной жизни Израиля иное. Целью второго направления является не только углубление святости самой по себе, но и ее соответствие и усвоение, то есть применение концепций и ценностей иудаизма, которые лежат в пределах нашей собственной сферы жизни – вовне, к публичной жизни всего человеческого общества в целом. Во имя этой цели мы должны быть связаны с миром других народов и наше учение должно быть согласовано с духовным миром человечества в целом. В рамках достижения этого мы должны принять от человечества в целом общие науки в их чистом виде и перенести самые важные и очищенные из них в кладовую своей жизни. Ибо, в конечном счете, всякое заимствование должно служить выражением недвусмысленной и наглядной реализации нашего содержания в рамках общего мира человечества.

Университет может служить в качестве высокого и великого орудия для осуществления этой цели.

И это, дорогие друзья, причина нашего «трепета». В древние времена тоже бывало, что мы пытались приспособить наиболее благородные и святые концепции нашей жизни к целям всех народов мира. Примером такой попытки был перевод Торы на греческий язык. В этом начинании в иудаизме обнаружились два подхода: еврейством Страны Израиля овладел страх, и жизнь его омрачилась (см. трактат Софрим, 1:7), тогда как эллинистическое (египетское) еврейство было охвачено гордостью и великой радостью. Бывали в нашей истории также и заимствования. В разные периоды нашей истории разные потоки культур, греческой философии и других мировых цивилизаций проникали в нашу среду, и их восприятие также сопровождалось страхом и опасениями во многих кругах общества, тогда как в других кругах гордились этим. И когда сегодня мы приступаем, ретроспективно, к оценке эпох, которые миновали, то мы видим, что этот страх имел свою вполне обыкновенную причину – так же, впрочем, как и радость. Мы в определенном отношении были обогащены этими потоками, хотя, при этом, также и немало утратили из-за них.

Но, при этом, одно для нас несомненно: в отношении тех крайних групп, которые в прошлом примкнули к приспособлению и усвоению чужих идей без особых опасений, с банальным радостным оптимизмом и с чисто поверхностной гордостью, немногие из их потомков, весьма немногие участвуют ныне в нашей жизни и, в частности, в наших обременительных и священных трудах по восстановлению нашей Страны и возрождению нашего парода. Ибо большая часть потомков этих крайних групп исчезла, растворившись без остатка в других народах...

Только от тех, кто пребывал под надежной защитой наших внутренних твердынь Торы, признавая святость Торы и заповедей, от тех, кто получал от других, но при этом и давал свое – только от этих людей родились все творческие силы, которые верно служат сегодня нашему великому делу. Но эти люди воспринимали приспособление к еврейству заимствованных идей не только с радостью, но и с трепетом душевным.

Поэтому верны слова пророка: «Тогда увидишь и возрадуешься, и затрепещет и расширится сердце твое».

Ибо только трепет охраняет радость.

[...]

## ГЛАВА D-7

## ПРОБЛЕМА ОТНОШЕНИЯ К СОВРЕМЕННОМУ ПОКОЛЕНИЮ

*Ниже мы приводим несколько отрывков из различных книг р. Кука, иллюстрирующих его отношение к современному ему поколению «Второй Алии» – идеалистам построения Еврейского Государства, социальной справедливости и общечеловеческих ценностей, но отошедших при этом от Торы и от соблюдения заповедей.*

### 1. (Отрывок из письма)

...Мы должны с милосердием взирать на сынов нашего поколения, заблуждающихся в мыслях и действиях своих, мы должны поддерживать их всем, чем возможно, приближать их к Торе и иудаизму всеми добрыми путями, какие только существуют в мире. Я полагаю, что нам должна быть дорога каждая капля добра, которую мы получим от них, даже если нам не удастся достичь многого... Я полагаю, что в каждой еврейской душе есть искра святости, и когда еврея приближают к Торе с любовью, искра добра вспыхивает и разгорается в святое пламя... И в вопросе приближения нашего народа к Торе мы возлагаем надежды на всю нашу молодежь. Ибо когда они увидят, что связь между отцами и сыновьями расторгнута из-за ошибок, которые сыновья совершают, идя по путям своей жизни в потемках века, тогда в их сердцах вспыхнут чувства покаяния-возвращения, чувство же ведет к действию, а действие – к вере. Таков путь спасения душ и поколений. Да будет на то помощь Господа благословенного.

### 2. («Арфилей Тоhар» §283/стр.101)

Суть главного спора в наше время, когда увеличилось число сторонников распущенности и отказа от заповедей Торы, заключается в следующем: следует ли людям благочестивым, несущим знамя Господа, отделиться от тех, кто сбросил с себя бремя заповедей и никак не соприкасаться с ними; или же нам, наоборот, следует отдать предпочтение силе всеобщего единения. Разногласия возникли из-за общего упадка и потому, что еще не завершена работа по очищению основ характера народа, внешней стороны его души. Но процесс очищения продолжается. Спорящие стороны подобны двум женщинам, пришедшим судиться к царю Соломону, каждая их которых претендует на то, что она мать единственного живого ребенка (Цари I, 3:16-28). Слова царя Соломона «Раз обе претендуют на этого ребенка, то подайте мне меч и я разрублю его и дам каждой по половине» – это испытание, ведущее начало от Божественной мудрости, которой наделен царь Израиля. Женщина клевещущая (т.е. претендующая на чужого ребенка) требует: «Рубите!» В озлоблении своем выявляет она ненависть, переполняющую ее сердце, ее беспокоит одно: «Пусть же не будет ни мне, ни тебе, рубите». А милосердная мать, мать истинная, говорит: «Дайте ей ребенка этого, живого, и не умерщвляйте его» (ибо пусть он будет с другой, но останется живым). И Божественная истина (через царя Соломона) возглашает: «Отдайте ей живое дитя, ибо именно она его мать»

*Комментарий:* Иными словами, готовность даже «отдать» еврейский народ в руки «чужой женщины» (например, нерелигиозного сионистского движения), но не «делить» его, чтобы не убивать – показывает истинное материнство по отношению к нему. И именно такова позиция тех религиозных кругов, которые шли вместе с нерелигиозным сионизмом, несмотря на все его недостатки.

## 3. *(Отрывок из письма)*

...Но если Вы, подобно многим, полагаете, что следует оставить на произвол судьбы тех сыновей, которых бурное время увело в сторону от Торы и от веры, то я заявляю открыто, что такое решение не является путем, угодным Господу... «Соблазняющей рабыне» временно́го потока дана определенная власть перед тем, как она исчезнет, развеется, словно дым; она старается с помощью колдовства совратить и увлечь за собой наших молодых сыновей, и они подвергаются такому психологическому давлению, которое есть насилие в полном смысле этого слова, и не дай нам Бог судить за совершенное по принуждению, как за совершенное по доброй воле. Отсюда надежда на будущее. Душа святости Израиля таится в их сердцах в виде присущих им добрых свойств. Ведь зло (отрицание Торы) сумело овладеть их сердцами, лишь воспользовавшись их внутренним тяготением к добру и к милосердию. Когда им указывали на то (согласно их пониманию) беззаконие и ту несправедливость, которые властвуют в государственных системах [т.е. в области политической и социальной], то они становились борцами за общественные интересы [и также, поскольку они видели, как им казалось, несправедливость в подходе к жизни со стороны Торы и религиозной системы, они становились – из-за своего тяготения к добру – борцами с религией]. Следует понять, что их отрицание Торы имеет причину в том, что они глубоко заблуждаются, и поэтому их нельзя сравнивать с обычными грешниками, которые следуют за своими животными страстями и которым чужда всякая добрая цель. Если мы не будем бросать камни в этих споткнувшихся, но напротив, приблизим их к себе, насколько это в наших силах, тогда вместе с изменениями в потоке времени они осознают существенную ошибку, содержащуюся в идее, ради которой они покинули дом своей жизни, и тогда они будут готовы к возвращению и исправлению, а благодаря этому грядущие поколения станут весьма великими и возвышенными, верными величию Израиля и могучему свету Господа в нем.

*Комментарий:* В прежние времена люди отходили от Торы из-за своего стремления ко злу; в наше же время – из-за «соблазняющей рабыни временно́го потока», т.е. общемировой моды. По сути, это поколение отходит от Торы из-за неправильного представления об иудаизме (а не по злоумышлению), стремясь на самом деле к добру.

## 4. (Отрывок из письма)

...Главное в подходе к этим юношам теперь — это поддержать и укрепить в них любовь к народу, из которого они вышли... И благодаря пробуждению любви к народу разгорится искра веры и тяготения к святости, заложенная в глубинах их еврейской души, и совершится то, что сможет принести исцеление полного возвращения. Нельзя отчаиваться, терять надежду из-за отдельных поступков сынов святого народа, и нужно помнить, что «мирт, находящийся среди шипов, все равно остается миртом, и миртом следует называть его».

*Комментарий:* Очень важно укреплять чувство национального единства, национальной принадлежности, национальной ответственности. Это то чувство, которое близко сердцам нерелигиозного еврейства. А в дальнейшем через это возобновится в них собственная связь с национальной традицией, и через это они придут к Торе.

## 5. (Отрывок из письма)

...Я уже говорил неоднократно, что именно это поколение, кажущееся таким пустым и сбрасывающим с себя бремя заповедей, на самом деле оно больше других подготовлено к восприятию света истинного возвращения с любовью и святою силою... Поэтому мы должны привлекать всех людей этого поколения узами любви и милосердия (*хесед*), всеми силами держаться этого доброго пути Господа и не поддаваться влиянию тех [харедим], кто желает усилить сторону строгого правосудия, *гвура* [в соответствии с которой следовало бы, возможно, отдаляться от людей, не соблюдающих заповеди], даже если те, кто призывает к этому, сами по себе праведники и великие знатоки Торы. Ибо в нашем поколении, живущем в период обнаружения признаков приближающегося Избавления, восходит светило Авраама [т.е. проявление милосердия] и приводит Избавителя к сынам сыновей ради имени Его, с любовью. И на верующих в первую очередь возложен долг и заповедь обратиться душою и разумом к этому святому служению, к проявлению милосердия и любви ко всему, что носит имя Израиля [т.е. ко всем частям еврейского народа независимо от степени соблюдения ими предписаний Закона], устремиться к этому в молитве и в исполнении заповедей. И тогда свет Господа явится над добрыми и благочестивыми, над каждым по достоинствам его души, и через это возгорится свет святости и блага Господнего также и для всех отдаленных. И говорит пророк: «И в отдаленных странах вспомнят они обо Мне и будут жить с сыновьями своими, и возвратятся».

## 6. («Арфилей Тоhар» §15/стр.8)

Любовь к Израилю и выступление в качестве защитника общества в целом и его отдельных членов не являются исключительно неформальным эмоциональным побуждениям. Это важная область Учения, глубокая и обширная мудрость с многочисленными ветвями [законами и правилами], которые разрастаются и получают жизненные соки из росы и света милосердия.

> *Комментарий:* Т.е. недостаточно просто эмоционально «любить весь еврейский народ» и «защищать даже нерелигиозных»; но нужно понимать, каким образом все эти части народа действительно необходимы для его дальнейшей жизни и продвижения мессианского процесса, а это – очень большая и сложная область Учения.

## ГЛАВА D-8

## О ТШУВЕ ПОКОЛЕНИЯ

| | |
|---|---|
| Существуют четыре стадии, | ארבעת הפרקים, |
| которые поколение, | שהחינוך של הדור |
| отдалившееся от святости Торы, | שנתרחק מקדושתה של תורה, |
| должно пройти, | צריך שיתקרב |
| чтобы с их помощью | |
| приблизиться к источнику святости: | על ידם אל מקור הקדש, הם: |
| и это: | |
| (1) уважение к религии, | כבוד הדת, |
| (2) симпатия к религии, | חבת הדת, |
| (3) знание религии, | הכרת הדת, |
| (4) соблюдение религии. | וקיום הדת. |

*Комментарий:* Тшува – раскаяние, возвращение к Богу – является одним из базисных понятий иудаизма. В Еврейских источниках, начиная с Талмуда, подчеркивается, что тшува возможна для всякого, в любом положении, и что дорога для того, кто хочет приблизиться к Богу, всегда открыта. В данном отрывке, однако, рав Кук говорит о новом аспекте этого понятия – о Тшуве целого поколения, отошедшего от Торы, и о пути этого поколения к Богу.

А именно, рав Кук считает, что тшува всего народа в целом («Тшува поколения»), в отличие от тшувы отдельного человека, может происходить лишь в определенном порядке, включающем в себя четыре стадии, ни одна из которых при этом не должна быть пропущена; и далее он перечисляет эти стадии.

Таким образом, возвращение народа к религии начинается именно с уважения к религии, а не с непосредственно соблюдения конкретных заповедей. Последнее может (в массовом смысле) привести к тшуве лишь определенные, наиболее слабые и «влияемые» слои общества. Соответственно, попытки вернуть все общество в целом к тшуве, с помощью убеждения их в необходимости соблюдения заповедей, заранее обречены; начинать нужно с уважения к религии. Отметим также, что неуважение, а порой и презрение к религии является в современном обществе основной проблемой в отношении нерелигиозных людей к религии. Для того же, чтобы религию уважали, необходимо, чтобы она сама пересмотрела свое пренебрежительное отношение к некоторым современным аспектам жизни и культуры – науке, искусству, политической и общественной жизни, ибо неуважительное отношение ко всему этому вызывает только обратное неуважительное отношение значительной части общества к самой религии. Именно на возвращении чувства уважения к религии, на прохождение обществом этой, самой первой стадии необходимо направить наши усилия – для того чтобы начать процесс восхождения всего поколения к тшуве.

Поэтому неверно распространенное представление, согласно которому «религиозные должны приводить нерелигиозных к тшуве»; гораздо более правильным является подход «взаимной тшувы», в соответствии с которым: «мы совместно должны все делать тшуву; каждый в отношении своих недостатков».

# РАЗДЕЛ Е.

## ДОПОЛНИТЕЛЬНЫЕ КРИТИЧЕСКИЕ И АНАЛИТИЧЕСКИЕ СТАТЬИ ПО ФИЛОСОФИИ РАВА КУКА

## ГЛАВА Е-1

*Эзра Зусман*

## ГАЛАХА, ПОЭЗИЯ И ПРИРОДНАЯ НРАВСТВЕННОСТЬ ЧЕЛОВЕКА В УЧЕНИИ РАВА А.-И КУКА (*СОЧЕТАНИЕ ПРИВЕРЖЕННОСТИ ТРАДИЦИИ С ВАЖНОСТЬЮ СПОНТАННОГО ЭТИЧЕСКОГО ЧУВСТВА*)

*Перевод – Ф. Гурфинкель, журнал «Менора»*

*Эзра Зусман (1900 - 1976) был известным израильским поэтом, критиком, очеркистом и переводчиком. Многие годы он редактировал литературное приложение к газете «Давар» – изданию израильских социалистов. Он шел с рабочим и социалистическим движением Израиля, а потом отдалился от него. Данная заметка – одна из последних вещей, написанных Э. Зусманом, и она характерна не только для него самого, но как бы символизирует путь целого поколения, в начале которого – неприятие и отчужденность, вплоть до нежелания встречаться с равом Куком, а в конце – неизгладимое впечатление от поздней встречи с его трудами.*

У мудрецов Талмуда мы находим следующее высказывание о характере молитвы: рабби Шимон говорил: «Когда ты молишься, не делай молитвы твоей неизменной [т.е. рутинной], но да будет она мольбою к Господу [т.е. остро переживаемым непосредственным обращением к Богу] как сказано (Йоэль 2:13): "Он благ и милосерден, долготерпелив и многомилостив, и сожалеет о бедствии"; и не будь нечестивым перед самим собой» (Авот, гл. III) [иными словами, застойность противопоказана религии].

Имя рава А.-И. Кука, благословенна память его, упоминается довольно часто при обсуждении чисто религиозных проблем – например, как классический образец школы милости и послабления в галахических постановлениях. Но совсем немногие упоминают его как поэта, одного из величайших религиозных поэтов Израиля эпохи «Возвращения из рассеяния». Я сам познакомился с раввином-поэтом весьма поздно. И не отозвался в свое время на приглашение приятеля побывать у него в гостях. Всегда я казался себе неподготовленным.

До книг рава Кука я добирался долго и длинной дорогой. Как будто кто-то намеренно мешал мне, назло удлиняя путь и сбивая с прямой дороги на окольную. Я уж и в суеверие ударился. Лишь позднее все устроилось, и я жалею об опоздании. Не знаю, что изменило бы в моей жизни своевременное знакомство. Но сегодня богаче и доступнее стал для меня иудаизм по прочтении теологических и поэтических книг рава Кука. Его религиозная поэтическая мысль достигает подчас таких вершин, на которые ступали немногие и откуда просматривается вся горная цепь; но и с вершины чувствуется глубокая и пробуждающая бездна; и он, словно с высшей радостью, дышит ими обеими. И самыми темными глубинами, и вознесенными к прозрачному воздуху возвышенностями, к которым он ведет и сомневающихся, и скептиков, забытых Богом. Иногда, с отдыхом и привалами, он подводит их к высотам, затрудняющим дыхание; и он, мудрый, ведает это: подышали вершинами – теперь спустимся в долину, сойдем к более спокойной, более привычной местности. Человек способен на такой взлет души и духа. Способен на возвышение, на полное высвобождение, на приверженность Богу, и это не только через Галаху учености, но и силой обновленного созидания, силой задействования души и личности. Но великому в Галахе соответствует и великое в Агаде. Те дали, которые он восстанавливает перед собой, чтобы объять их крайности, вызывают изумление.

Он живет освященными символами и уподоблениями, древним идиоматическим учением тайн, но его язык — это новое творение, наделяющее его впечатления особыми, еще не употребленными, его собственными оборотами речи. То же и его синтаксис. Грешит он подчас против общепринятого грамматического синтаксиса, и попади его рукописи к придирчивому грамотею-редактору, тот бы наверняка изрядно попотел, чтобы «причесать» их и сгладить так называемые шероховатости. Местами его предложение течет, выходит из берегов, с исполинской силой держит свой неведомый путь, смывая все дорожные знаки, глубоко вдыхает на разветвлении русл, взмывает вертикально, докатываясь до вершинной точки, откуда виден весь искусный и расчетливый путь отважного путника. Редкие знаки препинания смущенно повествуют о долготерпении и могучем дыхании идущего.

Не тщусь я открыть нового поэта, это уже сделали до меня, я только хочу засвидетельствовать, рассказать о перечувствованном мною, моим духом и плотью. И всегда удивление и привкус восхищения: мудрец, религиозный поэт, такой верящий — как он попал в нашу эпоху? Как он смог сберечь высшую чистоту, безмятежность духа и при этом служить обществу, выносить решения и приговоры Галахи, ощущать время, в которое он жил, как «родовые схватки процесса мессианского освобождения» («*Итхалта ди-Геула*»), и, главное для меня, — остаться тем одним, который показывает многим, чем способен быть один верящий и видящий?

А если бы он жил несколько позже? Как бы он пережил Катастрофу, не спасовала бы его поэзия, не исчезла бы вовсе? Его любовь, любовь к Богу — не замутилась бы она? Или он стал бы по ту сторону преходящего и человеческого? Но ведь он всегда возвращается к жизни, к добру, к верным пропорциям во всем, будь то материальное или духовное... А верная пропорция в духовном – это наибольшая целостность, о которой говорят слова из молитвы «Шма»: «*бе-холь меодеха*» – «*всем своим существом*»... Но сколь велико наше удивление при чтении таких рациональных слов в час, когда понадобились они поэту – человеку Галахи и человеку Агады одновременно!

В предисловии к его книге «Огни святости» мы читаем: *Самое лучшее, чтобы усвоил человек простую естественную нравственность во всей ее широте, глубине и приверженности к Богу и заповедям, и сердцевинную чистоту простой веры со всеми ее свойствами по охвату и по глубине, и на этих двух качествах построил бы все верховные достоинства своего духа*. И сразу же после этого – уверенно, решительно и отважно, с ощущением правоты и истины – его высказывание по поводу схоластиков догмы слепого и глухого ригоризма: *Нельзя, чтобы Богобоязненность вытесняла природную, естественную нравственность человека, потому что тогда это уже не чистая Богобоязненность. Признак чистой Богобоязненности – это когда природная нравственность, заложенная в самой природе человека, восходит и поднимается на более высокие ступени, чем без нее. Но если человек полагает, что "естественная нравственность" есть нежелательное свойство [т.е. такая ситуация, когда "Богобоязненность подавляет естественную нравственность", и человек начинает этой нравственностью пренебрегать], то такая Богобоязненность является ложной и негодной*.

Итак, даже для великого в Богобоязненности, гения Галахи – существует неверная, негодная Богобоязненность. У кого-нибудь другого эти слова отдавали бы ересью, неверием, почти отрицанием Бога. Однако рав Кук говорит нам здесь, что есть более возвышенный, более определяющий критерий, чем Богобоязненность как самоцель, ради почитания Бога; и этот критерий – природная, естественная нравственность, вложенная в человека. И если эта естественная нравственность приходит в столкновение с Богобоязненностью – то у нравственности есть право такую Богобоязненность отвергнуть.

То положительное, что есть в этом неприятии, – это преимущество простой естественной нравственности, необходимой для высших степеней духа. Здесь провозглашен дерзкий в своей естественности принцип, принцип естественной природной нравственности. И ведь знает мудрец, что природа сама по себе, без человека – лишена нравственности. Но в человеке природная нравственность существует, и к ней-то и обращается рав Кук. Дело природы — весомо оно в этом учении, и нельзя отделять его от всеобщей, всеобъединяющей и всеосвящающей воли. Конечно, природа сама по себе лишена морали, и привнести в нее мораль может только человек. Однако есть в природе великие скрытые и глубокие силы, и человек не должен «воевать с ними» – но, наоборот, ему следует обустраиваться в них, воздвигаться из них, если только он сможет изучить их и возвеличиться, и освятиться в них: «*Мы должны воспринять у природы ее силу, ее крепость, ее точный порядок, ее постоянство и рвение, ее сдержанность и незыблемость позиций, открывающиеся в ее явлениях; но при этом нам следует освободиться от свойственных природе слепоты, дикости, подчиненности фактам, от ее определенности и отсутствия у нее высших ценностей. И вот тогда мы проходим достойно, вступаем на угодья Земли, наследуем неразмежеванные наделы, облачаемся в мощь и величие и радуемся будущему дню*».

## ГЛАВА E-2

*Реувен Файерман*

### АМБИВАЛЕНТНОЕ ОТНОШЕНИЕ К АТЕИЗМУ В КОНЦЕПЦИИ РАВА А.-И.КУКА

*(отрывок из статьи)*

1. Проблема «сырой» и «очищенной» веры
2. Величие бесконечного и отрицательные атрибуты Бога
3. Недопустимость конкретизации Бога
4. Негативное влияние примитивной формы веры; важность отрицания такой веры
5. Позитивная роль атеизма в улучшении наших представлений о Божественности

*[1. Проблема «сырой» и «очищенной» веры]*

Привычная нам схема взаимоотношений религии и атеизма считает эти концепции злейшими врагами друг друга, непримиримо отрицательно смотрящими один на другого. Однако, в учении р. Кука мы находим совершенно иную схему их взаимосвязи. В частности, в книге «Орот» (Раздел *Зироним* – «Семена», глава «Очищающие страдания») рав Кук пишет: *«Хаос, существующий в мире идей, происходит из-за тумана в представлении и мышлении о Божественном. Божественное же – бесконечное море, и все мысли, как абстрактные, так и практические, вытекают из него и возвращаются к нему».*

Туман в представлениях, о котором говорит рав Кук, не выступает чем-то просто недоработанным или недостаточно понятным, а является интегральной частью человеческого мышления о Боге. Ведь наш мозг не обладает чистой способностью постигать, но лишь обрабатывает информацию, данную ему органами чувств, и на основании этой информации разум делает определенные выводы, создавая тем самым некую картину мира. При этом и наш разум и, тем более, наши органы чувств, являются ограниченными по своей сути. Следовательно, все наше понимание окружающего мира заведомо неполно, и может быть верным только до определенной степени. Тем более нам трудно понимать Божественное. Это и есть тот «туман мышления», о котором говорит рав Кук. Он пишет так: *«Необходимо очищать мышление, чтобы оно становилось более ясным, чтобы оно преодолевало ложные фантазии (зачастую относимые нами к Богу), беспричинные страхи и неправильные определения.*

*Божественная вера обогащает людей [не сама по себе, как некритическая вера, но] исключительно в соответствии с тем, что Величие Творца исследуется, изучается и обдумывается человеком всеми силами, подходящими для этого. Тогда светится душа высшим светом, путем присоединения с любовью и совершенным разумом к источнику жизни, и тогда все ощущения, идеи и действия утончаются. А по мере очищения этой основы основ в глубинах души – возрастает чрезвычайно действие, которое совершает Божественное присоединение в чувстве и ощущении сердца: вести весь жизненный путь по прямой дороге».*

Итак, согласно раву Куку, вера в сыром виде, т.е. не очищенная, не изученная и не исследованная самим ее носителем, сама по себе, может не только не обогащать человека, но и иметь отрицательное действие на людей, если воспринимается ими некритически.

### [2. Величие бесконечного и «отрицательные атрибуты» Бога]

В другом месте рав Кук пишет: *«Основа веры – в совершенном величии бесконечного, в осознании того, что все воспринимаемое сердцем есть лишь ничтожная искорка по отношению к тому, что должно быть предположено о Божественном; а то, что должно быть предположено, – есть совершенное ничто по отношению к тому, что это бесконечное есть на самом деле».*

Хорошо известно, что философия иудаизма, рассматривая вопрос о вере, подчеркивает во многих местах идею об «отрицательных атрибутах» Бога. Идея эта состоит в том, что поскольку ограниченное (т.е. человеческое) существо неспособно адекватно воспринять бесконечное, т.е. Божественное – то поэтому ничего «позитивного» (утверждающего, описывающего) о Боге мы сформулировать не можем, т.к. любое такое наше высказывание будет неправильным. Но поскольку у нас есть необходимость осознавать свои отношения с Богом, – и, значит, высказаться о нашем, человека ОТНОШЕНИИ к бесконечному, - то мы в нашем языке употребляем понятия в позитивном виде, хотя на самом деле их смысл в отрицании негативного. Так, например, когда мы говорим, что «Творец Велик» – то это надо понимать только лишь в том смысле, что Он не является малым; или же когда мы говорим, что «Он Всемогущ» – то это только в смысле «отрицания бессилия». На самом же деле все слова по отношению к Творцу бессмысленны, так же как в примере, который приводит нам в своей книге р. Иеhуда Галеви: камень не является глупым, так же как и умным. Другими словами, эти качества, неприменимые к камню, находящемуся гораздо «ниже» нас – они неприменимы также и к Бесконечному, которое гораздо «выше нас». Эта идея и выражается здесь равом Куком в словах о «ничтожной искре». Наши представления о Боге ничтожны по отношению даже не к сути Творца, а уже к пророческому видению (названному здесь: *«То, что должно быть предположено о Божественном»*). И хотя здесь подчеркивается ничтожность искры, она, тем не менее, имеет некоторое отношение к максимальной возможности человеческого постижения – пророчеству; хотя пророчество пренебрежимо мало, но все же оно имеет отношение к следующему этапу: то, что оно (бесконечное) есть воистину. Рав Кук подчеркивает, что *«все высказываемое нами о проявлении бесконечного или Божественного в мире – все это имеет в виду не саму Божественность, а лишь стремление в глубинах нашей человеческой души выйти за пределы сущего. Также Имена и называния Бога на иврите (или других языках) дают лишь тусклую искорку скрытого света, к которому душа льнет и говорит о нем: "Бог..."»*

### [3. Недопустимость конкретизации Бога]

Почему рав Кук так настойчиво подчеркивает невозможность непосредственного восприятия Творца? Здесь мы должны вспомнить, что одним из отличий иудаизма от других религий является полное ОТСУТСТВИЕ в нем какой-либо КОНКРЕТИЗАЦИИ образа БОГА. Любая, даже самая тонкая претензия на нечто конкретное воспринимается еврейским сознанием не только как «ошибка» или «неточность», но как элемент идолопоклонства, как грех. В еврейской философской мысли история Золотого Тельца рассматривается не как служение «иным богам», что являлось бы чистым язычеством, но лишь как попытка конкретизировать веру в Единого Бога в некоем символе – и уже это явилось страшным грехом!

*«Любое ОПРЕДЕЛЕНИЕ в Божественном, – пишет рав Кук, – в конце концов приведет к протесту против веры, к активному атеизму»*. Причем, здесь имеется в виду не простое неверие, «а-теизм», а активное противодействие вере – (которое можно было бы назвать «анти-теизм»).

Один из важнейших еврейских принципов гласит, что все силы, идеи, явления в мире происходят из одного Источника, и, следовательно, имеют определенную функцию, в конечном итоге служащую Божественной цели. Атеизм в его активном выражении – «антитеизм» – также действует в рамках этого принципа, и результатом его влияния является освобождение Божественной идеи от конкретного позитивистского подхода, который в конечном итоге ведет к язычеству.

*«Определение (и, тем самым, ограничение) Божественности уже само по себе является как бы духовным язычеством. Даже такие определения, как "Высший Разум", "Мировая Воля" и даже "Божество само" и даже слово "Бог" – тоже являются в каком-то смысле ограничивающими определениями; и если бы не было того высшего знания (о том, что все это не что иное, как свечение искр от того, что выше любого определения), то они (понятия Разум, Воля, Бог) также приводили бы к атеизму».*

В чем сущностная необходимость, внутренняя причина того, что определение Божественной сущности несет в себе элемент идолопоклонства, и, следовательно, ведет (в качестве реакции на него) к антитеизму? Причина этого в том, что любое определение или формулировка, любая конкретизация Бесконечного неотвратимо ограничивают Бесконечное, не отражают Его истинной сущности. В каком-то смысле это создает «карикатуру на Бога». Вот эта искаженная Бесконечность и требует своего очищения, а функцию неприятия «карикатуры на Бога» как раз и исполняет атеизм.

Идея отрицательного в восприятии Божественных атрибутов является необычайно важной в философии иудаизма вообще, и она, в частности, является фундаментом в «осознании амбивалентной роли атеизма» в учении рава Кука.

Рамбам (Маймонид) в своем фундаментальном труде «Морэ невухим» («Путеводитель заблудших»), одном из самых знаменитых произведений еврейской философской мысли, отвечает на вопрос о пути постижения Творца и отношении человека к Создателю следующим образом:

«Поэтому ты не должен излагать ни в коем смысле "атрибуты Бога" утвердительным путем... Относительно других описаний Бога, которые встречаются в книгах пророков, – это "атрибуты действия" или то, что они указывают на отрицание их отсутствия в Боге.

Все, что сказано в Еврейской Библии о Творце, подразумевает одно из двух: либо это описание Его действий, которые человек может воспринять, такие как: "Судья", "Милосердный", "Творец"; либо же это нечто, отрицающее отсутствие того или иного качества. Например, "Всесильный" говорится в том смысле, что "Он не слаб", или "Великий" в смысле "Он не мал". О самой же сути Всевышнего ничего сказать нельзя, т.к. она является непостижимой».

### [4. Негативное влияние примитивной формы веры; важность отрицания такой веры]

Философия иудаизма отрицает возможность прямого непосредственного восприятия и описания человеком сущности Бога, и подчеркивает необходимость опосредованного отношения, выраженного в использовании атрибутов Его действия, или же в «отрицательном описании» Его качеств. Когда же человек забывает этот принцип, то его понятия о Божественном затемняются и искажаются. Остается лишь, как говорит об этом рав Кук, *«представление о некой огромной силе, от которой невозможно спрятаться и спастись, и поэтому ничего не остается, кроме как подчиниться и быть порабощенным ею»*. Подчинившись же такой Силе, человек теряет свою независимость и отблеск своего внутреннего «Я». Божественная мощь представляется тогда в темных фантазиях человека как нечто смутное, обманчиво-расплывчатое, грозное и пугающее каждого, кто в это верит, угнетающее его душу и отупляющее его сердце. Каждый человек, обладающий утонченной душой, непременно отвернет свой взор от такой силы, затемняющей его личность. Отвержение этой силы и есть суть атеизма в наши дни.

### [5. Позитивная роль атеизма в улучшении наших представлений о Божественности]

*«Душевная неотесанность, проявляющаяся в представлении, будто Божественное выражается в словах в их буквальном понимании – она оскорбляет человечество; и тогда атеизм выступает как крик души от боли за человека, как желание вызволить его из чуждой, узкой ямы, вознести его из темницы просто слов к свету мысли и чувства»* [Орот, Зироним, стр. 126]. Ведь если понимать пророческие тексты буквально, то возникает не только неверное, но и карикатурно искаженное представление о Божественном. Человек, находящийся на высокой ступени развития, не может примириться с такой примитивной картиной Божественного, и поэтому он не только не согласен с ней, но и отвергает ее со всей решительностью. Таким образом, у атеизма есть (временная) религиозно позитивная роль, т.к. он должен очистить ту грязь, которая прилипла к вере из-за «отсутствия духовной работы и мысли». Духовной работой и мыслью рав Кук называет интеллектуальную и духовную деятельность, направленную на постоянное (т.к. это отнюдь не «одноразовый») процесс) очищение представлений человека о сущности Творца, на освобождение нашего мышления от каких бы то ни было определенных идей о форме Его сущности. Конкретизация в восприятии Божественного, «позитивное определение» Его сущности

является весьма большим злом, и в противовес ему тонко чувствующие души выбирают меньшее зло – атеизм.

Итак, суть атеизма – это борьба с примитивными представлениями о Боге, – при том, что на практике атеизм принимает форму такого явления культуры, которое направлено на выкорчевывание даже упоминания о религии и вообще о чем-либо Божественном. Не соглашаясь, разумеется, с этими атеистическими установками, мы при этом должны помнить, что религиозное призвание радикального атеизма состоит в том, чтобы очистить культуру от ложного непосредственного представления о Божественной сущности. В результате борьбы этих двух (самих по себе очень односторонних и потому неправильных!) противоположностей – «конкретизации сущности Бога» с одной стороны и всеотрицающего нигилистического атеизма – с другой, человечество сможет приблизиться к чистоте мысли о Всевышнем, которая будет освещена знанием, возвышающим людей к высшему идеалу. Корень атеизма – исправление низкого и испорченного мнения о Божественном. Это касается также и того разрушения, которое принес атеизм в этот мир. Ведь все должно быть подвержено возвышению. От эпохи к эпохе происходит процесс очищения идеи веры в Бога от «затемнения», являющегося следствием конкретизации. И каждый раз, в каждую эпоху, когда отпадает тот или иной пласт конкретного в отношении к Творцу, зачастую создается впечатление, что падает и сама вера. Но позже оказывается, что это не падение веры, а напротив, ее очищение и возвышение.

[См. об этом также выше, раздел D-1, 120 ]

## ГЛАВА Е-3

### Рав Яаков Фильбер
### ТЕРПИМОСТЬ И РЕЛИГИОЗНЫЙ ПЛЮРАЛИЗМ ВНУТРИ ИУДАИЗМА
*Глава из книги «Святость и царство»*

*(Рав Яаков Фильбер – один из старейших преподавателей иешивы «Мерказ hа-Рав», исследователь учения рава Кука. В своей книге «Святость и Царство» он представляет некоторые элементы учения р. Кука для широкого читателя)*

1. Мудрецы Торы как щитоносцы
2. Исчезновение правды вследствие ее распада на отдельные школы
3. Все праведники, все направления – на равном расстоянии от Бога
4. Примирение достигается не одинаковостью, а единством разнообразия
5. Проблема терпимости по отношению к грешникам, история с рабби Меиром
6. Терпимость ко мнениям, противоречащим Торе
7. Терпимость к грешникам должны проявлять те, кто умеет различить добро внутри зла
8. Вера критически важна для физического существования еврейского народа
9. Терпимость исходя из мудрости, а не из слабости
10. Терпимость при сохранении различий, а не сглаживание противоречий
11. Терпимость необходима, ибо единство народа будет достигнуто через кризисы

Проблема терпимости, то есть вопрос о том, до какой степени следует считаться с мнением других и особенно с мнениями, совершенно отличными от наших – одна из наиболее серьезных проблем израильской действительности. В этой статье мы приведем некоторые высказывания наших учителей по данному вопросу.

### [1. Мудрецы Торы как щитоносцы]

Когда один из учеников рабана Гамлиэля спросил своего учителя о его расхождении с рабби Иеhошуа по вопросу о статусе вечерней молитвы, ответил рабан Гамлиэль: «Подожди, пока не войдут щитоносцы в Бейт hа-Мидраш (Дом Учения)». Талмуд продолжает этот рассказ так: И когда вошли щитоносцы, встал ученик и спросил: «Вечерняя молитва – обязательна или всего лишь желательна?» Далее Талмуд поясняет: «Щитоносцы» – это мудрецы, ведущие галахический поединок. Таким образом, согласно этому отрывку следует рассматривать изучающих Тору в качестве бойцов. Почему же из всех видов «оружия» избрал для них р. Гамлиэль в своем высказывании именно щит – оружие оборонительное, а не, скажем, меч или копье? Ответ на этот вопрос мы находим в к книге рава Кука «Эйн Айя» (представляющей собой комментарии к агадическим отрывкам из Талмуда), где он следующим образом проводит различие между войной наступательной и войной оборонительной: назначение войны наступательной – победить противника, захватить власть над ним или даже его уничтожить, тогда как цель войны оборонительной – не поразить противника, а лишь выстоять самому. Это различие адекватным образом проводится как в отношении войны физической, так и войны культурно-духовной. Против идей зла следует ввести войну наступательную, чтобы те своим ядом не отравили человеческое общество. Эта стратегия, однако, ни в коем случае не применима к войне разных мнений внутри мира Торы, поскольку мнения оппонентов в ней – суть слова Бога живого, и потому каждая из сторон защищает лишь свой собственный путь к ОБЩЕЙ для обеих Истине. Поэтому столкновения по вопросам Торы должны носить исключительно оборонительный характер. Аргументы сторон должны быть направлены на поддержку своей точки зрения, но не следует забывать, что и мнение оппонента также основывается на словах Торы, и потому оно тоже является частью истины, вытекающей из священного источника, и не следует наносить удар по нему или тем более пытаться уничтожить его мнение. Вследствие всех вышеупомянутых причин дискутирующие Мудрецы Торы называются здесь «щитоносцами».

*[2. Исчезновение правды вследствие ее распада на отдельные школы]*

В этих словах рава Кука мы находим призыв к терпимости в среде изучающих Тору – терпимости, которая особенно требуется в наше время, когда тяжелые слова из сказанные Исайей (59:15) «И исчезнет (*"нээдерет"*) правда» – воистину стали пророческим. Талмуд (Санhедрин 97 а) объясняет, что это высказывание имеет в виду не полное исчезновение правды, а ее распад на отдельные элементы: правда разделится на «стада» и поэтому пропадет. (Слово «стада» – «*эдерим*» – имеет в иврите общий корень со словом «исчезать», таким образом, *«нээдерет»* может быть понято как «разделиться на отдельные группы, стада» ). Иными словами, это ситуация, когда каждый Бейт-Мидраш, каждая школа в иудаизме примет в свое лоно лишь часть Учения, и в то же время пренебрежет другими его аспектами, разрабатываемыми другими школами. И результатом этого «разделения на стада» является то, что Учение, которое в неполном виде не может существовать самостоятельно, исчезает.

*[3. Все праведники, все направления – на равном расстоянии от Бога]*

Аргументы против взаимного пренебрежения разными школами друг другом мы находим, например, в письмах Хафец Хаима. Цитируя талмудическое высказывание «И устроит Всевышний хоровод мудрецов, а Он сидит среди них, и каждый из мудрецов указует, говоря: И было в тот день, и уповали мы на Создателя, и спас Он нас, и возрадовались мы во спасении своем», – Хафец Хаим комментирует его следующим образом: Если мы проведем круг, то расстояние от каждой точки на окружности до центра круга одинаково. Точно также существует множество путей служения Создателю, и если мы стремимся к Нему с чистым сердцем, тогда все дороги, по сути, одинаковы. И если устроит Бог хоровод праведников, и Он в его центре, а праведники по окружности, и каждый укажет пальцем, говоря: «Вот Он, Бог наш», – то со всех сторон расстояние до Него будет одинаково.

Из этих слов Хафец Хаима мы учим, что те праведники и даже целые школы, которые считают, что именно они являются единственно истинными, что они особенно приближены к Пресвятому – они в будущем, когда устроит Создатель хоровод праведников, обнаружат, что не в одиночку стоят напротив Шехины (Божественного присутствия), а в одном кругу вместе с другими праведниками – при том, что в центре круга находится Всевышний. И хотя различные праведники находятся на разных точках этой окружности, то есть служат Создателю с разных позиций – все точки являются частью большого круга и все стоящие на нем находятся на равном расстоянии от Создателя. Таким образом, единство всех подходов будет реализовано лишь тогда, когда каждый со своего места провозгласит: «Вот он, Бог, на Которого уповаем мы», – то есть осознает, что главное для него – это стремление к служению Божественному в мире.

Эта идея Хафец Хаима о единстве различных школ в иудаизме, несмотря на противоречия между ними, проявляется в письме рава Кука к раву Пинхасу hа-Коhену Линтпу: *«Вот вы отмечаете в Ваших письмах, что существует нечто, разделяющее нас в самой основе* наших мнений. А мне так и не удалось найти это нечто. Я лишь нахожу второстепенные противоречия, связанные больше с подачей материала, но ни в коем случае не с сутью основной канвы. Я предполагаю, что каждый из нас обрабатывает определенную стезю Божественного виноградника, и потому наши воззрения отличаются друг от друга по стилю. Но если внимательно присмотреться, то обнаружится, что обрабатываем мы один и тот же виноградник».

### [4. Примирение достигается не одинаковостью, а единством разнообразия и столкновением мнений]

Комментируя (в своей книге «Эйн Айя») слова Талмуда «Мудрецы приумножают мир среди людей» – рав Кук объясняет, что ошибаются некоторые, думая, что мир достигается единством во мнениях или, по крайней мере, тем, что один человек не спорит с подходом другого. Те, кто считают так – и видят, что Мудрецы, изучающие Тору, не только умножают подходы и системы, но и спорят между собой, не соглашаясь с подходом другого – приходят к выводу, что мудрецы усиливают разногласия и тем самым отдаляют мир. В действительности же истинного мира мнений невозможно достичь чисто «соглашательским путем». Для достижения мира надо, чтобы все подходы и все системы в Учении столкнулись одна с другой, чтобы таким образом было найдено место для каждой из них по ее значимости и содержанию.

### [5. Проблема терпимости по отношению к грешникам, история с рабби Меиром]

Итак, терпимость к другим школам в Учении необходима для достижения полноты Учения.

Однако этот аспект терпимости, подразумевающий ее лишь в отношении изучения Торы и для изучающих Тору, дабы они прислушивались ко мнению друг друга – относительно прост, и нет надобности приводить дополнительные аргументы в его поддержку. Гораздо сложнее проблема терпимости по отношению к людям, не разделяющим веру сынов Израилевых, к людям, чуждым образу жизни Торы. До какой степени следует относиться к ним с терпением и пониманием к их подходу?

В трактате «Брахот» Талмуд рассказывает о хулиганах, проживавших в квартале рабби Меира, не поддававшихся успокоению и причинявших ему и всем окружающим массу огорчений. Рабби Меир отчаялся и даже стал просить у Создателя их смерти. Услышав его мольбы, сказала жена его Брурия: «Что скажешь ты по поводу слов Писания: "И исчезнут грехи"? Ведь не сказано там:

"И истребятся грешники"? А после этого Писание говорит: "И нет более злодеев". То есть, поскольку исчезли злодеяния, то и не стало больше грешников. Потому проси лучше у Создателя не смерти этих людей, но чтобы исправились они и оставили свои грехи». И сделал рабби Меир так, и действительно злодеи эти раскаялись и исправились.

Рав Кук объясняет суть спора рабби Меира и жены его Брурии следующим образом. Человек обладает свободным выбором, и нет внешней силы, которая однозначно заставляла бы его совершить злодейство или праведный поступок, как сказано об этом у мудрецов: «Все в руках Неба, кроме страха перед Небом». (Иными словами Бог не принуждает человека выбрать добро или зло, оставляя ему в этом вопросе свободу выбора.) Вместе с тем мы знаем, что хотя и есть у человека свободный выбор, но если все-таки захочет он пойти по пути праведности, то получит помощь от Создателя, как сказано мудрецами: «Приходящий очиститься да получит помощь», – но только в том случае, если человек сам является инициатором этого действия. И потому, считая, что злодеи порочны в самом основании своем, и не видя у них никаких, даже малейших признаков желания исправиться, пришел р.Меир к выводу о нецелесообразности просьбы о направленном Свыше исправлении злодеев, потому как не может (ибо не хочет) Создатель заставить человека изменить свой свободный выбор, ибо наличие свободы выбора является основополагающим принципом, необходимым для существования мира. Брурия же, в отличие от мужа, считала, что не существует такого злодея, в глубине души которого не таилось бы желание исправиться и совершать добрые поступки. Лишь страсть ко злу как бы «насильно» уводит его в сторону; и потому злодейство злодея – это прежде всего его собственное личное несчастье, его неспособность справиться со своими страстями. И поэтому даже на самой последней стадии падения не может сложиться такая ситуация, при которой нравственное наставление мудреца было бы совершенно бессмысленным и совершенно не могло бы оказать на злодея своего живительного отрезвляющего воздействия. По этой причине Брурия считала, что не стоит прекращать просить заступничества у Неба за злодеев, ибо, даже если сейчас они полностью погрязли в злодействе, они смогут найти в себе силы вернуться на правильный путь. Это мировоззрение Брурии базируется на представлении о том, что Бог сотворил человеческую душу чистой и праведной, и что человек не сможет, даже если пожелает, окончательно испортить данную ему изначально праведную натуру. И потому забота о душе людей, идущих по пути зла, должна носить характер заботы о больных, немощных, неспособных помочь самим себе.

### [6. Терпимость к мнениям, противоречащим Торе]

Итак, мы рассмотрели дополнительный аспект терпимости, терпимости по отношению к грешникам. Какое же отношение должно быть ко мнениям подобных людей? Стоит ли вообще обращать на них внимание, выделяя некий положительный заряд, который они несут, и отделяя его от их общего отрицательного фона? В книге «Мидот Раайя» (в разделе «Терпимость») рав Кук пишет: «*Терпимость к чужим мнениям, идущая от чистого сердца, приводит не к тушению огня праведных чувств в простой вере, источнике сил - а, наоборот, способствует расширению и увеличению радости служения Богу. Настоящая терпимость зиждется на вере в то, что не способна человеческая душа полностью лишиться своего светлого содержания, потому что Божественное наполняет всю нашу жизнь. Потому даже в тех сферах жизни, где существуют неприглядные явления и где зло выходит на поверхность, – даже и там незримо присутствует потенциал возвращения к святости, которую можно найти даже и у человека, отказавшегося от исполнения заповедей и ушедшего от путей Бога.. Осознание того, что и в глубине тьмы присутствует свет святости, придает нам уверенность в том, что не существует совершенно безвыходных ситуаций. Это и есть терпимость – взглянуть на происходящее с милосердием и попытаться спасти от порчи и зла все то хорошее, что лежит на дне даже испорченного человеческого характера. Обоснованием этого мнения служат слова пророка Михи, который на фразу "человек лжив и испорчен" отвечает пророчеством: "Соберу я всего Яакова, и также отбившихся от Яакова, и составлю из них стан один"*».

Итак, мы заключаем, что настоящая терпимость основывается на вере в то, что во всяком человеке таится искра святости, и предназначение настоящей терпимости – раскрыть эту искру добра даже и в испорченных людях, и даже в идеологии, которую они исповедуют.

Идею целесообразности извлечения искры добра из глубины душ злодеев находим мы также и в книге Тания (содержащей основы философии хасидского движения Хабад). Там это сформулировано следующим образом: «Существуют как заповедь ненависти к тем, кто отдалился от Бога, так и заповедь любви к этим людям, и эти две заповеди не противоречат друг другу, ибо заповедано ненавидеть испорченную сторону их натуры, и при этом любить дающую им жизнь Божественную искру, которая непременно спрятана в глубине их души. Они достойны также жалости, поскольку пребывают в духовном изгнании. Свойство же милосердия – уничтожать ненависть и пробуждать любовь.»

### [7. Терпимость к грешникам должны проявлять те, кто умеет различить добро внутри зла]

Как мы видим, терпимость даже к грешникам необходима, но должен ли проявлять ее каждый человек, и желательна ли она во всех случаях? В одном из своих посланий рав Кук рассматривает и этот вопрос следующим образом: *«Те, кто не обладает способностью отличить скрытые внутри грешников добрые качества от их тронутых порчей внешних качеств, окружающих душу грешника подобно шипам, окружающим розу, – тот и сам может подвергнуться порче. А потому такой человек должен уклониться от общения с грешником. Но Мудрецы Торы, которые способны отличить испорченный характер грешника от его праведного основания, обязаны стремиться к общению с грешниками, чтобы разбудить в них то доброе начало, которое скрыто в них».*

### [8. Вера критически важна для физического существования еврейского народа, поэтому надо бороться против ее ослабления]

Рав Кук также отмечает в своем послании, что при обсуждении проблемы терпимости мы всегда должны также помнить, что народ Израиля отличается от других народов – тем, что его физическое и национальное существование напрямую зависит от жизненной силы его религиозной веры, то есть даже и физическое существование евреев непосредственно зависит от их связи с Создателем. И потому тот, кто своим учением, а тем более своими действиями стремится к ослаблению веры, живительной для народа – тот является, по сути, национальным преступником и угрожает самому существованию народа. Такое действие несет в себе непосредственную опасность, и поэтому имеется обоснованный подход, гласящий, что по отношению ко мнениям такого человека не должно быть терпимости. Однако, с другой стороны, нам следует учесть, что и сама вера у религиозных людей может быть искривлена, и поэтому протест против искривления веры может принимать форму «борьбы с религией» в принципе. Такой атеизм приносит, в текущем плане, много ущерба и огорчения – но в длительной перспективе он помогает исправлению самой веры. Эта тема, очень обширная и сложная, остается за рамками данного обсуждения.

### [9. Терпимость исходя из мудрости, а не из слабости]

В другом своем послании рав Кук пишет: *«Терпимость является животворным источником, но только в том случае, если фундаментом ее служит четкое понимание как сущности национальной жизни, так и души грешника. Но если источником терпимости является слабоволие и мягкосердечие, она становится одурманивающим и убивающим наркотиком, несмотря на то, что обладающие этими отрицательными душевными качествами будут оправдывать свои поступки соображениями терпимости».*

Таким образом, рав Кук различает «положительную» и «отрицательную» терпимость. Когда мы приходим к пониманию сущности еврейского народа, его духа, чудесности его существования, то понимаем, что терпимость, вытекающая из слабоволия, губительна для национальной жизни народа, что она вносит в эту жизнь хаос и уничтожает ее. Эта слабовольная терпимость напоминает терпимость человека, пассивно наблюдающего за тем, как втаптывают в грязь достоинство и честь его дома и семьи, а он «терпимо» стоит в нерешительности и ничего не предпринимает.

При этом рав Кук предупреждает о сложности обсуждаемой темы вообще и, в частности, о сложности определения границ между видами терпимости. Поэтому, по его мнению, существует необходимость наглядно иллюстрировать эти положения конкретными примерами правильного поведения согласно перечисленным им правилам.

### [10. Терпимость при сохранении различий, а не сглаживание противоречий]

В своих статьях рав Кук проводит также различие между терпимостью истинной и терпимостью искусственной. Он утверждает, что является грубой ошибкой так называемая «искусственная терпимость», стремящаяся затушевать противоречия между людьми и пренебрегающая существующими в обществе конфликтами. Искусственная терпимость способна в лучшем случае лишь временно успокоить бушующие страсти, привести к тому или иному компромиссу, но никогда не сможет связать воедино сердца, не сможет достичь синтеза. Разногласия естественны и нормальны для здорового человеческого сообщества. Талмуд подчеркивает: «Как не бывает двух тождественных лиц, так не бывает и двух тождественных мнений». Назначение истинной терпимости в том, чтобы существующие разногласия не воевали между собой с целью уничтожить друг друга, но чтобы они образовывали мозаику, единую общую картину, в которой каждый цвет необходим.

ГЛАВА Е-3. *Некоторые аспекты религиозной терпимости...*

Однако не дай Бог, чтобы терпимость стала причиной душевной лености, и чтобы в результате ее влияния человек перестал бы бороться со злом и его идеологическим проявлением. Настоящая терпимость – порождение всестороннего еврейского образования, умения выделить компонент добра и отделить его от зла. В то же время невежество, наоборот, может привести к результатам негативным: или же к искусственной терпимости и душевной лени, которая согласна примирится со всем и вся, – или же, у людей противоположного психологического склада, к слепому фанатизму и беспричинной ненависти. Поэтому, согласно раву Куку, правильный путь к приобретению истинной терпимости пролегает через надлежащее изучение Торы в разнообразных ее аспектах и наше углубление в основы человеческого поведения. Пройдя этот путь, мы приобретаем терпимость животворную, способную исцелять пострадавшие души и бороться с проявлениями зла.

### [11. Терпимость необходима, ибо единство народа будет достигнуто через кризисы]

О важности терпимости рав Кук пишет своему брату так: *«Дорогой Шмуэль, даже если в устах наших слова правильные, исполненные чистой веры – то это само по себе еще не является достаточным, и нам надо расширять свой кругозор, чтобы понять людей, идущих иными путями, далекими от наших. Нельзя забывать, что во всех идейных войнах не бывает абсолютных злодеев и абсолютных праведников. Все стороны имеют свои достоинства, и все они заслуживают также и нелицеприятной критики. Даже если мы без устали будем воевать за близкие нашему духу идеалы, никогда не следует нам забывать, что также и у мнений, отличных от наших, есть свое предназначение на земле, ибо не сотворил Создатель ничего лишнего. И понимание этого, хоть и не отвратит нас от нашей борьбы за святость, за дорогую нам истину, все же поможет нам не попасться на крючок фанатизма и мелочности. И будут души наши полны храбрости, спокойствия и веры в Бога истинного, Который не оставит верных Ему. И в любой ситуации, в которой ты окажешься, старайся успокоить страсти, обуздать гордыню, как полагается людям мудрым и честным, знающим цели свои и отдающим себе отчет в ограничениях своих».*

В другом месте, в послании к сыну рав Кук пишет: *«Наличие настоящего знания у человека напрямую зависит от наличия в нем праведности. Если душа человека наполнена праведностью, то все дурное, пристающее к нему, отпадет от него, подобно осадку. От соприкосновения его со всеми сторонами жизни останется в душе его лишь чистое и доброе, которое находит он даже в глубине самого порочного».*

В своей книге «Орот hа-Тшува» рав Кук формулирует эту проблему следующим образом: «*Влияние плохого на многих из нашего народа заставило их блуждать на духовной чужбине, что хотя и весьма прискорбно, но, в конечном счете, приведет к пониманию значения терпимости. На этом печальном примере не нашедших себя людей мы сможем уяснить значение настоящих знаний и чувства, вкуса к жизни, видения мира и страсти к национальному возрождению, стремления к исправлению собственных душевных недостатков и ценности сил физических, стремления к порядку и воспитанности наряду с наличием неприятия всего извращенного и мерзкого, и преданностью всему дорогому нам. Задействуя все эти качества как единое целое, вместе с внутренним рвением, мы сможем придти к постижению Высшего Добра*».

## ГЛАВА Е-4

*Пинхас Полонский*

## НЕКОТОРЫЕ ИДЕИ Р.КУКА К ПРАЗДНИКУ ПЕСАХ: СВЯЗЬ МЕЖДУ ВЫХОДОМ НА СВОБОДУ И УНИЧТОЖЕНИЕМ ХАМЕЦА

1. Связь между выходом на свободу и уничтожением хамеца
2. *Йецер hа-ра* («дурное побуждение») является созидающей силой
3. Хамец символизирует йецер hа-ра и поэтому иногда требует устранения
4. Физическая и духовная свобода: на уровне личности и народа

### 1. Связь между выходом на свободу и уничтожением хамеца

В празднике Песах мы находим две основные переплетающиеся темы: освобождение из рабства и уничтожение хамеца (хлеба и других продуктов брожения зерна). Существует ли сущностная связь между двумя этими аспектами праздника? На первый взгляд представляется, что эти понятия из совершенно разных областей жизни: уничтожение хамеца кажется нам действием символическим, «чисто религиозным», а выход на свободу из Египетского рабства, наоборот, представляется социально-духовной революцией, установившей центральную роль свободы во всей последующей истории человечества.

Еврейская традиция, однако, устанавливает связь между этими двумя вещами; рав А.-И. Кук показывает ее нам через структурную параллельность двух видов свободы. Первый вид свободы – это свобода физическая, свобода тела от любого внешнего порабощения, свобода души править телом. Не следует думать, что этот вид свободы мало важен с духовной точки зрения. Напротив, физическая свобода человека имеет также и духовную ценность, потому что внешнее угнетение принижает Богоподобность человека, его ценность и величие, красоту и святость. На национальном уровне эту свободу мы получили, избавившись от притеснения египтянами, и физическое освобождение из рабства является, конечно, важнейшей частью празднования Песаха.

Однако, есть и второй вид свободы: это свобода Божественного Начала, «Божественной искры», заключенного в душе человека, властвовать над душой. Эта Божественная сущность есть направляющая сила в душе человека. Она указывает путь наверх, ее зов мы ощущаем как миссию, как голос высшего предназначения.

Свобода, по своей сути, есть приоритет внутреннего над внешним. И в то время, как первый вид свободы есть свобода личности по отношению к внешним обстоятельствам, второй вид свободы есть свобода «внутренней части души» (т.е. Божественной сущности, заключенной в нас) над «внешними частями души» (т.е. над нашими страстями, над слабостями, над внешними и поверхностными увлечениями). Только имея эту внутреннюю свободу, человек ощущает свое существование полноценным.

## 2. Йецер hа-ра является созидающей силой

Однако, для того чтобы предоставить свободу Божественному началу в своей душе, недостаточно только знать свое предназначение, требуются еще и силы для его осуществления. Что же является созидающей силой, которую может использовать Божественная сущность человека для своей реализации? Как ни странно, наибольшей созидающей способностью обладает *йецер hа-ра* (в дословном переводе «дурное побуждение»). Оно толкает человека к самовозвышению, ведет его к экспансии, заставляет заботиться об улучшении своего места в мире в следующих аспектах: материальном (богатство), психологическом (власть, почет) и интеллектуальном (знание). Все эти устремления по своей сути отнюдь не являются негативными, они нейтральны, и человек может направить их как на раскрытие своего Божественного начала, так и на его подавление. И человек может стать истинно великим лишь тогда, когда он не «подавляет» свои страсти, но направляет их на реализацию своей Божественной сущности; и это – правильный путь развития личности.

Вместе с тем, здесь таится большая опасность. Постоянное – и совершенно необходимое! – использование энергии *йецер hа-ра* может привести к тому, что человек начинает неверно отождествлять себя со своими внешними побуждениями, т.е. с *йецер hа-ра*. Собственно Божественная сущность, миссия, может отойти при этом на второй план, а реализация запросов, порожденных *йецер hа-ра*, занять ее место.

Духовная свобода выражается в том, что человек как личность движется по пути, указанном ему его Божественной сущностью, и *йецер hа-ра* не должен заслонить ее. И поэтому, хотя *йецер hа-ра* совершенно необходимо использовать в жизни, от него иногда надо очищаться, периодически он должен быть устранен.

## 3. Хамец символизирует йецер ha-ра

В символике Песаха хамец (продукты брожения зерна) соответствует *йецер ha-ра*: и тот, и другой проявляются в экспансии, разбухании, наполненности продуктами собственного брожения.

Уничтожение хамеца символизирует процедуру очищения души человека от *йецер ha-ра*. Весь год мы едим хамец, а также используем силу *йецер ha-ра*, но для предотвращения захвата им власти над нами мы должны раз в году очиститься от него. Поэтому в Песах, который является первым в цикле праздников года, мы не употребляем в пищу хамец; более того, накануне Песаха мы убираем из дома весь хамец и сжигаем его остатки.

Это символизирует передачу полной власти над душой Божественной сущности человека, и это – духовный аспект выхода из Египта, во время которого мы были целиком подчинены Божественной воле и не имели собственных интересов и расчетов. По окончании Праздника и возвращении к обычной жизни *йецер ha-ра* – хамец – возвращается к нам, но мы уже знаем, что он вторичен, что он лишь средство для раскрытия Божественного начала в нашей душе.

## 4. Физическая и духовная свобода на уровне индивидуума и на уровне народа

Оба вида свободы – физическая и духовная – существуют не только на уровне индивидуума, но и на уровне нации. Всякий народ стремится, с одной стороны, избавиться от подчиненности другому народу (т.е. хочет получить физическую свободу), а также стремится иметь возможность для осуществления своего духовного предназначения, для выражения свойственных его национальной душе идеалов и ценностей (т.е. иметь свободу внутреннюю). Оба эти аспекта свободы Тора дает нам во взаимосвязи. Пасхальная Агада одновременно говорит как про уход из физического рабства, так и про раскрытие Божественной искры, реализацию духовного потенциала, подчеркивая, что для еврейского народа эти два вида свободы жестко связаны друг с другом: потеряв один из них, мы постепенно теряем и другой.

Сегодня у нас, казалось бы, нет проблем с внешней физической свободой. Но с внутренней свободой у нас большие проблемы, и это выражается, прежде всего, в распространенном сегодня в Израиле желании отказаться от реализации своей национальной миссии, т.е. подавить Божественную основу в еврейской национальной душе, дать приоритет национальным страстям вместо национальной задачи.

Нам необходимо сегодня приложить все силы для изменения этой тенденции, для достижения и развития этой «внутренней свободы», ибо без нее и наша внешняя свобода не сможет быть долговечной.

# РАЗДЕЛ F.
# РЕЛИГИОЗНЫЙ УНИВЕРСАЛИЗМ РАВА КУКА

# ГЛАВА F-1

## *Рав Кук*

### ЧЕТЫРЕХГОЛОСНАЯ ПЕСНЬ

*(Дневники/Шмона Квацим, 7:112; Орот hа-Кодеш, стр. 444)*

Есть люди, которые поют песню своей собственной жизни,
    и в себе они находят все,
    свою полную духовную насыщенность.

Есть другие люди, которые поют песню своего народа.
    Они покидают круг частной жизни,
    ибо находят его недостаточно широким.
    Они устремляются ввысь, прилепившись в нежной любви ко всему Израилю,
    они поют его песни, горюют его горестями и радуются его надеждам.
    Они вынашивают в своем сердце возвышенные и чистые мысли
    о его прошлом и его будущем,
    любовно и мудро стремясь проникнуть в его истинную сущность.

И есть люди, дух которых выходит за пределы Израиля,
    чтобы петь песнь человека.
    Их влечет общечеловеческое,
    дух их ширится от величия человеческой общности и великолепия образа человека,
    они стремятся к свершению всеобщей, общечеловеческой миссии,
    с надеждою на высшее совершенство,
    и из этого источника жизни они черпают свои идеи и мысли, стремления и видения.

И есть люди, которые поднимаются еще выше,
    объединяясь со всем сущим, со всеми тварями, со всеми мирами.
    К общему хору вселенной они присоединяют свой голос.
    О таких людях в предании говорится,
    что тому, кто поет из такой песни каждый день, причитается жизнь в Грядущем Мире.

Но бывает, что человек устремляется ввысь вместе со всеми песнями этими,

    когда все голоса звучат,

    поют свои песни в хоре, вливая друг в друга свежесть и жизнь.

    Песнь души, песнь народа, песнь человечества и песнь мироздания

    сплетены в нем всегда.

И эта безупречная целостность поднимается,

    чтобы быть святою песней, песней Бога, песней Израиля.

*Комментарий:* Зачастую людям кажется, что в жизни можно быть или индивидуалистом, или националистом, или же универсалистом, и что одно якобы исключает другое. Рав Кук объясняет нам, что с религиозной точки зрения все эти аспекты очень важны, и что одно не только не исключает другого, но, наоборот, дополняет его. Сильное чувство собственной индивидуальности нисколько не мешает ощущать себя частью национального организма, - что, в свою очередь, нисколько не мешает ощущать себя и свой народ неотъемлемой частью человечества и мироздания вообще. И только объединив все это, мы можем приблизиться к святости, приблизиться к Богу, и реализовать истинное предназначение народа Израиля.

# ГЛАВА F-2.

## Бен-Цион Боксер

### РЕЛИГИОЗНЫЙ УНИВЕРСАЛИЗМ Р. КУКА

*(отрывок из статьи «Религиозная философия р. Кука»; редакция – П.Полонский)*

## Содержание

1. Истинность религии – в ее способности исправить мироздание
2. Познание Бога должно концентрироваться не на «познании Сущности Бога», а на познании «Божественного пути для человека»
3. Стремление к этическому усовершенствованию есть имманентное Божественное влияние на жизнь
4. Позитивная оценка других религий; примат этики в религии
5. Критика тех сил, которые мешают иудаизму возвыситься до своей истинной сущности
6. Восприятие мироздания в его всеобщности
7. Религиозная терпимость – через видение Божественной искры в самых различных, внешне «отрицательных» идеях
8. Позитивные религиозные элементы в атеизме
9. Позитивные и негативные элементы еврейского национального движения
10. Критика ограниченности этноцентризма; сионизм как ступенька к универсализму
11. Несовершенство мира есть необходимая часть его совершенства, т.к. только оно дает возможность роста
12. Представление о Личностном монотеистическом Боге неразрывно связано с идеей прогресса человечества
13. Сама жизнь направляет и воспитывает нас, ставит перед нами проблемы, решая которые, мы и осуществляем духовный прогресс мира и нас самих
14. Всевышний не ограничил Свои дары рамками одного народа
15. Притягательность добра
16. «Тшува» как свободное решение о Возвращении к Богу
17. Стремление к освящению всего сущего
18. Суть религии – не в поклонении Богу, а в реализации в нашей жизни Божественных этических идеалов
19. Только с воссозданием Еврейского Государства иудаизм сможет нести светоч благочестия во всей его чистоте перед народами мира
20. Путь религиозной интеграции человечества

## [1. Истинность религии – в ее способности исправить мироздание]

Для рава Кука, как для религиозного мыслителя, чисто «богословские», сугубо религиозные проблемы играли подчиненную роль. При том, что он был ортодоксальным раввином и выдающимся авторитетом, в том числе и в вопросах еврейского законодательства (и не случайно его в 1921 г. избрали Главным раввином Страны Израиля), сущность религии заключается для него не в соблюдении религиозных норм и даже не в собственно вере (хотя конечно, и то, и другое необычайно важно!), а в причастности религии к реальной жизни, в ее способности привести все живое в соответствие с Божественными идеалами. Мерилом истинности религии является для рава Кука ее способность возбудить в нас стремление исправить мироздание, ввести все сущее в русло этического и морального совершенства.

## [2. Познание Бога должно концентрироваться не на «познании Сущности Бога», а на познании «Божественного пути для человека»]

Рав Кук считал обреченными на неудачу попытки вывести существование Бога посредством логических умозаключений из тех или иных фактов окружающего мира; более того, любое желание постигнуть сущность Самого Бога, дать Ему какие-то четкие определения или ограничения представлялось ему бесплодным и самонадеянным упражнением, своего рода «духовным идолопоклонством» («Орот», стр. 124). Он утверждает, что мы познаем Бога прежде всего «изнутри», побуждаемые к этому своим сердцем, и центральным в нашем познании Бога является не «знание о Нем Самом» (которое в четком виде вообще невозможно), а понимание того Пути, по которому Бог направляет человека. Только в начале нашего духовного развития первое место в наших теологических концепциях занимает рассмотрение Бога как Сущности [т.е. как чего-то отдельного, обладающего какими-то характеристиками, так что даже может иметь место спор между «верящими в существование Бога» и «не верящими в Него»]. Но далее, по мере нашего духовного созревания, наше внимание смещается от мыслей о «Боге как об отдельной Сущности» к мысли о «Божественных идеалах, исходящих от Него и ищущих свое воплощение в строе жизни». Когда эти идеалы становятся моральным императивом человека, он стремится под их влиянием преобразовать свою жизнь и жизнь мира согласно принципам правды, справедливости, свободы – и только тогда религия становится полноценной и может реализовывать себя.

### [3. Стремление к этическому усовершенствованию есть имманентное Божественное влияние на жизнь]

В стремлении человека к этическому усовершенствованию рав Кук видит проявление влияния Бога на человеческую душу и выражение истинного благочестия, независимо от того, определяет ли сам человек это свое стремление как «религиозное» или же нет. «*Мы,* — пишет он, — *выводим существование Бога не из эмпирического мира, а из побуждения наших душ, из нашего предрасположения к Божественному*». Именно это предрасположение связывает человека с Богом, и поэтому *«нас не смутит, если какой-нибудь вопрос будет решен в духе социальной справедливости без ссылки на Бога, ибо мы знаем, что само по себе стремление к справедливости в любой ее форме уже является самым просвещенным проявлением Божественного влияния»*.

Это предрасположение к Божественному, выражающееся в приверженности к этичному и к справедливому, особенно сильно выражено в еврейском народе. Более того – сама сущность еврейства есть это стремление к этичности и справедливости, именно в этом главное содержание учения Торы и призывов библейских Пророков. [В частности, лишь на этом держатся те различные социально-идеологические концепции, которые имеют достаточно широкую поддержку в еврейском народе.] Этот принцип первенства этики и справедливости еврейский народ раскрыл для мира через свою национальную биографию, записанную в исторических книгах Библии, *«дал человечеству источник света в этой летописи своего исторического откровения, являющейся "протоколом" его встречи с Господом»* (Письма, 1:44); но это этическое стремление заложено в человеческой природе вообще.

### [4. Позитивная оценка других религий; примат этики в религии]

Признание того, что предрасположение к Божественному, которое служит первоисточником религии, заключено в человеческой природе вообще и является важнейшим источником духовного, идейного и социального продвижения мира, позволяет раву Куку позитивно оценивать другие религии. Все они, утверждает он, являются человеческой реакцией на встречу с Божественным; все они — тропы к Богу, все они дают искры священного огня,

Этот подход распространяется даже на самые примитивные религии, ибо *«общий закон роста обнаруживается в жизни могучего кедра и былинки, пробившейся из стены»* («Орот», стр. 131), – но, конечно, он в первую очередь касается монотеистических религий, ведущих свое происхождение от иудаизма, т.е. христианства и ислама.

Однако оценка р. Куком той или иной религиозной системы зависела, в первую очередь, не от ее теологических принципов и формулировок, а от ее морали и трактовки жизни, т.е. от тех этических и жизненных установок, которые эта религия предлагает своим последователям.

Нельзя сказать, чтобы рав Кук вообще уклонялся в своих сочинениях от полемики на религиозно-теологические темы, но предметом дискуссии служат для него не догмы богословия. Он задался целью вновь утвердить главенство этического начала в религии, вопреки усилиям некоторых религиозных кругов оттеснить это начало на задний план, и поэтому он весьма резко критиковал многие исторически сложившиеся религиозные установки.

### [5. Критика тех сил, которые мешают иудаизму возвыситься до своей истинной сущности]

Многие полемические замечания рава Кука направлены в адрес тех сил в иудаизме, которые мешают ему возвыситься до своей истинной сущности. Он порицает еврейский религиозный истеблишмент своего времени за примитивизацию религиозной жизни – явление, которое стало распространенным в еврейской общине. По мнению р. Кука, главной ошибкой религиозного истеблишмента было отрицание им светской культуры, а также ограничение религиозных знаний только лишь талмудической диалектикой и кодексами Закона – за счет тех религиозных предметов, цель которых состоит в облагораживании человеческого чувства, как, например, изучение еврейской мистики, этики и Агады. Он замечает по этому поводу: *«До тех пор, пока религиозные лидеры упорно стоят на том, чтобы мы занимались только изучением Талмуда и кодексов, а не Агадой, не этикой, не Каббалой, не исследованиями, не земным знанием, – они обедняют себя, и следует продолжить борьбу против этого ограничивающего подхода»* (Письма, 2:349). В другом месте рав Кук говорит об этом так: *«Истинная сущность еврейства раскрывается в стремлении к тому, чтобы свет истины и справедливости, который излучается вследствие нашего утверждения Бога, обнаружился в жизни мира и чтобы все наши заповеди и обычаи были только сосудами, заключающими в себе искры этого великого пламени».* («Эдер hа-Якар», стр. 124).

Причина же непонимания этих принципов многими представителями религиозного истеблишмента проистекает из того, что они придерживались узкой, педантичной, внутренне безразличной к миру, а иногда даже и враждебной к любым проявлениям движения жизни концепции иудаизма. Рав Кук очень резко говорит о том, что «*столкнувшись со светом знания, с какой-нибудь чистой и возвышенной идеей, эти люди чувствуют, что духовная опора ускользает из-под их ног, и потому они противодействуют этой идее... Но мы должны осознать, что стремление расширить максимально свое знание мира является духовной, а не только прагматической необходимостью. И если от каждого изучающего Тору нельзя ожидать, что он будет владеть всеми областями науки, то вполне можно и даже нужно потребовать от него ознакомления хотя бы с основами современной культуры и ее влиянием на действительность, потому что без этого он не сможет постигнуть дух своего поколения и будет не в состоянии поставлять своему поколению духовную пищу и совершенствовать его*» («Эдер hа-Якар», стр. 128).

Рав Кук часто возвращается к этой теме с нескрываемой болью и страстным ожиданием духовного прорыва. В письме к одному корреспонденту он сетовал: «*Мы позабыли о душе Торы... Тот, кто говорит об этом духовным руководителям народа, рискует прослыть наглецом и безумцем. Пробил час великого покаяния. Мелкими компромиссами ничего не поправишь... Религиозный истеблишмент... в своей борьбе с «отрицанием веры» довольствуется пустыми фикциями. Тот, кто ощущает силу в сердце, кто владеет острым пером и чьей души коснулся Божественный дух, должен выйти на поле брани с кличем: "Дайте нам свет"*» (Письма, 2:481).

### [6. Восприятие мироздания в его всеобщности]

Рав Кук воспринимает все сущее как взаимосвязанное, органическое, единое целое, так что все его частные явления могут быть правильно поняты только как элементы всеобщего.

Это, конечно, совсем не означает, что частное должно было бы «потерять свое лицо» или «раствориться» во всеобщем. Напротив, каждая личность наделена неповторимым своеобразием, которое она должна культивировать и утверждать в себе, взаимодействуя с другими личностями. Но личность — это не замкнутая в себе автономная особь. Она существует в рамках целого, которое служит для нее источником жизни, и она находит свое высшее целевое назначение, внося свою лепту в жизнедеятельность этого целого. «*Чем глубже познаешь природу человеческих душ, тем сильнее изумляешься их разнообразию, но именно благодаря этому разнообразию их можно объединить общей целью, ибо каждая личность способствует совершен-*

*ствованию мира в соответствии со своим природным талантом, каждая исправляет мир на своем, особом и предназначенном именно ей месте. И мы можем только восхищаться Высшей мудростью, с которой внутренняя таинственная сила, ведомая одному Богу, приводит к объединению и взаимодействию всех крайностей, так что в результате слияния различных умов и обликов возникает единая ткань совершенной гармонии»* («Олат Раая», стр. 388).

Достижение понимания и осознания этой всеобщности, создающее атмосферу гармонии и добродетели в мире, является результатом длительных духовных исканий. Порой текущая жизнь может заслонить это видение, ибо человек зачастую встречает в этом мире вражду и борьбу между индивидуальными и групповыми интересами, между идеологиями и образами жизни. Но проблема здесь, как считает рав Кук, состоит не в самой борьбе (которая есть даже необходимый механизм развития), а в том, что эту борьбу ошибочно воспринимают как антагонистическую, целью которой является уничтожение и полное устранение противника. Причиной такого ложного восприятия жизни как арены тотальных противостояний является гипертрофированный и замкнутый в себе индивидуальный, национальный, классовый и сословный эгоизм, когда люди верны только своему частному миру, и не понимают, что этот мир – только часть, осколок всего сущего и что он должен быть дополнен остальными элементами жизни.

[Это неприятие «эгоизма» никоим образом не означает, что рав Кук призвал бы к «альтруизму». Напротив, гипертрофированный альтруизм, стремящийся «не взять ничего себе и отдать все другим» столь же неправилен, как и гипертрофированный эгоизм. И то, и другое есть результат восприятия индивидуумом себя как обособленного, отдельного от остального мироздания и от Бога. Правильным же путем является забота каждого индивидуума и общества прежде всего о развитии себя, но при этом восприятие себя как интегральной части целого, так что развитие индивидуума является в то же время развитием всего мироздания, и все элементы этого мироздания не враждебны человеку, а в конце концов помогают и дополняют каждого из нас.]

Мир гипертрофированного эгоизма приводит к хаосу. Когда вся жизнь воспринимается только как антагонистический конфликт индивидуумов, то мир не только распадается, но и теряет всякую цель и смысл, ценностную ориентировку. Преодоление этой бесцельности может быть достигнуто только посредством внесения в мир духа гармонии, примирения и единства. Подобное единство достигается отнюдь не подавлением всего индивидуального, а наоборот, произведением таких перемен, которые дали бы возможность объединить крайности и предоставить простор для индивидуального в рамках целого.

Рав Кук формулирует эту мысль следующим образом: *«Мы будем жить в мире хаоса [т.е. в расколотом мире] до тех пор, пока не продвинемся настолько высоко, что научимся объединять все жизненные силы и примирять различные тенденции. До тех пор пока человек не перестанет возносить себя отдельного, претендуя на превосходство, среди нас не будет мира... Наши усилия должны быть направлены на поиск именно всеобщей гармонии, которая возникает отнюдь не благодаря подавлению какой-либо силы, мысли, тенденции, а, наоборот, благодаря слиянию каждой из них с необозримым океаном бесконечного света, где единство возникает потому, что все вещи находят свое уникальное место, где все идеи облагораживаются за счет того, что в каждой из них отыскивается такое ядро, которое возвышается и освящается»* («Олат Раая», стр. 588).

[Здесь следует отметить, что согласно Кабале «мир хаоса» возникает именно потому, что каждая из «сфирот» рассматривает себя как нечто отдельное *(«олам некудим»)*; и тогда каждая из них, пытаясь вместить в себя больше, чем она в состоянии взять, «лопается» и «разлетается на куски» (происходит *швират келим* – «ломка сосудов»). Исправление же *(тикун)* связано именно с тем, что сфирот объединяются в единую систему, в которой у каждой из них есть свое уникальное место.]

*[7. Религиозная терпимость – через видение Божественной искры в самых различных, внешне «отрицательных» идеях]*

Таким образом, рав Кук учит нас видеть позитивное Божественное начало во всех идеях, ибо в каждой из них содержится нечто важное и положительное, которое надо уметь распознать и освободить от крайностей, положив начало процессу интеллектуального и духовного брожения, в ходе которого произойдет интеграция и родится более широкая истина.

*«Каждое духовное направление имеет свою собственную логику, и все идеи связаны между собой общей системой... Не существует пустой или бесполезной общественно значимой идеи... ибо все они происходят из общего источника, который лежит в Божественной мудрости. Если встречаются общественные движения, идеи которых кажутся совершенно ложными и пустыми, то эта ложность и пустота объясняются только формой, в которую эти идеи облачены. Но если подвергнуть анализу их сущность, то обнаружится, что и там есть позитивные элементы, которые тоже должны стать нашей духовной пищей... И по мере достижения человеком*

бо́льшего совершенства он использует как свои, так и чужие идеи ради заключенного в них ядра истины. С помощью этих идей человек делается более совершенным, а благодаря человеку совершенствуются идеи («Орот hа-Кодеш», 1:17).

В рамках таких философских установок рав Кук воспитывал в себе замечательную терпимость в отношении всех людей и всех идей – в частности, в отношении тех, о которых можно было не без основания предположить, что они враждебны ему[1].

### [8. Позитивные религиозные элементы в атеизме]

Рав Кук распространял принципы «религиозной терпимости» даже и на атеизм, который сам по себе был, разумеется, негативной силой, лишающей жизнь ее высочайшего смысла, однако и в атеизме следует выделять религиозно положительные элементы. Рав Кук замечает по этому поводу: «*Все имена и обозначения Бога на иврите или каком-нибудь другом языке дают нам всего лишь слабое и бледное представление о сокрытом свете, к которому влечется душа. Однако любая попытка более точно определить Божественную сущность вызывает протест "искры" атеизма, заложенной в нас самих, ибо одновременно с тем, как мы чувствуем влечение к Божественному, мы чувствуем невозможность дать Ему определение, и поэтому все подобные определения вызывают у нас отрицательную реакцию. Таким образом, атеизм — это своего рода болезненный крик, предостерегающий человека от вступления на узкую и чуждую ему тропу. Атеизм имеет право на существование, ибо он необходим для очищения от скверны, приставшей к религии... для вытравления ржавчины, застилающей истинный свет благочестия... Столкновению и взаимодействию этих противоположных сил [атеизма и традиционной религии] человечество в немалой степени будет обязано своим духовным прогрессом и приближением к Богу*» («Орот», стр. 126)[2].

### [9. Позитивные и негативные элементы светского сионизма]

Рав Кук ощущал глубокую внутреннюю связь с поколением первопроходцев сионистского движения, строивших новые еврейские поселения в Стране Израиля, несмотря на то, что эта

---

[1] Эта терпимость, конечно, не означает отказа от борьбы со злом и даже войны с ним, когда того требует ситуация; но это означает умение видеть положительное зерно, «искру Божественного света» во взглядах противника, даже если эта искра окружена «жесткой скорлупой», которая направляет ее силы ко злу. Более подробно см. выше, в главе B-2.

[2] Более подробно об отношении р.Кука к атеизму см. гл. B-2, §14; гл. C-11; гл. D-1, §2, §120; гл. E-2.

## ГЛАВА F-2. *Религиозный универсализм р. Кука*

молодежь проявляла явную враждебность к религии и утверждала свое еврейство в чисто светской, форме. «Благочестивые» евреи («харедим»), которые составляли Старый Ишув, обычно были настроены против этой молодежи, обвиняя ее во враждебности традиции и в том, что она представляет угрозу для выживания иудаизма. Секуляристы в ответ на это обвиняли «благочестивых» в том, что они являются деградирующим и паразитирующим элементом, безразличным к реальной жизни еврейского народа в целом.

Рав Кук видел как правоту, так и ложность обвинений с обеих сторон и пытался примирить их, призывая каждую из них отказаться от крайностей и заимствовать то ценное, что есть у противника («Хазон hа-Геула», стр. 203; Письма, 2:349).

Позиция рава Кука часто навлекала на него нападки со стороны многих известных раввинов, которые были возмущены его терпимостью к молодежи, глумившейся над традиционными святынями и осмелившейся утверждать, что она добьется Искупления своими усилиями, не дожидаясь пришествия Мессии. Один критик даже обвинил его в том, что он «стал в своем преклонном возрасте сионистом, отдав свою душу делу строительства Земли Израильской», на что р. Кук ответил, что если быть сионистом значит бороться за восстановление Страны, наделенной Богом благодатью, где еврейскому народу были ниспосланы дары пророчества и где раскрылся ему Божественный промысел, то принадлежность к сионизму есть дело чести; и предлагал оппоненту попытаться самому заслужить этот почетный эпитет (Письма, 2:555).

Вместе с тем рав Кук критически относился к той идеологии, которой придерживалось нерелигиозное сионистское движение, где принадлежность к еврейству зачастую исчерпывалась светским национализмом.

Рав Кук утверждал, что всякое выделение одного аспекта в ущерб другому является ошибкой. Ибо религия и сионизм вовсе не противники друг друга, но союзники, т.к. создание государства не мешает религии, а напротив, побуждает его дать ответы на более глубокие экзистенциальные проблемы нашего бытия; с другой стороны, государство нуждается в религии и традиции, ибо только в их рамках оно обретает смысловую перспективу, и через это получает полноценное существование.

И кроме того, как государство, так и исторически сложившаяся форма религии должны постоянно осознавать, что они не есть самоцель, что истинная суть еврейства универсальна, а что еврейская религиозная и государственная жизнь есть лишь инструмент еврейского конструктивного вклада в развитие цивилизации, целью которого является приближение мира к Богу.

*[10. Критика ограниченности этноцентризма; сионизм, как ступенька к универсализму]*

Рав Кук считал весьма отрицательным явлением этноцентризм, достаточно распространенный в еврейской среде. Этноцентристский подход предполагает сосредоточение только на проблемах собственного народа, когда общечеловеческая перспектива пропадает из вида. Такой подход проистекает из ограниченности интересов, сложившейся в еврейском народе в течение многих веков Галута и побуждавшей еврейство отказываться от своей истинной универсальной сущности. Когда евреи становятся этноцентристами, они забывают, что предопределены для жизни не только внутри еврейства, но и в более широкой среде, дабы вносить свою лепту в человечество в целом и при этом самим духовно обогащаться за счет общения с этим целым.

Причину возникновения этой ограниченности интересов рав Кук объясняет двумя факторами, связанными с Галутом: непрекращающимися преследованиями, с которыми евреи сталкиваются вне своей среды, и с существенным изменением – вследствие Изгнания – духовных и практических форм жизни, в результате чего мы оказались обособленными от всех других народов под солнцем («Орот hа-Кодеш», 2:557).

Эта ограниченность (которая нередко маскируется под «сосредоточенностью на соблюдении законов Торы» и «полную самоотдачу в пребывании в иешиве ради изучения Торы») является, конечно, извращением и даже «иронией судьбы», ибо Тора преследует прямо противоположную цель: сделать нас восприимчивыми к общечеловеческому благочестию, к идее универсальности в качестве императива для усовершенствования всего сущего.

Иными словами, именно восстановление государства и связанные с ним нормальные условия материального существования дают возможность еврейскому народу занять свое естественное место в мировом порядке и правильно реализовывать свое предназначение. То, что в начале своего пути предстает как национализм, в более долгосрочной перспективе проявляется как необходимая ступенька на пути к универсализму.

## [11. Несовершенство мира есть необходимая часть его совершенства, т.к. только оно дает возможность роста]

Религиозные идеалы рисуют нам великолепную картину жизни, какой она должна была бы быть. Но почему реальная картина столь далека от этих идеалов? И, в частности, почему так трудно осуществить мечту о всеобщности и гармонии, почему человек зачастую пребывает во власти мелких ценностей, слепо концентрируется только на себе и безразличен, если не враждебен, всему, что вне него? Короче говоря, почему Бог так устроил мир, что в нем столько безумства, вражды и распрей? Ответ рава Кука состоит в том, что Бог, несомненно, мог сотворить мир, в котором человеческая природа и весь мир вообще были бы наделены просвещенностью и гармонией, но тогда жизнь была бы лишена своего драгоценнейшего качества, а именно: способности расти, продвигаться, развиваться. *«Всякое движение предполагает наличие какого-либо недостатка»*, – замечает он, – *«и только в нашем "несовершенном" мире имеется простор для стремления к идеалам и совершенству. Несомненно, что люди должны преодолевать эти недостатки, и что в ходе этого продвижения они смогут лучше определить жизненные ценности. Любовь к свободе куется отчасти в тигле страдания при рабстве»* (Письма, 2:4-81; «Олат Раая», т. 2, стр. 262).

Рав Кук подчеркивает наличие в окружающей нас жизни и мире духовного (а не только материального) прогресса: *«Ничто не остается тем же самым; все цветет, все восходит, все неизменно возрастает в свете и истине. Просвещенная душа не впадает в уныние, даже если она обнаруживает, что восхождение происходит не монотонно, а по спирали, разлагаясь и на прогресс, и на упадок, на продвижения и на отступления, ибо эти отступления содержат в зародыше будущий прогресс»* («Олат Раая», т. 2, стр. 484). Такая перспектива развития *«служит основанием для оптимизма в мире»*, несмотря на все локальные разочарования, происходящие обычно от нереализованной надежды на быстрое достижение идеала.

## [12. Представление о Личностном монотеистическом Боге неразрывно связано с идеей прогресса человечества]

Фундаментальным принципом иудаизма (поставившим резкую границу между монотеизмом и идолопоклоннническими системами мысли), перенятым от него не только христианством и исламом, но и «нерелигиозными» течениями западной цивилизации, такими как гуманизм или даже марксизм, является представление, согласно которому «будущее благоприятствует свету», и поэтому, в конечном счете, в мире происходит продвижение и прогресс. Эта идея исходит из представления о Боге как о Высшей Личности (в противоположность «безличной высшей» силе идолопоклоннических концепций), создавшей человека по Своему образу и подобию. Следовательно, Бог любит человека, желает ему блага, продвижения и возвышения, а потому это продвижение и возвышение, в конце концов, обязательно осуществится.

Однако разные направления внутри монотеизма исходят из разных позиций в вопросе о том, происходит ли духовный прогресс внутри течения нашей обычной, «этой» жизни. Рав Кук утверждает, что духовное развитие происходит в «этом мире», и поэтому человек предназначен познавать свою природу, свое место среди всего сущего, и что таков смысл цели, к которой, в конечном счете, движется история. Именно это «предопределение исторического процесса к прогрессу» еврейская традиция и выразила в концепции мессианской кульминации.

При этом духовный прогресс неразрывно связан со все более глубоким осознанием нами мировых связей, гармонии, единства мироздания. Рав Кук говорит так: *«Просветление, которое будет ниспослано Мессией, имеет своим первоисточником идею единства всего сущего»* («Орот һа-Кодеш», 2:474).

[Это означает, в частности, что когда мы – и на частном уровне, и на уровне общественного сознания – проникаемся идеями дополнительности (а не антагонизма) противоположностей, мы тем самым продвигаем себя и мир и приближаем этим приход Мессии.]

При этом духовное продвижение осуществляется не в «уединенном размышлении о Божественных сущностях», а в самом процессе жизни.

### [13. Сама жизнь направляет и воспитывает нас, ставит перед нами проблемы, решая которые, мы и осуществляем духовный прогресс мира и нас самих]

Мир, говорит рав Кук, является школой человеческого просвещения. В частности, этому способствует то, что в жизни встречаются и общаются между собой люди разного уровня. Те, кто в разной степени охвачен светом или тьмой, идут по жизни бок о бок. Проблема взаимодействия между ними является одной из самых трудных, но продвижение в ее решении чрезвычайно сильно продвигает духовность мира. Мы должны научиться смотреть на все и на всех как на элементы всеобщей гармонии, и несомненно, что нам следует преодолеть множество ступеней на лестнице совершенства, прежде чем человек достигнет высоты истинной универсальности.

Сама жизнь в своем естественном стремлении к самосовершенствованию направляет нас к этой конечной цели, ибо если мы закрываемся в рамках ограниченных интересов, то мы обедняем жизнь и сужаем сферу ее распространения. Таким образом, способность к благожелательной отзывчивости на нужды других людей является благом не только для них, но и для нас самих, ибо, помогая им, мы делаем и свою собственную личность более многогранной.

*[14. Всевышний не ограничил Свои дары рамками одного народа]*

Осознание того, что общение, жизненная интеграция, понимание другого и т.д. необходимы для собственного духовного продвижения, распространяется, по мнению р. Кука, не только на диалог с представителями разных подходов и точек зрения внутри своей культурно-религиозной сферы, но и на диалог и общение с другими культурами и религиями. Ибо во всех них есть элементы Божественного света, и нам, для нашей собственной духовно-религиозной полноты, необходимо собирать их в своем духовном мире.

Рав Кук говорит об этом так: *«Всевышний, да будет Он благословен, ниспосылая милость Своему миру, не ограничил Свои дары рамками одного места, одного человека, одного народа, одной страны, одного поколения или одного мира, но рассеял их по всему мирозданию. И поиски совершенства, знаменующие собой самый высший порыв нашей природы, направляют нас к поискам Божественного света во всем, и через это – к обретению высшего единства, которое в конечном счете должно установиться в мире. Лишь по достижении этого "Бог будет Один, и Имя Его едино"»* («Эдер hа-Якар», «Орот Исраэль» 8:3).

Таким образом, без собирания искр Божественного света, рассеянного во всей культуре человечества и во всем мироздании, наше понимание Божественности будет неполным и ущербным.

*[15. Притягательность добра]*

Желание достичь единства и совершенства в этом мире является частью общего Божественного замысла, преследующего цель освобождения человека от невежества и ограниченности; и Бог усилил это стремление в нас, придав ему дополнительные характеристики и возможности.

Одной из характеристик жизни в этом плане является притягательность добродетели: добро, овладевшее одним человеком, притягивает к себе других людей.

*«Когда человек возвышается благодаря добрым делам, благодаря более сильному стремлению к благочестию, мудрости, справедливости, красоте и равенству, то он совершенствует тем самым духовную природу не только себя самого, но и всего сущего. Все люди становятся лучше в своей основе благодаря увеличению доброго начала внутри одного из них. И при этом добродетель притягательна для окружающих: развиваясь в каком-нибудь одном человеке, она далее распространяется среди его ближних и окружающих, побуждая каждого человека, по мере возможности, соревноваться с другими в добрых делах, и, тем самым, облагораживая и возвышая все сущее»* («Орот hа-Кодеш», 3:314).

### [16. «Тшува» как свободное решение о Возвращении к Богу]

Другим аспектом жизни, побуждающим человека к поиску высшего света, является феномен *тшувы* – «покаяния, раскаяния, возвращения» – который рав Кук толкует гораздо более широко, чем обычное распространенное понятие об «угрызениях совести и искуплении вины за совершенные проступки под влиянием традиционных увещеваний». *«Тшува – это общее "возвращение" человека и мироздания к Богу; оно по сути своей явление общечеловеческое, предназначенное выразить неприятие недостатков и поиски совершенства. Ибо настоящее восприятие Божественных идеалов возможно только в том случае, если оно является не результатом автоматических естественно-природных действий, а результатом наших свободных действий, предрасположения к этим идеалам, что составляет неотъемлемую часть нашего внутреннего мира».* Эти идеалы, посредством которых расшифровывается экзистенциальное содержание нашего утверждения Бога, *«вписаны в человеческую душу, и самое сильное желание, сокрытое в ее глубинах, заключается в реализации переноса этого сокрытого света из сферы возможного в сферу действительного, реализацию их в формах самой жизни: личных, общественных, национальных и всемирных, в поступке, в желании и в духе»* («Эдер hа-Якар», стр. 145).

Именно это стремление к совершенству побуждает человека искать бо́льшую добродетель, чем та, которой он обладает сегодня, и открыть свою душу перед теми выдающимися духовными лидерами, которым являлась «великая мечта».

При этом, согласно р. Куку, это духовное стремление даже не ограничено одним лишь человечеством. Все мироздание обладает базисным желанием преодолеть свою отчужденность от Бога и вернуться к первоисточнику своей жизни. *«Тшува, возвращение, по-*

каяние – *порождено стремлением всего сущего стать лучше, чище, возвышеннее, благороднее, чем оно есть сегодня*» («Орот hа-Тшува», 6:1).

### [17. Стремление к освящению всего сущего]

Именно в идее соединения концепции Личности Бога (и человека как Его образа и подобия) с ощущением единства всего сущего проявляется, согласно раву Куку, главное влияние иудаизма на мир. Сущность иудаизма, который берет свое начало в идее личностного Творца мироздания, состоит в стремлении преодолеть отчужденность человека от природы, от своего ближнего и от Бога. Это желание усовершенствовать мир посредством осознания связи человека со всем сущим. Это неприятие мнимого антагонизма между материальным и духовным. Это неприятие эгоистического национализма в качестве главного средоточия моральных ценностей. Это неприятие любой ограниченности, заключающейся в желании строить духовный очаг человека и его систему ценностей, основываясь и используя в качестве материала только лишь одну часть жизни и отбрасывая при этом все остальные. «*Иудаизм стремится,* – пишет рав Кук, – *к освящению всего сущего*» («Орот, Исраэль», 7:12).

### [18. Суть религии – не в поклонении Богу, а в реализации, в нашей жизни Божественных этических идеалов]

За прошедшие почти четыре тысячелетия (начиная с нашего праотца Авраама) иудаизм оказал огромное влияние на мир – в частности, через идеи еврейского монотеизма, распространяемые христианством и исламом. Однако во многих случаях это влияние концентрировалось, главным образом, в принятии народами мира теологических концепций, зачастую вырванных из того жизненного контекста, в котором они существовали в иудаизме. Это привело к тому, что в основе религиозных систем этих народов главным атрибутом стало поклонение Богу как возвышенному существу, пребывающему в блестящей потусторонности от мира человека, и в значительной степени религия была отделена от этических начал, посредством которых справедливость могла бы утвердиться в реальной земной жизни.

При этом, как мы уже говорили выше, в центре внимания иудаизма как религии стоит не сама Божественная сущность, а Божественные идеалы и цели – тот путь, который Бог предлагает человеку [это и есть метафизическая сущность еврейской концепции «Невидимого Бога» – т.е. человеку должен быть виден не Бог, а Путь]. Бог хочет, чтобы эти идеалы и цели были реализованы в мире, который Он сотворил, и Он хочет дать человеку возможность *самому* их реализовать. Именно в стремлении осуществить эти цели в контексте жизни народа, как единого целого раскрывается сущность иудаизма и проявляется вектор его выхода в своем служении человечеству за национальные рамки.

«*Основное различие между различными религиозными концепциями заключается,* – утверждает рав Кук, – *не в возвышенной метафизической истине единства с Богом, а в Божественности стремления к справедливости и праведности, и в сильном желании осуществить эти Божественные идеалы в реальной жизни, во всем их величии*» («Эдер hа-Якар», стр. 147).

### [19. Только с воссозданием Еврейского Государства иудаизм сможет нести светоч благочестия во всей его чистоте перед народами мира]

Рав Кук утверждает, что кризис еврейского национального чувства, наступивший в результате Изгнания и многих веков преследований, привел к извращению иудаизма и затемнению его истинной сущности. Поэтому возвращение еврейского народа в Страну Израиля и еврейское возрождение, являющиеся результатом сионистских усилий, приведут в свое время также и к религиозному обновлению, которое позволит иудаизму вновь стать самим собой и тем самым оказывать подобающее ему влияние на мировую культуру. Конечная цель возвращения в Сион состоит в том, чтобы *«евреи снова могли нести светоч благочестия во всей его чистоте перед народами мира»*. Только это позволит иудаизму выступить перед всем человечеством в качестве глашатая Божественных истин учения Торы: Торы политической с ее проповедью мира и свободы и Торы религиозной, заключающей в себе свет знания Божественной истины и любви к путям Божьим в жизни индивидуума и общества («Хазон hа-Геула», стр. 178, 202).

### [20. Путь религиозной интеграции человечества]

Концепция «возобновления еврейского служения человечеству» не означает, конечно, что иудаизм рассматривался бы как какой-то потенциальный заменитель других религий. Напротив, разнообразие религий является закономерным и постоянным выражением человеческого духа, и различные монотеистические религии должны не конкурировать, а дополнять друг друга.

«*Традиционное богословие,* – отмечает р. Кук, – *предполагает, что различные религии должны обязательно противостоять друг другу... Но, достигнув полной зрелости, человеческий дух стремится возвыситься над любым конфликтом и враждой, и личность воспринимает различные проявления духовной жизни как органическое целое».*

Такой подход не устраняет различий между религиозно высшим или низшим, между более святым или менее святым, а также различий между святым и обыденным. Но каждой категории соответствует определенное место в жизни целого; каждое понятие является тропой, на которой Бог пытается возвысить человека и дать ему путь к Себе.

Религии могут и должны служить друг другу в качестве стимула, в качестве побудительного мотива для развития, иногда даже в качестве образца для подражания, т.к. имеются некоторые элементы в религии, которым одна религиозная концепция может научиться у другой. Но в своих основных параметрах каждая религия неразрывно связана с историческим опытом разных социумов и народов. Только при гармоничном сосуществовании различных религий и их свободном взаимодействии создается ситуация, когда каждый народ сможет подняться к Богу по своей тропе. Каждая религия, таким образом является составным элементом в «конгломерате вер». Только при таком подходе на ту сферу, в которой некогда происходила борьба различных религий, ниспосылается мир и свет («Талелей Орот», стр. 17; «Эдер hа-Якар», стр. 122).

Именно в такой перспективе рав Кук видит будущее возобновление служения иудаизма человечеству.

*«Целью иудаизма является отнюдь не поглощение или уничтожение других религий, но их усовершенствование и поднятие на более высокую ступень развития, дабы они смогли освободиться от своих ложных элементов, и тогда они естественно прирастут к корням Израиля... Это относится даже к тем народам, которые сегодня все еще придерживаются политеистического подхода, и, несомненно, к тем религиям, которые в значительной степени основываются на свете Торы Израиля»* (Письма, 1:112).

Именно этим путем идет развитие еврейского универсализма, который не устраняет частное, а включает его в качестве составной части в общее целое.

# ИНДЕКС ТЕМАТИЧЕСКИЙ И ПЕРСОНАЛЬНЫЙ

В данный индекс включены ссылки только на такие места в книге, в которых то или иное имя или понятие обсуждается достаточно подробно, или же о них говорится нечто особое и специфическое. Для поиска имен и понятий, упомянутых лишь косвенно, а также для нахождения всех ссылок можно воспользоваться интернет-поиском на сайте *www.machanaim.org/philosof/in_kuk.htm*, на котором размещены почти все материалы, входящие в настоящее издание.

В случае, когда какое-то имя или понятие упоминается несколько раз на протяжении одного параграфа или главы, в данном индексе отмечено только первое из таких упоминаний. Ссылки на темы, центральные для статьи или главы, даются один раз, на ее первую страницу. Для тем, которые являются центральными для всей книги (Страна Израиля, Государство Израиля, Народ Израиля, духовность, религия, философия, индивидуальное, национальное и т.п.) - ссылки даются только на некоторые, особо важные их упоминания.

## h
hораат шаа (временное указание) 433
ha-Коhэн, р.Давид, Назир 53, 58, 91
hетер мехира (разрешение продажи) 49, 156

## i
Imitatio Dei 162

## а
Авинер, р.Ш. 484
Агада, ее понимание 137, 139
Агнон, Ш.-Й. 51, 60, 78
Агудат Исраэль, движение 53, 411
Адам Кадмон (в Каббале) 359
Адам и Ева 99
Адерет - см. Рабинович-Теомим
Акива, р. 88, 137, 142
А-космизм 260
Алия Первая, Вторая, Третья 16, 32, 81, 496, 508, см. также Ишув Новый
Алкалай, р.И. 15
Американизм 184
Анархизм, анархия 88, 244, 258, 313, 338
Антифундаментализм религиозный 189, 193
Арих Анпин, парцуф 444
Арлозоров, Х. 18, 57
Арфилей Тоhар, книга 37, 52, 409, 508
Атеизм 84, 173, 347, 349, 350, 351, 452, 478, 521, 552
Ахад hа-Ам 87

## б
Бальфура декларация 54, 75
Бар-Кохбы восстание 142
Бауска, городок 30, 50
Бергсон, А. 229, 235, 241, 258, 277, 280, 359, 371
Берлин, р. Н. Ц.-И., Нецив 30
Бесконечность Божественности 159, 521, см. также Эйн Соф, Ор Эйн Соф
Бецалель, академия 308, 496, см. также Искусство, Эстетика
Библия – см. ТаНаХ

Бикурим, заповедь принесения 129
Бина (анализ), сфира 111, 114, 116
Бней-Акива, движение 57
Богобоязненность 476, 517
Бренер, Й.-Х. 85, 336
Бренность и вечность 337, 431, 461
Бубер, М. 396
Буддизм 274
Будничное 293, 306
Бялик, Х.Н. 18, 51, 67, 84

### г

Галаха 49, 57, 150, 156, 199, 283, 517, см. также Заповеди
Галут, Изгнание 96, 107, 109,111, 136, 139, 150, 388, 494
Гвура (мощь; дин - суд), сфира 448, 456, 462, 465, 478, 511
Гегель, Г.В. 74, 90, 251, 288, 343, 378, 402
Герцль, Т. 82, 86, 404
Гесс, М. 395
Геула, Мессианское Избавление 262, 321, 335, 388
Гиюр 216, 219
Главный раввинат Страны Израиля 55
Гордон, А.Д. 51
Государство – см. Израиля Государство
Грех 79, 324, 446, см. также Зло, Тшува
Грива, городок 27, 33
Гутман, Н. 86
Гутмахер, р. Э. 15
Гуш Эмуним, движение 48, 179

### д

Даугавпилс, Двинск, город 27, 29
Двойственность 252, 263, 293, 320, 421, 484
де Шарден, Т. 373
Дерзость начала мессианского процесса - см. Хуцпа
Диалог с Богом индивидуальный и общенациональный 122, 126, 131, 136, 137, 445, 480, см. также Израиля народ, Национальное
Диаспора - см. Галут
Добро, благо 266, 268, 274, 278, 293, 323, 329, 533, 557
Дон-Ихья, р. Э. 29
Духовное, духовность 72, 281, 289, 290, 293, 308, 395, 391, 421, 472
Душа (нефеш) и Дух (руах) 391, 425, 426, 484, 485
Душевная простота 240

### ж

Жаботинский, З. 19
Жеймели, городок 30, 34
Женщин положение в галахе 212

### з

Загробной жизни вопрос 144
Заповеди 17, 31, 49, 89, 99, 118, 129, 138, 146, 156, 180, 184, 283, 385, 433, см. также Галаха
Зеир Анпин, парцуф 444
Зло 265, 266, 268, 274, 293, 320, 323, 329, 415, 533

### и

Игуль (круг, в Каббале) 266
Иеhуда, сын праотца Якова 82
Иерусалим 40, 55
Иерусалимский Храм - см. Храм
Избранность 95, 105
Изгнание - см Галут
Израиля государство 56, 151, 324, 396, 402, 414, 423, 560
Израиля народ 492, 456, 492, см. также Национальное, Диалог с Богом индивидуальный и общенациональный
Израиля Страна 111, 156, 396, 492
Иквей hа-Цон, книга 84
Имманентное проявление Бога 136
Индивидуальность 460, см. также Диалог с Богом индивидуальный и общенациональный
Инстинкт 238, 241, 435
Интеграция человечества религиозная 560
Интуиция 238, 241
Иова, книга 175

Иррациональное 234, 237, 311, см. также Рассудок, рациональное
Искра и скорлупа 159, 162, 167, 170, 173, 180, 184, 187, 323
Искусство 308, 496, см. также Эстетика
Ислам 123, 127
Исправление мира – см. Тикун олам
Истина 18, 78, 187, 342, 352, 386, 413, 452, 478, см. также Терпимость религиозная
Историософия 153, 367
История национальная, история еврейская 127, 135, 143
Ицхака жертвоприношение 248, 484
Ишув Новый 32, 66, 76, 391, см. также Алия Первая
Ишув Старый 17, 60, 76, 390, см. также Харедим

## Й

Йецер hа-ра (побуждение ко злу) 538
Йосеф, сын праотца Якова 82, см. также Машиах Бен-Йосеф

## К

Каббала 19, 89, 161, 195, 225, 252, 266, 359, 367, 427 см. также Тайны Торы
Кав (луч, в Каббале) 266
Калишер, р. Ц.-Г. 15
Кант, И. 271, 278, 315, 321
Карлибах, А. 22
Каценельсон, Б. 51
Кетер, сфира 118, 256, 266, 444, см. также Воля
Клаль – см. Прат и Клаль
Клаузнер, Й.-Г. 84
Компромисс 204
Кордоверо, р. М. 256
Кук, р. Цви-Йеhуда 48, 52, 57, 91, 158, 411
Кук, р. Шломо-Залман 28
Кук, р. Шмуэль 58
Курляндия 27

## Л

Латвия 27
Лейбниц, Г. 288, 298
Лешем – см. Эльяшив, р.Ш.
Литва 30
Литвакское направление 27, 79
Лондон 39, 53
Луз, К. 78
Лурия, р. И., Аризаль 15, 89
Луцин, городок 29
Любовь 429, 442, 449, 471, 511

## М

Маймонид 160, 231, 321
Маккавеи 128
Мапай, партия 18, 57
Материальное, материальность 290, 291, 293, 324, 391, 420, 495
Машиах Бен-Йосеф и Машиах Бен-Давид 82, 403, 429, см. также Мессианский
Меир, р. 530
Мерказ hа-Рав, иешива 41, 47, 52, 57, 91, 158, 171, 485, 527
Мессианская идея (вообще) 101, 227
Мессианский процесс, его начало 81, 294, 385, 390, 413, 416, 425, 437, 468, см. также Геула
Мессианский свет 427, 493, см. также Мессианский процесс
Мессия - см. Машиах, Мессианский
Мизрахи, движение 82, 86
Миллер, р. А. 139, 219
Мира идеал 102
Мира исправление – см. Тикун олам
Модернизм религиозный 73, 154, 183, 199
Монотеизм 103, 121, 245, 251, 355
Мораль, моральность - см. Этика
Мудрецы Торы 439, 527
Мусар, движение и литература 333

## Н

Назир Иерусалимский - см. hа-Коhэн, р.Д.
Наказание и награда 142

Наука 306, 339, 362, 369
Национальное, национализм 544, см. также Израиля народ, Диалог с Богом индивидуальный и общенациональный
Необходимость 263
Непознаваемость Бога 287
Несовершенство, несовершенство мира 278, 298, 555;
Нефеш - см. Душа
Нецив, см. Берлин, р.Н. Ц. И.
Нешама (внутренняя душа) 391
Нравственность - см. Этика

## о

Озарения 228, 229, см. также Хохма
Омер 495
Ор Эйн Соф 256, 458, см. также Эйн Соф
Органическое восприятие мироздания 350
Орот, книга 52, 77, 196, 478, 492, 521
Орот hа-Кодеш, книга 52, 476, 478, 481, 484
Откровение Божественное 20, 158, Откровение продолжающееся 136, 193, 464

## п

Пантеизм 245, 251, 256, 268
Панэнтеизм 260
Пардес, агада про четырех, вошедших в Пардес 137
Паскаль, Б. 275
Первая Мировая война 53, 75, 411, 463
Первая Русская революция 32
Песах 537
Песнь, песнь души, песнь жизни, поэзия 228, 233, 234, 240, 517, 543
Плюрализм 187, 460, 527
Поневеж, город 30
Пост-атеизм, пост-атеистическая религия 178
Поэзия - см Песнь
Праведники 434, 437, 446, 462, 471
Прат и Клаль, индивидуальность и общность 120, 166

Природа 293, 350, 434, 482, 517
Провидение 82, 90, 421, 445
Прогресс духовный 90, 101, 125, 162, 182, 194, 285, 303, 367, 372, 375, 416, 427, 469, 552, 555
Пророк 100, 132, 433, 504
Пророков книги 115, 132, 523
Протестантизм 191

## р

Рабинович-Теомим, р. Э.-Д., Адерет 30, 52
Развитие Божественного 155, см. также Совершенство
Развитие иудаизма 154, 189, 194, 196
Разум 474, см. также Рассудок
Разума Божественного Изощренность 90, 378
Райнес, р. И. 82
Раскаяние – см. Тшува
Рассудок, рационализм, рациональное 235, 237, 245, 331, 435, см. также Разум, Иррациональное
Рахель и Лея 476
Ревизионистское движение 57
Ревнители Веры 51, 55
Реформаторский подход 202
Реформистский иудаизм 180, 183
Россия Советская 56
Руах - см. Душа и Дух

## с

Сакрализация истории 126, 129, 131
Самобытное 494
Самореализация 232, 478
Санhедрин 56
Свобода 232, 244, 263, 268, 482, 537, свобода воли, свобода выбора 131, 271
Святое, святость 293, 306, 320, 325
Секуляризация 71
Синтез 204, 212, 339
Сионизм 170, 196, 388, 492, 552, 554
Скептицизм 174
Скорлупа - см. Искра и скорлупа
Сморгонь, городок 29

Совершенство, совершенство Божественное, совершенствования процесс 246, 251
Совесть 202, 306
Соловейчик, р. И.-Д. 145, 187
Сотворение Мира 263
Спасения души вопрос 144
Спиноза, Б. 249, 251, 258
Спонтанность, спонтанный 211, 232, 434, 517
Спорт 390
Ставский, А. 58
Стена Плача 56
Страна Израиля – см. Израиля страна
Суд (гвура, дин), сфира, - см гвура
Сфирот система 118, 227, 248, 252, 259

*т*

Тайны Торы 427, 431, 468, см. также Каббала
Талит 424
Талмуд 57, 114, 137, 147, 413
ТаНаХ (Еврейская Библия) 57, 114, 115, 132, 176
Творчество, творческий характер философии 73, 232, 280, 293, 494
Теизм 245, 258
Терпимость религиозная, толерантность 187, 350, 460, 527, 552
Тикун олам (исправление мира) 195, 417, 420, 423, 471
Толерантность - см. терпимость
Торы изучение 57, 417, 419, 439, см также Тайны Торы, Мудрецы Торы
Трепет 504
Тшува, раскаяние 277, 283, 287, 333, 376, 390, 417, 420, 429, 446, 471, 512, 558

*у*

Уганды план 87
Украина 56
Универсализм 196, 544, 545, 554
Университет, Университет Еврейский в Иерусалиме 56, 504

Уно-мистика 78, 460

*ф*

Философия классическая, еврейская и европейская 80
Франкл, В. 319
Фундаментализм 189, см. также Антифундаментализм

*х*

Хабад 27, 28, 79, 260, 264, 294, 532
Халуцим, сионистские первопроходцы 32, 36, 76, 425, 438, см. также Сионизм, Хуцпа
Хамец 537
Ханука 128
Хаос (tohy), мир хаоса, свет мира хаоса, души мира хаоса 89, 336, 338, 415
Харедим 72, 146, 156, 202, 390, 511, см. также Ишув Старый
Харлап, р. Я.-М. 77, 91
Хасидизм 227, см. также Хабад
Хафец Хаим 529
Хеврон 56
Хесед (милость), сфира 457, 462, 465, 478, 511
Хибат Цион, Ховевей Цион 29, 61, 83
Хохма (озарение), сфира 111, 112, 114, 116, 266
Храм 31, 129, 212, 388
Христианство 123, 127, 129, 133, 289, 324
Хуссейни, Х.-А., муфтий 56
Хуцпа (дерзость начала мессианского процесса) 293, 385, 390, 416, 431, 447

*ц*

Цимцум (самосокращение Божественности) 255
Цицит 424

*ш*

Шагал, М. 65
Шапиро, р. А.-Х. 29
Швейцария 38, 53

Швират келим (разрушение сосудов) 159, 195
Шехина 494
Шмита, Седьмой год 49, 156
Шопенгауэр, А. 269, 274
Шулхан Арух, книга 216

## Э

Эволюции теория 226, 367
Эволюция иудаизма – см. Развитие иудаизма
Эдер hа-Якар, книга 51
Эйн Решит 256
Эйн Соф 255, 267; см. также Ор Эйн Соф
Экзистенциализм 235

Экологические заповеди 141
Элиша бен-Абуя 137
Эльяшив, р. Ш., Лешем 30
Эрец Исраэль – см. Израиля Страна
Эстетика 306, 449 см. также Искусство
Этика, этический, мораль, моральность, нравственность 199, 268, 306, 458, 476, 481, 482, 517, 547, 559

## Я

Язычество 247, 355
Яффо 32, 35, 60, 411

# ИЗБРАННАЯ БИБЛИОГРАФИЯ

## A. Издания основных трудов р.Кука

1. אגרות הראי"ה, כרכים א-ג, מוסד הרב קוק, ירושלים תשמ"א. כרך ד, הוצאת מכון הרצי"י קוק, ירושלים תשמ"ד.
2. אדר היקר ועקבי הצאן, מוסד הרב קוק, ירושלים תשכ"ז.
3. אורות, מוסד הרב קוק, ירושלים תשמ"ב.
4. אורות האמונה, הרב מ' גורביץ (עורך), ירושלים תשמ"ה.
5. אורות הקודש, כרכים א-ג, מוסד הרב קוק, ירושלים תשמ"ה. כרך ד, תשנ"ד.
6. אורות התשובה, מוסד הרב קוק, ירושלים תשמ"ה.
7. מאמרי הראי"ה, א-ב, הוצאת נחלה, ירושלים תשמ"ד.
8. מוסר אביך, מוסד הרב קוק, ירושלים תשמ"ה.
9. משפט כהן, מוסד הרב קוק, ירושלים תשמ"ה.
10. עולת ראיה, כרכים א-ב, מוסד הרב קוק, ירושלים תשמ"ט.
11. עין איה, א'-ד', הוצאת מכון הרצי"י קוק, ירושלים תשמ"ז – תש"ס.
12. ערפלי טוהר, הוצאת מכון הרצי"י קוק, ירושלים תשמ"ג.
13. ראש מילין, הוצאת מוסד הרב קוק, ירושלים תשמ"ה.
14. שבת הארץ, מוסד הרב קוק, ירושלים תשמ"ה.
15. שמונה קבצים, הוצאת המשפחה, ירושלים תשנ"ט.

## B. Наиболее базовые обобщающие монографии о философии р.Кука в целом

16. בן-שלמה יוסף, שירת החיים – פרקים במשנתו של הרב קוק, האוניברסיטה המשודרת, הוצאת משרד הבטחון, ת"א תשמ"ט.

    *(Переведена также на английский; русский перевод составляет раздел «С» данного сборника)*

17. איש-שלום בנימין, הרב קוק – בין רציונליזם למיסטיקה, הוצאת עם עובד, ת"א תש"ן.

    *(Переведена также на английский)*

18. ירון צבי, משנתו של הרב קוק, המחלקה לחינוך ולתרבות תורניים בגולה – ההסתדרות הציונית העולמית, ירושלים תשמ"ה.

## C. Некоторые дополнительные материалы

19. יובל אורות, ב' איש-שלום וש' רוזנברג (עורכים), הוצאת המחלקה לחינוך ולתרבות תורניים בגולה, ירושלים תשמ"ח.
    (*Базовый сборник аналитических статей по философии р. Кука*)

## D. Материалы на русском языке

До сего дня на русском языке об учении р. Кука были изданы три небольшие брошюры (издательством «Амана», первоначально материал публиковался в журнале «Менора»).

- Рабби А. И. Кук, «Избранное» (1981)
- Рабби А. И. Кук, «Философия иудаизма. Избранные статьи» (1991)
- «Страна Израиля и народ Израиля в учении рабби А. И. Кука» (1992).

В Интернете тексты, опубликованные в этих брошюрах, можно найти на сайте http://www.machanaim.org/philosof/in_kuk.htm

# ПИНХАС ПОЛОНСКИЙ
# ЕВРЕЙСКИЙ ВЗГЛЯД НА ХРИСТИАНСТВО

### ДВЕ ТЫСЯЧИ ЛЕТ ВМЕСТЕ

Первая часть книги, «классическая», объясняет причины еврейского неприятия христианского миссионерства.

Вторая часть, «современная», описывает еврейское отношение к христианству в новую эпоху, когда значительная часть христианских конфессий перешла от «теологии замещения» к «теологии дополнения» (то есть отказалась от миссионерства по отношению к евреям и стала воспринимать иудаизм как своего «старшего брата» в диалоге с Богом). В такой ситуации также и иудаизм может по-новому взглянуть на христианство — не как на врага и конкурента, а как на компаньона, призванного нести элементы иудаизма народам мира.

Книгу можно купить на сайте http://ejwiki-books.com

МАРИНА МАГРИЛОВА (ВОРОБЬЕВА)
ПИНХАС ПОЛОНСКИЙ
МИХАИЛ МАГРИЛОВ

# ИУДЕЯ И САМАРИЯ –
## ИСТОРИЧЕСКАЯ РОДИНА ЕВРЕЙСКОГО НАРОДА

### ПУТЕВОДИТЕЛЬ ПО ИЗРАИЛЮ

Первое издание

Третье издание

Иудея и Самария – историческая область Израиля, которая в древности была центром еврейской государственности. Здесь жили праотцы, происходили основные события эпохи Судей, здесь был центр государств Саула, Давида и Соломона, здесь, после раскола, последовавшего за смертью Соломона, функционировали Южное (в Иудее) и Северное (в Самарии) царства. Основные библейские исторические драмы происходили именно в пределах этих земель, принадлежащих коленам Иеhуды, Беньямина и Йосефа (Эфраима и Менаше). Если мы возьмем список упомянутых в Танахе географических названий, то увидим, что приблизительно 90% из них сосредоточено в Иудее и Самарии. Таким образом, именно Иудея и Самария, а не просто «Израиль» – историческая родина еврейского народа.

Впервые туристический путеводитель дает готовые маршруты для ознакомления с богатейшим историческим наследием Иудеи и Самарии. Маршруты сопровождаются картами; на каждой из них есть QR-код, позволяющий открывать их на мобильном устройстве.

Путеводитель можно заказать по мэйлу ppolonsky@gmail.com

Электронную версию путеводителя можно приобрести на сайте www.ejwiki-books.org

**Экскурсии фирмы Guide-21 по Иудее и Самарии**
можно заказать по мэйлу marina@guide21.co.il
или по телефону +972-54-550-5184

# ПИНХАС ПОЛОНСКИЙ
# РАВ А. И. КУК
# ЛИЧНОСТЬ И УЧЕНИЕ

### КАББАЛА И НОВЫЙ ЭТАП В РАЗВИТИИ ИУДАИЗМА

### Синтез ортодоксальности и модернизации – религиозная революция рава Кука

*Книга, открывающая русскоязычному читателю новый взгляд на иудаизм*

Осуществим ли в религии, да еще в такой древней, как иудаизм, синтез ортодоксальности и модернизации? Можно ли быть полностью верным традиции, религиозным нормам и принципам – и при этом модернизировать религию, включив в нее процессы развития, происходящие в окружающем мире – развития науки, искусства, социальных принципов, процесса становления Государства Израиль и сложных перипетий современной еврейской истории?

Дорогу к такому синтезу в иудаизме проложил рав А. И. Кук, ставший в 1904 г. раввином Яффо, а затем и Главным Раввином Страны Израиля. Он создал философию «ортодоксальной модернизации» и религиозного сионизма. Философия эта имеет сотни тысяч последователей в еврейском мире (движение «вязаных кип») и играет огромную роль в жизни современного Израиля – от «Бней Акива» до поселенческого движения в Иудее и Самарии, от религиозных кибуцев до Бар-Иланского университета.

Без восприятия идей рава Кука невозможно, по нашему мнению, понять то направление, в котором движется сегодня Израиль.

**Книгу можно купить на сайте http://ejwiki-books.com**

# «ВОСХОЖДЕНИЕ» – ПУТЕВОДИТЕЛЬ ПО ХРАМОВОЙ ГОРЕ

Путеводитель, подготовленный ассоциацией Место Встречи, издан на русском языке и сразу же был переведен на английский и иврит. Авторский коллектив стремился познакомить с Храмовой горой самый широкий круг читателей, евреев и неевреев, израильтян и гостей страны.

Книга написана с учетом еврейского религиозного закона (галахи) на основе научных – исторических и археологических – данных, а также с позиций уважения к другим монотеистическим религиям.

Путеводитель посвящен памяти Ицхака и Тальи Имас, связавших жизнь с Храмовой горой и Храмом и погибших от рук террористов в 2010 г.

В книге 72 страницы, десятки фотографий, схем и карт.

Заказать путеводитель на любом из трех языков можно в ассоциации «Место Встречи».

Сайт: www.mesto.org.il
мейл: mimosa4@gmail.com
фейсбук: Anya Antopolsky

# НЕХАМА И ПИНХАС ПОЛОНСКИЕ
# ДВА ЛИКА

### ЖЕНЩИНА И МУЖЧИНА В ЕВРЕЙСКОЙ БИБЛИИ И КАББАЛЕ

Зачем Бог устроил мир так сложно? Зачем нужно было разделять людей на мужчин и женщин, разве и без этого мало различий между людьми?

Сложностям отношений между мужчиной и женщиной посвящено так много литературы, что естественен вопрос: что может добавить рассмотрение этой проблемы в рамках библейского текста и еврейской традиции?

Религиозный подход отличается от научного прежде всего тем, что научный ищет причины явлений, а религиозный – их цель. В нашем анализе мы попробуем посмотреть на вопрос именно с этой, религиозной стороны; понять не только в чем причина сложностей во взаимоотношениях, но и задуматься, зачем Бог дал нам эти сложности.

Мы верим, что Бог сотворил мир наилучшим образом, а это означает, что все проблемы, стоящие перед нами, необходимы для нашего развития.

В этой книге мы, на основе библейского текста и еврейских источников, пытаемся осознать смысл и цель существования различий между мужчиной и женщиной, чтобы понять, какой урок для нас они несут.

**Книгу можно купить на сайте http://ejwiki-books.com**

# ПИНХАС ПОЛОНСКИЙ
## ИЗРАИЛЬ И ЧЕЛОВЕЧЕСТВО
### по материалам лекций р. Ури Шерки

Часть 1　　　　Часть 2　　　　Часть 3

Сегодня в Израиле еврейская жизнь и религия модернизируются и развиваются с огромной скоростью. Находясь внутри потока событий, мы не всегда осознаем направление его движения, – и поэтому время от времени нам стоит осмотреться и попытаться понять, как же изменяется окружающая нас картина.

Цель существования народа Израиля – проложить для человечества путь к Богу, передать ему Божественный свет. Процесс передачи человечеству еврейских религиозных идей происходит уже более двух тысяч лет, и сегодняшнее возвращение евреев из Изгнания и создание Государства Израиль положили начало новой важной стадии этого процесса.

Как нам понять этот процесс? Где наше место в нем? Как мы можем его продвинуть? У нас нет готовых ответов на эти вопросы. Но мы должны постараться по-новому взглянуть на многие классические идеи иудаизма и попытаться найти в них адекватный ответ на вызов эпохи.

**Книгу можно купить на сайте http://ejwiki-books.com**

# «БРИТ ОЛАМ»

## МЕЖДУНАРОДНЫЙ ЦЕНТР ПОТОМКОВ НОАХА

### www.britolam.ru

Ноахиды (Бней Ноах, "потомки Ноя") - это неевреи, исповедующие иудаизм.

В прошлые века таких людей было очень мало – но сегодня, когда еврейский народ вернулся в свою Страну и создал Государство Израиля, их становится все больше.

В связи с этим, под руководством рава Ури Шерки, одного из выдающихся современных раввинов Израиля, была создана организация Брит Олам - Международный Центр Потомков Ноаха.

Наша задача - помогать всем, кто решил стать ноахидом, углублять свои знания об иудаизме, еврейском народе и Стране Израиля, принять к исполнению 7 заповедей Ноаха и реализовать Тору как "праведные неевреи".

Вы можете принять участие в постоянных онлайн занятиях, стать участником диалога о путях развития ноахизма, найти свой личный путь к вере во Всевышнего и реализации Торы.

Facebook – britolamru

Youtube – NoahideRussian

WhatsApp, Телеграмм +972-54-808-0981

Мейл – noahideworldcenter@gmail.com

Skype – nathanbar

## КНИГИ ПИНХАСА ПОЛОНСКОГО

- в бумажном
- электронном
- и аудио формате

**можно приобрести в интернет-магазине**

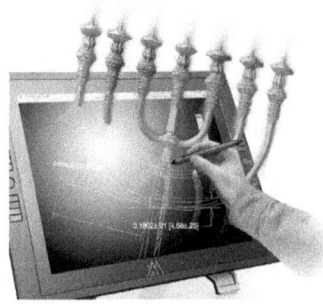

## ЕЖЕВИКА-BOOKS
http://ejwiki-books.com/

### А ТАКЖЕ

- Аудио-курсы
- Комментарии к Торе в текстовом и аудио формате

## В СВОБОДНОМ ДОСТУПЕ НА ЕЖЕВИКА-BOOKS:

- Новые лекции и выступления
- Презентации
- Видеоинтервью
- Последние статьи
- Новости – также на фейсбуке Pinchas Polonsky (Пинхас Полонский)

# ИНТЕРНЕТ-ПОРТАЛ
## "БИБЛЕЙСКАЯ ДИНАМИКА"

### www.BibleDynamics.org

входная страница для всех наших проектов:

- **Комментарий к Торе «Библейская Динамика»**
- **Серия книг по учению р. Кука «Израиль и Человечество»**
- **Ресурсный центр «Ежевика»**
  - **«Ежевика-Университет»** – видеокурсы в формате «TED» по широкому спектру еврейских знаний
  - **«Ежевика-Books»** – магазин книг – бумажных, электронных и аудио
  - **«Ежевика-Видео»** – канал видеолекций Пинхаса Полонского на YouTube – более 100 видео, более 1,000 подписчиков
  - **«Ежевика-ТаНаХ»** – классические и новые комментарии, различные переводы Торы на русский язык,
  - **Рав Кук - переводы и комментарии**
  - **«Ежевика-Энциклопедия»** – энциклопедия по еврейским и израильским темам (пропущенным или искаженным в Википедии)
  - **«Ежевика-Публикации»** – вики-система публикаций по еврейским и израильским темам
- **«Аудио-Тора»** – ежедневная трансляция кратких аудио-комментариев
  - WhatsApp
  - Telegram
  - YouTube (возможность вопросов и обсуждения)

# СЕРИЯ
# БИБЛЕЙСКАЯ ДИНАМИКА.
## Современный еврейский комментарий к Торе

Комментарий, представляющий праотцев как динамически развивающиеся личности, основан на идеях р. А.-И. Кука и р. И.-Л. Ашкенази (Маниту)

*На настоящий момент вышли в свет первые девять томов:*

(1) «Две истории Сотворения Мира»
(к главам 1-11 Бытия)

(2) «Авраам»
(к главам 12-22 Бытия)

(3) «Ицхак и Яаков»
(к главам 23-36 Бытия)

(4) «Иосиф, Иеhуда и их братья»
(к главам 37-50 Бытия)

(5) «Моисей и рождение народа»
(к главам 1-17 Исхода)

(6) «Храм Моисея и Храм Аарона»
(к главам 18-40 Исхода)

(8) «Конфликт смирения и дерзости»
(к главам 1-18 Чисел)

(9) «Столкновение с народами»
(к главам 19-33 Чисел)

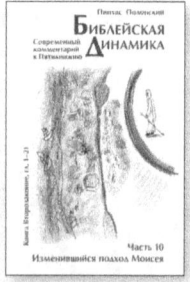

(10) «Изменившийся подход Моисея»
(к главам 1-21 Второзакония)

# ПИНХАС ПОЛОНСКИЙ
# ЦЕНТРАЛЬНЫЕ ИДЕИ КАББАЛЫ

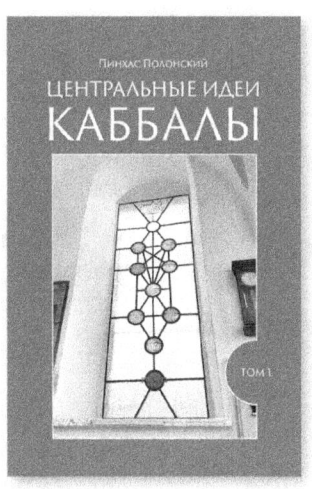

Каббала отнюдь не является "магией" или "оккультизмом", как многие ошибочно представляют. На самом деле каббала это прямое наследие Библейских пророков, на учении которых основана Западная цивилизация; и она представляет собой понимание устройства высших миров и взаимовлияния человека и Бога.

В прежние времена каббала была закрытым учением для немногих мыслящих людей, и только в последнее время она постепенно становится частью всеобщего знания.

В этой книге мы не ставим задачу "научить каббале", но только даем общее представление о ее идеях и концепциях – что, наверное, необходимо всякому образованному человеку.

**Книгу можно купить на сайте http://ejwiki-books.com**

# תוכן העניינים

**חלק א':** קורות חייו ואישיותו של הרא"ה קוק

**חלק ב':** פ. פולונסקי - רעיונות מרכזיים בתורת הרא"ה
1. משמעותה הדתית של מדינת ישראל וייעודו של עם ישראל בימינו
2. תהליכי התפתחותה של היהדות
3. היחס בין הלכה למוסר

**חלק ג':** י. בן שלמה - "שירת חיים- פרקים בתורת הרא"ה

**חלק ד':** קטעים נבחרים מכתבי הרא"ה – מתורגמים ומבוארים
1. ערפילי טוהר - קטעים נבחרים
2. השניות של הנפש והרוח
3. הקשר של עם ישראל לארץ ישראל - קטעים נבחרים מספר "אורות"
4. הבאת העומר מתוך עולת הרא"ה
5. אגרת ל"בצלאל"
6. מתוך נאום בטקס הקמת האוניברסיטה העברית
7. על הדור
8. תהליכי התשובה של הדור

**חלק ה':** הבטים שונים בתורת הרא"ה

**חלק ו':** האוניברסליות הדתית של הרא"ה

מפתח שמות ועניינים

ביבליוגרפיה

## על הספר:

לראשונה בשפה הרוסית, מופיע קובץ הנותן לקורא מבט רחב על אישיותו ותורתו של הראי"ה קוק. המאמרים מתארים לעומק את גישתו של הרב לדרכי התחדשותה של התרבות היהודית וזיקתה לתרבות המודרנית, כמו גם את יחסו לחשיבות הדתית של חידוש החיים הלאומיים של עם ישראל בארצו.

אנו מקווים כי קובץ זה יקרב את הקורא להיכרות עם אחד מענקי הרוח של העולם היהודי בדורות האחרונים ולהבנת התהליכים העוברים על עם ישראל היום.

## על המחבר:

ד"ר פינחס פולונסקי נולד בשנת 1958 במוסקבה, והינו מתמטיקאי בהשכלתו. בשנים 1977-1987 היה פעיל התנועה היהודית העצמאית במוסקבה ומסורב עלייה. עם עלייתו ב-1987 היה לאחד ממייסדי מרכז "מחניים" בישראל ולעורך הראשי שלו.

מחברם של יותר מ-15 ספרי יהדות בשפה הרוסית ושל מאות מאמרים, ביניהם רבים המוקדשים למבט מודרני על ערכי היהדות ולתורתו של הראי"ה קוק.

פינחס פולונסקי מרצה ליהדות באוניברסיטת בר אילן ותושב הישוב בית אל.

## על "מחניים":

ראשיתו של "מחניים" בהתארגנות מחתרתית של פעילים יהודיים במוסקבה בסוף שנות ה- 70 ששמה לה למטרה ללמוד וללמד יהדות. עם נפילת מסך הברזל בשנת 1987, עלו פעילים אלו ארצה והקימו את "מחניים" כמרכז חינוך יהודי ישראלי לדוברי רוסית.

כיום זוכה "מחניים" לפרסום רב בזכות פעילותיה המגוונות למען יהודים דוברי רוסית בארץ, בחמ"ע ובברחבי העולם, הכוללת הוצאה לאור של ספרים, העברת קורסים לימודיים, סמינרים, שבתונים, טיולים ברחבי הארץ , תוכניות לנוער וילדים, קורסי הכנה לגיור, קורסים לסטודנטים דוברי רוסית באוניברסיטת בר- אילן, תוכניות הכשרה למורים, סמינרים ליהודים דוברי רוסית ברחבי העולם ופיתוח חומרי עזר למורים.

אתר האינטרנט שלנו www.machanaim.org, הוא האתר הגדול ביותר בנושא יהדות בשפה הרוסית. בחלק העברי והאנגלי שלו תוכלו למצוא מידע נוסף על פעילותנו.

# הרב אברהם-יצחק הכהן קוק

## דמותו ותורתו

קובץ מאמרים ברוסית
בעריכת
פינחס פולונסקי

# המכון לחקר משנת הראי"ה קוק
## The Rabbi Abraham Isaac Kook Research Institute

אחת הדמויות היהודיות במאה השנים האחרונות שהעיסוק בה לא רק שאיננו פוסק אלא הולך וגובר, והוא מקיף את הציבור היהודי על כל גווניו, הוא רבנו אברהם יצחק הכהן קוק זכר צדיק לברכה. והעיסוק במשנתו איננה רק של יוצאי בית מדרשו (ישיבת מרכז הרב על כל שלוחותיה) אלא מקיפה את האוכלוסיה כולה, דתיים וחילוניים, תלמידי חכמים ואנשי אקדמיה, מחנכים ואנשי מעשה.

מאז המהפכה הסוביטית לפני כ-90 שנה, כאשר אחינו בני ישראל נכלאו בברית המועצות מאחורי "מסך הברזל", שקד הראי"ה קוק, בהיותו רבה הראשי של ארץ ישראל, להוציא את אחינו בני ישראל ממאסרם זה לחירות, ואכן הצליח להוציא לחופש רבים מאחינו שם.

מה סמלי הוא שהיום לאחר יותר מיובל שנים מתחילים לתרגם את הגותו של הרב קוק לשפה הרוסית, להביא את דבריו הנפלאים להמוני אחינו דוברי הרוסית שהם היו כה קרובים ללבו. על כן בא ונחזיק טובה לפנחס פולנסקי מראשי "מחנים" העוסקים בקירוב רחוקים לאביהם שבשמים. שתירגם ועורך פרקים חשובים ממשנתו של הראי"ה לדוברי רוסית ועל כך יבורך מהשמים.

בהוקרה והערכה

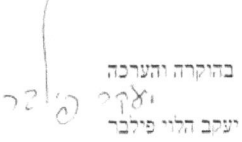

יעקב הלוי פילבר

---

P.O.B. 3092 JERUSALEM Tel: 02-6532420 :ת.ד. 3092 ירושלים טל

הרב אברהם-יצחק הכהן קוק

דמותו ותורתו

www.ingramcontent.com/pod-product-compliance
Lightning Source LLC
Chambersburg PA
CBHW060218230426
43664CB00011B/1476